Von Gott angenommen – in Christus verwandelt

Beiheft zur Ökumenischen Rundschau

Nr. 78

Von Gott angenommen – in Christus verwandelt

Die Rechtfertigungslehre im multilateralen ökumenischen Dialog

Herausgegeben von
Uwe Swarat, Johannes Oeldemann und Dagmar Heller
im Auftrag des
Deutschen Ökumenischen Studienausschusses
(DÖSTA)

Verlag Otto Lembeck
Frankfurt am Main

ISSN 0473-7989
ISBN 3-87476-496-6
Ab 1.1.2007 ISBN 978-3-87476-496-4
© 2006 Verlag Otto Lembeck, Frankfurt am Main
Gesamtherstellung: Druckerei und Verlag Otto Lembeck
Frankfurt am Main und Butzbach

Inhalt

Geleitwort des DÖSTA-Vorsitzenden 7

Studie des DÖSTA

Von Gott angenommen – in Christus verwandelt
Die Rechtfertigungslehre im multilateralen ökumenischen Dialog   13

Die Vorstudien

Harald Wagner
Der Dialogprozess zur „Gemeinsamen Erklärung zur
Rechtfertigungslehre" und die weitere Diskussion in der
römisch-katholischen Kirche........................... 57

Ulrike Link-Wieczorek
Auf keinen Fall ein Heilsprozess? – Überlegungen zur kritischen
lutherischen Rezeption der „Gemeinsamen Erklärung zur
Rechtfertigungslehre" in Deutschland..................... 66

Werner Klän
Einig in der Rechtfertigungslehre? – Anfragen an die
„Gemeinsame Erklärung zur Rechtfertigungslehre" aus
konkordienlutherischer Sicht........................... 95

Michael Weinrich
Die Ökumene in der Rechtfertigungslehre in evangelisch-
reformierter Perspektive............................... 125

Fernando Enns
Das Rechtfertigungsgeschehen in der Interpretation der
Mennoniten 155

Uwe Swarat
Das baptistische Verständnis von Rechtfertigung und die
„Gemeinsame Erklärung zur Rechtfertigungslehre" von
Lutheranern und Katholiken 177

Michel Weyer
Rechtfertigung multilateral diskutiert – Eine evangelisch-
methodistische Sicht 198

Günter Eßer
Alt-Katholische Theologie und Rechtfertigung............... 213

Viorel Mehedinţu
Die orthodoxe Erlösungslehre........................... 224

Wolfgang A. Bienert
Rechtfertigung im Dialog der Evangelischen Kirche in
Deutschland mit Orthodoxen Kirchen..................... 255

Johannes Oeldemann
Soteriologische Aspekte in den ökumenischen Dialogen der
Orthodoxen Kirche..................................... 271

Frank-Lothar Hossfeld
Alttestamentliche Bemerkungen zum Thema Rechtfertigung.... 285

Thomas Söding
Rettung durch Rechtfertigung – Die exegetische Diskussion der
paulinischen Soteriologie im Kontext der Ökumene........... 299

Dorothea Sattler
Ist ein Mensch trotz seines Lebens in Sünde gerecht(fertigt)? –
Schwierigkeiten und Möglichkeiten der Verkündigung der
Rechtfertigungsbotschaft heute........................... 331

Anhang

Gemeinsame Erklärung zur Rechtfertigungslehre............ 352
Gemeinsame offizielle Feststellung....................... 374
DÖSTA-Mitglieder in der Arbeitsperiode 2001 bis 2005....... 379
Die Autorinnen und Autoren............................. 381

Geleitwort des DÖSTA-Vorsitzenden

Die ökumenischen Beziehungen zwischen den Kirchen sind heute sehr vielfältig. Neben multilateralen Gesprächen, wie sie beispielsweise im Rahmen des Ökumenischen Rates der Kirchen geführt werden, umspannt inzwischen ein ganzes Netz von bilateralen theologischen Dialogen – sowohl auf Weltebene wie auch auf regionaler Ebene – die ökumenische Landschaft. Einige von ihnen haben in jüngster Zeit besondere Aufmerksamkeit auf sich gezogen, weil sie ein großes Potenzial in sich tragen, Verbindlichkeit zu erlangen und von den beteiligten Kirchen amtlich rezipiert zu werden. Nun liegt es in der Natur eines Dialogs, dass man sich auf den jeweiligen Partner einstellt und versucht, sich selbst mit dessen Augen zu sehen und zu verstehen. Notgedrungen taucht dabei das Problem auf, wie die Konsens- und Konvergenztexte untereinander stimmig bleiben. Nicht weniger drängend ist die Frage, ob bilaterale Dialoge nicht von ihrer Anlage her auf Kosten der Traditionen gehen, die an diesem Dialog nicht beteiligt sind.

Der gewichtigste bilaterale Dialog der vergangenen Jahrzehnte ist zweifellos jener des Lutherischen Weltbundes mit dem vatikanischen Einheitsrat, der in der Unterzeichnung der Gemeinsamen Erklärung zur Rechtfertigungslehre (GER) seinen Höhepunkt fand. Überkommene Lehrverurteilungen im Rahmen der Lehre von Rechtfertigung und Erlösung wurden als nicht mehr kirchentrennend erklärt. Das war sicher ein Durchbruch von kirchengeschichtlicher Bedeutung. Die Kontroversen rund um die Unterzeichnung haben aber auch gezeigt, dass noch Probleme offen sind, die einer Lösung harren. Keineswegs abschließend geklärt ist die Frage nach dem Stellenwert der Rechtfertigungslehre, wie die Kontroverse um deren Funktion als Kriterium evangeliumsgemäßer Verkündigung und Kirchenordnung zeigt. Damit zusammenhängend stellt sich die Frage nach den Konsequenzen, die diese Einigung mit sich bringt. Kaum eine Antwort wurde auf die Herausforderung gegeben, wie sich diese Botschaft heute verkünden und plausibel machen lässt. Manche kritisierten gar, man habe sich deswegen einigen können, weil das Problem in allen Kirchen desolat sei und von niemandem mehr ernst genommen wird.

Während um diese Herausforderungen ein lebhafter und durchaus fruchtbarer Streit entstanden ist, blieb eine weitere Problemstellung eher im Hintergrund: Wie steht diese Vereinbarung im Rahmen der multilateralen Ökumene? Können sich andere christliche Kirchen anschließen oder verbleibt die GER so sehr im Banne der Kontroversen des 16. Jahrhunderts, dass andere Traditionen dazu keinen Zugang finden können? Nicht sehr laut geäußert, aber durchaus präsent war die Frage, ob hier nicht eine ökumenische Einigung der im deutschen Sprachgebiet großen Kirchen auf

Kosten der Gemeinschaften erfolgte, die sich hier in der Minderheitensituation befinden. Fällt die erreichte Einigung damit vielleicht gar hinter den Stand zurück, den die weltweite Ökumene bereits gewonnen hat?

Der Deutsche Ökumenische Studienausschuss (DÖSTA) hat als Einrichtung der Arbeitsgemeinschaft Christlicher Kirchen (ACK) in Deutschland diese Herausforderung angenommen. In ihm arbeiten neben Vertreterinnen und Vertretern der Evangelischen Kirche in Deutschland und der Römisch-Katholischen Kirche Delegierte orthodoxer, altkatholischer, altlutherischer, baptistischer, mennonitischer und methodistischer Herkunft zusammen. Die Aufgabe, die sich die Delegierten stellten, hatte mehrere Zielrichtungen.

Dabei stand die Frage, inwieweit andere christliche Kirchen, die an der Ausarbeitung der GER nicht beteiligt waren, die hier getroffene Vereinbarung übernehmen und sich dem dort formulierten „differenzierten Konsens" anschließen können, keineswegs im Vordergrund, obwohl derartige Verhandlungen auf Weltebene derzeit geführt werden. Sollten sie Erfolg haben, könnte das zu einem Zeichen für eine breite Übereinstimmung in der Lehre von Rechtfertigung und Erlösung werden. Für den DÖSTA wichtiger war jedoch die Überlegung, inwieweit durch die Soteriologie der nicht involvierten Kirchen die Aussagen der GER bereichert und eventuell bestehende Engführungen überwunden werden könnten. Die GER ist in dieser Studie also nicht einfach der Maßstab, an dem andere Traditionen gemessen wurden. Es wurde sehr wohl auch deutlich, dass diese Traditionen Aspekte betonen, die gegebenenfalls nicht weniger geeignet sind, die christliche Botschaft vom Heil in Jesus dem Christus greifbar zu machen, selbst wenn sie andere Interpretationsmuster des Erlösungsgeschehens aufgreifen als das Wort von der Rechtfertigung.

Dass es schon biblisch unterschiedliche Verstehensmodelle für dieses Heil gibt, wird ja auch in der GER selbst betont. Gemeinsam wurde im DÖSTA gefragt, was die biblischen Schriften Alten und Neuen Testaments zum Thema Rechtfertigung und Erlösung zu sagen haben. Der Blick auf die Heilige Schrift erfolgte im Anschluss an die konfessionelle Bestandsaufnahme. Dadurch sollte die gegenüber kirchlichen Traditionen kritische Kraft des biblischen Kanons betont werden. Gemeinsam wurde dann auch gefragt, welche Bedeutung der Rechtfertigungsbotschaft für die Darlegung der Soteriologie im Kontext heutiger Lebenswelt zukommt.

Es wäre vermessen anzunehmen, der DÖSTA habe in seiner hier vorgelegten Studie alles zu leisten vermocht, was in der Ausarbeitung der GER an Desideraten offen geblieben ist. Aber er hat in seiner Arbeit in den Jahren 2002 bis 2005, ausgehend von der Lehre von der Rechtfertigung, ein Spektrum christlicher Botschaft von Heil und Erlösung umrissen, das jedenfalls beanspruchen kann, eine Materialsammlung für eine konfessionskundliche Betrachtung der Soteriologie zu bieten. Darüber hinaus war es möglich, durch den gemeinsamen Referenzpunkt GER diese Ansätze zur Botschaft vom Heil aufeinander zu beziehen und damit auch schon Wege sichtbar zu machen, wie Missverständnisse und gegenseitige Verwerfungen, die es gerade in diesem Feld reichlich gibt, überwunden werden können. Es ist zu hoffen, dass dies in der theologischen Lehre und der Glaubensverkündigung der einzelnen Kirchen Frucht tragen wird.

In bewährter Weise besteht diese Veröffentlichung des DÖSTA aus zwei Teilen. Den ersten Teil bildet die eigentliche Studie mit dem Titel „Von Gott angenommen – in Christus verwandelt. Die Rechtfertigungslehre im multilateralen ökumenischen Dialog. Studie des DÖSTA zur Rechtfertigungslehre". Sie wurde von einem Redaktionsteam, bestehend aus Dr. Dagmar Heller, Dr. Johannes Oeldemann und Dr. Uwe Swarat formuliert, in mehreren Fassungen an alle Mitglieder des DÖSTA versandt, von diesem in zwei Sitzungen durchgesprochen und am 19. November 2005 in Münster einstimmig verabschiedet.

Im zweiten Teil sind die Vorstudien veröffentlicht, die von Mitgliedern des DÖSTA oder in einem Fall von einem als Gast eingeladenen Experten (Michael Weinrich) zu den jeweiligen Themenstellungen im Rahmen der Versammlungen des DÖSTA vorgetragen und diskutiert worden sind. In die hier publizierten Endfassungen dieser Studien ist die Diskussion im Plenum in vielfältiger Weise eingegangen. Dennoch stehen diese Texte in der Verantwortung der jeweiligen Autoren. Über sie hat der DÖSTA nicht abgestimmt und sie sich nicht in der Weise zu Eigen gemacht, wie die gemeinsame Studie, auch wenn sie für deren Verständnis in mancher Hinsicht unverzichtbar sind.

Als derzeitigem Vorsitzenden des DÖSTA ist es mir eine angenehme Aufgabe, allen Mitarbeitern an dieser Studie, die sich in intensiver Arbeit eingebracht haben, für ihre Mühewaltung zu danken. Ohne die zuverlässige Betreuung durch die Geschäftsstelle der Arbeitsgemeinschaft Christlicher Kirchen in Deutschland und ihre Geschäftsführerin, Pfarrerin Barbara Rudolph, hätte der DÖSTA diese Arbeit nicht durchführen können. Besonders bedankt seien die Herausgeber der Studie, die schon das Redaktionsteam gebildet haben.

So bleibt zu hoffen, dass die Studie dazu dient, dass der ökumenische Durchbruch, den die Unterzeichnung der GER darstellte, in den unterzeichneten Kirchen und darüber hinaus weitere Frucht bringen wird.

München, 21. Februar 2006

Peter Neuner

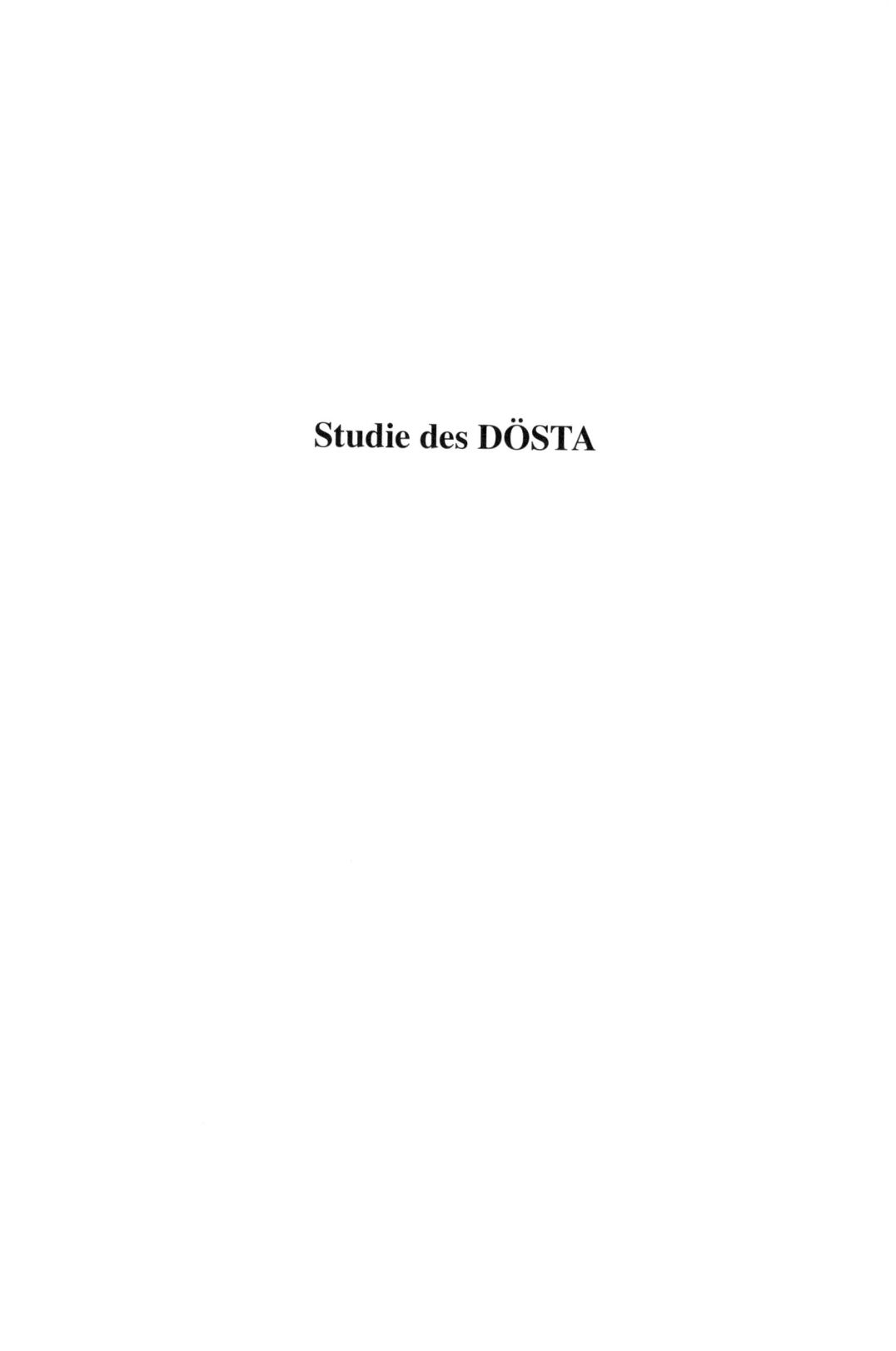

Studie des DÖSTA

Von Gott angenommen – in Christus verwandelt

Die Rechtfertigungslehre im multilateralen ökumenischen Dialog

Studie des DÖSTA zur Rechtfertigungslehre

Einleitung

(1) Obwohl es noch keine zehn Jahre zurückliegt, kann man das Ereignis schon heute ein wichtiges Datum der neueren Kirchengeschichte nennen: die Unterzeichnung der „Gemeinsamen Offiziellen Feststellung" durch den Lutherischen Weltbund und die Römisch-Katholische Kirche in Augsburg am Reformationstag des Jahres 1999, mit der beide Seiten die 1997 veröffentlichte „Gemeinsame Erklärung zur Rechtfertigungslehre" offiziell und „in ihrer Gesamtheit" bestätigten. Die historische Bedeutung des Ereignisses liegt darin, dass hier zum ersten Mal in der Geschichte die Römisch-Katholische Kirche mit einer Gemeinschaft von Kirchen, die aus der Reformation hervorgegangen sind, eine Lehrvereinbarung getroffen hat, der zufolge wesentliche, im 16. Jahrhundert ausgesprochene Lehrverurteilungen heute gegenstandslos geworden sind.

(2) Die Vereinbarung wurde durch langjährige theologische Gespräche vor allem in Deutschland und den USA vorbereitet. Sie bezieht sich auf ein Schlüsselthema in der Auseinandersetzung der evangelischen Kirchen mit der Römisch-Katholischen Kirche, nämlich auf die Lehre von der Rechtfertigung. In dieser Lehre, die im 16. Jahrhundert eine zentrale Rolle für die gegenseitige Abgrenzung beider kirchlicher Traditionen spielte, wurde ein „Konsens in Grundwahrheiten" formuliert, in dessen Licht die verbleibenden Unterschiede in der Sprache, der theologischen Ausgestaltung und Akzentsetzung „tragbar" seien, also keinen Anlass mehr für eine Anwendung der Lehrverurteilungen auf die heutigen Partner bieten. Obwohl vor allem eine größere Gruppe von evangelischen Theologieprofessorinnen und -professoren in Deutschland zum Ausdruck brachte, dass sie das lutherische Proprium gefährdet sieht, hat die Mehrzahl der lutherischen Kirchen der Vereinbarung zugestimmt. Vielen Christinnen und Christen, nicht nur im Ursprungsland der Reformation, sondern besonders auch im

außereuropäischen Bereich, erscheint die Vereinbarung als ein ökumenischer Durchbruch.

(3) Allerdings waren an dieser Vereinbarung nur zwei kirchliche Traditionen beteiligt, die römisch-katholische und die lutherische. Die Beschränkung erklärt sich daraus, dass diese einerseits die beiden ersten Kontrahenten in den Auseinandersetzungen der Reformationszeit waren und andererseits bereits intensive Vorarbeiten geleistet hatten. Wenn die „Gemeinsame Erklärung zur Rechtfertigungslehre" jedoch über die fundamentale Verständigung zwischen Lutheranern und Katholiken hinaus zu einem nachhaltigen Beitrag für die Wiederherstellung der Einheit aller Christen werden soll, dann muss sie auch andere Kirchen der reformatorischen Tradition und darüber hinaus mit einbeziehen. Es stellt sich die Frage, wie sich der zwischen Lutheranern und Katholiken gefundene Konsens in den Grundwahrheiten der Rechtfertigungslehre zu dem verhält, was in anderen christlichen Traditionen von Rechtfertigung und Erlösung gelehrt wird, und ob ein solcher Konsens auch zwischen ihnen und den anderen Kirchen formuliert werden könnte.

(4) Der Deutsche Ökumenische Studienausschuss (DÖSTA) hat als theologischer Facharbeitskreis der Arbeitsgemeinschaft Christlicher Kirchen in Deutschland (ACK) Mitglieder aus vielen unterschiedlichen Kirchen. Neben Vertreterinnen und Vertretern der Evangelischen Kirche in Deutschland (EKD) und der Römisch-Katholischen Kirche gehören zu ihm Delegierte orthodoxer, altkatholischer, altlutherischer, baptistischer, mennonitischer und methodistischer Herkunft. Daher bot er sich als kompetentes Forum an, um die Bedeutung der „Gemeinsamen Erklärung zur Rechtfertigungslehre" aus Sicht der anderen christlichen Traditionen zu erörtern. In einem Studienprojekt hat der DÖSTA von 2002 bis 2005 die Lehre von der Rechtfertigung im multilateralen Kontext diskutiert. Der Ertrag des Studienprojekts wurde in einer gemeinsamen Studie zusammengefasst, die der DÖSTA hiermit der theologisch interessierten Öffentlichkeit vorlegt, insbesondere den in der ACK vertretenen Kirchen und Gemeindebünden sowie den Dozentinnen und Dozenten und den Studierenden der Theologie in den verschiedenen christlichen Traditionen, verbunden mit der Bitte, den darin formulierten ökumenischen Ansatz christlicher Soteriologie in der theologischen Lehre und in künftigen zwischenkirchlichen Gesprächen zu berücksichtigen.

(5) Der DÖSTA suchte mit diesem Studienprojekt die unterschiedlichen Zugänge der in ihm vertretenen Traditionen zum Thema Rechtfertigung und Erlösung und zur „Gemeinsamen Erklärung" von Lutheranern und Katholiken zu verstehen und miteinander in Beziehung zu setzen. Er wollte außerdem erfahren, wie Lutheraner und Katholiken den bisherigen Dialog-

prozess und dessen Konsequenzen bewerten. Darüber hinaus wandte er sich zwei Aufgaben zu, die in der „Gemeinsamen offiziellen Feststellung" als Bereiche benannt wurden, in denen eine Fortführung und Vertiefung des ökumenischen Gesprächs besonders dringlich erscheint: dem Studium der biblischen Grundlagen der Lehre von der Rechtfertigung und der Auslegung der Rechtfertigungslehre „in einer für den Menschen unserer Zeit relevanten Sprache".

(6) Mit der Veröffentlichung der im Rahmen des Studienprojekts gehaltenen Vorträge und der Zusammenfassung ihres Ertrages in der folgenden Studie verbindet der DÖSTA die Hoffnung, dass bei dem weiteren ökumenischen Nachdenken über das Verständnis der Rechtfertigung und Erlösung des Menschen die Stimmen *aller* christlichen Traditionen eine angemessene Beachtung finden. Die Studienarbeit des DÖSTA hat gezeigt, wie das eigene Nachdenken über ein angemessenes Verständnis des Heilsgeschehens dadurch bereichert wird, dass man wahrnimmt, wo andere Kirchen und Konfessionen jeweils ihre Schwerpunkte setzen. Darum wird es sowohl der christlichen Einheit als auch der Erkenntnis der Wahrheit und darin dem Lob Gottes dienen, wenn wir aufmerksam aufeinander hören und voneinander zu lernen bereit sind.

I. Vorgeschichte und Diskussion der „Gemeinsamen Erklärung zur Rechtfertigungslehre" bei Lutheranern und Katholiken

(7) „Da wir nun gerecht geworden sind durch den Glauben, haben wir Frieden mit Gott durch den Herrn Jesus Christus" (Röm 5,1). So fasst der Apostel Paulus die christliche Botschaft zusammen. Dass sich aus dieser und anderen biblischen Formulierungen eine feste Lehre entwickelt, die in den dogmatischen Lehrbüchern der meisten christlichen Konfessionen der westlichen Tradition als eigener Topos auftaucht, ist eine Folge der von der Reformation im 16. Jahrhundert angestoßenen Auseinandersetzungen über die rechte Bestimmung des Verhältnisses von Gott und Mensch.

(8) Im Streit mit der römischen Kirche und der ihr von Martin Luther vorgeworfenen Werkgerechtigkeit, die vor allem im Ablasshandel ihren für die Seelsorge fatalsten Ausdruck gefunden hat, wird für das Luthertum die Rechtfertigungslehre zum „articulus stantis et cadentis ecclesiae". Dem Menschen ist Gerechtigkeit von sich aus unerreichbar. Nur Gott in seiner Gerechtigkeit spricht den Sünder um Christi willen im Glauben und ohne eigenes Verdienst gerecht. Damit markiert die Rechtfertigung den entscheidenden Punkt, an dem Gottes weltumfassendes Versöhnungshandeln den einzelnen Menschen erreicht. Dieser Gesamtvollzug hat für Luther zwei Aspekte, nämlich die grundlegende Annahme des Menschen durch

Gott sowie die Erneuerung durch den Heiligen Geist, also die Heiligung. Das Heil des Menschen besteht darin, dass er kraft der fremden Gerechtigkeit Jesu Christi durch Gott angenommen ist. Gleichzeitig geht es auch um die Gewissheit, dass Gott Ja sagt zum Handeln des Menschen aus Glauben. Nach Luther machen gute Werke keinen guten Menschen, aber gute Menschen tun gute Werke. Sein Anliegen ist damit ein Doppeltes: Auf der Grundlage der in Christus geschenkten Freiheit geht es ihm zum einen um die Überwindung der Werkgerechtigkeit, zum anderen aber auch um die Bekämpfung von ausschweifender Freiheit.

(9) In der Auseinandersetzung mit dieser Entdeckung Luthers aus der Heiligen Schrift formulierte das Konzil von Trient (1545–1563) die Rechtfertigungslehre in Abgrenzung von vermeintlichen Positionen lutherischer Theologie. Vor allem abwehrende Formulierungen, die zum Teil auf Missverständnis oder zu geringer Kenntnis der reformatorischen Auffassung basierten, wie z. B. in Kanon 9 oder Kanon 32 des Rechtfertigungsdekrets, ließen die katholische Rechtfertigungslehre in scharfer Opposition zur lutherischen erscheinen, obwohl in Trient gleichzeitig auch deutlich gesagt wird, dass der Mensch durch seine eigenen Werke ohne die göttliche Gnade durch Jesus Christus vor Gott nicht gerechtfertigt werden kann und damit Luthers Anliegen aufgegriffen wird. In der Darstellung des komplizierten Wechselspiels zwischen zuvorkommender Gnade und menschlichem Tun hat das Konzil den konkreten Prozess des Zum-Glauben-Kommens im Blick, während die Reformatoren sich primär um eine prinzipielle Verhältnisbestimmung von göttlichem Tun und menschlichem Glauben bemühten. Auf der lutherischen Seite sind Verwerfungen in der Konkordienformel von 1577 formuliert. Im engeren Sinn betrifft dabei nur eine Verwerfung in der „Solida Declaratio" die katholische Seite, dort nämlich, wo die Auffassung verurteilt wird, dass die Gerechtigkeit des Glaubens bzw. der Glaube selbst durch menschliche Werke empfangen und bewahrt werden.

(10) Seither war die Rechtfertigungslehre in ihrer gegensätzlichen Auffassung zwischen Lutheranern und Katholiken gewissermaßen festgeschrieben. Trotz verschiedener Versuche, sich an dieser Stelle wieder zu Gesprächen an einen Tisch zu setzen, besteht erst seit 1967 ein offizieller Dialog zwischen der Römisch-Katholischen Kirche und dem Luthertum, das im Lutherischen Weltbund zusammengeschlossen ist. In diesem Dialog wurden sowohl die Rechtfertigung als auch die Ekklesiologie behandelt, woraus dann die speziell für die Rechtfertigungsfrage wichtigen Studien „Evangelium und Kirche" (1972) sowie „Kirche und Rechtfertigung" (1993) entstanden. Eine wichtige Rolle spielten dabei auch der Bericht „Rechtfertigung durch den Glauben" des katholisch-lutherischen Dialogs in den USA von 1983 und die Arbeit des Ökumenischen Arbeitskreises

evangelischer und katholischer Theologen in Deutschland, der in Verbindung mit der Gemeinsamen Ökumenischen Kommission 1986 die Studie „Lehrverurteilungen – kirchentrennend?" vorlegte.

(11) Die genannten Texte wurden im Dialog zwischen der Römisch-Katholischen Kirche und dem Lutherischen Weltbund aufgenommen und weiterentwickelt in den Gesprächen, die zur „Gemeinsamen Erklärung zur Rechtfertigungslehre" von 1997 führten. Diese Erklärung will „zeigen, dass aufgrund des Dialogs die unterzeichnenden lutherischen Kirchen und die römisch-katholische Kirche nunmehr imstande sind, ein gemeinsames Verständnis unserer Rechtfertigung durch Gottes Gnade im Glauben an Christus zu vertreten" (GER 5). Demnach bedeutet Rechtfertigung, „dass Christus selbst unsere Gerechtigkeit ist, derer wir nach dem Willen des Vaters durch den Heiligen Geist teilhaftig werden … Allein aus Gnade im Glauben an die Heilstat Christi, nicht aufgrund unseres Verdienstes, werden wir von Gott angenommen und empfangen den Heiligen Geist, der unsere Herzen erneuert und uns befähigt und aufruft zu guten Werken" (GER 15). Und weiter: „Allein durch Christus werden wir gerechtfertigt, indem wir im Glauben dieses Heil empfangen. Der Glaube selbst ist wiederum Geschenk Gottes durch den Heiligen Geist, der im Wort und in den Sakramenten in der Gemeinschaft der Gläubigen wirkt und zugleich die Gläubigen zu jener Erneuerung ihres Lebens führt, die Gott im ewigen Leben vollendet" (GER 16).

(12) Unterschiede bleiben allerdings noch in verschiedenen Punkten, die in der Gemeinsamen Erklärung durch die Methode des differenzierten Konsenses aufgenommen und dargestellt werden, indem ihre Bedeutung und Intention in ihrer jeweiligen Tradition erklärt wird. D.h. die Unterschiede werden nicht aufgelöst, sondern in ihrer Beziehung zum formulierten Grundkonsens erläutert und damit als mögliche unterschiedliche Gewichtungen oder Akzente innerhalb des Gesamtkonsenses erklärt.

(13) Ein wichtiger Punkt ist dabei die Frage, inwiefern die Rechtfertigungslehre Kriterium für die gesamte christliche Lehre ist. Die GER hält Folgendes fest: „Sie [die Lehre von der Rechtfertigung] ist ein unverzichtbares Kriterium, das die gesamte Lehre und Praxis der Kirche unablässig auf Christus hin orientieren will" (GER 18). Dazu wird vermerkt, dass die Lutheraner die einzigartige Bedeutung dieses Kriteriums betonen, aber dabei nicht den Zusammenhang und die Bedeutung aller Glaubenswahrheiten verneinen, während Katholiken sich von mehreren Kriterien in die Pflicht genommen sehen, aber die besondere Funktion der Rechtfertigungsbotschaft nicht verneinen. Ähnlich werden zu den Themen Sünde, Sündenvergebung und Gerechtmachung, Rechtfertigung durch Glauben und aus Gnade, Sündersein des Gerechtfertigten, Gesetz und Evangelium

und die guten Werke des Gerechtfertigten zunächst die gemeinsame Auffassung formuliert und im Anschluss daran die Positionen der beiden beteiligten Konfessionen in ihrer Bedeutung als unterschiedliche Betonungen innerhalb des formulierten Konsenses dargestellt.

(14) Bereits im Vorfeld der Unterzeichnung dieses Dokuments durch den Lutherischen Weltbund und den Päpstlichen Rat zur Förderung der Einheit der Christen gab es weitgehend auf den deutschsprachigen Raum beschränkte Proteste von Seiten etlicher Theologieprofessorinnen und -professoren (vgl. epd-Dokumentation 11/98). Hierbei wurde vor allem kritisiert, dass entgegen der Behauptung, die GER habe einen Konsens in Grundwahrheiten der Rechtfertigungslehre zwischen der katholischen Kirche und den lutherischen Kirchen erreicht, keine Übereinstimmung erreicht worden sei in der für die reformatorischen Kirchen entscheidenden Einsicht, dass Glaube Heilsgewissheit sei, in der Frage nach dem Sündersein des Gerechtfertigten und in der Frage der Bedeutung der guten Werke für das Heil. Ein nur unzureichender Konsens sei im Hinblick auf die Frage nach Gesetz und Evangelium erzielt worden. Die Betonung der Rechtfertigung als einzigartiges Kriterium auf Seiten der Lutheraner und die Aussage, dass Katholiken sich von mehreren Kriterien in die Pflicht genommen sehen, schlössen sich gegenseitig aus. Damit wurde die Möglichkeit eines differenzierten Konsenses, d.h. der Koexistenz von Unterschieden innerhalb eines umfassenderen Konsenses verneint. Darüber hinaus wurde kritisiert, dass die Annahme der GER keine Konsequenzen im Blick auf die Frage der Abendmahlsgemeinschaft und die gegenseitige Anerkennung als Kirchen hatte.

(15) 1998 veröffentlichte der Vatikan eine „Antwort der Katholischen Kirche auf die Gemeinsame Erklärung zwischen der Katholischen Kirche und dem Lutherischen Weltbund über die Rechtfertigungslehre" (vgl. epd-Dokumentation 27a/98). Diese bezieht sich z.T. auf die gleichen Fragekomplexe, die auch von den deutschen Hochschullehrern markiert wurden. So wird z.B. festgestellt, dass die Formel „zugleich Gerechter und Sünder" in GER 29 „für Katholiken nicht annehmbar" sei. Auch die Kriterienfrage und die Frage der menschlichen Mitwirkung am Heil werden hier gekennzeichnet als noch nicht genügend geklärt. In diesem Zusammenhang wurde von katholischer Seite verdeutlicht, dass sie mit dem Hinweis auf mehrere Kriterien, von denen sie sich in die Pflicht genommen sieht, vor allem an dem grundlegenden Zusammenhang mit den christologischen Dogmen und dem trinitarischen Glaubensbekenntnis der Kirche festhalten will.

(16) Diese hier nicht in ihrer Vollzähligkeit genannten verschiedenen Reaktionen führten dazu, dass von einer kleinen gemeinsamen Arbeitsgruppe eine „Gemeinsame offizielle Feststellung des Lutherischen Welt-

bundes und der Katholischen Kirche" (GOF) mit einem Anhang (Annex) erstellt wurde, die dann schließlich am 31. Oktober 1999 in Augsburg von beiden Seiten feierlich unterzeichnet wurde. In diesem Text wurden die kritischen Anfragen aufgenommen und die Zustimmung zur GER „in ihrer Gesamtheit" ausgesprochen. Dennoch gab es kurz vor dem Unterzeichnungstermin – wieder vor allem in Deutschland – zahlreiche Stimmen von Hochschullehrern, die sich gegen eine Unterschrift aussprachen (vgl. epd-Dokumentation 45/99). Im Prinzip werden hier noch einmal dieselben Punkte moniert wie bereits in der früheren Stellungnahme von Hochschullehrern zur GER.

(17) Die von den Kritikern aufgezeigten Punkte sind in der GER bereits als unterschiedliche Auffassungen gekennzeichnet, aber auf einen festgestellten Grundkonsens bezogen. Die Kritik zeigt jedoch, dass offenbar noch Uneinigkeit darüber besteht, inwieweit unterschiedliche Auffassungen in Einzelfragen nebeneinander bestehen können, ohne einen Konsens im Grundsatz auszuschließen. Es ist nicht die Aufgabe der vorliegenden Studie, diese Frage zu klären, aber in zukünftigen ökumenischen Gesprächen wird man daran nicht vorbeisehen können.

(18) Nach der Unterzeichnung der Gemeinsamen Offiziellen Feststellung setzte sich die Diskussion um die GER fort. Die Kritik – wiederum vor allem aus Deutschland – verlagerte sich nun stärker auf die Frage, welche Bedeutung und welche Verbindlichkeit der GER auf beiden Seiten zukomme. Im katholischen Bereich wurde die GER in offiziellen Äußerungen als eine wichtige Grundlage für die ökumenisch-theologische Forschung bezeichnet. Auch wenn sie bislang nicht als offizielles Lehrdokument gilt, ist ihre Aufnahme in die Sammlung kirchlicher Lehrentscheidungen („Denziger-Hünermann") ein deutliches Indiz für ihre Rezeption in der katholischen Theologie. Auf der lutherischen Seite hat zwar der LWB als Unterzeichner keine kirchenrechtliche Verbindlichkeit für seine Mitgliedskirchen, allerdings fand wie nur selten zuvor bei einer Unterzeichnung eines ökumenischen Dokuments im Voraus eine Zustimmung durch kirchenleitende Organe statt, in Deutschland sogar durch die Synoden aller LWB-Mitgliedskirchen. Für die Frage der Rezeption ökumenischer Dokumente spielen auch in diesem Fall die unterschiedlichen Voraussetzungen in der Ekklesiologie und Kirchenordnung eine Rolle. Die Weiterarbeit wird diese in den Blick nehmen müssen und als Ziel vor Augen haben, die verschiedenen Auffassungen an dieser Stelle als legitimen Ausdruck des christlichen Glaubens zu verstehen.

II. Rechtfertigung und Erlösung im Verständnis anderer christlicher Traditionen

(19) In der Gemeinsamen Erklärung zur Rechtfertigungslehre werden Fragen und Probleme bearbeitet, die in der Reformationszeit zwischen Lutheranern und Katholiken entstanden waren. Diese beiden Kirchen sind daher die zunächst davon Betroffenen. Durch die Auseinandersetzungen damals wurde die Fragestellung aber auch in andere Kirchen hineingetragen. So haben auch andere christliche Traditionen je eigene Akzente in der Theologie der Rechtfertigung entwickelt.

(20) Zu den im DÖSTA vertretenen anderen christlichen Traditionen zählen auch die *Altlutheraner* der Selbständigen Evangelisch-Lutherischen Kirche in Deutschland (SELK), die bei der Erarbeitung und Unterzeichnung der GER nicht einbezogen waren, da sie nicht Mitglied im Lutherischen Weltbund sind. Sie haben zwar gegenüber der lutherischen Theologie des 16. Jahrhunderts keine eigene Theologie der Rechtfertigung entwickelt, heben aber angesichts der GER bestimmte Akzente hervor. Sie betonen den forensischen Charakter der Rechtfertigung als Rettung aus dem Zorn Gottes, die sie auf dem Hintergrund der lutherischen Bekenntnistradition deutlich von einer effektiven Auffassung der Rechtfertigung unterschieden wissen wollen. Es geht darum, dass der glaubende Mensch, der sich auf die Zusage der Gunst Gottes und der Vergebung der Sünden um Christi willen verlässt, seines Heils gewiss ist.

(21) Dem lutherischen Verständnis von der Rechtfertigung am nächsten steht sodann die Tradition der *reformierten Kirchen*. Sowohl Luther als auch Calvin sehen in der Lehre von der Rechtfertigung den „Hauptartikel" der Theologie. Gleichwohl gibt es gewisse unterschiedliche Nuancierungen innerhalb des grundlegenden Konsenses. Calvins Soteriologie betont im Horizont der Wiedergeburt des Menschen durch den Glauben die unauflösbare Zusammengehörigkeit von Rechtfertigung und Heiligung: Der Mensch wird gerechtfertigt um seiner Heiligung willen. Der Betonung der Ehre Gottes korrespondiert die Hervorhebung der Heiligung des Menschen. Jedes synergistische Missverständnis, als könne bzw. müsse der Mensch gemeinsam mit Gott wirken, wird entschieden durch den Hinweis auf Gottes ewige Gnadenwahl ausgeschlossen.

(22) Obwohl die Rechtfertigungslehre in den Kirchen der täuferischen Tradition (*Mennoniten und Baptisten*) in enger Anlehnung an die evangelisch-reformierte Lehre formuliert wurde, hat sie hier doch eine eigene Prägung erhalten. Sowohl Baptisten als auch Mennoniten ist es wichtig, dass Rechtfertigung und Heiligung, d.h. die Zurechnung der Gerechtigkeit Christi durch den Christus ergreifenden Glauben und die geistgewirkte

Erneuerung des Menschen untrennbar zusammengehören. Eine Rechtfertigung ohne die Dimension der Heiligung erscheint ebenso fragwürdig wie eine Heiligung, die die Vergebung der Sünden überflüssig machen will. Gott vollzieht sein Gnadenhandeln nicht ohne den Menschen, sondern der Mensch soll das Geschenk des Glaubens aus freiem Willen annehmen. Möglich wird das durch die vorlaufende Gnade Gottes. Obwohl aus der gleichen Tradition kommend und in der Grundauffassung der Rechtfertigungsbotschaft einig, haben sich zwischen Baptisten und Mennoniten dennoch unterschiedliche Nuancen entwickelt: Während die Baptisten in erster Linie die Notwendigkeit der Evangelisation und die Verantwortung des Einzelnen vor Gott betonen, sehen die Mennoniten die Verantwortung gegenüber Gott eher in der Gemeinschaft angelegt. Sie stellen daher den Aspekt der Nachfolge stärker in den Vordergrund, während die Baptisten den Akzent auf die persönliche Rettung legen.

(23) Die *täuferisch-mennonitische Tradition* betont mit der Reformation die Rechtfertigung allein aus Gnade durch den Glauben – gegen jede Werkgerechtigkeit. Sie stimmt in der Bewertung der Rechtfertigungslehre als Grundlage evangelischen Glaubens mit den anderen Kirchen der Reformation überein. Allerdings hebt sie stärker den Zusammenhang von Rechtfertigung und Heiligung hervor, da sie die Gefahr eines „fruchtlosen" Glaubens sieht. Bekenntnis und Handeln, Glaube und Werke sind nicht voneinander zu trennen. Gute Werke sind nicht einfach die Frucht des Glaubens, sondern sichtbarer Ausdruck des Glaubens als Liebe zu Gott und zum Nächsten (Röm 10; Gal 5). Der Mensch ist aufgerufen, den Weg, der zum Heil führt, selbst mitzugehen. Nur so kann der eigene Wille dem Willen Gottes gleich und die zerstörte Gemeinschaft zwischen Gott und Mensch wiederhergestellt werden. Durch das Christusgeschehen ist der Wille des Menschen vom völligen Gefangensein in Sünde befreit. Der göttliche Geist befreit den Geist im Menschen durch das Hören des Wortes Gottes.

(24) In der *baptistischen Tradition* wird der Begriff „Rechtfertigung" selten gebraucht. Es wird eher von der Versöhnung zwischen Gott und Mensch und von der Erlösung der Welt durch Jesus Christus gesprochen. Zum Glauben gehört nach dieser Tradition immer auch ein aktiver Teil des Vertrauens, d.h. der Mensch wirkt bei der Rechtfertigung mit, wenn auch nicht in einem verdienstlichen Sinne. Seit Ende des 19. Jahrhunderts überwiegt bei den Baptisten eine Theologie, die die Entscheidungsfreiheit des Menschen betont: Göttliche Gnade und menschliche Freiheit gehören zusammen. Da der Glaube eine persönliche Entscheidung einschließt, schreibt die baptistische Lehre der Taufe keine Glauben schaffende Bedeu-

tung zu, sondern eine den Glauben bestätigende, vergewissernde und besiegelnde.

(25) In der *methodistischen Auffassung* wird Rechtfertigung verstanden als die Wiederherstellung der richtigen Beziehung zwischen Gott und dem Sünder durch das Versöhnungswerk Christi. Dies geschieht allein durch den Glauben. Christi Gerechtigkeit wird den Menschen durch das Handeln Gottes zuerkannt und verliehen. Der Heilige Geist befähigt sie dazu, Gott zu vertrauen. Die Methodisten verstehen folglich Rechtfertigung durch den Glauben an Jesus Christus als etwas, das das ganze christliche Leben durch Gottes Handeln und persönliche Aneignung bestimmt. Damit kann man sagen, dass die methodistischen Kirchen sich einerseits mit der lutherischen Tradition tief verbunden fühlen. Doch ebenso unüberhörbar ist die Betonung, dass Gottes Heilshandeln nicht nur in der Vergebung der Sünden und der Annahme des Sünders zu sehen ist, sondern auch in der Verwandlung und Neugestaltung des Gerechtfertigten, der im Prozess der Heiligung von der Macht der Sünde befreit wird. Die in jedem Menschen wirkende vorlaufende Gnade erlaubt dem Menschen, sich auf Gottes Wirken einzulassen. Die Methodisten heute übernehmen die auch bei John Wesley nicht aufgelöste Spannung zwischen der praktisch beibehaltenen Kindertaufe und der bewussten Betonung eines persönlich erlebten Glaubens, wobei eine theologische Zuordnung der beiden Elemente noch aussteht.

(26) Auch bei den *Altkatholiken* findet man eine solche Zwischenposition. In altkatholischer Sicht ist die Rechtfertigung ein punktuelles Geschehen, während die Heiligung ein lang andauernder Prozess ist. Rechtfertigung ist eine Tat Gottes, in der aber auch der Mensch handelt. Dabei wird der Mensch nicht allein von der Strafe der Sünde errettet, sondern von der Sünde selbst befreit. Gute Werke werden verstanden als Konsequenz des Glaubens, um zu vermeiden, dass sie einen Verdienstcharakter bekommen. Man fühlt sich damit sowohl der römisch-katholischen Tradition als auch dem reformatorischen Anliegen verpflichtet. Wichtig ist aus alt-katholischer Sicht, dass Gott stets der am Menschen Handelnde ist. Das menschliche Handeln tritt nicht als zweites neben das göttliche, sondern so, dass es als selbstständiges kreatürliches Handeln voll ernst genommen wird. Rechtfertigung ist ein einmaliger Akt Gottes, muss aber vom Menschen immer neu entgegengenommen werden. Die Heiligung ist dagegen ein fortwährend geschehender Akt. Die „guten Werke" begründen keinerlei Verdienst, aber sind unmittelbare Auswirkungen der Heiligung selbst. Sie können nicht entscheiden über die endgültige Bestimmung, wohl aber nach Gottes freiem und gerechtem Willen deren Grad bestimmen. Am „simul iustus et peccator" wird festgehalten. Rechtfertigung und Heiligung sind

nicht bloß eine Lehre, sondern die Botschaft selbst, die jeder, der den Namen Christi trägt, in eigener, persönlicher Glaubensentscheidung entgegenzunehmen hat. Bei der Rechtfertigung geht es letztlich um die „Vergöttlichung" des Menschen, d. h. um die Überwindung seiner kreatürlichen Begrenztheit. Wenn es um die Applikation des Heilswerkes Christi geht, dann geht es auch um ein „synergetisches Werk", d. h. Gott bewirkt als Schöpfer und Erlöser alles und der Mensch als Geschöpf und Erlöster wirkt ebenfalls alles. Rechtfertigung und Heiligung geschehen im Zusammenwirken von Gott und Mensch.

(27) Der *orthodoxen Theologie* sind die Terminologie und der theologische Duktus, der die Rechtfertigungslehre im Westen charakterisiert, von ihrer Tradition her nicht vertraut. Die Orthodoxie legt den Schwerpunkt auf die Erlösung (soteria) des Menschen, die ein Akt der unermesslichen Liebe Gottes und seiner versöhnenden Gnade ist. Sie beginnt mit der Menschwerdung und findet in der Kreuzigung und der Auferstehung Christi ihre Vollendung, wobei sein ganzes Leben und seine gesamte Tätigkeit erlösenden Charakter haben. Daher wird in der Orthodoxie in diesem Zusammenhang folgende Aussage der Kirchenväter in den Vordergrund gestellt: „Gott ist Mensch geworden, damit der Mensch vergöttlicht werde." Das Heilswerk in Christus bewirkt die Versöhnung des Menschen mit Gott und seine Wiederherstellung als Bild Gottes, die Befreiung von der Herrschaft der Sünde und des Todes. Es eröffnet dem Menschen die Möglichkeit, Gott durch seine freie Mitarbeit mit der göttlichen Gnade immer ähnlicher zu werden. Es gilt als orthodoxer Grundsatz, dass das Heil vollständig von der Gnade des dreieinigen Gottes abhängig ist. Gnade bedeutet, dass Gott selbst als Vater, Sohn und Heiliger Geist in seiner Beziehung zu den Menschen am Werke ist.

Das ein für alle Mal und für alle Menschen geschehene Heil in Jesus Christus wird ihnen im Glauben, der die Werke einschließt, zugeeignet durch das Werk des Heiligen Geistes. Dies geschieht in der gottesdienstlichen Feier des Wortes und der Sakramente. In der Gemeinschaft des Leibes Christi und nicht in der Beziehung des Einzelnen zu Gott wird den Glaubenden das Heil übermittelt. Kein Mensch wird allein gerettet. Die Beteiligung des Menschen an der Erlangung des Heils versteht man in der orthodoxen Theologie als eine freie Mitarbeit des Menschen mit Gott, aber nicht als eine Beteiligung Gottes und des Menschen im Sinne eines teils-teils. Das Heil kommt allein von Gott. Bei der Aneignung des Heils ist aber der Mensch nicht passiv, sondern aktiv. Gott bewirkt das Heil im Menschen, aber nicht ohne ihn. Dieser Synergismus bedeutet, dass der Mensch Mitarbeiter Gottes ist, aber nicht Miterlöser seiner selbst. Gott will, dass auch der Mensch gerettet werden will. Er stärkt seinen Willen, aber der Mensch bleibt dennoch frei, sich zu entscheiden, Mitarbeiter Gottes zu sein oder auch nicht. Das Heil wird ihm nicht aufgezwungen.

(28) Zusammenfassend lässt sich eine weitgehende Übereinstimmung im Verständnis der Rechtfertigungslehre festhalten. Viele Traditionen betonen freilich stärker als die Lutheraner den freien Willen des Menschen und die Notwendigkeit der Heiligung. Sie heben dementsprechend die ethischen Folgen der Rechtfertigung hervor. Keine der hier vertretenen Traditionen versteht die guten Werke als Bedingung für die Rechtfertigung, sondern als deren Konsequenz. Unterschiede bestehen außerdem in der Terminologie und damit im Duktus des theologischen Denkens. Die Tatsache, dass einige der vorgestellten Traditionen den Begriff Rechtfertigung kaum verwenden, sondern ‚Erlösung' oder ‚Versöhnung' bevorzugen, hängt damit zusammen, dass die Rechtfertigung unter einem anderen gedanklichen Aspekt gesehen wird und einen anderen Stellenwert im Gesamten der Theologie und des Glaubens hat als im Luthertum.

(29) Angesichts dieser Sachlage legt sich dem DÖSTA der Vorschlag nahe, durch offizielle, konfessionell multilaterale Gespräche auf Weltebene eine noch umfassendere gemeinsame Erklärung zu dem Themenkomplex der Rechtfertigung des Menschen zu erarbeiten, die auch die Anliegen anderer Traditionen berücksichtigt. Ein erster Versuch in dieser Richtung wurde im November 2001 in Columbus, Ohio (USA) gemacht, wohin die Unterzeichner der GER den Reformierten Weltbund und den Weltrat Methodistischer Kirchen zu einer Konsultation eingeladen hatten. Andere christliche Traditionen sind bisher in das Gespräch noch nicht einbezogen.

III. Die „Gemeinsame Erklärung zur Rechtfertigungslehre" aus der Sicht anderer christlicher Traditionen

III.1 Die „Gemeinsame Erklärung" als kirchengeschichtliches Faktum

(30) Die „Gemeinsame Erklärung zur Rechtfertigungslehre" (GER) zwischen der Römisch-Katholischen Kirche und dem Lutherischen Weltbund und die sie ergänzende „Gemeinsame offizielle Feststellung" (GOF) sind von den Sprechern aller im DÖSTA vertretenen christlichen Traditionen als historisches Ereignis und ökumenischer Meilenstein anerkannt worden.

(31) Die Gesamtsynode der Evangelisch-reformierten Kirche sieht in beiden Dokumenten eine Annäherung im Verständnis der Rechtfertigung auch zwischen Reformierten und Katholiken und aufgrund dessen die Möglichkeit, die Botschaft von der frei machenden Gnade Gottes gemein-

sam mit den Katholiken zu verkündigen. Die Kirchenleitung der („altlutherischen") Selbständigen Evangelisch-Lutherischen Kirche (SELK) hat sich in je einer Stellungnahme zur GER und zur GOF geäußert. In beiden Stellungnahmen wird der Dialog als solcher – trotz zahlreicher inhaltlicher Einwände – positiv gewürdigt, in der zweiten stärker noch als in der ersten. Die Leitung der Baptisten in Deutschland beschrieb die GOF in einem „Offenen Brief" an die Unterzeichner als einen großen Fortschritt auf der Suche nach christlicher Einheit. Der Weltrat Methodistischer Kirchen hat im September 2003 sogar seine Absicht erklärt, der GER förmlich zuzustimmen. Auch aus den Reihen jener christlichen Traditionen, die sich bisher nicht offiziell geäußert haben, wurde im DÖSTA die Einigung zwischen Lutheranern und Katholiken in dieser Frage grundsätzlich begrüßt.

(32) Im Faktum dieser Vereinbarung und in ihren Inhalten liegt also eine ökumenische Relevanz, die über die beiden beteiligten Konfessionen hinausgeht. Dass es gelungen ist, in der Frage der Rechtfertigung des Menschen, die seit dem 16. Jahrhundert von zentraler Bedeutung für die Trennung der lutherischen und der römisch-katholischen Christenheit gewesen ist, einen „Konsens in Grundwahrheiten" zu erzielen, stellt für die übrigen evangelischen und katholischen Kirchen sowie auch für die orthodoxen Christen eine Ermutigung dar, mit Zuversicht weiter an der Überwindung der noch bestehenden Differenzen zu arbeiten.

III.2 Der Grundkonsens

(33) Die theologische Basis für den von Katholiken und Lutheranern erreichten „differenzierten Konsens" wird unter den Ziffern 15–17 der GER formuliert. Es ist von großer Bedeutung, dass dieses „gemeinsame Verständnis der Rechtfertigung" im DÖSTA auch von den anderen kirchlichen Traditionen als mit ihrem Glauben übereinstimmend erkannt wurde.

(34) Die Vertreter der orthodoxen Traditionen erklärten zwar, dass sie den jetzt beigelegten Streit um die Rechtfertigungslehre als eine überwiegend innerwestliche Auseinandersetzung ansehen, die von ihnen kaum nachvollziehbar sei. Das gelte vor allem für die Funktion der Rechtfertigungslehre als Kriterium für Lehre und Praxis der Kirche. Sie sehen jedoch keinen prinzipiellen Widerspruch zwischen den Aussagen zum Inhalt der Rechtfertigungslehre, für die Katholiken und Lutheraner in der GER gemeinsam stehen, und der Lehre ihrer Kirche.

(35) Eher verhalten war die Reaktion auch von altlutherischer und reformierter Seite. Für Altlutheraner ist jedoch der zentrale Abschnitt 15

der GER ebenso zustimmungsfähig wie der Abschnitt 2 C im Annex zur GOF, in dem das „allein aus Glauben" gemeinsam bekannt wird. Es wird von ihnen auch anerkannt, dass viele zentrale theologische Streitfragen zu „einem gewissen Konsens" geführt worden sind. Von reformierter Seite wurde positiv vermerkt, dass mit der gemeinsamen Aussage, der Mensch sei vollkommen auf die göttliche Gnade angewiesen, eine gegenseitig anerkannte Basis im Verständnis der Substanz des Glaubens gelegt ist.

(36) Der „Konsens in den Grundwahrheiten" der Rechtfertigungslehre geht also über den Kreis der beteiligten Lutheraner und Katholiken hinaus. Im Fall der Methodisten zeichnet sich bereits eine Erweiterung des Unterzeichnerkreises ab (vgl. Nr. 31). Von reformierter Seite wird derzeit ein solcher Schritt nicht in Erwägung gezogen. Man stellt vielmehr fest, dass die GER selbst keinen über ihre Unterzeichner hinausgehenden ökumenischen Konsens im Blick habe.

(37) Die besondere Nähe der methodistischen Lehre zur GER ergibt sich daraus, dass Methodisten im Streit zwischen der herkömmlichen römisch-katholischen und der traditionellen lutherischen Rechtfertigungslehre sich aufgrund ihres eigenen theologischen Erbes nicht auf eine Seite stellen konnten, sondern auf beiden Seiten berechtigte Anliegen wahrgenommen haben. Ähnlich gilt das auch für die Baptisten. Beide Freikirchen, Baptisten und Methodisten, sind aus der Reformation in Großbritannien erwachsen, verstehen sich als eindeutig evangelisch, können aber manches, was sie als Überspitzungen der reformatorischen Theologie ansehen, nicht mittragen. Von daher befindet sich der von Katholiken und Lutheranern mit der GER unternommene Versuch einer Verständigung auf Gemeinsames im Einklang mit diesem Teil der freikirchlichen Tradition.

(38) Methodisten, Baptisten und auch Mennoniten gemeinsam ist darüber hinaus eine stark pastorale Ausrichtung ihrer Theologie. Wichtiger als eine möglichst „rein" formulierte Rechtfertigungs*lehre* ist ihnen die verkündigte und gelebte Rechtfertigungs*botschaft*, die Menschen zum Glauben und zur Hingabe an Christus ruft. Aufgrund einer ähnlichen Prägung wird von reformierter Seite an der GER kritisiert, dass sie zwischen Rechtfertigungsbotschaft und Rechtfertigungslehre nicht unterscheide und damit eine wichtige ökumenische Gemeinsamkeit nicht zur Geltung bringe, nämlich das trotz der Differenzen in der Lehre mögliche und notwendige gemeinsame Hören auf die Botschaft von der Rechtfertigung.

(39) Auch von Altkatholiken wird gesagt, dass Rechtfertigung und Heiligung nicht bloß eine „Lehre" seien, sondern die christliche Heilsbotschaft selbst. Im Streit zwischen Lutheranern und Katholiken um das rechte Verständnis der Rechtfertigung nehmen die Altkatholiken eine – wie sie selbst sagen – „Mittelposition" ein: Die Lehre der römisch-katholischen Theolo-

gie verneinen sie nicht, sind aber gleichzeitig offen für die Anliegen der Reformation.

III.3 Die Methodik

(40) Die Ausführungen der GER sind Zusammenfassungen langjähriger ökumenischer Dialoge, die überwiegend die Methodik des differenzierten Konsenses befolgt haben. In dieser Methodik wird nicht angestrebt, dass die Dialogpartner in allen Lehrformulierungen einen vollständigen Konsens im Sinne einer Deckungsgleichheit der Aussagen erreichen. Ein solches Ziel würde die angestrebte Einheit im Glauben als Uniformität auffassen. Der Methodik des „differenzierten" Konsenses liegt dagegen die Überzeugung zu Grunde, dass die Einheit des Glaubens nur als eine Vielfalt erfahrbar werden kann, in der den verbleibenden Unterschieden zwischen den Konfessionen und Traditionen keine kirchentrennende Kraft mehr zukommt.

(41) Zu einem differenzierten Konsens gehört deshalb immer zweierlei: einerseits die Formulierung einer Übereinstimmung im wesentlichen Gehalt einer bislang strittigen Lehre, andererseits eine Erläuterung, dass und warum die verbleibenden Lehrunterschiede als zulässig gelten können und die Übereinstimmung im Wesentlichen nicht in Frage stellen. Das Verfahren fordert demnach zunächst eine Prüfung, ob die Lehre der einen Seite das eigentliche Anliegen der anderen Seite wirklich ausschließt. Ist dies nicht der Fall, muss weiter gefragt werden, ob die Anliegen und Schwerpunkte, die der einen Seite wichtig sind, auch in der Lehre der anderen Seite gewahrt werden. Die an der Erarbeitung eines differenzierten Konsenses Beteiligten müssen sich also darüber klar werden, welche Anliegen sich in den traditionell kontroversen Lehren ausdrücken, ob diese Anliegen miteinander geteilt werden können und ob mit den gemeinsamen Anliegen „verbleibende Unterschiede in der Sprache, der theologischen Ausgestaltung und der Akzentsetzung" (GER 40) vereinbar sind. Deswegen werden in jenen Abschnitten der GER, die das gemeinsame Verständnis formulieren, möglichst keine spezifischen Begriffe der einen oder der anderen Tradition verwendet, sondern man versucht, das Gemeinte in einer gemeinsam gefundenen Terminologie zum Ausdruck zu bringen. Dass im Anschluss daran jede Seite noch einmal getrennt zu Wort kommt, ist nicht allein erforderlich, um die verbleibenden Differenzen darzulegen, sondern auch, um das Gemeinte in der gewohnten Form der jeweils eigenen Tradition auszudrücken.

(42) Mit Hilfe der Methodik des differenzierten Konsenses wird in der GER also zwischen Grund und Ausdruck des Glaubens bzw. zwischen der

geschichtlich bedingten Gestalt der Lehre und ihrem theologischen Gehalt unterschieden. Diese Methodik ist im DÖSTA auf weitgehende Zustimmung gestoßen. Nur von altlutherischer Seite wurde beklagt, dass durch sie die Grundentscheidungen, die hinter den Lehrverurteilungen liegen, nicht ausreichend in den Blick kämen und die Vorordnung der Heiligen Schrift vor der Lehre der Kirche nicht gewahrt werde.

III.4 Themen der GER aus der Sicht anderer Traditionen

(43) Im Folgenden benennen wir diejenigen Themenbereiche der GER, zu denen aus der Sicht der anderen kirchlichen Traditionen – unbeschadet der allgemeinen Zustimmung zum Grundkonsens – differenzierende Anmerkungen zu machen sind.

a. Der Stellenwert der Rechtfertigung in der Soteriologie

(44) In unserem multilateralen theologischen Gespräch ergab sich an einer wesentlichen Stelle eine Differenz zur GER, und zwar in Bezug auf den theologischen Stellenwert der speziellen Rechtfertigungsterminologie. Nicht in allen kirchlichen Traditionen hat der Begriff „Rechtfertigung" eine solch gewichtige Stellung wie in der lutherischen Tradition, in den diesbezüglichen Lehrstreitigkeiten des 16. Jahrhunderts und dementsprechend in der GER. Anderswo wird in der Soteriologie statt von Rechtfertigung eher von Versöhnung, Wiedergeburt, Bekehrung, Heiligung, Erneuerung, Befreiung oder Vergöttlichung gesprochen. Das gilt vor allem für die orthodoxe Tradition, die hierin die altkirchliche Theologie zu bewahren versucht, es gilt aber auch für Baptisten und Mennoniten, deren Wurzeln in der Reformation liegen und die in ihrer Lehre den Bezug zur Bibel betonen. Gemeinsam verweisen sie darauf, dass die Heilige Schrift in ihrer Gesamtheit wesentlich vielfältiger vom Rechtfertigungsgeschehen zeugt, als es die GER aufnimmt.

(45) Die Vielfalt der Motive, Begriffe, Erzählungen und Vorstellungen, in denen die Bibel von Gottes Heilswerk redet, wird auch in der GER beachtet. Der Abschnitt über die „Biblische Rechtfertigungsbotschaft" beginnt damit, dass er Joh 3,16, wo der Begriff „Rechtfertigung" nicht verwendet wird, als biblische Kurzfassung des Evangeliums zitiert (GER 8). Da dieser Vers aus dem Johannesevangelium sowohl von Orthodoxen als auch von Baptisten als für ihre Soteriologie zentral benannt wird, ergibt sich die ökumenische Aufgabe, anhand etwa von Röm 1,16f und Joh 3,16 das Verhältnis zwischen paulinischer und johanneischer Soteriologie näher zu bestimmen. Die GER hält fest, dass die in Joh 3,16 zusammengefasste frohe Botschaft in der Heiligen Schrift Alten und Neuen Testaments in

verschiedener Weise dargestellt wird. Selbst in den paulinischen Briefen werde die Gabe des Heils nicht gleichlautend beschrieben (GER 9). Dass unter diesen Beschreibungen die Rechtfertigung „herausragend" sei (GER 9), ist ein exegetisches Urteil, dessen Relevanz für die gesamtbiblische Hermeneutik und für die Lehre der Kirche noch in ökumenischer Gemeinschaft herausgearbeitet werden müsste. Eine der wichtigsten Bereicherungen, die die anderen kirchlichen Traditionen von Lutheranern und Katholiken empfangen könnten, wäre ein Verständnis dafür, inwiefern die Rechtfertigungsbotschaft „in besonderer Weise auf die Mitte des neutestamentlichen Zeugnisses ... verweist" (GER 17).

(46) Nur so wird für andere kirchliche Traditionen verständlich und nachvollziehbar werden, dass die Rechtfertigungslehre nach gemeinsamer lutherischer und römisch-katholischer Überzeugung „nicht nur ein Teilstück der christlichen Glaubenslehre" ist, sondern „ein unverzichtbares Kriterium, das die gesamte Lehre und Praxis der Kirche unablässig auf Christus hin orientieren will" (GER 18). Diese Aussage ist in der Vorgeschichte der Unterzeichnung der GER besonders umstritten gewesen, da die Lutheraner die Rechtfertigungslehre herkömmlicherweise als einziges Kriterium ansehen und nicht nur, wie die Katholiken, als eines unter mehreren (s. oben Nr. 15). Von reformierter Seite wurde sogar der Vorwurf laut, dass die Erklärung die Rechtfertigungslehre trotz der anders lautenden Behauptung dennoch als einen begrenzbaren Lehraspekt und damit im Interpretationsrahmen des Konzils von Trient behandele. Andererseits gab es lutherische Stimmen, die in der Rückbindung der Rechtfertigungslehre an die Christologie einen Verständnisgewinn sahen. Zu voller Klarheit ist dieser Streitpunkt bisher nicht gelangt. Eine Bestimmung des Stellenwertes und der Funktion der Rechtfertigungslehre, die sich sowohl von einer vereinseitigenden Überbetonung als auch von einer Nivellierung und Vergleichgültigung ihres besonderen Zeugnisses fern hält, bleibt als Aufgabe für die Zukunft bilateraler und multilateraler ökumenischer Gespräche.

b. Gnade Gottes und Mitwirkung des Menschen

(47) Unter den Themen, die in der GER als „Entfaltung" des gemeinsamen Rechtfertigungsverständnisses dargestellt werden, wurde im Dialog des DÖSTA besonders häufig das erste angesprochen, in dem es um die Rechtfertigung „allein aus Gnade" (*sola gratia*) und die Frage der Mitwirkung des Menschen geht (GER 19–21). Gemeinsam bekennen Lutheraner und Katholiken: Der Mensch als Sünder ist „unfähig, sich von sich aus Gott um Rettung zuzuwenden oder seine Rechtfertigung vor Gott zu verdienen oder

mit eigener Kraft sein Heil zu erreichen" (GER 19). Unter diesem Vorzeichen lehren Katholiken, dass der Mensch durch seine „Zustimmung" zu Gottes Handeln an seiner Rechtfertigung „mitwirke", während Lutheraner den Menschen bei der Rechtfertigung „rein passiv" (*mere passive*) sein lassen.

(48) Die orthodoxe Tradition spricht bei der Aneignung des göttlichen Lebens in Christus von einem „Zusammenwirken" (Synergie) der göttlichen Gnade und des menschlichen Willens des Glaubenden, ohne jedoch die absolute Priorität der Gnade zu leugnen, da es Gottes Gnade ist, die den menschlichen Willen befähigt, sich dem göttlichen Willen zu fügen. Damit übereinstimmend sagen die Altkatholiken, dass zwar nicht die Schaffung des Heils, aber doch seine Vermittlung oder Aneignung „synergetischen" Charakter habe. Mit den Orthodoxen zusammen erklären sie, dass der Mensch sich in keinem Glaubensakt, auch im ersten nicht, rein passiv verhalte. Der Glaube ist also nicht allein Gottes Werk, sondern auch Werk des Menschen, nämlich der durch die Gnade erlösten menschlichen Freiheit. Bei der Aneignung des Heils wirken Menschen in dem Sinne mit Gott zusammen, dass sie von Gott bewegt werden, um selbst zu handeln und nicht, um nichts zu tun (in Anknüpfung an die Formulierung Augustins *aguntur ut agant, non ut ipsi nihil agant* in „De correptione et gratia" 2,4).

(49) In ähnlicher Weise waren auch in der Reformationszeit viele Täufer, deren nächste Erben heute die Mennoniten sind, davon überzeugt, dass die vorlaufende Gnade Gottes (*gratia praeveniens*) dem Menschen die Möglichkeit verschafft, das Geschenk des Glaubens freiwillig anzunehmen. Zur Zusammenarbeit mit Gott befähigt ist der Mensch aber erst auf dem Weg der Christusnachfolge zwischen Wiedergeburt und Vollendung, auf dem er ständig der Sündenvergebung bedarf.

(50) Bei den Baptisten besteht heute oft die Sorge, dass eine Betonung der Passivität des Menschen eine willentliche Glaubensentscheidung sinnlos und unnötig machen könnte. In den ersten zweieinhalb Jahrhunderten ihrer Geschichte lehrte noch ein erheblicher Teil der Baptisten die Unwiderstehlichkeit der Gnade und die Passivität des Menschen bei der Bekehrung. Der andere Teil vertrat demgegenüber die dem Menschen von Gott geschenkte Freiheit, die Gnade anzunehmen oder auch abzulehnen. Im Zuge der Erweckungsbewegungen des 19. Jahrhunderts wurde diese Richtung im Baptismus weithin tonangebend. Für heutige Baptisten ist es deshalb wichtig, in der GER zu lesen, dass auch Lutheraner nicht verneinen, „dass der Mensch das Wirken der Gnade ablehnen kann" und an der Rechtfertigung im Glauben personal voll beteiligt ist (GER 21). Eine „ver-

dienstliche" Mitwirkung des Menschen an seiner Rechtfertigung lehnen Baptisten allerdings ab.

(51) Methodisten lehren mit den Lutheranern, dass „der Mensch die Rechtfertigung nur empfangen kann" (GER 21), halten aber die Formel *mere passive* nicht für angemessen. Sie bezeugen stattdessen die vorlaufende Gnade Gottes (*gratia praeveniens*), die dem Menschen erlaubt, sich auf Gottes Wirken einzulassen. So wie schon der Täufer Balthasar Hubmeier zitierte auch John Wesley, der Begründer des Methodismus, gerne den Satz Augustins: „Der dich gemacht hat ohne dich, rechtfertigt dich nicht ohne dich. Er hat also den Unwissenden gemacht und rechtfertigt den Wollenden" (Sermo 169, 11,13). Ohne eigenes Wollen wird demnach niemand gerechtfertigt.

(52) Die Altlutheraner betonen dagegen die Passivität des Menschen bei der Rechtfertigung. Für sie ist Glaube keine Stellungnahme des Menschen, sondern eine Entscheidung Gottes. Das volle personale Beteiligtsein des Menschen an der Rechtfertigung geschehe nicht erst durch dessen glaubende Antwort auf das Evangelium, sondern bereits durch den an ihn gerichteten Zuspruch des Evangeliums.

c. Sündenvergebung und Heiligung

(53) Lutheraner und Katholiken sagen in der GER gemeinsam, dass bei der Rechtfertigung Sündenvergebung und Gerechtmachung zusammengehören, weil der Mensch im Glauben mit Christus vereinigt wird, der sowohl die Vergebung der Sünden als auch die heiligende Gegenwart Gottes ist (GER 22).

(54) Die Altlutheraner beklagen, dass dadurch Aussagen miteinander verbunden werden, die sich unter der Dialektik von Gesetz und Evangelium nicht als gleichrangig herausstellen würden. Der forensische Aspekt der Rechtfertigung, dass Gott den Gottlosen um Christi willen gerecht spricht, werde fast völlig ausgeblendet.

(55) Mit dem integrativen Verständnis der GER stimmt dagegen die baptistische Bekenntnistradition überein, die seit ihren Anfängen die Zusammengehörigkeit von Zurechnung der Gerechtigkeit Christi und geistgewirkter Erneuerung, Rechtfertigung und Heiligung, Sündenvergebung und neuem Leben, Glaube und Werken betont. Ebenso unterstreicht der Methodismus die Verbindung von Rechtfertigung und Heiligung. Unter Rechtfertigung versteht er in reformatorischer Tradition die Sündenvergebung durch Zurechnung der Gerechtigkeit Christi, mit der jedoch immer auch eine wesenhafte Veränderung verbunden ist, nämlich die Heiligung, die zu „christlicher Vollkommenheit" heranwächst.

(56) Die Täufer der Reformationszeit und in ihrer Nachfolge die Mennoniten übernahmen von den Reformatoren die Überzeugung von der Rechtfertigung allein aus Gnade durch den Glauben, betonten aber die Heiligung, die damit unmittelbar verbunden sein müsse. Gute Werke seien nicht einfach die Folge des Glaubens, sondern sein sichtbarer Ausdruck. In den Dialogen von Mennoniten und Lutheranern in den 80er- und 90er-Jahren des 20. Jahrhunderts wurde als beiden Seiten gemeinsame Überzeugung festgehalten: „Wir erhalten das Heil ohne Werke, aber die Abwesenheit der Werke offenbart die Abwesenheit des Glaubens." Die enge Verbindung von Glaube und guten Werken führte die Mennoniten im Unterschied zu anderen Kirchen zur Ablehnung jeder Gewaltanwendung bei der Gestaltung des politischen Gemeinwesens.

(57) Auch in der altkatholischen Lehre werden Gottes Gerechtsprechung und Gerechtmachung, Rechtfertigung und Heiligung ausdrücklich zusammengehalten. Gute Werke haben keinen Verdienstcharakter, sondern sind die Konsequenz des Glaubens – nicht als bloße Zeichen der geschehenen Rechtfertigung, sondern als ihre unmittelbaren Auswirkungen.

d. Simul iustus et peccator

(58) Katholiken und Lutheraner bekennen laut GER gemeinsam, dass der Gerechtfertigte „der immer noch andrängenden Macht und dem Zugriff der Sünde nicht entzogen ist", daher täglich Gott um Vergebung bitten muss und immer wieder zu Umkehr und Buße gerufen ist (GER 28). Mit diesem Bekenntnis sei es vereinbar, wenn Lutheraner auch den Gerechtfertigten noch als Sünder betrachten (*simul iustus et peccator*), da in ihm das selbstsüchtige Begehren weiterlebt, während Katholiken im Gerechtfertigten nur eine „gottwidrige Neigung" wahrnehmen, die keine „Sünde im eigentlichen Sinne" ist (GER 29 und 30 sowie GOF Annex 2 B).

(59) Die Altlutheraner sehen in den Ausführungen der GER eine „Ermäßigung" des Sündenbegriffs, die für sie nicht hinnehmbar ist, weil sie den „Totalaspekt" von Sündersein und Rechtfertigung nicht berücksichtige. Auch der Christ werde von Gottes Gesetz ständig angeklagt.

(60) Die von John Wesley stammende traditionell methodistische Lehre von der „christlichen Vollkommenheit" versteht – darin dem katholischen Sündenbegriff ähnlich – nur die willentliche Sünde als „eigentliche". Daraus folgerte Wesley, dass es dem Christen durch geistliches Wachstum möglich sein müsse, nicht mehr zu sündigen. Heute sind Methodisten – auch unter dem Einfluss lutherischer Theologie – sich der Grenzen und Gefahren dieser Lehre bewusst. Gegenüber der lutherischen Formel *simul iustus et peccator* bleiben sie jedoch reserviert, jedenfalls dann, wenn sie

als doppelte Ganzheitsaussage verstanden wird (nicht nur teils gerecht, teils Sünder, sondern ganz gerecht und ganz Sünder) und etwas anderes sagen will, als dass im Gerechtfertigten nach Gal 5,17 „Fleisch" (das alte sündige Wesen) und „Geist" (die von Gott geschaffene neue Kreatur) miteinander kämpfen. Für Methodisten ist der Christ, solang er lebt, gerecht und versuchlich zugleich.

(61) Die Mennoniten in Deutschland erklärten im Dialog mit den Lutheranern, dass das *simul iustus et peccator* von ihnen heute anerkannt werde. Menno Simons und andere Täufer der Reformationszeit lehnten allerdings die *simul*-Formel ab. Dazu stehen nicht wenige Mennoniten bis heute. Obwohl sie nicht bestreiten, dass auch ein Getaufter stets der Vergebung bedürftig ist, wollen sie doch klar und eindeutig zwischen dem alten, unerlösten Leben und dem neuen Leben aus dem Geist unterscheiden. Ähnliche Vorbehalte gegenüber der lutherischen Formel bestehen bei vielen Baptisten. Sie halten sie nicht für schriftgemäß, da noch nicht Röm 7, auf das sich Luther für seine Formel berufen hat, das Verhältnis des Gerechtfertigten zur Sünde beschreibe, sondern erst Röm 8, wo es um das Leben im Geist geht.

(62) Altkatholiken teilen mit der römisch-katholischen Theologie den Sündenbegriff, der eine dem Menschen zuzurechnende Sünde erst dadurch zustande kommen sieht, dass der Mensch sich bewusst zu ihr entscheidet (vgl. GER 30). Dennoch wird auch die lutherische Formel *simul iustus et peccator* bejaht, und zwar unter dem Gesichtspunkt nicht nur der fortwährend geschehenden Heiligung, sondern auch des einmaligen Aktes der Rechtfertigung. Dabei betonen Altkatholiken, dass diese Formel nicht ontologisch, sondern heilsgeschichtlich zu verstehen ist.

III.5 Ergänzende Themen aus anderen Traditionen

(63) In seinen Gesprächen stieß der DÖSTA zusätzlich auf Themen, die von der GER nicht oder nur am Rande behandelt werden, die für einige der im DÖSTA vertretenen kirchlichen Traditionen jedoch so eng mit der Rechtfertigungslehre zusammenhängen, dass sie hier benannt zu werden verdienen. Dies geschieht in der Überzeugung, dass die Berücksichtigung dieser Themen das christliche Erlösungs- und Rechtfertigungsverständnis nicht unwesentlich bereichert.

a. Vergöttlichung (Theosis)

(64) Für die orthodoxe Theologie steht im Anschluss an die griechischen Kirchenväter und die altkirchlichen Liturgien der Begriff „Vergöttlichung" (Theosis) im Zentrum der Soteriologie. Er nimmt dort die Stelle ein, die

im Bereich der abendländischen Theologie gewöhnlich die Rechtfertigung innehat.

(65) Unter „Vergöttlichung" wird keine naturhafte, sondern eine gnadenhafte Vereinigung des Menschen mit Gott verstanden, ein Teilhaben an den Energien Gottes, das sich im Sieg über den Tod und in der Verklärung vollendet. Vergöttlichung ist das eschatologische Ziel des Menschen, der von Gott ursprünglich zur Gottähnlichkeit, d. h. mit der Bestimmung zum tugendhaften Emporsteigen zu Gott geschaffen wurde, dieses Ziel aber aufgrund seiner Sünde nicht mehr erreichen konnte. Bei der Menschwerdung Gottes in Christus jedoch wurde die menschliche Natur vergöttlicht, so dass die Menschen, die an der Eucharistie teilnehmen, auch an der Gottheit Christi teilnehmen und das Ziel der Vergöttlichung wieder erreichen können. Da das Heil in der Wiederherstellung der Gottähnlichkeit besteht, wird es in den Ostkirchen nicht als juridischer, sondern therapeutischer Vorgang verstanden, als Heilung des gebrochenen Menschseins.

(66) Künftige multilaterale ökumenische Gespräche sollten die Frage vertiefen, inwieweit sich die Rechtfertigungslehre mit der Theosislehre vereinbaren lässt. Ohne Zweifel besteht zwischen dem sog. effektiven Rechtfertigungsverständnis, also dem Begriff von Rechtfertigung als Wiedergeburt, Erneuerung, Gerechtmachung oder Heiligung, und der Rede von der Vergöttlichung des Menschen eine nahe Verwandtschaft. Da laut der GER Rechtfertigung als Gerechtmachung wie als Sündenvergebung im Sinne der Nichtanrechnung der Sünden zu verstehen ist, die effektive Dimension der Rechtfertigung mit ihrer forensischen also zusammengehört (vgl. GER 22), entsteht die Frage, ob zwischen forensisch verstandener Rechtfertigung und Vergöttlichung wirklich ein Widerspruch besteht. Es müsste sich im Sinne eines differenzierten Konsenses zeigen lassen, dass das juridische und das therapeutische Verständnis des Heilsgeschehens nebeneinander bestehen können.

b. Glaube und Taufe

(67) Das Lutheranern und Katholiken gemeinsame Verständnis der Rechtfertigung besagt laut GER 16, dass wir das Heil in Christus und damit die Rechtfertigung *„im Glauben ... empfangen"*. Beide bekennen aber auch: „Dieses Heil wird ihm [dem Sünder, der glaubt] vom Heiligen Geist *in der Taufe ...* geschenkt" (GER 25). Ebenso heißt es, dass „der Heilige Geist *in der Taufe* den Menschen ... rechtfertigt" (GER 28). Die daraus entstehende Frage, in welchem Verhältnis Glaube und Taufe bei der Rechtfertigung zueinander stehen, bleibt in der GER offen. Vor allem bei Baptisten und Mennoniten ist teilweise der Eindruck entstanden, als würde das Tauf-

sakrament im Verhältnis zum Wort Gottes und dem Glauben überbetont. Diese Kirchen, die die Säuglingstaufe ablehnen und nur mündige Menschen aufgrund eines persönlichen Glaubensbekenntnisses taufen, schreiben der Taufe keine Glauben *schaffende*, sondern eine den Glauben *bestätigende*, vergewissernde und besiegelnde Bedeutung zu. Im Gespräch mit ihnen müsste die in der GER offen gebliebene Frage einer gemeinsamen Klärung näher gebracht werden.

c. Rechtfertigung und Gemeinschaft

(68) Von Seiten sowohl der Mennoniten als auch der Altkatholiken und Orthodoxen wurde betont, dass Rechtfertigung nicht nur die Erfahrung eines Individuums ist, wie es in der GER scheint, sondern ein ekklesiologisches Geschehen. Orthodoxe betonen, dass die Vergöttlichung des Menschen sich in der Gemeinschaft der Kirche vollzieht, vor allem in der Feier der göttlichen Liturgie. Nach altkatholischer Auffassung wird die durch Christus geschehene Rechtfertigung „realpräsent" in den Sakramenten und damit auch in der Kirche als einer „Arche des Heils". Man verweist dazu auf die eigentliche Absicht der paulinischen Rechtfertigungsbotschaft, der es nicht primär darum gehe, wie der Einzelne gerettet werden kann, sondern wie Gott unter Juden und Heiden sein Volk sammelt, um das Kommen des Reiches anzubahnen.

(69) Mennoniten interpretieren die Rechtfertigung als soziales Ereignis, weil durch sie versöhnte Beziehungen zwischen Menschen ermöglicht werden. Auch sie verweisen dafür auf die paulinische Rechtfertigungslehre, die nicht auf die Wiederherstellung der Gemeinschaft zwischen Gott und Mensch beschränkt bleibe, sondern auch die zwischen Menschen einschließe. Die auf der Basis der Rechtfertigung mögliche Versöhnung von Menschen verschiedenartiger Herkunft verwirkliche sich in der Gemeinde Jesu. Als sichtbare Größe habe die Gemeinde Jesu einen messianischen Lebensstil und *lehre* insofern nicht nur eine Nachfolgeethik, sondern *verkörpere* sie auch zeichenhaft.

d. Rettung im Endgericht

(70) Dass im Annex der GOF unter 2 E vom Endgericht die Rede ist, wird von den Altlutheranern ausdrücklich begrüßt. Sie beklagen aber eine Unklarheit darüber, wie sich das Rechtfertigungsurteil Gottes über den Sünder hier und jetzt zu Gottes Urteil im Endgericht verhält. Nirgendwo werde gesagt, wer oder was uns im Endgericht Gottes rettet. Damit verbunden sei eine unzureichende Behandlung der Thematik von Gesetz und

Evangelium, die auch zu einer „Unterbelichtung" des Grundes der Heilsgewissheit geführt habe.

e. Der gesamtbiblische Charakter der Rechtfertigungsbotschaft

(71) Es war besonders die reformierte Stimme, die beklagte, die GER erwecke den problematischen Anschein, als zeige sich in der Rechtfertigungslehre das Plus des Neuen Testaments gegenüber dem Alten und damit implizit zugleich der Christen gegenüber den Juden. Da aber das Evangelium von der Rechtfertigung des Sünders auch im Alten Testament klar bezeugt werde, müsse der gesamtbiblische Charakter der Rechtfertigungstheologie herausgearbeitet werden.

III.6 Fazit

(72) Diese Zusammenstellung von Stellungnahmen anderer christlicher Traditionen zur GER ermöglicht eine Antwort auf die in der Einleitung dieser Studie gestellte Frage, ob der von Lutheranern und Katholiken gefundene Konsens auf die anderen christlichen Traditionen ausgeweitet werden könnte. Es zeigt sich, dass nicht nur die Unterzeichnung der GER von vielen Kirchen als ein positiver Schritt gewürdigt wird, sondern dass auch der darin formulierte „Konsens in Grundwahrheiten" der Rechtfertigungslehre von den Vertretern der anderen christlichen Traditionen als mit ihrem Glauben übereinstimmend erkannt wird. Nicht selten verweist man darauf, dass in der eigenen Tradition bereits versucht wurde, die unterschiedlichen Anliegen der römisch-katholischen und der lutherischen Theologie zusammenzuführen. Ebenso wird die in der GER verwendete Methodik des „differenzierten Konsenses" von den allermeisten Mitgliedern des DÖSTA als ökumenisch fruchtbar beurteilt.

(73) Deutlich wird freilich auch, dass die meisten anderen Traditionen sich zwar die wesentlichen Anliegen der GER, nicht jedoch ihren konkreten Wortlaut zu Eigen machen können. Hinsichtlich des Stellenwertes der speziellen Rechtfertigungsterminologie im Ganzen der christlichen Lehre, der Verhältnisbestimmung von göttlicher Gnade und menschlicher Mitwirkung, der Zusammengehörigkeit von Sündenvergebung und Heiligung sowie des Sünderseins des Gerechtfertigten gibt es in den anderen christlichen Traditionen Überzeugungen, deren Beachtung den von Lutheranern und römischen Katholiken erstellten Text zwar nicht in seiner Substanz verändern, aber doch mit einigen anderen Akzenten und Gewichtungen versehen würde. Die Tendenz ginge überwiegend dahin, die Rechtfertigungsterminologie in der Soteriologie durch andere Begriffe und Vorstellungen zu ergänzen, die durch Gottes Gnade ermöglichte Mitwirkung

des menschlichen Willens an der Rechtfertigung zu unterstreichen, die Notwendigkeit der Heiligung und der guten Werke zu betonen sowie die Wirklichkeit des neuen Lebens aus dem Heiligen Geist auch angesichts der Sünden des Gerechtfertigten herauszustellen. Ein ökumenisch-multilaterales Gespräch, das über die jetzigen Anfänge hinausginge, böte aber auch umgekehrt den anderen Traditionen eine Möglichkeit, sich von römischen Katholiken und Lutheranern gemeinsam erläutern zu lassen, warum und in welchem Sinne gerade die Rechtfertigungslehre „unverzichtbares Kriterium" für die gesamte Lehre und Praxis der Kirche ist, warum und in welchem Sinne die „Mitwirkung" des Menschen an seiner Rechtfertigung und seine „Passivität" nicht im Widerspruch zueinander stehen, warum und in welchem Sinne das Rechtfertigungsgeschehen sowohl forensisch als auch effektiv ist und warum und in welchem Sinne von einem „Sündersein" des Gerechtfertigten gesprochen werden kann.

(74) Darüber hinaus hat das multilaterale Gespräch im DÖSTA einige Themenbereiche ins Bewusstsein gerufen, die nach Auffassung der anderen christlichen Traditionen mit der Rechtfertigungsthematik zusammenhängen, aber in der GER nicht oder nicht ausreichend behandelt wurden. Orthodoxe, Altkatholiken und Mennoniten vermissen einen Bezug des Rechtfertigungsgeschehens zur Gemeinschaft der Gläubigen, Baptisten und Mennoniten eine Verhältnisbestimmung von Glaube und Taufe, Orthodoxe eine Berücksichtigung der altkirchlichen Vorstellung von der Vergöttlichung (Theosis) des Menschen, Altlutheraner den Bezug der gegenwärtigen Rechtfertigung zur Rettung des Menschen im Endgericht und Reformierte eine angemessene Aufnahme der Rechtfertigungsbotschaft des Alten Testaments. Eine Berücksichtigung dieser Anliegen würde nicht nur die GER erweitern, sondern auch die römisch-katholische und die lutherische Theologie nicht unerheblich bereichern.

IV. Das biblische Zeugnis von der Rechtfertigung und Erlösung als gemeinsame Quelle und Norm

(75) Die Botschaft und Lehre von der Rechtfertigung der Glaubenden gewinnt in den paulinischen Briefen ihre prägnante Gestalt. Der Völkerapostel steht aber nicht allein; er weiß sich – bei allen Konflikten (Gal 2,11–14) – in grundlegender Übereinstimmung mit Petrus und allen anderen Aposteln (Gal 2,1–10.15f; vgl. Apg 15,7–11). Er beruft sich auf die „heiligen Schriften" Israels (Röm 1,2; 1,17; 3,21; 4,3ff; Gal 3,6ff u.ö.), die unser „Altes Testament" geworden sind. Vor allem versteht er die Rechtfertigungstheologie als Auslegung des Evangeliums von Jesu Sendung, Tod und Auferstehung (Röm 1,16f; 3,21–31; 4,25; 5,6ff u.ö.). Mit seiner Verkün-

digung, der Mensch werde nicht aus Werken des Gesetzes, sondern durch den Glauben an Jesus Christus gerechtfertigt (Gal 2,16; Röm 3,28: vgl. Apg 13,38f), hat er Schule gemacht (Eph 2,11–22; 2Tim 1,8f; Tit 3,5). Die Rechtfertigungslehre, die der Apostel Paulus ausgearbeitet hat, im Kontext der gesamten Heiligen Schrift zu sehen und darin ihre spezifische Bedeutung zu erkennen, ist das gemeinsame Ziel, wenn Christinnen und Christen immer wieder neu die Schriften des Alten und Neuen Testaments lesen, um zu den Quellen ihres Glaubens zu gelangen. Es stellt sich die Frage, auf welche Weise die Rechtfertigungslehre ihre kritische und konstruktive Kraft entfaltet, das Evangelium Gottes, das Jesus im Heiligen Geist verkündet, anzunehmen, tiefer zu verstehen und besser zu leben.

IV.1 Die Einheit der Heiligen Schrift

(76) Dem Alten Testament kommt eine substanzielle Bedeutung in der biblischen Bezeugung der Gerechtigkeit Gottes und der Rechtfertigung der Glaubenden zu. Aus diesem Grund sah sich der Apostel Paulus veranlasst, das Evangelium von der Rechtfertigung aus dem Glauben an Jesus Christus unter ständigem Rückbezug auf die heiligen Schriften Israels zu entfalten. Dabei betont er die Schriftstellen, in denen die Verbindung von Gerechtigkeit und Glaube deutlich wird: Die Verheißung an Abraham, ein Segen für alle Völker zu sein (Gen 12,1ff) beruht auf dessen Glauben: „Abraham glaubte dem Herrn, und der Herr rechnete es ihm als Gerechtigkeit an" (Gen 15,6; vgl. Röm 4,3.9; Gal 3,6). Auch in den prophetischen Schriften, die von der Treue des Gerechten (Hab 2,4; vgl. Röm 1,17; Gal 3,11) und der Verheißung ewigen Bestandes für Zion sprechen (Jes 28,16 resp. 7,9; vgl. Röm 9,33; 10,11), sieht Paulus die rettende Kraft des Glaubens bestätigt. Daher muss auch die Auslegung der Rechtfertigungsbotschaft das alttestamentliche Zeugnis von der Güte und der Gerechtigkeit Gottes einbeziehen.

(77) Die im Luthertum entwickelte Dialektik von „Gesetz und Evangelium" wäre im Ansatz missverstanden, würde sie als Bestimmung des Verhältnisses zwischen den beiden Testamenten in der einen Heiligen Schrift aufgefasst; sie zielt vielmehr auf die Offenbarung des Zornes und die sie überwindende Offenbarung der heilschaffenden Gerechtigkeit Gottes, die Paulus in der Rechtfertigungstheologie des Römerbriefes auf das Zeugnis von Gesetz und Propheten stützt (1,16–3,26). Die reformierte Tradition hat von Calvin her die Einheit der beiden Testamente immer wieder ins Zeichen der Bundestheologie gestellt, die Paulus unter dem Aspekt der Verheißungstreue Gottes als schriftgemäßen Grund für die Hoffnung Israels und der Völker erkannt hat (Röm 9–11). Die katholische Theologie sieht

die Zusammengehörigkeit des Alten und Neuen Testaments im Zeichen der Heilsgeschichte Gottes mit den Menschen, die auf die Verwirklichung des Abrahamssegens für alle Völker (Gen 12) durch Jesus Christus zielt, wie Paulus dies in Gal 3 und Röm 4 darlegt. Die orthodoxe Theologie deutet die Einheit der Schrift im Horizont des untrennbaren Zusammenhangs von Schöpfung und Erlösung, in dem Adams Sünde durch den Gehorsam des Gottessohnes Jesus, des letzten Adam, in Heil verwandelt wird, so wie Paulus in Röm 5 und Röm 8 mit starken pneumatologischen Akzenten das Heilshandeln Gottes verkündet, das der Epheserbrief auf die Kirche bezieht. Keine dieser Interpretationen (die in sich weit reicher sind, als es hier angedeutet werden kann) schließt die andere aus; alle sind zurückverwiesen auf das Gesamtzeugnis der Heiligen Schrift, wie es in der Kirche verstanden wird; alle erschließen es in charakteristischer Weise.

IV.2 Das Alte Testament

(78) Das Alte Testament ist in seiner ganzen Vielfalt davon geprägt, dass der eine Gott, den es „mit ganzem Herzen, ganzer Seele und ganzer Kraft" zu lieben gilt (Dtn 6,4f), sich als der Schöpfer der Welt und als Herr der Geschichte offenbart, der Israel erwählt und trotz der Untreue des Gottesvolkes seinem Bund treu bleibt. Im ganzen Alten Testament ist das Zeugnis der Gerechtigkeit und Liebe Gottes, seiner Gnade und Barmherzigkeit, grundlegend. Gott offenbart sich Mose im brennenden Dornbusch als „Jahwe" (Ex 3,14); auf dem Sinai expliziert er diese Selbstoffenbarung mit den Worten: „Jahwe ist ein barmherziger und gnädiger Gott, langmütig, reich an Huld und Treue" (Ex 34,6). Im Pentateuch wird diese Selbstoffenbarung an wichtigen Stellen aufgegriffen und variiert (Num 14,17–18; Dtn 4,24.31; 5,9f; vgl. Ex 20,2–6). Gottes Barmherzigkeit und Gerechtigkeit stehen in polarer Spannung zueinander, aber Gott hält trotz der Sünde des Gottesvolkes das Übergewicht seiner Gnade und Liebe durch. Diese Grundeinsicht des Glaubens äußert sich vielfach im Beten des Gottesvolkes: „Du aber, Herr, bist ein barmherziger und gnädiger Gott, du bist langmütig, reich an Huld und Treue" (Ps 86,15; vgl. auch den roten Faden dieser Grundeinsicht im ganzen Psalter: im „Hohenlied der Gnade" Ps 103,8.17f; 111,4; 112,4; 116,5; 145,8). In diese Reihe gehört mit seinem Sündenbewusstsein und der Betonung der Vergebung auch der „paulinische" Psalm 130,4.7 sowie die von Paulus im Kontext der Rechtfertigungsbotschaft herangezogenen Bußpsalmen 51,6f und 143,2. In diesen Gebeten kommt die Gottesliebe des von Gott auserwählten Volkes zu lebendigem Ausdruck.

(79) Israels Glaube an Gottes Güte reicht in die Tiefe, weil die Hoffnung auf Gottes Barmherzigkeit sich inmitten der Erfahrung von Schuld und Unrecht, Hass und Gewalt, Sünde und Tod ausprägt (vgl. Ps 36). Gottes Güte erweist ihre ganze Kraft in der Rettung der Verlorenen. Dafür steht der Exodus, sowohl im Rückblick auf die einstige Befreiung aus Ägypten, derer Israel in der Passahfeier gedenkt (Ex 12), als auch im Ausblick auf einen neuen Exodus aus der Welt des Todes in die neue Welt Gottes, wie ihn die Propheten wagen (Jes 40; Jer 31; Ez 20). Angesichts des Unheils und Leids entbrennt aber auch der Zorn Gottes. Ohne ihn wäre die Gnade billig. Gott hält Gericht über die Sünder innerhalb und außerhalb des Gottesvolkes. Aber sein letztes Wort ist nicht die Vernichtung, sondern die Liebe. „Ich bin Gott, nicht ein Mensch, der Heilige in deiner Mitte. Darum komme ich nicht in der Hitze des Zorns", verheißt Gott nach dem Propheten Hosea (11,9).

(80) Die Hoffnung auf Umkehr, Vergebung und Erlösung zeigt sich im Alten Testament als Hoffnung auf die Gerechtigkeit Gottes. Die Bitte, dass Gott sich als gerecht erweise, ist für den Bußpsalm der Ort des Eingeständnisses: „An dir allein habe ich gesündigt" (Ps 51,6f), aber auch der Einsicht, dass nichts als Gottes Gnade einen Ausweg zu bereiten vermag. Denn Gottes Gerechtigkeit wird als seine Güte erkannt, Gottes Güte aber als seine Gerechtigkeit. Die Bitte des Psalmisten: „In deiner Gerechtigkeit rette mich" (Ps 71,2) appelliert im Wissen um die menschliche Schwäche an Gottes Erbarmen. So stehen Gottes Liebe und Gottes Gerechtigkeit im Alten Testamten in einem Spannungsverhältnis, das nicht in ein „entweder – oder" aufzulösen ist. Gott wäre nicht Gott, wenn er nicht vollkommen unabhängig und frei in seinem Verhalten wäre. Dennoch ist er aus Liebe zum auserwählten Volk gnädig und treu. So erfährt Israel Gottes Gerechtigkeit als Aufschub der Strafe, als Aufforderung zur Umkehr und als Heil aus dem Gericht.

IV.3 Das Neue Testament

(81) Ausschlaggebende Bedeutung für das rechte Verständnis der Botschaft von der Rechtfertigung des Sünders haben Leben und Lehre Jesu Christi. In den Evangelien findet sich das Stichwort „Rechtfertigung" freilich nur selten. Am wichtigsten ist das Gleichnis von Pharisäer und Zöllner: Jesus sieht im Gegensatz zum Pharisäer, der meint, der Umkehr nicht zu bedürfen, den Zöllner „gerechtfertigt" nach Hause gehen, der nur bekennt und bittet: „Gott, sei mir Sünder gnädig" (Lk 18,9–14). Aber die Verkündigung der Herrschaft Gottes ist der Horizont eines neuen Verständnisses von Gottes Gerechtigkeit, an der die Rechtfertigung der Glau-

benden hängt. Jesus verkündet die Herrschaft Gottes als Inbegriff von Friede, Seligkeit und Gerechtigkeit (Lk 6,20f par. Mt 5,3–12). Er weiß um die Sünde Israels und der Welt (Joh 3,19ff). Sie fordert Gottes Gericht (Mt 25), aber mehr noch seine Liebe (Lk 15). Jesus sucht nach den „verlorenen Schafen des Hauses Israel" (Mt 10,6; 15,24; vgl. Mk 6,34 parr.). Er vergibt auf den Glauben hin die Sünden (Mk 2,1–10). Kranken, die ihn um Hilfe angehen, sagt er: „Dein Glaube hat dich gerettet" (Mk 5,34 parr.; 10,52 par.; Lk 17,19). Das Matthäusevangelium betont, dass für Jesus das Kommen der Gottesherrschaft die Verwirklichung der Gerechtigkeit ist, nach der die „Armen im Geiste" „hungern und dürsten" (Mt 5,3–12). Jesus erfüllt die Gerechtigkeit (Mt 3,15), indem er das Evangelium der Himmelsherrschaft verkündet – durch Wort und Tat, schließlich durch sein Leiden. Die Gottesherrschaft und ihre Gerechtigkeit ist das, wonach die Jünger Jesu zuerst suchen sollen „und alles andere wird euch dazugegeben" (Mt 6,33).

(82) Jesus ist der Menschensohn, der „nicht gekommen ist, bedient zu werden, sondern zu dienen und sein Leben hinzugeben als Lösegeld für viele" (Mk 10,45 par.). Er ist der leidende Gerechte, der noch am Kreuz für seine Henker bittet: „Vater, vergib ihnen, denn sie wissen nicht, was sie tun" (Lk 23,34). In seinem Tod erkennt die neutestamentliche Verkündigung der Kirche, dass er „für unsere Sünden" geschehen ist (1Kor 15,3; vgl. Gal 1,4) und dass Jesus sich aus Liebe „für mich" (Gal 2,20), „für uns" (1Joh 3,16), „für die Kirche" (Eph 5,25), „für die Sünden der ganzen Welt" (1Joh 2,2) hingegeben hat. Im einmaligen Kreuzestod ist „ein für allemal" (Röm 6,10; Hebr 9,26; 1Petr 3,18) Heil geschehen – im überreichen Maße (Röm 5,12–21). Die Rechtfertigung ist der Erweis der Gerechtigkeit Gottes, weil Gott durch den stellvertretenden Sühnetod Jesu die Erlösung wirkt (Röm 3,21–26). Diese Gerechtigkeit ist reines Erbarmen, weil die Sendung Jesu, seine Hingabe bis in den Tod, die Feindesliebe Gottes erweist (Röm 5,1–11; 8,31–39), in der er selbst die Menschen mit sich versöhnt (2Kor 5,18f).

(83) Die Auferstehung Jesu geschieht „mehr noch" als sein Tod „für uns" (Röm 8,34). „Er wurde hingegeben wegen unserer Verfehlungen und auferweckt zu unserer Rechtfertigung" (Röm 4,25). Denn der Erhöhte tritt zur Rechten Gottes „für uns ein" (Röm 8,34; Hebr 7,25; vgl. 1Joh 2,1). In der Auferstehung Jesu ist die Hoffnung auf die Auferstehung der Toten begründet (1Kor 15,20–28). Die Sendung der Kirche durch den Auferstandenen besteht darin, auf der ganzen Welt die Menschen aus allen Völkern zu Jüngern zu machen (Mt 28,16–20; Mk 16,15; Gal 1,13–17): „Tauft sie auf den Namen des Vaters und des Sohnes und des Heiligen Geistes und lehrt sie, alles zu halten, was ich euch geboten habe" (Mt 28,19f). Diese

Sendung umfasst die Vollmacht der Sündenvergebung (Joh 20,23). Sie zielt auf den „Glauben an Gott" (1Thess 1,8), der den Glauben an die Gottessohnschaft Jesu umfasst (Röm 1,3f). „Wenn du mit deinem Mund bekennst: ‚Jesus ist der Herr' und in deinem Herzen glaubst: ‚Gott hat ihn von den Toten auferweckt', so wirst du gerettet werden" (Röm 10,9).

(84) Dieses Evangelium, „Gottes Kraft für jeden, der glaubt" (Röm 1,16), erhält in der Rechtfertigungslehre des Apostels Paulus seine prägnanteste Ausdrucksform. „Rechtfertigung" meint die Gerechtsprechung und Gerechtmachung dessen, der vor Gott seine Sünden bekennt, weil er durch das Wort des Evangeliums zum Glauben gekommen ist: „Jeder, der an ihn glaubt, wird gerecht" (Röm 10,4). Rechtfertigung umfasst die Vergebung der Sünden (Röm 3,25; 4,6f), ist aber weit mehr: Leben „in Christus" (Gal 2,20f), „Gemeinschaft mit seinen Leiden" (Phil 3,10; vgl. Röm 6,6), Stehen in Gottes Gnade (Röm 5,1f) und Berufung zum Dienst der Gerechtigkeit (Röm 6,18). Die Rechtfertigungslehre darf daher nicht auf einen Machtspruch des göttlichen Richters reduziert werden. Die Rechtfertigung des Menschen beruht auf dem Glauben, der nicht nur Bekehrung, sondern auch Bewährung, nicht nur Vertrauen, sondern auch Bekenntnis ist.

(85) Die „Werke des Gesetzes", die aus der Rechtfertigung ausgeschlossen werden (Röm 3,20.28; Gal 2,16; 3,2), sind jene Taten der Gebotserfüllung, die im Vertrauen auf die Heilsnotwendigkeit und Heilssuffizienz des Gesetzes getan werden. Das Gesetz kann aber nicht Heil schaffen; es deckt die Sünde auf und verheißt den Messias (Gal 3,19–25; Röm 3,21f; 5,20f). Die Gesetzeswerke sind aus der Rechtfertigung ausgeschlossen, weil, wer auf „Werke" setzt, auf „den Lohn, der ihm zusteht" (Röm 4,4), baut, dann aber angesichts seiner eigenen Verfehlungen (Röm 2,17–29) und der Macht der Sünde (Röm 7) Kohelet (7,20) und David (Ps 14,1–3; 53,2–4; 130,3) zustimmen muss: „Es gibt keinen Gerechten, auch nicht einen" (Röm 3,10). Wer die „Gerechtigkeit aus dem Gesetz" sucht, lebt seine „eigene Gerechtigkeit" (Röm 10,3; Phil 3,9). Der Glaube hingegen rechtfertigt, weil er das Leben derer ausmacht, die bekennen: „Ich lebe, aber nicht mehr ich – in mir lebt Christus. Der ich nun im Fleische lebe, lebe ich im Glauben an den, der mich geliebt und sich für mich dahingegeben hat" (Gal 2,20). Dieser Glaube ist eine Frucht des Heiligen Geistes, in dem „die Liebe Gottes in unsere Herzen ausgegossen ist" (Röm 5,5). Er ist der „Glaube, der in der Liebe wirksam ist" (Gal 5,6). Deshalb ist die Liebe „die Erfüllung des Gesetzes" (Gal 5,13f; Röm 13,8ff), das durch die Glaubenspredigt nicht „außer Kraft" gesetzt, sondern „aufgerichtet" wird (Röm 3,31).

(86) Paulus wählt in der Rechtfertigungstheologie die Sprache des Rechts und der Gerechtigkeit, weil sie im Alten Testament verwurzelt ist. Das Recht ist ein hohes Kulturgut; Recht und Gerechtigkeit zusammenzu-

führen, ist nach dem Zeugnis des Alten Testaments der Wille Gottes. Der Weg zum Heil führt durch das Gericht und das Gericht dient der Vollendung des Heils. Paulus füllt das „Rechtliche" der Rechtfertigungslehre theologisch auf: Die Rechtfertigung geschieht „aus Gnade ... in Christus Jesus" (Röm 3,24); sie geschieht „durch den Heiligen Geist, der euch zu Söhnen macht, den Geist, in dem wir rufen: Abba, Vater!" (Röm 8,16; vgl. Gal 4,4ff). Die Betonung der Gerechtigkeit Gottes gibt der Rede von Gottes Liebe und Barmherzigkeit Tiefgang, weil sie um das Problem der Sünde weiß, die Gott vergibt, nicht ohne sie zu verurteilen, wie er die Sünder rettet, nicht ohne sie zu richten. Die Rechtfertigung der Glaubenden, als Offenbarung der Gerechtigkeit Gottes verstanden, zeigt die tiefe sachliche Übereinstimmung mit der Sendung Jesu, der als „Arzt" der Kranken gekommen ist (Mk 2,17 par.) und als Menschensohn, „zu suchen und zu retten, was verloren ist" (Lk 19,10).

(87) Die paulinische Rechtfertigungsbotschaft hat ihren Ort in der Mission, in der den Völkern der Gekreuzigte und Auferstandene als Sohn Gottes verkündet wird (Gal 1,13–17). Dieser „Sitz im Leben" verdeutlicht zugleich die ekklesiale Dimension des Rechtfertigungsgeschehens, in dem die Kirche als Gemeinschaft der Glaubenden begründet ist, in der nicht mehr gilt „Jude oder Grieche, Sklave oder Freier, Mann oder Frau", sondern alle „eins sind" in Christus (Gal 3,26ff). Die Rechtfertigung der Glaubenden ist Voraussetzung der paulinischen Völkermission und Konsequenz seiner Glaubenseinsicht, dass auch die Heiden ihren Platz im eschatologischen Gottesvolk haben. So entfaltet die Rechtfertigungslehre ihre konstruktive Kraft in der Stärkung der Mission und der ekklesialen Gemeinschaft. Daher ist die Rechtfertigungslehre mehr als nur das Kriterium rechter Lehre; sie ist Ausdruck der universalen Dimension der christlichen Heilsbotschaft, dass in Christus alle Völker gerettet werden.

(88) Die Rechtfertigungslehre des Paulus war schon in frühchristlicher Zeit umstritten, weil man – zu Unrecht – die Gefahr einer Relativierung der Sünde (Röm 6,1.15) sah. Jakobus sieht Grund zur Klarstellung, dass ein Glaube, der nur Bekenntnis wäre, es aber an Werken der Liebe fehlen ließe, nicht rechtfertigen könnte (Jak 2,14–26). Im Epheserbrief und in den Pastoralbriefen zeigt sich, wie die paulinische Rechtfertigungsbotschaft auf neuen Themenfeldern und in neuen Situationen weiterentwickelt werden konnte. Hatte schon der Galaterbrief die Einheit der Kirche und die Gemeinschaft der Apostel mit dem gemeinsamen Glauben an Jesus Christus und seine rechtfertigende Kraft verknüpft (2,1–21), sieht der Epheserbrief in der Kirche die trennende Mauer zwischen Juden und Christen eingerissen (Eph 2,11–22). Und hatte der Römerbrief die Rettung von Juden und Heiden auf die Offenbarung der Gerechtigkeit Gottes im Evangelium

zurückgeführt (Röm 1,16f), so wird Timotheus an dasselbe Heilsgeschehen erinnert, das explizit auf Gottes ewigen Heilsratschluss zurückgeführt wird: „Er hat uns gerettet; mit einem heiligen Ruf hat er uns gerufen, nicht aufgrund unserer Werke, sondern aus eigenem Entschluss und aus Gnade, die uns schon vor ewigen Zeiten in Christus Jesus geschenkt wurde" (2Tim 1,8). Im Titusbrief wird dieses Gnadengeschehen – ähnlich wie in Röm 6 vorgegeben – mit der Taufe und der Geistverleihung verbunden: „Als aber die Güte und Menschenliebe Gottes, unseres Retters, erschien, hat er uns gerettet – nicht weil wir Werke vollbracht hätten, die uns gerecht machen können, sondern aufgrund seines Erbarmens – durch das Bad der Wiedergeburt und der Erneuerung im Heiligen Geist" (Tit 3,4f).

(89) Nach dem Johannesevangelium verheißt Jesus das ewige Leben denen, die aus „dem Wasser und dem Geist geboren" werden (Joh 3,3ff). „So sehr hat Gott die Welt geliebt, dass er seinen eingeborenen Sohn gegeben hat, damit jeder, der an ihn glaubt, nicht verloren geht, sondern das ewige Leben hat" (Joh 3,16). Glaube ist nach dem Johannesevangelium Glaube an Jesus als Form des Glaubens an Gott (Joh 12,44). Das ewige Leben ist „Verherrlichung" der Glaubenden durch den, der Gott verherrlicht und vom Vater verherrlicht wird (Joh 17). Es besteht in der Anteilgabe an der Liebe zwischen dem Vater und dem Sohn im Heiligen Geist (Joh 14,23–26). Jesus verheißt, dass dieser Geist als „Tröster" kommen wird: „Wenn er kommt, wird er die Welt überführen (und aufdecken), was Sünde, Gerechtigkeit und Gericht ist; Sünde: dass sie nicht an mich glauben; Gerechtigkeit: dass ich zum Vater gehe und ihr mich nicht mehr seht; Gericht: dass der Herrscher dieser Welt gerichtet ist" (Joh 16,9–11).

(90) Der Erste Johannesbrief befasst sich mit dem drängenden Problem, dass auch die getauften Christen, denen „durch seinen Namen die Sünden vergeben sind" (1Joh 2,12), nicht frei von Sünden sind: „Wenn wir sagen, dass wir nicht gesündigt haben, machen wir ihn zum Lügner, und sein Wort ist nicht in uns" (1Joh 1,10). Wer sündigt, gibt damit zu erkennen, dass er Gott und Christus noch nicht richtig erkannt hat (1Joh 3,6). Einerseits gilt: „Wer die Gerechtigkeit tut, ist gerecht, wie Er gerecht ist" (1Joh 3,7). Andererseits: „Wer die Sünde tut, ist vom Teufel" (1Joh 3,8). Entscheidend ist die Treue Gottes (1Joh 1,9), der „Licht" ist und keine „Finsternis" in sich hat (1Joh 1,5). Deshalb ist Jesus Christus „erschienen, um die Sünde wegzunehmen" (1Joh 3,5) und „die Werke des Teufels zu zerstören" (1Joh 3,8). Die sündigen Christen dürfen sich sagen: „Wenn aber einer sündigt, haben wir einen Beistand beim Vater: Jesus Christus, den Gerechten. Er ist die Sühne für unsere Sünden, aber nicht nur für unsere Sünden, sondern auch für die der ganzen Welt" (1Joh 2,1f). Durch ihn wissen sich die Christen zur Liebe angehalten (1Joh 2,7–11). Die Liebe ist der Weg der

Gotteserkenntnis (1Joh 2,3–6) und der Ausdruck des Glaubens (1Joh 5,1–8), jenes Glaubens, der erkennt: „Gott ist Liebe" (1Joh 4,8.16).

(91) Der Erste Petrusbrief, der Christen Mut zum Glauben in einer feindlichen Umgebung (1Petr 1,1f) machen will, vertritt eine Gnadenlehre (1Petr 5,12), die eng mit der paulinischen verwandt ist, ohne das Vokabular der Rechtfertigung zu verwenden. In der großen Eulogie zu Anfang heißt es: „Gepriesen sei der Gott und Vater unseres Herrn Jesus Christus: Er hat uns in seinem großen Erbarmen neu geboren, damit wir durch die Auferstehung Jesu Christi von den Toten eine lebendige Hoffnung haben und das unzerstörbare, makellose und unvergängliche Erbe empfangen, das im Himmel für euch aufbewahrt ist. Gottes Macht behütet euch durch den Glauben, damit ihr das Heil erlangt, das am Ende der Zeit offenbart werden soll" (1Petr 1,3ff). Nahe verwandt mit Paulus ist auch die Charismenlehre und Ekklesiologie, die auf dieser Erwählungstheologie ruht: „Ihr aber seid ein auserwähltes Geschlecht, eine königliche Priesterschaft, ein heiliger Stamm, ein Volk, das sein besonderes Eigentum wurde, damit ihr die großen Taten dessen verkündet, der euch aus der Finsternis in sein wunderbares Licht gerufen hat. Einst wart ihr nicht sein Volk, jetzt aber seid ihr Gottes Volk; einst gab es für euch kein Erbarmen, jetzt aber habt ihr Erbarmen gefunden" (1Petr 2,9f).

(92) All diese Beobachtungen führen zu der Schlussfolgerung: Auch wo in den Schriften des Neuen Testaments das Heil der Menschen nicht explizit in der Sprache der Rechtfertigung verkündet wird, herrscht eine wesentliche Übereinstimmung in den zentralen Aussagen: dass das Heil Gottes Gnade ist; dass es durch Jesus Christus den Menschen zuteil wird; dass es der Glaube ist, der rettet; dass die Erlösung in der Anteilgabe am ewigen Leben Gottes durch den Heiligen Geist besteht; dass Gottes Liebe seine höchste Gerechtigkeit und seine ganze Gerechtigkeit reine Liebe ist. Eine vertiefende Lektüre des Neuen Testaments zeigt: Die Sache der Rechtfertigungslehre braucht nicht in der Sprache der Rechtfertigungslehre ausgedrückt zu werden, gewinnt aber in ihr ein besonderes Profil, weil sie „in Christus" zeigt, wie Gnade und Gerechtigkeit bei Gott zusammenkommen und wie Heil in einer unheilen Welt geschaffen wird.

(93) Bei der Wahrnehmung der verschiedenen Perspektiven, unter denen die Rechtfertigungsbotschaft in den neutestamentlichen Schriften entfaltet wird, darf schließlich nicht übersehen werden, dass auch Paulus selbst eine Fülle von Motiven verwendet, um von der Gegenwart und der künftigen Vollendung des Heiles zu sprechen: Er spricht vom „Frieden mit Gott" (Röm 5,1), von der „Versöhnung" (2Kor 5,18–21; Röm 5,11), der „Rettung" (Röm 5,9f; 8,24; 1Kor 1,18; 2Kor 2,15), der „Erlösung" (Röm, 3,24), der „Befreiung" (Gal 5,1–13; Röm 6,7) und der „Heiligung" (1Kor

1,2.30; 2Kor 1,1), vom Empfang des Geistes (Gal 3,21–4), vom Leben „in Christus" und der „neuen Schöpfung (2Kor 5,17; Gal 6,15). All diese Motive haben ihre eigenen Bedeutungen. Je mehr sie zusammenklingen, desto stärker wird der Grundton der Erlösung.

(94) Eine Zusammenfassung des biblischen Zeugnisses von Rechtfertigung und Erlösung kann nur von der Identität des Gottes der beiden Testamente ausgehen: Der Gott Israels ist der Vater Jesu Christi. Sein Wesen wird zuerst und grundlegend umschrieben mit Barmherzigkeit, Gnade, Langmut, reicher Huld und Treue. Seine bedingungslose Zuwendung zu den Menschen wirbt um deren freies und verantwortungsvolles Eingehen auf seine Worte und Taten. Zugleich zeigt sich Gott nicht unberührt von der Antwort des Menschen auf seine Taten. Seine Gerechtigkeit beurteilt das Verhalten der Menschen, fordert Konsequenzen ein und dringt auf Bewährung des Glaubens.

(95) In Übereinstimmung mit dem Vater hat sein Sohn Jesus Christus das Wesen des Vaters offenbart. Er wusste sich gesandt als „Arzt der Kranken", als suchender Hirte und rettender Menschensohn, der als leidender Gerechter die Sünden der Menschen auf sich nahm und in Kreuz und Auferstehung darin von Gott bestätigt wurde. Dieses unüberbietbare Heilsgeschehen ist die Grundlage der paulinischen Rechtfertigungsbotschaft, die Vergebung der Sünden, Leben in Christus und Nachfolge Christi verkündet. Die paulinische Ablehnung der „Werke des Gesetzes" wendet sich nicht gegen jedes menschliche Werk. Sie lehnt die menschliche Anmaßung ab, sich selbst aus eigenen Kräften zu rechtfertigen und sich dabei auf die „Werke des Gesetzes" zu berufen. Der Mensch bleibt angewiesen auf die grundlegende Initiative des sich in Jesus Christus zeigenden liebenden Gottes.

(96) Die Einbeziehung der verschiedenen biblischen Bilder und Begriffe für das Werk der Erlösung bietet im Blick auf das ökumenische Gespräch die große Chance, die Charakteristika der verschiedenen christlichen Traditionen – von der orthodoxen Theosis-Lehre über die methodistische Theologie der Heiligung bis hin zur reformierten Bundestheologie – in eine ökumenische Soteriologie zu integrieren. Darüber hinaus eröffnet die Ausweitung der Leitmotive Perspektiven für die dringend erforderliche Aktualisierung der Rechtfertigungsbotschaft.

V. Die Botschaft von der Rechtfertigung in der heutigen Lebenswelt

(97) Neue Versuche, mit der Botschaft von der Rechtfertigung des Sünders Menschen in ihrer heutigen Lebenswelt zu erreichen, lassen gemeinsame

Anliegen in der Verkündigung des Evangeliums offenkundig werden, die die christlichen Kirchen untereinander verbinden. Auf der Basis einer ökumenisch einmütigen Anerkennung der existenziellen Relevanz der Rechtfertigungsbotschaft hat sich der DÖSTA daher auch mit verschiedenen Ansätzen zur Vermittlung dieser Botschaft heute auseinander gesetzt. Ohne den Anspruch auf eine Zusammenfassung der bisherigen Diskussion zu erheben, wollen die folgenden Ausführungen einige Perspektiven aufzeigen, in welcher Richtung die diesbezüglichen Bemühungen weitergeführt und vertieft werden könnten.

V.1 Herausforderungen bei der Vermittlung der Rechtfertigungsbotschaft

(98) Bereits bei der Vollversammlung des Lutherischen Weltbundes in Helsinki 1963 war im Gespräch offen, ob das Bemühen um eine Vergegenwärtigung der Rechtfertigungsbotschaft in der heutigen Zeit gelingen kann. Es schien, dass heute die Strittigkeit der Existenz Gottes und der Zweifel an der Sinnhaftigkeit menschlicher Existenz im Vordergrund stehen und daher zum Ausgangspunkt für das Anknüpfen an die religiöse Wahrnehmung des heutigen Menschen werden müssten. Hierin unterscheidet sich die heutige Situation fundamental von der des 16. Jahrhunderts, als die Annahme des Daseins und des Wirkens Gottes sowie die Hinordnung des Menschen auf die Verantwortung seines Lebens vor Gottes Gericht die unbestrittene Grundlage der religiösen Lebenssicht waren.

(99) Die Hörsituation, in der Menschen im 16. Jahrhundert die Rechtfertigungsbotschaft erreichte, war sehr stark durch die Sorge um das Heil angesichts ihrer persönlichen Sündigkeit geprägt. Das Gericht Gottes wurde dabei vorrangig als ein Ort der individuellen Verantwortung für das eigene Leben betrachtet. Selbst die in Aussicht gestellte, etwaige Erleichterung des Gerichtserlebens von Verstorbenen (Ablass) stand unter dem Vorzeichen der Notwendigkeit individueller Anstrengungen, bei deren Verfehlung ein besonderer Einsatz anderer Menschen Ersatz zu bieten schien. Die von den Reformatoren in Auseinandersetzung mit vorgefundenen religiösen Überzeugungen und Praktiken vertretenen Positionen bewegten sich somit zunächst im Bereich der individuellen Frömmigkeit. Das Empfinden und die Fragesituation von gläubigen Personen sind heute in wichtigen Fragen verändert. Diese Wandlungen betreffen vor allem das Verständnis von Sünde und die Beziehung des Menschen zu Gott.

(100) Im Blick auf die Erfahrung von Sündigkeit und Schuldhaftigkeit menschlicher Existenz heute lassen sich folgende Beobachtungen machen: Viele Menschen erfahren sich gerade dann, wenn sie in reflektierter Weise

über ihr Leben nachdenken, als verwoben in vorgegebene situative Kontexte ihres Handelns. Die sündige Einzelexistenz ist nicht mehr der alleinige Bezugspunkt der Rechtfertigungsbotschaft, obwohl auch heute Menschen eine Vorstellung von dem haben, was die religiöse Tradition als persönliche Sünde bezeichnete.

(101) Nicht wenige Bemühungen um eine Vergegenwärtigung der Rechtfertigungsbotschaft gehen von der Überzeugung aus, dass die Grundlagen der paulinischen Verkündigung und auch der Einsichten im 16. Jahrhundert angesichts der veränderten Gottesbeziehung der Menschen heute nicht mehr gegeben seien. Fragen Menschen heute nicht vorrangig nach dem Dasein Gottes überhaupt angesichts von Naturkatastrophen, Hunger und Kriegen? Nicht der Mensch sieht sich vor Gericht, Gott steht vor Gericht angesichts der Leiden so vieler Unschuldiger in allen Zeiten. Das gläubige Vertrauen auf Gottes universal wirksames gnädiges Handeln hat an Überzeugungskraft verloren. Schenkt Gott seine Gnade willkürlich? Begegnet er den einen lebensbewahrend, den anderen aber lebenszerstörend? Oder gibt es doch einen Zusammenhang zwischen dem Wohlverhalten und dem Wohlergehen eines Menschen? Gerade angesichts von zumindest scheinbar unverschuldeten Unheilssituationen stellt sich für viele Menschen heute die Frage nach dem Zusammenhang von Tun und Ergehen neu.

(102) Bei der Entfaltung der Rechtfertigungsbotschaft in die Verständnis- und Erfahrungshorizonte heutiger Menschen hinein ist die heilsame Warnung Dietrich Bonhoeffers zu beachten, dass die Gnade nicht als „Schleuderware" angepriesen und dadurch „billig" gemacht werden darf. Nach Bonhoeffer geschieht dies immer dann, wenn man die Gnade als „Prinzip" göttlichen Verhaltens versteht. Wenn man zum Kern der Rechtfertigungsbotschaft erklärt, dass Gott jeden Menschen so angenommen habe wie er nun einmal sei, muss man sicherstellen, dass dies nicht als eine psychologisch wirksame Selbstbestätigung verstanden wird. Im Zentrum der Rechtfertigungsbotschaft steht vielmehr, dass ich durch den Blick auf Christus mir selbst entzogen werde. Die Grundlage seiner Existenz hat der Gerechtfertigte außerhalb seiner selbst in Christus.

(103) Abgesehen von der Frage, wie die Sehnsucht des Menschen nach Erlösung heute mit der Botschaft von der Rechtfertigung des Sünders in Einklang gebracht werden kann, muss eine weitere, grundlegendere Anfrage gestellt werden: Kann man überhaupt Gottes Urteil über den Menschen und seine Lebenserfahrung in denselben Verstehenszusammenhang bringen? Muss eine Vergegenwärtigung der Rechtfertigungsbotschaft nicht vielmehr die Unanschaulichkeit Gottes in seinem Handeln an den Menschen zur Sprache bringen? Das Anliegen dieser Frage wird aufgegrif-

fen, wenn man festhält: Von sich aus und von der Erfahrung seiner Sünde her kann der Mensch niemals auf Gottes gnädiges Handeln schließen. Gott erbarmt sich über die Menschen aus freier Gnade: Seine barmherzige Zuwendung zum Menschen ist reine Gabe, bloßes Geschenk.

(104) Das Scheitern der Suche nach einer neuen Sprache für die Rechtfertigungslehre in den 60er Jahren des 20. Jahrhunderts kann rückblickend als Auftakt zu einer Phase intensivierter Auseinandersetzung mit den Grundlagen der christlichen Hoffnung auf Erlösung verstanden werden. Dabei traten auch die sehr verschiedenen Kontexte, in denen weltweit unheiles Leben erfahren wird, deutlich ins Bewusstsein. Die inneren und äußeren Nöte, aus denen heraus nach Erlösung gefragt wird, sind in den reichen Ländern anders als in den armen, in denen um das tägliche Wasser und Brot gebangt werden muss.

(105) Die Suche nach neuen Sprachformen und Möglichkeiten der Vermittlung der Botschaft von der Rechtfertigung in der heutigen Zeit muss die genannten Schwierigkeiten berücksichtigen und bei den eben genannten Beobachtungen zur religiösen Erfahrung und Empfindung heutiger Menschen in ihren unterschiedlichen Kontexten ansetzen.

V.2 Neuansätze zur Vermittlung der Rechtfertigungsbotschaft

(106) Gemeinsam bekennen sich Christinnen und Christen aus verschiedenen Traditionen zum Christusereignis als dem geschichtlichen Ort, an dem die abgründige Sündigkeit der Menschen sowie das unverdiente Erbarmen Gottes offenbar werden. Dieses einmalige Geschehen ist der beständige Bezugspunkt jeder Betrachtung des eigenen Lebens vor Gott. Für jeden Menschen ist der persönliche Glaube an Jesus Christus angesichts der eigenen sündigen Verlorenheit die einzige Hoffnung im Gericht, aus dem allein Gottes Gnade befreien kann. Von dieser Erkenntnis ausgehend soll im Folgenden beispielhaft gezeigt werden, wie die Rechtfertigungsbotschaft in die Lebenswelt heutiger Menschen hinein vermittelt werden kann.

(107) *Bewusstwerden der Verantwortung vor Gott*: Viele Faktoren tragen dazu bei, dass vom 16. Jahrhundert bis heute stark forensisch geprägte Formulierungen für das Geschehen der Rechtfertigung gebraucht werden. Für diese gibt es auch heute noch Anknüpfungspunkte im Erfahrungshorizont der Menschen: Urteile vor Gericht – sei es ein Freispruch oder ein Schuldspruch – haben entscheidenden Einfluss auf das weitere soziale Leben. Der Beschuldigte hat den Ausgang seines Prozesses nicht in der Hand und muss das Urteil letzter Instanz, ob er will oder nicht, passiv hinnehmen. Der christliche Glaube an das kommende Weltgericht Gottes legt

die Verwendung von Gerichtsmetaphern für die Rechtfertigung nahe. Auch den Angehörigen anderer Religionen ist die Erwartung eines jenseitigen Gerichts vertraut. Die meisten Menschen ahnen wohl auf irgendeine Weise, dass sie sich einmal vor einer höheren Instanz verantworten müssen. So hilft die Rechtfertigungsbotschaft, dass Menschen sich ihrer Verantwortung vor Gott bewusst werden.

(108) *Befreiung vom Zwang zur Selbstrechtfertigung*: Aber auch Menschen, denen sich die Frage nach Schuld und Sühne nicht in dieser Weise aufdrängt, finden in ihrer Erfahrung Voraussetzungen für das Verständnis der forensischen Rechtfertigungsbotschaft. Das Dasein aller Menschen ist bestimmt vom Streben nach Selbstrechtfertigung, denn jeder Mensch ist auf Anerkennung durch andere angewiesen und lebt in Verantwortung gegenüber anderen. Der Wunsch und die Pflicht, sein Verhalten zu rechtfertigen, verschwindet nicht, wenn Menschen Gott leugnen oder ignorieren. Wo man kein Gericht Gottes mehr kennt, da tritt an seine Stelle ein menschliches Gericht – bei nicht-justiziablen Fragen ist es das Gericht der engeren Gemeinschaft oder der öffentlichen Meinung. Die christliche Rechtfertigungsbotschaft kann an diese Erfahrungen anknüpfen, indem sie den Menschen vor Gott stellt, ihn damit vom Urteil der Menschen existenziell unabhängig macht, vom Streben nach Selbstverwirklichung und Selbstbehauptung entlastet und vom Zwang zur Selbstrechtfertigung befreit.

(109) *Veränderung des persönlichen Verhaltens*: Auch Menschen von heute tragen eine Vorstellung von dem in sich, was die religiöse Tradition als persönliche Sünde bezeichnete. Dabei erscheint die abstrakte Rede von der Gottesferne zumeist weniger hilfreich als der konkrete Blick auf die Folgen von Feindschaften in menschlichen Beziehungen. In der Regel kann etwa über die Wirkungen von neidvollen oder missgünstigen Worten oder Taten eine Verständigung im Gespräch erreicht werden. Wenn die leidvollen Folgen des Handelns wahrgenommen werden, kann man heute vielfach einvernehmlich zu moralischen Qualifikationen einer Tat kommen. Dabei bleibt die Ethik als Korrespondenzraum der Rechtfertigungsbotschaft präsent: Gottes Weisung zu einem Leben der Liebe erweist sich sowohl in der Lebenszeit als auch vor Gottes eschatologischem Gericht als begründet. Die Rechtfertigungsbotschaft ist kein Freibrief für ein rein selbstbezogenes Handeln, das die Lebensrechte der anderen Geschöpfe missachtet. Es entspricht dem Grundempfinden gläubiger Menschen, gerade als von Gott Gerechtfertigte in der Nachfolge Jesu ein Leben der Liebe leben zu sollen – und dazu auch im Heiligen Geist befähigt zu sein.

(110) *Befreiung von der überpersönlichen Macht der Sünde*: Bei vielen Vorkommnissen im Leben eines Menschen ist es kaum einsichtig, wenn

ein ausschließlich persönlich verantworteter Hintergrund für Taten oder Haltungen angenommen wird. Verstrickungen in nicht persönlich bewirkte Zusammenhänge sind offenkundig. Solche Beobachtungen machen es erforderlich, die Rede von der Sünde von einer individualisierten Fehldeutung zu befreien und sie in ihre sozialen Zusammenhänge zu stellen. Die theologische Tradition kennt die Vorstellung vom vorpersonalen Bösen und unterscheidet die Kontexte, in denen Menschen es erfahren: Die lateinamerikanische und afrikanische Befreiungstheologie spricht von der strukturgewordenen Sünde, die Armut, Hunger und Unfreiheit hinterlässt. Die westeuropäische und nordamerikanische Befreiungstheologie achtet auf Gestalten des Unheils in Beziehungen, durch die Menschen Selbstabwertung, Lethargie und Einsamkeit erleiden. In der psychotherapeutischen Theorie und Praxis wird dem Phänomen der Daseinsangst, in die hinein Menschen als freiheitliche Wesen sich gestellt sehen, Beachtung geschenkt. All diese Zugänge zum Verständnis der vorpersonalen Sünde machen auf Phänomene des Bösen aufmerksam, die durch die Umkehr einzelner Menschen allein nicht verändert werden können, die aber das Lebensempfinden des Menschen von Geburt an mitbestimmen und sich in den freiheitlich-personalen Taten der einzelnen Menschen auswirken. Chancen der Heilung ergeben sich durch die Überwindung der Individualisierung auf dem Weg in die Gemeinschaft der durch Christus begnadigten Sünder.

(111) *Hoffnung auf Gerechtigkeit*: Die Sehnsucht nach Gerechtigkeit ist groß. Zwischen Recht und Unrecht, Gut und Böse soll und muss unterschieden werden – besonders im Namen der Opfer von Hass und Gewalt, Vernachlässigung und Unterdrückung. Als Menschen haben wir es aber nicht in der Hand, vollkommene Gerechtigkeit zu schaffen – weder im persönlichen und privaten noch im politischen und sozialen Bereich. Einige resignieren deshalb, andere reagieren mit unmenschlicher Härte gegen sich und andere, wieder andere flüchten in Zynismus. Die christliche Rechtfertigungsbotschaft aber macht Hoffnung auf die Gerechtigkeit Gottes (s. oben Nr. 92), die im Reich Gottes vollendet sein wird, den Glaubenden aber schon in der Gegenwart geschenkt ist. Weil Vergebung erfahren wurde, schärft sich der Blick für die verborgenen Erscheinungsformen des Bösen. Das Handeln konzentriert sich auf das, was im Dienst am Nächsten konkret zu tun ist. Das Herz schlägt mit denen, die Ungerechtigkeit erfahren und um deren Erlösung die Glaubenden beten dürfen, auch wenn ihnen die Hände gebunden sind. Der Mensch wird frei, vor Gott und den Nächsten die eigene Schuld zu bekennen und Schuld zu vergeben, weil Gott das Unrecht nicht gutheißt, sondern der Gerechtigkeit zum Durchbruch verhilft.

(112) *Ermöglichung der Versöhnung von Tätern und Opfern*: Die Rechtfertigungsbotschaft zeigt uns Gott auch als jemanden, der sich stellvertretend zum Heil der Menschen einsetzt und dadurch Erfahrung von Stellvertretung unter Menschen ermöglicht. In der Beziehung zwischen den Menschen und Gott macht Gott sich zum Stellvertreter für diejenigen, die Verletzungen erfahren, Ungerechtigkeit und Beziehungslosigkeit erleiden, und ebenso zum Stellvertreter für diejenigen, die konkret schuldig geworden sind. Für die Opfer ist er der Ermutiger, für die Täter der Richter, der immer auch stellvertretend für die Opfer spricht, indem er ihr Opferdasein vor Augen hält, aber auch stellvertretend für die Täter eintritt, indem er die für den Versöhnungsprozess notwendige Buße ermöglicht und trägt. In dieser doppelten Stellvertretung bewirkt Gott die Versöhnung, die in der Welt notwendig ist, indem er die beteiligten Instanzen entzerrt. Man kann sehen, wie das geschieht, wenn man die Klagepsalmen mit ihren Verwünschungen der Feinde liest. In ihnen vollzieht sich ein geradezu therapeutisches Versöhnungsgeschehen, in dem Gott stellvertretend zum Beschuldigten wird und den berechtigten und für die Heilung notwendigen Zornesausbruch der Opfer ermöglicht, ohne dass er den Kreislauf von Gewalt erneut in Gang setzt. Hier erweist sich Rechtfertigung als seelsorgerlich und sozialethisch relevant, insofern als die Gott-Mensch-Beziehung unverzichtbar ist für das Gelingen von Versöhnung im zwischenmenschlichen Bereich.

(113) *Überwindung des Leistungsdrucks*: Die Botschaft von der Rechtfertigung sagt, dass das Gelingen unseres Lebens im Ganzen und seine Sinnhaftigkeit nicht einem blinden Zufall anheim gegeben sind, sondern dass es uns als Geschenk des uns liebenden Gottes zugesagt und verheißen ist. Der Erfolg unseres Lebens als Ganzes hängt letztlich nicht an unserer Leistung. Auch derjenige, der sich im oft gnadenlosen Kampf und Wettbewerb nicht durchsetzen kann, steht unter der Verheißung, dass ihm umsonst zuteil wird, was ihm durch seine eigene Leistung verschlossen bleibt. Es ist eine menschliche Grunderfahrung, dass wir die Dinge, die in unserem Leben am meisten zählen, nicht machen oder kaufen können, dass sie uns zuteil werden und wir sie als Geschenk empfangen: Dass wir sind, dass wir gesund sind, dass das Leben in der Familie und mit den Kindern glücklich wird – all dies ist nicht unsere Leistung.

(114) *Begründung der Menschenwürde*: Es ist eine Frucht jüdisch-christlicher Botschaft, dass der Mensch als Person einen absoluten Wert darstellt. Dieser Wert ist ihm nicht verliehen durch die Verfassung oder die Gesellschaft, auch nicht durch seinen Verstand oder sein Bewusstsein, sondern durch eine Wirklichkeit, die unbedingt und nicht verfügbar ist, und deren Anruf den Menschen der Verfügbarkeit enthebt. Glaubende

sagen zu ihr Gott. Wo diese Fundierung des Menschen entfällt, ist letztlich die absolute Geltung der Personwürde und der Menschenrechte nicht mehr zu begründen, dann findet die Frage, warum die Gesellschaft Wert und Würde nicht auch einmal absprechen kann, wenn ein Mensch sich als „menschenunwürdig" erweist und verhält, keine zwingende Antwort mehr.

(115) *Anerkennung der Person unabhängig von ihrem Handeln*: Die Rechtfertigungsbotschaft unterscheidet zwischen der Person und ihrem Handeln. Der Mensch geht nicht auf in dem, was er tut, weder in seinen guten noch in seinen schlechten Taten. Er ist als Person immer mehr als das, was er geleistet oder verfehlt hat. Auch dort, wo er nichts oder nichts mehr zu leisten vermag, hat er seinen Wert in sich. Er ist nicht nur der „Kranke", der sich und anderen nur Mühe bereitet, oder der „Verbrecher", der von seinen Taten oder Untaten her seine Definition empfangen würde. Oder allgemeiner: Auch derjenige, der sich selbst keine Heilschance auszurechnen vermag, bei dem vieles oder alles schief gelaufen ist, steht unter der Verheißung, die gerade dem Sünder gilt. Ich darf Ja zu mir sagen, weil Gott Ja zu mir sagt, unabhängig von Kontostand und Zeugnisnoten, von beruflichem Erfolg und gesellschaftlicher Anerkennung.

(116) *Trost in der Erfahrung von Leid*: Angesichts der Wahrnehmung unverschuldeten Leids zweifeln viele Menschen heute an der Gerechtigkeit und Güte Gottes. Man sollte allerdings nicht Gott für etwas anklagen, was Menschen verursacht haben. Eine präzise Erforschung der langfristigen Einflussnahmen von Menschen auf Phänomene, die sich leidvoll auswirken, entlastet die Gottesfrage. Angesichts eines Grundempfindens vieler Menschen für ihre Ohnmacht gegenüber weltweit anzutreffenden Unheilsverhängnissen bekommt die Rechtfertigungsbotschaft eine neue Relevanz: Sie befreit den Menschen von der alleinigen Sorge um das Leben der Mitgeschöpfe und erzieht zu einem Vertrauen in die Wege Gottes, die auch im Tod nicht enden.

(117) *Motivation zu persönlichem Engagement*: Bereits in neutestamentlicher Zeit stand die Rechtfertigungsbotschaft zu Unrecht unter dem Verdacht, das Bemühen um eine Wende der Not preiszugeben. Sie vermag jedoch Menschen aus der drohenden Verzweiflung angesichts ihrer Ohnmacht herauszulösen, wenn ihnen bewusst wird: Auch unser Tun steht unter der Verheißung der Rechtfertigung. Daraus folgt, dass wir das tun können und dürfen, was uns möglich ist, selbst wenn wir in konkreten Situationen vorhersehen, dass wir nicht Erfolg haben werden, dass wir hinter dem zurückbleiben, was wir anstreben. Aber weil wir Fehler machen dürfen, können wir überhaupt erst handeln. Wenn das Perfekte, das Ganze, das Heil von uns gefordert wäre, würde das jedes Tun unmöglich machen.

Aber weil wir wissen, dass nicht alles von uns verlangt wird, dass auch Fehler vergeben werden, können wir getrost tun, was in unserer Macht steht, und zwar so gut, wie wir es mit unseren begrenzten Möglichkeiten vermögen. So gesehen führt die Botschaft von der Rechtfertigung nicht zur Passivität, sondern sie befreit zum Tun. Weil wir uns *von Gott angenommen* wissen, haben wir die Freiheit Verantwortung zu übernehmen und uns für unsere Mitmenschen und unsere Mit-Welt zu engagieren. Wenn wir auf diese Weise die Frohe Botschaft des Evangeliums bezeugen und sie mit Leben erfüllen, dann kann die Botschaft von der Rechtfertigung ihr Ziel erreichen, dass wir und die ganze Schöpfung *in Christus verwandelt* werden.

Die Vorstudien

Harald Wagner

Der Dialogprozess zur „Gemeinsamen Erklärung zur Rechtfertigungslehre" und die weitere Diskussion in der römisch-katholischen Kirche

1. Allgemeine Bewertung

Zunächst einmal ist festzustellen und festzuhalten, daß die „Gemeinsame Erklärung zur Rechtfertigungslehre" von 1999 (= GER) von so gut wie allen katholischen Ökumenikern, ökumenisch engagierten Theologen und Kirchenführern, von verschwindenden Ausnahmen abgesehen, insgesamt *äußerst positiv* eingeschätzt und gewürdigt wird. In einem bedeutenden Vortrag in Wittenberg am 10. Oktober 2002 nennt z. B. *Kardinal Karl Lehmann* die GER einen „Meilenstein auf dem Weg der getrennten Christen zu einer größeren Gemeinsamkeit und dichteren Gemeinschaft".[1] Was macht die GER so bedeutsam? Es ist nunmehr, und hier stimmen die katholischen Theologen Lehmann voll zu, „nach einer fast 470 Jahre alten Geschichte der Trennung verbindlich zum Ausdruck gebracht worden, daß die getrennten Kirchen gemeinsame Aussagen zur Lehre von der Rechtfertigung machen, die damals Ausgangspunkt und letztlich Grund für das Zerbrechen der abendländischen Kirche gewesen ist".[2] In der Rechtfertigungslehre, so Lehmann (und andere Theologen in diesem Punkt), wird sachlich die Mitte des Evangeliums zur Sprache gebracht. Vgl. GER Nr. 117:

> „Gemeinsam sind wir der Überzeugung, daß die Botschaft von der Rechtfertigung uns in besonderer Weise auf die Mitte des neutestamentlichen Zeugnisses von Gottes Heilshandelns in Christus verweist."

---

[1] K. Lehmann, Rechtfertigung und Kirche, in: Wilfried Härle / Peter Neuner (Hg.), Im Licht der Gnade Gottes. Zur Gegenwartsbedeutung der Rechtfertigungsbotschaft, Münster 2004, 201–225. 201.

[2] K. Lehmann, Frei aus Glauben. Zur Situation der evangelisch-katholischen Ökumene nach der „Gemeinsamen Erklärung zur Rechtfertigungslehre", in: Internationale katholische Zeitschrift „Communio" 29 (2000), 438–450, 438.

Gemeinsam! Diese Einsicht ist aus katholischer Perspektive die Folge und das Ergebnis eines langen Prozesses. Es wird sozusagen kirchenamtlich ratifiziert, was im katholisch-lutherischen Dialog schon lange Zeit als gemeinsame Erkenntnis gewachsen war. Zu erinnern ist an den *Malta-Bericht* (1967–72), an den katholisch-lutherischen Dialog in den USA „*Justification by Faith*" (1978–83), an das deutsche Projekt „*Lehrverurteilungen – kirchentrennend?*", dessen Ergebnisse 1986 publiziert worden sind. In Erinnerung gebracht seien auch die flankierenden Dokumente *Das Herrenmahl* (1978), *Das geistliche Amt in der Kirche* (1981), *Wege zur Gemeinschaft* (1986) und *Einheit vor uns* (1984). Schließlich sei noch *Kirche und Rechtfertigung* (1994) genannt. Die GER selber nennt ja diese Dialogberichte und betrachtet sie als eine Art präzise Zusammenfassung des schon Erreichten. Deshalb dürfen wir auch nicht so tun, als müßten wir bei allen im Kontext der Rechtfertigung anstehenden Problemen noch einmal ganz von vorne beginnen. „Wenn man in den einzelnen Sachbereichen der Rechtfertigungslehre", so Lehmann völlig zu Recht, „wieder zurückfällt und den jeweiligen Konsensstand grundlegend bestreitet, ist es natürlich auch verständlich, dass der differenzierte Konsens in den Grundlagen erheblichen Schaden nimmt."[3] Gerade deshalb ist es nötig, Problembereiche, in denen Unklarheit besteht, aufzuarbeiten, wie es etwa der Ökumenische Arbeitskreis evangelischer und katholischer Theologen in den Studien zu „Simul iustus et peccator" unternommen hat.[4] Auch andere Fragen wären nochmals wegen eventuell bestehender Unklarheiten anzugehen: „Allein aus Glauben", „Heilsgewißheit", die Rechtfertigungslehre als „Lenker und Richter über alle Stücke christlicher Lehre", wie *Luther* bekanntlich formuliert hat[5] usw. Wir kommen auf einige Details noch zurück. Die klassischen Gegensätze sind jedenfalls überwunden, auch wenn es nun einiges zu tun gibt.

2. Differenzierter Konsens

Das alles darf so gesagt werden, weil sich der Konsens, der mit der GER erreicht wurde, als „differenzierter Konsens" versteht. Der Weg des „diffe-

---

3 K. Lehmann, Rechtfertigung und Kirche, 209. – Demgegenüber überzeugt mindestens aus katholischer Perspektive der Artikel von Beatus Brenner nicht, der verschiedene Vorbehalte gegen die Verbindlichkeit (auch im katholischen Raum) geltend macht, z. B. daß „nur" der Einheitsrat, nicht aber die Glaubenskongregation tätig geworden sei. Beatus Brenner, Wie verbindlich ist die Gemeinsame Erklärung zur Rechtfertigungslehre? Ein Literaturbericht zu einigen Aspekten der kirchlichen Rezeption ökumenischer Dokumente, in: MD 2004 (1), 11–12.
4 Dialog der Kirche 11, 2001.
5 WA 39 I, 208.

renzierten Konsenses", nun auch kirchenamtlich anerkannt, will zwischen Sachinhalt und Sprachgestalt einer Lehre unterscheiden und andererseits versuchen, in fremden Sprachen und Denkformen das eigene Anliegen zu erkennen. Faktisch ist ein solcher Weg in der (katholischen) Kirche immer schon praktiziert worden (vgl. z. B. das Nebeneinander der verschiedenen theologischen Schulen). Der „differenzierte Konsens" entspricht der ökumenischen Zielvorgabe einer „Einheit von versöhnter Verschiedenheit". Einerseits wird eine grundlegende Übereinstimmung in einer Lehre festgehalten, andererseits wird aufgewiesen, daß bestehende Differenzen (aufgrund von unterschiedlichen Denkformen, unterschiedlicher Sprache usw.) nicht mehr kirchentrennend sind. Gewiß muß der Begriff des „differenzierten Konsenses" noch weiter vertieft werden, aber an seiner Praktikabilität dürfte kein Zweifel bestehen. Der „differenzierte Konsens" ist grundlegender Konsens, man darf deshalb klärungsbedürftige Einzelfragen nicht wieder gegen ihn ausspielen (Hermeneutik des Vertrauens bzw. der Verständigung – Hermeneutik der Abgrenzung).

Die GER redet (darüber ist ja intensiv und viel diskutiert worden) nicht vom „Konsens *in den* Grundwahrheiten", sondern vom „Konsens *in* Grundwahrheiten". Die GER „enthält nicht alles, was in jeder der Kirchen über Rechtfertigung gelehrt wird; sie umfaßt aber einen Konsens in Grundwahrheiten der Rechtfertigungslehre und zeigt, daß die weiterhin unterschiedlichen Entfaltungen nicht länger Anlaß für Lehrverurteilungen sind" (Nr. 5). Innerhalb der grundlegenden Gemeinsamkeiten bleiben also legitime Differenzen, die aber letztlich nur aufzeigen, daß die Kirche immer Einheit in Vielfalt ist. Schon diese Einsicht ist ein wichtiger Zugewinn in theologischer Perspektive.

3. Rechtfertigungslehren als „unverzichtbares Kriterium"?

An diesem Punkt sind wir nun wie von selbst angekommen. Von einzelnen katholischen Theologen ist der Einwurf gemacht worden, daß die Lehre von der Rechtfertigung eben doch nur ein Teilstück in der katholischen Gnadentheologie sei, dann wohl ein „unverzichtbares" Kriterium für Lehre und Praxis (GER 18), aber *doch nicht das einzige*. Habe man sich auch über die Rechtfertigungslehre verständigt, so könne man doch noch andere unverzichtbare Kriterien beibringen bzw. müsse über diese reden: die Trinitätslehre z. B. oder die Christologie. Wenn man freilich erkannt hat, daß es in der Rechtfertigungslehre um das unableitbare und unverfügbare „Prae" Gottes geht, um das „Extra nos" des Heils, dann sind solche Einwände nicht akzeptabel. Der angesprochene Sinn der Rechtfertigungslehre muß natürlich auch in der Christologie erkennbar sein. Freilich nennt auch das Neue Testament noch andere Grundwerte, um die bedingungslose Zuwendung Gottes auszudrücken (Versöhnung, Frieden mit Gott, Heiligung, neue Schöpfung usw.), aber es macht Sinn, den Sachverhalt in besonders präziser Weise bezeichnet sein zu lassen durch die Formulierung „Rechtfertigung des Sünders durch Gnade aus Glauben", wie das der Lehre besonders des Römerbriefs entspricht. Darauf machen viele biblische Untersuchungen aufmerksam. Daß dies inzwischen mehr und mehr auch bei katholischen Theologen, die in Seelsorge und Pastoral arbeiten, erkannt wird, ist vielleicht eine der wichtigsten Wirkungen der GER im katholischen Raum. Das sieht im übrigen auch Karl Lehmann so. Die GER ist „unten" noch nicht angekommen, es muß darüber gesprochen werden in den Gemeinden und auf allen Ebenen, z.B. in der Erwachsenenbildung. Aber man wird z.B. nicht mehr katholische Gnadenlehre dozieren können, ohne diesen Text heranzuziehen. Lehmann trifft ins Schwarze, wenn er sagt:

> „Für die katholische Theologie ist dies wohl so etwas wie eine ‚authentische Interpretation' des Konzils von Trient".[6]

Was nun Trient angeht, so ist allerdings von katholischen Theologen als teils laute, teils dezente Kritik an den Ausführungen Lehmanns festgehalten worden, daß hier noch Klärungsbedürfnis besteht. Ich denke jetzt nicht an *Leo Scheffczyk* und *Werner Löser*, sondern an den Beitrag des Leiters des Möhler-Instituts, *Wolfgang Thönissen*.[7] Auch bei Thönissen ist eine grundsätzlich positive Bewertung der GER gegeben. Bei ihm werden die Kernaussagen des Dokuments kräftig unterstrichen (GER 15):

> „Gemeinsam bekennen wir: Allein aus Gnade im Glauben an die Heilstat Christi, nicht aufgrund unseres Verdienstes werden wir von Gott angenommen und empfangen den Heiligen Geist, der unsere Herzen erneuert und uns befähigt und aufruft zu guten Werken".

Das hat, so Thönissen (von mir sehr verkürzt wiedergegeben), auch Trient gelehrt. Freilich entnimmt man es vor allem den Lehrkapiteln, nicht den abgrenzenden Canones, auf die man sich in der Vergangenheit stützte, wenn man gegen die Protestanten argumentierte. Wie geht katholische Theologie also mit lehramtlicher Vergangenheit um? Es stellt sich das Problem von Dogmenentwicklung und Konzilshermeneutik. Die im

---

6 K. Lehmann, Frei aus Glauben, 445.
7 Dialog auf neuer Basis. Was kommt nach der Gemeinsamen Erklärung zur Rechtfertigungslehre? THGL 90, 2000, 589. 574.

Zusammenhang damit stehenden Probleme müssen katholisch immer neu wieder bearbeitet werden.

4. Rechtfertigung und Kirche

Katholische Theologie hat im Dialog um die Rechtfertigungslehre vielleicht doch nicht mit letzter Konsequenz durchdacht, daß diese bei den Lutheranern die gesamte Lehre durchwirkt und bestimmt. Man hatte sich, vereinfacht gesagt, vorgestellt, werde man sich in der Rechtfertigungslehre einig sein, dann werde man sicher auch andere Probleme – Kirchenverständnis, Amt usw. – lösen können. Daß hier durch die Rechtfertigungslehre strukturelle Vorentscheidungen auch für das Kirchenverständnis gegeben sind (Theologien sind strukturell), hat man vielleicht nicht hinreichend realisiert. Andererseits konnte nicht ausbleiben, daß man nach *Feststellung* der Unverzichtbarkeit der Rechtfertigungslehre für kirchliche Lehre und Praxis auch über die konkrete *Anwendung* werde reden müssen. Dies ist katholischerseits voll im Gange. Wichtige Vorarbeit leistete, wie schon angedeutet, das Dokument *Kirche und Rechtfertigung*. Nicht um das Kirchenverständnis geht es in diesem katholisch-lutherischen Dokument, sondern – wie der Name schon anklingen läßt – um das besondere Verhältnis zwischen Rechtfertigungsbotschaft und Kirche-Sein. Das Kirchenverständnis selbst, jedoch ohne jene rechtfertigungstheologische Pointierung, ist in *Communio Sanctorum* (2000) vorgestellt.

Kirche und Rechtfertigung – dieses Dokument versucht in vier Kapiteln zu zeigen, daß gerade in einigen kirchlichen Vollzügen (schwerpunktmäßig auf katholischer Seite) Probleme und mögliche Steine des Anstoßes gegeben sind, wenn man sie am Kriterium der Rechtfertigungslehre mißt. So wird die *institutionelle Kontinuität* der Kirche kritisch angefragt. Nur dann sind z.B. die Sakramente der Kirche usw. auch wirkliche Zeichen kirchlicher Kontinuität, wenn sie die Transparenz des Evangeliums nicht schmälern. Speziell das *Amt* wird noch einmal angefragt, ob auch hier die Bedingungslosigkeit der Heilsgabe erkenntlich wird. Verbindliches kirchliches Leben darf sich nicht verselbständigen, die *rechtlichen Strukturen* in der Kirche haben keine eigenständige Berechtigung, sondern haben dem Evangelium zu dienen. Das Dokument konstatiert in jedem dieser vier Probleme Gemeinsamkeiten und Entsprechungen zwischen Katholiken und Lutheranern, aber die Argumentationsfiguren wirken hier – und in ähnlichen Dokumenten – „etwas erschöpft", wie Karl Lehmann in seinem Wittenberger Referat sagt.[8]

---

8 Vgl. K. Lehmann, Rechtfertigung und Kirche, 207.

Er selbst macht sich daran, das Problem unter dem Hauptgesichtspunkt der Verhältnisbestimmung zwischen Jesus Christus und der Kirche anzugehen und gibt damit wirklich neue Impulse. Denn daß die Applikation der Rechtfertigungslehre auf die Lehre der Kirche ein zentrales Problem ist, ergibt sich fast von selbst. Er versucht, diese Verhältnisbestimmung (unter klarer Ablehnung von Identifizierungs- oder radikalen Distanzierungsversuchen von Christus und Kirche) in personalen Kategorien anzugehen. Jeder katholische Theologe weiß, daß hier – trotz aller eigenständigen Theoriebildung – ein Defizit liegt. Immerhin hatte ja das Zweite Vatikanum in vorsichtiger Weise die Analogie von Christus und Kirche zur Deutung des Geheimnisses der Kirche herangezogen. Immerhin wurde das Verhältnis zwischen Christus und Kirche durch die Dimension des Sakramentalen ausgedeutet, so daß eigentlich der protestantische Protest zu erwarten war, klassisch und besonders scharf im Buch von G. Maron, Kirche und Rechtfertigung.[9] Lehmann versucht, die Relation zwischen Christus und der Kirche (und die daraus entspringenden Gaben) nicht durch die Kategorien von Besitzen, Haben und Verfügenkönnen, sondern durch die Kategorien Erhörung, Zuversicht und Bitte zu umschreiben. Insgesamt tut sich hier – nach GER – ein großes Arbeitsfeld für die katholische Theologie auf.

In diesem Zusammenhang ist wohl auch die Anwendung des Personenbegriffs auf die Kirche neu zu bedenken. Dies würde helfen, das Verhältnis zwischen Jesus Christus und der Kirche zu präzisieren und die katholische Ekklesiologie aus dem Restverdacht zu befreien, letztlich gäbe es hier doch Ansätze, die die Gefahr einer Identifizierung in sich bergen (vor allem im Rahmen der Leib-Christi-Theologie).[10] Insofern war (und ist) die Rechtfertigungsdebatte letztlich auch ein gewichtiger Impuls für die katholische Ekklesiologie, unaufgearbeitete Fragen energisch ins Visier zu nehmen.

5. Rechtfertigung ohne „Rechtfertigung"

Kurz sei eingegangen auf die Frage der Vermittelbarkeit der traditionellen Rechtfertigungslehre mit heutigen Lebenserfahrungen. Diese Frage hängt ganz wesentlich mit der katholischen Bewertung von GER und der Recht-

---

9 Göttingen 1969.
10 Es gibt eine ganz neue Arbeit, eine Dissertation bei Medard Kehl in Frankfurt, die viele Desiderate (in Blick auf Kirche als Person) aufnimmt, leider fast ohne Berücksichtigung der ökumenischen Perspektive: Stephan Ackermann: Zur ekklesiologischen Relevanz des personal-symbolischen Verständnisses der Kirche, Würzburg 2001.

fertigungsdebatte überhaupt zusammen. Wie die GER selbst meint, muß sich der katholisch-lutherische Konsens in „Grundwahrheiten der Rechtfertigungslehre im Leben und in der Lehre der Kirchen auswirken und bewähren" (43). Das heißt dann in etwa, daß der Konsens mit heutiger Lebenswirklichkeit in Korrelation gesetzt werden muß, ja, daß gefragt werden muß, was Rechtfertigung für heute bedeutet, denn wir leben in einer anderen „conditio humana", in einem anderen Erfahrungshorizont als die Christen des 16. Jahrhunderts.

Die katholische Theologie hatte und hat diesbezüglich einen Nachholbedarf. Im evangelisch-lutherischen Bereich hatte man sich schon 1963 bei der Vollversammlung des Lutherischen Weltbundes der Frage zugewandt, wie man die Rechtfertigung im neuzeitlichen Lebenszusammenhang einbinden könne. Es gehört ganz wesentlich zum Rezeptionsprozeß der Rechtfertigungsproblematik, erkannt zu haben, daß es sich hier eben nicht nur um evangelische Spezifica handelt, sondern um etwas, was Christen heute angeht und betrifft. Darüber haben in den letzten Jahren von katholischer Seite u. a. *Robert Ochs* gearbeitet, *Gerhard Voß* und vor allem *Otto Hermann Pesch* mehrfach, besonders in dem Beitrag mit dem bezeichnenden Titel: „Rechtfertigung ohne ‚Rechtfertigung'. Zur Frage nach der Vermittlung der Rechtfertigungslehre – (nicht nur) aus katholischer Sicht".[11] Pesch nennt sozusagen als zeitgenössisches Paradigma, in welches die traditionelle Rechtfertigungslehre eingegossen werden könne: Die „Sinnfrage", die Frage der Anerkennung durch den anderen, die Frage der Identität, die Frage eines absoluten ethischen Anspruchs. Pesch hat in diesem Aufsatz auch die aufregende These aufgestellt, daß man nun eigentlich – im Gegensatz zum 16. Jahrhundert – nicht mehr ausgehen könne vom Sündenbewußtsein, um dann die befreiende Botschaft der Rechtfertigung zu erfahren. Vielmehr müsse man heute die Reihenfolge umkehren:

> „Insoweit wir fähig werden, an einen bedingungslos und grenzenlos liebenden und befreienden Gott zu glauben mitten in all unseren negativen Erfahrungen mit der Welt, in der wir leben müssen, insoweit werden wir zugleich fähig, unseren eigenen Anteil an diesen Negativitäten anzuerkennen, die wir täglich durch unser ichbezogenes Verhalten ratifizieren und die, im Licht des Glaubens an Gott angeschaut, ‚Sünde' genannt werden müssen. [...] [S]o ist [...] Sündenbewußtsein heute eine *Folge* des rechtfertigenden Glaubens und nicht länger sein Ausgangspunkt".[12]

---

11 O. Pesch, Rechtfertigung ohne „Rechtfertigung". Zur Frage nach der Vermittlung der Rechtfertigungslehre – (nicht nur) aus katholischer Sicht, in: Wilfried Härle / Peter Neuner (Hg.), Im Licht der Gnade Gottes. Zur Gegenwartsbedeutung der Rechtfertigungsbotschaft, Münster 2004, 153–174.

12 O. Pesch, Rechtfertigung ohne „Rechtfertigung", 169f.

6. Kirchengemeinschaft? Abendmahlsgesellschaft?

Festzuhalten ist, daß mindestens die katholischen Theologen die Ansicht vertreten, daß mit der GER ein intensiver Annäherungsprozeß in Gang gekommen ist, der (so wörtlich Lehmann) – „auf eine wechselseitige Einladung zur Eucharistie und schließlich auf die gemeinsame Feier des Herrenmahles" zielt. „Wenn wir die ‚Gemeinsame Erklärung' ernst nehmen und wirklich auch im Leben einlösen, sind wir diesem großen Ziel ein gutes Stück näher gekommen."

Es würde ein eigenes Projekt bedeuten, die derzeitigen katholischen Positionen zur Frage der Interkommunion zu erörtern. Am besten lesen sich dazu die Untersuchungen von O. H. Pesch, der dazu schon seit längerer Zeit immer wieder das theologische Pro und Contra erörtert hat, zuletzt im Rahmen einer Tagung der Katholischen und Evangelischen Akademie Berlin vor rund einem Jahr (jetzt publiziert).[13] Pesch gehört zu den Theologen, die schon seit langem die Legitimität der Interkommunion (gerade auch aus der Sicht katholischer Theologie) vertiefen (vgl. meine Rede auf dem Mainzer Katholikentag 1999). Hier erwähne ich nur das Argument, das – für ihn das wichtigste – am engsten mit der Rechtfertigungsproblematik in Verbindung steht:

> „Die Einladung Jesu Christi zum Herrenmahl ist Einladung zum Zutritt in die Herrschaft Gottes und Verheißung der Vergebung der Sünden ... Diese Einladung ist bedingungslos und darf darum kirchlich nicht eingeschränkt werden."[14]

Andere Theologen („Contra"[15]) argumentieren, das Verständnis des Herrenmahls sei zwischen „Katholiken" und „Evangelischen" nicht so hinreichend geklärt, daß man ehrlicherweise das Herrenmahl zusammen feiern könnte (so z.B. im Blick auf das Amtsverständnis – dezidiert etwa *Lothar Ullrich* aus Erfurt). Typisch für eine ausgewogene Mittelposition ist etwa Burkard Neumann, der argumentiert: Die Rechtfertigungslehre darf nicht als Axiom verstanden werden, von dem alle anderen Glaubenswahrheiten logisch zwingend abgeleitet werden könnten. Die Rechtfertigungslehre sei Voraussetzung für eine Kirchengemeinschaft und die

---

13 E. Pulsfort / R. Hanusch, Von der gemeinsamen Erklärung zum gemeinsamen Herrenmahl. Perspektiven der Ökumene im 21. Jahrhundert, Regensburg 2000. Darin Pesch, Gemeinschaft beim Herrenmahl? Probleme-Fragen-Chancen, 155–175.
14 a.a.O. 161f.
15 50 Pro, 21 Contra (nach Pesch).

gemeinsame Feier des Herrenmahls. Mit dem erreichten Konsens sei aber dieser volle Konsens noch nicht gegeben.

Neumann verweist auf die bekannte *Leuenberger Konkordie*, wo man nicht nur die Rechtfertigungslehre als Mitte des Evangeliums erklärt habe, sondern auch die innerprotestantischen Lehrverurteilungen bezüglich Abendmahl, Christologie und Prädestination herausgearbeitet habe, um von da aus verantwortet Kanzel- und Abendmahlsgemeinschaft erklären zu können. Immer wird hier auf die Einsprüche der 160 (oder mehr) evangelischen Theologen verwiesen (siehe dazu auch Neumann), die den in der GER erklärten Konsens anzweifeln, aber massiv eucharistische Gastfreundschaft in der katholischen Kirche fordern. Wenn in der katholischen Kirche das Evangelium nicht rein gelehrt wird, sie *in puncto* Rechtfertigungslehre also nicht konsensfähig ist – wie kann man dann mit ihr das Herrenmahl feiern wollen?

Die offizielle katholische Position (auch nach der Unterzeichnung der GER) hat *Walter Kasper* bei der Tagung in Berlin noch einmal benannt: Viele Kirchengemeinschaften fordern Einheit im Glauben, in den Sakramenten, in den kirchlichen Ämtern – wobei alle diese Wirklichkeiten keine Vereinheitlichungen fordern, sondern „differenzierten Konsens" zulassen.

> „Die – leider – noch bestehenden Unterschiede haben Konsequenzen für die Frage der Eucharistiegemeinschaft. Verständlicherweise richten sich darauf nicht nur im Blick auf den Kirchentag 2003 die Erwartungen vieler. Der Schmerz der Trennung wird am Tisch des Herrn am deutlichsten. Nach katholischem wie nach orthodoxem und auch nach altevangelischem, bis in die 70er Jahre gültigem Verständnis gehören Eucharistie- und Kirchengemeinschaft zusammen. Nach 1 Kor 10,16–17 lassen sich die Gemeinschaft am einen eucharistischen Leib Christi und in der Kirche nicht trennen. Deshalb ist es mir schwer verständlich, wie man in so kompromißlos schroffer Weise, wie in der genannten Erklärung geschehen, Widersprüche formulieren und gleichzeitig zur innigsten möglichen kirchlichen Gemeinschaft einladen kann. Das paßt nicht zusammen."[16]

---

16 In: E. Pulsfort / R. Hanusch (siehe Anm. 13), 231. – Zum Impulsgehalt der GER für verschiedene Bereiche der Theologie vgl. Peter Lüning, Rechtfertigung und Kirche. Welche theologisch-dogmatischen Imperative können mit Notwendigkeit aus der Rechtfertigungslehre gefolgert werden? in: Cath 54 (2000), 251–262.

Ulrike Link-Wieczorek

Auf keinen Fall ein Heilsprozess?

Überlegungen zur kritischen lutherischen Rezeption
der „Gemeinsamen Erklärung zur Rechtfertigungslehre" in Deutschland

Einleitung: Erwartungen an die „Gemeinsame Erklärung zur Rechtfertigungslehre (GER)"

Wenige Tage vor der Unterzeichnung der „Gemeinsamen Erklärung zur Rechtfertigungslehre (GER)" meldete sich eine Mitarbeiterin des Oldenburger Universitäts-Radio-Senders zum Interview bei mir an. Zu meinem Erstaunen wollte sie eine Sendung über die GER machen. Sollte diese doch eine stärkere Wirkung in der nicht-kirchlichen Öffentlichkeit haben, als ich vermutet hatte? Das Interview brachte schnelle Ernüchterung: Die Journalistin interessierte sich überhaupt nicht für die Rechtfertigungslehre und wollte auch nichts darüber wissen. Vielmehr hatte sie nur eine einzige Frage: Welche Auswirkung wird die Unterzeichnung der GER für die Praxis der Beratung der Kirchen zum Schwangerschaftsabbruch haben? Man kann dieses Erlebnis als eine Karikatur interpretieren: als Karikatur der Erwartung an die ökumenischen Konsequenzen, die an die Gemeinsame Erklärung geknüpft werden und die in der lutherischen Reaktion auf die GER in Deutschland eine nicht unbeträchtliche Rolle spielen.[1]

Viel hängt schon zu Beginn daran, was man für die Absicht der GER hält. Die Maximalerwartung wäre sicherlich, dass mit einer Einigung über die Rechtfertigungslehre gleichzeitig der Weg völlig frei geräumt ist, Kir-

---

1 Zur Geschichte der Diskussion in Deutschland vgl. die ausführliche und aus der Sicht des Ökumenischen Instituts des Lutherischen Weltbunds in Straßburg kritisch kommentierende Zusammenstellung bei André Birmelé, Kirchengemeinschaft. Ökumenische Fortschritte und methodologische Konsequenzen, Münster 2003, 84–105. Zur schnellen Orientierung aus katholischer Beobachterperspektive siehe Ulrich Ruh, Umstrittener Konsens. Die Diskussion über die Erklärung zur Rechtfertigungslehre, in: HK 3 (1998), 132–136, und abgewogen analysierend aus evangelischer: Walter Schöpsdau, Rechtfertigungslehre. Von der ‚Anwort der katholischen Kirche' zur ‚Gemeinsamen offiziellen Feststellung', in: MD 50 (1999), Heft 5, 91–94. Eine Liste der wichtigsten Stellungnahmen zur GER findet sich in BThZ 2001, 169–171.

cheneinheit bzw. Kirchengemeinschaft zu realisieren. Gerade die Kritiker der Erklärung gehen von dieser Maximalerwartung aus. So beginnt das erste protestierende Professorenvotum (s. u. 2.) in Abschnitt I mit einer Klage darüber, dass die ekklesiologischen Konsequenzen der Rechtfertigungslehre nicht genannt seien und schon allein damit kein Konsens in Grundwahrheiten bescheinigt werden könnte. Gedacht ist an die Anerkennung der lutherischen Kirche als Kirche (vgl. die große Empörung über die Anmerkung 9 der GER),[2] die Anerkennung der Ämter sowie die Abendmahlsgemeinschaft.[3] Dass man über Rechtfertigungslehre nachdenken kann in Ausklammerung eines expliziten ekklesiologischen Bezugs, schürt bei den Unterzeichner/inne/n des „Einspruchs" der Hochschullehrer/innen das Misstrauen, dass die eigentliche Kernintention der Rechtfertigungslehre hier verdunkelt werden solle.[4] Denn der ekklesiologische Zusammenhang ist gerade – nicht zuletzt als eine spezifische Abgrenzung von römisch-katholischer Ekklesiologie – für viele Lutheraner der stets prophetisch-kritische Zusammenhang, in dem die Rechtfertigungslehre erst ihren Sinn entfaltet. Geschieht eine Einigungsbemühung nicht vordringlich in dieser Zielgeraden, entsteht der Verdacht, in einen „Konsenskorridor" (Michael Beintker) eingepfercht und benebelt zu werden, aus dem die eigentlich entscheidenden Zusammenhänge ausgeblendet werden.[5] Die Kritiker schürten Misstrauen gegenüber der ökumenischen Absicht der katholischen Partnerin,[6] Unklarheiten über die kriteriologische Funktion der Rechtfertigungslehre wurden ihr vorgeworfen.[7] Nicht zuletzt deswegen zeige die GER keine Übereinstimmung in Grundwahrheiten, keinen verbindlichen Konsens und kein entwickeltes ökumenefähiges Verständnis, sondern sie vertrete vielmehr – durch Wahrung der Kontinuität mit

---

2 Jörg Baur, Frei durch Rechtfertigung, Tübingen 1999, 66–77: Einig in der Hauptsache?; Reinhard Brandt, Gemeinsame Erklärung – kritische Fragen, in: ZThK 95 (1998), 63–102, hier 77–79.
3 Wilfried Härle, „Ja" mit Vorbehalt. Streit über die Erklärung zur Rechtfertigungslehre, in: EK 30 (1997), 719–721, hier 720.
4 „Einspruch" der Hochschullehrer zur „Gemeinsamen Erklärung zur Rechtfertigungslehre", publiziert in: epd-Dokumentation 7/98, 1–7.
5 Michael Beintker, Das Problem der Revidierbarkeit kirchlicher Lehraussagen in ökumenischen Dialogen, in: Michael Weinrich (Hg.), Einheit bekennen. Auf der Suche nach ökumenischer Verbindlichkeit, Wuppertal 2002, 49–75, hier 71.
6 So z. B. das erste Professorenvotum, s. o., Anm. 4.
7 Eberhard Jüngel, Um Gottes willen – Klarheit! Kritische Bemerkungen zur Verharmlosung der kriteriologischen Funktion des Rechtfertigungsartikels – aus Anlass einer ökumenischen „Gemeinsamen Erklärung zur Rechtfertigungslehre", in: ZThK 94 (1997), 394–406.

dem Konzil oder sogar direkt durch entsprechend lesbare Interpretationen – tridentinische Rechtfertigungslehre.[8]

Die Befürworter hingegen hängen das Ziel niedriger. So etwa Gerhard Sauter: „Sie (die GER) will sagen, *warum* die beiden Kirchen hoffnungsvoll miteinander sprechen und *wie weit* sie erwartungsvoll miteinander gehen können."[9] Oder das Votum ökumenisch arbeitender Theologen vom 2. April 1998 in Friedewald: „Entscheidend ist das gemeinsame Bekenntnis, dass wir im Glauben an Christus vor Gott gerecht sind. Im Übrigen aber ist festzuhalten, dass die GER eine gute Grundlage für die ökumenische Weiterarbeit und ein wichtiger Schritt auf dem Wege zu einer vertieften Kirchengemeinschaft ist."[10] Der formulierte Konsens, so wieder Sauter, sei besser als ein Konsens in der Verständigung über die Rechtfertigungslehre einschließlich der noch verbleibenden Differenzen und ihrer Bewertung als nicht kirchentrennend zu bezeichnen denn als ein Konsens über die Rechtfertigungslehre. Auch in der Friedewalder Erklärung heißt es, es gebe freilich noch Klärungsbedarf, vor allem bezüglich der Konsequenzen der GER, wie ja auch in GER 43 zum Ausdruck gebracht wird. Dieser Linie haben sich die meisten deutschen Synoden angeschlossen, die die Erklärung kritisch kommentierend, aber generell akzeptierend aufnahmen und mehrheitlich für die Unterschrift durch den Lutherischen Weltbund stimmten.[11] Für eine hermeneutische Reflexion bleibt hier festzuhalten, dass die Differenzen in der Rezeption der GER im deutschen Luthertum damit zu tun haben, dass die Tatsache der noch verbleibenden Differenzen höchst unterschiedlich bewertet wird.

Im Zuge der Diskussion um die GER haben sich in Deutschland auch innerlutherische Differenzen über die eigene Bekenntnishermeneutik herausgestellt, etwa in der Fragen einer „Weiterentwicklung" der Bekennt-

---

8 Wilfried Härle, Lutherische Formeln – tridentinisch interpretiert, in: epd-Dokumentation 43/99, 13–17.
9 Gerhard Sauter, Rechtfertigung – eine anvertraute Botschaft. Zum unentschiedenen Streit um die „Gemeinsame Erklärung zur Rechtfertigungslehre", in: EvTh 59 (1999), Heft 1, 32–48, 33. Das Zitat lautet weiter: „So will sie ein Schritt auf dem Wege zur Überwindung der Kirchentrennung sein, hin zu einem Miteinander, bei dem die beteiligten Kirchen Kirchen bleiben – und sich doch als die *eine* Kirche verstehen, ohne zur Einheitskirche zu werden."
10 Zitiert nach G. Sauter, Rechtfertigung – eine anvertraute Botschaft, a.a.O. (s. Anm. 9), 34. Die Unterzeichner der Friedewalder Erklärung 1998 waren: A. Heron, M. Kruse, U. Kühn, H. Löwe, E. Lohse, J. Mehlhausen, G. Müller, W. Pannenberg, H.-Ch. Schmidt-Lauber, O. H. Steck, G. Wenz, U. Wilckens.
11 Vgl. dazu A. Birmelé, Kirchengemeinschaft, a.a.O. (s. Anm. 1), 152–156.

nisschriften.[12] Auch tauchte die Frage auf, in welcher Weise man sich auf Luther-Texte selbst argumentativ beziehen könne, wenn man auch deren Kontextualität ernstnehmen wolle.[13] Ebenso wird in der Diskussion innerlutherisch darauf hingewiesen, dass bei einer fairen Beurteilung der katholischen Position in der GER wahrgenommen werden müsse, dass hier eine hermeneutisch differenzierte Bezugnahme auf das Tridentinum vorliege.

Die folgenden Ausführungen reflektieren vor allem die hermeneutischen Implikationen der kritischen lutherischen Rezeption der GER in Deutschland und berücksichtigen hier gewonnene Einsichten über die Funktion der Rechtfertigungslehre für abschließende Überlegungen zu deren Relevanz in der heutigen Lebenswelt.

1. Uneinigkeit über die Hermeneutik des differenzierten Konsenses

Die Gemeinsame Erklärung gibt in ihrer Methodik einer in Jahrzehnten des Dialogs gewachsenen ökumenischen Erfahrung Ausdruck, dass die Erwartung, man werde sich ökumenisch auf eindeutige Konsensformulierungen einigen können, illusorisch ist.[14] Aber diese Erkenntnis wird nicht so verstanden, dass damit eine ökumenische Einigung über ein gemeinsames Verständnis des Evangeliums und daraus wachsender Verständigung in der Lehre unmöglich würde. Vielmehr wird als Erfahrung des Dialogs ernst genommen, dass sich in den konfessionell gewachsenen unterschiedlichen Perspektiven der Auslegung des Evangeliums ein in ihnen zumeist nur *implizit* steuerndes gemeinsames Grundbekenntnis finden lässt, das den Dialog überhaupt nur ermöglicht, ihn durch Höhen und

---

12 Vgl. dazu Gunther Wenz, Konsens in Grundwahrheiten der Rechtfertigungslehre? Die „Gemeinsame Erklärung zur Rechtfertigungslehre" des Lutherischen Weltbundes und des Päpstlichen Einheitsrates aus evangelischer Sicht, in: Una Sancta 52 (1997), 239–253; Joachim Track, Grundsatzüberlegungen zum weiteren Vorgehen in der Frage der Gemeinsamen Erklärung, in: epd-Dokumentation 24/99, 1–48.

13 Bärbel Wartenberg-Potter, Der Gerechtigkeit Gottes begegnen. Anmerkungen zum Diskurs über die Rechtfertigungslehre aus ökumenisch-feministischer Perspektive, In: EvTh 60 (2000); Heft 5, 360–370; A. Birmelé, Kirchengemeinschaft, a. a. O. (s. Anm. 1), 114f sowie 165f inklusive Anm. 155; G. Sauter, Rechtfertigung – eine anvertraute Botschaft, a. a. O. (s. Anm. 9), 43; Theodor Dieter, Hermeneutische Probleme bei der Analyse von Luthers Auseinandersetzung mit der Scholastik, in: Karl F. Grimmer (Hg.), Theologie im Plural. FS Joachim Track zum 60. Geburtstag, Frankfurt a. M. 2001, 132–142.

14 Vgl. dazu Dietrich Ritschl, Konsens ist nicht das höchste Ziel, in: Ders., Theorie und Konkretion in der Ökumenischen Theologie, Münster 2003, 179–192.

Tiefen trägt und in ihm schließlich zur Sprache kommen muss. Es wäre zu viel, schon von einer impliziten Gemeinsamkeit zu reden, die es nur zu entdecken, gleichsam auszugraben gelte. Möglicherweise richtete sich darauf die Hoffnung in der christologischen Fundierung der Arbeit des Ökumenischen Rates der Kirchen bis in die 90er Jahre des 20. Jahrhunderts. Aber die Erwartungen an die Möglichkeiten, einen Konsens wirklich eindeutig zu formulieren, wurden enttäuscht.

Bezüglich protestantischer und römisch-katholischer Kirche halten hierin Eilert Herms folgende GER-Kritiker einen Konsens in der Lehre schon allein deshalb für unmöglich, weil in katholischem Lehrverständnis damit mehr gemeint wäre als Protestanten lieb sein könnte. Denn hier werde nicht zwischen dem Offenbarungsgeschehen als Grund und den historisch entstandenen konfessionell unterschiedlichen Lehren als dessen menschliche Antwortgestalten, die nicht anders als differierend denkbar sind, unterschieden. Lehre sei in katholischer Sicht mindestens seit dem 1. Vatikanum vielmehr selbst schon „Selbstvergegenwärtigung Christi". Ökumenische Konsenssuche ist in dieser Sicht nur denkbar, wenn ein solcher geoffenbarter Kern der Lehre herauskristallisiert werden kann. Damit aber wird Kirche als *ecclesia semper reformanda* schwer vorstellbar. Die Suche nach einer sichtbaren Einheit, die einen solchen Konsens voraussetzt, ist in dieser Sicht nur als Rückkehrökumene denkbar.[15] Mit einem ausdrücklichen Bezug auf einen gemeinsamen Offenbarungskern wird freilich der differenzierte Konsens in der GER nicht begründet. Ein entsprechender Verdacht mag freilich an hermeneutische Erklärungsmuster herangetragen werden, die in aller Vorsicht „Form und Inhalt" oder „Sache und Sprachgestalt" unterscheiden.[16]

---

15 Vgl. so Christoph Schwöbel, Konsens in Grundwahrheiten? Kritische Anfragen an die „Gemeinsame Erklärung", in: Bernd Jochen Hilberath / Wolfhart Pannenberg (Hg.), Zur Zukunft der Ökumene. Die „Gemeinsame Erklärung zur Rechtfertigungslehre", Regensburg 1999, 100–128, hier 113. Zur These von Herms vgl. E. H., Der Dialog zwischen päpstlichem Einheitsrat und Lutherischem Weltbund 1965–1998, in: ThLZ 123 (1998), 657–714, sowie: Lehrkonsens und Kirchengemeinschaft, in: Johannes Brosseder (Hg.), Von der Verwerfung zur Versöhnung, 1996, 81–120. Vgl. zur Diskussion auch U. Link-Wieczorek, Auf der Suche nach der verlorenen Ganzheit – Christliche Selbstvergewisserung zwischen kleiner und großer Ökumene, in: Christoph Dahling-Sander / Thomas Kratzert (Hg.), Leitfaden Ökumenische Theologie, Wuppertal 1998, 44–54.

16 Vgl. A. Birmelé, Kirchengemeinschaft, a.a.O. (s. Anm. 1), 108; Theodor Dieter, Die „Gemeinsame Erklärung zur Rechtfertigungslehre". Ein ökumenischer Meilenstein, in: BThZ 2001, 147–168, hier 147. Als Alternative geht Dietrich Ritschl von zumeist vorsprachlichen „impliziten Axiomen" aus, auf die schon „‚Koagulationen' der biblischen *stories*" zurückverweisen und die in ausformulierten Lehren

Die Hermeneutik des differenzierten Konsenses teilt mit differenzökumenischen Sichtweisen die Einsicht, dass die konfessionellen Differenzen nicht durch Konsensformulierungen unifiziert werden können, weil sie in sich historisch gewachsene Denk- und Lebensräume christlichen Glaubens sind. Dennoch sucht sie nach einer ihnen impliziten „Grundwahrheit", die sich *aus dem Dialog* im Bezug auf Bekenntnisschriften und Lehrbildungen in der Entdeckung des gemeinsamen Bezugsfeldes, des Verständnisses des Evangeliums, ergibt. Sie wird hier nicht, wie in der Ökumene des 20. Jahrhunderts lange versucht, im christologischen Bekenntnis als solchem gesucht, sondern in einer im Dialog zugewachsenen Neuformulierung einer gemeinsam vorfindbaren Ausrichtung im unterschiedlichen Rechtfertigungsverständnis. „Gemeinsame Ausrichtung" meint hier, dass die Grundwahrheiten nicht bereits im explizit formierten Traditionsbestand einer Kirche zur Verfügung stehen, dass sie sich eventuell auch nur als Richtungsangaben auf demselben Weg wahrnehmen lassen, auf denen man sich aber doch gegenseitig zu behaften bereit finden kann.[17]

Dieses Modell geht von vier Voraussetzungen aus: 1. Es kann nur funktionieren, wenn die konfessionellen Lehrbildungen nicht als „opus dei" verstanden werden. 2. Es muss davon ausgehen dürfen, dass die gegenwärtig formulierbaren konfessionellen Lehrbildungen nicht identisch sind mit Auslegungsgestalt und -kontext der sich ausdrücklich gegeneinander abgrenzend verstehenden Lehrbildungen im 16. Jahrhundert – daher immer wieder der Hinweis von den GER-Befürwortern, dass man von „Weiterentwicklungen" bzw. „neuen Interpretationen" der Lehrtraditionen ausgehen müsse. 3. Es gewährt freilich auch den Lehrbildungen des 16. Jahrhunderts den Vertrauensvorschuss, dass auch sie von einer je legitimen evangeliumsgemäßen Grundausrichtung gesteuert werden, in der eine Kontinuität der Lehre jenseits der Lehrverurteilungen vorausgesetzt werden kann. 4. Es erwartet seine Bewährung darin, dass die im Dialog gefundenen differenzierenden Konsense auch von außerhalb des Dialogs her, freilich innerhalb christlichen Begründungszusammenhanges, nachvollzogen wer-

---

der Kirchen verfremdend, verkomplizierend oder aber auch klärend wirken; vgl. D. R., Nachgedanken zum „Story"-Konzept. Die Koagulation wiedererzählter „Stories" auf dem Weg zu differierenden theologischen Lehren, in: ThZ 61 (2005), Heft 1, 78–91, sowie Wolfgang Huber u. a. (Hg.), Implizite Axiome. Tiefenstrukturen des Denkens und Handelns, FS Dietrich Ritschl, München 1990.

17 Mit Bedacht wähle ich diese eher relationale Bestimmung von Gemeinsamkeit und nicht eine schon begriffliche, die Theodor Dieter als Basis von gegenseitiger Anerkennung suchen will: Die Folgen der Gemeinsamen Erklärung zur Rechtfertigungslehre aus evangelischer Sicht, in: Una Sancta 2004, 134–144, hier 139.

den können. Stärker hervorgehoben werden können hätte in der GER eine weitere Voraussetzung: Nämlich die, dass den konfessionell unterschiedlichen Perspektiven zugestanden wird, dass auch sie auf die Vielfalt der biblischen Redeweisen von Heil und Rechtfertigung zurückzuführen sind, die sie je eigenständig akzentuiert darstellen.[18]

Die Erfahrung im Dialog kann auch mit der Einsicht verbunden gesehen werden, dass es in menschlicher Kommunikation gar kein Verstehen mit eindeutigen Konsensen geben kann, weil alle am Gespräch Beteiligten den formulierten Konsens in ihrer eigens gewachsenen Perspektive rezipieren. Zu dieser Hermeneutik kommt Ingolf Dalferth – inzwischen selbst im lutherisch-anglikanischen Dialog engagiert – gegen Ende der heftig geführten Diskussion um die Akzeptanz der GER, so dass er die GOF einschließlich des Anhangs schließlich akzeptiert und die Erklärung als den „Spielraum" versteht, in dem vielleicht nicht Verstehen, aber doch Verständigung unter unverdeckter Beibehaltung von Differenzen möglich wird.[19] Die gefundenen Konsensformulierungen markieren die Grenzen dieses Spielraums, innerhalb dessen die ebenfalls neu – in neuer Interpretation der vorliegenden Lehre und Bekenntnisse – in Form gegossenen Differenzen als nicht kontradiktorisch und kirchentrennend vorgestellt werden.[20] Von den Kirchen rezipiert können die formulierten Gemeinsamkeiten wie Dogmen und Lehrkonstrukte in der Geschichte der Theologie die Funktion von Leitplanken am Straßenrand bekommen. Die GER ist insofern eine Konsenserklärung, als sie die verbleibenden Differenzen für unterschiedliche Fahrzeuge auf derselben Straße hält. Konsens ist, so André Birmelé, nicht identisch mit dem Ausschluss von Differenzen inner-

---

18 So Dietrich Ritschl, Konsens ist nicht das höchste Ziel, a.a.O. (s. Anm. 14), 184–186. Vgl. dazu auch die Prüfung der biblischen Grundlagen der GER durch Ulrich Wilckens, Die „Gemeinsame Erklärung zur Rechtfertigungslehre" (GE) und ihre biblische Grundlage, in: Thomas Söding (Hg.), Worum geht es in der Rechtfertigungslehre (QD 180), Freiburg u. a. 1999, 27–63.

19 Ingolf U. Dalferth, Spielraum zum Missverständnis. Hermeneutische Anmerkungen zum Projekt einer ökumenischen Hermeneutik, in: Marburger Jahrbuch Theologie XII: Ökumene, 2000, 71–99. Vgl. dazu die katholische Theologin Annemarie C. Mayer, Mit oder ohne Konsens. Methodische Erwägungen zu einer hermeneutischen Grundoption, in: ÖR 52 (2003), Heft 2, 157–173, hier 162f.

20 Vgl. dazu André Birmelé, Kirchengemeinschaft, a.a.O. (s. Anm. 1) 129f: „Die GE und die Präzisierungen des Annexes sind sich des bleibenden Unterschieds der Ansätze bewusst, gehen aber davon aus, dass die Widersprüche in diesem Bereich überwunden sind, und dass die beigebrachten Präzisierungen wie die beiderseits aufgestellten Warntafeln diese Frage zu einem Ort gemacht haben, an dem die Unterschiede ihren Platz in der Einheit haben, d.h. dass diese Verschiedenheiten selber Teil des Konsenses geworden sind."

halb des Konsenses. Konsens ist nicht „monolithisch, sondern schließt legitime Verschiedenheiten ein, die nicht ausschließlich auf Fragen der Sprache zurückgeführt werden können, sondern ‚theologische Formen und besondere Akzente' darstellen."[21] Somit bedeutet der Konsens des differenzierten Konsenses nicht einfach einen Konsens über die Rechtfertigungslehre – lutherische und römisch-katholische Rechtfertigungslehre bleiben different, wenn auch aus heutiger Interpretation und neuer gemeinsamer exegetischer Arbeit neu erschlossen –, sondern einen Konsens über Gemeinsamkeiten und Verschiedenheiten in ihrem Verständnis sowie darüber, dass letztere nicht kirchentrennend sind.[22] Man kann sagen, dass der Konsens die Differenzen in der Lehre als vereinbar mit der Rechtfertigungs*botschaft* (bzw. dem im Dialog errungenen gemeinsamen Verständnis dieser) und als daher nicht kirchentrennend bezeichnet.[23] Es handelt sich also nicht um einen Lehrkonsens, sondern um einen Verständigungs- und Vereinbarungskonsens über differente Lehren.[24]

Kritiker, wie etwa die 145 bzw. die am Ende 255 Hochschullehrerinnen und Hochschullehrer, die sich 1998 und 1999 während der synodalen Rezeptionsphase an einer ersten und zweiten Unterschriftenaktion gegen die Unterzeichnung der GER beteiligten, brachten damit, ähnlich wie die „Antwort" der Glaubenskongregation, ein generelles Unverständnis mit dieser Hermeneutik zum Ausdruck. Sie halten die bleibenden Differenzen für so gravierend, dass sie einen Grundkonsens bzw. Konsens über Grundwahrheiten in Frage stellen. Sie müssen sich auch innerlutherisch mit dem Gegenargument auseinandersetzen, sie erhofften in der Ökumene die illu-

---

21 A. Birmelé, Kirchengemeinschaft, a.a.O. (s. Anm. 1), 151. Freilich sind auch das unterschiedliche „Sprachwelten" und nicht einfach „nur sprachliche Akzente"; vgl. Th. Dieter, Die „Gemeinsame Erklärung ...", a.a.O. (s. Anm. 16), 154.

22 So Gerhard Sauter, Rechtfertigung – eine anvertraute Botschaft, a.a.O. (s. Anm. 9), 39.

23 Vgl. A. Birmelé, Kirchengemeinschaft, a.a.O. (s. Anm. 1), 128: „Die Darstellungen der jeweiligen Akzentuierungen zeigt, dass die einen nicht zurückweisen, was den anderen wichtig ist, sodass diese Unterschiede komplementär und aufeinander hin offen sind. Dieses Verfahren kann deutlich machen, dass die lutherische Rechtfertigungslehre und die katholische Lehre von der Rechtfertigung nicht identisch sind, sondern beide je auf ihre Weise dieselbe Rechtfertigungsbotschaft bezeugen. Diese Vielfalt bestätigt den Konsens in der Grundwahrheit."

24 Theodor Dieter schlägt vor, die GER primär als eine „Verhältnisbestimmung" zu verstehen, die die Relationen von lutherischer Rechtfertigungslehre und katholischer Gnadenlehre zu bestimmen sucht. Bedenkenswert ist seine Bemerkung, dass eine solche Bestimmung notwendig sei nicht nur für die Suche nach einem Konsens, sondern auch für „ein wohlbegründetes Nein zu der anderen Lehrauffassung", Th. D., Die „Gemeinsame Erklärung ...", a.a.O. (s. Anm. 16), 156.

sorische Möglichkeit eines unifikatorischen Konsenses, in dem die konfessionsspezifischen Differenzen sich völlig auflösten – wohl zugunsten einer der beiden Grundperspektiven.[25]

André Birmelé erinnert daran, dass die Gemeinsame Erklärung eng mit der Intention verbunden ist, die gegenseitigen Lehrverurteilungen als aufhebbar, d.h. als die *heutige* Lehre der Kirchen nicht mehr treffend, zu erweisen (vgl. GER 41, GOF 1 und 2, Annex 1). Bisherige Ergebnisse aus den weltweiten Dialogen sollten hierfür unter der Voraussetzung resümiert werden, dass sich die Lehre der Kirchen seit dem 16. Jahrhundert „weiterentwickelt" habe bzw. sich neu erschließen lasse. Für eine Beibehaltung der Lehrverurteilungen jedoch plädierten, so Birmelé, auch die GER-Kritiker nicht ausdrücklich.[26] Offensichtlich sollte also mit der Behauptung, zwischen der lutherischen und der römisch-katholischen Rechtfertigungslehre der GER bestehe ein kontradiktorischer Widerspruch, nicht deren „Christlichkeit" überhaupt in Frage gestellt werden. Ist der Widerspruch aber dann wirklich kontradiktorisch?

Die Beschlussempfehlung des Nationalkomitees des lutherischen Weltbundes an die Synoden nimmt die Punkte, die in der Diskussion von den Kritikern als kirchentrennende Differenzen vermerkt wurden und auf die im hier folgenden Abschnitt noch eingegangen wird, als „noch verbleibende Unterschiede" auf, stellt sie aber in einen befürwortenden Rahmen („trotz der Bejahung"). Damit folgt sie der Hermeneutik des differenzierten Konsenses. Die Antwort der Glaubenskongregation vermochte, wie schon erwähnt, dieses gerade nicht. Umso erstaunlicher ist es, dass es schließlich zur Einigung über Annex und GOF kommen konnte, in der sogar das lutherische Modell von Kirchengemeinschaft als Einheit in Verschiedenheit als gemeinsames ökumenisches Ziel beider Konfessionen benannt wird (GOF 3).

Gegen Ende der heißen Phase der Diskussion, die zum Teil mit einer erstaunlichen Lust an erhitzt-kämpferischer Polemik in Form von Leserbriefen in der Frankfurter Allgemeinen Zeitung ausgetragen wurde, nehmen mit Eberhard Jüngel und Ingolf Dalferth zwei prominente und in der Debatte engagierte Kritiker Abstand von der ablehnenden Grundperspektive und würdigen die in der GOF erreichten Klärungen.[27]

---

25 Vgl. dazu Annemarie C. Mayer, Mit oder ohne Konsens, a.a.O. (s. Anm. 19), 159 sowie A. Birmelé, Kirchengemeinschaft, a.a.O. (s. Anm. 1), 113–115 und 156f.
26 A. Birmelé, Kirchengemeinschaft, a.a.O. (s. Anm. 1), 155.
27 Eberhard Jüngel, Ein wichtiger Schritt. Durch einen „Anhang" haben Katholiken und Lutheraner ihre umstrittene Gemeinsame Erklärung verbessert, in: epd-Dokumentation 24/99, 60f.; Ingolf U. Dalferth, Einheit in Verschiedenheit. Ein neues

2. Argumente des Protestes der deutschen evangelisch-theologischen Hochschullehrer/innen

Das erste „Professorenvotum" vom Januar 1998 – eine Empfehlung an die Synoden, sich gegen die Unterschrift unter die GER zu entscheiden – wurde laut des einleitenden Anschreibens von Karin Bornkamm, Gerhard Ebeling, Reinhard Schwarz, Johannes Wallmann und Albrecht Beutel konzipiert und von 145 Kolleginnen und Kollegen unterschrieben.[28] Ohne Begründung im Einzelnen listet Abschnitt 2 auf, dass die Erklärung nicht zu einem Konsens in Grundwahrheiten der Rechtfertigungslehre gelange, sondern schwerwiegende Differenzen in fünf Bereichen aufweise: Differenzen im Verständnis des „sola gratia" in notwendiger Spezifizierung durch das „solo verbo" und „sola fide", im Verständnis des Glaubens als Heilsgewissheit, des „simul iustus et peccator", der Bedeutung der guten Werke für das Heil sowie im Verständnis der kriteriologischen Funktion der Rechtfertigungslehre (GER 18). Als „unzureichend" wird der Konsens bezüglich der Aussagen zum Verhältnis von Gesetz und Evangelium befunden, als „völlig unzureichender Konsens" die Aussagen zum Alten Testament, weil es nicht als Zeugnis der Rechtfertigungsbotschaft aufgezeigt werde. Zur Methode des differenzierten Konsenses äußert sich der Text nur pejorativ, indem er ihr eine die Wahrheit nivellierende Tendenz unterstellt (Absatz II). Das Votum befürchtet weiter, dass die GER zur irrigen Norm der Auslegung der lutherischen Bekenntnisschriften werden könnte (III) und sieht die Leuenberger Kirchengemeinschaft in Gefahr (IV). Vor allem aber sieht das Votum die lutherische Sicht der Rechtfertigungslehre nicht berücksichtigt, weil sie nicht die damit verbundenen ekklesiologischen Konsequenzen ins Auge fasst, die, so Absatz I und V, letztlich auf gegenseitige Anerkennung als Kirche, Anerkennung der Ämter und Abendmahlsgemeinschaft hinauslaufen müsste.

Das zweite Professorenvotum stellt eine von Wilfried Härle verfasste „Stellungnahme theologischer Hochschullehrer zur geplanten Unterzeichnung der GOF" dar.[29] Zunächst über 160, schließlich 255 deutsche evan-

---

ökumenisches Dokument zur Rechtfertigungslehre, in: epd-Dokumentation 26/99, 11–13.
28 Der Text ist veröffentlicht in: epd-Dokumentation 7/98, 1f (s.o. Anm. 4).
29 Text in: www.w-harle.de/Stellungnahme.htm. Die GOF und der Annex waren nach Irritationen durch die „Antwort" der Glaubenskongregation in einem Treffen der deutschen Theologieprofessoren Heinz Schütte (kath.) und Joachim Track (ev., LWB), des ehemaligen Bischofs der lutherischen bayerischen Landeskirche Hanselmann sowie des damaligen Vorsitzenden der Glaubenskongregation Kardinal Josef Ratzinger entworfen worden; vgl. A. Birmelé, Kirchengemeinschaft, a.a.O. (s. Anm. 1), 159f.

gelische theologische Hochschullehrer/innen haben sie unterzeichnet. Die Stellungnahme wiederholt die Kritiken des ersten Einspruchs, die in der GOF keiner weiteren Klärung zugeführt würden, sondern durch zusätzlich aufgenommene, aber tridentinisch interpretierte lutherische Formeln die lutherische Rechtfertigungslehre erst Recht in Gefahr und lutherische Pfarrer in Schwierigkeiten bringen, zu ihrem Ordinationsversprechen zu stehen. GER und GOF seien von einem „einseitigen Ökumenismus-Programm der römisch-katholischen Kirche" geprägt.

Man kann die Kritik an den Entfaltungen der GER zu den genannten Themenbereichen zusammenfassen in die These, es gelinge der GER nicht, die grundlegende Differenz zwischen lutherischer Rechtfertigungs- und katholischer Gnadenlehre auszuräumen und als gemeinsame Grundwahrheit das unverdiente Angenommenwerden des Sünders durch Gott als Konsens überzeugend darzulegen, weil sich nicht beide Seiten auf ein vergleichbares Konzept einigen konnten, nach dem Rechtfertigung durch alleiniges Handeln Gottes im Wort empfangen, erfahren und gelebt wird „allein im Glauben". Die lutherischen Gesprächsteilnehmer vermeiden in der GER ausdrücklich, von einem anthropologisch „verwandelten" neuen Menschen zu reden. Dennoch ist den Kritikern hierfür das „sola fide" zu wenig betont worden. Wenn das unbestritten gemeinsam ausgesagte „sola gratia" also nicht so deutlich durch ein „sola fide" qualifiziert wird, dass es ebenfalls ein eigenes „sola" enthalte (statt wie in GER 15: „Allein aus Gnade im Glauben ..."), sei der Gefahr nicht gewehrt, dass die katholischen Differenzen auf tridentinischem Niveau verblieben.[30] Damit ist

---

30 Vgl. so Joachim Ringleben, Der Begriff des Glaubens in der „Gemeinsamen Erklärung zur Rechtfertigungslehre" (1997). Ein theologisches Gutachten, in: ZThK 95 (1998), Heft 2, 232–249, hier 236; sowie Dorothea Wendebourg, Zu früh gefreut. Doch keine Übereinstimmung in der Rechtfertigungslehre, epd-Dokumentation 39/99, 5–7, hier 5. Der Vorwurf, dass GER 25 und GER 27 bei der Entfaltung der katholischen Position die Formel *sola fide* nicht verwende, zeige, dass sie auch der Sache nach nicht gemeint sei, übersieht das Bemühen, in den gemeinsamen Passagen keine konfessionsspezifischen Formeln zu verwenden. Immerhin sprechen im Annex 2 C schließlich Protestanten und Katholiken die Formel *sola fide* gemeinsam. Nach Birmelé schlägt die GER die Zurücknahme der tridentinischen Verwerfung des *sola fide* nicht vor, weil das Tridentinum im Unterschied zur gegenwärtigen theologischen Lage einen *fides*-Begriff meinte, der sich wirklich vom reformatorischen massiv unterschied und darum etwas anderes verwarf als reformatorisch mit der Formel gemeint war; vgl. Birmelé, op. cit., 134f; Wolfhart Pannenberg, Neue Konsense, entschärfte Gegensätze und protestantische Ängste, in: Ders., Kirche und Ökumene. Beiträge zur systematischen Theologie Bd. 3, Göttingen 2000, 295–302, hier 296, und Ders., Die Gemeinsame Erklärung zur Rechtfertigungslehre aus evangelischer Sicht, a. a. O., 289–294, hier 291.

gemeint, dass durch katholische Entfaltungen, die vom Wachsen der Gnade, vom Prozess der Heiligung im Leben der Gläubigen, von „Mitwirkung" „bei der Vorbereitung auf die Rechtfertigung und deren Annahme durch seine Zustimmung" (GER 20) reden, zunächst in den katholischen Abschnitten, aber wegen der Konsensbehauptung dann eben überhaupt im gesamten Text vom Glauben als von einem anthropologisch bestimmbaren kognitiven Akt der willentlichen Hinwendung zu Gott reden, nicht jedoch von Glaubenskonstitution als rechtfertigendes Handeln Gottes allein. Die Diskussion um die Berechtigung dieses Vorwurfes dreht sich im Weiteren darum, ob sich der gemeinsame Glaubensbegriff der GER wirklich erkennbar aus der tridentinischen Differenz zur reformatorischen Position entfernt habe bzw. durch fortgesetzte Interpretation in weiteren Dimensionen erschlossen werden konnte. Nur dann kann das reformatorische Anliegen verbunden werden mit Vorstellungen vom Prozesscharakter der Rechtfertigungserfahrung im Leben der Gläubigen – und sich damit nicht als kontradiktorisch, sondern als „differierend-konsensfähig" erweisen.[31] Von den Befürwortern der GER wird dies bejaht und dabei die Erklärung nicht mehr allein durch das Tridentinum gelesen. Die katholischen Aussagen zur Heilsgewissheit des Glaubens, die die Rechtfertigungsgewissheit der Gläubigen auf die „wirksame Zusage der Gnade Gottes in Wort und Sakrament" bauen „und so dieser Gnade gewiss sein" lassen (GER 34), werden dafür zur Begründung herangezogen.[32] Man kann dies auch in der These resümieren: Der Streit um Konsensfähigkeit der Differenzen in der GER – und damit auch um die Akzeptanz der zu jeder Differenz gesondert formulierten „Unterkonsense"! –[33] geht auch darum, ob sich unterschiedliche anthropologische Konzepte – das reformatorische „extra nos" und eine katholische Vollendungs-Anthropologie – überhaupt, auch in zugestandener Weiterentwicklung des Diskussionsstandes seit dem 16. Jahrhundert, in einer gemeinsamen Grundintention, einem gemeinsamen Evangeliumsverständnis, finden können. Die Differenzen, die die Erklärung formuliert, sind in diesen differierenden Perspektiven ja durchaus nicht neu und überraschend. In den Worten André Birmelés: „Wir haben es mit sehr bekannten

---

31 Zum Formulierungsvorschlag „differierender" statt differenzierter Konsens: Th. Dieter, Die Folgen, a.a.O. (s. Anm. 17), 138.
32 So z.B. Wolfhart Pannenberg, Die Gemeinsame Erklärung …, a.a.O. (Anm. 30), 290–292; sowie ders., Neue Konsense, a.a.O. (s. Anm. 30), 296. Vgl. in ähnlicher Tendenz auch Ernstpeter Maurer, Rechtfertigung. Konfessionstrennend oder konfessionsverbindend?, Göttingen ²1999, 87–91; A. Birmelé, Kirchengemeinschaft, a.a.O. (s. Anm. 1), 131–137.
33 Die Professorenvoten, die die Konserserklärung nicht akzeptieren, argumentieren nicht explizit gegen diese gemeinsamen Formulierungen.

Positionen zu tun, die, wie wir es immer wieder betont haben, ein anderes Verständnis des menschlichen Personseins vor Gott und somit letztlich verschiedene Anthropologien zum Ausdruck bringen."[34]

Birmelé weist weiter darauf hin, dass diese „Nuancen" sich schon innerhalb der vorreformatorischen christlichen Tradition finden und sich auch innerhalb des Katholizismus im Nebeneinander von augustinischem und thomistischem Ansatz fortsetzten.[35] Innerlutherische Uneinigkeit gibt es auch über die Akzeptanz differenter Zugänge zur oder gar Ausformungen der Rechtfertigungslehre, die sich beobachten lassen. Hier wäre nicht zuletzt das finnische Luthertum zu erwähnen.[36] Der amerikanische Lutheraner Robert Jenson weist für das amerikanische Luthertum darauf hin, dass hier eine „augustinisch ausgerichtete" Gruppe die Rechtfertigungslehre durchaus als eine Hilfe verstehe, eine „Darstellung des Heilsprozesses" zu ermöglichen, während eine andere die Rechtfertigungslehre eher als eine hermeneutische Lehre bezeichne.[37] Auch dies ließe sich sicher auf den deutschen Kontext übertragen.

Die Frage, die sich an die lutherische Bekenntnishermeneutik ebenso wie an die römisch-katholische stellt, ist jedoch, ob sich diese Konzeptionen als biblisch so eindeutig und exklusiv nahe legen, dass sie überhaupt als sich gegenseitig ausschließende Zugänge zum Verständnis des Heilswirkens Gottes verstanden werden können. Schon das ist bekanntlich strittig. Mit guten theologischen Gründen kann die Tatsache konfessionsspezifischer Differenzen ebenso wie die Pluralität biblischer Perspektiven freilich als Ausdruck der Komplexität der „Sache", in diesem Fall der evangeliumsgemäß zu führenden Rede vom Handeln Gottes, gesehen werden. Sie sind in dieser Sicht in spezifischen, durchaus historischen Gesprächskonstellationen im Diskurs miteinander entwickelt worden, in dem es um des Verständnisses willen zu Abgrenzungen kommt. Versteht man sie so, so besteht sogar die Chance, in ihnen Komplementäres zu entdecken. Die ökumenische Verständigungsarbeit spürt dem Ringen um das adäquate Zur-Sprache-Bringen der „Sache", in diesem Fall dem Verständnis der

---

34 A. Birmelé, Kirchengemeinschaft, a.a.O. (s. Anm. 1), 129.
35 Ebd.
36 Vgl. z.B. Tuomo Mannermaa, Der im Glauben gegenwärtige Christus, Hannover 1989; Risto Saarinen, Die Teilhabe an Gott bei Luther und in der finnischen Lutherforschung, in: Anja Ghiselli / Kari Kopperi / Rainer Vinke (Hg.), Luther und Ontologie, Helsinki / Erlangen 1993, 167–182.
37 Robert W. Jenson, Rechtfertigung und Ekklesiologie, in: KuD 42 (1996), 202–217; hier 204. Vgl. dazu auch die These von Gunther Wenz, in ihrer kriteriologischen Funktion sei die Rechtfertigungslehre einer „regulativen Idee" zu vergleichen; G.W., Mögliches Zwischentief, in: epd-Dokumentation 43/98, 28.

Rechtfertigungsbotschaft, nach und prüft die Möglichkeit, ob Differenzen einen hermeneutischen Status haben, der den Paradoxa in den altkirchlichen Credos, etwa der Zwei-Naturen-Lehre, vergleichbar sind. Denn diese transportieren als eine Denkaufgabe, die Komplexität des Handelns und Gegenwärtigseins Gottes nicht in griffigen Formeln untergehen zu lassen. In den Worten des katholischen Systematikers Jürgen Werbick: Sie stellen sich „einer Glaubensnot (…) und (versuchten) die Identität des Christlichen in einer den Glauben (…) zutiefst herausfordernden Entscheidungssituation zu wahren", dies jedoch „gerade nicht mit der Proklamation einer ‚fertigen Wahrheit' (…), sondern mit einem ‚Formelkompromiss', der die hier sichtbar gewordene Aufgabe festhielt (…)."[38]

Die Frage nach dem genauen hermeneutischen Status eines konfessionsspezifischen Konzepts wäre auch bezüglich der gern herangezogenen lutherischen „Grunddifferenz" zu stellen: Um die Gefahr der Relativierung der Selbstbezeugung Gottes (im Wort) abzuwehren, greifen Kritiker die Unterscheidung von *opus dei* und *opus hominum* auf und verteidigen zunächst ein Konzept von Rechtfertigung, das jegliches *opus hominum* ausschließlich als Konsequenz des *opus dei* der Rechtfertigung, als Folge, vorgestellt wie eine zeitliche Abfolge, gelten lassen will.[39] Alles im Leben der Gläubigen erfahrene Wachsen im Glauben, Entwicklung im „Bildungsprozess", Einübung bzw. Ausbildung christlicher Lebensführung im traditionellen Sinn von Heiligung – all diese bewusste menschliche Beteiligung markierenden Erfahrungen sollen eindeutig im Sinne Luthers als „Früchte der Rechtfertigung" bezeichnet werden.[40] Eine aktive Beteiligung des Menschen am „Heilsprozess" im Negativen, als „Ablehnung" der Gnade bzw. des Geschenks des Glaubens, wird freilich – hierin der GER 21 zustimmend – für möglich gehalten. Darin liegt durchaus ein wunder Punkt des lutherischen Konzepts – von der Antwort der Glaubenskongregation auch flugs markiert –, das hier in die Nähe der Voraussetzung eines freien Wil-

---

38 Jürgen Werbick, Analogie, Metapher, Symbol. Sprachtheoretische Überlegungen zur Gestalt der Wahrheit Gottes, hier: Abschnitt 4., in: Ulrike Link-Wieczorek (Hg.), Häuser ohne Fenster? Deutsch-polnische ökumenische Beiträge zum Verständnis christlicher Exklusivaussagen, Beiheft zur Ökumenischen Rundschau, Frankfurt 2005, 15–35.

39 Christoph Schwöbel, Konsens in Grundwahrheiten? Kritische Anfragen an die „Gemeinsame Erklärung", in: Bernd Jochen Hilberath / Wolfhart Pannenberg (Hg.), Zur Zukunft der Ökumene. Die „Gemeinsame Erklärung zur Rechtfertigungslehre", Regensburg 1999, 100–128; hier 107; Wilfried Härle, Zur Gegenwartsbedeutung der Rechtfertigungslehre, in: ZThK, Beiheft 10, 1999, 100–139, hier 129.

40 Martin Luther, Von der Freiheit eines Christenmenschen, Abschnitt 23.

lens gerät.⁴¹ Der Grund, weshalb hier eine Aporie in Kauf genommen wird, ist freilich einleuchtend: Sie hält fest am personellen Beteiligtsein der Geschöpfe in der Gottesbeziehung und strahlt insofern auch auf das Konzept des passiven Empfangens der Rechtfertigung aus, das ebenfalls ein Beteiligtsein der Person des Gerechtfertigten nicht ausschließen will.⁴² Somit fragt es sich, ob vom klassischen lutherischen Einwand, der Empfang der Rechtfertigung geschehe „mere passive", tatsächlich Konzepte betroffen wären, die Wort und Antwort, Gabe und Empfangen, Predigt und Zeugnis oder Glaube und Bekennen als nur theoretisch unterscheidbare Elemente gottgewirkten Geschehens miteinander verbunden sehen wollen und dabei besonders pneumatologisch differenziert von Gottes Handeln zu reden versuchen. In diese Richtung sieht die Interpretation der GOF auch lutherische Bekenntnisschriften weisen. Sie versteht die Gerechtmachung als eine Erneuerung des Menschen im Geist, die als solche nicht zum anthropologisch verfügbaren Besitz werden kann (Annex 2 A).

Christoph Schwöbel schlägt vor, die lutherische Lehre vom unfreien Willen pneumatologisch bzw. trinitarisch als Ermöglichung menschlicher Mitwirkung in Gebundenheit an den Willen Gottes, also aus der Gottesbeziehung heraus, zu verstehen. Es fragt sich, ob dies nicht doch ein Konzept ist, das auch mit den GER-Konsensformulierungen vereinbar ist. Es wäre dann auch zu diskutieren, ob die katholischen Differenzen, die die Erfahrung des Prozesscharakters der Heiligung nicht untergehen lassen wollen, damit zwangsläufig auch die Würde der Ebenbildlichkeit qualitativ differenzieren müssten, wie Schwöbel meint.⁴³ Ebenfalls im Versuch, eine steile, letztlich in die Abstraktion führende These vom „mere passive" zu verhindern, arbeitet der finnische Lutheraner Risto Saarinen an einem Konzept von „Gabe", das seine Plausibilität aus der Phänomenologie menschlicher Erfahrung ziehen will. Hier lasse sich zeigen, dass der Akt

---

41 Antwort der Katholischen Kirche auf die Gemeinsame Erklärung zwischen der Katholischen Kirche und dem Lutherischen Weltbund über die Rechtfertigungslehre, Präzisierungen 3, in: epd-Dokumentation 27a/98, 1–3. Mit den Problemen, die die Voraussetzung des freien Willens als Konstitutivum des Unglaubens / der Sünde mit sich bringen, haben damit beide Konfessionen zu ringen; vgl. dazu auch E. Maurer, Rechtfertigung, a.a.O. (s. Anm. 32), 138f.
42 W. Härle, Gegenwartsbedeutung, a.a.O. (s. Anm. 39), 124f.
43 Vgl. dazu Christoph Schwöbel, Die Wirklichkeit im Horizont der Rechtfertigung, in: Wilfried Härle / Peter Neuner (Hg.), Im Licht der Gnade Gottes. Zur Gegenwartsbedeutung der Rechtfertigungsbotschaft, Münster 2004, 135–151, hier 145.

des Gebens ein personales Gegenüber voraussetzt, das einen Akt der Antwort, des Responses vollzieht, wenn es die Gabe empfängt.[44]

Zum Abschluss dieses Abschnitts seien noch Bemerkungen zu der Einschätzung der impliziten *ekklesiologischen Konsequenzen* durch die Kritiker gestattet: In ihrer Sicht wird mit der sola-gratia / sola-fide-Verbindung einer Prozessualisierung des Rechtfertigungsgeschehens gewehrt, in dem die willentliche Ausrichtung der Gläubigen zu viel Gewicht zu bekommen droht. Der damit implizierte Vorwurf wäre, dass die katholische Position dies zwar leugne, dass sie aber diese Leugnung konzeptionell nicht überzeugend umsetze. Man kann das auch so sagen: Das Interesse an der Mitwirkung der Gläubigen ist katholischerseits so groß, dass das Missverständnis in Kauf genommen wird, dieses sei Bedingung für die Rechtfertigung. Zweifellos zeigt sich hier auch, wie unvollendet auch der differenzierte Konsens bleiben muss, wenn er die ekklesiologische Dimension (noch) nicht mit aufnehmen konnte. Denn zu vermuten ist, dass für die katholische Perspektive die Ermutigung zum Risiko des Missverständnisses aus der Vorstellung fließt, die Kirche werde die Gläubigen vor einer Schädigung bewahren, die aus einer falschen Gewichtung der Mitwirkung stammt, indem sie die Gegenwart Gottes sowohl als umfassende Gnadenhaftigkeit wie als vergebendes Gegenüber vergewissert und damit zum unverzichtbaren Raum der Mitwirkung wird. Um die Überzeugungskraft dieses Typs von Vergewisserung wird freilich noch ökumenisch gerungen werden, wenn die ekklesiologischen Konsequenzen der Rechtfertigungslehre tatsächlich auf dem Programm stehen. Hier werden freilich auch innerlutherische Differenzen in der ekklesiologischen Akzentsetzung deutlich werden: eine Uneinigkeit darüber, inwieweit die Kirche auch als Instanz der Vermittlung von Rechtfertigung gelten darf, ohne damit als eine „Mitwirkungskirche" gelten zu müssen.[45]

---

44 Risto Saarinen, God and the Gift. An Ecumenical Theology of Giving, Collegeville, M., 2005. Vgl. auch den katholischen Entwurf mit direkten Bezügen zu ökumenischen Dialogen von Margaret O'Gara, The Ecumenical Gift Exchange, Collegeville M. 1998.

45 Eine diesbezügliche Annäherung vollzieht bekanntlich das lutherisch-katholische Dialogdokument „Kirche und Rechtfertigung" (1993); Text in: Harding Meyer u. a. (Hg.), Dokumente wachsender Übereinstimmung Bd. 3, 317–419. Vgl. dazu auch die Auseinandersetzung Ulrich Kühns mit dem Kritiker dieser Annäherung Eilert Herms: „Es ist also – im Gegensatz zu Herms – die tiefe Überzeugung zumindest der lutherischen Reformation, dass im kirchlichen Handeln (...) selbst das Reden und Handeln Gottes Ereignis wird. ... Das Handeln Gottes ist nicht erst dort anzusetzen, wo beim Einzelnen Evidenz und Gewissheit entsteht"; U.K., „Die Mutter, die einen jeden Christen zeugt und trägt durch das Wort Gottes" (Luther).

Was die lutherische Rezeption der GER betrifft, so wird die Beobachtung, dass die katholische Differenz das Missverstehen der bedingenden Mitwirkung in Kauf nimmt, auch dazu beitragen, den Verdacht einer „hidden agenda" zu schüren, die letztlich in die Rückkehrökumene einer „Mitwirkungskirche" führen wolle. Ich möchte diese Skepsis umformulieren in eine ekklesiologische These: Solange die katholische Kirche, die sich in starkem Maße als Raum der Mitwirkung in der Rechtfertigung versteht, ihr eigenes ekklesiologisches Modell nicht mindestens soweit zu relativieren bereit ist, dass sie die reformatorische Alternative, die ja aus der Abgrenzung von römischen Risiken und Gefahren entstanden ist, als hilfreiche kommentierende Korrektur verstehen kann, solange wird man ihr eine heimliche Sehnsucht zur Ekklesiologie der Rückkehrökumene stets unterstellen. Das lässt sich natürlich auch gegenspiegeln: Wenn Lutheraner in der Intention, auch die imputative Rechtfertigungslehre in existentieller Weise zu verstehen, das „mere passive" aus GER 21 „kommentarlos" als eine empirische Beschreibung des Rechtfertigungsgeschehens nehmen und einen Prozess des Hineinwachsens in die Glaubensperspektive dabei ausschließlich als zeitlich nachfolgende Konsequenz der bereits geschenkten Glaubensperspektive verstehen wollen, so riskieren sie mindestens das Missverständnis, christlicher Glaube sei eigentlich eine abstrakt-intellektuelle, perspektivische Ausrichtung.[46]

3. Hermeneutische Fragen im Zusammenhang mit befürwortender Kritik

Kritiker wie Befürworter der GER äußern sich erfreut über die gemeinsamen Aussagen über das Verhältnis von Glaube und Rechtfertigung und auch über die Heilsgewissheit des Glaubens, die immerhin unter der Überschrift „Gemeinsames Verständnis der Rechtfertigung" in Absatz 15–17 getroffen werden. Auch in der Rezeption der Rezeption sollte man nicht müde werden, darauf hinzuweisen, um den theologischen „Fortschritt", der durch die GER erreicht wurde, nicht zu zerreden. Die Befürworter – akademische Theologen und landeskirchliche Synoden – fällen ihr grund-

---

Zur ökumenisch-theologischen Kontroverse um das Verhältnis von Rechtfertigung und Kirche, in: epd-Dokumentation 51/98, 26–35; hier 30.

46 Ein Ringen mit diesem Problem und ebenso eine weitreichende Offenheit für einen lebensweltlichen Bezug der Rechtfertigungserfahrung findet sich bei W. Härle, Gegenwartsbedeutung, a. a. O. (s. Anm. 39). Das Konzept des Nacheinanders von Rechtfertigung und ethischer Konsequenz will er freilich als das unangefochten (Ulrike Link-Wieczorek) überzeugendere beibehalten, so dass eine Öffnung für ein komplementäres Verständnis der lutherischen und katholischen Differenzen hier nicht vorliegt.

sätzlich positives Urteil durchaus nicht ohne Kritik am Einzelnen. Die meisten dieser Kritikpunkte werden auch von den Kritikern der GER genannt, freilich nicht mit demselben Gewicht negativ bewertet. Übereinstimmend z.B. als mindestens „unglücklich" wird die Formulierung in § 38 bezeichnet, dass durch die guten Werke „die empfangene Gerechtigkeit vor Gott bewahrt" werde, die fast wörtlich einer lutherischen Lehrverurteilung in der Konkordienformel entspricht (SD IV, 35, BS 949).[47] Weiterhin wird zunächst die Darstellung der kriteriologischen Funktion der Rechtfertigung GER 18 und ihre Produktionsgeschichte als unzureichend empfunden.[48] In der befürwortenden Kritik wird hier zunächst bemängelt, dass die katholischen „mehreren Kritierien" nicht näher genannt werden, weil hieran ja in der Tat evangelische Zustimmung oder Ablehnung einer solchen These hängt. In den Worten von Wolfhart Pannenberg z.B. klingt das so:

> „Dabei ist besonders misslich, dass nicht gesagt wird, um welche anderen Kriterien es sich handeln soll. Wäre dabei etwa an das Dogma von Nicea 325 zu denken (...), so wäre dagegen schwerlich etwas einzuwenden. Wäre jedoch an das Papstdogma von 1870 als Kriterium für Lehre und Praxis der Kirche neben der Rechtfertigung zu denken, dann würde an dieser Stelle ein tiefer Gegensatz bestehen."[49]

Diese Frage wurde in der GOF, Annex 3, durch Verweis auf das trinitarische Bekenntnis geklärt.

GER 28–30 über das „*Sündersein des Gerechtfertigten*" gehört ebenfalls zu den von Kritikern und Befürwortern bemängelten Teilen der GER. Wolfhart Pannenberg bedauert, dass sich nicht beide Seiten in der GER einfach darauf verständigt haben, dass die Freiheit von der Sünde der Getauften „in Christus" nicht einfach empirisch verstanden werden dürfe:

> dass sie „nicht zu verwechseln ist mit der empirischen Lebenssituation des Christen im ‚Fleisch' der Sünde, in der die Christen angefochten bleiben durch die Macht der Sünde und ihrer Begierden, obwohl sie dazu

---

[47] Vgl. R. Brandt, Gemeinsame Erklärung – kritische Fragen, a.a.O. (s. Anm. 2), 93–95; A. Birmelé, Kirchengemeinschaft, a.a.O. (s. Anm. 1), 148.

[48] Zur Kritik an der Produktionsgeschichte vgl. Dorothea Wendebourg, Zur Entstehungsgeschichte der „Gemeinsamen Erklärung", in: ZThK Beiheft 10, 1998, 140–206.

[49] W. Pannenberg, Die Gemeinsame Erklärung, a.a.O. (s. Anm. 30), 293. Vgl. so auch G. Sauter, Rechtfertigung – eine anvertraute Botschaft, a.a.O. (s. Anm. 9), 45, und Ulrich Wilckens, Die „Gemeinsame Erklärung zur Rechtfertigungslehre" (GE) und ihre biblische Grundlage, a.a.O. (s. Anm. 18), 40–43.

berufen sind, die Sünde nicht wiederum über sich herrschen zu lassen".[50]

Die Klärungsversuche in Annex B folgen diesem Votum, zeigen aber weiter deutlich die Differenz im Sündenbegriff zwischen den Konfessionen. Wieder wird man sagen müssen, dass es sich letztlich an den ekklesiologischen Konsequenzen zeigen muss, für wie wenig kirchentrennend diese Differenzen wirklich von den Kirchen gehalten werden. Wieder wird das davon abhängig sein, ob ekklesiologisch dem hier entwickelten komplementären Verständnis der Differenz der Perspektiven gefolgt werden kann.

Auch in der Diskussion dieses Problembereiches lässt sich der hermeneutische Ansatz vom existentiell-empirischen Interesse unterscheiden: In seiner hermeneutischen Funktion wird die Spannung des „simul iustus et peccator" als eine ständige Warnung verstanden, menschlichen Sinnfüllungen, und seien sie christlich-ethischer, spiritueller oder credohafter Art des Zeugnisses, für sich genommen zu misstrauen als Möglichkeiten der Hinwendung in die Gottesbeziehung – der protestantische Sündenbegriff. In diesem prophetischen Einspruch freilich liegt noch keine positiv-empirische Deskription des rechtfertigenden Heilswirkens Gottes, obwohl es dieses als solches voraussetzt. In hermeneutischer Funktion bleibt es bei einer Dass-Aussage und kommt nicht zu Aussagen über das Wie. Auch als „Dass" freilich schließt die Zusage des „iustus" eine grenzenlose Skepsis aus. Dieser Funktion des radikal Imputativen soll im folgenden Abschnitt über Gerhard Sauters Verständnis der Rechtfertigungslehre als „Eselsohr" noch gesondert nachgegangen werden.

Das katholische Interesse, auch im Zusammenhang mit dem Sündigsein des Gerechtfertigten „die wirkliche Erneuerung des Menschen im Rechtfertigungsgeschehen" (Track) nicht offen zu halten, sondern ins Auge zu fassen,[51] wird sich damit nicht zufrieden geben wollen. Aber auch für Lutheraner kann die prophetische Funktion der Rechtfertigungslehre nicht ausreichen, wenn die Rechtfertigungsbotschaft die heutige Lebenswelt erreichen soll. Nicht nur Pfarrer und Pfarrerinnen, auch Religionslehre-

---

50 W. Pannenberg, ebd. Vgl. auch Eberhard Jüngels Hinweis zum impliziten „theologischen Ungleichgewicht" auf die Sünde als „zum Vergehen verurteilte Macht" hin in: E. J., Amica Exegesis einer römischen Note, in: ZThK 95, Beiheft 10, 1998, 252–279, hier 263f; sowie Gerhard Sauters Hinweis auf den eschatologischen Gehalt der lutherischen Formel: G. S., Art. Rechtfertigung IV: Das 16. Jahrhundert, in: TRE 28, 315–328; hier 318.
51 Joachim Track, Stellungnahme zur ‚Stellungnahme theologischer Hochschullehrer zur geplanten Unterzeichnung der Gemeinsamen Offiziellen Feststellung zur Rechtfertigungslehre', in: epd-Dokumentation 52/99, 40–46.

rinnen und -lehrer, katechetisch engagierte Gemeindeglieder oder überhaupt an Glaubenskommunikation interessierte Gläubige erwarten von Theologie und Kirche Hilfen für Auslegung und Weitergabe der Rechtfertigungsbotschaft, die über das in dialektischer Theologie Mögliche hinausgehen. Somit werde ich in einem Schlussabschnitt mit ein paar skizzierenden Strichen die Probleme und Möglichkeiten andeuten, die von der GER selbst uns erst noch zur Aufgabe gestellt worden sind. Dabei wird deutlich werden, dass die Möglichkeit *anthropologisch fassbarer* Erneuerung des charakterlichen Habitus nicht die einzige Bedeutung der Rechtfertigungsbotschaft in heutiger Lebenswelt sein muss, sondern dass sie durchaus auch in der protestantischen Sicht der Erneuerung von Orientierungsperspektiven liegen kann.

4. Die Unanschaulichkeit des Handelns Gottes: Rechtfertigungslehre als Dialogregel (G. Sauter)

Gerhard Sauter äußert sich abweisend kritisch zu den Bemühungen der IV. Vollversammlung des Lutherischen Weltbundes in Helsinki 1963, einen Gegenwartsbezug der Rechtfertigungslehre neu zu entdecken.[52] Vor allem fürchtet er, dass die Botschaft des Evangeliums bei solchen Versuchen der Frageperspektive angepasst interpretiert und damit nicht mehr unverfälscht gehört wird. Damit müssen freilich nicht jegliche Versuche abgelehnt werden, die Rechtfertigungsbotschaft heute als in einen anderen Kontext als dem des 16. Jahrhunderts hinein gesprochen zu verstehen. Nun ist ihm sicher zuzustimmen, wenn er sagt, die Rechtfertigungslehre sei zur Reformationszeit nicht als Antwort auf die Frage „Wie bekomme ich einen gnädigen Gott?" entdeckt worden, sondern gerade als die Befreiung von dieser Frage,[53] aber dennoch muss man doch wohl sagen, dass diese Frage den Denk- und Gefühlskontext der damaligen Theologie und Frömmigkeit bildete. Einen entsprechenden Kontext der heutigen Zeit festzumachen und zu beschreiben zu versuchen, ist letztlich die Tätigkeit eines jeden Pfarrers und jeder Pfarrerin bei der Konzeption der Sonntagspredigt.

Freilich muss das nicht heißen, dass mit der Suche nach dem Kontext der heutigen Lebenswelt schon der Versuch impliziert ist, das Rechtfertigungsgeschehen anthropologisch zu bestimmen. Gegen diesen Versuch, den er auch in breiten Strömen lutherischer Theologiegeschichte ausmacht, wehrt sich Sauter ausdrücklich. Sein eigener Ansatz entspricht dem, was, wie bereits erwähnt, der amerikanische Lutheraner Robert Jenson als Ver-

---

52 G. Sauter, Art. Rechtfertigung VI. Das 19. und 20. Jahrhundert, in: TRE 28, 336–352, hier 341f.
53 G. Sauter, Art. Rechtfertigung VII. Dogmatisch, in: TRE 28, 352–364, hier 361.

ständnis der Rechtfertigungslehre als einer „‚hermeneutische(n)' oder ‚metatheologische(n)' oder ‚metalinguistische(n)' Lehre" bezeichnet.⁵⁴ Und wie Jenson würde auch Sauter sagen können, dass er sich zu den Lutheranern zähle, die der Meinung seien, „dass es eine große Wohltat der lutherischen Erkenntnis ist, davon zu befreien, sich das Werk des Evangeliums überhaupt als Prozess vorstellen zu müssen." Das ist darum eine Wohltat, weil man auch das göttliche Rechtfertigungshandeln nicht in den geschöpflichen Begrenzungen der Prozesshaftigkeit, in der Zeitlichkeit von Vorher und Nachher, in Kausalitätsverhältnissen, die die Unterscheidung von Bedingung und Konsequenz erzwingen, aufgehen sehen muss. Im Tenor des geradezu apophatischen Grundzugs dialektischer Theologie betont Sauter daher die Unanschaulichkeit der Rechtfertigung Gottes als Aufhebung der Linearität der Zeit. Wer einmal das verzweifelte oder auch selbstgefällige Nachforschen afrikanischer Erweckungsgläubiger erlebt hat, kondensiert in der immer wieder zu hörenden Frage „When have you been saved?", kann verstehen, warum die Aufhebung der Zeit eine „Wohltat" sein kann, in der man nicht mehr nach einem biographischen Nachweis der Erneuerung durch die Rechtfertigung suchen muss.⁵⁵ Eine Differenz im Verständnis der Rechtfertigungslehre, die nicht kontradiktorisch, sondern konsensfähig sein soll, hat sicherlich diese Festlegung göttlichen Handelns in der Rede vom Geschehen der Rechtfertigung zu vermeiden. Ebenso hat sie der forensischen Metaphorik nur innerhalb der generellen Unanschaulichkeit des Rechtfertigungsgeschehens Raum zu geben, was in der lutherischen Tradition mit dem „extra nos", also der Vorstellung, die von außen treffende Gerechtigkeit Gottes rechtfertige und rufe den Menschen aus sich heraus, versucht wird. Ein Entweder-oder von forensischer und effektiver Rechtfertigung verbiete sich ebenfalls im Rahmen der Unanschaulichkeit. Man kann diesen Gedanken auch in der „gewissen Unausgeglichenheit (...) zwischen Zurechnung der Gerechtigkeit und Einwohnung Christi im Glaubenden" aufspüren, die Sauter bei Luther feststellt.⁵⁶ Sie kann zum einen als ein Grund für die innerlutherische Pluralität des Rechtfertigungsverständnisses verstanden werden, zum anderen auch als Ausdruck der Komplexität der „Sache" – des Handelns Gottes – und der darin begründeten Unanschaulichkeit gesehen werden.

Alles, was bisher gesagt wurde, betrifft jedoch nicht die Rechtfertigungs*lehre,* sondern die Weise, adäquat vom Rechtfertigungs*geschehen* zu

---

54 Robert W. Jenson, Rechtfertigung und Ekklesiologie, a. a. O. (s. Anm. 37).
55 G. Sauter, Art. Rechtfertigung V. Das 17. und 18. Jahrhundert, in: TRE 28, 328–336, hier 330.
56 G. Sauter, Art. Rechtfertigung IV. Das 16. Jahrhundert, in: TRE 28, 315–328, hier 319.

reden. Die Lehre als solche versucht in keiner Weise, das Geschehen der Rechtfertigung auch nur annähernd beschreibend in Sprache zu fassen. Sie hat ihren Ort auf einer anderen kategorialen Ebene: Lehre sortiert Aussageintentionen, und so ist auch die Rechtfertigungslehre eine *Dialogregel*, ein „Eselsohr". [57]

Ein *Eselsohr* erinnert an Wichtiges – hier an den „Ursprung des Kircheseins und der christlichen Existenz" in „Gottes zuvorkommendem Handeln". [58] Ich verstehe Sauter so, dass er sagen will: Beide Traditionen der Rechtfertigungslehre in evangelischer und katholischer Kirche haben diese Funktion der Erinnerung, vielleicht gar: der mahnenden Vergegenwärtigung der Gewissheit des zuvorkommenden Handelns Gottes, und dass das so ist, ist gerade der Konsens der Gemeinsamen Erklärung. Weil man gegenseitig erkannt hat, dass heute auch die Unterschiede in der Lehrbildung noch diese Funktion erfüllen, darum konnte es zu einer Konsenserklärung im differenzierten Konsens kommen. In beiden Kirchen also hat der Bezug auf die Rechtfertigungs*lehre* die Funktion, sich zurechtrücken zu lassen im Angesicht Gottes – und dann, in diesem perspektivischen Zurechtgerücktsein, notwendige konkrete, in der jeweiligen Situation erforderliche Wirklichkeitsdeutungen vorzunehmen.

Ein Eselsohr, so Sauters Metaphorik weiter, ist kein *Nadelöhr*, durch das alle hindurch müssten. Ein Eselsohr erinnert an wichtige Zusammenhänge, ohne diese zu definieren oder zu formulieren. Das hingegen geschieht, wenn die Rechtsfertigungslehre als eine Theorie der Konstitution der Glaubenserfahrung verstanden würde, wie es im Protestantismus weithin üblich geworden sei. [59] Sauters Eselsohr-Theorie ist also implizit eine Kritik vieler GER-Kritiker, die ihr eine mangelhafte Berücksichtigung eines *sola-fide*-Konzepts vorwerfen, mit dem Rechtfertigung als frei-

---

57 Vgl. zum Folgenden: Gerhard Sauter, Rechtfertigung – eine anvertraute Botschaft, a. a. O. (s. Anm.9) und ders., Die Rechtfertigungslehre als theologische Dialogregel. Lehrentwicklung als Problemgeschichte?, in: ÖR 48 (1999) Heft 3, 275–295.
58 G. Sauter, Rechtfertigung – eine anvertraute Botschaft, a. a. O. (s. Anm. 9), 38 und 40.
59 A. a. O., 41. Siehe dort weiter: „So wird die Rechtfertigungslehre zur Konstitutionstheorie der Glaubenserfahrung, statt zu sagen, dass der einzigartige Gegenstand der Theologie Gottes Handeln am Sünder, sein richtendes und rettendes Urteil, die Selbstmitteilung seiner Gerechtigkeit ist. Vielmehr wird die Frage leitend: Wie ist der Glaube aufgebaut? Dies ist eine Erblast des Protestantismus, die zur dramatischen Problemgeschichte der Rechtfertigungslehre mit ihren vielen Rissen und Abschleifungen gehört." Ausführlicher zur Problemgeschichte siehe ders., Rechtfertigungslehre als theologische Dialogregel, a. a. O. (siehe Anm. 57), sowie Art. Rechtfertigung, IV–VI, in: TRE, 28, 315–352.

lich durchaus spannungsvolles Geschehen von heilsgewisser Gottesbeziehung erfasst wird.[60]

Rechtfertigungslehre als Nadelöhr hätte den Effekt, dass man geradezu alles, was in der christlichen Glaubensreflexion wichtig ist zu sagen, an ihr festmacht – genauso haben die katholischen Beobachter der LWB-Tagung in Iowa uns lutherische Teilnehmer/innen gehört. „Ich habe gelernt, dass für Lutheraner Rechtfertigung eigentlich einfach alles heißt", sagte im Schlussvotum die kanadische katholische Theologie-Professorin Margaret O'Gara aus Toronto.[61] In Sauters Sicht wird dabei die „Rechtfertigungslehre zum Instrument der Reduktion der gesamten Theologie auf eine Fundamentalaussage, auf ein ‚Materialprinzip' – und dies ist ein erster Schritt zur ‚Funktionalisierung' der Rechtfertigungslehre (…)"[62] Das heißt also, dass die Rechtfertigungslehre nicht vom Rechtfertigungsgeschehen spricht – was eigentlich unser Thema zu sein scheint –, sondern allenfalls als eine Sonde fungiert, gegenwärtiges Rechtfertigungsgeschehen zu entdecken. Alles andere hält Sauter für eine Überdehnung der Rechtfertigungs*lehre*. Nicht, dass man nicht über den Zusammenhang von Rechtfertigung und Heiligung, über Glaube und Werke, über Schrift und Tradition sprechen könne. Aber man entfaltet dann nicht inhaltliche Vorgaben über die Art und Weise des Heilshandelns Gottes aus der Rechtfertigungslehre, sondern man spricht dann über biographische und historische Aspekte der Glaubenserschließung, für die die Rechtfertigungslehre in ebenderselben spezifischen Weise als Eselsohr fungiert wie in anderen Gesprächszusammenhängen auch: als Eselsohr, das auf eine Grenzmarkierung hinweist, die aus

---

60 So Eilert Herms, Das fundamentum fidei. Luthers Sicht, in: Wilfried Härle / Peter Neuner (Hg.), Im Licht der Gnade Gottes. Zur Gegenwartsbedeutung der Rechtfertigungsbotschaft. Gemeinsames Symposium des Evangelisch- und Katholisch-Theologischen Fakultätentages Lutherstadt Wittenberg, Oktober 2002, Münster 2004, 115–133; Christoph Schwöbel, Die Wirklichkeit im Horizont der Rechtfertigungsbotschaft, a. a. O., 135–152; vorsichtige Relativierung finden beide Beiträge bei Otto Hermann Pesch, Rechtfertigung ohne „Rechtfertigung". Zur Frage nach der Vermittlung der Rechtfertigungslehre – (nicht nur) aus katholischer Sicht, a. a. O., 153–174; hier 154. Vgl. auch Joachim Ringleben, Der Begriff des Glaubens in der „Gemeinsamen Erklärung der Rechtfertigungslehre", in: ZThK 95 (1998), Heft 2, 232–249.

61 Vgl. in publizierter Form: Margaret O'Gara, Reinterpretation and Reception, in: Karen L. Bloomquist / Wolfgang Greive (edd.), The Doctrine of Justification: Its Reception and Meaning Today. LWB Studies 2003, Genf 2003, 219–224, hier 221: "I came to understand a bit more how justification represents, for Lutherans, 'the gospel message in shorthand'."

62 Sauter, Rechtfertigungslehre – eine anvertraute Botschaft, a. a. O. (siehe Anm. 9), 42.

der Rechtfertigungsbotschaft das Feld theologischen Redens in der Kirche überhaupt markiert, als Raum des stets zuvorkommenden rettenden und richtenden Handelns Gottes. Gerade wegen ihrer generellen Steuerungsfunktion könne sie überhaupt nur eine so herausgehobene Stellung in der Pluralität der theologischen Lehren haben. Die Diskussion der GER um die kriteriologische Funktion der Rechtfertigungslehre lässt sich so als eine Diskussion um ihre hermeneutische Funktion verstehen.

Für unser Interesse, die GER auch als Anstoß zu rezipieren, über die Bedeutung der Rechtfertigungsbotschaft in der heutigen Lebenswelt nachzudenken, lässt sich aus Sauters Überlegungen die Aufforderung nehmen, ausdrücklicher, als es in der GER und ihrer Diskussion geschieht, zwischen Rechtfertigungs*botschaft*, Rechtfertigungs*geschehen* und Rechtfertigungs*lehre* zu unterscheiden. Vieles, was in den Differenzen unterschieden wird, betrifft unterschiedliche Konzepte vom Rechtfertigungsgeschehen und muss als solches in die apophatische Klammer der Unanschaulichkeit der Rechtfertigung als Fülle des Gottes-Handelns gestellt werden. Es wäre nicht ausreichend, dies erkenntnistheoretisch zu begründen – etwa damit, dass wir Gott nicht über die Schulter schauen können. Vielmehr geht es im Reden vom Handeln Gottes um die Komplexität seiner Gegenwart und Zukunft, die wiederum im Evangelium in der Pluralität seiner Perspektiven aufleuchtet und nicht einfach unbekannt ist. In der Geschichte christlicher Glaubensreflexion wird sie mit Trinitätslehre, christologischem Credo, Eschatologie und Ekklesiologie zu präzisieren versucht, ohne damit freilich die Unanschaulichkeit beseitigen zu können und zu wollen. Hier sind auch alle Versuche zu verorten, die lebensweltliche Bedeutung der Rechtfertigung zu beschreiben. Die kritisch-hermeneutische Funktion der Rechtfertigungs*lehre* schaut auch diesen Versuchen über die Schulter und erinnert immer wieder an die Ursprünglichkeit des Handelns Gottes.

Das bedeutet vor allem: Aus der Sicht von Rechtfertigungslehre als Dialogregel folgt nicht zwingend, dass nicht nach dem Rechtfertigungsgeschehen im eigenen Leben gesucht werden dürfe. Vielmehr, so denke ich, ist es gerade unsere Aufgabe als Theologen, Theologinnen und Seelsorger und Seelsorgerinnen, im christlichen Zeugnis eben diese biographischen Bezüge zur Heilsgeschichte herzustellen. Nicht zuletzt hat das in jeder sonntäglichen Predigt zu geschehen und geschieht auch dort, aber auch im sakramentalen, diakonischen, seelsorgerlichen und *last but not least* im sozialpolitischen Leben aller christlichen Kirchen. Aber Sauters Überlegungen helfen uns, die Strukturen der Lehre von der Rechtfertigung, etwa ihre duale Gestalt von Gottes- und Menschenwerk, von Vorher und Nachher von Rechtfertigung und Heiligung, nicht schon als eine empirisch relevante Beschreibung des Rechtfertigungsgeschehens zu sehen. Vielmehr sind sie als *Ausdrucksgestalten* der Grundrichtung zu verstehen, für die die Rechtfertigungslehre „Eselsohr" sein will. Lutherische Gläubige können anbieten, diese Duale – so sie ihnen denn überhaupt noch zur Verfügung stehen! – als Instrumente prophetischer Klärung nutzen.

5. Zum Abschluss: Überlegungen zur Relevanz der Rechtfertigungslehre in der heutigen Lebenswelt

Ich erinnere noch einmal an die eingangs geschilderte Szene des Interviews über die GER. Deutlich wurde dabei, dass der historische Kontext der reformatorischen Frage nach der Schuld des Menschen vor Gott auch nicht auf einen Anflug von Verständnis stieß. Von Gott zu reden als einem Ankläger, dem gegenüber sich Menschen zu recht schuldig zu fühlen haben – das ist auch für unsere Studierenden überhaupt kein Zugang zur Gottesthematik. Man sollte ihnen aber nicht unterstellen, dass sie sich in ihrem Leben grundsätzlich „ohne Schuld" fühlten. Aber sie fürchten nicht, dass sie dafür als Individuen mit Gottes aufrechnendem Zorn zu rechnen hätten. Nur ein kleinlicher Gott würde selbst für schuldhafte Tatsünde rigoros strafen – wenn man will, ist dies ein angstfreies Gottesbild und durchaus auch ein Effekt der Rechtfertigungslehre. Als dessen Bestätigung wird sie denn auch jetzt in der Diskussion der der GER wahrgenommen. In der lutherischen Theologie wird auch dafür plädiert, die „Strafrechtsmetaphorik" der Rechtfertigungslehre durch eine relationale Ontologie zu ersetzen, in der dem Menschen aufgetragen ist, seine Verantwortung innerhalb eines von Gott vorgegebenen Beziehungsgeflechtes wahrzunehmen.[63] Man kann die konfessionellen Differenzen, die in der GER zum Ausdruck kommen, auch als ein Ringen um ein adäquates Konzept der hier gemeinten Verantwortlichkeit verstehen.

Problematisch scheint mir, dass sie hier weitgehend im Modell einer individuellen Gott-Mensch-Beziehung zur Sprache kommt, in Ausblendung des gesamten Beziehungsfeldes von Schöpfer und Schöpfung. Gott tritt nicht nur als Ankläger, sondern auch als durch Liebesentzug Allein-Geschädigter vor Augen, da ihm „geforderte", ungeteilte Liebe verweigert wird (GER 29). Dieses Bild allein stellt schon eine Trivialisierung christlicher Gottesrede dar, und die Rechtfertigungsbotschaft verkürzt sich in seinem Rahmen zur beschwichtigenden, letztlich entleerenden Rede vom

---

63 Vgl. Wilfried Härle, Zur Gegenwartsbedeutung der „Rechtfertigungs"-Lehre, a.a.O. (s. Anm. 39); eine ähnliche Stoßrichtung verfolgt in reformierter Tradition Jürgen Moltmann, wenn er der GER vorwirft, im Kontext der Bußtheologie des 16. Jahrhunderts zu verbleiben; J.M., Die Rechtfertigung Gottes, in: Rudolph Weth (Hg.), Das Kreuz Jesu, Neukirchen 2001, 120–141.

„lieben Gott". Gegen seine Intention steht das lutherische *ceterum censeo* des „mere passive" in der Gefahr, diese Trivialisierung noch zu verstärken. Somit gilt, sich nicht schon mit dem Verständnis von Rechtfertigungslehre als Bestätigung eines angstfreien Gottesbekenntnisses zufriedenzugeben – so sehr es auch zunächst zu begrüßen sein mag. Die eigentliche Chance der Rechtfertigungslehre erweist sich, wenn plausibel wird, dass die Botschaft von der Rechtfertigung Konsequenzen für das Verständnis des Selbst- und Gottesverhältnisses hat, das nicht in einer rein individualistischen Gottesbeziehung aufgeht. Weitet man die Perspektive aus auf die Beziehung zu Gott in seiner ganzen Geschichte mit den Menschen, „die jede individuelle Lebenszeit weit übergreift" (Sauter),[64] so wird die Funktion der Kirche, über die noch geredet werden muss, deutlich als eine Korrektur eines auf die persönlich-individuelle Gott-Mensch-Beziehung gestutzten Gottes. So können auch die unglücklichen „mehreren Kriterien" der katholischen Perspektive in GER 18 als Spezifizierung rechtfertigungstheologischer Leitmetaphern wie der forensischen des „coram deo" und des „extra nos" ebenso wie der ins Effektive weisenden Teilhabemetaphorik „in Christus" bzw. „Christus in mir" verstanden werden – als christologische, trinitätstheologische, ekklesiologische und eschatologische Klärung dessen, welche Wirklichkeit mit „G-o-t-t" gemeint ist.

Ein Reden von Gott, das nicht in der Verengung einer individualistisch-persönlichen Gottesbeziehung stehen bleibt, wäre auch besser geeignet, die Rechtfertigungsbotschaft als rettendes und richtendes Handeln Gottes in der Situation der Verstrickung zu hören.[65] Mit Verstrickungssituation meine ich etwa die einer übergroßen allgemeinen sozialen Not nach einer Natur-Katastrophe, die Situation von Nachgeborenen nach Zeiten großer historischer Schuld, die von Familiengliedern im Geflecht familiärer Verletzungserfahrung oder schlicht die Existenz in der globalisierten Welt – also Schuld-produzierende Verstrickungssituationen, die man nicht selbst herbeigeführt hat, deren Bewältigung auch nicht vom Individuum allein abhängig ist und die in der Regel stark tragische Ele-

---

64 G. Sauter, Rechtfertigung – eine anvertraute Botschaft, a.a.O. (s. Anm. 9), 47.
65 Hier ist auch auf die Bemühungen während der ökumenisch besetzten Tagung des Lutherischen Weltbundes 2002 in Iowa hinzuweisen, die Rechtfertigungslehre im (westlich-abendländisch erfahrbaren) Kontext des Scheiterns von Beziehungen zu verstehen sowie sie nicht nur unter individualethischer Perspektive, sondern auch verbunden mit sozialethischen Aspekten zu hören; vgl. dazu Karen L. Bloomquist/ Wolfgang Greive (edd.) a.a.O. (siehe Anm. 61), hier 55–63: Dorothea Sattler (kath.), The Anthropological Turn in Theology: Implications for Evil, Sin and Salvation, sowie 171–186: Michael Haspel, Justification and Justice.

mente aufweisen.[66] Schuld aufgrund von individuell, kausal verursachter Tat spielt hier mindestens nicht mehr als einziger lebensweltlicher Kontext eine Rolle. Sünde, so vor allem die protestantische Sicht, ist mehr als Tatsünde und persönliche Schuld.[67] Erfahrung „coram deo" ist ebenfalls mehr als persönliche Erfahrung. Sie schließt Ermöglichung und Bereitschaft zur stellvertretenden Erfahrung mit anderen ein.[68]

Ist aber damit die rechtfertigungstheologische Leitmetapher des „coram deo", des sich Verantwortens vor Gott, hinfällig geworden? Man kann den Konsens der GER als eine verneinende Antwort auf diese Frage erfassen. In der differenzierenden Entfaltung verfolgen protestantische anthropologische Skepsis und „extra-nos"-Betonung wie katholisches Dringen auf wirkliche Erneuerung weiterhin diese Richtung. Die GER spricht damit durchaus gegen eine Vergleichgültigung des ernsthaften Sich-Verantwortens von Christen und Christinnen, wie sie sich in einem flachen, wenn ungefüllt bleibenden Verständnis von Rechtfertigung als unbedingtes Angenommensein zum Ausdruck bringt.

Soll dies in der Katechese für die heutige Lebenswelt erschlossen werden, so wird ein weiter differenzierendes Reden unerlässlich sein. Lebensbedrohliche Beziehungslosigkeit kann schuldhaft die von Tätern sein, aber auch die von Opfern. Genauer gesagt: Zur Situation des Verstricktseins gehört es, dass derselbe Mensch beides werden kann. Gerade angesichts der Erfahrungen immer ungezügelterer Gewaltanwendung gegenüber Wehrlosen erscheint es notwendig, diese Differenz der Perspektiven ernstzunehmen und damit doch darüber nachzudenken, wie der generalisierende lutherische Sündenbegriff der Gefahr entzogen werden kann, zu einer lebensfernen Abstraktion zu werden. Das Bekenntnis zum „gnädigen Gott" betrifft Täter und Opfer von Lebensbedrohung sicher in je unterschiedlicher Weise, und die Relevanz der Rechtfertigung wird sich in dem Maße zeigen, in dem diese Differenz theologisch aufgenommen werden

---

66 Von dieser Einsicht herkommend wird – vornehmlich in nicht-lutherischer Sicht – der Gegenwartskontext des Hörens der Rechtsfertigungsbotschaft auch in der Theodizee-Problematik verortet; vgl. Otto Hermann Pesch, Justification and the Question of God, in: Bloomquist / Greive (edd.) a.a.O. (siehe Anm. 61), 107–116; ders., Rechtfertigung ohne „Rechtfertigung", a.a.O. (siehe Anm. 60); Heinz Rüegger, Ökumenische Erwägungen im Zusammenhang der „Gemeinsamen Erklärung der Rechtfertigungslehre", in: epd-Dokumentation 23/98, 31–40 (ursprünglich Una Sancta 1998, Heft 1).
67 So auch W. Härle, Zur Gegenwartsbedeutung, a.a.O. (s. Anm. 39), 123f.
68 Diesen Tenor kann man auch in Luthers Gedanken zur allein an den Bedürfnissen des Nächsten orientierten Ethik in der Freiheitsschrift entdecken; vgl. Von der Freiheit eines Christenmenschen, Abschnitte 26–29.

kann. Eine Festlegung auf eine *empirisch erfahrbare* Abfolge von Rechtfertigung und Heiligung scheint mir dafür nicht der rechte Weg zu sein.

Aber wir haben nicht nur die Erfahrung von drastischer Gewalt und der deutlichen Unterscheidung von Täter- und Opferaspekt, sondern geradezu im Gegensatz dazu den Kontext unserer westdeutschen Erlebnisgesellschaft mit ihren aggressionslosen, freundlichen und unverbindlichen Mitgliedern. Hier gilt es, deutlich zu machen, dass die Relevanz der Rechtfertigung im persönlichen Leben nicht allein dort zu suchen ist, wo sich Menschen subjektiv selbst als Täter oder Opfer empfinden. Vielmehr wird die Kategorie der stellvertretenden Erfahrung jetzt in neuer Weise relevant, wenn wir nach Hilfestellungen suchen, um die Verhaftung im unmittelbar persönlichen Erleben aufzubrechen. Bärbel Wartenberg-Potter spricht von der „Unterlassungssünde", einem „Verhalten, sich dem Leiden der Anderen zu entziehen".[69] Sünde wäre in dieser Terminologie die Verweigerung von aktiver stellvertretender Erfahrung – Konsequenz der Rechtfertigungsbotschaft wäre entsprechend Ermutigung zur Einübung in sie, Ermutigung zur Sensibilisierung in die stellvertretende Erfahrung. In diesem Sinne könnte durchaus der Vorschlag der katholischen Tradition aufgenommen werden, Rechtfertigung als einen lebensgeschichtlichen Prozess des Hineinwachsens in die Gottesbeziehung zu verstehen. Die Kategorie der stellvertretenden Erfahrung hilft hier auch zu verhindern, dass wir Rechtfertigung „allein aus Glauben" als ein Geschehen denken müssen, in dem es um gottverdankte Lebensermöglichung lediglich für Gläubige ginge. Je weniger selbstverständlich christliche Glaubensperspektiven in der Gesellschaft werden, desto wichtiger wird die Kategorie der stellvertretenden Erfahrung, um die Rechtfertigungsbotschaft in ihrer Relevanz für die Gegenwart wahrzunehmen.

Stellvertretende Erfahrung ist bereits eine Konsequenz des Aufbrechens einer individualistischen Gottesbeziehung. Kommt mit Gott der Gott zur Sprache, der eine Geschichte mit den Menschen hat und wahrt, so wird er selbst als Quelle der Möglichkeit von stellvertretender Erfahrung erkennbar und als der, der diese in seiner Beziehung zu den Menschen zu deren Heil, und das heißt auch zur Ermutigung ihrer Lebensgestaltung, einsetzt.[70] Das bedeutet, dass Gott auf der Gott-Mensch-Ebene wohl als Ankläger, jedoch deutlich nicht als primär selbst Geschädigter auftritt, sondern beides stellvertretend: stellvertretend anklagend für diejenigen,

---

69 Bärbel Wartenberg-Potter, Der Gerechtigkeit Gottes begegnen, a. a. O. (s. Anm. 13), 367.

70 Der protestantische Begriff von „Ursünde" als trennende „Verselbständigung" von Gott erscheint hier als Trennung aus der von Gott ermöglichten stellvertretenden Erfahrung.

die Verletzung erfahren, Ungerechtigkeit und Beziehungslosigkeit leiden ebenso wie stellvertretend die Geschädigten mitberücksichtigend gegenüber denjenigen, die konkret schuldig geworden sind. Hier wäre auch die katholische Tendenz aufzunehmen, die Vorstellung eines „Gerichts nach den Werken" nicht ganz fallen zu lassen, sondern als Gottes Aufdecken von Ungerechtem, das nicht in das ewige Leben eingehen soll, zu verstehen.[71] Deutlicher wäre in einem weniger auf Bipolarität eingeengten Konzept von Gott-Mensch-Verhältnis, dass dieses Aufdecken um der Anerkennung der Opfer willen geschieht, nicht aus Aufrechnung der Untaten der Täter. So kann Rechtfertigungsgeschehen als befreiende Entzerrung durchaus als eine Erneuerung des Menschen verstanden werden, in der diese Perspektive in befreiender Weise zum Habitus der eigenen Lebensorientierung wird. Ohne irgendeinen gottesdienstlichen Rahmen wird dies freilich kaum denkbar sein.

Rechtfertigungsgeschehen ist so verstanden ein Geschehen, in dem Gott die Menschen hineinzieht in seine entzerrende Gemeinschaft mit den Menschen, aus der heraus konkretes Versöhnungshandeln wachsen kann. Für die einen, die Opfer, ist er Ermutiger, für die anderen, die Schuldigen, ist er ein Richter, der immer auch stellvertretend für die Opfer spricht, indem er ihr Opferdasein vor Augen hält, aber auch stellvertretend für die Täter eintritt, auch indem er die für den Versöhnungsprozess notwendige Buße/Sühne ermöglicht, trägt, leistet. In diesem Sinne ins Recht setzend kann man Gott als Stellvertreter und Ermöglicher eigener stellvertretender „Nachfolge" sehen – ein Aspekt, der sich m.E. sowohl mit dem Verständnis der „kommunialen Dimension der Verdienstlehre" in der katholischen Theologie als auch mit dem „extra nos" eines steil imputativen Rechtfertigungsverständnisses verbinden lässt.[72] Auf die Duale von Vorher und Nachher, von aktiv und passiv oder Bedingung und Konsequenz sollte man sich nicht festlegen als Beschreibung für dieses Versöhnungsgeschehen. Sie müssen freilich hörbar bleiben als kritische Korrektive gegenüber der Gefahr vor allem eines ideologisierten protestantischen Hyper-Aktivismus und als verkündigende Zusagungen (Luther) der Verheißung, aus der wir leben.

---

71 Vgl. dazu den römisch-katholischen Kommentar von François Reckinger, Unterschriftsreif?, in: Der Fels 9 (1999), 252–256, sowie W. Schöpsdau, Rechtfertigungslehre, a.a.O. (s. Anm. 1), 92.
72 Vgl. Dorothea Sattler, Art. Verdienst VII. Ökumenisch, in: RGG[4], Bd. 8, 953, und Notger Slenczka, Entzweiung und Versöhnung. Das Phänomen des Gewissens und der Erlösung in Shakespeares ‚King Richard III' als Hintergrund eines Verständnisses der „imputativen Rechtfertigung" bei Luther, in: KuD 50 (2004), Heft 4, 289–319, hier 314–318.

Werner Klän

Einig in der Rechtfertigungslehre? – Anfragen an die „Gemeinsame Erklärung zur Rechtfertigungslehre" aus konkordienlutherischer Sicht

I. Die Selbständige Evangelisch-Lutherische Kirche als Konfessionskirche mit ökumenischer Verpflichtung

Die Selbständige Evangelisch-Lutherische Kirche (SELK) bestimmt ihren Ort „in der Einheit der einen, heiligen, und apostolischen Kirche, die überall da ist, wo das Wort Gottes rein gepredigt und die Sakramente nach der Einsetzung Christi verwaltet werden" (Grundordnung der SELK, Artikel 1, Absatz 1). Damit ist im Selbstverständnis der SELK ein ökumenischer Ansatz enthalten. Dieser Ansatz ist freilich verknüpft mit der grundlegenden Bindung der SELK „an die Heilige Schrift Alten und Neuen Testaments als an das unfehlbare Wort Gottes", nach dem alle Lehren und Lehrer der Kirche beurteilt werden sollen (Grundordnung der SELK, Artikel 1, Absatz 2). Hier ist die reformatorische Positionierung der SELK verankert. Die Schriftbindung ihrerseits führt die SELK zur Verpflichtung auf die im Konkordienbuch von 1580 zusammengestellten Bekenntnisschriften, „weil in ihnen die schriftgemäße Lehre bezeugt ist" (Grundordnung der SELK, Artikel 1, Absatz 2). Damit ist die konfessionelle Identität der SELK indiziert.

Es ist für eine solche kirchliche Ortsbestimmung sicher nicht ganz einfach, einer „konfessionalistischen" – wie der neuprotestantische Vorwurf meist chiffriert wird – Deutung kirchlicher Identität zu entgehen.[1] Doch recht besehen, versteht sich das lutherische Bekenntnis selber als Auslegung der Heiligen Schrift, als sachgemäße, zeitgemäße, am Maßstab der Heiligen Schrift und ihrer Mitte ausgerichtete, also schriftgemäße Auslegung der Heiligen Schrift. Das heißt auch für die Bekenntnishermeneutik, dass nur im immer erneuten Rückgang auf diese Grundlage und ihre sach-

---

[1] Vgl. jedoch den Einwurf von J. Baur, Evangelisch-lutherisch! Vom Sinn und Recht konfessioneller Eindeutigkeit im Zeitalter der Ökumene, in: Ders.: Frei durch Rechtfertigung. Vorträge anlässlich der römisch-katholischen/lutherischen „Gemeinsamen Erklärung", Tübingen 1999, 41–49.

gerechte Auslegung kirchliche Identität geschichtlich artikuliert werden kann, wie dies der Summarische Begriff der Konkordienformel artikuliert[2].

II. Das Pathos der Frage nach der Heilsgewissheit

Für Martin Luther und ihm folgend die lutherische Kirche ist der Artikel von der Rechtfertigung als „articulus stantis et cadentis ecclesiae" ohne Frage das Herzstück lutherischer Theologie und Frömmigkeit. Hier liegt der Punkt, an dem nicht zu weichen sei, auch in innerchristlicher Auseinandersetzung nicht: „Von diesem Artikel kann man nicht weichen oder nachgeben, es falle Himmel und Erde oder was nicht bleiben will, denn ‚es ist kein anderer Name, dadurch wir können selig werden', spricht Petrus Act. 4. ‚und durch seine Wunden sind wir geheilt'. Und auf diesem Artikel stehet alles, was wir wider den Babst, Teufel und Welt lehren und leben. Darum müssen wir des gar gewiss sein und nicht zweifeln. Sonst ist's alles verlorn ..." (ASm II 1, BSLK 415f). Man muss dieses Pathos zur Kenntnis genommen haben, um die Schwierigkeit einer Verständigung zwischen Lutheranern und der römisch-katholischen Kirche aus der Perspektive einer Kirche wie der SELK zu verstehen, die bewusst und entschieden das Erbe der lutherischen Reformation in kirchlich verbindlicher Gestalt übernehmen und weitergeben will. Gleichwohl gehört mit dieser betont konfessionellen Selbstbesinnung auch die ökumenische Verpflichtung zusammen, wie oben formuliert.

Dass die lutherische Reformation dem Ringen um die Gewissheit des Heils vor Gott entspringt, dürfte unstrittig sein, wie auch immer man die vielfältigen Faktoren gewichten mag, die sonst zu diesem welthistorischen Vorgang geführt, ihn begleitet und mitgeprägt haben. Dass der Gottesbezug die alles entscheidende Größe für das Gelingen menschlichen Lebens in eschatologischer Perspektive ist, ist dabei die unumstößliche Voraussetzung. Unfraglich heilvoll ist dieser Gottesbezug für Luther und die ihm folgende Prägung der Reformation nur darin, dass Gott selbst, und Er allein, solch heilvolle Beziehung zwischen sich und den Menschen begründet, ins Werk setzt und vollzieht.[3] Dies geschieht nach Luther auf dem

---

2   BSLK, 767–769. bes. 769,19–27: 833–843. bes. 837,10–15: zu Luthers Sicht vgl. die gründliche, höchst anregende Studie von J. Baur, Sola scriptura – historisches Erbe und bleibende Bedeutung, in: Ders., Luther und seine klassischen Erben. Theologische Aufsätze und Forschungen, Tübingen 1993, 46–113.

3   Vgl. J. Baur, Die Rechtfertigungslehre in der Spannung zwischen dem evangelischen „Allein" (Christus, Gnade, Glaube, Schrift) und dem röm.-kath. Amts- und Sakramentsverständnis, in: Ders., Frei durch Rechtfertigung. Vorträge anlässlich

Weg der Selbstkundgabe und Selbstgabe des dreieinen Gottes durch die dazu von Ihm selbst bestimmten Mittel: Evangelium, Taufe, Eucharistie und Absolution.

Der Grundgedanke der heilvollen Selbstmitteilung des drei-einen Gottes [4] findet sich in allen Hauptstücken des Katechismus als Einweisung in die fundamentalen und elementaren Lebensvollzüge christlicher Existenz. Dieser Grundgedanke Lutherscher Theologie durchzieht bereits die Dekalog-, Credo- und Vaterunser-Auslegung Luthers [5] und wird in seiner Auslegung der Sakramente erneut buchstabiert.

Im Horizont des ersten Gebotes [6] ist Gott – und er allein – der, „dazu man sich versehen soll alles Guten und Zuflucht haben in allen Nöten" (BSLK 560, 10–13; vgl. BSLK 565, 27f.; 35f.). Entsprechend gilt im Horizont des ersten Glaubensartikels [7]: Gott verhält sich zu uns „als ein freundlicher Vater, der für uns sorget" (BSLK 648, 49f.), und gibt sich so selbst (BSLK 650, 27f.). Überdies aber überschüttet „er uns sonst auch mit unaussprechlichen, ewigen Gütern durch seinen Sohn und heiligen Geist" (BSLK 650, 30–33). Im zweiten Artikel des Glaubensbekenntnisses [8] findet die Selbstmitteilung Gottes sozusagen nochmals gesteigerten Ausdruck [9], indem Gott in Christus „sich ganz und gar ausgeschüttet hat und nichts behalten, das er nicht uns gegeben habe" (BSLK 651, 13–15). Beide reformatorisch in Geltung bleibenden Sakramente, Taufe wie Abendmahl – neben der Absolution als sakramentale Handlung oder auch als „das dritte

---

der römisch-katholischen/lutherischen „Gemeinsamen Erklärung", Tübingen 1999, 18–40.

4 Vgl. O. Bayer, Martin Luthers Theologie. Eine Vergegenwärtigung, Tübingen 2003, 304–311; Bayer plädiert hier S. 306ff. für eine „Unterscheidung von Trinitätslehre und ‚allgemeiner' Gotteslehre"; 307.

5 G. Wenz, Theologie der Bekenntnisschriften der evangelisch-lutherischen Kirche. Eine historische und systematische Einführung in das Konkordienbuch, Bd. 1, Berlin – New York 1996, 259f.

6 Vgl. A. Peters, Kommentar zu Luthers Katechismen, Bd. 1: Die Zehn Gebote. Luthers Vorreden, Göttingen 1990, 99–144; Peters deutet es unter Berufung auf die Literatur durchaus als „Mitte der Theologie Luthers", 109; zur voraufgehenden Diskussion um die Deutung der Gottesfurcht im Horizont des ersten Gebotes vgl. G. Wenz, Theologie der Bekenntnisschriften, 322–331.

7 Dieser besteht eben nicht nur in der „Anleitung zu rechter Wahrnehmung eigener Kreatürlichkeit", wie Wenz und die übrige Literatur meinen; vgl. G. Wenz, Theologie der Bekenntnisschriften, Bd. 1, 303.

8 Dieser wird gemeinhin als „Kern- und Herzstück" des Credo aufgefasst; vgl. G. Hoffmann, Der Kleine Katechismus als Abriss der Theologie Martin Luthers, in: Luther 30 (1959), 49–63, hier 57.

9 Wenz deutet das gesamte Zweite Hauptstück als „innere Sinnmitte des Katechismus", vgl. G. Wenz, Theologie der Bekenntnisschriften, Bd. 1, 287.

Sakrament" (BSLK 706, 1)[10] – sind als Vollzugsgestalten heilvoller Selbstkommunikation Gottes so zentral und elementar für christliche Glaubens- und Lebensvollzüge, dass man „ohn dieselbigen kein Christen sein kann" (BSLK 691, 9f.). Gemeinsam ist wiederum beiden Sakramenten, dass sich in ihnen nicht nur eine Selbstkundgabe, sondern die Selbstgabe[11] Gottes vollzieht.

Die lutherisch-reformatorische Auffassung der Erbsünde lässt hingegen keinen Raum für irgendeine, wie geringfügig auch anzunehmende, Vorbereitung zum oder Mitwirkung am Heil des Menschen, die, wie gnadenhaft auch immer angeleitet, in den Konstitutionszusammenhang des Heils einbezogen werden könnten, so dass das durch die Sünde qualifizierte Unverhältnis des Menschen zu Gott in Ordnung käme.[12] Völlig außerhalb des Menschen und seiner Möglichkeiten wird daher – in Christus – der Grund für sein Heil gelegt.

Diese Sicht wird bekräftigt durch die „particulae exclusivae"[13], wie sie klassisch im Rechtfertigungsartikel der CA zusammengefasst sind. Sie unterstreichen den Gabe-Charakter der Rechtfertigung, indem sie Gottes ungeschuldete Zuneigung, die stellvertretende Selbsthingabe Christi als allerwirklichste Wirklichkeit der Versöhnung und den Glauben als gottgewirkte, gnadenmittelhaft vermittelte Rezeptivität für solche Versöhnung bzw. Exzentrizität des Glaubenden in seiner Bezogenheit auf Christus herausstellen[14]. Diese stellt nach CA IX zugleich die Aufnahme in den Bereich der Menschenfreundlichkeit Gottes dar, die durch die Taufe vollzogen wird. Anders ausgedrückt: In der Korrelation von Selbstzusage Gottes und vertrauensvoller Annahme solcher Selbstzusage[15] empfängt der Glaubende, was Christi ist: seine Gerechtigkeit, mit der wir überkleidet

---

10 Vgl. M. Ohst: „Rechtfertigung" als Inbegriff christlicher Existenz I, Rechtfertigung, Buße und Taufe, in: S. Kreuzer / J. von Lüpke (Hg.), Gerechtigkeit glauben und erfahren. Beiträge zur Rechtfertigungslehre, Wuppertal – Neukirchen-Vluyn 2002, 226–241.

11 Vgl. A. Peters, Kommentar zu Luthers Katechismen, Bd. 4: Die Taufe. Das Abendmahl, Göttingen 1993, 88; 93f; 146–151.

12 W. Klän, Der Angelpunkt christlicher Identität. Das Augsburger Bekenntnis erklärt – Artikel 4, in: CA. Confessio Augustana I 1997, 53f.

13 Vgl. E. Jüngel: Das Evangelium von der Rechtfertigung des Gottlosen als Zentrum des christlichen Glaubens. Eine theologische Studie in ökumenischer Absicht, Tübingen ²1999, 126–220.

14 Vgl. E. Jüngel, Das Evangelium von der Rechtfertigung des Gottlosen, 201–213.

15 Vgl. E. Herms, Das fundamentum fidei. Luthers Sicht, in: W. Härle / P. Neuner (Hg.): Im Licht der Gnade Gottes. Zur Gegenwartsbedeutung der Rechtfertigungsbotschaft (Studien zur systematischen Theologie und Ethik, Bd. 42), Münster 2004, 115–133.

werden, so dass sie uns zugeeignet wird, ohne uns „substantiell", „ontologisch" zu Eigen werden. [16]

III. Zum Begriff forensisch-imputativer Rechtfertigungslehre

An dieser Stelle hat der vielfach fehlinterpretierte, missverstandene Begriff der imputativen Rechtfertigungslehre bzw. forensischen [17] Formulierung der Rechtfertigungslehre, zumal Melanchthons, seine Wurzel, wie dies in ApolCA IV deutlich herausgearbeitet wird [18]. Es ist jedenfalls „der Glaube, und der Glaube allein", der die Rechtfertigung empfängt [19], und es ist jedenfalls die Gerechtigkeit eines anderen, nämlich Christi, die dem Glauben(den) zuteil wird [20], was Melanchthon mit dem Begriff der Imputation fasst. Diese bleibt mithin nicht äußerlich oder wirkungslos, sondern ist effektiv insofern, als der Glaube „mit der ihm externen Gerechtigkeit Christi innigste Gemeinschaft hat" [21]. Hier liegt die Pointe der lutherisch-melanchthonischen Position: Die Anrechnung der fremden Gerechtigkeit Christi in einem richterlichen Verfahren Gottes hat ihre Spitze im Zuspruch der Vergebung der Sünden, die dem Glauben mitgeteilt wird und ihm die Rechtfertigung im Endgericht verbürgt. [22] Als solche ist sie, lutherisch-reformatorisch buchstabiert, Inbegriff des Evangeliums in seiner Zueignung an den heilvoller Gottesgemeinschaft bedürftigen Menschen, sei es in Gestalt der Ansage des Evangeliums, der sakramentalen Kommunika-

---

16 W. Klän, Der Angelpunkt christlicher Identität, in: CA. Confessio Augustana I 1997, 55f.
17 Vgl. E. Jüngel, Das Evangelium von der Rechtfertigung des Gottlosen, 174–180; Th. Söding, Nicht aus Werken des Gesetzes, sondern aus Glauben. Zur exegetischen Deutung der paulinischen Rechtfertigungslehre, in: S. Kreuzer / J. von Lüpke, Gerechtigkeit glauben und erfahren, 145–178, bes. 155ff; Söding macht darauf aufmerksam, dass die Fragestellung der Reformation von dem paulinischen Befund herkommt, jedoch in ihrer Antwort charakteristisch unterschieden ist; vgl. a. a. O., 148–152; dieses Motiv ist breit entfaltet bei V. Stolle, Luther und Paulus. Die exegetischen und hermeneutischen Grundlagen der lutherischen Rechtfertigungslehre im Paulinismus Luthers (ABG 10), Leipzig 2002.
18 G. Wenz, Theologie der Bekenntnisschriften der evangelisch-lutherischen Kirche. Eine historische und systematische Einführung in das Konkordienbuch, Bd. 2, Berlin – New York 1998, 135f.
19 G. Wenz, Theologie der Bekenntnisschriften, Bd. 2, 136.
20 A. a. O., 137.
21 A. a. O., 137f.
22 G. Martens, Die Rechtfertigung des Sünders – Rettungshandeln Gottes oder historisches Interpretament? Grundentscheidungen lutherischer Theologie und Kirche bei der Behandlung des Themas „Rechtfertigung" im ökumenischen Kontext, Göttingen 1992, bes. 322–326.

tion in Taufe und Eucharistie, sei es im „dritten Sakrament", der Absolution.[23]

Der Glaube ist dabei für Luther wie Melanchthon nichts als die von Gott selbst gewirkte Rezeptivität für die heilvolle Selbstmitteilung Gottes[24], und insofern ist der Glaube nichts anderes als die Ausrichtung und Orientierung an dem, was Gott zusagt und in eben dieser Zusage Wirklichkeit werden lässt, heilvolle Gemeinschaft mit Gott, oder auch „Gerechtigkeit des Glaubens vor Gott" (FC III, Überschrift, BSLK, 781.913).

Noch die vielfach – auch in protestantischer Theologie – unbeachtete, vernachlässigte und verachtete Konkordienformel verfällt nicht in die Scheinalternative einer Entgegensetzung von „forensischer" und „effektiver" Rechtfertigungslehre, auch wenn sie die früheren Ansätze solcher Diskussion im Horizont der tridentinischen Festlegungen in der Rechtfertigungslehre präzisiert[25], nicht zuletzt im Gegenüber zu einer in diesem Horizont verstandenen Auffassung der Einwohnung Gottes im Menschen, wie sie Andreas Osiander zumindest unterstellt wurde. Dagegen betont FC III mit höchstem soteriologischen Interesse die Externität der Gerechtigkeit Christi, ohne jedoch – wie nicht selten unterstellt – einen „Gegensatz zwischen einer imputativen und einer effektiven Rechtfertigungslehre" aufbauen zu wollen[26]. Und doch werden „Sündenvergeltung" und „Einwohnung Gottes" unterschieden, nicht aber getrennt, und im Rekurs auf ApolCA IV ausdrücklich das „sola fide" im Sinne jenes heilsgewissen Vertrauens herausgestellt, das sich auf die außerhalb seiner selbst in Christus manifeste Gerechtigkeit richtet[27], auf die allein Verlass ist, wenn es um das Heil des Menschen vor Gott zu tun ist[28]. Die Erneuerung des Gläubigen wird, wie bei Luther und im Augsburgischen Bekenntnis wie seiner Apologie, so konsequent in den – theologischen! – Folgezusammenhang der Rechtfertigung eingeordnet, wie sie aus ihrer Konstitutionszusicherung herausgehalten wird.[29] Denn festzuhalten ist, dass „nach Auffassung der

---

23 Vgl. E. Jüngel, Das Evangelium von der Rechtfertigung des Gottlosen, 197–201; W. Klän, Anleitung zu einem Gott-gelenkten Leben – Die innere Systematik der Katechismen Luthers. Vortrag beim *Dies Academicus* der Lutherischen Theologischen Hochschule Oberursel, 10. November 2004, in: LuThK 29 (2005), 18–35.
24 J. Baur, Zum christlichen Verständnis menschlicher Identität, in: Ders., Frei durch Rechtfertigung, 50–65, bes. 63.
25 Vgl. G. Martens, Die Rechtfertigung des Sünders, 87–120.
26 G. Wenz, Theologie der Bekenntnisschriften, Bd. 2, 593.
27 Vgl. E. Jüngel, Das Evangelium von der Rechtfertigung des Gottlosen, 127–141.
28 G. Wenz, Theologie der Bekenntnisschriften, Bd. 2, 594f.
29 Zur Interpretation von FC IV vgl. G. Wenz, Theologie der Bekenntnisschriften, Bd. 2, 613.

FC überhaupt nur der exzentrisch verfaßte Glaube, der sich gänzlich auf Christus verläßt, der Realpräsenz Gottes als einer für den Menschen aufgeschlossenen Gegenwart innewird"[30].

Als solcher hat das theologisch-fromme Interesse der FC hier seinen Schwerpunkt, deshalb gilt die Rechtfertigung denn auch als „praecipuus articulus" der ganzen christlichen Lehre (ApolCA IV 2, BSLK, 159).

IV. Die Stellungnahmen der SELK zum Entwurf und zur Gemeinsamen Erklärung zur Rechtfertigungslehre (GER) sowie zur Gemeinsamen Offiziellen Feststellung (GOF)

1. Grundsätzliches

Die SELK hat im Prozess der Entstehung der Gemeinsamen Erklärung zur Rechtfertigungslehre zwei Stellungnahmen abgegeben; einmal zum Entwurfstext von 1998 – im März 1999 – und zur verabschiedeten und später unterzeichneten Fassung samt der Gemeinsamen Offiziellen Feststellung – im September 1999 – (siehe Anlagen).

Beide Dokumente zeigen, dass die SELK sehr wohl in der Lage ist, die Gemeinsame Erklärung zur Rechtfertigungslehre wie auch die Gemeinsame Offizielle Feststellung positiv zu würdigen. So heißt es im „Bericht über die Stellungnahme der Selbständigen Evangelisch-Lutherischen Kirche zur ‚Gemeinsamen Erklärung zur Rechtfertigungslehre' ": „In dieser Stellungnahme begrüßt sie (sc. die SELK) zunächst ausdrücklich, dass der Lutherische Weltbund und die Römisch-katholische Kirche über die Rechtfertigung miteinander theologisch gearbeitet haben. Sie nimmt erfreut zur Kenntnis, dass die GE von dem Zeugnis der Heiligen Schrift ausgeht, dass sie die Thematik in der Form gemeinsamen Bekennens behandelt und dass sie zugleich weitere zentrale Themen im Zusammenhang mit der Rechtfertigung aufgreift, wie z.B. Gesetz und Evangelium, das Heilswerk Christi und die Taufe. Positiv wertet sie auch die Tatsache, dass die GE klassische römisch-katholische Positionen deutlich benennt. Auch lutherische Positionen werden in vielen Punkten klar markiert."[31]

Jedoch sieht die SELK Schwierigkeiten beim methodischen Zugang, wie er in der GER gewählt wurde; denn Rechtfertigung ist – zumindest gemäß der lutherischen Bekenntnistradition, die jedoch zugleich Explika-

---

30 G. Wenz, Theologie der Bekenntnisschriften, Bd. 2, 599; vgl. auch seine zwölf Thesen a.a.O., 601–611.

31 Bericht über die Stellungnahme der Selbständigen Evangelisch-Lutherischen Kirche zur „Gemeinsamen Erklärung zur Rechtfertigungslehre", 1.

tion des biblischen Befundes zu sein beansprucht –, „nur im Rahmen der Unterscheidung des doppelten Handelns Gottes in Gesetz und Evangelium sachgemäß darzulegen. Sie (sc. die SELK) vermag nicht zu erkennen, dass sich diese Unterscheidung in der GE prägend auf das Verständnis und die Darstellung der Rechtfertigung auswirkt. Nirgendwo in dem Dokument wird die zentrale Frage der Reformation beantwortet, wer oder was uns im Endgericht Gottes rettet."[32]

Ich werde am Ende meiner Ausführungen auf diesen Punkt zurückkommen. Zunächst lassen Sie mich bitte einige Bemerkungen zum exegetischen Verfahren, zum Glaubensverständnis, zum Sündenbegriff und zur Frage der Heilsgewissheit aus Sicht der SELK machen.

2. Zum exegetischen Verfahren

Mängel erkennt die SELK in der exegetischen Begründung von GER[33], wie sie Volker Stolle herausgearbeitet hat, der auf das paulinische Glaubensverständnis rekurriert[34] und mit Gerhard Friedrich „Glaube als Entscheidung Gottes" bestimmt[35]. Stolle wirft den Verfassern von GER vor, dass sie das kritische Potential der antithetischen Struktur paulinischer Argumentation übergehen; dies habe eine Einebnung der Kontur paulinischer Rechtfertigungslehre zur Folge.[36] Grundsätzlich zu hinterfragen bleibe, dass der Glaube „als Stellungnahme des menschlichen Subjekts zur

---

32 Ebd.
33 „Paulus beschreibt das Evangelium als Kraft Gottes zur Rettung des unter die Macht der Sünde gefallenen Menschen: als Botschaft, die die ‚Gerechtigkeit Gottes aus Glauben zum Glauben' (Röm 1,16f.) verkündet und die ‚Rechtfertigung' (Röm 3,21–31) schenkt. Er verkündet Christus als ‚unsere Gerechtigkeit' (1 Kor 1,30), indem er auf den auferstandenen Herrn anwendet, was Jeremias über Gott selbst verkündet hat (Jer 23,6). [...] In den paulinischen Briefen ist Gottes Gerechtigkeit zugleich Gottes Kraft für jeden Glaubenden (Röm 1,16f.). In Christus lässt er sie unsere Gerechtigkeit sein (2 Kor 5,21). Die Rechtfertigung wird uns zuteil durch Christus Jesus, ‚den Gott dazu bestimmt hat, Sühne zu leisten mit seinem Blut, Sühne, wirksam durch Glauben' (Röm 3,25; vgl. 3,21–28)"; aus GER 10.
34 „Die Erklärung bezieht an diesem entscheidenden Punkte einseitig Partei, indem sie Glauben als Stellungnahme des menschlichen Subjekts zur Evangeliumsbotschaft auffasst"; vgl. V. Stolle, „Die Gemeinsame Erklärung zur Rechtfertigungslehre", in: LuThK 24 (2000), hier 7.
35 „Glaube ist eine Entscheidung Gottes"; G. Friedrich, Glaube und Verkündigung bei Paulus, in: Glaube im Neuen Testament, hg. v. F. Hahn / H. Klein (BThSt 7), Neukirchen-Vluyn 1982, 93–113, dort 109.
36 V. Stolle, „Die Gemeinsame Erklärung zur Rechtfertigungslehre", a.a.O., 5. 8.

Evangeliumsbotschaft" aufgefasst werde[37]: „Auch der Glaube ist Gottes Gabe und lässt sich insofern nicht von der Gerechtigkeit unterscheiden. ‚Weil der Glaube nicht eine Entscheidung ist, die der Mensch zu fällen hat, scheint Paulus bei seiner Missionspredigt nie den Imperativ ‚Glaubet!' verwendet zu haben.'"[38] Mit den anthropologischen Bestimmungen in GER[39] sei ein völlig anderer Ansatz gewählt als der des biblischen Menschenbildes, das menschliche Personalität grundsätzlich im Gegenüber zu Gott bestimmt.[40] So ist festzustellen, dass eine Rückkoppelung der exegetischen Aussagen an den biblischen Befund ergibt: Der „Konsens" trägt nicht. Dementsprechend stellt die SELK in ihrem Votum heraus, dass in den rechtfertigungstheologischen Aussagen von GER die Heilige Schrift als Norm nicht angemessen zur Geltung gekommen sei.[41]

3. Zum Glaubensverständnis

Der Ansatz in GER 15 ist für die SELK ebenso zustimmungsfähig[42] wie die (lutherischen) Ausführungen in GER 26 als Artikulation des „sola

---

37 Stolle, 7.
38 Stolle, 8, unter Bezugnahme auf Friedrich.
39 Vgl. GER 20; 21; s. u.
40 „Das biblische Menschenbild geht demgegenüber von einem völlig anderen Ansatz aus. Von Gott nach seinem eigenen Bild geschaffen und durch sein Wort ins Dasein gerufen, hat der Mensch seine Personalität grundlegend in seinem Gegenüber zu Gott. Selbstverständlich ist auch in dieser Sichtweise der Mensch zum Handeln aufgerufen. Geradezu als Mandatar Gottes hat er sogar Herrscherfunktion über die übrige Schöpfung auszuüben. Doch seine Personalität erlangt er nicht erst, indem er sich handelnd verwirklicht, sondern er hat sie bereits damit, dass Gott ihn ins Leben gerufen hat. Auch der Gerechtfertigte erfüllt dementsprechend seine personale Bestimmung nicht erst in der eigenen glaubenden Antwort und der daraus folgenden Liebe, sondern hat sie bereits durch den Zuspruch des Evangeliums, als neue Schöpfung in Christus." V. Stolle, 11f.
41 „Die biblische Grundlegung in der GE erscheint ihr nicht überzeugend: Zentrale biblische Zusammenhänge bleiben unerwähnt (z. B. Rechtfertigung als Rettung aus dem Zorn Gottes); viele Einzelstellen werden nivellierend aneinandergereiht. Damit kommt die Heilige Schrift als Norm der Lehre nicht angemessen zur Geltung." Bericht, 1. Dass ökumenische Theologie durchaus exegetischen Nachholbedarf hat, markiert auch Th. Söding, Der Retter ist da. Heilsverheißung und Rechtfertigung nach dem Neuen Testament, in: W. Härle / P. Neuner, Im Licht der Gnade Gottes, 53–75, bes. 62.
42 „Es ist unser gemeinsamer Glaube, dass die Rechtfertigung das Werk des dreieinigen Gottes ist. Der Vater hat seinen Sohn zum Heil der Sünder in die Welt gesandt. Die Menschwerdung, der Tod und die Auferstehung Christi sind Grund und Voraussetzung der Rechtfertigung. Daher bedeutet Rechtfertigung, dass Christus selbst unsere Gerechtigkeit ist, derer wir nach dem Willen des Vaters

fide"[43] und die dazu in Parallele zu sehenden Festlegungen im Anhang (Annex) zur Gemeinsamen Offiziellen Feststellung, C[44].

Dazu steht für die konkordienlutherische Auffassung allerdings in unaufgehobener Spannung, wenn Glaube zwar einerseits als „fundamental" für die Rechtfertigung bezeichnet wird, und doch eine Art „Mitwirkung" des Menschen, wenn auch gnadenhaft veranlasst, angenommen wird.[45] Auch die Lutheraner scheinen in ihrer Epexegese in diese „personalistische" Falle geraten zu sein.[46]

Hier bleibt die Frage, ob der Ausschluss jedweder vorauf- oder nachlaufender Werke aus der Rechtfertigung, wie ihn die konkordienlutherische Position programmatisch festgehalten hat, mit dem Befund in GER kompatibel sei; denn das in Annex C angeführte Zitat aus FC SD II, 64f.[47], das

---

durch den Heiligen Geist teilhaftig werden. Gemeinsam bekennen wir: Allein aus Gnade im Glauben an die Heilstat Christi, nicht aufgrund unseres Verdienstes, werden wir von Gott angenommen und empfangen den Heiligen Geist, der unsere Herzen erneuert und uns befähigt und aufruft zu guten Werken" (GER 15).

43 „Nach lutherischem Verständnis rechtfertigt Gott den Sünder allein im Glauben (sola fide). Im Glauben vertraut der Mensch ganz auf seinen Schöpfer und Erlöser und ist so in Gemeinschaft mit ihm. Gott selber bewirkt den Glauben, indem er durch sein schöpferisches Wort solches Vertrauen hervorbringt" (GER 26).

44 „Rechtfertigung geschieht ‚allein aus Gnade' (GE 15 und 16), allein durch Glauben, der Mensch wird ‚unabhängig von Werken' gerechtfertigt (Röm 3,28, vgl. GE 25). ‚Die Gnade ist es, die den Glauben schafft, nicht nur, wenn der Glaube neu im Menschen anfängt, sondern solange der Glaube währt' (Thomas von Aquin, S. Th. II/II 4,4 ad 3)" (GOF, Annex C).

45 „Wenn Katholiken sagen, dass der Mensch bei der Vorbereitung auf die Rechtfertigung und deren Annahme durch seine Zustimmung zu Gottes rechtfertigendem Handeln ‚mitwirke', so sehen sie in solch personaler Zustimmung selbst eine Wirkung der Gnade und kein Tun des Menschen aus eigenen Kräften" (GER 20). – „Auch nach katholischem Verständnis ist der Glaube für die Rechtfertigung fundamental; denn ohne ihn kann es keine Rechtfertigung geben. Der Mensch wird als Hörer des Wortes und Glaubender durch die Taufe gerechtfertigt" (GER 27).

46 „Nach lutherischer Auffassung ist der Mensch unfähig, bei seiner Errettung mitzuwirken, weil er sich als Sünder aktiv Gott und seinem rettenden Handeln widersetzt. Lutheraner verneinen nicht, dass der Mensch das Wirken der Gnade ablehnen kann. Wenn sie betonen, dass der Mensch die Rechtfertigung nur empfangen kann (mere passive), so verneinen sie damit jede Möglichkeit eines eigenen Beitrags des Menschen zu seiner Rechtfertigung, nicht aber sein volles personales Beteiligtsein im Glauben, das vom Wort Gottes selbst gewirkt wird [vgl. Quellen zu Kap. 4.1.]" (GER 21); dazu die gewiss nur implizite Kritik bei E. Herms, Das fundamentum fidei, a. a. O., bes. 117–121.

47 „Gottes Gnadenwirken schließt das Handeln des Menschen nicht aus: Gott wirkt alles, das Wollen und Vollbringen, daher sind wir aufgerufen, uns zu mühen (vgl. Phil 2,12f.). ‚... alsbald der Heilige Geist, wie gesagt, durchs Wort und Heilige

eine Mitwirkung des Menschen auch für die lutherische Position stützen soll, bezieht sich auf Werke des bereits Gerechtfertigten, nicht auf die Vorbereitung zum Empfang der Gnade oder ihre Annahme. Immerhin ist zu würdigen, wie in GER, deutlicher noch in GOF die Priorität und Totalität der Gnade herausgestellt wird.

4. Zum Sündenbegriff[48]

Das römisch-katholisch/lutherische Dokument behandelt das „Sündersein der Gerechtfertigten" in GER 28ff. Die gemeinsame Formulierung in GER 28[49] stellt aus konkordienlutherischer Sicht eine nicht hinnehmbare Ermäßigung des Sündenbegriffs[50] dar. GER 29 expliziert deutlich über diese gemeinsame Aussage hinausgehend die lutherische Position, indem dort der Totalaspekt von Sündersein und Rechtfertigung deutlich markiert wird[51]. Dementsprechend (und gegenläufig dazu) wird in der römisch-katholischen Explikation das Interpretament der Konkupiszenz eingeführt, die nicht „Sünde im eigentlichen Sinn" sei[52]. Auch in GOF, Annex A, findet sich eine entsprechende Ermäßigung im Vergleich zur konkordienlutherischen Position[53]. Dasselbe gilt für die Erläuterungen zum Konkupiszenzbegriff in GOF, Annex B[54]. Hier scheint trotz erkennbaren Bemü-

---

Sakrament solch sein Werk der Wiedergeburt und Erneuerung in uns angefangen hat, so ist es gewiss, dass wir durch die Kraft des Heiligen Geists mitwirken können und sollen ..." (FC SD II,64f.; BSLK 897,37ff)" (Anhang [Annex] zur Gemeinsamen Offiziellen Feststellung, C].

48 Vgl. E. Jüngel, Das Evangelium von der Rechtfertigung des Gottlosen, 75–97.

49 „Und doch bleibt der Gerechtfertigte zeitlebens und unablässig auf die bedingungslos rechtfertigende Gnade Gottes angewiesen. Auch er ist der immer noch andrängenden Macht und dem Zugriff der Sünde nicht entzogen (vgl. Röm 6,12–14) und des lebenslangen Kampfes gegen die Gottwidrigkeit des selbstsüchtigen Begehrens des alten Menschen nicht enthoben (vgl. Gal 5,16; Röm 7,7.10)" (GER 28).

50 Vgl. E. Jüngel, Das Evangelium von der Rechtfertigung des Gottlosen, 97–114.

51 „Das verstehen Lutheraner in dem Sinne, dass der Christ ‚zugleich Gerechter und Sünder' ist: Er ist ganz gerecht, weil Gott ihm durch Wort und Sakrament seine Sünde vergibt und die Gerechtigkeit Christi zuspricht, die ihm im Glauben zu eigen wird und ihn in Christus vor Gott zum Gerechten macht" (GER 29).

52 „Insofern nach katholischer Überzeugung zum Zustandekommen menschlicher Sünden ein personales Element gehört, sehen sie bei dessen Fehlen die gottwidrige Neigung nicht als Sünde im eigentlichen Sinne an" (GER 30).

53 „Dies erinnert uns an die beständige Gefährdung, die von der Macht der Sünde und ihrer Wirksamkeit im Christen ausgeht" (GOF, Annex, A, Ende).

54 „In den lutherischen Bekenntnisschriften wird ‚Konkupiszenz' verstanden als Begehren des Menschen, durch das der Mensch sich selbst sucht und das im Lichte

hens ein gemeinsames Verstehen des Christen unter dem „simul"[55] tatsächlich *nicht* erreicht. Denn „Erinnerung" an die Gefährdung des Christen durch die Sünde wird dem lutherisch-melanchthonischen Kernsatz der Hamartiologie[56] nicht gerecht: „Lex semper accusat" (ApolCA IV redundant; etwa BSLK, 167, 185, 221).

5. Zur Frage der Heilsgewissheit

Zweifelsohne indiziert und chiffriert die Frage nach der Gewissheit des Heils[57] die grundlegende Thematik der lutherischen Reformation. Aus Sicht der SELK ist die lutherische Position, wie sie in GER 35 niederlegt ist[58], zustimmungsfähig. Doch wird diese Auffassung nicht wirklich eingeholt von der römisch-katholischen Explikation zu diesem Sachverhalt, die eine bleibende Sorge um das Heil suggeriert[59]. Die Eindeutigkeit der Selbst(kund)gabe Gottes[60] in seinem Heil *schaffenden* Wort und Handeln erscheint unterbelichtet, wenn sich die Gewissheit bloß auf das Heils*wollen* Gottes richtet[61].

Auch in GOF bleibt m. E. dieses Defizit erhalten, da nichts über die Ausführungen in GER Hinausweisendes gesagt wird, denn GOF wiederholt schlicht GER 28[62]. Gleichwohl ist erfreulich und wird auch auf Seiten

---

    des geistlich verstandenen Gesetzes als Sünde angesehen wird. Nach katholischem Verständnis ist Konkupiszenz eine auch nach der Taufe im Menschen verbleibende, aus der Sünde kommende und zur Sünde drängende Neigung. Unbeschadet der hier eingeschlossenen Unterschiede kann aus lutherischer Sicht anerkannt werden, dass die Begierde zum Einfallstor der Sünde werden kann. Wegen der Macht der Sünde trägt der ganze Mensch die Neigung in sich, sich gegen Gott zu stellen" (GOF, Annex, B).

55 Vgl. E. Jüngel, Das Evangelium von der Rechtfertigung des Gottlosen, 183–190.
56 Vgl. Jüngel, a.a.O., 114–125.
57 Vgl. Jüngel, a.a.O., 206–209.
58 „So ist er im Vertrauen auf Gottes Zusage seines Heils gewiss, wenngleich auf sich schauend niemals sicher" (GER 35).
59 „Keiner darf an Gottes Barmherzigkeit und an Christi Verdienst zweifeln. Aber jeder kann in Sorge um sein Heil sein, wenn er auf seine eigenen Schwächen und Mängel schaut" (GER 36).
60 E. Herms, Das fundamentum fidei, a.a.O., 121–123; J. von Lüpke, Der Mensch im Licht der Gerechtigkeit Gottes. Reformatorische Rechtfertigungslehre und neuzeitliche Anthropologie, in: S. Kreuzer / J. von Lüpke, Gerechtigkeit glauben und erfahren, 62–80, bes. 63.
61 „In allem Wissen um sein eigenes Versagen darf der Glaubende dessen gewiss sein, dass Gott sein Heil will" (GER 36).
62 „Die Wirklichkeit des in der Taufe geschenkten Heils und die Gefährdung durch die Macht der Sünde können so zur Sprache kommen, dass einerseits die Verge-

der SELK aufmerksam zur Kenntnis genommen, dass nunmehr das „Sola fide" unter explizitem Bezug auf Röm 3,28 Platz gefunden hat, wie dies in GER durchaus noch nicht der Fall war. So bleibt auch in GOF, Annex E, ein Rest Ungewissheit, weil das Urteil Gottes auf mein Leben und Tun fokussiert wird[63], das nicht aufgefangen wird von der *imputatio* der fremden Gerechtigkeit Christi. Das anschließende Zitat aus FC IV,38[64] ist in diesem Kontext nur schwerlich passend, da diese Stelle weniger den Gerichts- als den Lohngedanken im Blick hat; dabei wird die *acceptatio* des Sünders bei Gott um Christi willen, wie sie im Glauben real ist, theologisch vorausgesetzt.

V. Vorläufige Bilanz

Die SELK nimmt das Bemühen der Dialogpartner um Verständigung in Sachen Rechtfertigungslehre ernst und weiß die im Dialog erreichten Fortschritte zu würdigen, hält aber auch nach GOF weitere Punkte für klärungsbedürftig: Dazu gehören die in der „Stellungnahme zur ‚Gemeinsamen offiziellen Feststellung des Lutherischen Weltbundes und der römisch-katholischen Kirche' samt ‚Annex'" vom September 1999 (siehe Anlage) markierten Fragen nach dem Sündenverständnis, sowohl im Blick auf das „simul" als auch hinsichtlich der Konkupiszenz, nach dem „sola fide" unter Berücksichtigung des Verhältnisses von Rechtfertigung und Heiligung, nach dem Bewahren der Gnade, nach Gericht und Lohn, sowie nach der kriteriologischen Funktion der Rechtfertigungslehre.

Gegen die Darlegung des Sündenverständnisses wird kritisch eingewandt, dass „durch den Modus der ‚Erinnerung' nicht ausreichend beschrieben ist, was die Wirkung des göttlichen Wortes in Gesetz und

---

bung der Sünden und die Erneuerung des Menschen in Christus durch die Taufe betont und andererseits gesehen wird, dass auch der Gerechtfertigte ‚der immer noch andrängenden Macht und dem Zugriff der Sünde nicht entzogen (vgl. Röm 6,12–14) und des lebenslangen Kampfes gegen die Gottwidrigkeit ... nicht enthoben' ist (GE 28)" (GOF, Annex, B, Ende).

63 „Wir gehen einem Gericht entgegen, in dem Gott in seinem gnädigen Urteil alles annehmen wird, was in unserm Leben und Tun seinem Willen entspricht. Aber alles, was Unrecht in unserem Leben ist, wird aufgedeckt und nicht in das ewige Leben eingehen" (GOF, Annex, E).

64 „‚Wie dann Gottes Wille und ausdrücklicher Befelch ist, daß die Gläubigen gute Werk tuen sollen, welche der Heilige Geist wirket in den Gläubigen, die ihme auch Gott umb Christi willen gefallen läßt, ihnen herrliche Belohnung in diesem und zukünftigen Leben verheißet' (FC SD IV,38, BSLK 950,18–24)" (GOF, Annex, E).

Evangelium ist: dass es nämlich bewirkt, was es zusagt: mortificatio oder vivificatio."⁶⁵

Bezüglich der Aufnahme des „sola fide" wird festgestellt: „Erstmals in einem lutherisch/römisch-katholischen Dialog wird in einer gemeinsam getroffenen Aussage das *sola gratia* durch das *sola fide* ergänzt (Annex 2C) und durch Röm 3,28 gestützt. Dies ist eine Konsensaussage von wesentlicher ökumenischer Tragweite. Es wird jedoch dadurch konterkariert, dass Gottes Gnadenhandeln, das nach Röm 3,27f jegliches menschliche Mitwirken ausschließt, in dieser Exklusivität gerade nicht beschrieben wird, sondern in diesen Zusammenhang hinein das ‚Handeln des Menschen' stellt.⁶⁶ Unbeantwortet bleibt hier die Frage, ob und welchen Stellenwert solches menschliches Handeln in loco iustificationis haben kann."⁶⁷

Zum Gericht nach den Werken wird die Frage aufgeworfen: „Wie aber das eschatologische Urteil Gottes über den Sünder im Akt der Rechtfertigung sich zu diesem Komplex verhält, was also letztlich im Endgericht rettet, bleibt unklar."⁶⁸

Nichtsdestoweniger wird die Verstärkung der Aussagen zur kriteriologischen Funktion der Rechtfertigungslehre durch die SELK vermerkt: „Der folgende Paragraph verdeutlicht die kriteriologische Funktion der Rechtfertigungslehre. Klarer als zuvor wird herausgestellt, dass ‚keine Lehre diesem Kriterium widersprechen' darf (Annex 3). Die Einordnung der Rechtfertigungslehre in den ‚Gesamtzusammenhang des grundlegenden trinitarischen Glaubensbekenntnisses der Kirche' ist sachgemäß und entspricht lutherischem Verständnis seit den Zeiten der Reformation."⁶⁹

Als erfreulich wird auch die Betonung der Gleichberechtigung der Dialogpartner in GOF registriert, wenngleich ein bleibendes ekklesiologisches Ungleichgewicht, wie es in Anm. 9 von GER notiert ist, Bedenken erregt.⁷⁰

---

65 Stellungnahme zur „Gemeinsamen offiziellen Feststellung des Lutherischen Weltbundes und der römisch-katholischen Kirche" samt „Annex", 2.
66 Interessanterweise berühren sich römisch-katholische und etwa methodistische Sichtweisen dieses Zusammenhangs weitaus eher; vgl. M. Marquardt, Wie bleibt man Christ? Rechtfertigung und Heiligung in methodistischer Sicht, in: W. Klaiber/ W. Thönissen (Hg.): Rechtfertigung in freikirchlicher und römisch-katholischer Sicht, Paderborn – Stuttgart 2003, 159–180.
67 Stellungnahme zur „Gemeinsamen offiziellen Feststellung des Lutherischen Weltbundes und der römisch-katholischen Kirche" samt „Annex", 3.
68 Ebd.
69 A.a.O., 3f.
70 A.a.O., 4.

Lassen Sie mich zum Schluss, wie angekündigt, die grundsätzliche methodologische Anfrage an das Konzept von „Lehrverurteilungen – kirchentrennend?", das offenkundig auch in GER zum Zuge kommt [71], aus konkordienlutherischer Sicht benennen: Hintergrund dieses Modells ist ganz unübersehbar die Lohffsche Differenzierung von „Grund" und „Ausdruck" des Glaubens, die bereits für die Konzeption der „Leuenberger Konkordie" steuernd war. [72]

Mir liegt daran, gerade in diesem nach meiner Erfahrung sehr paritätisch und partnerschaftlich arbeitenden Gremium (DÖSTA), darauf aufmerksam zu machen, dass manche Emotionalität auf Seiten der SELK in der Opposition zu diesem Konzept darin begründet ist, dass dabei für die SELK und die übrigen konkordienlutherischen Kirchen anti-unionistischer Provenienz Grundbestimmungen ihrer kirchlichen Daseinsberechtigung, sowohl historisch wie systematisch, ins Spiel kommen, mithin an alte Traumata erfahrener Marginalisierung erinnert wird. [73]

Als Problemanzeige mag die von Gottfried Martens vorgetragene Beobachtung dienen, dass bei dem befolgten Konzept die Grundentscheidungen, die hinter den Lehrverurteilungen liegen, kaum oder nur höchst eingeschränkt in den Blick kommen (können); dies führt zu sachentstellenden Verkürzungen in der Darstellung. [74]

---

[71] Noch einmal bestätigt von Karl Lehmann: Rechtfertigung und Kirche, in: W. Härle / P. Neuner, Im Licht der Gnade Gottes, 201–225, bes. 202–207.

[72] Vgl. T. Manermaa, Von Preußen nach Leuenberg. Hintergrund und Entwicklung der theologischen Methode in der Leuenberger Konkordie (AGTL. NF 1), Hamburg 1981, bes. 155–175; vgl. den entsprechenden Rekurs in: The Lutheran Church – Missouri Synod, The Joint Declaration on the Doctrine of Justification in Confessional Lutheran Perspective, St. Louis/MO 1999, 29–32; 42f.

[73] Von „freikirchlicher" Seite wird darauf aufmerksam gemacht, sie sei im Dialog mit der römisch-katholischen Kirche „unbelastet von den vielfältigen Verletzungen, die eine ausdrückliche Trennung mit sich bringt und unter der offenkundig andere ökumenische Dialoge zu leiden haben"; vgl. B. Neumann, Was eint uns, was trennt uns noch?, in: W. Klaiber / W. Thönissen, Rechtfertigung in freikirchlicher und römisch-katholischer Sicht, 181–192, hier 183. Dies gilt freilich *mutatis mutandis* für andere Dialoge, an denen klassische Freikirchen beteiligt sind, für diese selbst, etwa für den baptistisch-lutherischen Dialog.

[74] „Es kann methodisch und sachlich nicht befriedigen, dass Grundlagen der Rechtfertigungsverkündigung wie die Dialektik von Gesetz und Evangelium mit dem Hinweis auf die fehlende Existenz von Lehrverurteilungen zum Thema übergangen werden, ja dass zentrale Affirmationen der lutherischen Bekenntnisschriften nicht eingebracht werden können, weil sie nicht mit expliziten Verwerfungen verbunden werden …", Martens, 283. Zu Recht hat Jüngel die Rechtfertigungslehre als „hermeneutische Kategorie" bestimmt, die „die ganze Theologie in die Dimen-

Besonders schwierig scheint mir „die Differenzierung zwischen der geschichtlich bedingten ‚Sprachgestalt' der Lehre" und ihren Denkvoraussetzungen einerseits und den „hinter der konkreten Gestalt der Lehre liegenden Anliegen andererseits" sowie den angenommenen „gemeinsamen Grundlagen", von der her eine grundsätzliche und fundamentale Komplementarität der „Anliegen" gegeben sei[75]. Es ist zumindest zu fragen, ob bei diesem Ansatz noch die kriteriologische Vorordnung der Heiligen Schrift vor der Lehrbildung (in) der Kirche, wie sie für evangelische Überzeugung schlechthin grundlegend ist, gewahrt werden kann.

Durch die Fixierung auf das Thema der Lehrverurteilungen kommt es zum Ausfall einer Behandlung der für lutherische Theologie grundlegenden Thematik von Gesetz und Evangelium, weil zu diesem Sachkomplex keine Lehrverurteilungen vorhanden sind. In den Dokumenten, spätestens seit „Lehrverurteilungen – kirchentrennend?", wird hingegen bevorzugterweise eine Einzeichnung der lutherischen Positionen zur Rechtfertigungslehre in das seit Trient vertretene prozessual-personale Schema des christlichen Lebensweges vollzogen[76].

Dieser Gesamtzusammenhang ist allerdings in konkordienlutherischer Sicht durchaus anders zu buchstabieren, als dies auch in GER und GOF geschieht, nämlich so, dass „sich das eschatologische Geschehen in dem doppelten Handeln Gottes in Gesetz und Evangelium vollzieht, dessen Ziel und Ergebnis nicht die Befähigung des Sünders zu verantwortlichem Tun, sondern hic et nunc seine Rettung aus dem Endgericht und seine Teilhabe an der Auferstehung der Toten ist"[77].

Auch diese hinreichend deutlich vorgebrachte Kritik an den Ergebnissen von GER und GOF stellt keine Totalverweigerung der SELK gegenüber dem ernsthaften theologischen Bemühen zur Überwindung der abendländischen Kirchenspaltung dar. Um ihrer kirchlichen Identität und Authentizität willen, die eine unabdingbare Voraussetzung jeden wahrhaft ökumenischen Dialogs ist, will sie aber auf ihrem konkordienlutherischen Erbe bestehen in der Gewissheit, dass es in seinen Aussagen als schrifttheologisch erweisbar sei. Hier liegen die großen Aufgaben künftiger ökumenischer Gespräche.

---

sion eines Rechtsstreits bringt"; vgl. E. Jüngel, Das Evangelium von der Rechtfertigung des Gottlosen, 40–42, hier 40.
75 Martens, 290f.
76 „Zum anderen aber geschieht diese Neutralisierung durch eine Integration des discrimen legis et evangelii in das von römischer Seite vertretene prozessuale Schema, das auf scheinbar umfassendere Weise den Weg des Christen von der Taufe zum Endgericht beschreibt", Martens, 301.
77 Martens, 303.

So ergibt sich für die SELK im Blick auf GER/GOF eine doppelte Perspektive – zum einen die Hoffnung auf weiter gehende Verständigung: „Wenngleich die Selbständige Evangelisch-Lutherische Kirche auf verbleibende Unterschiede und zu klärende grundlegende Sachverhalte mit dieser Note aufmerksam machen will, gibt sie der Hoffnung Ausdruck, dass der theologische Diskurs ebenso wie die kirchliche Praxis die grundlegenden biblischen Aussagen über die Rechtfertigung des Sünders vor Gott sachgerecht erfassen und auf beiden Seiten zur Geltung kommen lassen werden!"[78]

Dieser ökumenischen Hoffnung korreliert, durchaus angemessen selbstkritisch, die Mahnung in den Binnenraum der eigenen Kirche: „Angesichts der Bedeutung des Themas ruft die Kirchenleitung der SELK alle Pfarrer und Gemeinden auf zu erneuter, vertiefender Beschäftigung mit der biblischen Lehre von der Rechtfertigung, wie sie in den Bekenntnisschriften der evangelisch-lutherischen Kirche dargelegt ist. Vor allem aber ermutigt sie dazu, sich die Rechtfertigung selber immer wieder neu durch Wort und Sakrament zueignen zu lassen."[79]

---

[78] Stellungnahme zur „Gemeinsamen offiziellen Feststellung des Lutherischen Weltbundes und der römisch-katholischen Kirche" samt „Annex", 4. Diese Positionsbeschreibung vom September 1999 modifiziert die Stellungnahme der SELK vom Frühjahr 1999 erheblich, hieß es doch dort noch: „Die Behauptung, die GE sei ein entscheidender ‚Schritt zur Überwindung der Kirchenspaltung' (§ 44), vermag die SELK aus theologischen Gründen nicht nachzuvollziehen. Für die SELK steht mit der Rechtfertigung das Kriterium aller kirchlichen Lehre und Praxis, der Artikel, mit dem die Kirche steht und fällt, auf dem Spiel. Um der Heilsgewissheit der Christen willen darf es in dieser Sache keine Unklarheiten und Kompromisse geben: ‚Darum müssen wir dessen gar gewiss sein und nicht zweifeln. Sonst ist alles verloren'! (Schmalkaldische Artikel II, 1)"; Bericht über die Stellungnahme der Selbständigen Evangelisch-Lutherischen Kirche zur „Gemeinsamen Erklärung zur Rechtfertigungslehre", 2.

[79] Bericht über die Stellungnahme der Selbständigen Evangelisch-Lutherischen Kirche zur „Gemeinsamen Erklärung zur Rechtfertigungslehre", 2.

Anhang 1:
Stellungnahme der Selbständigen Evangelisch-Lutherischen Kirche zur „Gemeinsamen Erklärung zur Rechtfertigungslehre"

Vorbemerkung

Seit Februar 1997 wird die „Gemeinsame Erklärung zur Rechtfertigungslehre" (Römisch-katholische Kirche – Lutherischer Weltbund [GE]) in der kirchlichen Öffentlichkeit diskutiert. Dieses Dokument behauptet, in der Rechtfertigungslehre „einen Konsens in Grundwahrheiten" (5)[1] gefunden zu haben, und sieht darin einen „entscheidenden Schritt zur Überwindung der Kirchenspaltung" (44). Angesichts der zentralen Bedeutung dieses Themas sehen wir uns als lutherischen Kirche zu einer kirchlich verbindlichen Stellungnahme herausgefordert. Die nachfolgende Würdigung und Kritik will verdeutlichen, daß angesichts des hohen Ranges der anstehenden Probleme die gemeinsame theologische Arbeit von Lutheranern und römischen Katholiken dringlicher denn je ist.

1. Würdigung

Wir begrüßen ausdrücklich, daß die Rechtfertigungslehre, über deren Verständnis im 16. Jahrhundert die Einheit der abendländischen Christenheit zerbrach, zwischen dem Lutherischen Weltbund und der Römisch-katholischen Kirche in den vergangenen Jahrzehnten zum Gegenstand theologischer Bearbeitung gewählt wurde. Diese Arbeit, die in verschiedenen Dokumenten Niederschlag gefunden hat[2], hat eine Reihe von Korrekturen überkommener Fehlurteile erbracht; dies

---

1 Die Zahlen in (.) beziehen sich auf die Zählung der Paragraphen in der GE.
2 Der „Malta-Bericht", in: H. Meyer/H.-J. Urban/L. Vischer/ (Hgg.): Dokumente wachsender Übereinstimmung. Sämtliche Berichte und Konsenstexte interkonfessioneller Gespräche auf Weltebene 1931–1982, Paderborn/Frankfurt/M. 1983, 248–271; „Justification by Faith", in: H. G. Andersson/J. A.Burgess/T. A. Murphy (Hgg.): Justification by Faith (= Lutherans and Catholics in Dialogue VII), Minneapolis, MN 1985 (deutsch in: G. Gaßmann/H. Meyer (Hgg.): Rechtfertigung im ökumenischen Dialog. Dokumente und Einführung (= ÖkPer Nr. 12), Frankfurt/M. 1987; „Lehrverurteilungen – kirchentrennend?", in: K. Lehmann/W. Pannenberg (Hgg.): Lehrverurteilungen – kirchentrennend? Rechtfertigung, Sakramente und Amt im Zeitalter der Reformation und heute, Freiburg/ Göttingen 1986, 35– 75; vgl. auch die „Leuenberger Konkordie", in: A. Birmelé (Hg.): Konkordie und

gilt z. B. für das Vorurteil einer römisch-katholischen „Werkgerechtigkeit" oder für eine angebliche „ethische Indifferenz" der lutherischen Theologie. Sie hat darin einen nicht geringen Rang. Die GE ist darauf aus, „Bilanz zu ziehen und die Ergebnisse der Dialoge über die Rechtfertigung (...) zusammenzufassen", damit die am Dialog beteiligten Kirchen in den Stand gesetzt werden, „sich verbindlich *dazu* zu äußern" (4).

Im Vergleich zu den Vorgängerdokumenten ist an der GE eine Reihe von Fortschritten zu erkennen; dazu zählen: die Voranstellung des biblischen Zeugnisses (8–12), die Behandlung der Thematik in der Form gemeinsamen Bekennens und die explizite Thematisierung von „Gesetz und Evangelium" (31–33), die zuvor nicht Gegenstand der Bearbeitung waren. Zu begrüßen ist die christologische Rückbindung des Rechtfertigungsgeschehens: Tod und Auferstehung Christi werden als Grund und Voraussetzung der Rechtfertigung bekannt (34), und es wird von der Vereinigung mit Christus in der Taufe gesprochen (28); das Rechtfertigungsgeschehen wird in bemerkenswertem Maße als Christusgemeinschaft beschrieben (11, 15, 22, 26, 28, 37). Positiv zu werten ist die Tatsache, daß die GE klassische römisch-katholische Positionen, etwa die Konkupiszenzlehre[3] (30), das ethische Sündenverständnis (30) und die Verdienstlichkeit der guten Werke (38) weit offener und ehrlicher darlegt als die Vorgängerdokumente. Auch daß die Rechtfertigung für die römisch-katholische Seite nicht *das* Kriterium schlechthin ist, wird deutlich ausgesprochen (18). Weiterhin ist positiv zu werten, daß lutherische Positionen in vielen Punkten klar markiert werden.

2. Unausgeräumte Differenzen aus dem 16. Jahrhundert

Nicht zu erkennen ist freilich, daß in der GE die grundlegenden Differenzen der Reformationszeit einer wirklich befriedigenden Lösung zugeführt worden sind.

So fehlt in der biblischen Grundlegung der Bezug auf Röm 5,6–11, (der Tod Christi als Sterben für Gottlose), auf Röm 4,17 (das Rettungshandeln Gottes als Neuschöpfung von solchen, die tot waren), und auf Phil 3 (Ausschluß jeder eigenen Gerechtigkeit). So wird schon das paulinische Evangeliumsverständnis verkürzt widergegeben (10), indem nicht erfaßt ist, daß es darin um die Rettung aus dem *Zorn Gottes* geht (Röm 1,18).

Die Dialektik von Gesetz und Evangelium als Grundstruktur des Rechtfertigungsgeschehens wirkt sich in der GE nicht prägend auf die Darstellung der Rechtfertigung aus. Die Vorgehensweise der GE wie die ihrer Vorgängerdoku-

---

Ökumene. Die Leuenberger Kirchengemeinschaft in der gegenwärtigen ökumenischen Situation. Texte der Konferenz von Straßburg (18. bis 24. März 1987), Frankfurt/M. 1988.

3 Danach handelt es sich bei der Konkupiszenz um „eine aus der Sünde kommende und zur Sünde drängende Neigung im Menschen", die selbst nicht Sünde ist (30).

mente führt vielmehr zwangsläufig zu einer phänomenologischen und damit wiederum zu einer prozessualen Darstellung des Rechtfertigungsgeschehens[4], die genau der Darstellungsweise des Tridentinums entspricht, dagegen eine angemessene Darstellung dieses Geschehens aus lutherischer Sicht unmöglich macht. Bezeichnend sind in diesem Zusammenhang die vielen Nebenordnungen mit „und" in der Darstellung der GE („Rechtfertigung als Sündenvergebung und Gerechtmachung" [22]; „daß Gott aus Gnade dem Menschen die Sünde vergibt und ihn zugleich in seinem Leben von der knechtenden Macht der Sünde befreit und ihm das neue Leben in Christus schenkt" [22]; „rechnet ihm Gott seine Sünde nicht an und wirkt in ihm tätige Liebe durch den Heiligen Geist" [22]; „Sündenvergebung und Gerechtmachung" [27]; „rechtfertigt und wirklich erneuert" [28]). Dadurch werden Aussagen miteinander verbunden, die sich unter der Dialektik von Gesetz und Evangelium eben gerade nicht als gleichrangig herausstellen würden. Dagegen betont das mehrfache reformatorische „sola"[5] die durchgängige Alleinwirksamkeit Gottes im Rechtfertigungsgeschehen.

Kennzeichnend dafür ist, daß der Konsens, auf den sich die Aussagen der GE gründen, wesentlich durch einen gemeinsamen Rückzug auf das Bekenntnis zur Gnadenhaftigkeit der iustificatio prima im tridentinischen Sinn erzielt wird (15), ohne daß die Differenz dieser zur letztgültigen Annahme (acceptatio) im Endgericht (DH 1531, 1534, 1535, 1574) bearbeitet wird[6]. Dieses Defizit wird nur dadurch verdeckt, daß der forensische Aspekt der Rechtfertigung[7] fast völlig ausgeblendet wird: Eine Verhältnisbestimmung von Rechtfertigung und Heiligung in bezug auf den Freispruch im Endgericht findet nicht statt.

Entsprechend wird die tridentinische Komplementarität von vorgängiger Gottesgnade und Mitwirkung des gnadenvoll erneuerten Menschen aufrechterhalten; lutherischerseits kommt man diesem Anliegen nach, indem man nun auch von einem „vollen personalen Beteiligtsein im Glauben, das vom Wort Gottes selbst gewirkt wird", reden kann (21). Unklar bleibt, wer das Subjekt der Erneuerung des Christen ist[8], wie es um die Verdienstlichkeit der guten Werke in diesem Zusam-

---

4   Rechtfertigung wird dabei als ein Vorgang beschrieben, der sich durch Gottes Gnade unter persönlicher Beteiligung des Menschen vollzieht und so am Menschen als Fortschritt aufweisbar ist.
5   sola gratia, fide – allein aus Gnaden aus Glauben; solus Christus – Christus allein.
6   Im Sinn des Konzils von Trient muß die anfängliche gnadenhafte Rechtfertigung im Leben des Christen bewahrt, bewährt, ja vermehrt werden, damit der Mensch im Endgericht als gerecht gelten kann.
7   Im Sinn des lutherischen Bekenntnisses besteht die Gerechtigkeit des Sünders im Urteilsspruch Gottes, der den Gottlosen um Christi willen, aus Gnaden gerecht spricht.
8   Im Sterben des „alten Menschen" und der Schaffung des „neuen Menschen" in der Taufe ist nach lutherischer Lehre Gott allein am Werk; es findet ein Herrschafts-

menhang bestellt ist und was die Beibehaltung des Konkupiszenzbegriffs römischerseits bedeutet. Wird die neue Wirklichkeit des Gerechtfertigten aber nicht eindeutig außerhalb seiner selbst in Christus gegründet, so wird der Mensch damit letztlich an seiner eigenen Beteiligung am Rechtfertigungsgeschehen gemessen.

Darauf deutet außerdem hin, daß Christus wesentlich auch als Bindeglied von Rechtfertigung und Heiligung gesehen wird, als Mittler der Gnadengaben und der Erneuerung (26, vgl. 18, 22).

Die noch verbleibende Rede vom usus elenchthicus [9] des Gesetzes in der lutherischen Entfaltung (32) bleibt somit im Gesamt der GE ein Fremdkörper.

Diese Unklarheiten hängen auch damit zusammen, daß kein Einvernehmen darüber hergestellt werden kann, ob die Rechtfertigung articulus stantis et cadentis ecclesiae [10] *oder* nur „ein unverzichtbares Kriterium, das die gesamte Lehre und Praxis der Kirche unablässig auf Christus hin orientieren will", ist, wie in der GE gemeinsam formuliert wird, *oder* lediglich eines unter anderen, wie sich der römisch-katholischen Entfaltung entnehmen läßt (18).

3. Die in der GE verwendete Methode und ihre Defizite

Problematisch ist auch die Methode, mit der der in der GE behauptete Konsens erreicht wird: Mit ihren Vorgängerdokumenten erhebt sie den Anspruch auf Komplementarität der klassischen konfessionellen Lehren des Reformationsjahrhunderts; konfessionelle Differenzen werden zu „Anliegen" neutralisiert und der Konsens formal als kleinster gemeinsamer Nenner der verschiedenen „Anliegen" formuliert. Vom heutigen Stand der Lehre ausgehend können die Lehrverurteilungen des 16. Jahrhunderts dann als nicht länger kirchentrennend begriffen werden (13).

Dagegen sind folgende Einwände geltend zu machen: Die Formulierung gemeinsamer Obersätze wird durch die Beigabe jeweils konfessionsspezifischer Interpretationen unterlaufen; dies gilt zumindest für den Fall, daß diese sich widersprechen, doch auch sonst läßt dieses Vorgehen auf ein unterschiedliches, wenn nicht gegensätzliches Verständnis der Sachverhalte schließen, wie bei dem „Sündersein des Gerechtfertigten" (28–30) und den „guten Werke(n) des Gerechtfertigten" (37–39) unverkennbar ist.

Zu fragen bleibt zudem, ob sich dieses Verfahren angesichts des ekklesiologischen Ungleichgewichts im „Selbstverständnis der beteiligten Kirchen" (5, Anm. 9) nicht von vornherein als Fiktion erweist. Zu hinterfragen ist schließlich das

---

    wechsel und „Existenzbruch" statt (Röm 4,17). Hingegen wird nach römisch-katholischer Lehre in der Taufe an Möglichkeiten der (alten) menschlichen Natur angeknüpft und so der Mensch befähigt, sich Gott zuzuwenden.

9 Die anklagende, verurteilende, tötende Wirkung des Gesetzes.

10 Der (Glaubens-)Artikel, mit dem die Kirche steht und fällt.

Geschichtsbild der GE, das unter der Hand „neue Einsichten" als die besseren ansieht. Außerdem wird nicht benannt, was denn inhaltlich mit den „neue(n) Einsichten" gemeint ist, die „unseren Kirchen in der Geschichte zuwachsen" (7); dies wäre um der Durchsichtigkeit der Argumentation willen unabdingbar.

Deutlich wird diese Problematik nicht zuletzt im Umgang mit der Heiligen Schrift: Die Schrift wird nicht als norma normans [11] ins Feld geführt und also nicht als „der einige Richter, Regel und Richtschnur" (FC, Epit. Vom summarischen Begriff, BSLK 769) in Fragen des Glaubens und der Lehre begriffen. Die Auswahl und Gewichtung der Belegtexte hätte begründeter und gewissenhafter vorgenommen werden müssen: Die Texte werden etwa ohne Bezug zu ihrem Kontext angeführt; dies führt zur wechselseitigen Nivellierung der beigebrachten Schriftstellen. Begriffe wie „Rechtfertigung", „Sünde", „Gnade" werden ohne inhaltliche Klärung eingeführt. So fehlt der GE in den hier anstehenden Fragen eine zureichende biblisch-theologische Grundlegung.

Das zur Anwendung kommende Schriftverständnis wirkt sich unmittelbar auf die Bestimmung dessen, was Rechtfertigung sei, aus: Indem die GE zwischen „Rechtfertigung" als „Werk des dreieinigen Gottes" (15), „Botschaft von der Rechtfertigung" (17) und „Lehre von der Rechtfertigung" (18) unterscheidet, legt sie das Mißverständnis nahe: Statt selber effektiver Zuspruch der Vergebung zu sein, trägt die „Botschaft von der Rechtfertigung" nur noch Hinweischarakter auf die „Mitte des neutestamentlichen Zeugnisses von Gottes Heilshandeln in Christus", ist also wesentlich nur informatorischer Art: „Sie sagt uns, daß wir Sünder unser neues Leben allein der vergebenden und neuschaffenden Barmherzigkeit Gottes verdanken, die wir uns nur schenken lassen und im Glauben empfangen, aber nie (...) verdienen können." (17)

4. Die GE in Spannung zu sonstiger Lehre und Praxis der beteiligten Kirchen (Beispiele)

Angesichts der aufgezeigten Mängel ist darauf hinzuweisen, daß eine Überprüfung auch dessen, „was in jeder der Kirchen über Rechtfertigung" sonst noch „gelehrt wird" (5), unabdingbar ist.

Explizit wird in der GE das Bußinstitut der Römisch-katholischen Kirche („Sakrament der Versöhnung", [30]) genannt. Hier werden die praktischen Folgen der oben benannten theologischen Weichenstellungen exemplarisch deutlich: Nach römisch-katholischer Sicht kann vom Gerechtfertigten ein Sündersein nicht mehr ausgesagt werden, es sei denn, er trenne sich *willentlich* von Gott; in diesem Fall tritt das Bußinstitut zur Bereinigung des Gottesverhältnisses ein, während

---

11 Die Hl. Schrift ist, bezogen auf Lehre und Bekenntnis der Kirche, maßgebliche Instanz im Sinn unbedingter Autorität; Lehre und Bekenntnis der Kirche sind daran ausgerichtet und davon abgeleitet („norma normata").

offenbleibt, ob sonst „eine erneute Beobachtung der Gebote" (30) das Gottesverhältnis intakt hält.

Entsprechend müßten andere Bezüge zur Rechtfertigungslehre in der römisch-katholischen „Hierarchie der Wahrheiten" überprüft werden [vgl. z. B. zum Thema Ablässe das CIC 1983, 992–997; zum Bußinstitut vgl. den Katechismus der katholischen Kirche 1993, 1420–1498, besonders 1434 (als „Mittel, um Vergebung der Sünden zu erlangen" gelten z. B. „die Bemühungen, sich mit seinem Nächsten zu versöhnen, die Tränen der Buße, die Sorge um das Heil des Nächsten, die Fürbitte der Heiligen und die tätige Nächstenliebe"), 1459–1460 (Genugtuung, um Sünden wiedergutzumachen), 1471–1479 (Die Ablässe, gewährt durch die Kirche, auch für verstorbene Gläubige)].

Hier ist auch noch einmal auf das ekklesiologische Ungleichgewicht (5, Anm. 9, vgl. oben, S. 4) zu verweisen: Was bedeutet es für die GE, daß die Kirchen der Reformation selbst nach dem II. Vatikanischen Konzil nicht als Kirchen im Vollsinn anerkannt werden?

Überdies ist festzustellen, daß die GE, indem sie auf „Lehrverurteilungen – kirchentrennend?" aufbaut, mit den Vorgängerdokumenten das Defizit teilt, daß nicht alle Verwerfungen der Reformationszeit Bearbeitung gefunden haben [12].

Nicht berücksichtigt werden ebenso die Aussagen des II. Vatikanischen Konzils über das Verhältnis der Römisch-katholischen Kirche zu den nichtchristlichen Religionen: Die Feststellung des Konzils: „Wer nämlich das Evangelium Christi und seine Kirche ohne Schuld nicht kennt, Gott aber aus ehrlichem Herzen sucht, seinen im Anruf des Gewissens erkannten Willen unter dem Einfluß der Gnade in der Tat zu erfüllen trachtet, kann das ewige Heil erlangen"[13], stellt die vorgebliche Einigung in der GE von vornherein in Frage, ist vor allem aber mit dem Grundbekenntnis der lutherischen Kirche unvereinbar: „Weiter wird bei uns gelehrt, daß nach Adams Fall alle natürlich geborenen Menschen in Sünden empfangen und geboren werden, das heißt, daß sie alle von Mutterleib an voll böser Lust und Neigung sind und von Natur keine wahre Gottesfurcht, keinen wahren Glauben an Gott haben können, [ferner] daß auch diese angeborene Seuche und Erbsünde wirklich Sünde ist und daher alle die unter ewigen Gotteszorn ver-

---

12 Vgl. D. Lange (Hg.): Überholte Verurteilungen? Die Gegensätze in der Lehre von Rechtfertigung, Abendmahl und Amt zwischen dem Konzil von Trient und der Reformation damals und heute, Göttingen 1991, 61–70.

13 „Qui enim Evangelium Christi Eiusque Ecclesiam sine culpa ignorantes, Deum tamen sincero corde quaerunt, Eiusque voluntatem per conscientiae dictamen agnitam, operibus adimplere, sub gratiae influxu, conantur, aeternam salutem consequi possunt." (LG II 16)

dammt, die nicht durch die Taufe und den heiligen Geist wieder neu geboren werden."[14]

5. Positionsbestimmung

Die aufgezeigten Schwächen der GE lassen nur den einen Schluß zu: Der in (40) behauptete „Konsens in Grundwahrheiten der Rechtfertigungslehre" besteht nicht; vielmehr werden zumindest einige der hier vorgelegten Lehren der Römischkatholischen Kirche von den Verwerfungen im Bekenntnis der lutherischen Reformation nach wie vor getroffen. Die Katholizität des lutherischen Bekenntnisses erfordert jedoch die Abweisung von Positionen, die sich mit der Heiligen Schrift nicht vereinbaren lassen.

Was hier auf dem Spiel steht, läßt sich am deutlichsten an der Frage nach der Heilsgewißheit zeigen: Der Glaube, der sich auf die Zusage der Gunst Gottes und der Vergebung der Sünden um Christi willen verläßt, wie sie Gottes freisprechendes Evangelium und die Gottes Heil austeilenden Sakramente zueignen, ist sich seines Heils gewiß. Diese Identität von Glaube und Heilsgewißheit vermag die römisch-katholische Seite nicht zu bekennen. Sie muß sich mit dem Hinweis begnügen: „Dem offenbarenden Gott ist der ‚Gehorsam des Glaubens'(…) zu leisten. Darin überantwortet sich der Mensch Gott als ganzer in Freiheit, indem er sich ‚dem offenbarenden Gott mit Verstand und Willen unterwirft' und seiner Offenbarung willig zustimmt" (DV 5; Quellenanhang zu 4.6 der GE).

Dagegen muß lutherische Theologie und Kirche um ihrer biblischen Verankerung, ihrer seelsorglichen Ausrichtung und ihres ökumenischen Ansatzes und Anspruchs willen darauf bestehen:

„Die Gewissen der Frommen werden keinen hinreichend starken Trost gegen die Schrecknisse der Sünde und des Todes, gegen den Teufel, der zur Verzweiflung reizt, haben, wenn sie nicht wissen, daß sie glauben sollen, daß sie umsonst um Christi willen die Sündenvergebung haben. Dieser Glaube stärkt und belebt die Herzen in jenem überaus harten Kampf gegen die Verzweiflung."[15]

---

14 „Item docent, quod post lapsum Adae omnes homines, secundum naturam propagati, nascantur cum peccato, hoc est, sine metu Dei, sine fiducia erga Deum et cum concupiscentia, quodque hic morbus seu vitium originis vere sit peccatum, damnans et afferens nunc quoque aeternam mortem his, qui non renascuntur per baptismus et spiritum sanctum." (CA II 1, 2; deutscher Text nach H. Pöhlmann [Hg.]: Die Bekenntnisschriften der evangelisch-lutherischen Kirche. Ausgabe für die Gemeinde, Gütersloh 1986, 60).

15 „Nullam habebunt satis firmam consolationem conscientiae piorum adversus terrores peccati et mortis et adversus diabolum sollicitantem ad desperationem, si non sciant, se debere statuere, quod gratis propter Christum habeant remissionem peccatorum. Haec fides sustentat et vivificat corda in illo asperrimo certamine

„Von der Gerechtigkeit des Glaubens vor Gott glauben, lehren und bekennen wir einhellig (...): daß ein armer sündiger Mensch vor Gott gerechtfertigt, das heißt, absolviert, los und ledig gesprochen werde von allen seinen Sünden und von dem Urteil der wohlverdienten Verdammnis, auch zur Kindschaft und Erbschaft des ewigen Lebens angenommen werde ohne jedes ‚Verdienst und Würdigkeit' unsererseits, auch ohne alle vorhergehenden, gegenwärtigen oder auch folgenden Werke, aus lauter Gnaden, allein um des einigen Verdiensts, des ganzen Gehorsams, des bitteren Leidens, Sterbens und der Auferstehung unseres Herrn Christi willen, dessen Gehorsam uns zur Gerechtigkeit zugerechnet wird." [16]

„Darum müssen wir dessen ganz gewiß sein und nicht zweifeln. Sonst ist alles verloren" [17].

Abkürzungen:

ApolCA:	Apologie des Augsburgischen Bekenntnisses 1531
ASm:	Articuli Smalcaldici = Schmalkaldische Artikel 1537
BSLK:	Bekenntnisschriften der evangelisch-lutherischen Kirche, Jubiläumsausgabe 1930, Göttingen, 11. Aufl. 1992
CA:	Confessio Augustana = Augsburgisches Bekenntnis 1530
CIC:	Corpus Iuris Canonici = Kirchenrecht der Römisch-katholischen Kirche
DH:	P. Hünermann (Hg.): H. Denziger: Enchiridion symbolorum, definitionum et declarationum de rebus fidei et morum, Freiburg, 37. Aufl. 1991
DV:	II. Vatikanisches Konzil, Dogmatische Konstitution über die göttliche Offenbarung „Dei Verbum"
Epit.:	Epitome = Kurzfassung der FC 1577
FC:	Formula Concordiae = Konkordienformel 1577
LG:	II. Vatikanisches Konzil, Dogmatische Konstitution über die Kirche „Lumen Gentium"
SD:	Solida Declaratio = Ausführliche Erläuterung, Langfassung der FC 1577

---

desperationis." (ApolCA XX 8, deutscher Text nach H. Pöhlmann [Anm. 14], 344f).
16 FC, SD III 9, BSLK 917, 15–33, sprachlich geglättet.
17 ASm II 1, BSLK 416, 4f, Textfassung nach Pöhlmann (Anm. 15), 451.

Anhang 2:
Selbständige Evangelisch-Lutherische Kirche (SELK): Stellungnahme zur „Gemeinsamen offiziellen Feststellung des Lutherischen Weltbundes und der römisch-katholischen Kirche" samt „Anhang"

Der lutherische Weltbund (LWB) und die römisch-katholische Kirche haben die Gemeinsame Erklärung zur Rechtfertigungslehre (GER) angenommen. Sie soll am Gedenktag der Reformation, dem 31. Oktober 1999, in Augsburg von den Gesprächspartnern feierlich unterzeichnet werden.

Seit dem vergangenen Jahr hatte es um die Annahme dieses Dokumentes zunächst heftige Irritationen gegeben. Während die Mitgliedskirchen des LWB dem Dokument zugestimmt hatten, sah sich die römisch-katholische Kirche, vertreten durch die Kongregation für die Glaubenslehre und den Päpstlichen Rat zur Förderung der Einheit der Christen, (noch) nicht in der Lage, der Einschätzung von GER zuzustimmen, daß die Verwerfungen des 16. Jahrhunderts die Lehre der am Dialog beteiligten Kirchen nicht treffen würden. In einem erneuten Gesprächsgang, der seit dem 1. November 1998 lief, wurde von beiden Seiten eine „Gemeinsame offizielle Feststellung" (GOF) mit einem „Anhang" (Annex) erarbeitet, in der wesentliche der noch verbliebenen Differenzpunkte zur Sprache kamen.

Diese „Gemeinsame offizielle Stellungnahme" kommt zu dem Schluß, daß „das in dieser Erklärung dargelegte Verständnis der Rechtfertigungslehre zeigt, daß zwischen Lutheranern und Katholiken ein Grundkonsens in Grundwahrheiten der Rechtfertigungslehre besteht". Gemeinsam wird überdies festgestellt, „daß die früheren Lehrverurteilungen die Lehre der Dialogpartner, wie sie in der Gemeinsamen Erklärung dargelegt wird, nicht treffen". Damit scheint das selbst gesteckte Ziel erreicht zu sein. Die historischen Verurteilungen werden als den heutigen Partner und seine theologischen Positionen nicht treffend verstanden.

Wir nehmen zur Kenntnis, daß Fragen, die zum Zeitpunkt der Verabschiedung von GER noch bestanden, bearbeitet und zu einem gewissen Konsens geführt worden sind. Dazu zählen vor allem:
– das Nachdenken über den unterschiedlich gefaßten Sündenbegriff und das Bemühen um ein gemeinsames Verständnis des reformatorischen „simul iustus et peccator";

- die Aufnahme der zentralen lutherischen Erkenntnis des „sola fide" in die Aussage über den Akt der Rechtfertigung (von GER 15: „im Glauben" zu GOF/Annex 2C: „allein durch Glauben");
- die Bekräftigung der kriteriologischen Funktion der Rechtfertigungslehre: Gemeinsam teilen sie die Auffassung: „Die Rechtfertigungslehre ist Maßstab oder Prüfstein des christlichen Glaubens";
- die Einbeziehung der eschatologischen Dimension in das Gespräch;
- schließlich die Bestätigung der Parität der Dialogpartner.

Wir erkennen an, daß diese Gespräche mit dem erklärten Ziel geführt wurden, „(um) zu voller Kirchengemeinschaft, zu einer Einheit in Verschiedenheit zu gelangen, in der verbleibende Unterschiede miteinander ‚versöhnt' würden und keine trennende Kraft mehr hätten" (GOF 3).

Diesem Ziel will ein weiterer Dialog dienen, der in GER 43 niedergelegte Fragen behandeln soll, und dies nach dem Modell einer „Kirchengemeinschaft in versöhnter Verschiedenheit". Außerdem wird das Bemühen um ein gemeinsames Zeugnis der Rechtfertigungslehre im ökumenischen und zeitgenössischen Kontext in den Blick genommen.

Die Selbständige Evangelisch-Lutherische Kirche nimmt das Bemühen der Dialogpartner ernst, wenn sie im folgenden Punkte für einen künftigen Dialog markiert, die der theologischen Aufarbeitung bedürfen:

1. Das Sündenverständnis – oder *simul iustus et peccator*

Der Annex ist noch einmal auf die Unterstreichung der schon in GER erreichten „Übereinstimmung in Grundwahrheiten der Rechtfertigungslehre" (GOF 1) hin ausgerichtet. Breiten Raum nimmt dabei die Erläuterung von GER 15 ein.

In einem ersten Durchgang findet das *simul iustus et peccator* (2A) Bearbeitung. Hier wird der Akzent auf die Gerechtmachung des Sünders durch die Rechtfertigung gelegt. Unter diesem Aspekt könne ein bleibendes Sündersein des Gerechtfertigten nicht gelten. Ermäßigend ist im folgenden von einer „beständige(n) Gefährdung, die von der Macht der Sünde ausgeht," die Rede, und zwar im Modus der Erinnerung. In der Weise modifiziert, soll das reformatorische *simul iustus et peccator* für Lutheraner und römische Katholiken gemeinsam aussagbar sein.

Dabei ist kritisch zu beachten, daß durch den Modus der „Erinnerung" nicht ausreichend beschrieben ist, was die Wirkung des göttlichen Wortes in Gesetz und Evangelium ist: daß es nämlich bewirkt, was es zusagt, Tötung des alten und Erschaffung des neuen Menschen. Des weiteren ist nicht zu übersehen, daß in diesem Ansatz die lutherische Sichtweise des Gerechtfertigten als eines *peccator in re* (die personale Dimension der Sünde), dem die Rechtfertigung *extra nos* gilt, nicht in der Klarheit zum Ausdruck gebracht ist, wie dies vorher in GER 29 geschah.

2. Das Sündenverständnis – oder die Frage nach der *Konkupiszenz*

In einem zweiten Durchgang des Annex (213) findet das Problem der „Konkupiszenz" nähere Bearbeitung. Hier wird der Sünde tatsächlich eine Art personaler Charakter zugesprochen, die als solche von Gott trenne. Expliziert wird diese Aussage in Formulierungen, die erkennbar auf CA 11 anspielen („Sie ist das selbstsüchtige Begehren des alten Menschen und mangelndes Vertrauen und mangelnde Liebe zu Gott!").

Freilich umschreibt der Annex die Sünde an der Person des Gerechtfertigten als eine nur äußerliche Macht („Einfallstor"). Inwieweit jedoch von einem bleibenden Sünder*sein* auch des Gerechtfertigten gesprochen werden *muß* (!), bleibt nach diesen Ausführungen offen. Die „hier eingeschlossenen Unterschiede" bedürfen dann in der Tat einer weiteren Bearbeitung.

3. sola fide – oder das Verhältnis von *Rechtfertigung und Heiligung*

Erstmals in einem lutherisch/römisch-katholischen Dialog wird in einer gemeinsam getroffenen Aussage das *sola gratia* durch das *sola fide* ergänzt (Annex 2C) und durch Röm 3,28 gestützt. Dies ist eine Konsensaussage von wesentlicher ökumenischer Tragweite.

Es wird jedoch dadurch konterkariert, daß Gottes Gnadenhandeln, das nach Röm 3,27f jegliches menschliche Mitwirken ausschließt, in dieser Exklusivität gerade nicht beschrieben wird, sondern in diesen Zusammenhang hinein das „Handeln des Menschen" stellt. Unbeantwortet bleibt hier die Frage, ob und welchen Stellenwert solches menschliches Handeln in loco iustificationis haben kann. Das Zitat aus FC SD 11, 65 (BSLK, S. 897) spricht von der Möglichkeit der cooperatio des Menschen durch Gottes Geist gerade *nach* erfolgter Rechtfertigung, und zwar „aus den neuen Kräften und Gaben, so der Heilige Geist in der Bekehrung in uns angefangen hat" (ebd., S. 898).

4. *Bewahren der Gnade* – durch gute Werke?

In einem vierten Durchgang (Annex 2D) findet das „Bewahren der Gnade" Bearbeitung. Hier wird ein gemeinsames Verständnis dieses Komplexes aus GER 38f behauptet.

Der Belegtext aus ApolCA XX, 13ff eignet sich jedoch gerade nicht zur Stützung dieser Aussage, da er explizit von einem Verbleiben in der himmlischen Berufung *durch den Glauben* spricht, und gerade „nicht um der folgenden Werke willen" (so BSLK, S. 316, 15f [lat.], [dt.]). Der weitere Zusammenhang der zweiten angeführten Belegstelle (FC SD IV, 35, BSLK S. 949, 10–22) bestätigt vielmehr, daß die unterschiedlichen Aussagen aus GER 38 und 39 sich nicht so ohne weiteres harmonisieren lassen: „… soll billig verworfen werden, … daß unsere gute

Werk die Seligkeit erhalten, oder daß die empfangene Gerechtigkeit des Glaubens oder auch der Glaube selbst durch unsere Werk entweder gänzlich oder ja zum Teil erhalten und bewahret werden."

5. Das Gericht nach den Werken und der himmlische Lohn

Zu begrüßen ist, daß der Topos des Lohngedankens noch einmal Bearbeitung findet! Die eschatologische Dimension der Rechtfertigung wird gemeinsam bekannt, wenn in einem fünften Bereich (Annex 2E) das Gericht nach den Werken ebenso klar herausgestellt wird wie der Gnadencharakter alles himmlischen Lohns.

Wie aber das eschatologische Urteil Gottes über den Sünder im Akt der Rechtfertigung sich zu diesem Komplex verhält, was also letztlich im Endgericht rettet, bleibt unklar. Der ausgelassene Kontext der zitierten Belegstelle aus FC IV zeigt deutlich, was hier noch zu klären wäre. Wie sich nämlich das römisch-katholische Verständnis der guten Werke verhält zu dem aus Phil 3 erhobenen Sachverhalt, daß die Werke, welche der Mensch im Vertrauen darauf vollbringt, damit die Gnade Gottes zu verdienen und selig zu werden, „nicht allein unnützlich und hinderlich, sondern auch schädlich sein" (BSLK 949, 42 950, 5).

6. Die Rechtfertigungslehre als *Kriterium*

Der folgende Paragraph verdeutlicht die kriteriologische Funktion der Rechtfertigungslehre. Klarer als zuvor wird herausgestellt, daß „keine Lehre diesem Kriterium widersprechen" darf (Annex 3). Die Einordnung der Rechtfertigungslehre in den „Gesamtzusammenhang des grundlegenden trinitarischen Glaubensbekenntnisses der Kirche" ist sachgemäß und entspricht lutherischem Verständnis seit den Zeiten der Reformation.

Warum, fragen wir, hat man nicht zu der Formulierung von der „Rechtfertigung als *das* Kriterium" zurückfinden können? Es ist Überzeugung des Luthertums, daß die Lehre von der Rechtfertigung tatsächlich das Ganze des christlichen Glaubens umfaßt.

7. Der Dialog und die *ekklesiologische* Dimension

Zuletzt wird eine Parität der Dialogpartner bekräftigt, die durch die Antwort der römisch-katholischen Kirche vom 25. Juni 1998 in Frage gestellt schien.

Freilich ist das in GER, Anmerkung 9, beurkundete ekklesiologische Ungleichgewicht der Dialogpartner damit nicht aufgehoben.

Wenngleich die Selbständige Evangelisch-Lutherische Kirche auf verbleibende Unterschiede und zu klärende grundlegende Sachverhalte mit dieser Stellungnahme aufmerksam machen will, gibt sie der Hoffnung Ausdruck, daß die grundlegenden biblischen Aussagen über die Rechtfertigung des Sünders vor Gott in allen Kirchen Mittelpunkt des theologischen Denkens und des kirchlichen Handelns werden und bleiben.

Oberursel/Hannover, im September 1999

Michael Weinrich

Die Ökumene in der Rechtfertigungslehre in evangelisch-reformierter Perspektive

1. Das reformatorische Rechtfertigungsverständnis in reformierter Perspektive

Es ist eine besondere Schwierigkeit, dass die Bestimmungen, die sich hinter dem Etikett „reformiert" verbergen, sehr vielfältig sind. Von außen gesehen mag dies als eine Schwäche des Reformiertentums angesehen werden, aber von innen wahrgenommen lassen sich auch Stärken benennen, die mit diesem variationsreichen Profil verbunden sind. Vielfalt bedeutet ja nicht einfach Beliebigkeit, sondern ist als eine perspektivisch konzentrierte Vielfalt anzusehen. Es ist das Evangelium des alle anderen Gebote mit umfassenden ersten Gebots, das die Vielfalt des Reformiertentums konzentriert: *Soli deo gloria* – das ist die entscheidende Konzentration, und alles, was diese befördert, wie etwa die Bekenntnisse der Alten Kirche und dann auch der späteren Tradition, wird hoch geachtet und gehütet, solange der Konsens mit dem biblischen Zeugnis plausibel bleibt. Der Ton liegt dabei weniger auf dem *Bewahren* als auf dem *Bewähren*[1]. Allerdings gibt es kein Bewähren ohne Bewahren, so wie umgekehrt auch jedes Bewahren erst in der Bewährung tatsächlich relevant wird.

Diese Grundkonstellation spiegelt sich in dem Faktum wider, dass im Reformiertentum zwar alle Kirchen in dem Sinne Bekenntniskirchen sind, dass sie über einen Kanon von verbindlichen Bekenntnissen verfügen, aber es gibt – und das hängt mit jetzt nicht zu erläuternden geschichtlichen Gründen zusammen – abgesehen von den altkirchlichen Bekenntnissen keine weltumspannenden Bekenntnisse – wie etwa die lutherischen Bekenntnisschriften (die allerdings auch nicht in allen Teilen unumstritten sind). Selbst der in Deutschland für charakteristisch gehaltene Heidelberger Katechismus gilt nicht für alle Kirchen, die sich der reformierten Familie zurechnen. Das hat seine Gründe nicht etwa darin, dass manche Kirchen theologische Vorbehalte gegen einzelne Aussagen des Heidelberger Katechismus hätten, sondern belegt lediglich, dass in manchen Kirchen bei der Ausbildung ihrer Bekenntnistradition der Heidelberger Katechis-

---

[1] Vgl. dazu ausführlicher M. Weinrich, Kirche bekennen. Ökumene in reformierter Perspektive, in: Ökumenische Rundschau 51 (2002), 145–156.

mus faktisch keine Rolle gespielt hat, was angesichts zahlreicher guter anderer Bekenntnisse auch verschmerzbar sein sollte.

Gemeinsam bleibt allen Reformierten, dass sie um die grundsätzliche Offenheit der Bekenntnisbildung wissen. Dahinter verbirgt sich keine mangelnde theologische Entschiedenheit oder gar Desinteresse an theologischer Genauigkeit. Vielmehr haben wir es im Gegenteil mit einer Konsequenz aus dem ernst genommenen Bewusstsein zu tun, dass die Tradition die Kirche niemals aus der Aufgabe entlassen kann, ihr Bekenntnis in der jeweiligen Gegenwart deutlich, vernehmbar und eben auch verbindlich zu artikulieren[2]. Es gehört zum Selbstverständnis reformierter Ekklesiologie, dass die Kirche stets zur aktuellen Reformulierung und Fortschreibung ihrer Bekenntnistradition herausgefordert wird und sich in der Wahrnehmung dieser Herausforderung als lebendige Kirche erweist. Kirche ist ihrem Wesen nach bekennende Kirche[3]. Die besondere Verantwortung, die gegenüber der Aktualität und der Kontextualität gesehen wird, rückt das Interesse an einem flächendeckenden theologischen Konsens auf die zweite Stelle, was dann faktisch häufig dazu führt, dass es nicht tatsächlich energisch verfolgt wird[4].

Wenn wir uns dem reformierten Rechtfertigungsverständnis zuwenden, so gilt es, bei allen einzuräumenden Variationen zunächst einen tiefen substantiellen Konsens mit dem lutherischen Verständnis festzustellen[5].

---

2 „Ein reformiertes Glaubensbekenntnis ist die von einer örtlich umschriebenen christlichen Gemeinschaft spontan und öffentlich formulierte, für ihren Charakter nach außen bis auf weiteres maßgebende und für ihr eigenes Lehren und Leben bis auf weiteres richtunggebende Darstellung der der allgemeinen christlichen Kirche vorläufig geschenkten Einsicht von der allein in der Heiligen Schrift bezeugten Offenbarung Gottes in Jesus Christus." K. Barth, Wünschbarkeit und Möglichkeit eines allgemeinen reformierten Glaubensbekenntnisses, in: Ders., Die Theologie und die Kirche. Gesammelte Vorträge Bd. 2, München 1928, 76–105, 76. Vgl. E. Busch, Die Nähe der Fernen – Reformierte Bekenntnisse nach 1945, in: M. Welker / D. Willis (Hg.), Zur Zukunft der Reformierten Theologie, Neukirchen-Vluyn 1998, 587–606; A. D. Falconer, Confessing one faith, in: Reformed World 52 (2002), 27–37.

3 Die *Presbyterian Church* USA gibt beispielsweise als eine der größeren reformierten Kirchen alle zwei Jahre ihre Verfassung neu heraus, angereichert mit neuen Einsichten und Beschlüssen, die nicht immer gleich für die nächsten Jahrhunderte gedacht sind. Sie enthält als Teil I *"The Book of Confessions"* und als Teil II *"Book of Order"*, letzte Ausgabe: Louisville (KY) 2003.

4 Zum Profil des reformierten Ökumeneverständnisses vgl. M. Weinrich (Hg.), Einheit bekennen. Auf der Suche nach ökumenischer Verbindlichkeit, Wuppertal 2002.

5 So wie die sachliche Übereinstimmung in der Substanz der Rechtfertigungslehre für die innerlutherischen Differenzen (Luther, Melanchthon, Osiander und Flacius

Dieser gewinnt durchaus noch an Klarheit, wenn wir auf Luther und Calvin selbst zurückgehen, die ja nicht einfach mit dem Luthertum und dem Reformiertentum in eins gesetzt werden dürfen. Dabei ist besonders die von beiden geteilte Bewertung hervorzuheben, dass es sich bei der Rechtfertigungslehre nicht um einen abgrenzbaren Lehraspekt oder Glaubensartikel neben anderen handelt [6]. Vielmehr ist sie darin der „Hauptartikel" der Theologie, dass sie der Grundlagenartikel für alle anderen theologischen Inhalte darstellt [7]. Sie ist als eine Art Stellwerk für die ganze Theologie anzusehen, eine Art Sauerteig, der alles durchdringt. Calvin spricht von dem „hauptsächlichen Pfeiler ..., auf dem unsere Gottesverehrung ruht" [8]. Nur wenn diese fundamentale Übereinstimmung im Bewusstsein bleibt, gibt es ein Recht, auch die Unterschiede ins Auge zu fassen. Im bilateralen Dialog zwischen Lutheranern und Reformierten, die bekanntlich zunächst in Europa durch eine erklärte Kirchengemeinschaft in besonderer Weise miteinander verbunden sind, wurde die Übereinstimmung in der fundamentalen Bedeutung der Rechtfertigungslehre ausdrücklich bestätigt [9]. Das scheint mir ein für die innerprotestantische Ökumene immer wieder

---

    Illyricus) konstatiert werden kann, so gilt diese in vergleichbarer Weise nicht nur für die innerreformierten Differenzen (Zwingli, Bucer, Bullinger und Calvin), sondern auch für das Verhältnis beider Traditionslinien zueinander; vgl. A. I. C. Heron, Justification and Sanctification in the Reformed Tradition, in: Justification and Sanctification. In the Traditions of the Reformation, hg. v. M. Opočenský / P. Réamonn, Studies from the World Alliance of Reformed Churches 42, Genf 1999, 113–122, 113.

6 Es war das Konzil von Trient, das die Einsicht von der Alleinwirksamkeit Gottes im Glauben zu einem isolierten Lehrartikel machte; vgl. D. Schellong, Verlegenheiten um die Rechtfertigungslehre. Überlegungen angesichts der lutherisch-katholischen Erklärung, in: „Die Gemeinde als Ort der Theologie". FS für Jürgen Seim zum 60. Geburtstag, hg. v. K. Kriener / M. Obitz / J. M. Schmidt, Schriftenreihe des Vereins für Rheinische Kirchengeschichte Bd. 158, Bonn 2002, 423–439, 435.

7 M. Luther, Schmalkaldische Artikel, BSLK, 415. „Also muss man den Artikel von der Rechtfertigung, wie ich oftmals mahne, sorgfältig lernen, denn in ihm werden alle anderen Artikel unseres Glaubens zusammengefasst, und wenn er in Ordnung ist, sind auch die übrigen in Ordnung" (WA 40/I, 441, 29–31).

8 Inst. III, 11,1 (Übersetzung nach O. Weber, 4. Aufl., Neukirchen-Vluyn 1986).

9 Leuenberger Konkordie 1973 (in: Dokumente wachsender Übereinstimmung [DwÜ], Bd. 3, Paderborn / Frankfurt a. M. 2003, 724–731; Auf dem Weg zur Kirchengemeinschaft. Bericht der Gemeinsamen Kommission des Lutherischen Weltbundes und des Reformierten Weltbundes (1990), in: DwÜ, Bd. 2, Paderborn/ Frankfurt a. M. 1992, 274–292; Zur Gemeinschaft und zum gemeinsamen Zeugnis berufen. Bericht der Gemeinsamen Arbeitsgruppe zwischen Lutherischem Weltbund und dem Reformierten Weltbund 1999–2002, in: DWÜ, Bd. 3, 111–130.

neu zu betonender Aspekt zu sein, den ich hier nur deshalb hervorhebe, weil er – auch in der ökumenischen Debatte um die Gemeinsame Erklärung – bisweilen in Vergessenheit zu geraten droht. Wer hier Haarspalterei betreibt, taugt wohl kaum für tatsächlich interkonfessionelle Verständigungsbemühungen.

Neben der Übereinstimmung in der Substanz des Rechtfertigungsverständnisses gibt es freilich recht unterschiedliche Darstellungsweisen und Begründungszusammenhänge, die einerseits mit unterschiedlichen hermeneutischen Weichenstellungen und andererseits mit unterschiedlichen kontextuellen Bedingungen zu tun haben. Nicht zuletzt bleibt zu beachten, dass sich zwischenzeitlich auch die Diskussionslage verändert hatte. Die Reformation im multinationalen Genf ist in ihrer entscheidenden Reifephase eine Reformation der zweiten Generation, die bereits auf das Konzil von Trient zurückblickt. Daraus haben sich diverse systematische Differenzen ergeben, die aber von der Solidität des breiten sachlichen Konsenses ohne Probleme getragen werden können.

In der letzten Ausgabe seiner Institutio von 1559 behandelt Calvin die Rechtfertigungslehre im Rahmen seines dritten Buches, das die Soteriologie umfasst, die auf die im zweiten Buch erörterte Christologie folgt. Das dritte Buch steht ganz und gar im Zeichen der Pneumatologie, denn es ist der Heilige Geist, der „uns Christus wirksam mit sich verbindet"[10]. Es ist nun bezeichnend, dass die Rechtfertigungslehre in einem stringent aufgebauten großen Gedankenbogen von der Wiedergeburt im Glauben über die recht verstandene Buße, die Heiligung, die ewige göttliche Erwählung bis hin zur Auferstehung der Toten integriert ist. Das große Thema ist die das ganze Leben durchdringende Bedeutung des Glaubens, mit dem uns Gott durch seinen Geist begabt. Dieser Gedankenbogen ist ähnlich antizyklisch aufgebaut, wie die Darlegung der Erkenntnis Gottes im ersten Buch der Institutio. D.h. es wird zunächst der Fokus benannt, um den es im ganzen Kapitel gehen soll, und dann werden die Voraussetzungen und Bedingungen durchbuchstabiert, ohne welche dieser Fokus unweigerlich verfehlt würde. Das Ziel bleibt die Bestimmung des rechten christlichen Lebens im Glauben an Jesus Christus – wenn man so will: die Bestimmung des Lebens der Heiligen.

Calvin unterscheidet deutlich den echten vom unechten Glauben[11] und befindet sich auch damit ganz auf einer Linie mit Luther[12]. In diesem

---

10 Inst. III, 1.1.
11 Inst. III, 2.8–13.
12 Der Glaube ist kein intellektuelles Reservat, sondern bestimmt das ganze Leben. Das ganze christliche Leben soll geprägt sein von „Glaube und Liebe, Glaube gegen Gott, der Christum ergreift und Vergebung der Sünde kriegt ohn alle Werk,

Sinne kann gesagt werden, dass die Heiligung des menschlichen Lebens durch den Heiligen Geist den Fokus der Argumentation ausmacht, auch wenn der Begriff tatsächlich nur recht sparsam verwendet wird. Wenn Calvin in seiner Darstellung die Heiligungsgnade als die zweite Gnade Gottes – wie er sagen kann [13] – bereits vor der ersten Gnade der Rechtfertigung thematisiert, wird hervorgehoben, dass eben die erste Gnade allein um dieser zweiten willen ergeht. So wie die Rechtfertigung die Bedingung für die Heiligung ist, so ist die Heiligung das Motiv für die Rechtfertigung. Auch wenn beide voneinander unterschieden werden, so lassen sich beide nicht voneinander trennen [14]. Die für die Reformierten gern hervorgehobene Erwählungslehre geht in der Substanz ebenfalls weithin mit Luthers Überlegungen in „*De servo arbitrio*" (1525) zusammen und dient – allen reichhaltig sprießenden Phantasien zum Trotz – vor allem der systematisch konsequenten Sicherung der Alleinwirksamkeit Gottes im Gnadengeschehen, wie sie für das reformatorische Rechtfertigungsverständnis insgesamt essentiell ist.

Es ist eben dieser Fokus auf die Heiligung, der schon bei Calvin, dann aber auch in durchaus eigener Weise später in der reformierten Tradition, zu einer theologisch positiven Bewertung des göttlichen Gebots im weitesten Sinne geführt hat [15]. Zwar lässt sich wiederum auch für Luther zeigen, dass bei ihm der so genannte dritte Gebrauch des Gesetzes (*tertius usus legis*) in der Sache eine unübersehbare Bedeutung hat [16], aber zweifellos steht der Lobpreis des göttlichen Gebots in charakteristischer Weise für die reformierte Tradition, was geschichtlich gelegentlich auch zu Vereinseitigungen und problematischen Zuspitzungen geführt hat – das kann festgestellt werden, ohne damit den gern zitierten Verzeichnungen von

---

    danach Liebe gegen den Nähesten, welche, als des Glaubens Frucht, beweiset, dass der Glaube recht und nicht faul noch falsch, sondern tätig und lebendig ist" (WA 38, 226f). „Wenn der Glaube ohne jedes, auch das geringste Werk ist, rechtfertigt er nicht, ja ist überhaupt kein Glaube. Der Glaube kann gar nicht ohne ständige, große und lebendige Werke sein" (WA 7, 231,7–9).

13 Inst. III, 11.1; III, 17.4f.

14 Hier ist der Grund dafür zu suchen, dass nicht erst von K. Barth vor einer allzu betonten Alleinstellung der Rechfertigungslehre gewarnt wird. Die Rechtfertigung gehört in den Rahmen der Versöhnungslehre und darf eben nicht von der Heiligung getrennt werden (vgl. bes. KD IV/1, 109ff). Doch diese Warnung wäre sachlich vollkommen missverstanden, wenn sie zu einer Relativierung der grundlegenden Bedeutung der Rechtfertigungslehre benutzt würde.

15 Das schließt auch eine besondere theologische Hervorhebung des Alten Testaments mit ein.

16 Vgl. dazu besonders W. Joest, Gesetz und Freiheit. Das Problem des *tertius usus legis* bei Luther und die neutestamentliche Parainese, Göttingen ⁴1968.

Max Weber Recht zu geben, nach denen das Reformiertentum als eine Art asketische Verdienstreligion erscheint [17]. M.E. entspricht diese einseitige Akzentuierung in etwa den Abstrahierungen und Isolierungen, die umgekehrt in der lutherischen Tradition im Blick auf das Rechtfertigungsverständnis zu beklagen sind [18]. Ein Grund für die unglückliche nachreformatorische Polarisierung zwischen Lutheranern und Reformierten ist in diesen entgegengesetzten Überakzentuierungen auf beiden Seiten zu suchen.

Gegenwärtig wird im Reformierten Weltbund unter der Federführung des Theologischen Ausschusses des Europäischen Gebiets ein Sammelband vorbereitet, in dem die spezifische theologische Reichweite der Rechtfertigungslehre im Rahmen der Versöhnungslehre in reformiertem Verständnis bedacht werden soll [19]. Dabei sollen in elf Kapiteln die theologischen Themenfelder herausgestellt werden, für die ein rechtes Verständnis des Rechtfertigungsgeschehens essentiell theologisch profilbildend ist, wie etwa die Ekklesiologie, die Erwählungslehre, die Eschatologie, das Gericht, die menschliche Gerechtigkeit, aber eben auch insgesamt das Verständnis von Lehre und Theologie überhaupt.

2. Der reformierte Blick auf die Gemeinsame Erklärung

Die vorgetragenen Überlegungen machen es plausibel, dass es nicht einfach *die* reformierte Wahrnehmung oder gar Beurteilung der „Gemeinsamen Erklärung zur Rechtfertigungslehre" (GER) geben kann. Sie ist weltweit sehr unterschiedlich intensiv wahrgenommen worden – teilweise allerdings auch vollkommen unbeachtet geblieben. Besonders von amerikanischer Seite aus wurde der durch die GER gegebene ökumenische Gewinn hervorgehoben [20]. Aus Deutschland bzw. dem deutschsprachigen Raum kamen die massivsten Bedenken vor allem aus den Reihen der luthe-

---

17 Vgl. M. Weber, Die protestantische Ethik und der Geist des Kapitalismus, in: Ders., Die protestantische Ethik I. Eine Aufsatzsammlung, hg. v. J. Winckelmann, 6., durchgesehene Aufl., Gütersloh 1981, 27–277; vgl. dazu: D. Schellong, Der „Geist" des Kapitalismus und der Protestantismus. Eine Max-Weber-Kritik, in: R. Faber / G. Palmer (Hg.), Der Protestantismus. Ideologie, Konfession oder Kultur?, Würzburg 2003, 231–253.
18 Vgl. auch G. Sauter, Zur Einführung, in: Ders. (Hg.), Rechtfertigung als Grundbegriff evangelischer Theologie (TB 78), München 1989, 9–29, 14.
19 Vgl. die Projektbeschreibung von M. Brinkman und M. Weinrich, Justification as reconciliation, in: Reformed World 54 (2004), 69–75.
20 Vgl. bes. A. Case-Winters, A Reformed Commentary on the Joint Declaration, in: Reformed World 52 (2002), 5–11.

risch geprägten Professorenschaft[21]. Da die Reformierten nicht unmittelbar beteiligt waren, verhielten sie sich zurückhaltender, auch wenn sie mit großer Aufmerksamkeit den bekanntlich recht verschlungenen Prozess verfolgt haben[22]. Die Stellungnahme etwa der Lippischen Landeskirche gibt ein theologisch abgewogenes Pro und Contra zu der GER[23], in dem zweifellos die zögerlichen und skeptischen Töne dominieren, wie es in vergleichbarer Weise auch von Eberhard Busch für die Evangelisch-reformierte Kirche formuliert worden ist[24]. Die Waldenser dagegen haben deutlich die Ablehnung der GER signalisiert[25]. Da es keinen Überblick über die Rezeption der GER in den reformierten Kirchen gibt, bleiben die genannten Reaktionen relativ zufällig.

Im November 2001 fand in Columbus/Ohio auf Einladung der Unterzeichner der GER eine Konsultation mit dem Methodistischen Weltrat und dem Reformierten Weltbund statt. Es sollten Perspektiven zur Weiterarbeit in einem erweiterten ökumenischen Rahmen eruiert werden. An dieser Konsultation habe ich als europäischer Delegierter des Reformierten Welt-

---

21 Vgl. u. a. E. Herms, „Genau hinsehen – konstruktiv reagieren – Klarheit schaffen", in: epd-Dokumentation 3/1998, 1–20. Das Beiheft Nr. 10 der ZThK, Tübingen 1998, befasst sich insgesamt mit der Rechtfertigungslehre. „Erklärung evangelischer Hochschullehrer". Votum von mehr als 160 Hochschullehrern aus dem Jahr 1998 und „Erklärung evangelischer Theologinnen und Theologen". Stellungnahme von 243 theologischen Hochschullehrern zur Gemeinsamen Offiziellen Feststellung aus dem Jahr 1999, in: Rechtfertigung kontrovers. Die Gemeinsame Erklärung zur Rechtfertigungslehre im Gespräch der Konfessionen, hg. v. Ökumenisch-Missionarisches Institut des Ökumenisches Rates Berlin Brandenburg, Berlin 2000, 31f. u. 41–43.
22 Vgl. die Konsultation Prag V im Febr. 1998 über Rechtfertigung und Heiligung, dokumentiert in: Justification and Sanctification. In the Traditions of Reformation, a.a.O.
23 Erklärung der Lippischen Landessynode zur Gemeinsamen Erklärung zur Rechtfertigungslehre, in: Dokumentation der Achten Tagung der 31. ordentlichen Landessynode 8./9. Juni 1998, Lippische Landeskirche, Detmold, 21–24. Diese Erklärung ist in Anhang 1 zu diesem Beitrag nachzulesen.
24 Vgl. den Beschluss der Gesamtsynode der ERK am 4. und 5. Mai 2000, in dem sich die Synode das „Votum zur Gemeinsamen Erklärung des Lutherischen Weltbundes und des Päpstlichen Rates zur Förderung der Einheit der Christen zur Rechtfertigungslehre" von Eberhard Busch zu Eigen macht; Beschluss und Text von E. Busch in Anhang 2 zu diesem Beitrag.
25 „Wir haben den Eindruck, daß die Erklärung, obwohl sie das Gegenteil behauptet, die Rechtfertigung als einen Glaubenssatz unter anderen behandelt und nicht als Zentrum des Glaubens und der Theologie der Kirche ... In der vorliegenden Form findet die Erklärung ausdrücklich nicht die Zustimmung der Synode" (Freundeskreis der Waldenserkirche e. V., 52. Rundbrief, 1999, 5).

bundes teilgenommen[26]. Auch innerhalb der aus allen fünf Kontinenten zusammengesetzten fünfköpfigen Delegation des Reformierten Weltbundes gab es unterschiedliche Akzentsetzungen, die aber an dieser Stelle nicht entfaltet werden können. Der Kürze halber beschränke ich mich vielmehr darauf, drei Punkte zu benennen, die mit hoher Repräsentanz für die reformierten Kirchen eine positive Würdigung der GER bedeuten:

1. Die gemeinsam ausgesprochene theologische Anerkennung der vollkommenen Angewiesenheit des Menschen auf die göttliche Gnade als die Erinnerung an den Kern des christlichen Glaubens bleibt als ein bedeutsamer ökumenischer Schritt hervorzuheben. Die Betonung dieser Fundamentaleinsicht stellt die bleibenden Differenzen im Verständnis der Substanz des Glaubens auf eine gegenseitig anerkannte Basis und nimmt ihnen auf diese Weise einen Großteil der in ihnen liegenden Entfremdungspotenz. Die identifizierte Verwandtschaft eröffnet einen qualitativ neuen Raum für die Wahrnehmung von Unterschiedenheit[27].

2. Die Rückgewinnung der Balance zwischen Rechtfertigung und Heiligung stellt sich gegen die immer wieder – besonders im Protestantismus – auftretende Versuchung einer Abstraktion und Isolation des Glaubens vom Leben. Das schließt die Anerkennung der bleibenden Bedeutung des Gebotes Gottes ein, auch wenn dieses als Weg zum Heil nicht in Betracht kommt.

3. Ein bedeutsamer Gewinn wird in der durch die GER erfolgten Anerkennung der ökumenischen Methode des differenzierten Konsenses durch die römisch-katholische Kirche gesehen. Diese Methode schafft auf der Basis gemeinsamer Grundeinsichten nicht nur Raum für die gegenseitige Anerkennung von Lehrdifferenzen, sondern ist auch die entscheidende Voraussetzung für einen differenzierenden Umgang mit unterschiedlichen Gestalten des Lehrverständnisses. Allerdings hätte man sich gewünscht, dass die GER durchaus mehr Gebrauch von den Spielräumen des differen-

---

26 Der Lutherische Weltbund hat eine Dokumentation dieser Konsultation erstellt: Unity in Faith: The Joint Declaration on the Doctrine of Justification in a Wider Ecumenical Context. Presentations and relevant documents from a Consultation held in Columbus, Ohio, USA, 27.–30. Nov. 2001, Genf (Lutherischer Weltbund, Office for Ecumenical Affairs) February 2002.

27 Es bleibt darauf hinzuweisen, dass in dem Reformiert/Römisch-Katholischen Dialog hinsichtlich des Rechtfertigungsverständnisses bereits vor 1999 eine sachlich weitreichende Übereinstimmung erzielt worden war: "We recognize that our justification is a totally gratuitous work accomplished by God in Christ. We confess that the acceptance in faith of justification is itself a gift of grace … To rely for salvation on anything other than faith, would be to diminish the fullness accomplished and offered in Jesus Christ." Towards a Common Understanding of the Church, Genf (WARC) 1991, § 77.

zierten Konsenses gemacht hätte, indem sie die Freiheit zu einer klaren Benennung der Unterschiede viel offensiver hätte nutzen können. Auf diese Weise hätten viele Unklarheiten und offenkundig mehrdeutige Formulierungen vermieden werden können. Doch die Anerkennung des differenzierten Konsenses als Methode für ökumenische Vereinbarung kann in seiner Bedeutung kaum überschätzt werden.

Wenn in meiner Darstellung die positive Würdigung relativ kurz und im Folgenden die kritischen Anregungen weitaus länger ausfallen, so zeigt sich in dieser Ungleichgewichtigkeit keine Geringschätzung der positiven Aspekte, sondern allein eine besondere Betonung des Interesses an konstruktiver Weiterarbeit.

3. Die Hauptbedenken

Wenn aufs Ganze gesehen auf der reformierten Seite die Zurückhaltung dominiert, so hat dies *einerseits* sehr grundsätzliche Gründe, die nur teilweise etwas mit den spezifischen Inhalten der GER zu tun haben (1). Es gibt eine begründete Skepsis gegenüber der Bedeutung von solchen Erklärungen überhaupt. Das hat mit dem oben angedeuteten reformierten Lehrverständnis zu tun. *Andererseits* wurzelt die Zurückhaltung auch in verschiedenen inhaltlichen Aspekten, die auf theologische Bedenken getroffen sind (2).

1. Die grundsätzlichen Bedenken möchte ich mit drei Hinweisen mehr andeuten als ausführen:

1.1 Aufgrund der auch für diesen speziellen Fall nicht einfach von der Hand zu weisenden enttäuschenden tatsächlichen Veränderungskraft der viel beachteten Vereinbarung gibt es eine fundamentale Skepsis hinsichtlich des in solche Erklärungen investierten überaus aufwendigen Elans. Es wird die Frage aufgeworfen, ob das wirkliche kirchliche Leben von den ökumenischen Konvergenzbemühungen überhaupt noch erreicht wird, oder ob nicht bereits die Gestalt der meisten Erklärungen mit ihren aus dem Vertragswesen übernommenen Appendices ein Hinweis darauf ist, dass sie eigentlich auch gar nicht für die Lektüre der interessierten Gemeinde gedacht sind. Dieser Eindruck weist auf ein Theologie- und Kirchenverständnis, das von den Reformatoren einhellig abgelehnt wurde und auch heute nicht allein von den Reformierten mit Skepsis betrachtet wird. Es muss erkennbar bleiben, dass die theologische Lehre der Kirche dient, so dass nicht der Anschein entsteht, die Kirche diene der theologischen Lehre und den von ihr selbst aufgestellten Dogmen.

1.2 Eine überzeugende Rechtfertigung des für solche Erklärungen getriebenen Aufwands könnte nur aus einer gemeinsam geteilten Verbindlichkeit des Resultats kommen. Es erhebt sich die Frage, ob solche Erklärungen nicht an einer unvermeidlichen Ambivalenz, wenn nicht gar Asymmetrie leiden, weil sie für unterschiedliche Konzeptionen von Theologie und kirchlicher Lehre kompatibel sein müssen. Jenseits der möglicherweise gelungenen Übereinkunft in einem theologischen Inhalt bleiben die Fragen, die aus den unterschiedlichen theologischen und kirchlichen Referenzsystemen resultieren, unberührt, was schnell zu einer Überbewertung oder gar illusionären Überforderung des jeweils erreichten Ergebnisses führt. Die unterschiedlichen Zugänge und Rezeptionen haben zu einer spezifischen ökumenischen Formulierungskunst geführt, die mehr den Gesetzen der Diplomatie als denen der sachlichen Klarheit verpflichtet ist[28]. Es wird sich schwerlich bestreiten lassen, dass dies auch in der GER der Fall ist[29].

1.3 Motiv und Zuschnitt der Erklärung laden nur sehr begrenzt zu ökumenischer Erweiterung ein, da sie einerseits vor allem einen lutherisch/römisch-katholischen Konflikt zum Ausgang nimmt, den sie für die Gegenwart neu zu bewerten versucht, und damit zusammenhängend andererseits weitgehend im Rahmen der theologischen Kontroversen und thematischen Gesichtspunkte des 16. Jahrhunderts verharrt, die in dieser Dezidiertheit für einen Großteil der Ökumene – eben auch für das Reformiertentum – nur von überaus vermittelter, wenn überhaupt von Bedeutung sind. Harding Meyer hat zu Recht auf die grundsätzlich bestehende Gefahr hingewiesen, dass sich bilaterale Dialoge schnell von der größeren Ökumene isolieren[30]. Die Erklärung ist nur in einem recht limitierten Sinne eine Klärung der Rechtfertigungstheologie und ihrer theologischen Bedeutung – vielmehr steht die Entschärfung der spätmittelalterlichen Verwerfungen im Blick auf die gegenwärtigen Kirchen im Vordergrund, und die mobilisierte Theologie bleibt strikt im Rahmen dieser Zielperspektive, d. h. sie ist weithin darum bemüht, keine neuen Differenzen entstehen zu lassen. Dabei bleibt bis in die Wortwahl spürbar, dass sich zwei theologische Welten und zwei durch sie geprägte unterschiedliche religiöse Mentalitäten gegenseitig fixieren, um dann möglichst ohne Selbstkompromittierung die

---

28 Vgl. dazu M. Weinrich, Ökumene am Ende? Plädoyer für einen neuen Realismus, Neukirchen-Vluyn 1995, bes. 33ff.
29 Vgl. dazu D. Schellong, a. a. O. E. Volk sieht in der GER „Akte einer kompromiss- und trickreichen Kirchendiplomatie", die als ein „bestürzendes Zeugnis der gegenwärtigen Sprachlosigkeit reformatorischen Christentums" zu werten seien; Ders., Verlust der biblischen Wahrheit. Kritische Anmerkungen zur päpstlich-lutherischen Gemeinsamen Erklärung, in: Homiletisch-liturgisches Korrespondenzblatt 16 (1998/99), Nr. 64, 429–451, 431.
30 H. Meyer, Unity in Faith – Beyond Bilateralism, in: Unity in Faith, a. a. O.

Länge der theologisch gemeinsam begehbaren Strecke zu erproben. Von ihrer Geschichte her und auch in der schließlich gefundenen Gestalt hat die GER keine über ihre tatsächlichen Unterzeichner hinausgehende Ökumene im Blick [31].

2. Die inhaltlichen Bedenken kann ich ebenfalls nur skizzieren und beschränke mich dabei auf fünf Punkte:

2.1 Die GER unterschlägt den gesamtbiblischen Charakter der Rechtfertigungstheologie und erweckt den unzutreffenden und problematischen Anschein, als zeige sich in der Rechtfertigungslehre das Plus des Neuen Testaments gegenüber dem Alten – und damit implizit zugleich der Christen gegenüber den Juden [32]. Dies erstaunt besonders auf dem Hintergrund, dass sich für die beiden beteiligten Kirchen ein durchaus weitreichendes und verbreitetes Problembewusstsein für die Wichtigkeit dieser Themen belegen lässt, das sich aber offenkundig für den fraglichen Problemhorizont nicht mobilisieren ließ. Dies mag im harmlosesten Fall als Symptom für die Unübersichtlichkeit der gegenwärtigen ökumenischen Gesprächslage bewertet werden, kann aber durchaus auch als ein Beleg für die oben angesprochene Wirkungsschwäche – wenn nicht gar Folgenlosigkeit – nicht nur von ökumenischen Erklärungen herangezogen werden. Wenn sich selbst die Protagonisten einzelner Erklärungen durch eine so eklatante Selbstvergessenheit auszeichnen, nimmt es nur wenig wunder, wenn die von ihnen produzierten Erklärungen der Vergessenheit anheim fallen, bevor sie alle Kirchen überhaupt erreicht haben.

2.2 Die GER versäumt es, zwischen der Rechtfertigungsbotschaft und der Rechtfertigungslehre zu unterscheiden [33]. Dabei hätte gerade diese wichtige Unterscheidung eine Gelegenheit für die Betonung der fundamentalen Gemeinsamkeit im Hören der Rechtfertigungsbotschaft geboten, von der unsere theologische Erfassung und „Dogmatisierung" grundsätzlich zu unterscheiden bleibt. Der Glaube gilt der Botschaft von der Rechtfertigung des Gottlosen und nicht der von der Theologie formulierten Lehre von der Rechtfertigung. Selbst ein Artikel, dem wir den Rang zumessen, dass mit ihm die Kirche stehe oder falle [34], kann nicht zum Gegenstand des Glaubens erhoben werden, sondern bleibt im besten Falle eine höchst evidente menschliche Schutzmaßnahme für den Glauben, der als solcher grundsätzlich über unser theologisches Definitionsvermögen

---

31 Vgl. auch P. Bühler, Were the Reformed Overlooked?, in: Reformed World 52 (2002), 38–45, der die GER für Unbeteiligte für unlesbar hält (40f.).
32 Vgl. dazu u. a. die deutlich formulierte Kritik der Lippischen Landessynode vom Juni 1998, die im Anhang dokumentiert ist.
33 Darauf hat insbesondere P. Bühler hingewiesen, a. a. O., 41.
34 WA 40/III, 352, 3f.

hinausgeht[35]. Die Unterscheidung von Botschaft und Lehre hätte auf die prinzipielle Nachrangigkeit unserer theologischen Verstehensbemühungen hingewiesen und damit die unteilbare Vorrangigkeit des Hörens auf die Botschaft als eine wertvolle Gemeinsamkeit herausgestellt, an die wir uns als die entscheidende Basis in unseren ökumenischen Bemühungen immer wieder erinnern lassen müssen.

2.3 Die solitäre Stellung des Rechtfertigungsglaubens bleibt unterbestimmt. Dieser Einwand kommt ja keineswegs nur von der reformierten Seite, so dass die sachlichen Argumente dieses Einwands als weithin bekannt gelten können. Wohlgemerkt wird nicht moniert, dass die Erklärung etwa dem reformatorischen *sola fide* keinen Raum lasse, sondern der Punkt wird erst da getroffen, wo festgestellt wird, dass das von der Erklärung eingeräumte *sola fide* seine charakteristische Brisanz verloren hat, indem es nun auf die Ebene einer Möglichkeit geschoben wird und damit die in ihm liegende Notwendigkeit eingebüßt hat. Das muss jetzt nicht weiter ausgeführt werden.

2.4 Die Reichweite der Bedeutung der Rechtfertigungslehre bleibt unterbestimmt. Die GER lässt sich weithin auf die vom Konzil von Trient vorgenommene Reduktion der reformatorischen Grundeinsicht der vollkommenen Verwiesenheit des Glaubens an die Alleinwirksamkeit des Gnadenhandelns Gottes auf einen begrenzbaren Lehraspekt ein. Der damit gewonnene Vorteil liegt auf der Hand, denn so war es möglich, die schon im Tridentinum belegte unbestrittene Nähe des römisch-katholischen Gnadenverständnisses zu den Voraussetzungen des lutherischen Gnadenverständnisses hervorzuheben[36]. Wenn Michael Beintker im Blick auf die GER von einem „Konsenskorridor" spricht[37], dann macht er darauf aufmerksam, dass die von der Erklärung getroffene Feststellung der Befreiung des gegenwärtigen Rechtfertigungsverständnisses von den tridentinischen Lehrverurteilungen in reformatorischer Perspektive nur für ein

---

35 Vgl. dazu K. Barth: „Der *articulus stantis et cadentis ecclesiae* ist nicht die Rechtfertigungslehre als solche, sondern ihr Grund und ihre Spitze: Das Bekenntnis zu *Jesus Christus*, ‚in welchem alle Schätze der Weisheit und Erkenntnis verborgen liegen' (Kol. 2,3): die Erkenntnis *seines* Seins, *seines* Tuns für uns, an uns und mit uns. Es würde sich wahrscheinlich zeigen lassen, dass im Grunde *das* die Meinung auch *Luthers* gewesen ist" (KD IV/1, 588).

36 O. H. Pesch hat dazu die nötigen Belege aufgearbeitet, auch wenn er dann in seinen Schlussfolgerungen zu weit geht; vgl. Theologie der Rechtfertigung bei Martin Luther und Thomas von Aquin, Mainz 1967.

37 Vgl. M. Beintker, Das Problem der Revidierbarkeit kirchlicher Lehraussagen in ökumenischen Dialogen, in: M. Weinrich (Hg.), Einheit bekennen. Auf der Suche nach ökumenischer Verbindlichkeit, Wuppertal 2002, 49–75, 71.

reduziertes Rechtfertigungsverständnis in Anspruch genommen werden kann. In dem Moment, in dem die reformatorischen Exklusivartikel tatsächlich in ihrer spezifisch exkludierenden Bedeutung verstanden werden, wird der gemeinsame Korridor verlassen, und es ist dann auch weiterhin davon auszugehen, dass ein solches Verständnis unter der tridentinischen Lehrverurteilung steht, die ja nicht etwa zurückgenommen wurde [38].

2.5 Von der Struktur her wiederholt sich das angedeutete Dilemma im Blick auf das in der Erklärung erkennbare Verständnis der Heiligung. Auch hier wird sorgsam darauf geachtet, sich möglichst in dem Korridor der allerdings auch nie bestrittenen Gemeinsamkeiten zu bewegen. Immerhin liegt allein in dem Hinweis auf die unausweichliche Bedeutung der Heiligung eine begründete Mahnung vor allem für die protestantischen Kirchen. In ihrer Explikation ist diese sinnvolle Mahnung allerdings wenig hilfreich, da der Eindruck einer nachträglichen Konditionierung zumindest des Maßes der göttlichen Gnade jedenfalls für die römisch-katholische Interpretation eingeräumt wird. Zum Lobe der Erklärung kann festgestellt werden, dass dieses Desiderat im Unterschied zu anderen wenigstens offenkundig ist, so dass es eben auch als ein Hinweis darauf verstanden werden kann, dass es in dieser Frage noch zu keiner ausreichenden Annäherung gekommen ist.

4. Rechtfertigungslehre heute

In der ‚Gemeinsamen offiziellen Feststellung des Lutherischen Weltbundes und der Katholischen Kirche vom 11. Juni 1999' heißt es: „Lutheraner und Katholiken werden ihre Bemühungen ökumenisch fortsetzen, um in ihrem gemeinsamen Zeugnis die Rechtfertigungslehre in einer für den Menschen in unserer Zeit relevanten Sprache auszulegen, unter Berücksichtigung der individuellen und sozialen Anliegen unserer Zeit." Auf der bereits erwähnten Konsultation in Columbus hat sich gezeigt, dass diese Absichtserklärung für die Reformierten das zentrale Motiv für ein eigenes Engagement in dem weiteren Diskussionsprozess ist. Dabei bleibt entschieden davon auszugehen, dass es nicht nur um einen pädagogisch zu gestaltenden Prozess geht, nun auch den Nichttheologen die Rechtfertigungslehre verständlich zu erklären. Vielmehr muss sich auch die Theologie selbst wieder ganz neu darüber Rechenschaft ablegen, wie heute angemessen von der Rechtfertigung des Gottlosen gesprochen werden kann.

---

38 In der italienischen Zeitung „30 giorni" geht Kardinal Ratzinger sogar noch deutlich weiter, wenn er feststellt, dass sich die Lutheraner in der GER darauf eingelassen hätten, das Tridentinum als Maßstab anzuerkennen; vgl. H. Schmoll, Luthers Grundaussagen aufgegeben, in: FAZ, 29.07.1999.

Es kann durchaus die Frage gestellt werden, ob nicht manch einer derjenigen, die vor der Unterzeichnung der GER so lautstark die unverfälschte reformatorische Lehre eingeklagt haben, seinerseits bereits ein Verständnis von Rechtfertigung vertritt, dass nur noch höchst vermittelt mit dem des 16. Jahrhunderts in Kontakt steht. Das wäre im Übrigen weder überraschend noch prinzipiell anrüchig, da die Geschichte und somit das Lebensgefühl und Selbstbewusstsein des Menschen nicht einfach stehen geblieben sind, so dass das, was damals gesagt wurde, heute anders verstanden wird. Soll also dasselbe gesagt werden, was etwa die Reformatoren gesagt haben, muss es unweigerlich heute anders gesagt werden, damit es in dem Sinne verstanden werden kann, wie es seinerzeit verstanden wurde. Die schlichte Übereinstimmung im Wortlaut greift hier allemal zu kurz. Und so stehen wir vor der keineswegs einfach zu lösenden Aufgabe, den sachlichen Konflikt und seine Reichweite sowohl historisch als auch systematisch grundständig rekonstruieren zu müssen. Andernfalls laufen wir Gefahr, dass sich Veränderungen und Problemverschiebungen einschleichen, die unbemerkt unter dem Etikett der Rechtfertigungslehre etwas durchaus anderes anvisieren als die Reformatoren im Blick hatten.

Bekanntlich hat der Lutherische Weltbund selbst bereits auf seiner Vollversammlung 1963 in Helsinki die noch weitergehende Frage aufgeworfen, ob sich die reformatorische Frage nach einem gnädigen Gott nicht längst radikalisiert habe zu der Frage nach der Existenz Gottes und nach dem Sinn des Lebens [39]. Es stellt sich freilich das schwierige Problem, das unser ganzes theologisches Engagement verdient, ob die modernen Fragen nun einfach als die rechtmäßigen Nachfolger der Rechtfertigungslehre angesehen werden können, oder ob es sich nicht doch um neue und andersartige Fragen handelt. Was wird beispielsweise in diesen modernen Fragen aus den für die Reformatoren essenziellen Gedanken der aussichtslosen Sündenverstricktheit des Menschen und Unfreiheit seines Willens, sich der Gnade Gottes entgegenstrecken zu können? Was wird aus dem ins Zentrum gestellten Kreuz Christi und der durch die Gnade bewirkten radikalen Sündenerkenntnis? Ist der juridische Referenzrahmen der Rechtfertigungslehre des 16. Jahrhunderts (einschließlich der selbstverständlich vorausge-

---

39 „Der Mensch von heute fragt nicht mehr: Wie kriege ich einen gnädigen Gott? Er fragt radikaler, elementarer, er fragt nach Gott schlechthin: Wo bist Du, Gott? Er leidet nicht mehr unter dem Zorn Gottes, sondern unter dem Eindruck von Gottes Abwesenheit; er leidet nicht mehr unter seiner Sünde, sondern unter der Sinnlosigkeit seines Daseins; er fragt nicht mehr nach dem gnädigen Gott, sondern ob Gott wirklich ist." (Helsinki 1963. Beiträge zum Gespräch des Lutherischen Weltbundes, im Auftrage des deutschen Nationalkomitees des Lutherischen Weltbundes hg. v. E. Wilkens, Berlin/Hamburg 1964, 456.

setzten Erwartung des Gerichtes Gottes) für ihr Verständnis essenziell oder arbiträr?

Die Verschiebung auf die Sinnfrage benennt nur den ersten Schritt in einem weiterreichenden Transformationsprozess, der seinen Entdeckungshorizont vor allem im 19. Jahrhundert und den seinerzeit diskutierten philosophischen Herausforderungen hat. Das 20. Jahrhundert ist dann noch einen bedeutsamen Schritt weitergegangen. Es sind hier vor allem die psychologisch artikulierten Zweifel an der Möglichkeit eines allgemein verbindlichen Wahrheitsverständnisses, die nun auch die Sinnfrage einer folgenreichen Individualisierung unterworfen haben. Aus der Sinnfrage ist weithin die Frage nach der eigenen Identität geworden [40]. Diese psychologisch motivierte Frage rückt regelmäßig in das Zentrum der Aufmerksamkeit, wenn es gilt, die Bedeutung der Rechtfertigungslehre für heute zu erklären [41]. Man muss gar nicht von den offenkundigen Versimpelungen sprechen, die den Kern der Rechtfertigungsbotschaft darin sehen, dass Gott jeden Menschen angenommen habe so wie er nun einmal sei. Solche Selbstbekräftigungen werden in säkularisierter Gestalt in jeder ordentlichen psychotherapeutischen Praxis ausgesprochen und haben dort auch sicherlich ihre heilsame Funktion. In theologischem Gebrauch aber handelt es sich um das, was Bonhoeffer die „Gnade als Prinzip" genannt und als solche mit dem Vorwurf der „billigen Gnade" belegt hat – „Gnade als Schleuderware" [42]. Im Zentrum der Rechtfertigungsbotschaft aber steht, dass ich durch den Blick auf Christus meiner selbst entzogen werde und eben in Christus auf die Füße gestellt werde [43]. Gewiss gibt es eine gangbare Brücke von der Rechtfertigungslehre zur Frage nach der Identität des Menschen, aber die Theologie kann sich diese nicht einfach von den Psychologen bauen lassen.

Es geht mir weder um die Tabuisierung neuer inhaltlicher Herausforderungen im Blick auf ein zeitgenössisch angemessenes Verständnis der Rechtfertigungsbotschaft noch um irgendwelche Berührungsängste mit

---

40 Vgl. auch zum Folgenden M. Weinrich, On the Way into Psychology. On a Modern Change in the Understanding of Justification, in: Chr. Lienemann-Perrin / H. M. Vroom / M. Weinrich (Hg.), Contextuality in Reformed Europe. The Mission of the Church in the Transformation of European Culture, Amsterdam/New York (N.Y.) 2004, 225–240.

41 Vgl. jetzt auch W. Gräb, Vernünftig – Zeitgemäß – Existentiell, in: W. Huber (Hg.), Was ist gute Theologie?, Stuttgart 2004, 11–26, 19ff.

42 Vgl. D. Bonhoeffer, Nachfolge, hg. v. M. Kuske und I. Tödt (DBW Bd. 4), München 1989, 30.

43 Vgl. G. Sauter, Rechtfertigung VII, in: TRE 28, Berlin/New York 1997, 352–364, 362f.

der Psychologie, wohl aber um die theologische Sorgfalt, in der diese Herausforderungen von der biblischen und der theologischen Tradition aus wahrgenommen werden. Es kann schlechterdings nicht ausreichend sein, die Plausibilitätsbedingungen für theologische Aussagen einfach der jeweiligen geschichtlichen Zeit zu überlassen. Auch Luther hat ausdrücklich darauf hingewiesen, dass die Rechtfertigungslehre entschieden nicht den Erklärungsbedürfnissen des Zeitgenossen folgt[44], und Gerhard Sauter verweist zu Recht auf den unanschaulichen Charakter der Rechtfertigungslehre, der nicht einfach anschlussfähig ist an den Erfahrungs- und Erwartungshorizont einer gegebenen zeitgenössischen Gesprächslage[45]. Vielmehr bleibt es die Aufgabe der Theologie, den von der christlichen Botschaft ausgehenden Fragen und Herausforderungen zu einer möglichst verständlichen Ausdrucksgestalt zu verhelfen. Im Blick auf die Rechtfertigungslehre stehen wir auch nach der GER noch ganz am Anfang des gebotenen Klärungsprozesses über die Bedeutung und Reichweite der in ihr liegenden inhaltlichen Brisanz.

5. Gegenwärtige Herausforderungen

Für diesen abschließenden Abschnitt fällt die Auswahl aus den vielen möglichen Themen besonders schwer. Relativ willkürlich konzentriere ich mich auf zwei sehr verschiedene Bereiche, die aber beide in besonderer Weise mit der reformierten Tradition verbunden sind, was ja nicht ausschließt, dass sie auch in anderen Traditionen eine vergleichbare Bedeutung haben mögen.

5.1 Die fundamentale Bedeutung der Offenbarungsfrage

Neben einer eingehenden Prüfung der Ausdrucksmöglichkeiten eines angemessenen zeitgenössischen Rechtfertigungsverständnisses ist es in der

---

44 Luther war davon überzeugt, dass sich die Rechtfertigungslehre kaum zur christlichen Apologetik eignet, trägt sie doch alles andere als eine wohlgefällige und unmittelbar eingehende Erkenntnis vor. Ihr Problem lässt sich im Unterschied zur Sinnfrage oder dem Identitätsproblem wohl kaum einfach als das Problem eines jeden Menschen beschreiben, tritt sie doch dem Selbstbehauptungsbedürfnis des Menschen radikal entgegen, so dass sie eher befremdet als willkommen geheißen wird. Vgl. dazu die nach wie vor überaus ergiebige Darstellung von H. J. Iwand, Glaubensgerechtigkeit nach Luthers Lehre (TEH 75), München 1941 und in: H. J. Iwand, Glaubensgerechtigkeit. Gesammelte Aufsätze II, hg. v. G. Sauter (TB 64), München 1980, 11–125.
45 Vgl. G. Sauter, Rechtfertigung IV, in: TRE 28, Berlin/New York 1997, 315–328, 319.

Tat notwendig, nüchtern auch der Frage näher zu treten, ob die Rechtfertigungslehre noch ohne weiteres im Zentrum einer verantwortlichen Verkündigung des christlichen Glaubens stehen kann. Jedenfalls wäre es redlicher, sich möglicherweise an dieser Stelle die Notwendigkeit einer Umorientierung einzugestehen als künstlich den Anschein zu erwecken, als ließe sich allen Herausforderungen mehr oder weniger selbstverständlich mit dem Argumentationspotenzial der Rechtfertigungslehre begegnen [46].

Aus meiner Sicht wird zumindest einzugestehen sein, dass heute die Rechtfertigungsproblematik in einen deutlich erweiterten Problemhorizont eingebettet ist, ohne dessen Wahrnehmung sie sich kaum angemessen zur Sprache bringen lassen wird. Es besteht nicht nur die von den Reformatoren beklagte und dann durch die Rechtfertigungslehre überwundene Ungewissheit hinsichtlich der Gnade und Gerechtigkeit Gottes, sondern es sind bereits das Inscheinungtreten Gottes und somit seine Präsenz, die überaus kontrovers wahrgenommen und erörtert werden. Wir reden jetzt wohlgemerkt nicht von dem wachsenden Teil unserer Bevölkerung, die den Kirchen den Rücken gekehrt haben – das wäre ein eigenes Thema. Auch innerhalb der Kirche wird um die Erkennbarkeit und die Wirksamkeit der Wirklichkeit Gottes gerungen. Einerseits besteht die Gefahr, dass Gott sich zu einer universalen Hintergrundsgröße verflüchtigt, die in deistischer Manier ausschließlich für Letztbegründungsfragen von Bedeutung ist, aber mit dem alltäglichen Leben nicht tatsächlich etwas zu tun hat, und andererseits besteht die genau entgegengesetzte Gefahr, dass Gott mit dem Innersten des menschlichen Individuum verrechnet und als der im Menschen liegende göttliche Kern seiner unvergleichlichen Individualität angesehen wird [47]. Zwischen diesen beiden Extrempositionen lassen sich unterschiedliche Varianten nennen, in denen mehr oder weniger alle Vorstellungsmöglichkeiten durchgespielt werden.

Wenn Karl Barth immer wieder unterstrichen hat, dass die fundamentale Herausforderung der Theologie in einer klaren Bestimmung dessen bestehe, was theologisch unter Offenbarung zu verstehen sei – es ist kein

---

46 Es ist Ausdruck einer solchen nüchternen Ehrlichkeit, wenn etwa Wolfhart Pannenberg den für die Rechtfertigungslehre kennzeichnenden juridischen Verständigungshorizont heute für unzugänglich erklärt und an seine Stelle die Frage nach der Universalität des Sinns getreten sieht (so schon in seinen „Thesen zur Theologie der Kirche", München 1970, 31). Man muss nicht inhaltlich seinem Vorschlag zustimmen, wenn man das Recht seiner Frage verteidigt.

47 Vgl. dazu M. Welker, Subjektivistischer Glaube als religiöse Falle, in: EvTh 64, 2004, 239–248.

Zufall, dass seine Dogmatik damit beginnt[48] –, dann griff er genau das angesprochene Problem auf. Es war ja nicht so, dass es zu dieser Zeit keine Vorstellung von Offenbarung gegeben hat – vielmehr war es umgekehrt: Die theologische Debatte des 19. Jahrhundert war mit Offenbarungsdiskursen angefüllt[49]. Die Frage war vielmehr, was theologisch rechtmäßig als Offenbarung angesehen werden kann und was eben nicht. Es geht um eine möglichst präzise Benennung der theologischen Erkenntnisquelle und den angemessenen Umgang mit ihr. Von allen Seiten werden wir gleichsam von Offenbarungsofferten umgeben, aber es ist nicht die Aufgabe der Theologie, diesem reichhaltigen Angebot zu folgen und dieses für die Gemeinde aufzubereiten. Der dann von Barth vorgetragene Vorschlag einer Wort-Gottes-Theologie in christologischer Konzentration – wie sie etwa in der heute so unterschiedlich bewerteten ersten Barmer These deutlich zum Ausdruck kommt – ist vor allem als eine Antwort auf das Offenbarungsdilemma der Theologie im 19. und 20. Jahrhundert zu verstehen. Ohne Vertrauen in das in Jesus Christus geoffenbarte und von der Bibel bezeugte Wort Gottes bleibt die Theologie kriterienlos den mehr oder weniger zufälligen Neigungen des glatten Parketts geschichtlich kontingenter Offenbarungsvisionen ausgeliefert[50]. Mit den Reformatoren reklamiert Barth gegen die mehr oder weniger zufällig floatierenden Sympathien des jeweiligen Gegenwartsbewusstseins die fundamentale Angewiesenheit der Theologie auf den lebendigen Christus, wie er von der Bibel bezeugt werde. Hier wird auch deutlich, dass Barth die Rechtfertigungs- bzw. Versöhnungslehre nicht durch den Hinweis auf die Offenbarungsproblematik devaluieren will. Vielmehr macht er auf den erweiterten Wahrnehmungshorizont aufmerksam, in dem die Rechtfertigungslehre situiert ist und von dem aus sie allein die notwendige Eindeutigkeit bekommen kann, die um der Gewissheit des Glaubens willen erforderlich ist[51].

---

48 Barth erörtert genau an der Stelle der Dogmatik das Problem der Offenbarung, wo in den meisten Dogmatiken bzw. systematischen Theologien in dieser Zeit Reflexionen über die Religion des Menschen zu finden waren.

49 Vgl. dazu P. Eicher, Offenbarung. Prinzip neuzeitlicher Theologie, München 1977.

50 Besonders in seiner Auseinandersetzung mit der Theologie der Deutschen Christen hat dies für Barth eine entscheidende Rolle gespielt; vgl. dazu M. Weinrich, Karl Barths Kampf gegen die religiöse Versuchung des Nationalsozialismus. Von der bescheidenen Kompromisslosigkeit der Theologie, in: R. Faber / G. Palmer (Hg.), Der Protestantismus – Ideologie, Konfession oder Kultur?, Würzburg 2003, 123–145.

51 Ähnlich wurde dies von H. J. Iwand eingeschätzt: „Was für die Reformation die Frage nach der Rechtfertigung war, scheint heute für uns die Lehre von der Offenbarung werden zu sollen. Oder, etwas vorsichtiger gesagt: Erst wenn wir wissen,

Es geht also nicht darum, die Rechtfertigungslehre durch ein anderes Theologumenon zu ersetzen, wohl aber darum wahrzunehmen, dass sich die theologische Gesprächssituation seit dem 16. Jahrhundert deutlich verändert hat. Die Bedingungen, unter denen die Rechtfertigungslehre ihre Gültigkeit beanspruchen kann, können heute nicht mehr einfach als gegeben gelten, sondern bedürfen einer eigenen sorgfältigen und begründeten Benennung. Das Problem hat sich in gewisser Weise weiter nach außen verlagert; die Hürde ist weniger die Lehre von der Rechtfertigung des Gottlosen, sondern liegt im Grunde bereits vor dem Kommunikationsraum, in dem sich angemessen über die Rechtfertigungslehre debattieren lässt. Oder anders gesagt: Der Einstieg in die Rechtfertigungslehre liegt nicht mehr allein in ihr selbst, sondern in der fundierten Benennung der besonderen Bedingungen, auf denen sie gründet.

5.2 Dogmatik und Ethik

Es sind vor allem die Kirchen aus dem Süden, die uns unablässig an das unauflösliche Implikatverhältnis von Rechtfertigung und Heiligung erinnern. Nimmt man ihre Anfrage ernst, dann werden wir wahrzunehmen haben, dass sie nicht darauf zielt, neben der Dogmatik eine deutlichere Betonung der Ethik zu etablieren. Vielmehr wird eben diese Aufteilung in Dogmatik und Ethik als problematisch angegriffen. Der südafrikanische Theologe Russel Botman hat auf der Konsultation in Columbus diesen Punkt pointiert herausgehoben. Ich zitiere in eigener Übersetzung: „Für Menschen, die täglich durch Armut, Gewalt und Unterdrückung vom Tod bedroht sind, ist es ein Skandal, wenn wir die Diskussion über das Verhältnis von Rechtfertigung und Gerechtigkeit hintanstellen, um Letztere lediglich als einen Gegenstand ethischer Anwendung zu behandeln. ... Die Absonderung der Lehre von der Ethik in der GER zerbricht schließlich deren Beziehung. ... [Für den Reformierten Weltbund ist] die Bestätigung einer Lehrerklärung, die auf die lehrmäßige Verbindung von Gerechtigkeit und Rechtfertigung verzichtet, ein Verrat an allem, was die Christenheit über Rechtfertigung nach Auschwitz und der Apartheid gelernt hat."[52]

Was Botman hier anspricht, ist die unauflösliche Implikatstruktur von Dogmatik und Ethik. Die Dogmatik ist immer bereits Ethik, und christli-

---

was es mit dem Wort Gottes auf sich hat, werden wir auch die Rechtfertigung und die Heiligung, werden wir die ganze Lehre von der Versöhnung neu verstehen." Der Prinzipienstreit innerhalb der protestantischen Theologie, in: Um den rechten Glauben. Gesammelte Aufsätze I, München 1959, 222–246, 231.
52 R. Botman, Should the Reformed Join in?, in: Reformed World 52 (2002), 12–17, 15.

che Ethik ist in ihrer Substanz Dogmatik. Oder in der Terminologie der Rechtfertigungslehre gesprochen: Geglaubte Rechtfertigung ist bereits Heiligung. Die Trennung zwischen Rechtfertigung und Heiligung steht nur insofern im Recht, als die Rechtfertigung nicht in uns, sondern in Christus geschieht, und die Heiligung hat es eben mit uns zu tun. In dem Moment aber, wo es um den Glauben geht, d.h. in dem Moment, wo der zum Glauben an die Rechtfertigung ‚erweckte' Mensch ins Spiel kommt, ist sofort auch die Heiligung auf dem Plan, denn es ist ja gerade dieser Glaube an die in Christus vollzogene Rechtfertigung, der uns heiligt. Deshalb wird auch die Heiligung als Werk des Heiligen Geistes angesehen. Der Glaube ist niemals zureichend beschrieben als Erkenntnis im Sinne einer intellektuellen Zurkenntnisnahme, sondern er ist eine existenzielle Bestimmung, eine gelebte Beziehung und somit ein den Menschen ganzheitlich treffender Vollzug.

Das entscheidende Problem, das ich an dieser Stelle sehe, besteht weniger darin, dass ich etwa den von Botman in sachlicher Nähe zur zweiten Barmer These stehenden systematischen Grundentscheidungen nicht folgen könnte, sondern in der Art und Weise, wie diese schließlich konkret zur Geltung gebracht werden. Wir alle kennen den eifrigen Resolutionen-Ökumenismus mit Selbstverpflichtungen, Partnerschaften und Bundesschlüssen. Die von hier ausgehende Verlegenheit besteht schlicht in der Richtigkeit der vorgetragenen Einsichten und Optionen. Es kann an dieser Stelle nicht darum gehen, eine schlüssige Lösung für das markierte Problem anzubieten. Vielmehr geht es zunächst einmal um die Anmeldung dieses Tagesordnungspunktes für die weitere Agenda der Diskussion um die Rechtfertigungslehre.

Damit bin ich am Schluss meines Beitrags, den ich gar nicht erst begonnen hätte, wenn nicht auch auf der reformierten Seite hohe Erwartungen und Hoffnungen mit der Fortführung des begonnenen Verständigungsprozesses verbunden wären. Wie der Anfang im Einzelnen auch bewertet werden mag, es liegt auch in unserer Hand, für eine gedeihliche Fortführung vor allem zur Ehre Gottes, aber auch zur Erneuerung unserer Kirchen einzutreten.

Anhang 1:

Erklärung der Lippischen Landessynode zur Gemeinsamen Erklärung zur Rechtfertigungslehre

1.

Wir stellen dankbar fest, dass mit der Gemeinsamen Erklärung (GER) die Frage nach der Rechtfertigung des Sünders wiederum ins Zentrum der theologischen Diskussion, der Vergewisserung des Glaubens, des Ringens um Klarheit und Wahrheit bei der Frage, was den Menschen im Leben und im Sterben trägt, gerückt ist. *„Die Rechtfertigung des Sünders allein durch den Glauben ist nach evangelischer Lehre die grundlegende Wirklichkeit des Lebens der Christen wie der Kirche. Von ihr aus sind Lehre, Ordnung und Praxis der Kirche zu bestimmen und zu beurteilen. In der GER kann es folglich nicht nur um einen Einzelaspekt der Theologie gehen, vielmehr geht es um das Grundlegende und Ganze, um den Artikel, von dem man nichts weichen oder nachgeben kann (Luther, Schmalkaldische Artikel), mit dem die Kirche steht und fällt"* (Votum der Hochschullehrer zur GER, Januar 1998). In der Frage nach der Rechtfertigung, in theologischer Diskussion und Verkündigung verschränken sich die Fragen der rechten Lehre und des verantwortlichen Lebens. *„Dauerhafte ökumenische Fortschritte – darin ist dem Anliegen der GER uneingeschränkt zuzustimmen – lassen sich nur erzielen, wenn Lehrdifferenzen ernst genommen, also entweder ausgeräumt oder bewusst und selbstkritisch ausgehalten werden ..."* Die Reformation hat festgestellt, *„dass nach dem Zeugnis der Schrift der gottlose Mensch nicht durch kirchlich vermittelte sakramentale Gnadengaben, sondern allein im Glauben, der sich allein Gottes Wort verdankt, in Gottes Heilshandeln in Jesus Christus einbezogen und so zu einem Gott wohlgefälligen, freien Leben mit Gott und für die Nächsten fähig wird. Um diese unableitbare und unerzwingbare Freiheit christlichen Lebens geht es in der Rechtfertigungslehre. Deshalb ist sie kein theologisches Glasperlenspiel, sondern hat es mit den konkreten Lebensproblemen zu tun, an denen Menschen innerhalb und außerhalb der Kirche heute leiden"* (Ingolf Dalferth).

2.

Wir bedauern, dass durch den vom Lutherischen Weltbund vorgegebenen Terminplan die notwendigen, ergiebigen, zur Klarheit hilfreichen Gespräche unter Zeitdruck geführt werden müssen. Hier wird die Chance zum ökumenischen Lernen und theologischen Gespräch in all seiner Dichte und Breite weithin verschenkt. Das notwendige Gespräch wäre intensiv auf allen Ebenen der Kirche, in Gemeinden und Kirchenvorständen, in Seminaren und Synoden, zwischen den Menschen unserer Kirche und über die Grenzen unserer Kirche im interkonfessionellen Dialog zu führen. Wir bedauern es, dass die Fassung vom Februar 1997 als „endgültige Fassung" präsentiert wird. Wir bedauern es auch, dass der Lutherische Weltbund die Frage nach der Rechtfertigung nicht von Anfang an auf der evangelischen Seite auf breiter Basis geführt hat. Warum hat der Lutherische Weltbund die protestantischen Partner nicht von Anfang an und unmittelbar an den Gesprächen beteiligt? Warum ist etwa der Reformierte Weltbund nicht frühzeitig in die Gespräche einbezogen worden? Hätte das Jahr 1998 mit der hier nahe liegenden Erinnerung an den 50-jährigen Weg der ökumenischen Bewegung in diesem Jahrhundert nicht Anlass sein können, die Frage in einem breiten ökumenischen Kontext zu diskutieren? In großer Dankbarkeit erlebt unsere Kirche das tiefe Miteinander zwischen Kirchen verschiedener konfessioneller Prägung, das in der Leuenberger Kirchengemeinschaft gewachsen ist.

3.

Positiv würdigen wir die Bedeutung der gemeinsam getragenen Aussagen der GER. *„Darin wird übereinstimmend festgestellt,*
– *dass die Rechtfertigung allein aus Gnade geschieht und der Mensch unfähig ist ‚mit eigener Kraft sein Heil zu erreichen' (Nr. 19),*
– *dass Sündenvergebung und Heiligung im Worte Gottes und also auch im Leben der Gerechtfertigten zusammengehören (Nr. 22),*
– *dass der Gerechtfertigte, der ‚andrängenden Macht und dem Zugriff der Sünde nicht entzogen ist' (Nr. 28),*
– *dass durch Christus ‚das Gesetz ... als Weg zum Heil überwunden' ist, aber die ‚Gebote Gottes für den Gerechtfertigten in Geltung bleiben' (Nr. 31),*
– *dass die Gläubigen durch Christus der Gnade Gottes auch in Schwachheit und Anfechtung ‚gewiss sein' dürfen (Nr. 34) und*
– *dass die guten Werke ‚der Rechtfertigung folgen und Früchte der Rechtfertigung sind' (Nr. 37)."*
(Theologischer Ausschuss der Arnoldshainer Konferenz)

4.

Wir bedauern, dass in der Gemeinsamen Erklärung das Alte Testament nur als dunkler Hintergrund für die Botschaft des Neuen Testamentes wahrgenommen wird. Es wird nicht aufgenommen, dass das Evangelium von der Rechtfertigung des Sünders auch im Alten Testament klar bezeugt wird (vgl. auch Erläuterungen B VI f). Die bewusste und unverzichtbare Einbettung der Rechtfertigungslehre in den größeren Zusammenhang der Bundesgeschichte Gottes mit seinem Volk kann zugleich die angemessene Konzentration auf die Rechtfertigungslehre als Mitte und Kriterium wahrer Lehre vor individualistischer Engführung bewahren.

Wir halten fest, dass der „Konsens in Grundwahrheiten der Rechtfertigungslehre" (40) noch nicht überzeugend formuliert ist.

So ist die nach evangelischem Verständnis zentrale Korrespondenz des sola gratia, des sola fide, des solo verbo nicht festgehalten, sondern zugunsten des isolierten sola gratia entfaltet, dessen Bedeutung zwischen den Kirchen niemals strittig gewesen ist. So ist die von den Reformatoren gemeinsam bezeugte, ganz unvergleichlich zentrale, alles entscheidende Bedeutung des Kriteriums Rechtfertigungslehre (vgl. auch Calvin, Institutio III, 11, 1) ganz unvermittelt mit der Aussage verbunden worden, dass Katholiken „sich von mehreren Kriterien in Pflicht genommen sehen" (18).

„Das gemeinsame Bekenntnis zu den guten Werken der Gerechtfertigten wird dadurch wieder in Frage gestellt, dass die katholische Seite eine Auffassung wiederholt, die nach der Konkordienformel ausdrücklich verworfen wird, nämlich, dass ‚die guten Werke' so ‚zu einem Wachstum in der Gnade' beitragen, ‚dass die von Gott empfangene Gerechtigkeit bewahrt und die Gemeinschaft mit Christus vertieft werden' (Nr. 38; FC, SD IV, 3). Hier wäre eine Hermeneutik angemessener gewesen, die solche Formulierungen der Vergessenheit anheim gibt" (Ausschuss der Arnoldshainer Konferenz).

Die Frage, welche Konsequenzen für das Miteinander der Kirchen aus solcher Annäherung – folgt man der GER: aus solchem Konsens – zu ziehen wären, wird von der GER unbefriedigend beantwortet.

5.

In der Lippischen Landeskirche halten wir dankbar fest, dass es im Miteinander zwischen katholischen Christen und evangelischen Christen, dass es in den Beziehungen zwischen der katholischen Kirche und unserer Landeskirche beglückende Fortschritte gegeben hat, dass Annäherung und Nähe vielfältig erlebt werden. Wir erklären weiterhin, dass das evangelische Abendmahl offen ist für katholische Mitchristen. Wir erbitten weiterhin, dass auch die katholische Kirche sich noch deutlicher für ökumenische Gottesdienste öffnet und die Gemeinschaft am Tisch des Herrn ermöglichen möge.

6.

Die Präsentation der GER an seine Gliedkirchen verbindet der Lutherische Weltbund mit einer einzigen Frage: *„Akzeptiert Ihre Kirche die in § 40 und § 41 der Gemeinsamen Erklärung zur Rechtfertigungslehre erreichten Ergebnisse und bejaht somit, dass aufgrund der Übereinstimmung über das grundlegende Verständnis und die grundlegende Wahrheit unserer Rechtfertigung in Christus, welche die Gemeinsame Erklärung bezeugt, die Lehrverurteilungen der lutherischen Bekenntnisschriften hinsichtlich der Rechtfertigung die Lehre der römisch-katholischen Kirche über die Rechtfertigung, wie sie in der GER dargestellt ist, nicht mehr treffen?"* Hierzu erklären wir: Die Lippische Landeskirche beschließt nach Beratungen im deutschen Nationalkomitee des Lutherischen Weltbundes und in Abstimmung mit der Arnoldshainer Konferenz:

1. Wir sind dankbar für den Willen und die Kraft zu gemeinsamer theologischer Arbeit, die sich in dem Bemühen um die GER finden. Der Ertrag dieser Arbeit, der in breiter gemeinsam formulierter Erkenntnis und Übereinstimmung seinen Niederschlag gefunden hat, beeindruckt.
2. Aufgrund der in der GER zur Rechtfertigungslehre enthaltenen Darstellungen der römisch-katholischen Rechtfertigungslehre stellen wir fest: Die in den Bekenntnisschriften der evangelisch-lutherischen Kirche enthaltenen Verurteilungen der Rechtfertigungslehre der römisch-katholischen Kirche treffen deren Lehre, wie sie in der Gemeinsamen Erklärung zur Rechtfertigungslehre dargestellt ist, nicht. Diese Feststellung gilt vor dem Hintergrund der Klarstellungen, die in den „Erläuterungen zum Beschluss", die dem Lutherischen Weltbund durch das deutsche Nationalkomitee des Lutherischen Weltbundes vorgelegt werden, enthalten sind.

Wir halten fest, dass die in unserer Landeskirche in ihrer Gültigkeit besondere Beachtung findenden reformatorischen Bekenntnisschriften keine Verwerfungen der Rechtfertigungslehre der römisch-katholischen Kirche enthalten[53].

---

53 Die für die lutherischen Gemeinden in dieser Hinsicht gültige Lippe-Spiegelberg-Pyrmontische Kirchenordnung von 1571 bezieht sich hier auf die CA mit Apologie, die Schmalkaldischen Artikel und den Kleinen Katechismus Martin Luthers. Die für die reformierten Gemeinden in Bekenntnisfragen gültige Kirchenordnung von 1684 vermeidet eine nähere Präzisierung der reformierten Bekenntnisschriften.

3. Die Darlegung der römisch-katholischen und der lutherischen Lehre in der GER bietet vielfältige und gute Ausgangspunkte für die ökumenische Weiterarbeit auf dem Weg zu dem Konsens, der volle Kirchengemeinschaft ermöglicht.

[aus: Dokumentation der Achten Tagung der 31. ordentlichen Landessynode der Lippischen Landeskirche, 8./9. Juni 1998, S. 21–24]

Anhang 2:

Beschluss der Evangelisch-reformierten Kirche zur „Gemeinsamen Erklärung zur Rechfertigungslehre"

Die Gesamtsynode nimmt die „Gemeinsame Erklärung zur Rechtfertigungslehre" sowie die „Gemeinsame Offizielle Feststellung" (die am 31. Oktober 1999 in Augsburg unterzeichnet wurde) zur Kenntnis.

Die Gesamtsynode stellt fest, dass die „Gemeinsame Erklärung" nicht nur die lutherischen Kirchen innerhalb der Evangelischen Kirche in Deutschland betrifft, sondern Bedeutung hat für alle Gliedkirchen der EKD und für die in der Leuenberger Kirchengemeinschaft verbundenen Kirchen, also auch für die Evangelisch-reformierte Kirche (Synode evangelisch-reformierter Kirchen in Bayern und Nordwestdeutschland).

Die Gesamtsynode sieht in der „Gemeinsamen Erklärung"
— eine Annäherung zwischen den reformierten Kirchen und der römisch-katholischen Kirche im Verständnis von der Rechtfertigung des Menschen allein aus Gnade und allein durch Glauben, dem Herzstück der christlichen Lehre;
— die Aufhebung der Verwerfungen und Lehrverurteilungen des 16. Jahrhunderts;
— die Möglichkeit, gemeinsam (in versöhnter Verschiedenheit) die Botschaft von der frei machenden Gnade Gottes zu verkündigen, und
— einen bedeutsamen Schritt auf dem Weg zu mehr Kirchengemeinschaft.

Die Gesamtsynode unterstützt die „Erklärung" des Rates der EKD, des Vorstandes der Arnoldshainer Konferenz und der Kirchenleitungen der Vereinigten Evangelisch-Lutherischen Kirche Deutschlands (VELKD) zur lutherisch-katholischen Verständigung in Fragen der Rechtfertigungslehre (vgl. Anlage 1 [hier nicht abgedruckt]).

Mit dem Vorsitzenden des Rates der EKD stellt die Gesamtsynode fest, dass die während der Verhandlungen zur „Gemeinsamen Erklärung" laut gewordenen Fragen, kritischen Äußerungen und Anregungen „für die Weiterarbeit an den nach wie vor strittigen Themen nutzbar gemacht werden" müssen und dass „der weitere Dialog zwischen den reformatorischen Kirchen und der römisch-katholischen Kirche" danach streben muss, „dass sich die beteiligten Kirchen gegenseitig als Kirche Jesu Christi anerkennen".

Die Gesamtsynode ist der Meinung, dass ein solcher Dialog nicht nur auf akademischer Ebene, nicht nur in Zirkeln von Wissenschaftlern und Kirchenleitenden geführt werden darf. Für sehr wichtig hält sie die Beteiligung der Gemeinden an diesem Gespräch. So wird der Versuch eher gelingen, in verständlicher Sprache deutlich zu machen, wo wir uns näher gekommen sind und worum es geht, wenn von der „Rechtfertigung des Gottlosen" die Rede ist. Es wird auch noch deutlicher werden, was uns unterscheidet, ja trennt, und warum die römisch-katholische Kirche die Voraussetzungen, wonach Protestanten und Katholiken gemeinsam am Tisch des Herrn Platz nehmen können, für noch nicht gegeben ansieht.

Im Übrigen macht sich die Gesamtsynode die Stellungnahme des Konsynodalen Professor Dr. Eberhard Busch als hilfreichen Diskussionsbeitrag zu Eigen, den dieser im Auftrag des Moderamens der Gesamtsynode und nach einer Diskussion im Theologischen Ausschuss der Evangelisch-reformierten Kirche (Synode evangelisch-reformierter Kirchen in Bayern und Nordwestdeutschland) verfasst hat (vgl. Anlage 2 [im Folgenden abgedruckt]).

Votum zur Gemeinsamen Erklärung des Lutherischen Weltbundes und des Päpstlichen Rates zur Förderung der Einheit der Christen zur Rechtfertigungslehre

Die zwischen dem Lutherischen Wettbund und dem Vatikan ausgehandelte und am 31. Oktober 1999 in Augsburg ratifizierte Gemeinsame Erklärung zur Rechtfertigungslehre berührt auch unsere evangelisch-reformierte Kirche. Denn wir stehen im Rahmen der Leuenberger Konkordie mit den lutherischen Kirchen in Kirchengemeinschaft. Und mehr noch, das Thema der Erklärung betrifft das Zentrum auch unserer Glaubenserkenntnis. Darum erklären wir dazu Folgendes:

1. Im Jahr 1535 sagte Martin Luther: „Wenn der Papst uns zugeben wird, dass allein Gott aus reiner Gnade Sünder durch Christus rechtfertigt, so wollen wir nicht nur ihn auf Händen tragen, sondern ihm auch die Füße küssen." Damit hat Luther auch nach Auffassung reformierter Kirchen den theologischen Trennungspunkt zwischen der Reformation und der damaligen römischen Kirche benannt. Die evangelisch-reformierte Kirche begrüßt die Gemeinsame Erklärung, weil darin eine neue Gemeinsamkeit gerade an diesem zuvor trennenden Punkt ausgesprochen wird. Denn die Erklärung fasst ihre Aussagen mit dem entscheidenden Satz zusammen, der die wesentlichen Elemente der von Luther ausgesprochenen Bedingung für eine Einigung der getrennten Konfessionen enthält: „Gemeinsam bekennen wir: Allein aus Gnade im Glauben an die Heilstat Christi, nicht

aufgrund unseres Verdiensts, werden wir von Gott angenommen und empfangen den Heiligen Geist, der unsere Herzen erneuert und uns befähigt und aufruft zu guten Werken" (15). Die evangelisch-reformierte Kirche dankt Gott für den geschenkten Konsens an diesem Punkt und schließt sich diesem gemeinsamen Bekenntnis an. Bezeichnet dieser Satz „das gemeinsame Verständnis der Rechtfertigung", so stehen auch wir nicht außerhalb dieser Gemeinsamkeit.

2. Die evangelisch-reformierte Kirche bejaht das gemeinsam Bekannte umso mehr, als darin der ihr stets wichtige unlösbare Zusammenhang von Rechtfertigung der Sünder und ihrer Heiligung oder Erneuerung klar genannt ist. Calvin, der 1547 als erster Protestant die römische Rechtfertigungslehre des Trienter Konzils kritisch geprüft hat, bemerkte dazu: „Darüber gibt es wirklich keinen Streit, ob Christius die heilig oder nicht, die er rechtfertigt." Der Streit gehe aber darüber, ob wir gerechtfertigt werden aufgrund der folgenden Heiligung oder ob wir geheiligt werden aufgrund der vorangehenden Rechtfertigung. Im ersteren Fall wird der Blick auch auf eine in uns befindliche Güte gelenkt; im zweiten Fall bleibt der Blick auf die uns durch Christus erwiesene Gnade und Güte Gottes gerichtet. Das Erstere lehnt Calvin ab, und das Letztere vertrat er als die evangelische Erkenntnis. Wir sehen in der Gemeinsamen Erklärung eine wesentliche Klärung gerade hinsichtlich dieser zuvor strittigen Frage. Denn sie formuliert als gemeinsame Überzeugung, „dass wir Sünder unser neues Leben allein der vergebenden und neuschaffenden Barmherzigkeit Gottes verdanken, die wir uns nur schenken lassen und im Glauben empfangen, aber nie – in welcher Form auch immer – verdienen können" (17).

3. In unseren Gemeinden gibt es eine Beunruhigung darüber, dass der bekundeten und auch von uns bejahten Gemeinsamkeit im Verständnis der Rechtfertigungslehre die Ankündigung eines Ablasses im Zusammenhang der Millenniumsfeier gefolgt ist. Wir gehen jedoch davon aus, dass diese Ankündigung nicht im Widerspruch steht zu jener Gemeinsamkeit. Wir vertrauen darauf angesichts dessen, dass in der päpstlichen Ankündigung der Ablass in einer neuen Weise verstanden ist, nämlich nunmehr als eine nachträgliche, dankbare menschliche Bestätigung der vollen Sündenvergebung, wie sie uns in unserer Rechtfertigung durch Christus und durch seine reine Gnade im Evangelium zugesprochen wird.

4. Die evangelisch-reformierte Kirche versteht die Gemeinsame Erklärung als die Eröffnung des Wegs einer neuen Annäherung der getrennten Konfessionen. Auf diesem Weg sind unter Voraussetzung der erzielten Gemeinsamkeit eine Reihe von noch offenen Fragen zu diskutieren und zu klären. Zunächst betreffen die Fragen den Text der Gemeinsamen

Erklärung selbst. Wir Reformierten können z. B. darin die Reduzierung der alttestamentlichen Botschaft auf die Rede von menschlicher Schuld und göttlicher Gerechtigkeit bzw. Gericht (8) nicht mittragen; denn das Alte Testament ist uns Zeugnis vom unlöslichen Zusammenhang von Gottes Gerechtigkeit mit seiner Barmherzigkeit. Wir können ferner die Reduzierung der Rechtfertigung auf den Taufakt (27f.) nicht mittragen, denn nach unserer Erkenntnis wird die von Jesus Christus ein für allemal für uns erworbene Gerechtigkeit uns zugesprochen in jeder schriftgemäßen Verkündigung des Evangeliums und so in den ihr entsprechenden Feiern von Taufe und Abendmahl. Wir können ferner den Satz nicht mittragen, dass Christus das Gesetz „als Weg zum Heil überwunden" hat (31); denn nach unserer Erkenntnis ist das Gesetz uns von Gott gar nie als „Heilsweg" gegeben, sondern als Einweisung in die Dankbarkeit für sein uns erwiesenes Heil.

5. Auf dem Weg der Annäherung liegen, jenseits der Gemeinsamen Erklärung, aber für uns im Zusammenhang damit stehende Probleme vor uns. In ihnen geht es auch um tief greifende Verschiedenheiten. Nach römischer Lehre gibt es von dieser Seite volle Anerkennung unserer Kirche nur bei Anerkennung des Papstamtes. Wir begrüßen die Einladung des derzeitigen Papstes zu einem offenen, geduldigen Dialog über diese Frage. Wir haben in diesen Dialog die für uns unaufgebbare Erkenntnis einzubringen, dass Jesus Christus als der eine Inhaber seines dreifaches Amts als König, Priester und Prophet unersetzbar ist durch die Kirche oder durch irgendein Amt in ihr. Er ist darum unersetzbar, weil er unvertretbar das eine Haupt seines Leibes ist und bleibt. Es kann darum niemand an seine Stelle treten, weil er gegenwärtig lebt als der, der sein dreifaches Amt ein für allemal voll genugsam ausgeübt hat. Die Aufgabe der Kirche und aller Ämter in ihr besteht nach unserer Erkenntnis darin und nur darin, das zu bezeugen, was Jesus Christus allein getan hat und tut. Die Anerkennung dessen ist für uns die Probe auf die Echtheit der Gemeinsamkeit in der Rechtfertigungslehre.

6. Die Gemeinsamkeit in der Rechtfertigungslehre ist auch nach unserer Einsicht nur dann sinnvoll, wenn von da aus auf allen Seiten ein Mehr an sichtbarer Gemeinsamkeit tatsächlich gewollt, gesucht und gefunden wird. Das irdische Ziel, das wir im Blick auf die getrennten Konfessionen erhoffen und anzustreben bereit sind, ist in absehbarer Zukunft für uns – nicht die Vereinheitlichung der Kirche unter einem irdischen Haupt. Das Ziel ist die Herstellung einer Kirchengemeinschaft, in der die Konfessionen ihre „versöhnte Verschiedenheit" durch die gegenseitige Gewährung voller Kanzel- und Abendmahlsgemeinschaft bekunden. Was solche Kirchenge-

meinschaft für ein noch stärkeres Miteinander bedeuten wird, das stellen wir Gott, der Erleuchtung durch sein Wort und seinen Geist anheim.

Eberhard Busch, Göttingen

[aus: Synode evangelisch-reformierter Kirchen in Bayern und Nordwestdeutschland, II. Gesamtsynode, 12. Tagung vom 4. bis 5. Mai 2000 in Emden, Beschlussprotokoll S. 36–38, Anlage 9 A]

Fernando Enns

Das Rechtfertigungsgeschehen in der Interpretation der Mennoniten

Vorbemerkungen

Theologische Aussagen und kirchliche Stellungnahmen, auch Bekenntnistexte sind nicht für alle Zeiten unveränderbare Definitionen oder gar „Wahrheiten" über Sachverhalte des christlichen Glaubens, sondern stets der Versuch, auf der Basis der biblischen Zeugnisse in einer bestimmten geschichtlich gegebenen Situation etwas von der Wahrheit des Evangeliums zu sagen, zu erklären und diese gegebene Situation selbst im Lichte des Glaubens zu verstehen.

Damit ist gesagt, (1.) dass der „Sitz im Leben" theologischer Aussagen stets mit zu bedenken ist, wenn gefragt wird, wie das Gesagte wohl gemeint ist, (2.) dass hieraus die Aufgabe erwächst, Formulierungen aus anderen Zeiten und Kontexten in der gegenwärtigen Situation und Sprache verständlich zu machen und (3.) „… dass unseren Kirchen in der Geschichte neue Einsichten zuwachsen und dass sich Entwicklungen vollziehen …", wie die Gemeinsame Erklärung zur Rechtfertigungslehre zwischen Vatikan und Lutherischem Weltbund (GER) feststellt.[1]

Dies gilt es besonders in ökumenischen Begegnungen zu beachten, in denen verschiedene Lehrtraditionen ihr Verhältnis zueinander neu zu klären suchen. Und es versteht sich von selbst, dass sich in dieser Begegnung immer auch Klärungen innerhalb der eigenen Lehrtradition ergeben, wenn es denn zu echten Dialogen kommt.

Für Mennoniten mag diese Entwicklungschance im besonderen Maße gelten, da Bekenntnisschriften in dieser Tradition nicht beanspruchen können, eine für alle Glieder verbindliche Auslegung des Glaubens zu sein und es auch keine lehramtliche Autorität gibt, die Glaubenslehren verpflichtend vorschreiben könnte. Vielmehr gilt die Gemeinde als „hermeneutische Gemeinschaft", die die Schrift – unter dem Gebet, dass der Heilige Geist sie leiten möge – fortwährend auslegt. Daraus ergibt sich in der Konsequenz eine legitime, innerkonfessionelle Pluralität von Meinungen und Überzeugungen. Das gilt es bei allen Versuchen der Darstellung kon-

---

[1] Gemeinsame Erklärung zur Rechtfertigungslehre, in: Texte aus der VELKD 87/1999, hier 7.

fessionsspezifischer Lehrinhalte zu berücksichtigen, schon aus Gründen der Redlichkeit gegenüber ökumenischen Gesprächspartnern.

Beliebigkeit oder Relativismus in Bezug auf theologisch reflektiertes Reden ergibt sich daraus nicht notwendig. Vielmehr stellt die Berücksichtigung der Kontextualität auch der eigenen Position gerade die notwendige Voraussetzung dar für einen verantwortungsvollen und glaubwürdigen Umgang mit Schrift und Tradition im Horizont gegenwärtiger Ökumene und achtet die letztliche Unverfügbarkeit der Wahrheit des Evangeliums.

In der folgenden Darstellung kann daher nicht nach der verbindlichen Rechtfertigungslehre bei Mennoniten gefragt werden. Vielmehr sollen durch das Hören auf verschiedene Stimmen zu verschiedenen Zeiten in dieser Tradition die leitenden Axiome (oder „regulativen Prinzipien")[2] deutlich werden.

1. Die Alternativen der Täufer im 16. Jahrhundert

Der konfessionelle Ursprung der Mennoniten liegt bei den Täufern des 16. Jahrhunderts. Da es nahezu unmöglich ist, diese facettenreiche und plurale Gruppe als eine einheitliche, zusammengehörige Denkbewegung zusammenzufassen, verzichtet man heute auf den Begriff „Täufertum". Und dennoch lassen sich Gemeinsamkeiten in der Frontstellung zur mittelalterlichen Kirche einerseits und zu den anderen Reformatoren andererseits ausmachen, auch im Blick auf das Verständnis der Rechtfertigung. Mit der Reformation betonen die Täufer die Rechtfertigung allein aus Gnade durch den Glauben und erheben den Vorwurf der Werkgerechtigkeit gegenüber der römisch-katholischen Tradition. Damit lassen sie sich zunächst im reformatorischen Rechtfertigungsverständnis verorten. Für die Täufer galten die Exklusivpartikel *sola Scriptura, solus Christus, sola gratia* und *sola fide* in gleichem Maße wie für die Reformation insgesamt. Protestantische Reformation und Täufer haben in der „Bewertung der Rechtfertigungslehre als der Grundlage des evangelischen Glaubens" übereingestimmt, so das Urteil der Mehrzahl mennonitischer Historiker und Theologen.[3]

---

2 Vgl. G. A. Lindbeck, Christliche Lehre als Grammatik des Glaubens. Religion und Theologie im postliberalen Zeitalter (Theologische Bücherei Bd. 90), München 1994.
3 Vgl. z.B. J. H. Yoder, Täufertum und Reformation im Gespräch. Dogmengeschichtliche Untersuchungen der frühen Gespräche zwischen schweizerischen Täufern und Reformatoren, Zürich 1968, 83f.

Am lutherischen und später calvinistischen Glaubensverständnis kritisieren die Täufer dann aber die Fruchtlosigkeit und betonen den engen Zusammenhang von Rechtfertigung und Heiligung, wie exemplarisch gezeigt werden kann anhand eines Briefes des Kreises um Konrad Grebel an Thomas Müntzer, eines der ersten schriftlichen Zeugnisse der Täufer: „... genauso will auch heute jedermann durch geheuchelten Glauben selig werden, ohne Früchte des Glaubens, ohne Taufe der Versuchung und Erprobung, ohne Liebe und Hoffnung, ohne rechte christliche Gebräuche, will stecken bleiben in all dem alten Wesen der eigenen Laster ... In solchem Irrtum sind auch wir befangen gewesen, solange wir Zuhörer und Leser der evangelischen Predigt waren, die an diesem allen schuld ist ..."[4]

„Hat Luther die biblische Lehre vom Glauben wiederentdeckt, so die Täufer den biblischen Ruf zur Heiligung."[5] Das Fehlen der Werke, die aus dem Glauben erwachsen, kann zwar das Rechtfertigungsgeschehen durch den Glauben nicht in Frage stellen, doch wenn es nicht zu einer „Besserung des Lebens" (Goertz) kommt, dann lässt das auf einen Mangel im Glauben schließen. Die Suche nach sichtbarer Veränderung im Leben der wahrhaft Glaubenden trieb die Täufer in die Konfrontation mit den anderen Reformatoren. Gemeinsam ist wohl allen Täufern die Schlussfolgerung: „Wer in seinem Wandel nicht Spuren des Lebens zeigt, das Gott gefällt, kann nicht den wahren Glauben haben."[6] Und so entfalten sich viele Schriften und Denkweisen der Täufer in eben dieser doppelten Opposition. Da die Argumentationsgänge aber sehr verschieden sind, muss hier weiter differenziert werden.[7]

a. *Gratia praeveniens* und *imitatio Christi* – Hans Denck (1495–1527)

Hans Denck ist einerseits von Thomas Müntzer geprägt, andererseits durch die mittelalterliche Mystik. Er vertritt die Ansicht, dass der Mensch das Heil nicht allein im Vertrauen auf die Verheißung Gottes in der Schrift ergreifen kann, da dies wiederum ein Glaube wäre, der sich an das Äußer-

---

4   Brief von Conrad Grebel und seinen Brüdern an Thomas Müntzer (1524), in: H. Fast (Hg.), Der linke Flügel der Reformation. Glaubenszeugnisse der Täufer, Spiritualisten, Schwärmer und Antitrinitarier (Klassiker des Protestantismus IV), Bremen 1962, 12–27.
5   J. L. Burkholder, Nachfolge in täuferischer Sicht, in: TEV, 142.
6   H.-J. Goertz, Die Täufer. Geschichte und Deutung, München ²1988, 67.
7   Ich folge hier weitestgehend der Auswahl und Darstellung von Goertz, a.a.O., 67ff.

liche hängt. Das Heil wird dem Menschen aber auch nicht einfach nur zugesprochen, sondern der Mensch ist aufgerufen, den Weg, der zum Heil führt, selbst mitzugehen. Das Heil kommt von innen, auf geistliche Weise. „Das Licht, das Wort Gottes scheint in aller Menschen Herzen, die in diese Welt kommen ...".[8] Dieses „Seelenfünklein" ist Ausdruck der freien und gnädigen Zuwendung Gottes zum Menschen (*gratia praeveniens*). „Das Wort Gottes ist bei dir, ehe Du es suchst; gibt dir, ehe du bittest, tut dir auf, ehe du anklopfst. Keiner kommt von sich selbst zu Christus, der Vater ziehe ihn denn, welches er auch nach seiner Güte trefflich tut."[9]

So richtet sich Denck einerseits mit der Reformation gegen jeden Irrglauben, der Mensch könne sich vor Gott irgendetwas aus eigener Kraft verdienen, und andererseits gegen einen rein äußerlich, aus dem Buchstaben herbeigezwungenen Glauben. Glaube wächst aus der Gnade, die Gott in den Grund der Seele gesenkt hat. Dies ist durch Christi Tod am Kreuz geschehen. Damit ist den Menschen ein Beispiel gegeben, dem sie nachfolgen sollen (*imitatio Christi*): Der Mensch sagt der Sünde ab, so dass sein Herz „leer" wird und empfänglich für die Gnade und den Geist Gottes. Nur so kann der eigene Wille dem Willen Gottes gleich und die zerstörte Gemeinschaft zwischen Gott und Mensch wiederhergestellt werden.

Würde nun die Möglichkeit der Mitwirkung des Menschen in diesem Prozess gänzlich ausgeschlossen, dann bedeute dies gerade die Infragestellung der Güte Gottes. Denn das hieße zum einen, alle Menschen seien zum Guten oder zum Bösen vorherbestimmt. So werde Gott am Ende zum Verursacher auch der Sünde, und in der Folge könne der Mensch nicht mehr für seine eigene Sündhaftigkeit verantwortlich gemacht werden. Zum anderen müsste behauptet werden, dass Gott den Menschen auch gegen seinen Willen zum Heil zwinge. Beides widerspräche aber der Liebe Gottes wie auch der Freiheit des Menschen. Durch die freie Zuwendung Gottes im Christusgeschehen ist aber der Wille des Menschen vom völligen Gefangensein in Sünde befreit.

Rechtfertigung ist somit für Denck „nicht ein forensisches Urteil Gottes über den Menschen, sie ist ein Prozess, in dem das Leben des Menschen von Grund auf gebessert wird. Rechtfertigung ist Gerechtmachung."[10]

---

8   H. Denck, Schriften II (Quellen zur Geschichte der Täufer Bd. VI), hg. v. G. Baring, Gütersloh 1956, 90.
9   A. a .O., 44 – zeitgemäßes Deutsch F.E.
10 Goertz, Die Täufer, 69.

b. Synergismus im Prozess zwischen Wiedergeburt und Vollendung – Balthasar Hubmeier (1480?–1528)

Auch für Hubmeier ist ein Glaube ohne Werke ein toter Glaube.[11] Der Glaube muss seinen Ausdruck finden in der Liebe zu Gott und zum Nächsten (Röm 10; Gal 5). Er wirft den protestantischen Reformatoren vor, sie betonten so stark, dass der Glaube allein selig mache, um mit ihrem „lasterhaften Leben" fortzufahren. Erst im Streit um die Willensfreiheit zwischen Erasmus und Luther findet Hubmeier dann aber den Anstoß zur Entwicklung seiner eigenständigen Argumentation:[12] Wenn der freie Wille des Menschen geleugnet wird, dann kann auch nicht behauptet werden, dass Gott den Sünder für seine Sünden verurteilt. Denn Gott würde den Sünder für etwas verdammen, für das der Mensch nicht verantwortlich ist (gegen Mt 25). Das aber wäre ein grausamer Gott. Hubmeier folgt allerdings nicht einfach der rationalen Argumentation des Erasmus, sondern entfaltet eine mystisch-spiritualistische Interpretation. Das ursprüngliche Vermögen der Unterscheidung zwischen Gut und Böse sei nicht der Vernunft zuzuschreiben, sondern dem Menschen allein im Geist möglich. Allerdings sei die Kraft dieses „Feuerleins" im Geist seit dem Sündenfall zu schwach gewesen, um tatsächlich handlungsleitend werden zu können.[13] Frei wurde die Seele erst und gerade durch den Gnadenakt Gottes: In Christus ist die Sünde überwunden. Durch das Hören des Wortes Gottes befreit der göttliche Geist den Geist im Menschen und macht die Seele gesund. Wenn die Seele nun weiter sündigt, ist sie auch dafür verantwortlich.

Wenn Hubmeier – vermutlich unwissend ein Zitat Augustins[14] aufgreifend – formuliert: „... Gott hat dich erschaffen ohne dich, aber ohne dich wird er dich nicht selig machen"[15], so ist dies durchaus als synergistisches Heilsverständnis zu verstehen. Allerdings ist dabei genau zu differenzieren: Dieser Synergismus bezieht sich nicht auf die Zeit zwischen Sündenfall und Wiedergeburt, sondern ist beschränkt auf den Prozess zwischen Wiedergeburt und Vollendung des Menschen.

---

11 Vgl. B. Hubmeier, Rechtfertigung (1526), in: Schriften, Quellen zur Geschichte der Täufer Bd. IX, hg. v. G. Westin / T. Bergsten, Gütersloh 1962, 461ff.
12 Vgl. Hubmeier, Von der Freiheit des Willens (1527) und: Anderes Büchlein von der Freiwilligkeit des Menschen (1527), a. a. O.
13 A. a. O., 322 und 386.
14 „Qui fecit te sine te, non te iustificat sine te. Ergo fecit nescientem, iustificat volentem." Augustin, Sermo 169, 11,13, in: PL 38, 923.
15 A. a. O., 391.

c. Radikaler Dualismus von Kirche und Welt – Menno Simons (1496–1561)

Menno Simons teilt die Menschheit ein in zwei sich gegenüberstehende Lager: jene, die „nach dem Fleisch" leben und jene, die „nach dem Geist" leben. Es gibt eine klare Zäsur zwischen dem alten und dem neuen Leben in Christus. Das neue Leben gehorcht dem göttlichen Wort und lässt keine Trennung zu zwischen Wort und Tat. Menno Simons verfolgt das Ziel einer sichtbaren, reinen und wahren Kirche von Glaubenden und Nachfolgern Christi, was ihn in einen strengen Moralismus führt. Zu erklären ist dies wiederum vor dem Hintergrund der doppelten Opposition gegen „Papisten" und protestantische Reformation gleichermaßen. Sein Vorwurf an die protestantische Interpretation des Rechtfertigungsgeschehens ist, sie habe das unwissende Volk in ein Leben geführt, das ärger sei als „das Leben der Türken und Tataren",[16] „…denn wer nicht nach seiner Lehre wandelt, bezeugt dadurch, dass er weder an ihn glaubt, noch ihn kennt und dass er nicht in der Gemeinschaft der Heiligen ist". Das Fehlen der Werke wird auch hier als Indikator für einen Mangel an Glauben gewertet.

Den Vorwurf der Werkgerechtigkeit will aber auch er nicht für sich gelten lassen und betont wiederholt die Rechtfertigung allein in dem gekreuzigten Jesus Christus. Obwohl auch Menno Simons die lutherische Prädestinationslehre verwirft, bleibt für ihn die Versöhnung in Jesus Christus Voraussetzung für die Freiheit des Menschen, sich den guten Werken zuzuwenden. „Wir suchen also, guter Leser, unsere Seligkeit nicht in Werken, Worten oder Sacramenten, wie die Gelehrten thun, obwohl sie solches von uns sagen, sondern allein in Christo Jesu und in keinem anderen Mittel weder im Himmel noch auf Erden".[17] „Denn aus Gnaden seid ihr selig geworden durch Glauben, und das nicht aus euch: Gottes Gabe ist es, nicht aus Werken, damit sich nicht jemand rühme." (Eph 2,4–10).[18]

---

16 M. Simons, Von dem rechten, christlichen Glauben (1556), in: Die vollständigen Werke Menno Simons, übers. aus dem Holländischen (Funk-Ausgabe 1876), Aylmer/Ontario 1982, 147ff.

17 M. Simons, Ein gründliches und klares Bekenntnis der Armen (1552), Von der Rechtfertigung, a. a. O., 371ff.

18 Vgl. auch das Verständnis von der „Rechtfertigmachung" bei Melchior Hoffman, der die täuferischen Gedanken aus dem südwestdeutschen Bereich nach Ostfriesland und in die Niederlande brachte: „Darum kann der Glaube nicht gerecht machen, wenn er keine Frucht trägt: … Diejenigen, die ihn allerdings nicht kennen wollen, sagt Christus, werde solcher Glaube nicht rechtfertigen, auch diejenigen nicht, die sagen: Herr, wann haben wir dich gesehen und dir nicht gedient? Diese Menschen haben auch geglaubt, aber ihr Glaube war vergebens … Das heißt, das Wort Gottes hören und bewahren: Das Reich Gottes zu suchen und seine Gerech-

d. Zusammenfassung

Alle Täufer stimmen darin überein, dass der Prozess der Erlösung mit Gottes gnädigem Handeln in Jesus Christus beginnt. Die Täufer glauben, dass der Mensch durch die Gnade Gottes gerettet wird und nicht durch eigene Werke. Aber Gott vollzieht sein Gnadenhandeln nicht ohne den Menschen, sondern der Mensch muss das Geschenk des Glaubens aus freiem Willen annehmen. Die vorauslaufende Gnade Gottes schafft die Bedingung der Möglichkeit des freiwillig antwortenden Bekenntnisses des Glaubens. Dieser Zusammenhang findet seinen angemessenen Ausdruck in der Taufe der Glaubenden (Erwachsenentaufe). Glaube und Werke, Bekenntnis und Handeln sind nicht voneinander zu trennen. Gute Werke sind nicht einfach die Frucht des Glaubens, sondern sichtbarer Ausdruck des Glaubens.[19]

Damit ist gleichsam die Prädestination im Sinne der Bestimmung mancher zur Erlösung und anderer zur ewigen Verdammung abgewehrt. Auch wird das lutherische *simul iustus et peccator* abgelehnt, denn wenn Gott im Menschen durch den Heiligen Geist wirkt, bedeutet dies eine wesensmäßige (ontologische) Verwandlung des Menschen. Wenn in vielen Zeugnissen des Neuen Testaments der Glaubensgehorsam als Ausdruck des Lebens nach dem Willen Gottes gefordert werde, dann müsse die Erfüllung dem Menschen auch möglich sein.

Deutlich wird, dass dem Menschen im Akt der Erlösung eine Funktion zugeschrieben werden soll, ohne die vorauslaufende Gnade Gottes zu bestreiten. Rechtfertigung und Heiligung werden nicht einfach in ein anderes Verhältnis zueinander gesetzt, sondern sie werden zur „Besserung des Lebens" zusammengezogen. Hans-Jürgen Goertz schließt daraus, die Täufer hätten die Glaubenslehre der Reformation „nicht ergänzt, sondern ersetzt." Diese sei als „antiklerikale Gegenkonzeption zur reformatorischen Lehre vom Glauben gebildet … So erklärt sich ihre erbarmungslose Kritik an den moralischen Schwächen ihrer Zeitgenossen und ihr kämpferisches Pathos, mit dem sie für eine ‚Besserung des Lebens' eintra-

---

    tigkeit, denn aus diesen Worten kommt die Gerechtmachung, wie Christus spricht, auch der heilige Paulus. Und das ist gewiss wahr, wo die Kraft und die wahrhaftigen Werke der Gerechtigkeit nicht sind, da ist auch keine Gerechtmachung, wie der Apostel S. Jakob spricht".

19 „Works were the outward expression of faith and not simply the fruit of faith as Luther said". W. Klaassen (Hg.), Anabaptism in Outline. Selected Primary Sources, Kitchener 1981, 42.

161

ten. Für sie stand nicht nur die Moral, sondern das Heil der Menschen auf dem Spiel." [20]

Freilich brachte den Täufern gerade diese Haltung, sowie alle damit zusammenhängenden ekklesiologischen und ethischen Folgerungen, die schroffe Ablehnung durch die protestantischen Reformatoren ein, die in den Bekenntnisschriften lutherischer [21] wie reformierter [22] Tradition sehr undifferenziert als Verdammungen ihren Niederschlag fanden. Somit ist hier eines der zentralen Konfliktfelder umrissen, womöglich aber auch eines der größten Missverständnisse zwischen der Position der Täufer / Mennoniten und derjenigen anderer Kirchen der Reformation. Die reformatorische Hervorhebung der paulinischen Interpretation der Rechtfertigung hat ihren eigentlichen „Sitz im Leben" in der Auseinandersetzung mit der römisch-katholischen Tradition, denn in der Ablehnung der Kirche als „Heilsanstalt" entdeckte die lutherische Reformation die zentrale evangelische Wahrheit von der Rechtfertigung allein aus Gnade neu. Von den Täufern des 16. Jahrhunderts wird diese Einsicht zwar geteilt, aber aus Sorge vor dem Ausbleiben eines tatsächlich veränderten Lebenswandels wollen sie dem Missverständnis einer „billigen Gnade" vorbeugen. Auf lutherischer und reformierter Seite führt dies wiederum zum Vorwurf der Werkgerechtigkeit. Wie aber einerseits gezeigt werden kann, dass Lutheraner die Notwendigkeit der guten Werke niemals leugneten [23], kann auch deutlich gemacht werden, dass die Täufer das reformatorische Verständnis der Rechtfertigungslehre nicht verwarfen, sondern mit der Heiligung verknüpften.

2. Annäherung und Ausdifferenzierung durch Begegnungen in der Ökumene [24]

Was die zweite Weltkonferenz für Glauben und Kirchenverfassung bereits 1937 (Edinburgh) formulierte, beschreibt auch die Überzeugungen der Mennoniten: „Unser Heil ist die Gabe Gottes und die Frucht seiner Gnade. Sie ist nicht auf das Verdienst des Menschen gegründet, sondern hat ihre

---

20 Goertz, Die Täufer, 67.
21 Vgl. z.B. Die Augsburgische Konfession (CA) Art. V, IX, XII, XVI, XVII, in: BSLK, 31–137.
22 Vgl. Schottisches Bekenntnis (1560) Art. XXIII, Confessio Belgica (1561) Art. XVIII, XXXIV, XXXVI, oder Confessio helvetica posterior (1562) Art. XX, XXX, in: Die Bekenntnisschriften der reformierten Kirche, hg. v. E.F.K. Müller, Zürich 1987.
23 Vgl. z.B. CA XX, in: BSLK, 81.
24 Vgl. zum Gesamten F. Enns, Friedenskirche in der Ökumene. Mennonitische Wurzeln einer Ethik der Gewaltfreiheit, Göttingen 2003, 201ff.

Wurzel und ihren Grund in der Vergebung, die Gott in Seiner Gnade dem Sünder gewährt, den Er annimmt, um ihn zu heiligen. Wir glauben jedoch nicht, dass das Handeln der göttlichen Gnade die menschliche Freiheit und Verantwortlichkeit außer Kraft setzt; echte Freiheit wird vielmehr dann allein erlangt, wenn man der göttlichen Gnade im Glauben antwortet. Widerstand gegenüber Gottes ausströmender Liebe bedeutet nicht Freiheit, sondern Gebundenheit, und vollkommene Freiheit wird nur in der völligen Übereinstimmung mit dem guten, angenehmen und vollkommenen Willen Gottes gefunden."[25]

In der neuzeitlichen ökumenischen Begegnung wurde die Kontextualität theologischer Aussagen allmählich erkannt. Dadurch bewahrheitet sich auch die Entwicklungsfähigkeit von Lehraussagen. So ist es nicht verwunderlich, dass es am Ende des 19. und im 20. Jahrhundert – im Zuge der historisch-kritischen Exegese und der ökumenischen Bewegung – in dem Maße zu einer Annäherung der Positionen kommt, in dem die Einsicht in allen Traditionen reift, dass die Gesamtheit neutestamentlicher Zeugnisse eine Pluralität von Aspekten zum Rechtfertigungsgeschehen sichtbar werden lässt. Auch in der mennonitischen Tradition wurde erkannt, dass die harschen Konfrontationen des 16. Jahrhunderts oft aus simplen Verzerrungen der Positionen des Gegenübers erwachsen waren. Durch direkte Gespräche zwischen früheren Gegnern ist nun vielfach anerkannt, dass unterschiedliche Gewichtungen der verschiedenen Aspekte des Rechtfertigungsgeschehens zu anderen Lehrsätzen führen konnten, die sich deshalb nicht notwendig ausschließen müssen, sondern sich womöglich ergänzen. Oder es lassen sich eben echte Differenzen auch präzisieren.

a. Im Rahmen des Ökumenischen Rates der Kirchen

Solche Begegnungen boten sich international an, als bald nach dem II. Weltkrieg (1949) der damalige Generalsekretär des ÖRK, W.A. Visser't Hooft, die Mennoniten und andere Historische Friedenskirchen aufforderte, der weltweiten Gemeinschaft der Kirchen die Argumentation ihrer pazifistischen Position zu erläutern. Es wundert nicht, dass im Zuge der hierauf folgenden Begegnungen erneut auch über die Gewichtungen in der Rechtfertigungslehre zu sprechen war, denn die bekannten Vorwürfe der Werkgerechtigkeit und des Legalismus wurden sehr bald wieder laut. Nicht zuletzt aufgrund der engen Verknüpfung von Rechtfertigung und Heili-

---

25 L. Hodgson (Hg.), Das Glaubensgespräch der Kirchen. Die zweite Weltkonferenz für Glauben und Kirchenverfassung, Edinburgh 1937, dt. Übersetzung von E. Staehlin, Zürich 1940, 300.

gung hatte sich ja das Zeugnis der Gewaltfreiheit als eines der Identitätsmerkmale der Mennoniten ausgeprägt (so bereits bei Menno Simons).

In der Stellungnahme von 1953, *Peace is the Will of God*[26], wird diesen Vorwürfen zum einen entgegnet, dass man einem antinomistischen Konzept von Gnade nicht folgen könne. Es sei ein Missverständnis, davon ausgehen zu wollen, die Rechtfertigung *sola fide* befreie gänzlich von gesetzlichen Normen. Dies führe fälschlicherweise dazu, ein Verhalten, das in einem Fall als Sünde erkannt wird, in einem anderen Falle nicht notwendig so zu bezeichnen. Mennoniten hielten demgegenüber daran fest, dass der Mensch vor Gott immer für seine Werke verantwortlich bleibe, seien sie nun gut oder böse. Zum anderen wehren sich Mennoniten dagegen, sie würden den Pazifismus im Sinne der Werkgerechtigkeit an die Stelle der Gnade setzen. Vielmehr macht die Erklärung deutlich: Rechtfertigung ist die Tür zur Nachfolge. Bewusstes Sündigen könne allerdings die Wirksamkeit der Gnade für nichtig erklären.[27] Diese Aussagen ergeben nur in folgender Auslegung einen Sinn: Der Mensch kann durch sein Handeln die Rechtfertigung *sola gratia* zwar für nichtig erklären, der positive Umkehrschluss ist aber eben nicht zulässig, als sei das rechte Handeln des Menschen die Bedingung für die gnädige Zuwendung Gottes.

An diese Auseinandersetzungen schlossen sich die sog. Puidoux-Konferenzen (1955–1973) an.[28] In der zweiten dieser Konferenzen (1957) fragte man nach Inhalt und Implikationen des Friedenszeugnisses, sowohl im Blick auf die Nachfolge als auch auf die menschliche Gerechtigkeit. Die Auseinandersetzung fand mit besonderer Referenz zu Dietrich Bonhoeffers Entwurf zur Nachfolge (und Karl Barths Verständnis eines christlichen Pazifismus) statt. Hier kam es schließlich zu einer gemeinsamen (!) Formulierung, die den Schlüssel zur Abwehr des Vorwurfs der Werkgerechtigkeit, bei gleichzeitigem Feststellen der Zusammengehörigkeit von Rechtfertigung und Heiligung, bereitstellt: Christus ruft in die Nachfolge. Diese Nachfolge ist aber nicht einfach als *imitatio* zu verstehen, sondern im Sinne der *participatio*.[29] Daher fallen in der Nachfolge Rechtfertigung

---

26 Peace is the Will of God, in: A Declaration on Peace, hg. v. D. Gwyn u. a., Scottdale/PA 1991, Appendix A.
27 A. a. O., 64. Als neutestamentliche Belegstellen werden angeführt: Röm 6,1–2 und Hebr 10,26.
28 Vgl. D. F. Durnbaugh (Hg.), On Earth Peace, Discussions on War/Peace Issues between Friends, Mennonites, Brethren and European Churches 1935–1975. Elgin/IL 1978.
29 „Discipleship is therefore not to be understood as imitation (*imitatio*) but as participation (*participatio*), that is, in it justification and sanctification exist side by side. Thus legalism as well as arbitrariness are eliminated", ebd.

und Heiligung zusammen. Legalismus ebenso wie Willkür sind dann gleichermaßen ausgeschlossen. – Diese Feststellung kann m.E. ohne weiteres als Meilenstein in der Verständigung zwischen den Historischen Friedenskirchen und den anderen Kirchen der Reformation bezeichnet werden.

Paul Peachey stellte in seinem Beitrag den Zusammenhang zur Ekklesiologie heraus.[30] Es gehe um die „Essenz" dessen, was das Christsein ausmache. Die Sichtbarkeit der Urgemeinde ist Leitbild für die Notwendigkeit der Sichtbarkeit der gegenwärtigen Kirche, ohne dass behauptet wird, dass diese ohne Sünde lebt. Gerade dort, wo keine wahre (sichtbare) Kirche sei, verkomme sie zur bloßen „Heilsanstalt". Deshalb sei Gehorsam gegenüber dem Willen Gottes jedem christlichen Gewissen in gleichem Maße aufgetragen.

Gegenüber der römisch-katholischen Tradition, deren Hauptanliegen die Sichtbarmachung des Erlösungswerkes Christi sei, wird zugestanden, dass dies zwar legitim sei, doch könne auch hier die Sichtbarkeit nicht vom Leben der Glaubenden abstrahiert werden. Kirche kann in ihrer institutionellen Existenzform niemals getrennt von einer nachfolgenden Gemeinschaft interpretiert werden. In der Betonung der Kirche als sich ständig erneuernder Nachfolgegemeinschaft zeigt sich der Versuch, den Zusammenhang von Rechtfertigung und Heiligung auch auf den von Ekklesiologie und Ethik zu applizieren.

Die Gegenüberstellung von individueller und Gemeinschafts-Ethik wird bei der vierten Puidoux-Konferenz (1962) vertieft. Die Historischen Friedenskirchen machen hier deutlich, dass zwischen einer individuellen und einer kollektiven Ethik aus neutestamentlicher Sicht nicht zu trennen sei: Heiligung des Lebens sei Ausdruck der Dankbarkeit für die Rechtfertigung aus Gnade. Christliche Ethik ist eine „Zeugnisethik", denn sie bezeugt die Botschaft der Vergebung aus Gnade. Sie gründet im lebendigen Wort Gottes, das die Gemeinde als hermeneutische Gemeinschaft auslegt. Dies stellt auch eine Abwehr jeder Art von Moralismus dar. Die christliche Sozialethik wird aus der nachfolgenden Gemeinschaft der Glaubenden entwickelt. Die Frage, wie der einzelne Christ in einer Situation entscheiden soll, stellt sich im Kontext der geschwisterlichen Gemein-

---

Ernst Wolf hatte in seinem Vortrag darauf hingewiesen, dass das Fehlen einer christlichen Nachfolgeethik in der lutherischen Tradition auf der Furcht vor Legalismus und der Unmittelbarkeit der Übertragung eines jesuanischen Lebensmodells auf das Leben der Christen beruhe. Bonhoeffer bilde die große Ausnahme. Vgl. E. Wolf, Discipleship as Witness to the Unity in Christ as Seen by the Reformers, a.a.O., 147ff.

30 P. Peachey, Discipleship as Witness to the Unity of Christ as Seen by the Dissenters, a.a.O., 153ff.

schaft und hat dort ihre primäre Verortung. Damit wird deutlich, dass die Rechtfertigungslehre nicht auf das Individuum beschränkt bleibt, sondern auf die Gemeinschaft der Glaubenden, die Kirche, Anwendung findet. Das Rechtfertigungsgeschehen ist nach mennonitischem Verständnis nicht nur für die individuelle Person relevant, sondern ebenso für Beziehungen und Gemeinschaftsbildung. – Dies wird vor allem in den bilateralen Dialogen der 80er- und 90er-Jahre immer deutlicher.

b. Bilaterale Dialoge

(1) *Baptisten* und Mennoniten bezeugen gemeinsam Jesus Christus als den einzigen Weg zur Rettung und als Norm des Glaubens und Lebens.[31] Taufe und Abendmahl werden eher als Zeichen und Symbole der Gnade Gottes interpretiert, denn als sakramentale „re-enactments" dieser Gnade. Wenn eine Person im Glauben und in der Nachfolge auf Gottes Gnade und Vergebung antwortet, dann wird diese Gnade im Leben der Glaubenden wirksam. Daraufhin legt der Glaubende, indem er die Taufe begehrt, ein öffentliches Bekenntnis zu dieser inneren Realität ab.

Im Dialog wird dann aber deutlich, dass Baptisten stärker um das persönliche Seelenheil und die *individuelle* Verantwortung vor Gott besorgt sind, während Mennoniten eher die Verantwortung gegenüber Gott *durch die Gemeinschaft* bewegt.[32] Während Baptisten die persönliche Rettung betonen, stellen Mennoniten den Nachfolgeaspekt heraus.[33] Diese unterschiedlichen Akzentuierungen liegen in der Christologie begründet: Historisch betrachtet haben Baptisten eher dazu tendiert, den Tod Christi vornehmlich als stellvertretendes Sühneopfer zu verstehen, während Mennoniten in Christi Tod primär eine „Demonstration" (Offenbarung) Gottes leidender Liebe erkennen, durch die die Welt versöhnt wird.

(2) Weitgehende Konvergenzen konnten in verschiedenen Dialogen zwischen *Reformierten* und Mennoniten festgestellt werden, die zuweilen gar als „Zwillinge" bezeichnet worden sind.[34] Seit den Anfängen verbin-

---

31 Baptist-Mennonite Theological Conversations 1989–1992, hg. v. Mennonite World Conference und Baptist World Alliance.
32 „Baptists are concerned about ‚soul freedom' and individual accountabilty before God whereas Mennonites are concerned about accountability to God through community", a. a. O., 16.
33 Vgl. a. a. O., 23.
34 Z. B. sehen beide ihre Anfänge in Süddeutschland und in der Schweiz in der 1520er-Jahren. Die Züricher Täufer waren Freunde und Schüler Huldrych Zwinglis. Gleichzeitig beginnt hier aber auch die Trennung. Vgl. Mennonites and Reformed in Dialogue, in: Mennonites and Reformed in Dialogue (Studies from the World Alliance of Reformed Churches 7), hg. v. Berg u. a., Geneva 1986, 3.

den sie die fundamentalen reformatorischen Überzeugungen von *sola scriptura* („Scripture alone is the rule and norm of salvation"[35]), *sola gratia* („God's Grace, in Christ and by the Spirit, is the only source of salvation") und *sola fide* („justification is given by faith alone in Christ, apart from any merit or works"). Für beide Traditionen ist die Betonung der Heiligung des Lebens – in Abhängigkeit von der Rechtfertigung aus Gnade – charakteristisch. „Christ sein bedeute nicht, über Christus zu reden, sondern zu tun, was er tat", wird in Erinnerung an Zwingli gemeinsam formuliert. Dies gelte im öffentlichen wie im privaten Leben. Die Gemeinschaftsdimension wird in beiden Konfessionen betont, je auf unterschiedliche Weise, aber in gemeinsamer Opposition zum Sakramentalismus.

Divergenzen werden deutlich, sobald die unterschiedlichen Taufverständnisse argumentativ vorgestellt werden. Keines der Taufverständnisse kann vom reformatorischen Axiom *sola gratia* getrennt erklärt werden: Die göttliche Initiative ruft die Antwort des Menschen hervor. Also liegen die Differenzen nicht in einer unterschiedlichen Interpretation des Verhältnisses von Glaube und Taufe begründet. Aber Tauftheologie und -praxis korrespondieren je mit der distinkten Akzentuierung ekklesiologischer Prämissen.[36] Mennoniten verneinen nicht den prägenden Charakter von Familie und Gemeinde für die religiöse Sozialisation eines Kindes. In diesem Sinne geht auch hier der Glaube der Kirche dem der Einzelnen voraus. Aber der Glaube der Kirche kann nicht als *stellvertretender* interpretiert werden. Die Praxis der Glaubenstaufe soll die unlösbare Verbindung von Glaube und Taufe eindeutig herausstellen. Dieses Taufverständnis lässt sich nicht vereinen mit einem Kirchenverständnis, das auf der Kontinuität von familiären, ethnischen oder nationalen Größen basiert, denn solche Grenzen werden in der neuen Gemeinschaft gerade transzendiert. Mit der Kirche ist eine qualitativ andere Gemeinschaft gegeben. Gnade Gottes und nachfolgende Gemeinschaft als Gemeinde der Glaubenden bleiben in mennonitischer Tradition in unvergleichlicher Dichte aneinander gebunden. Der Vorwurf, die Sünde des Menschen hätte in dieser perfektionistischen Sicht der Gemeinde keinen Ort, trifft nicht, denn Nachfolge wird eben nicht als Erfüllung absoluter ethischer Forderungen interpretiert, sondern als andauernder Prozess, in dem die Gemeinde auf Gottes beständige Vergebung und Versöhnung angewiesen bleibt.

---

35 A.a.O., 4.
36 Vgl. dazu M. E. Miller, Baptism in the Mennonite Tradition, in: R.T. Bender / A. P. F. Sell, Baptism, Peace and the State in the Reformed and Mennonite Traditions, Waterloo/Ontario 1991, 37–67.

Da die Täufer das *sola fide* nicht nur auf die Rechtfertigungslehre bezogen wissen wollten, sondern auch epistemologisch verstanden, ist die oberste Norm des christlichen Handelns für alle Bereiche des Lebens nicht nur aus menschlicher Vernunft abzuleiten, sondern aus den Worten und dem Werk Jesu. Christus ist seinen Nachfolgern auf dem Weg der Heiligung vorausgegangen. Die (Nachfolge-)Gemeinschaft der Gläubigen repräsentiert schon die neue Kreatur in der gefallenen Welt, sie ist nicht Vorwegnahme des Eschatons, aber „Instrument" im fortschreitenden Befreiungsprozess. Innerhalb dieser Gemeinde sind alle Grenzen von Klasse, Nation, Geschlecht, usw. schon überwunden. Hierin liegt das Einheitsmotiv der Kirche begründet.[37] Die Trennung der Kirchen steht im Widerspruch zu eben dieser Wahrheit des grenzüberschreitenden Charakters kirchlicher Gemeinschaft. Daher ist das Bekenntnis zu Jesus Christus untrennbar verbunden mit einem „messianischen" Lebensstil, der in der Schaffung von Frieden und in der Befreiung der Armen und Unterdrückten Ausdruck findet.[38]

(3) „Für *Lutheraner* und Mennoniten hat das Christusereignis nicht nur eine heilsbedeutsame Dimension, sondern ist auch für die Entwicklung einer christlichen Ethik von entscheidender Bedeutung. Das Erlösungswerk Jesu Christi kann nicht getrennt von seinem Wirken und seiner Verkündigung, insbesondere von seinem Ruf in die Nachfolge, gesehen werden." … „Lutheraner betonen dabei stärker das Erlösungswerk Jesu Christi und sind dadurch in der Gefahr, den kräftigen Anspruch Jesu an ihr Leben zu vernachlässigen. Mennoniten hören stärker den Ruf in die Nachfolge und sind dadurch in der Gefahr, in Gesetzlichkeit zu geraten".[39] Lutheraner und Mennoniten berufen sich gemeinsam auf das reformatorische Erbe[40], gemäß der Formulierung der Leuenberger Konkordie. Übereinstimmend bekennen sie die freie und bedingungslose Gnade Gottes im

---

37 „Where churches understand this concept of community, the existing division within the Church of Christ becomes painful", Mennonites and Reformed in Dialogue, 71.
38 Eschatologische Implikationen sind bei Mennoniten ausgeprägter, vgl. a.a.O., 70.
39 Gemeinsame Erklärung der lutherisch-mennonitischen Gesprächskommission, (5), in: Bericht vom Dialog VELKD/Mennoniten 1989 bis 1992, Texte aus der VELKD 53/1993.
40 Vgl. die Präambel der Gespräche zwischen Lutheranern und Mennoniten in Frankreich (1981–1984), in: C. Nussberger (Hg.), Wachsende Kirchengemeinschaft. Gespräche und Vereinbarungen zwischen evangelischen Kirchen in Europa (Texte der Evangelischen Arbeitsstelle Oekumene Schweiz 16), Bern 1992, 172 ff.

Leben, Sterben und Auferstehen Jesu Christi für alle, die diese Verheißung glauben und bezeugen.[41]

Dass auch das lutherische *simul iustus et peccator* heute von Mennoniten angenommen werde, steht im Gegensatz zu den Täufern des 16. Jahrhunderts und ist eine bis dahin von Mennoniten so nicht formulierte Aussage. Vermutlich erkennen Mennoniten schlicht an, „dass auch Getaufte stets der Vergebung bedürftig bleiben"[42], was eine Konsequenz der Aussagen über die Prozesshaftigkeit der Nachfolge darstellt. Damit erkennen Mennoniten aber auch an, dass die Spannungen von Glaube und Nichtglaube nicht auf den Dualismus von Kirche und Welt beschränkt bleiben, sondern auch im Individuum selbst liegen.

Mennoniten stimmen heute der Erbsündenlehre nach CA II,1[43] zu und die „erneute Prüfung der lutherischen Theologie in der Frage nach dem Verhältnis von Glauben und Werken zeigt, dass es keinen bedeutenden Unterschied zwischen den lutherischen und mennonitischen Konzeptionen mehr gibt: ‚Wir erhalten das Heil ohne Werke, aber die Abwesenheit der Werke offenbart die Abwesenheit des Glaubens'".[44] Damit ist der engen Verknüpfung von Rechtfertigung und Heiligung – das primäre Anliegen der Täufer – Rechnung getragen: „Rechtfertigung als Freigesprochen- und Angenommensein des Sünders von Gott steht … in einem ganz engen Zusammenhang mit der Heiligung und Erneuerung des Menschen, die zur Nachfolge befähigen."[45] Von Mennoniten wie von Lutheranern wird die Rechtfertigung nicht nur im Sinne des im Vertrauen auf Gott empfangenen und gerechterklärenden Urteils Gottes verstanden, sondern beide beziehen Gottes rechtfertigendes Handeln auch auf den Prozess der Erneuerung. „Rechtfertigung ist immer auch eine Gerechtmachung, die zu gerechtem

---

41 Vgl. Gemeinsame Aspekte im Aufbruch der Reformation, Leuenberger Konkordie 1973, in: H.-W. Krumwiede u. a., Kirchen- und Theologiegeschichte in Quellen IV/2, Neukirchen-Vluyn ³1989, 213–219, hier 214. „Mennoniten und Lutheraner sind sich einig in der reformatorischen Betonung der paulinischen Einsicht von der Rechtfertigung des Sünders allein aus Gnaden durch den Glauben." Gemeinsame Erklärung der lutherisch-mennonitischen Gesprächskommission, (6).
42 A. a. O., 16.
43 „Weiter wird bei uns gelehrt, dass nach Adams Fall alle Menschen, so naturlich geboren werden, in Sunden empfangen und geboren werden, das ist, dass sie alle von Muterleib an voll boser Lust und Neigung seind und kein wahre Gottesfurcht, keinen wahren Glauben an Gott von Natur haben können." CA II: De peccato originis, in: BSLK, 53.
44 Gespräche zwischen Lutheranern und Mennoniten in Frankreich, 177.
45 Ebd.

Handeln, zum Kampf gegen die Sünde und zum rechten Gebrauch der weltlichen Gerechtigkeit befreit".[46]

Somit bleibt festzuhalten, dass die eigentlichen Differenzen nicht mehr in der Interpretation des Rechtfertigungsgeschehens zu finden sind. Allerdings deuten auch hier die bleibenden Differenzen im Taufverständnis darauf hin, dass damit nicht bereits alle unterschiedlichen Gewichtungen aufgehoben wurden. Auch wenn gemeinsam die verschiedenen Aspekte der Taufe erkannt werden (Taufe ist: Gottes Gabe an uns, die auf unsere Antwort wartet; Hineingenommensein in Tod und Auferstehung Jesu Christi; Gottes Geistwirken; Beginn des neuen Lebens mit Christus und Berufung zur Nachfolge; Aufnahme in die Gemeinschaft der einen Kirche Jesu Christi), so bleiben Differenzen in der Auffassung über die theologisch sachgemäße Reihenfolge von Bekenntnis und Taufe: Mennoniten „betonen stärker als die Lutheraner neben dem Zuspruch den Anspruch der Taufe in der Herausforderung zu einem verbindlichen christlichen Leben in der Nachfolge Jesu Christi in und mit der Gemeinde als Antwort auf die geschenkte Gnade Gottes."[47] Daher findet in der Taufe auf das Bekenntnis des Glaubenden „die Gabe Gottes einerseits und die Antwort des Täuflings andererseits in sachlich und zeitlich gebotenem Zusammenhang" statt.

Hier zeigt sich deutlich, in welchem Maße unterschiedliche Gewichtungen der gleichen Aspekte aus verschiedenen Fragerichtungen erwachsen sind: der primären Frage nach dem Heil auf lutherischer Seite und der primären Frage nach der *glaubwürdigen* Lebensgestaltung auf mennonitischer Seite. Daher können heute – in einem veränderten Kontext – diese Aussagerichtungen weitestgehend als komplementär, sich also nicht wirklich widersprechend empfunden werden.

(4) In den Gesprächen zwischen *römisch-katholischer Kirche* und Mennoniten[48] zeichnen sich – bei allen bleibenden Differenzen – gerade in der Betonung der Heiligung weitreichende Konvergenzen ab: „Katholiken und Mennoniten streben voll Eifer gemeinsam nach einem Leben in

---

46 Gemeinsame Erklärung der lutherisch-mennonitischen Gesprächskommission, (6).
47 A. a. O., (9).
48 Vgl. Gemeinsam berufen, Frieden zu stiften. Bericht über den Internationalen Dialog zwischen der Katholischen Kirche und der Mennonitischen Weltkonferenz 1998–2003; in: http://www.mennoniten.de/dialog.html. Engl. Original: Called Together to be Peacemakers. Report of the International Dialogue between the Catholic Church and the Mennonite World Conference (1998–2003), in: The Pontifical Council for Promoting Christian Unity, Information Service 2003/II-III, 111–148.

Heiligkeit, das durch die Hingabe an Christus und das Wort Gottes motiviert ist und in einer Spiritualität der Nachfolge und des Gehorsams verwirklicht wird (Mt 5–7; Röm 12; Eph 2,6–10)."[49] Werke sind verstanden als Ausdruck der Danksagung für die vorauslaufende Gnade Gottes und sind motiviert durch den geschenkten Glauben, der in Freiheit angenommen wird. Die Kirche wird von beiden als sichtbares Zeichen der Verheißung der Erlösung für die ganze Schöpfung begriffen. Natürlich teilen Mennoniten nicht die Überzeugung, dass die Kirche „das allumfassende Sakrament des Heils" ist.[50] Aber wenn Mennoniten den Verheißungscharakter der Kirche so ausdrücken: „In Gottes Volk hat die Erneuerung der Welt begonnen", oder: „Die Kirche (ist) die neue Gemeinde der Jünger, die in die Welt gesandt sind, das Reich Gottes zu verkünden und einen Vorgeschmack der herrlichen Hoffnung der Kirche zu geben"[51], dann – so der Bericht des Dialogs – wird das Gleiche lediglich in unterschiedlicher Sprache ausgedrückt. In der Feier von Taufe und Abendmahl sehen beide Traditionen „außergewöhnliche Anlässe, dem Angebot der göttlichen Gnade, die in Christus offenbar wurde, zu begegnen" – und in der Konsequenz eben auch „Verpflichtung zu einem christlichen Lebensweg".[52]

Kauffman sieht daher eine große Nähe im Bereich der Ekklesiologie und der Ethik[53]: die Betonung der Freiheit der Kirche von säkularer politischer Kontrolle; die Überzeugung, dass die Kirche sowohl eine historische als auch spirituelle Realität ist; die Notwendigkeit eines Aktes des freien menschlichen Willens zur Erlösung; die Einsicht, dass der christliche Glaube spezifische ethische Implikationen für alle Bereiche des Lebens beinhaltet.

3. Friedenskirche als Interpretationskontext und Folge der Rechtfertigung aus Gnade

In der ökumenischen Bewegung wie auch in der Selbstwahrnehmung haben Mennoniten im 20. Jahrhundert ihr eigenständiges Profil vor allem als Friedenskirche weiterentwickelt.[54] Diese Identität als Friedenskirche

---

49 A.a.O., 23.
50 Gaudium et spes, 45, in: K. Rahner / H. Vorgrimler, Kleines Konzilskompendium. Sämtliche Texte des Zweiten Vatikanums. Freiburg i.Br. [27]1998.
51 Gemeinsam berufen, Frieden zu stiften, A.a.O., 23.
52 A.a.O., 30.
53 Vgl. I. J. Kauffman, Mennonite-Catholic Conversations in North America: History, Convergences, Opportunities, in: One in Christ 34 (1998), 220–246, 223f.
54 Vgl. hierzu ausführlich F. Enns, Friedenskirche in der Ökumene, A.a.O., und A. Lange, Die Gestalt der Friedenskirche (Beiträge zu einer Friedenstheologie 2), Maxdorf 1988.

ist nicht einfach ein Akzidenz, sondern findet ihre eigentliche Begründung gerade in der paulinischen Rechtfertigungslehre: Das Versöhnungsgeschehen in Christus, die Rechtfertigung der Sünder ist *der* Akt der Feindesliebe Gottes (Röm 5,8.10).[55] Das Kreuz wird zum Paradigma der Feindesliebe und Zeichen der Gewaltfreiheit Gottes, ja zum Wesensmerkmal Gottes selbst. Schöpfung und Erlösung finden hierin ihre Verbindung: Der Tod Jesu am Kreuz ist Gottes einseitiger, erster Schritt zur Versöhnung und Erneuerung der ganzen Menschheit. In diesem Gewaltverzicht Gottes erkennt die versöhnte Gemeinde ihrerseits den Auftrag zur Versöhnung, wie auch deren Ermöglichungsgrund.

Dies korrespondiert nun mit der Ekklesiologie: Während Luther zu Recht darauf bestand, das Kirchesein der Kirche gründe in der Gnade Gottes, die nur im Glauben ergriffen werden könne, insistiert die Friedenskirche weitergehend darauf, dass Kirche sich auch im sichtbaren Handeln einer sichtbaren Gemeinde manifestiert. Eine Kirche der Glaubenden, die Einfluss nehmen will auf die Sozialgestaltung der Gesellschaft, kann nicht ohne die Dynamik der Gnade gedacht werden.[56] Kirche kann sich nicht mit dem Hinweis auf ihre Unsichtbarkeit rechtfertigen, sondern sie ist gerechtfertigt in ihrem Herrn. Sie ist sein Leib, trotz und mit ihren Unzulänglichkeiten. Es ist eine Konsequenz der Inkarnation, dass Gott sich auf menschliche Schwäche ein für alle Mal eingelassen hat.

John Howard Yoder gilt als der bedeutendste Vertreter und Vordenker dieser Ausdifferenzierung und Weiterentwicklung innerhalb der mennonitischen Tradition im 20. Jahrhundert. In seinem Hauptwerk „Die Politik Jesu" erreicht er durch exegetische Studien eine Weitung des Blicks auf das paulinische Verständnis der Rechtfertigung.[57] Er stellt in Frage, dass mit der immer wiederkehrenden Suche nach der persönlichen Rechtfertigung und dem individuellen Seelenheil[58] der paulinischen Interpretation erschöpfend Rechnung getragen sei. Yoder meint dagegen, dass die Recht-

---

55 So z. B. bei R. Sider, Jesus und die Gewalt, Maxdorf 1982, 27; auch G. D. Kaufman, Systematic Theology. A Historicist Perspective, New York 1968, 219: „The cross is the nonresistance of God".
56 „It is the idioms of grace and of faith that define the church. To witness to that reality is the only identity which the ‚peace churches' possess." P. Peachey, The Peace Churches as Ecumenical Witness, in: J.R. Burkholder / C. Redekop (Hg.), Kingdom, Cross and Community. Scottdale/PA 1976, 247–258, 258.
57 J. H. Yoder, Politics of Jesus, 2., rev. Aufl., Grand Rapids 1994. Dt. Übersetzung der 1. Aufl.: Die Politik Jesu – der Weg des Kreuzes, Maxdorf 1981, v.a. Kap. 11: Rechtfertigung aus Gnade durch Glauben. Yoder beruft sich auf exegetische Entwürfe von K. Stendahl, P. Minear, M. Barth und H. W. Bartsch.
58 Als typische Vertreter nennt Yoder: Luther, John Wesley, Kierkegaard, aber auch Existenzialisten und konservative Evangelikale.

fertigung bei Paulus sich vor allem auf die soziale und kosmische Dimension beziehe. Dadurch werde „der persönliche Charakter der Rechtfertigung, die Gott denen, die glauben, zurechnet, nicht geschmälert; durch das Hineinstellen der persönlichen Rettung in eine umfassendere Realität würde allerdings der Individualismus negiert, den wir mit Versöhnung verbinden". [59]

Damit widerspricht Yoder einigen Prämissen gängiger protestantischer Auslegung:

(1) Paulus sei nicht von seiner persönlichen Schuld besessen gewesen (wie etwa Luther) und suchte nicht nach einem gnädigen Gott.

(2) Es sei nicht richtig, die Funktion des Gesetzes bei Paulus vor allem im *usus elenchticus* (Vorführen der Schuld des Menschen) zu suchen, als ob die Botschaft der Versöhnung so vorbereitet würde, indem zunächst das Bewusstsein für die Schuldhaftigkeit des Menschen vertieft werden müsste. Vielmehr sei das Gesetz die „... gnädige Maßnahme Gottes, um das Leben seines Volkes zu regeln, solange es auf die Ankunft des Messias wartete." [60] (K. Stendahl schlägt als Übersetzung für *paidagogos* in Gal 3,24 „Wächter" vor – gegen Luther: „Zuchtmeister").

(3) Der Glaube sei nicht ein geistliches Exercitium, das „von Selbstvertrauen über Verzweiflung zu Vertrauen in die paradoxe Güte des göttlichen Urteils führt." [61] Kern des Glaubens bei Paulus sei vielmehr, dass Jesus von Nazareth der Messias ist. Dies markiert den Unterschied zwischen Juden und Christen, nicht die Stellung zum Gesetz, nicht ein neues Verständnis von Gerechtigkeit, nicht das Vertrauen auf Gott als gerechten und barmherzigen Richter. Paulus kämpfte nicht gegen die Gesetzeserfüllung bei den Juden. Sein Problem sei vielmehr gewesen, dass die Judenchristen nicht erkennen wollten, dass mit dem Kommen des Messias der Bund Gottes auch den Heiden offen stand, die Gemeinschaft von Juden und Heiden. „Erst als in späteren Generationen diese Beziehung zwischen Juden und Heiden vergessen oder polemisch verfälscht wurde, konnte die paulinische Rechtfertigung im Sinne westlicher Selbsterforschung und individuellem Persönlichkeitsanspruch, besonders in der Nachfolge Augustins, übersetzt und uminterpretiert werden." [62]

Zunächst sucht Yoder dies an Eph 2 zu zeigen [63]. Paulus ging es nicht um die Aufhebung der Feindschaft zwischen dem gerechten Gott und den

---

59 A.a.O., 191f.
60 A.a.O., 192.
61 Ebd.
62 A.a.O., 194.
63 Die Diskussion um die Pseudepigraphie der Paulusbriefe wird zwar erwähnt, aber nicht berücksichtigt.

gegen das Gesetz verstoßenden Menschen. Vielmehr schafft Gott durch die Überwindung der Trennmauer (= das jüdische Gesetz) zwischen Juden und Griechen in Christus eine neue Menschheit.[64] Rechtfertigung wird zum sozialen Ereignis, weil vorher Getrenntes versöhnt wird, Juden und Griechen, Mann und Frau, Sklave und Freier, etc. (Gal 3,28).

Gerechtgesprochen zu werden heißt dann vor allem: „zurechtgerückt werden in und für diese Gemeinschaft". Es geht bei der Rechtfertigung nicht „nur um den quasi-juristischen Status der menschlichen Schuld vor Gott, die – als Antwort auf einen Glaubensakt – durch eine Erklärung des Richters annulliert bzw. amnestiert wird".[65] Rechtfertigung durch Gott und Versöhnung der Menschen stehen nicht in einem Verhältnis von Ursache und Wirkung zueinander. In Christus ist eine neue Kreatur (ktisis) geschaffen (2 Kor 5,17).[66] Mit „ktisis" kann das gesamte Universum gemeint sein (Mk 16,15; Kol 1,15.24; Röm 8,19–22; Hebr 9,11), eine neue Menschheit (Eph 2,25), aber nirgends im NT das Individuum. Der Akzent liegt hier demnach nicht auf der ontologischen Veränderung der Einzelperson, sondern zielt auf die Bildung von gelingenden Beziehungen zwischen den Menschen.[67] Selbst im Römerbrief sei das zentrale Anliegen nicht, wie „Gott und Mensch annehmbar werden könnten", sondern die „separate Existenz des auserwählten Volkes war das Problem, das von der Rechtfertigung gelöst wurde."[68] Auch hier müsse Rechtfertigung als ein soziales Phänomen gedacht werden, als Versöhnung von Menschen verschiedenartiger Herkunft.[69]

Das hat unmittelbare Implikationen für die Ethik: „Die gute Nachricht, dass mein Feind und ich in einer neuen Menschheit vereinigt sind, verbietet mir hinfort, jemals wieder sein Leben in meine Hände zu nehmen."[70]

---

64 „Das ist das Werk Christi: er rettet nicht nur individuelle Seelen und befähigt sie zur gegenseitigen Liebe; er stiftet Frieden, reißt die Mauer ein und bildet damit eine neue Gemeinschaft aus zwei verschiedenen Gruppen von Menschen ..." Yoder, Die Politik Jesu, 196.
65 A.a.O., 197.
66 Die der revidierte Luther-Übersetzung: „Ist jemand in Christus, so ist er eine neue Kreatur" wird infrage gestellt, da im Griechischen lediglich steht: Ist jemand in Christus, neue Kreatur (ktisis).
67 Yoder fährt fort: „ ... sondern in der Verwandlung der Perspektive". – Damit bleibt er sicherlich hinter dem zurück, was er eigentlich vorher sagt. Es geht ihm doch nicht nur um eine andere Perspektive, sondern eine Ermöglichung und auch Schaffung neuer Qualitäten von Beziehungen, die vorher so nicht vorhanden waren.
68 Yoder, Die Politik Jesu, 201.
69 Ansätze dieses Denkens erkennt Yoder im Religiösen Sozialismus und bei Joh. Chr. Blumhardt.
70 Yoder, Die Politik Jesu, 203.

Somit ist der „messianische Lebensstil", zu dem Feindesliebe und Gewaltfreiheit gehören, nicht einfach eine steile ethische Forderung an den Menschen, sondern er findet im Rechtfertigungsgeschehen erst seinen Ermöglichungsgrund.

Vertreter aus anderen Traditionen als der mennonitischen haben – je ganz unterschiedlich – diese Argumentation aufgegriffen und weiterentwickelt, unter ihnen Jürgen Moltmann [71] und Stanley Hauerwas [72]. Und auch in einigen neueren ökumenischen Diskussionen findet diese Argumentation ihren Widerhall, z.B. in „Ekklesiologie und Ethik" [73]: Kirche *hat* nicht nur eine bestimmte Ethik, sondern sie *verkörpert* sie zugleich. [74]

4. Schluss: Axiome der Interpretation in der täuferisch-mennonitischen Tradition

Es lassen sich in der täuferisch-mennonitischen Tradition Entwicklungen in Einzelaspekten beobachten, die vor allem durch die ökumenischen Begegnungen sichtbar wurden. Aus den genannten Stimmen unterschiedlicher Zeiten und Kontexte werden – bei aller Pluralität und Fortentwicklung in den Argumentationsgängen und Begründungsmustern – bleibende regulative Prinzipien erkennbar:

a. Rechtfertigung geschieht in Christus, allein aus Gnade durch den Glauben.
b. Dadurch ist eine neue Kreatur geschaffen (Erneuerung).
c. Rechtfertigung und Heiligung sind daher nicht voneinander zu trennen.

---

71 Vgl. J. Moltmann, Der Weg Jesu Christi. Christologie in messianischen Dimensionen, München 1989.
72 Vgl. St. Hauerwas, Selig sind die Friedfertigen. Ein Entwurf christlicher Ethik, hg. u. eingeleitet von R. Hütter, Neukirchen-Vluyn 1995.
73 Vgl. Th.F. Best / M. Robra (Hg.), Ecclesiology and Ethics. Ecumenical Ethical Engagement, Moral Formation and the Nature of the Church, Geneva 1997; D. Forrester, The True Church and Morality. Reflections on Ecclesiology and Ethics, Genev 1997; L. S. Mudge, The Church as Moral Community. Ecclesiology and Ethics in Ecumenical Debate, New York 1998. Mudge verfolgt ein sakramentalistisches Verständnis der Kirche, das Ekklesiologie und Ethik vereinigt.
74 Vgl. Hauerwas: „In der Tat will ich gerade diese These bestreiten, dass christliche Sozialethik vor allem den Versuch darstellt, die Welt friedfertiger und gerechter zu machen. Vielmehr ist die erste sozialethisch Aufgabe der Kirche diejenige, Kirche zu sein – als Dienstgemeinschaft. Eine solche Behauptung mag wohl selbstbezogen klingen, solange wir uns nicht daran erinnern, dass das, was Kirche zur Kirche macht, die treue sichtbare Verkörperung der Friedensherrschaft Gottes in der Welt ist. Als solche hat die Kirche keine Sozialethik; die Kirche ‚ist' eine Sozialethik." Hauerwas, Selig sind die Friedfertigen, a.a.O., 159.

d. Der Glaube führt zu einem neuen Leben in Christus im Sinne der *participatio*.
e. Dieser „messianische Lebensstil" im Sinne der Nachfolge Jesu ist ein andauernder Prozess, bleibend angewiesen auf Vergebung und Versöhnung.
f. Rechtfertigung ist nicht beschränkt auf die individuelle Erfahrung der Gerecht-Machung, sondern ist der Ermöglichungsgrund der versöhnten, gewaltfreien Beziehung zu anderen.
g. Die Glaubenstaufe in die Gemeinschaft Jesu Christi ist ein angemessener Ausdruck dieses Zusammenhangs zwischen Gottes vorauslaufender Gnade und der – durch das Werk Christi ermöglichten – freiwilligen Antwort des Menschen.
h. Daraus ergibt sich der enge Zusammenhang von Ekklesiologie und Ethik („messianische Gemeinschaft").

Diese Axiome können vor allem auch in jenen Versuchen leitend sein, die Botschaft von der Rechtfertigung im gegenwärtigen Kontext plausibel zu machen, in dem viele der tradierten Redewendungen nicht unmittelbar verstanden werden. Zum einen ist es die seelsorgerliche Dimension des bedingungslos Angenommenseins, in der das Potential dieser Botschaft für jede und jeden nachvollziehbar wird, weil es die Voraussetzung jeder gesunden Gemeinschaftsbildung ist. Zum anderen sind es die ethischen Implikationen, die allgemein verständlich machen, warum diese evangelische Wahrheit so zentral ist. Die Unantastbarkeit der Würde des Menschen findet hierin ihre Begründung, weil die Beurteilung einer Person so niemals auf deren Taten reduziert werden kann. Nach biblischem Verständnis bliebt der Mensch stets, was er vor Gott durch Christus ist: ein von ihm geliebter und darum gerechtfertigter, allein aus Gnade. Aufgrund dieser Tatsache ist dann auch eine neue Sozialität geschaffen, die auf die Bildung von richtigen, d.h. gerechten Beziehungen unter den Menschen abzielt – ein Gerechtigkeitsverständnis, das den Aspekt der Barmherzigkeit mit einschließt, um letztlich die Überwindung von Feindschaft hin zu Versöhnungen zu ermöglichen. Dadurch gewinnt das Ethos der Gewaltfreiheit wie der Schutz der Menschenrechte seine theologische Begründung.

All dies ist nicht nur als Anspruch des Evangeliums zu verstehen, sondern zuerst und vor allem als Befreiung von der Last, aus eigener Leistung heraus alles Böse, auch „strukturelle Sünde" überwinden zu wollen. Die Botschaft von der Rechtfertigung enthält zuerst eine Befreiung, die dann eine tatsächliche Verantwortung füreinander in Gemeinschaft ermöglicht.

Uwe Swarat

Das baptistische Verständnis von Rechtfertigung und die „Gemeinsame Erklärung zur Rechtfertigungslehre" von Lutheranern und Katholiken

Meine Aufgabe, die baptistische Sicht auf jene Thematik zu vermitteln, die in der „Gemeinsamen Erklärung zur Rechtfertigungslehre" von Lutheranern und Katholiken verhandelt wird, möchte ich so lösen, dass ich zunächst einiges über die Rechtfertigungslehre in der baptistischen Tradition vortrage, und dann in einem etwas kürzeren zweiten Teil auch einige baptistische Reaktionen auf die „Gemeinsame Erklärung" vorstelle.

I. Die Rechtfertigungslehre in der baptistischen Tradition

1. Die Nachrangigkeit der Lehre gegenüber der Verkündigung

In der baptistischen Tradition hat die Rechtfertigungs*botschaft* einen größeren Raum als eine Rechtfertigungs*lehre*. Das hängt damit zusammen, dass im Baptismus theologische Arbeit generell nicht im Vordergrund des kirchlichen Interesses steht. Das *Leben* des Glaubens wird wichtiger genommen als die Lehre. Das bedeutet nicht, dass überhaupt keine Lehre oder theologische Arbeit geschieht. Aber was Baptisten lehren, wird eher selten in gedruckter Form vorgelegt, sondern kann oft nur vor Ort wahrgenommen werden in dem, was in einer selbständigen Ortsgemeinde jeweils aktuell geglaubt und verkündigt wird. Dementsprechend gibt es in der baptistischen Tradition auch keine im Einzelnen ausgearbeitete Theorie der Rechtfertigung. Das macht einen Vergleich der baptistischen Auffassungen mit den detaillierten und theologisch ausgefeilten Rechtfertigungslehren auf lutherischer und römisch-katholischer Seite nicht leicht.

Die baptistische Rechtfertigungslehre ist vor allem eine jeweils aktuell verkündigte Rechtfertigungs*botschaft* und als solche für das baptistische Selbstverständnis und die Praxis des Glaubens zentral. Wenn man fragt, wo das Herz des Baptismus schlägt, d.h. was er als seinen eigentlichen Auftrag ansieht, dann wird man für unsere gesamte, weltweit in über 200

Ländern verbreitete Gemeinschaft wohl nur eine Antwort geben können, nämlich: Das Herz des Baptismus schlägt in der Evangelisation und im Gemeindeaufbau. Baptisten wissen sich beauftragt, das Evangelium von Jesus Christus Menschen so zu verkündigen, dass sie zum Glauben kommen und am Aufbau einer Gemeinde von Gläubigen mitarbeiten, indem sie sich taufen lassen und sich entsprechend ihren Gaben und Kräften am gemeinsamen Werk beteiligen. Damit dies geschieht, bedarf es der Verkündigung der Rechtfertigung des Sünders allein aus Gottes Gnade, durch Jesus Christus als alleinigen Mittler und allein durch den Glauben. Die Rechtfertigungsbotschaft ist in diesem Sinne aufs Engste mit dem baptistischen Selbstverständnis verknüpft, obwohl der Begriff „Rechtfertigung" für die gemeinte Sache eher selten verwendet wird. Der Begriff „Rechtfertigung" hat eben die Schwäche, dass er heutzutage sowohl den Menschen in der Gemeinde als auch den Adressaten außerhalb erst erklärt werden muss, unter praktischen Gesichtspunkten also schwirig ist, und dass er auch in der Heiligen Schrift zwar an zentraler Stelle, aber durchaus nicht überall vorkommt. In der baptistischen Verkündigung und Lehre wird darum eher von der Versöhnung zwischen Gott und Mensch und von der Erlösung der Welt durch Jesus Christus gesprochen. Baptistisches Rechtfertigungsverständnis wird man also weniger durch Aufruf dieses Stichwortes ermitteln können, als durch eine Suche nach den entsprechenden Inhalten.

2. Baptistischer Bibelgebrauch als Spiegel des Rechtfertigungsverständnisses

Das für die baptistische Evangeliumsverkündigung zentrale Bibelwort steht in Joh 3,16: „Also hat Gott die Welt geliebt, dass er seinen eingeborenen Sohn gab, damit alle, die an ihn glauben, nicht verloren werden, sondern das ewige Leben haben." Der Ausgangspunkt des göttlichen Rettungswerkes ist demnach die Liebe Gottes zur verlorenen Welt. Gott liebt diese Welt, obwohl sie sich von ihm als der Quelle des Lebens abgewandt und dem Nichtigen zugewandt hat. Und weil Gott die verlorene Welt liebt, darum unternimmt er es, sie zu retten, ohne dass sie es verdient hätte und ohne dass sie selber etwas dazu beitragen könnte. Die Rettung geschieht dadurch, dass Gott seinen eingeborenen Sohn dahingibt. Die Rettung ist also ein Werk Gottes durch seinen Sohn als Mittler. Durch die Hingabe des Gottessohnes in den Tod – als Gericht Gottes verstanden – haben wir das ewige Leben, wenn wir an Christus glauben. Das göttliche Erlösungswerk in Tod und Auferstehung Christi zielt auf den Glauben der Menschen, und zwar nicht nur auf einen Glauben, *dass* Gott so gehandelt hat, sondern einen Glauben *an* Christus, d.h. es zielt auf eine persönliche Lebenshingabe an Christus, durch die der Mensch dankbar die Hingabe Jesu Christi zu seinen Gunsten annimmt.

Diese Botschaft von Joh 3,16 stimmt inhaltlich überein mit dem, was in den Paulusbriefen des Neuen Testaments von der Rechtfertigung und Erlösung gesagt wird. Wenn Joh 3,16 den Grund für die Rettung der Welt in der Liebe Gottes sieht, ist damit das *sola gratia* der Rechtfertigung mit anderen Worten ausgesagt. „Wir werden ohne Verdienst gerecht aus seiner Gnade durch die Erlösung, die durch Christus Jesus geschehen ist" (Röm 3,24). Auch Paulus kann statt von der Gnade von der Liebe Gottes reden: „Gott erweist seine Liebe zu uns darin, dass Christus für uns gestorben ist, als wir noch Sünder waren" (Röm 5,8). Die voraussetzungslose Liebe Gottes wirkt sich darin aus, dass Gott „seinen eigenen Sohn nicht verschont hat, sondern hat ihn für uns alle dahingegeben" (Röm 8,32). Diese Hingabe des Gottessohnes in den Tod wird heilswirksam durch den Glauben, denn die Gerechtigkeit vor Gott „kommt durch den Glauben an Jesus Christus zu allen, die glauben" (Röm 3,22).

Mit der Bezeugung des Erlösungswerkes Christi und dem Ruf zum Glauben, d.h. zur Aufnahme Christi in das eigene Leben, verbunden ist für Baptisten stets der Ruf zur Taufe und zur Gemeinde. Der zentrale Bibeltext dafür steht nach baptistischer Tradition in Apg 2,37–42; es ist die Wirkungsgeschichte der Pfingstpredigt des Petrus: „Als sie (nämlich die Adressaten der Verkündigung) das hörten, ging's ihnen durchs Herz, und sie sprachen zu Petrus und den andern Aposteln: Ihr Männer, liebe Brüder, was sollen wir tun?" Die Frage „Was sollen wir tun?" könnte einen evangelischen Verkündiger, der um die Gefahr der Werkgerechtigkeit weiß, durchaus in Verlegenheit bringen und zu der Antwort verleiten: „Ihr sollt gar nichts tun, denn Christus hat bereits alles für euch getan." Das wäre für baptistisches Verständnis jedoch eine verkehrte Anwendung der Rechtfertigungsbotschaft. Das stellvertretende Handeln Christi ist nämlich nicht bloß exklusiv, sondern inklusiv zu verstehen, es will die Vertretenen nicht ausschließen, sondern einschließen, es will uns Erlöste nicht passiv lassen, sondern mit einbeziehen in das Erlösungsgeschehen, indem wir nämlich mit Christus sterben und mit ihm auferstehen. Und das geschieht durch den Glauben, der in der Taufe eine zeichenhafte Gestalt bekommt.

Darum entspricht es vollkommen der paulinischen Rechtfertigungslehre, wenn der Petrus der Apostelgeschichte auf die Frage der Hörer: „Was sollen wir tun?" antwortet mit: „Tut Buße, und jeder von euch lasse sich taufen auf den Namen Jesu Christi zur Vergebung eurer Sünden, so werdet ihr empfangen die Gabe des heiligen Geistes." Die Apostelgeschichte berichtet dann weiter: „Die nun sein Wort annahmen (nämlich das Wort der Predigt mit dem Aufruf zur Buße), ließen sich taufen; und an diesem Tage wurden hinzugefügt etwa dreitausend Menschen. Sie blieben aber beständig in der Lehre der Apostel und in der Gemeinschaft und im Brotbrechen und im Gebet." Mit dieser apostolischen Praxis als Muster vor Augen, verstehen Baptisten die Rechtfertigung oder Erlösung des Sünders als einen Prozess, der damit beginnt, dass die Botschaft vom Werk Jesu Christi verkündigt wird. Unter allen, die diese Worte hören, wird es durch Gottes Gnade einige geben, denen sie „durchs Herz" gehen, d.h. die als Wirkung des Heiligen Geistes innerlich von der Wahrheit der Botschaft überführt werden. Diese Menschen werden aufgerufen, Buße zu tun, sich also von ihrem bisherigen Leben zu Christus zu bekehren, und sich des zum Zeichen taufen zu lassen. Getauft wird demnach, wer das Wort der Verkündigung annimmt. Der empfängt auch den Heiligen Geist und wird der Gemeinde Christi hinzugefügt, und zwar nicht einfach nur einer unsichtbaren Schar, sondern jener bestimmten sichtbaren Gemeinschaft von Gläubigen, die ihn oder sie getauft hat. In dieser Gemeinde leben die Getauften dann miteinander ihren Glauben, indem sie beständig bleiben im gemeinschaftlichen Gottesdienst. Hören und Annehmen des Evangeliums, Taufe und Geistempfang sowie beständiges Leben in der Gemeinde bilden in organischem Aufbau jenen Vorgang, durch den wir gerettet werden.

3. Der Rechtfertigungsglaube in baptistischen Bekenntnistexten

a) Die Stellung von Bekenntnissen im Baptismus

Nachdem ich nun anhand der Heiligen Schrift in aller Kürze die Rechtfertigungsbotschaft skizziert habe, so wie sie in der baptistischen Tradition verkündigt wird, schauen wir jetzt in die schriftlichen Bekenntnisse. Es wird gelegentlich – selbst von baptistischer Seite – der Eindruck erweckt, als sei die Abfassung und Annahme von Bekenntnistexten etwas Unbaptistisches. Das mag der eine oder andere so empfinden, das Zeugnis der Geschichte und der aktuellen Praxis ist jedoch ein anderes. Baptisten haben von Anfang an schriftliche Bekenntnisse verfasst, um ihren Glauben nach außen und nach innen identifizierbar zu machen. Diese Bekenntnisse haben allerdings nicht den Rang, den Dogmen in den Orthodoxen Kirchen und im Katholizismus haben, sondern stehen unter dem reformatorischen Vorzeichen des *sola scriptura*. Da die Baptisten aus dem reformierten Zweig der Reformation, genauer gesagt aus dem englischen Puritanismus Anfang des 17. Jahrhunderts hervorgegangen sind, ist ihr Verhältnis zu Bekenntnisschriften dem der reformierten Kirchen ähnlich. Die Bekenntnisschriften haben im Selbstverständnis der Kirche keine Schlüsselstellung. Sie sind nicht ein für alle Mal identitätsstiftend, sondern können je nach Bedarf erweitert und ergänzt werden. Es gibt auch keinen Bekenntnistext, der für alle Konfessionsangehörigen weltweit autoritativ wäre, vielmehr haben die verschiedenen Länder und Regionen jeweils eigene Texte entwickelt. Bei baptistischen Ordinationen gibt es keine Verpflichtung auf Bekenntnistexte, sondern nur auf die Heilige Schrift. Bei Kontroversen in Lehre und Leben ist es deshalb erforderlich, hinter die Bekenntnisse zurück immer wieder neu nach der Schrift zu fragen. Da sich der Baptismus nicht über schriftlich fixierte Lehren definiert, sondern über gemeinsame Überzeugungen, deren genaue Formulierung nicht unbedingt festgelegt werden muss, gehen Baptisten mit ihren Bekenntnistexten in der Regel sehr gelassen, um nicht zu sagen, nachlässig um. Die Bekenntnistexte liegen aber vor und drücken auch die Übereinstimmung der Gemeinden im Glauben authentisch aus.

Im Folgenden werden wir einen Blick werfen auf Bekenntnisse aus der Entstehungszeit des Baptismus und aus der Aufbauzeit in England, dann auf Bekenntnisse aus Nordamerika und schließlich auf solche aus Deutschland.

b) Bekenntnisse aus den Anfängen in Amsterdam

Die historischen Anfänge des Baptismus liegen im ersten Jahrzehnt des 17. Jahrhunderts, in dem einige puritanische Separatisten von der Kirche von England vor dem Verfolgungsdruck seitens der Staatskirche nach Amsterdam in Holland auswichen. Dort wurden sie wahrscheinlich von den Waterländer Mennoniten angeregt, die Säuglingstaufe zu verwerfen und sich gegenseitig als mündige Bekenner des Glaubens zu taufen. Ein Teil dieser Gruppe von Engländern schloss sich den holländischen Mennoniten an, ein anderer kehrte wieder nach England zurück.

Die lehrmäßigen Überzeugungen der Exulanten in Amsterdam werden in zwei Bekenntnissen deutlich. Eines stammt von ihrem ursprünglichen Leiter John Smyth aus dem Jahre 1609, der später zu den Mennoniten übertrat, das andere, 1611 gedruckt, von einem Laien, Thomas Helwys, der zum Leiter jener kleinen Gruppe wurde, die wieder nach England zurückkehrte.[1] Im Bekenntnis von Smyth behandelt der zehnte von insgesamt zwanzig Artikeln die Rechtfertigung und sagt:

---

[1] W. L. Lumpkin, Baptist Confessions of Faith, revised edition, Valley Forge 1969, 100f. 116–123 (Übersetzung von USw).

> „Wir glauben mit dem Herzen und bekennen mit dem Munde ..., dass die Rechtfertigung des Menschen vor dem göttlichen Gericht (welches ist der Thron sowohl der Gerechtigkeit als auch der Barmherzigkeit) besteht teils in der Anrechnung (engl. *imputation*) der Gerechtigkeit Christi, die durch Glauben ergriffen wird, und teils in der den Heiligen selbst innewohnenden Gerechtigkeit, die durch das Wirken des Geistes zustande kommt und Wiedergeburt oder Heiligung genannt wird, denn jeder ist gerecht, der Gerechtigkeit tut."

Die Gliederung durch „teils–teils" ist unglücklich und auch unangemessen, wird aber kaum streng zu nehmen sein, sondern als bloßes Aufzählungsmittel. Das bedeutet: Es wird hier die reformatorische Lehre von der zugleich forensischen und effektiven Rechtfertigung wiedergegeben, nach der die Zurechnung der Gerechtigkeit Christi durch den Christus ergreifenden Glauben und die geistgewirkte Erneuerung oder Heiligung des Menschen zusammengehören.

In ganz ähnlicher Weise verbindet das Bekenntnis von Helwys Glaube und Werke. In Art. 6 heißt es dort:

> „Wir glauben und bekennen ..., dass der Mensch gerechtfertigt ist allein durch die Gerechtigkeit Christi, die durch Glauben ergriffen wird. Aber Glaube ohne Werke ist tot."

Es ist wohl typisch für den Baptismus bis heute, dass er beim Stichwort Rechtfertigung immer sogleich diese beiden Dimensionen im Blick hat, sowohl die zugerechnete als auch die innewohnende Gerechtigkeit, sowohl den Glauben als auch die Werke. Eine Rechtfertigung ohne die Dimension der Heiligung erscheint ihm als ebenso verkehrt wie eine Heiligung, die die Vergebung der Sünden überflüssig machen will. Ein Glaube, der ohne Werke bleibt, rechtfertigt ebenso wenig wie Werke, die ohne Glauben geschehen.

c) Bekenntnisse aus England

In England entstand der Baptismus teils durch die Rückkehrer aus Amsterdam, teils unabhängig von ihnen durch autochthone Entwicklungen in Separatistenkreisen innerhalb der englischen Staatskirche. Tatsächlich bestanden in England von Anfang an bis zum Ende des 19. Jahrhunderts zwei getrennte Richtungen von Baptistengemeinden, die nicht nur einen unterschiedlichen Ursprung hatten, sondern sich auch in der Prädestinationslehre unterschieden. Die *Particular Baptists*, die in England selbst entstanden waren, vertraten die reformierte Prädestinationslehre, wie sie in den Dordrechter *Canones* (1618/19) formuliert wurde, der zufolge der Heilswille Gottes und das Versöhnungswerk Christi auf jene beschränkt sind, die zuvor erwählt wurden, während die *General Baptists*, die von den Rückkehrern aus Amsterdam begründet wurden, den allgemeinen Heilswillen Gottes bezeugten und damit der arminianischen Richtung des Reformiertentums nahestanden. Diese Differenz in der Prädestinationslehre hatte natürlich auch Auswirkungen auf das Rechtfertigungsverständnis. Während der orthodoxe Calvinismus Dordrechter Prägung die Unwiderstehlichkeit der Gnade Gottes bei der Bekehrung lehrte, vertraten die Arminianer die Überzeugung, dass der Mensch von Gott die Freiheit erhalte, die Gnade anzunehmen oder auch abzulehnen. Diese inner-reformierte Lehr- und Bekenntnisdifferenz wurde in England zu einer innerbaptistischen Differenz. Die orthodox-reformierten *Particular Baptists* betonten bei der Rechtfertigung die Passivität des Menschen, die arminianischen *General Baptists* stellten dagegen die Beteiligung des Menschen heraus. Beide Richtungen unterschieden sich auch in ihrem Eifer für die rechte Lehre und eine sorgfältige Theologie. Die orthodox-reformierte Richtung war hier entschieden stärker engagiert als die arminianische.

Als im Jahre 1651 dreißig Gemeinden die „Assoziation" der *General Baptists* bildeten, nahmen sie auch ein Glaubensbekenntnis an.[2] Die Rechtfertigung wurde darin nicht unter diesem Begriff thematisiert, steht aber im Hintergrund vieler Aussagen. Es wird vor allem betont, dass die Menschen durch die Gnade Gottes auch in Pflicht genommen werden. Dieses Bekenntnis ist ebenso wenig sorgfältig ausgearbeitet wie die wenig später, im Jahre 1660, angenommene *Standard Confession* der *General Baptists*.[3] In der *Standard Confession* steht in Art. VI,

> „dass der Weg, den Gott bekannt gemacht hat, damit Menschen auf ihm gerechtfertigt werden, der Glaube an Christus ist. Wenn Menschen also der Wahrheit des Evangeliums zustimmen und von ganzem Herzen glauben, dass es Vergebung der Sünden gibt und ewiges Leben erlangt wird in Christus. Ebenso, dass Christus eben darum ihrer beständigen Zuneigung über alles wert ist und ihrer Unterwerfung unter alle seine Gebote, und sie deshalb mit herzlichem Vorsatz beschließen, sich *ihm* in allen Dingen zu unterwerfen und nicht länger sich selbst."

---

2 Text bei Lumpkin, a.a.O., 171–188.
3 Text der *Standard Confession* bei Lumpkin, a.a.O., 220–235. Größeren theologischen Gehalt hat ein Bekenntnis, das 1678 von einer Gruppe von Gemeinden der *General Baptists* in den englischen Midlands herausgegeben wurde und den für Baptisten recht ungewöhnlichen Titel trägt *An Orthodox Creed or a Protestant Confession of Faith, being an Essay to Unite and Confirm All True Protestants* (Text bei Lumpkin, a.a.O., 295–334). In Form und Inhalt bewegt es sich auf die *Praticular Baptists* zu. Seine Auswirkung ist jedoch auf die Region begrenzt geblieben, in der es entstanden ist.

Was Rechtfertigung genau ist, wird nicht gesagt, aber man bekennt sich hier zum Glauben als dem Mittel der Rechtfertigung – Glaube verstanden als *assensus* und *fiducia* und verbunden mit der Liebe zu Christus und dem Gehorsam gegenüber seinen Geboten.

Die Überzeugungen der anderen Richtung, der *Particular Baptists*, drücken sich in der *First London Confession* von 1644 aus.[4] Dieses Bekenntnis betont sehr stark den Geschenkcharakter des heilbringenden Glaubens, seine Erweckung durch die Predigt, ja ausdrücklich die Passivität des Menschen bei der Bekehrung. Vom Glauben heißt es dort in Art. 24,

„dass (er) in ordentlicher Weise aus der Predigt des Evangeliums oder dem Wort Christi entsteht, ohne Rücksicht auf irgendeine Kraft oder Fähigkeit in der Kreatur. Die Kreatur ist vielmehr vollständig passiv, weil sie tot ist in Sünden und Übertretungen, und wenn sie glaubt, ist sie durch keine andere Kraft bekehrt als durch jene, die Christus von den Toten auferweckt hat."

Diese Passage hat – wie das gesamte Bekenntnis – eine unverkennbare Nähe zu dem, was damals auch außerhalb des Baptismus im angelsächsischen Reformiertentum (Presbyterianer, Kongregationalisten) geglaubt und gelehrt wurde. Man kann das z. B. durch einen Vergleich mit der kurz darauf entstandenen *Westminster Confession* von 1646 und der kongregationalistischen *Savoy Declaration* von 1658 erkennen.[5] Die damaligen Presbyterianer und Kongregationalisten hatten sich ebenso wie die *Particular Baptists* der orthodox-reformierten Lehre angeschlossen. Ein anderes Bekenntnis der *Particular Baptists*, die *Second London Confession*, die 1677 zum ersten Mal gedruckt und 1689 von einer allgemeinen Versammlung angenommen wurde,[6] ging sogar so weit, dass sie – um die wesentliche Einheit mit den Presbyterianern und den Kongregationalisten darzulegen und zu stärken – weite Teile der *Westminster Confession* wörtlich übernahm, u. a. auch den Artikel von der Rechtfertigung.

Die Trennung zwischen *Particular* und *General Baptists* in Großbritannien endete im 19. Jahrhundert, als das Interesse an den alten Lehrstreitigkeiten weitgehend zugunsten gemeinsamer praktischer Missionsarbeit im In- und Ausland erloschen war. Die beiden Strömungen schlossen sich

---

4   Lumpkin, a. a. O., 144–171.
5   Texte in E. F. K. Müller (Hg.), Die Bekenntnisschriften der reformierten Kirche, Leipzig 1903, 542–612; 652–656.
6   Im englischen Text in Lumpkin, a. a. O., 235–295; in deutscher Übersetzung hg. v. R. Kunstmann unter dem Titel „Das baptistische Glaubensbekenntnis von 1689", Hamburg 2002.

um 1890 zusammen, und zwar auf der Basis eines sehr kurzen, nur aus Stichworten bestehenden Bekenntnisses, das im Jahre 1888 ausgearbeitet worden war und sechs Artikel enthielt.[7] Art. 4 und 5 nennen als durch die Gemeinden der Union gemeinsam geglaubt: „Rechtfertigung durch Glauben – einen Glauben, der in der Liebe tätig ist und Heiligkeit hervorbringt", sowie: „das Werk des Heiligen Geistes in der Bekehrung der Sünder und in der Heiligung aller, die glauben". Die früheren Streitfragen werden in diesem Bekenntnis nicht mehr reflektiert. Da die rechte Lehre aber vor allem ein Anliegen der orthodox-reformierten Strömung gewesen ist, bedeutete der Zusammenschluss, dass sich im britischen Baptismus im Wesentlichen die arminianische Strömung durchgesetzt hatte.

d) Bekenntnisse aus den Vereinigten Staaten von Amerika

Für die Baptistengemeinden in den Vereinigten Staaten von Amerika hat die *New Hampshire Confession* von 1833 repräsentative Bedeutung bis ins 20. Jahrhundert hinein, allerdings zum Teil nicht in ihrer ursprünglichen Fassung, sondern in einer an einigen Stellen ergänzten Version, die der Herausgeber der *American Baptist Publication Society* in eigener Verantwortung 1853 veröffentlichte und die in dieser Form von sehr vielen Gemeinden und Gemeindebünden übernommen worden ist.[8] Der Art. V handelt von der Rechtfertigung und lautet:

> „[...] Rechtfertigung besteht in der Vergebung der Sünden und der Verheißung ewigen Lebens, auf der Grundlage der Gerechtigkeit. Rechtfertigung wird uns zuteil nicht wegen irgendwelcher gerechter Werke, die wir getan hätten, sondern allein durch seine Erlösung und Gerechtigkeit. [Kraft dieses Glaubens wird Seine vollkommene Gerechtigkeit uns von Gott umsonst zugerechnet.] Rechtfertigung bringt uns in einen Zustand höchst seligen Friedens und Wohlgefallens bei Gott und sichert uns alle anderen für Zeit und Ewigkeit notwendigen Segnungen."

Als grundlegende Erfahrung des Christseins wird die Rechtfertigung hier beschrieben, die uns Frieden mit Gott bringt, indem uns die Gerechtigkeit Christi ohne Zutun unserer eigenen Werke geschenkweise zugerechnet wird. Der Begriff der Rechtfertigung ist also auf die Vergebung beschränkt; die Themen Wiedergeburt, Buße und Glauben sowie Heiligung kommen in anderen Artikeln zur Sprache.

---

7 Statements of the Baptist Union of Great Britain and Ireland, in: Lumpkin, a.a.O., 344–346.
8 Englischer Text in Lumpkin, a.a.O., 360–367; deutsche Übersetzung in: Bekenntnisse der Kirche, hg. v. H. Steubing, Wuppertal 1985, 268–271. Die Ergänzung im Artikel von der Rechtfertigung wurde in Klammern gesetzt.

Die weltweit mitgliederstärkste baptistische Kirche ist die *Southern Baptist Convention* in den Vereinigten Staaten. Ihr gegenwärtig gültiges Glaubensbekenntnis[9] stellt seinen vierten Artikel unter die Überschrift „Salvation", also „Heil" oder „Erlösung", und sagt darin, dass „Erlösung im weitesten Sinne" „Wiedergeburt, Rechtfertigung, Heiligung und Verherrlichung einschließt". Das Stichwort „Rechtfertigung" wird dann mit folgenden Worten erklärt:

> „Rechtfertigung ist Gottes auf der Grundlage Seiner Gerechtigkeit erfolgender gnädiger und vollständiger Freispruch aller Sünder, die Buße tun und an Christus glauben. Rechtfertigung bringt den Gläubigen in eine Beziehung des Friedens und des Wohlgefallens bei Gott."

Es handelt sich um eine verkürzte Übernahme des entsprechenden Artikels der *New Hampshire Confession* von 1833, wobei hier bei den *Southern Baptists* für die Sündenvergebung der stärker juridisch geprägte Terminus „Freispruch" gewählt wird, was aber durchaus dem reformatorischen Verständnis der Rechtfertigungslehre entspricht.[10]

e) Bekenntnisse aus Deutschland

In die Anfänge des Baptismus in Deutschland und auf dem europäischen Kontinent gehört ein Glaubensbekenntnis, das – nach Vorstufen in Hamburg und in Berlin – seit 1847 für alle Baptistengemeinden in Deutschland gültig war. Einen eigenen Artikel von der Rechtfertigung enthält es nicht, sondern behandelt die entsprechenden Lehren unter der Überschrift „Von der Erlösung" und „Von der Bekehrung des Sünders durch das Wort Gottes". Der Artikel „Von der Erlösung" fasst Christologie und Soteriologie zusammen. Nachdem u. a. vom tätigen und leidenden Gehorsam Christi gesprochen war, heißt es dann:

> „Wir glauben, dass diese ewig vollgültige Erlösung des Sohnes Gottes die alleinige Ursache unserer Seligkeit ist, und dass uns aus derselben Vergebung aller unserer Sünden und Übertretungen, Rechtfertigung, eine ewige Gerechtigkeit, Erlösung von Tod, Teufel und Hölle und das ewige Leben zu Theil wird, so wie auch, dass wir dadurch Macht erlan-

---

9 „*Baptist Faith and Message*" vom Jahre 2000, im Internet unter: *Southern Baptist Confessions of Faith*; http://www.jjbooks.com/SBC_CONF_.htm.
10 Die älteste Version des Glaubensbekenntnisses der *Southern Baptist Convention* stammt aus dem Jahre 1925. Dort ist der Artikel von der Rechtfertigung fast wörtlich aus dem ursprünglichen Bekenntnis von New Hampshire von 1833 übernommen, also etwas ausführlicher als gegenwärtig, aber bereits mit dem Begriff *„acquittal of all sinners"* (Freispruch aller Sünder).

gen, die Sünde zu hassen, ihr abzusterben, das Gute zu wollen und zu vollbringen."

Das Leben und Sterben Jesu wird als die alleinige Ursache des Heils gesehen, so dass eine Mitwirkung des Menschen im Sinne einer Mitursächlichkeit für die Erlösung ausgeschlossen ist. Aus dem Erlösungswerk Christi fließen dem, der daran Anteil bekommt, zweierlei Gaben zu, nämlich einerseits Vergebung der Sünden, andererseits die Macht, die Sünde zu hassen und das Gute zu tun. Auch in diesem Bekenntnis werden also die Vergebung für den Sünder und seine geistliche Erneuerung als die zwei Seiten des heilschaffenden Handelns Christi angesehen, wird die Erlösung sowohl auf die Schuld als auch auf die Macht der Sünde bezogen. Der Begriff der Rechtfertigung taucht nur an dieser Stelle auf und meint dieselbe Wirklichkeit wie der Begriff Vergebung.

Wenig später wird der Heilige Geist als derjenige benannt, „der uns willig macht, die Segnungen dieser herrlichen Erlösung im Glauben anzunehmen". Der Glaube, der die Rechtfertigung und die Erneuerung empfängt, ist demnach eine Gabe des Heiligen Geistes. Diese Erkenntnis wird noch ausführlicher entfaltet im Artikel „Von der Bekehrung des Sünders durch das Wort Gottes", in dem das Wort Gottes als die Kraft benannt ist, die den Menschen zur Sündenerkenntnis, zur Reue und zum Glauben an Christus bewegt, und zwar weil der Heilige Geist „das Wort mit seiner allmächtigen, erfolgreichen Wirkung begleitet". So unterstreicht dieses Bekenntnis nachdrücklich das Handeln Gottes bei der Erlösung des Menschen, auch in der Bekehrung und Wiedergeburt. [11]

---

11 Wie von der Gründergeneration des kontinentalen Baptismus über den rechtfertigenden Glauben gelehrt wurde, kann man auch sehr schön einem Brief entnehmen, den Johann Gerhard Oncken am 25. Juni 1844 an den jugendlichen Martin H. Wilkin geschrieben hat und der 1900 in Kassel als Teil eines „Gedenkblatts" zu Onckens hundertstem Geburtstag veröffentlicht wurde. Darin schreibt Oncken: „Der Gegenstand des rechtfertigenden Glaubens, des Glaubens, durch den die Schuldigen nicht nur Vergebung finden, sondern auch gerecht vor Gott gemacht werden, als hätten sie thatsächlich das ganze Gesetz Gottes erfüllt und ein Anrecht auf den Himmel, ist Christus und Christus allein. … Die Ursache, weshalb der Glaube in der Heiligen Schrift als von solch hoher Wichtigkeit dargestellt wird, kommt nicht aus irgendeiner eigenen Wirksamkeit im Glauben selbst, sondern weil der wahre Glaube alles auf Erden und im Himmel vergisst und nur auf den Herrn Jesum Christum blickt und Ihn und sein Werk ergreift. Das, mein lieber Martin, ist das größte Werk oder die größte That, zu welcher die Seele gebracht werden kann, wenn wir Christum ergreifen, indem wir fest glauben, dass er uns annehmen und erretten kann und will, gerade wie wir sind, arme, schuldige Sünder, welche die Hölle verdient haben." Es ist offenbar die Rechtfertigungslehre des

Das gegenwärtig in den deutschsprachigen Baptistengemeinden gebrauchte Bekenntnis stammt von 1977, heißt „Rechenschaft vom Glauben" und bricht stilistisch mit der üblichen Bekenntnisform, die gewöhnlich verschiedene Artikel aufzählt und stark definitorisch angelegt ist. Die „Rechenschaft vom Glauben" dagegen ist eine thematische Abhandlung über die Herrschaft Gottes – ihre Aufrichtung, das Leben unter ihr und ihre Vollendung – nicht in definitorischem, sondern in berichtendem Stil und inhaltlich stark von der Theologie Karl Barths geprägt. Der traditionelle Bekenntnisstoff ist teils explizit, teils implizit in die Abhandlung mit aufgenommen. Einen eigenen Abschnitt zur Rechtfertigung gibt es nicht, es wird von ihr aber unter dem Stichwort „Umkehr zu Gott" gehandelt. Dort heißt es:

> „Gottes Gnade in Christus bewirkt die Umkehr des Menschen zu Gott. Durch den Glauben an Jesus Christus wird der Mensch vor Gott gerecht und Gottes Kind. Glaube ist keine Leistung des Menschen, sondern Annahme der Gnade Gottes. Der Glaubende erfährt die erneuernde Wirkung des Heiligen Geistes in Vergebung und Befreiung. Durch die Kraftwirkung des Heiligen Geistes ist er wiedergeboren zu einem neuen Leben mit Gott."

Das „neue Leben" ist für die „Rechenschaft vom Glauben" der Inbegriff dessen, was Gottes Gnade dem sündigen Menschen schenkt. Die Rechtfertigung und die Annahme als Gottes Kind sind darin eingeschlossen. Der Akzent liegt aber deutlich auf der erneuernden Wirkung des Heiligen Geistes. Das Mittel, vor Gott gerecht zu werden, ist der Glaube, und zwar nicht im Sinne einer Leistung des Menschen, sondern im Sinne der Annahme eines Geschenks. Dementsprechend wird auch betont, dass die Umkehr des Menschen zu Gott durch Gott selbst bewirkt wird. Die Beteiligung des Menschen an seiner Erlösung darf also nicht im Sinne einer verdeckten Werkgerechtigkeit gedeutet werden. Was der Mensch hier tun kann und soll, wird ihm zuvor von Gott geschenkt. Dies zu betonen ist besonders notwendig, da die baptistische Verkündigung und Lehre traditionell großes Gewicht legt auf die willentliche Beteiligung des Menschen an seiner Umkehr zu Gott.

Der deutschsprachige Baptismus hat in seinen Bekenntnissen zwar keinen eigenen Rechtfertigungsartikel, aber die reformatorische Rechtfertigungslehre ist doch der Sache nach präsent.[12] Sie wird unter den Stichwor-

---

Heidelberger Katechismus (Frage 60 und 61), die Oncken hier in seinen Worten wiedergibt.
12 Vgl. V. Spangenberg, Was ist uns wichtig? Grundlegende Identitätsmerkmale der Rechtfertigungslehre aus der Tradition für die heutige Situation (Baptismus), in:

ten „Erlösung" und „Umkehr" oder „Bekehrung" des Menschen zur Geltung gebracht und steht in enger Verbindung mit der Lehre vom neuen Leben aus dem Heiligen Geist, also dem, was das Stichwort „Heiligung" besagt. Die Erlösung, so wird gelehrt, beruht allein auf Person und Werk Christi, sie wird dem Sünder allein aus Gnaden zuteil, und zwar durch das Mittel der Wortverkündigung, die im Glauben angenommen wird, so dass der Mensch durch diesen Glauben allein und nicht durch seine Werke zum Kind Gottes wird, aber doch so, dass der Glaube nicht allein bleibt, sondern notwendigerweise gute Werke tut. Durch Glaube und Umkehr ist der Mensch an seiner Erlösung beteiligt, aber nicht als sein verdienstliches Werk, sondern als Geschenk Gottes.

Zusammenfassend können wir zum Befund aus den baptistischen Bekenntnisschriften Folgendes sagen:

Wo die Rechtfertigungslehre explizit oder implizit vorkommt, wird sie zunächst in enger Anlehnung an die in England vertretene reformatorische, genauer gesagt evangelisch-reformierte Lehre formuliert. Auch das ursprüngliche Nebeneinander von *Particular* und *General Baptists* spiegelt nur eine Differenz in der reformierten Theologie- und Kirchengeschichte wider, nämlich die zwischen dem strengen Calvinismus der Dordrechter Canones und dem Arminianismus. Es zeigte sich sowohl in England als auch in Deutschland, dass die strenge calvinistische Richtung in den baptistischen Gemeinden allmählich an Zustimmung verlor, so dass seit dem Ende des 19. Jahrhunderts eine arminianische Prägung überwiegt. Man hat vom Arminianismus gesagt: Er „betont die Entscheidungsfreiheit des Menschen und pflegt ein bibl[isches], undogmat[isches] und praktisches Christentum" (J. O. Rüttgardt).[13] Das könnte genauso gut eine Beschreibung des heutigen Baptismus sein. Inhaltlich wird in den baptistischen Bekenntnissen von Anfang an die Zusammengehörigkeit von Zurechnung der Gerechtigkeit Christi und geistgewirkter Erneuerung, Glaube und Werke, Rechtfertigung und Heiligung, Sündenvergebung und neuem Leben betont. Im Spannungsfeld von Gnade Gottes und Freiheit des Menschen liegt die Betonung seit dem Erlöschen der orthodox-reformierten Strömung stärker auf der Entscheidungsfreiheit des Menschen. Verwerfungen von abweichenden Lehrauffassungen gibt es zu unserem Thema in den baptistischen Bekenntnissen nicht. Sie stellen einfach positiv dar, was in den eigenen Reihen übereinstimmend geglaubt und gelehrt wird.

Rechtfertigung in freikirchlicher und römisch-katholischer Sicht, hg. v. W. Klaiber und W. Thönissen, Paderborn 2003, 57–71.
13 Evangelisches Lexikon für Theologie und Gemeinde, 2. Aufl. 1998, Band 1, 132.

II. Die „Gemeinsame Erklärung" aus baptistischer Sicht

Zur „Gemeinsamen Erklärung zur Rechtfertigungslehre" von Lutheranern und Katholiken gibt es aus den Reihen des Baptismus nicht nur Kommentare einzelner Theologen, sondern auch die Äußerung einer Kirchenleitung. Auf ihrer ersten Sitzung nach der Augsburger Unterzeichnung, d. h. im November 1999, verfasste die Leitung des Bundes Evangelisch-Freikirchlicher Gemeinden in Deutschland einen Offenen Brief an den Lutherischen Weltbund und die Römisch-Katholische Kirche, in dem sie beiden Kirchen dankte für den „Mut" und die „Entschlossenheit", „gegenseitige Lehrverurteilungen aufzuheben und dem geschwisterlichen Geist unseres Herrn Jesus Christus Raum in Ihren Kirchen zu geben". Der in Augsburg abgeschlossene Dialogprozess sei ein „großer Fortschritt in dem Bemühen, die ‚Einheit des Leibes Jesu Christi' (1. Korinther 12) beharrlich zu suchen und im Geist versöhnter Verschiedenheit unsere gemeinsame Hoffnung zu leben". Außerdem wird darauf hingewiesen, dass in weiterführende Gespräche auch die übrigen Traditionsströme der evangelischen Christenheit – und dazu rechnen sich auch die Baptisten – mit einbezogen werden müssten.[14]

Die Veröffentlichungen einzelner baptistischer Theologen zu dieser Sache dienten bisher überwiegend dem Zweck, die Leserschaft in den eigenen Gemeinden mit dem ökumenischen Dialogprozess zwischen Lutheranern und Katholiken vertraut zu machen.[15] Die dabei erkennbare inhalt-

---

14 Der Text ist dokumentiert in ZThG 5 (2000), 184f. Meines Wissens ist diese Erklärung aus Deutschland die einzige öffentliche Äußerung der Leitung eines baptistischen Gemeindebundes zu diesem Ereignis. Der Baptistische Weltbund (Baptist World Alliance) hat sich bisher nicht offiziell geäußert.

15 U. Swarat, Verständigung vorerst gescheitert. Der Dialog um die Rechtfertigungslehre zwischen Katholiken und Lutheranern, in: Die Gemeinde, Das Magazin des Bundes Evangelisch-Freikirchlicher Gemeinden, Nr. 17/1998, 14f; ebenfalls abgedruckt in epd-Dokumentation Nr. 51 (1998), Der Streit um die Erklärung zur Rechtfertigungslehre (15), 51f; A. Strübind, Ungeteilte Freude?, in: Die Gemeinde Nr. 1/2000, 29–31; E. Schütz, Versöhnung inklusive Rechtfertigung. Zum römisch-katholisch/lutherischen Gespräch über die Rechtfertigungslehre, in: ZThG 4 (1999), 121–137; ders.: Noch einmal: Versöhnung inklusive Rechtfertigung, in: ZThG 5 (2000), 134–144; D. Lütz, Betroffene Bemerkungen eines Nichtbetroffenen. Die Gemeinsame Erklärung aus der Perspektive eines freikirchlichen Zaungastes, in: Rechtfertigung kontrovers, hg. v. Ökumenisch-missionarischen Institut des Ökumenischen Rates Berlin-Brandenburg, Berlin 2000, 76–87. [Nach dem Abschluss des Manuskripts erschienen noch Vorträge eines polnischen und eines estländischen Baptisten über die GER, die während einer ökumenischen Begegnung im Dezember 2003 im Vatikan gehalten wurden. Auf sie soll hier wenigstens noch hingewiesen werden: T. J. Zielinski, Christus selbst ist unsere Gerechtigkeit.

liche Bewertung stimmt weitgehend mit dem überein, was die Kirchenleitung in ihrem offenen Brief formuliert hat. Die Aufhebung gegenseitiger Lehrverurteilungen wird begrüßt, es wird aber auch angemerkt, dass man sich durch einen gemeinsamen Rückbezug auf die Heilige Schrift noch stärker von den alten Kampflinien hätte lösen können. Das Gespräch über die Rechtfertigungslehre müsse also weitergehen, und zwar in größerer ökumenischer Breite, damit auch noch andere Traditionen als die lutherische und die römisch-katholische mit einbezogen werden. Auch ein selbstkritischer Ton wird hörbar, nämlich durch die Frage, ob in den baptistischen Gemeinden die Rechtfertigungslehre tatsächlich den ihr gebührenden Platz einnimmt. Der Streit um die Gemeinsame Erklärung kann ja zum Anlass werden – vielleicht nicht nur im Baptismus –, sich außer in den Reihen der Fachtheologen auch in der Pastorenschaft und unter den Gemeindegliedern zu vergewissern, inwieweit die Rechtfertigungsbotschaft in der Verkündigung, den aktuellen Überzeugungen und dem kirchlichen Handeln tatsächlich zur Geltung kommt.

Der baptistische Wunsch, dass das Gespräch über die Rechtfertigungslehre in größerem ökumenischen Rahmen weitergehe, erfüllt sich inzwischen – jedenfalls zum Teil. Auf Weltebene gab es Sondierungsgespräche von Lutheranern und Katholiken mit Methodisten und Reformierten (Ende 2001 in Columbus, Ohio, USA). Der Weltrat Methodistischer Kirchen übergab seinen Mitgliedskirchen im September 2003 in Abuja, Nigeria, ein mit Katholiken und Lutheranern abgesprochenes „Statement" zur Beschlussfassung, in dem die Zustimmung zur GER erklärt wird. In Deutschland führen wir im DOESTA seit November 2002 ein solches multilaterales Studienprojekt durch. Im Johann-Adam-Möhler-Institut für Ökumenik in Paderborn fand im Frühjahr 2002 eine Tagung statt, in der sich römisch-katholische Theologen mit freikirchlich-evangelischen um einen Vergleich ihrer Rechtfertigungslehren bemüht haben. Zur freikirchlichen Delegation gehörten sowohl Baptisten als auch Methodisten, Theologen aus den Freien evangelischen Gemeinden und ein Vertreter der Evangelischen Brüder-Unität. Was auf dieser Tagung erarbeitet wurde, liegt auch als Buch vor.[16] Die Texte machen deutlich, dass die Gemeinsame

---

Eine baptistische Bewertung der GER, in: ThGespr Beiheft 8 (2005), 47–57; T. Toom, Können wir uns der Gemeinsamen Erklärung zur Rechtfertigungslehre anschließen? Baptisten über Rechtfertigung, a. a. O., 58–79.]

16 W. Klaiber / W. Thönissen (Hg.), Rechtfertigung in freikirchlicher und römisch-katholischer Sicht, Paderborn 2003; vgl. auch B. Neumann: Die Frage der Rechtfertigung im Dialog der katholischen Kirche mit den Freikirchen, in: Catholica 56 (2003), 193–211. Ich selber habe im Dokumentationsband zur Tagung in einem persönlichen Resümee zusammenzustellen versucht, worin freikirchlicher Recht-

Erklärung in ihren Konsensabschnitten eine sehr gute Grundlage für eine lehrmäßige Verständigung auch zwischen Freikirchlichern und Katholiken bildet, dass aber die Unterschiede und Dissense oft nicht an denselben Stellen liegen wie im Gespräch zwischen Lutheranern und Katholiken. Daher ist die Gemeinsame Erklärung auch nicht der ständige Bezugspunkt dieses Gesprächs gewesen.

Die bisherigen Äußerungen von baptistischer Seite zur Gemeinsamen Erklärung lassen erkennen, dass vor allem an folgenden Punkten ein besonderes inhaltliches Interesse vorhanden ist.

Der von lutherischer Seite vorgetragene überragende Stellenwert der Rechtfertigungslehre innerhalb der gesamten christlichen Lehre hat in der gegenwärtigen baptistischen Verkündigungs- und Bekenntnistradition keine Entsprechung. Die Thematik der Heilszueignung wird – wie schon angedeutet – eher unter den Begriffen Erlösung, Rettung, Versöhnung, Sündenvergebung, Gotteskindschaft, Bekehrung, Wiedergeburt, neues Leben, Entscheidung für Christus oder Zum-Glauben-Kommen verhandelt. Darin ist der heutige Baptismus auch ein Erbe des Pietismus und der Erweckungsbewegung. Allerdings finden wir die Rechtfertigungslehre nun auch im Neuen Testament nicht überall explizit entfaltet, ja noch nicht einmal in allen Paulusbriefen. Man muss nicht so weit gehen wie der baptistische Theologe Eduard Schütz, der die paulinische Rechtfertigungslehre – mit dem Religionsgeschichtler William Wrede – zu einer bloß situationsbedingten Kampflehre des Apostels erklärt.[17] Wahrscheinlich hat eher Peter Stuhlmacher recht, der sagt: „Die Rechtfertigungslehre bezeichnet von früh an das Ganze der paulinischen Theologie!"[18] Aber dennoch bleibt es aussagekräftig, dass Paulus seine Theologie durchaus auch ohne die Rechtfertigungsterminologie entfalten kann. Bei Luther finden wir Ähnliches, da er in seinen Katechismen die Rechtfertigungsbegrifflichkeit ganz in den Hintergrund treten lässt. Das, was die Rechtfertigungslehre meint, kann offenbar auch mit anderen Begriffen gesagt werden. Es kommt auf die Übereinstimmung in der Sache, nicht unbedingt auf die Worte an.

Aber auch in inhaltlicher Hinsicht könnte es sein, dass die Rechtfertigungslehre nicht einfach mit dem Evangelium identisch ist, sondern nur *eine* mögliche Entfaltung des Evangeliums. Karl Barth jedenfalls war der Meinung, es wäre ein „Akt allzu krampfhafter und ungerechter Ausschließlichkeit", würde man die Rechtfertigungslehre als *das* Wort *des*

---

fertigungsglaube mit der römisch-katholischen Lehre übereinstimmt und worin noch nicht (siehe Klaiber/Thönissen, a. a. O., 193–199).

17 ZThG 4 (1999), 135.

18 P. Stuhlmacher, Biblische Theologie des Neuen Testaments, Bd. I, Göttingen 1992, 334.

Evangeliums schlechthin behandeln. Sie beziehe sich nämlich „nur auf einen besonderen Aspekt der christlichen Botschaft von der Versöhnung".[19] Auch der Lutheraner Wolfhart Pannenberg plädiert dafür, die Vielgestaltigkeit des Heilsverständnisses schon im Urchristentum und auch in der Kirchengeschichte zu berücksichtigen und nicht nur *eine* Ausprägung, nämlich die Rechtfertigungslehre, als die allein legitime anzusehen.[20] Die Debatte um Stellenwert und Gewicht der Rechtfertigungslehre im Ganzen der christlichen Botschaft muss wohl weiterhin geführt werden und erfordert differenzierte Zuordnungen.

Da Baptistengemeinden von der Mission leben – auch gegenüber ihrem eigenen Nachwuchs – bemühen sie sich, Menschen für ein willentliches Ja zum Evangelium zu gewinnen. Sie haben deshalb große Schwierigkeiten im Verständnis, wenn die Passivität des Menschen bei der Rechtfertigung in einer Weise gelehrt wird, die eine Glaubensentscheidung unnötig zu machen scheint. Sie wollen den Glauben nicht nur negativ beschreiben, dass er kein Werk oder Tun sei, sondern positiv, dass der Mensch Gott hört, Gott recht gibt und Gott vertraut. In diesem Sinne wirkt der Mensch in der Tat mit Gott mit bei der Rechtfertigung, allerdings nicht in einem verdienstlichen Sinne. Baptisten können deshalb erfreut feststellen, dass Katholiken und Lutheraner gemeinsam bekennen, dass der Mensch „unfähig" ist, „sich von sich aus Gott um Rettung zuzuwenden", dass die Lutheraner aber auch erklärt haben, dass sie das volle personale Beteiligtsein des Menschen im Glauben nicht verneinen.

Die lutherische Formel vom *simul iustus et peccator* stößt bei vielen Baptisten auf ganz ähnliche Vorbehalte wie bei den Katholiken. Freilich beruht das nicht auf katholischem Einfluss, sondern auf der innerevangelischen Diskussion um das richtige Verständnis der neuen Kreatur, zu der die Glaubenden in Christus geworden sind. Das Verhältnis von Röm 7, auf das sich Luther für seine Formel berufen hat, zu Röm 8 wird von vielen Baptisten, aber auch anderen evangelischen Theologen so gesehen, dass erst Röm 8, wo es um das Leben im Geist geht, die Stellung des Gerechtfertigten beschreibt. Es gibt bei den Baptisten zu dieser Frage jedoch keine bekenntnismäßige Festlegung und auch keinen vollen Konsens.[21] Ich sel-

---

19 K. Barth, Die Kirchliche Dogmatik IV/1, Zollikon-Zürich 1953, 583.
20 W. Pannenberg, Systematische Theologie, Band III, Göttingen 1993, 240f.
21 J. G. Oncken teilte nicht nur Luthers Auslegung von Röm 7, sondern auch dessen Verständnis vom Christsein, das in der *simul*-Formel zum Ausdruck kommt (siehe G. Balders, Zur Frömmigkeitsgeschichte des deutschen Baptismus, in: Theologisches Gespräch 1994, Heft 2, [16–28] 20). Im 20. Jahrhundert dominierte in der baptistischen Lehre dagegen – wahrscheinlich im Anschluss an Adolf Schlatter – die Kritik an der Formel Luthers. Das belegen mündliche Zeugnisse der Schüler

ber bin der Meinung, dass Luthers Formel etwas sehr Wesentliches am Christsein erfasst, nämlich, dass es nicht unsere eigene, sondern Christi Gerechtigkeit ist, durch deren Zurechnung wir vor Gott bestehen können, und dass wir auch bei ernsthaftester Heiligung immer noch auf Sündenvergebung angewiesen bleiben. Die Formel vom *simul* kann allerdings auch unsachgemäß interpretiert und angewandt werden, indem man die erfahrbare Wirklichkeit des neuen Lebens gänzlich unterschlägt.

Zum Schluss ein Wort zum Taufverständnis in der Gemeinsamen Erklärung. Man wird vielleicht von einem Baptisten erwarten, dass er vor allem darauf seine Aufmerksamkeit richtet. Da aber die Gemeinsame Erklärung die Taufe nur hier und da erwähnt, ohne ihren Stellenwert bei der Rechtfertigung genau zu beschreiben, will auch ich diesen Punkt nicht in den Vordergrund rücken. Eine baptistische Theologin hat beklagt, dass die Gemeinsame Erklärung (vor allem in Nr. 25) der Taufe eine „heilsvermittelnde und sündentilgende Wirkung" zuschreibe.[22] Auch der Mennonit Rainer W. Burkart kritisierte diesen Punkt und erklärte: „Das Heil kann nach unserem Verständnis nicht an die Taufe, sondern nur an den Glauben gebunden sein".[23] Das ist ganz in baptistischem Sinne gesagt. Es gibt aber auch eine ähnlich lautende evangelisch-reformierte Stimme, nämlich die des Schweizers Heinz Rüegger,[24] der die Verfasser der Gemeinsamen Erklärung in Bezug auf Nr. 25 fragt, ob sie wirklich meinen, der Glaube werde jedem, der heute – z.B. in der weitgehend säkularisierten und kirchendistanzierten Bundesrepublik – getauft wird, automatisch geschenkt. Im Umkehrschluss würde das heißen, dass andere Kinder, die zwar ungetauft sind, aber z.B. bei den Baptisten in einer praktizierenden christlichen Familie aufwachsen, diesen Glauben nicht erhalten haben. Rüegger hält eine solche Tauflehre für inkompatibel mit dem neutestamentlichen Zeugnis vom Glauben. Schließlich sei auch noch ein unierter Theologe zitiert, Wilhelm Hüffmeier, Präsident der Kirchenkanzlei der Evangelischen Kirche der Union (jetzt: „Union evangelischer Kirchen") und Sekretär der

---

Hans Luckeys, der von 1929 bis 1967 theologischer Lehrer und Seminardirektor war, sowie auch der oben in Anm. 14 genannte erste Artikel von Eduard Schütz, der am Theologischen Seminar von 1963 bis 1988 wirkte. Zu Adolf Schlatters Position vgl. P. Althaus, Adolf Schlatters Verhältnis zur Theologie Luthers, in: Ders., Um die Wahrheit des Evangeliums, Stuttgart 1962, 145–157.

22 A. Strübind, a.a.O., 31.
23 R. W. Burkart, Die Gemeinsame Erklärung zur Rechtfertigungslehre aus mennonitischer Sicht, in: Una Sancta 55 (2000), 216–218, Zitat 217.
24 H. Rüegger, Ökumenische Erwägungen im Zusammenhang mit der „Gemeinsamen Erklärung zur Rechtfertigungslehre". Eine reformierte Perspektive, in: Una Sancta 53 (1998), 57–72, dort 62.

Leuenberger Kirchengemeinschaft (seit 2003 „Gemeinschaft Evangelischer Kirchen in Europa"). Er schrieb zur Gemeinsamen Erklärung u.a.: „Das Taufsakrament (z.B. Nr. 25, Nr. 27, Nr. 28) ... ist in eine Position gebracht, die die sakramentalen Handlungen der Kirche überbetont gegenüber der Bindung des Ganzen an das freie Wort Gottes und den Glauben oder, mit CA V zu formulieren, an den Vorbehalt ‚ubi et quando visum est deo'."[25]

Da braucht man als Baptist gar nicht viel hinzuzufügen. Ich selber würde die betreffenden Passagen noch nicht einmal so scharf kritisieren. Sie werden meines Erachtens vor allem dadurch problematisch, dass man sie im Sinne ihrer Verfasser auf die Säuglingstaufe beziehen muss. Liest man sie als Baptist und versteht deshalb unter Taufe immer die Gläubigentaufe, dann bieten die Aussagen weniger Grund zum Widerspruch. Man kann sie durchaus so verstehen, dass sie einer baptistischen Lehre von der Gläubigentaufe konform gehen. Baptisten schreiben der Taufe keine Glauben *schaffende* Bedeutung, sondern eine den Glauben *bestätigende*, vergewissernde und besiegelnde Bedeutung zu. Dies, meine ich, steht auch in wesentlicher Übereinstimmung mit dem herkömmlichen evangelisch-reformierten Taufverständnis, wie es etwa im Heidelberger Katechismus entfaltet wird. Der Heidelberger lehrt, dass der rechtfertigende Glaube durch die Predigt des Evangeliums „gewirkt" und durch den Gebrauch der Sakramente „bestätigt" wird (Frage 65). In der Taufe wird der Täufling „erinnert und versichert", dass das Evangelium ihm gilt (Frage 69). Das „äußerliche Wasserbad" ist nicht „die Abwaschung der Sünden selbst", sondern ein „göttlich Pfand und Wahrzeichen" für die reinigende Wirksamkeit des Heiligen Geistes (Frage 72 und 73). Solange der Wortlaut der Gemeinsamen Erklärung für ein Sakramentsverständnis dieser Art Raum lässt, muss man ihn meines Erachtens nicht ablehnen.

Für eine Weiterführung des Gesprächs über die Rechtfertigung unter Einbeziehung auch der Baptisten dürfte es durchaus fruchtbar sein, das Verhältnis der Rechtfertigung allein durch Glauben zur Taufe zu thematisieren. Für den baptistisch/römisch-katholischen Dialog bietet gerade das Rechtfertigungsdekret des Konzils von Trient einen guten Anknüpfungspunkt, da die Rechtfertigung darin als der Weg eines mündigen Menschen zur Taufe beschrieben wird. Man kann also fragen, ob sich die katholische Rechtfertigungslehre vielleicht nur unter Voraussetzung der Gläubigentaufe in sich konsistent darlegen lässt, und wie sie sich verändert, wenn man sie

---

[25] W. Hüffmeier, Die Gemeinsame Erklärung zur Rechtfertigungslehre, Beobachtungen aus ev.-unierter Sicht zu ihrem Werdegang und ihren Problemen, in: Ökumenische Rundschau 47 (1998), 231–244, Zitat 236.

auf die Säuglingstaufe bezieht. Baptisten und Katholiken könnten sich darauf verständigen, dass der Taufe ein bestimmtes Handeln Gottes am Täufling vorausgeht, nämlich das Geschenk des Glaubens und der Umkehrbereitschaft.

Baptisten würden freilich den Glauben nie nur als Vorbereitung auf die Rechtfertigung ansehen, so dass die Rechtfertigung selbst erst im Akt der Taufe erfolgte. Vielmehr verbindet bereits der Glaube vor der Taufe so mit Christus, dass er alle Heilsgüter empfängt. Die Taufe fügt dem keine neue oder gesteigerte Gabe hinzu, sondern vollendet die Umkehr des Menschen, indem sie Verheißung und Glauben besiegelt. Darum betrachten Baptisten die Taufe auch nicht als heilsnotwendig, jedenfalls nicht in dem Sinne, dass man nur durch den Vollzug der Taufe gerettet werden könne. Heilsnotwendig in strengem Sinne ist allein der Glaube, der die Wortverkündigung von Christus annimmt. Baptisten lehren also, dass man zwar ohne Taufe, aber nicht ohne Annahme des Wortes von Christus gerettet werden kann. Dennoch ist die Taufe nicht überflüssig und kann nicht ohne Schuld bewusst verworfen werden, denn der Erlöser selbst hat sie gestiftet als Zeichen und Siegel der Wiedergeburt und hat die Gläubigen damit auch verpflichtet, sie zu praktizieren.

Für den Dialog von Baptisten und Lutheranern über Rechtfertigung und Taufe sehe ich ebenfalls eine geeignete Basis – jedenfalls dann, wenn beide Seiten sich dem anschließen können, was Martin Luther 1520 in seinem „Vorspiel" „Vom babylonischen Gefängnis der Kirche" schrieb. Er bekennt sich dort zu dem älteren Satz: „Nicht das Sakrament, sondern der Glaube an das Sakrament rechtfertigt." Und er legt ihn folgendermaßen aus:

„Also rechtfertigt auch die Taufe niemanden und ist auch niemand nütze, sondern der Glaube an das Wort der Verheißung, zu welchem wird die Taufe getan; denn dieser Glaube rechtfertigt und erfüllt das, was die Taufe bedeutet. ... Die Sakramente werden nicht erfüllt, wenn sie verrichtet werden, sondern wenn sie geglaubt werden. Also kann auch nicht wahr sein, dass in den Sakramenten sei eine kräftige Macht der Rechtfertigung oder dass sie seien kräftige Zeichen der Gnade. Denn das alles wird geredet dem Glauben zum Nachteil ... Wir aber sollen die Augen auftun und lernen mehr das Wort als das Zeichen, mehr den Glauben als das Werk oder den Gebrauch des Zeichens in acht nehmen ... Also saget Christus: ‚Wer glaubet und getauft wird, wird selig werden; der nicht glaubet, der wird verdammt werden.' Damit er anzeigt, dass der Glaube in dem Sakrament so notwendig sei, dass er auch ohne das Sakrament könne selig machen …"[26]

Diese Betonung des Glaubens im Geschehen der Rechtfertigung, auch wo es um die Bedeutung der Taufe geht, hat Luther zwar in seiner Verteidigung der Säuglingstaufe nur mehr schlecht als recht zu bewahren vermocht, sie ist aber ein schönes und kraftvolles Stück seiner Theologie und des evangelischen Glaubens, mit dem auch wir Baptisten einig gehen können.

---

26 Ausgewählte Werke, hg. v. H. H. Borcherdt / G. Merz, II. Band, München ³1962, 200–202.

Michel Weyer

Rechtfertigung multilateral diskutiert – Eine evangelisch-methodistische Sicht

Meine Ausführungen zum Thema sollen in drei Schritten entfaltet werden. Zunächst soll dargestellt werden, wo und wie die Methodisten sich im Rahmen bilateraler Gespräche in der Rechtfertigungsfrage bereits geäußert und, sowohl mit dem römisch-katholischen als auch mit dem lutherischen Gesprächspartner, bereits verständigt haben. Es soll dann die grundsätzliche Einstellung der Methodisten zum Prinzip einer multilateralen Diskussion der Thematik angesprochen werden. Schließlich sollen zum Text der lutherisch-katholischen Gemeinsamen Erklärung zur Rechtfertigungslehre (GER) einige Anmerkungen und Kommentare aus evangelisch-methodistischer Sicht formuliert werden.

1. Methodisten im Prozess der bilateralen Diskussion über die Rechtfertigungslehre

Kenner der ökumenischen Szene wissen, wie bereits in der Vergangenheit Methodisten versucht haben ihren ökumenischen Partnern deutlich zu machen, wie Rechtfertigung in ihrer wesleyanischen Tradition verstanden wird, wie sie sich aber auch der kritischen Hinterfragung ihrer eigenen Tradition im Dialog mit den ökumenischen Partnern gestellt haben.[1]

---

[1] Einige Beispiele solcher Versuche: W. Klaiber, Das Gespräch um die Rechtfertigung. Ein Sachstandsbericht aus evangelisch-methodistischer Sicht, in: Rechtfertigung in freikirchlicher und römisch-katholischer Sicht, hg. v. W. Klaiber u. W. Thönissen, Paderborn – Stuttgart 2003; G. Wainwright, Rechtfertigung: Lutherisch oder Katholisch? Überlegungen eines methodistischen Wechselwählers, in: KuD 45 (1999), 182–206; W. Klaiber, Die Gemeinsame Erklärung zur Rechtfertigungslehre: Vergangenheitsbewältigung braucht Zukunftsperspektiven, in: EmK-Forum 18 (2000), 37–48; W. Klaiber / M. Marquardt, Gelebte Gnade. Grundriß einer Theologie der Evangelisch-methodistischen Kirche, Stuttgart 1990; W. Klaiber, Aus Glauben, damit aus Gnaden. Der Grundsatz paulinischer Soteriologie und die Gnadenlehre John Wesleys, in: ZThK 88 (1991), 313–338; W. Klaiber, Gerecht vor Gott. Rechtfertigung in der Bibel und heute, Göttingen 2000; A. C. Outler, Theologische Akzente, in: C. E. Sommer (Hg.), Der Methodismus, Stuttgart 1968, 84–102; K.J. Collins, The Scripture Way of Salvation. The Heart of John Wesley's Theology, Nashville 1997; W. R. Cannon, The Theology of John Wesley, with Special Reference to the Doctrine of Justification, Lanham, MD 1984.

Trotzdem ist es hilfreich, zurückzublicken und sich die bereits getroffenen *Statements* zu vergegenwärtigen.

Sowohl im Rahmen der jahrelangen bilateralen Dialoge als auch seit kürzerer Zeit im Rahmen des begonnenen multilateralen Gesprächs über die lutherisch-katholische GER ist bereits allerlei an Übereinstimmungen und Divergenzen festgestellt worden. Im bilateralen Gespräch mit jeder der beiden Traditionen, die 1999 dieses Dokument eines differenzierten Konsenses unterschrieben haben, wurde bereits vor zwanzig Jahren oder mehr auch innerhalb des Methodismus die Frage der Rechtfertigung zum Thema ökumenischen Gesprächs erhoben. Da die bilateralen Dialoge sowohl mit den Lutheranern als auch mit den Katholiken sich von Anfang an ausdrücklich die Kirchengemeinschaft als das anzustrebende Ziel gesetzt hatten, konnte natürlich die zentrale Frage des Heilsverständnisses nicht ausgespart bleiben.

1.1 Der bilaterale Dialog mit der Römisch-Katholischen Kirche

Chronologisch gesehen fing es auf internationaler Ebene mit dem bilateralen Gespräch zwischen dem Weltrat Methodistischer Kirchen und der Römisch-Katholischen Kirche an. Dieser Dialog, der seit 1967 ununterbrochen geführt wird, ist 2002 in ein neues Quadrennium eingetreten. Auch wenn die Frage der Rechtfertigung von Anfang an implizit immer präsent gewesen ist, wurde sie in den ersten Jahren dieses Gesprächs eher nebenbei und indirekt formuliert, wie Burkhard Neumann in seinem Catholica-Artikel zur „Frage der Rechtfertigung im Dialog der katholischen Kirche mit den Freikirchen" richtig bemerkt hat.[2] Direkt und ausführlich wurde das Thema jedoch erst nach einigen Jahren der Annäherung in Angriff genommen. Immerhin hatte man sehr früh den günstigsten Boden identifiziert, auf dem die im Raum stehenden theologischen Fragen angegangen werden sollten; es ist das gemeinsame Verständnis des christlichen Lebens als eines dynamischen Prozesses geistlicher Natur sowie das gemeinsame Anliegen einer gelebten Spiritualität. Deshalb konnte es bereits im „Denver-Bericht" von 1971 heißen:

> „Die beiden Traditionen kommen überein in miteinander vereinbarenden Umschreibungen (engl.: compatible definitions) der Ziele des christlichen Lebens (so verschieden auch die Mittel und so ungleich die Ergebnisse sein mögen), wobei sie dieses Leben als einen dynamischen Prozeß

---

[2] B. Neumann, Die Frage der Rechtfertigung im Dialog der katholischen Kirche mit den Freikirchen, in: Catholica 56 (2002), 193–211 (insbes. 195–196).

des Wachstums in der Gnade verstehen, von der Schwelle des Glaubens (Rechtfertigung) angefangen bis zur Fülle des Glaubens (Heiligung)."[3]

Erst zehn Jahre später im so genannten „Honolulu-Bericht", der die Ergebnisse der Gesprächsrunde 1977–1981 enthält, wird die Rechtfertigungsfrage ausführlich zur Sprache gebracht. Symptomatischerweise geschieht das im Kontext eines Kapitels unter der Überschrift „Auf dem Wege zu einer gemeinsamen Erklärung über den Heiligen Geist". Es ist deshalb symptomatisch, weil es die Methodisten und Katholiken gemeinsame Priorität der gelebten Spiritualität unterstreicht. Darum heißt es auch: „Methodisten und Katholiken entdecken immer wieder eine bemerkenswerte Nähe zueinander, wenn sie über die Spiritualität, das Leben des Geistes, sprechen."[4] In den Ausführungen über „Das Wirken des Geistes in Rechtfertigung und Wiedergeburt" findet man dann das Wesentliche dessen, was Katholiken und Methodisten gemeinsam zum Thema bereits damals aussprechen konnten.[5] Nach der Feststellung, dass viele Menschen, ob sie es wüssten oder nicht, nach der Rechtfertigung fragen, ließen sich die Gesprächspartner auf folgende gemeinsame Antwort auf diese Frage ein:

> „Der Heilige Geist ist in uns anwesend und wirksam durch die ganze Erfahrung der Bekehrung hindurch; sie beginnt damit, daß wir uns der Güte Gottes bewußt werden und uns beschämt und schuldig fühlen, geht dann in Trauer und Reue über und mündet in die Dankbarkeit für den Besitz eines neuen Lebens, das durch Gottes Gnade in Jesus Christus gegeben ist."

Erst dann wird es theologisch „technischer", indem erklärt wird:

> „Rechtfertigung ist nicht eine isolierte forensische Episode, sondern Teil eines Vorgangs, der seine Erfüllung findet in Wiedergeburt und Heiligung, d. h. in der Teilnahme des menschlichen Lebens am Göttlichen".

Schlüsselbegriff ist hier natürlich die vorlaufende Gnade („zuvor-kommende Gnade"). Sowohl das Konzil von Trient wie auch John Wesley haben ihm großes Gewicht beigelegt. Stets liegt das besondere Amt des Geistes darin, die göttliche Initiative aufrechtzuerhalten, die allem menschlichen Agieren und Reagieren zuvorkommt. Ein wenig weiter heißt es noch:

---

3   Dokumente wachsender Übereinstimmung 1931–1982, hg. v. H. Meyer / H. J. Urban / L. Vischer, Paderborn 1983 (= DwÜ I), 401, (§ 55).
4   DwÜ I, 455 (§ 7).
5   DwÜ I, 457–459 (§ 13–18).

„In der Rechtfertigung stellt Gott durch das Versöhnungswerk Christi wieder die richtige Beziehung des Sünders zu ihm her. In diesem Werk der Wiederherstellung gehört sowohl die Initiative wie auch die Durchführung und Vollendung zum Amt des Heiligen Geistes, der Christus uns nahebringt und uns zu ihm hinführt. Wenn ein Sünder zu Christus geführt wird und ihn aufnimmt, wird er neu geboren und erhält die Macht, sich von einem auf sich selbst fixierten Leben ab- und einem ‚neuen Leben' zuzuwenden, das sich öffnet für die Liebe zu Gott und zum Nächsten. So wird die tragische Bosheit der Sünde geheilt; so wird das entstellte Selbst des Menschen gestaltet, neugestaltet und zu seiner Erfüllung gebracht. Blinde Augen werden geöffnet; der gelähmte Wille wird erneuert; der von den Götzen des Stolzes, der Habsucht und der Gier verwirrte Verstand wird befreit, so daß er nach neuen Maßstäben zu urteilen vermag. So wird für das Selbst des Menschen und für die Gesellschaft eine neue Zukunft eröffnet, die Zukunft einer ständigen und konstruktiven ‚Revolution'. Dies ist unsere Versöhnung mit Gott, der in Christus mit ihm versöhnt hat. Und dies ist die Rechtfertigung: um Christi willen als gerecht angesehen und behandelt und zugleich auch auf den Weg zu einem Leben in Gerechtigkeit gestellt zu werden. All dies geschieht durch die Initiative der erlösenden Gnade des Vaters, die sich in der versöhnenden Gnade des Sohnes durch das Wirken des Heiligen Geistes in unseren Herzen offenbart." (§ 15 des „Honolulu-Berichts")

Der darauf folgende § 16 lautet:

„Der Geist selber bezeugt unserem Geist, daß wir Kinder Gottes sind (Röm 8,16). Wir empfangen den Geist der Annahme an Sohnes Statt; er wohnt in den Christen, gießt Gottes Liebe in unsere Herzen ein, so daß wir ‚Abba' sagen und im Vaterunser um Vergebung bitten können im Bewußtsein unserer Schwächen, aber auch in vollem Vertrauen auf Gottes erbarmende Liebe für uns in Christus …".

Dann wird im § 18 die Heiligung, die andere Dimension des göttlichen Heilswerkes, thematisiert, die für Methodisten bekanntlich ebenso zentral ist wie die Rechtfertigung:

„Der Heilige Geist heiligt den wiedergeborenen Christen. Heiligung ist ein Prozeß, der uns zu vollkommener Liebe führt. Leben im Geist ist menschliches Leben, das in Glaube, Hoffnung und Liebe gelebt wird, in der größtmöglichen Übereinstimmung mit Gottes gnädigem Willen für seine Kinder. Das Ziel des menschlichen Daseins liegt, wie Wesley sagte, darin, die Vollkommenheit wiederzugewinnen …".

In den weiteren Jahren kam man im Verlauf des bilateralen katholisch-methodistischen Gesprächs so gut wie nie mehr auf die Rechtfertigungsthematik zurück, so stark war offenbar der Eindruck, man hätte mit diesen Formulierungen aus dem Jahre 1981 bereits das Wesentliche gemeinsam ausgesprochen.

1.2 Der bilaterale Dialog mit dem Lutherischen Weltbund

Mit dem Lutherischen Weltbund hat der Weltrat Methodistischer Kirchen von 1979 bis 1984 internationale Lehrgespräche geführt, in denen das Verständnis von Rechtfertigung ebenfalls den ihm gebührenden Platz erhielt. Die erzielte Verständigung zwischen diesen beiden Traditionen fand ihren Niederschlag im Dokument „Die Kirche: Gemeinschaft der Gnade". Im Kapitel zwei wird die lutherisch-methodistische Übereinstimmung in der Frage der „Erlösung aus Gnade durch den Glauben" ausformuliert. [6] Auch hier soll ausführlich zitiert werden.

> Im § 23 wird festgehalten: „Wir sind uns darin einig, daß gemäß der Heiligen Schrift die Rechtfertigung das Werk Gottes in Christus ist und allein durch den Glauben geschieht. Im Rahmen der Rechtfertigung umfaßt der Glaube sowohl Zustimmung als auch Vertrauen. Als Sünder werden Menschen durch Gottes barmherzige Liebe in Christus gerechtfertigt und nicht aufgrund menschlicher Bemühungen oder Würdigkeit. Christi Gerechtigkeit wird ihnen zuerkannt und verliehen durch einen Akt Gottes, indem der Heilige Geist sie dazu befähigt, Gott zu vertrauen. Rechtfertigung ist abhängig von Christi Sühnetod. In Christus hat Gott die Welt versöhnt und die bösen Mächte besiegt, die das menschliche Leben und die Schöpfungsordnung beherrschen."

Im folgenden § 24 werden dann die bekannten unterschiedlichen Akzentuierungen erwähnt:

> „Die Anhänger Wesleys betonen die zuvorkommende Gnade Gottes, die Menschen darauf vorbereitet, die rechtfertigende Gnade anzuerkennen. Sie bekennen auch die Rechtfertigung als Grundlage für die volle Erlösung in Christus. Methodisten verstehen Rechtfertigung durch den Glauben an Jesus Christus also als etwas, das das ganze christliche Leben durch Gottes Handeln und persönliche Aneignung <u>initiiert</u> und somit <u>bestimmt</u>. Lutheraner glauben, daß Gott in der Rechtfertigung unmittelbar und beständig Vergebung, Gerechtigkeit und ewiges Leben schenkt. Christen sind daher in jedem Augenblick abhängig von Gottes rechtfertigender Gnade und kommen niemals über den Stand gerechtfertigter

---

6 Gemeinsame Lutherisch-Methodistische Kommission, Die Kirche: Gemeinschaft der Gnade, hg. v. Lutherischer Weltbund – Weltrat Methodistischer Kirchen, Genf / Lake Junaluska 1984, Kap. 2 (Erlösung aus Gnade durch den Glauben), § 23–27.

Sünder hinaus. Für beide Traditionen sind die Christen ihr ganzes Leben lang angewiesen auf Gottes vergebende Gnade."

Der § 25 führt einen Schritt weiter, indem hier das zwischen Lutheranern und Methodisten traditionell strittige Verhältnis von Rechtfertigung und Heiligung angesprochen wird.

„Das Nachdenken über die Rechtfertigung führt zu Überlegungen zur Frage der Heiligung. Heiligung ist ebenfalls ein Werk der Gnade Gottes. Beide Traditionen stimmen darin überein, daß Heiligung einerseits verstanden wird als Gottes abgeschlossenes und vorweggenommenes Handeln, wenn er Menschen rechtfertigt und versöhnt. Andererseits ist Heiligung Wirken Gottes, das sich im Leben der Christen, das im Heiligen Geist geführt wird, ständig vollzieht. Auf diese Weise werden die Menschen gleichzeitig Gott im Glauben und ihren Nächsten in der Liebe nähergebracht. Lutheraner heben hervor, daß die Menschen in Christus gerechtfertigt und geheiligt werden und gleichzeitig doch Sünder vor Gott bleiben (simul iustus et peccator). Methodisten bezeichnen diesen drastischen Wandel als eine neue Geburt, in deren Folge der neugeborene Christ in sich ständig vertiefender und immer fruchtbarerer Liebe zu Gott und seinen Mitmenschen lebt. Methodisten wagen dem Wirken der Gnade Gottes für Menschen in diesem gegenwärtigen Leben keine Grenzen zu setzen. Es gehörte zu der von John Wesley her übernommenen ursprünglichen Tradition, zu glauben, daß die Gläubigen ernsthaft nach dieser vollkommenen Liebe streben sollten, um sie möglichst schon in diesem Leben zu empfangen."

Die §§ 26 und 27, die das Kapitel abschließen, lauten:

„Wir stimmen auch darin überein, daß gemäß der Schrift ein Christ aus der durch den Glauben empfangenen Gnade lebt. Im Leben der Christen führt echter Glaube unweigerlich zum Gehorsam. Christlicher Glaube ist ein Glaube, der in der Liebe wirksam ist und stets neu zu guten Werken aufgerufen wird um des Gebotes Gottes und um seines Nächsten willen. Neues Sein in Christus ist die Folge der Rechtfertigung durch den Heiligen Geist. Von Methodisten wird die positive Ausrichtung dieser neuen Schöpfung besonders hervorgehoben. Von daher sind sie der Auffassung, daß der durch Christus umgewandelte Gläubige dazu befreit ist, sich nach dem Willen Gottes ausrichten zu lassen. Lutheraner betonen ebenfalls die positive Ausrichtung der neuen Schöpfung und verstehen das christliche Leben als Anerkennung unserer fortdauernden Sünde und als fortwährendes Bitten um die vergebende Gnade Gottes (tägliche Bekehrung) und als treue Nachfolge Christi in täglichem Gehorsam. Das Gesetz dient als Anspruch und Richter; das Bewußtsein des Gesetzes führt zu erneuertem Vertrauen auf Christi Gerechtigkeit als dem einzigen Grund der Erlösung, des Lebens und der Gewißheit."

(§ 27) „Gemeinsam vertreten wir die Auffassung, daß Gottes schöpferische und erhaltende Gnade in der Welt und im Leben der Menschen ständig gegenwärtig ist. Nach lutherischem Verständnis hat Gott den Menschen in der Schöpfung die für unser Leben notwendigen materiellen Güter geschenkt, und als Herr der Natur und aller Menschen kämpft Gott gegen alle Kräfte, die die Schöpfung zerstören würden. In seinem erlösenden Handeln jedoch schenkt Gott den Menschen die Früchte des Heilshandelns Christi wie Sündenvergebung und ewiges Leben. Methodisten betonen ebenfalls Gott als Schöpfer und als Herrscher der Welt. Die Gegenwart Gottes in der Welt hat ihren Mittelpunkt in Christi Erlösungshandeln. Von dieser Mitte aus segnet Gott gnädig alles Leben. Die ursprüngliche Bedeutung dieser zuvorkommenden Gnade für die Menschen liegt darin, daß ein Gespür für Recht und Unrecht entwickelt wird und daß Menschen in die erlösende Gnade hineingeführt werden, die uns durch Wort und Sakrament geschenkt und im Glauben empfangen wird."

Diese 1984 erzielte Verständigung gab bekanntlich den Weg frei für eine auf nationaler Ebene noch zu gestaltende Kanzel- und Abendmahlsgemeinschaft zwischen den Mitgliedskirchen der beiden Weltbünde. Somit wurden unter anderem auch im Lande der Reformation ähnliche Lehrgespräche geführt, diesmal zwischen der Evangelisch-methodistischen Kirche in Deutschland, der Vereinigten Evangelisch-Lutherischen Kirche Deutschlands und der Arnoldshainer Konferenz.

Auch da nahm unsere Thematik einen gebührenden Platz ein, und die offiziellen „Ergebnisse des Lehrgesprächs" hielten das Wesentliche vom erzielten differenzierten Konsens fest.[7] Auch auf dieser nationalen Ebene musste der traditionelle Streitpunkt zwischen Lutheranern und Methodisten hinsichtlich des Verhältnisses von Rechtfertigung und Heiligung geklärt werden.[8] Die Gesprächspartner stellten damals fest, dass die verbleibenden „unterschiedlichen Betonungen" in ihrem Verständnis der Heiligung kein Hindernis für die Kirchengemeinschaft bilden dürften, sondern sogar als Positivum betrachtet werden könnten: „Das gemeinsame Bedenken der christlichen Wahrheit kann dazu beitragen, daß unterschiedliche Betonungen nicht zu Vereinseitigungen führen, sondern zu gegenseitiger Bereicherung". Auf Grund dieser Lehrgespräche kam es im Septem-

---

7 Vom Dialog zur Kanzel- und Abendmahlsgemeinschaft. Eine Dokumentation der Lehrgespräche und der Beschlüsse der kirchenleitenden Gremien, Hannover / Stuttgart 1987, 15 (§§ 9–12). Siehe dazu M. Marquardt, Evangelische Kirchengemeinschaft. Inhalt und Ergebnisse der lutherisch-methodistischen Lehrgespräche, in: ÖR 35 (1986), 401–416.
8 Vgl. M. Marquardt, Rechtfertigung und Heiligung aus evangelisch-methodistischer Sicht, in: ÖR 30 (1981), 327–335.

ber 1987 zur Erklärung der Kanzel- und Abendmahlsgemeinschaft zwischen den erwähnten Kirchen.

2. Einstellung der Methodisten zum Prinzip einer multilateralen Diskussion der Thematik

Aus dem Gehörten dürfte also schon deutlich geworden sein, dass eine Kirche in methodistischer Tradition sich einerseits mit der reformatorischen Tradition tief verbunden weiß, weil sie das Heil als allein Gottes gnädiges Werk verkündigt, das der Mensch allein im Glauben annehmen und aufnehmen kann; doch ebenso unüberhörbar ist auch die Nähe der methodistischen Position zur katholischen Tradition im weiten Sinn des Wortes, d.h. Ostkirche inbegriffen. Methodisten sehen Gottes Heilshandeln nicht nur in der Vergebung der Sünden und Annahme des Sünders, sondern auch in der Verwandlung und Neugestaltung des Gerechtfertigten, der im Prozess der Heiligung von der Macht der Sünde befreit wird. Wesleys Lehre von der Wiederherstellung des Gottesbildes im Gerechtfertigten veranlasst sogar heutige methodistische Theologie dazu, Wesley in einer gewissen Nähe zur orthodoxen Sicht der *Theosis* zu sehen.[9] Deshalb ist es Methodisten besonders wichtig, wenn ihnen die Gelegenheit gegeben wird, gleichzeitig mit beiden Seiten ins Gespräch zu kommen. Ganz wohl ist es den Methodisten eigentlich erst dort, wo auch andere Traditionen in dieses Gespräch mit einbezogen werden, insbesondere die in Europa ihnen nahe stehenden Freikirchen.

Der Lutheraner Harding Meyer hat einmal daran erinnert, dass es schon vor dem Abschluss des lutherisch-katholischen Gesprächs zur Rechtfertigungslehre Stimmen innerhalb der Ökumene gab, die kritisch fragten, wieso eine derartig zentrale Frage Gegenstand eines rein bilateralen Dialogs bleiben konnte: Müssten nicht alle christliche Kirchen an dieser Stelle sagen „*Nostra res agitur*"?[10] Auch Methodisten hätten so sprechen können, denn „die Frage nach der Rechtfertigung gehört gewissermaßen in die Geburtsurkunde der methodistischen Bewegung hinein", wie Bischof Walter Klaiber sehr treffsicher im Rahmen des Paderborner Symposiums zum

---

9 Vgl. W. Klaiber, John Wesley und das orthodoxe Verständnis vom Heil, in: Orthodoxie in Begegnung und Dialog. FS für Metropolit Augoustinos, hg. v. A. Kallis u. a., Münster 1998, 313–328; B. Frost, Living in Tension Between East and West, London 1984.
10 H. Meyer, Unity in Faith – Beyond Bilateralism, in: Unity in Faith. The Joint Declaration on the Doctrine of Justification in a Wider Ecumenical Context. Presentations and relevant documents from a Consultation held in Columbus, Ohio, USA 27–30 November 2001.

Thema „Rechtfertigung in freikirchlicher und römisch-katholischer Sicht" formuliert hat.[11] Methodisten sahen eigentlich von Anfang ein, dass hier zunächst einmal Lutheraner und Katholiken ihre historische Kontroverse zu bereinigen hatten. Wo das aber nun geschehen ist, ist es auch evangelisch-methodistische Überzeugung, dass die lutherisch-katholische „Gemeinsame Erklärung zur Rechtfertigung" zum Gegenstand einer multilateralen Diskussion gemacht werden müsste. Methodisten haben immer ein Gespür für die den bilateralen Dialogen innewohnende Gefahr gehabt, nämlich dass diese den „gesamtökumenischen Horizont" ausblenden, die „Unteilbarkeit" des ökumenischen Bemühens vergessen, ja sogar ein Problem der „Kompatibilität" der unterschiedlichen, isolierten ökumenischen Verständigungen aufwerfen könnten. Ohne auf die Vorteile der bilateralen Dialoge im Geringsten verzichten zu wollen, begrüßen die Methodisten deshalb grundsätzlich alle Bemühungen, die Grenzen des Bilateralismus zu überschreiten. Deshalb waren sie von Anfang an dankbar für die Initiative des Johann-Adam-Möhler-Instituts, die auch ihnen die Möglichkeit gab, neben ihrem bisherigen Gespräch „en tête-à-tête" mit der Römisch-Katholischen Kirche und dann mit dem Lutherischen Weltbund die Thematik der Rechtfertigung nun auch in Gegenwart ihrer evangelisch-freikirchlichen Schwesterkirchen weiter zu behandeln.

Die beiden Signatarkirchen der GER stellten sich ja selbst sehr früh die Frage, ob andere weltweite Kirchenfamilien daran interessiert wären, nach einer multilateralen Diskussion ihren differenzierten Konsens offiziell mitzutragen. Zu diesem Zweck wurde Ende 2001 der Weltrat Methodistischer Kirchen (zusammen mit dem Reformierten Weltbund) vom Lutherischen Weltbund und dem Päpstlichen Rat zur Förderung der Einheit der Christen zu einer Konsultation in Columbus, Ohio, USA eingeladen.[12] Für Methodisten war es hoch interessant ihre früheren bilateralen Gesprächspartner nun zusammen am selben Tisch zu haben. Da wird immer wieder etwas davon sichtbar, wie Methodisten auf Grund ihrer eigenen Tradition sich in der Diskussion wie „Wechselwähler" verhalten. So hat nämlich der

---

11 W. Klaiber, Das Gespräch um die Rechtfertigung. Ein Sachstandsbericht aus evangelisch-methodistischer Sicht, in: Rechtfertigung in freikirchlicher und römisch-katholischer Sicht, hg. v. W. Klaiber u. W. Thönissen, Paderborn / Stuttgart 2003, 73.
12 Vgl. Unity in Faith. The Joint Declaration on the Doctrine of Justification in a Wider Ecumenical Context. Presentations and relevant documents from a Consultation held in Columbus, Ohio, USA 27–30 November 2001. Diese maschinenschriftliche Dokumentation ist beim Büro für ökumenische Angelegenheiten des Lutherischen Weltbundes, P.O. Box 2100, CH-1211 Geneva 2, erhältlich.

Methodist Geoffrey Wainwright in einem Beitrag zur GER mit britischer Selbstironie die methodistische Verhaltensweise bezeichnet.[13]

Im Unterschied zu den Reformierten, die bedeutend zurückhaltender gewesen sind,[14] haben die Methodisten in Columbus zu verstehen gegeben, dass sie sich die erzielten Ergebnisse der GER auch formell zu Eigen machen könnten. Voraussetzung dafür sei, dass die Mitgliedskirchen des World Methodist Council zustimmen. Somit wird nun in den methodistischen Kirchen in diesem Sinne weiter gearbeitet. Bei ihrem Treffen in Abuja, Nigeria, im September 2003 haben die leitenden Gremien des Weltrates Methodistischer Kirchen einen Text verabschiedet, das sog. „Statement of the World Methodist Council on the Joint Declaration on the Doctrine of Justification". Er wurde allen Mitgliedskirchen geschickt, natürlich nachdem er von Vertretern des Lutherischen Weltbundes und des Päpstlichen Rates für die Einheit der Christen gelesen wurde, denn die Methodisten wollten sich vergewissern, dass ihre ökumenischen Partner sich in diesem „Statement" auch wirklich wiederfinden. Der Rezeptionsprozess, der in den methodistischen Kirchen üblich ist, ist also im Gange. Anlässlich des Treffens der methodistischen Kirchen in Seoul/Korea im Sommer 2006 sollte man offiziell feststellen können, dass die Methodisten auf Weltebene die GER mittragen, und in Anwesenheit von Vertretern des Lutherischen Weltbundes und des Päpstlichen Rates zur Förderung der Einheit der Christen könnte die weltweite methodistische Familie diese Zustimmung feierlich zelebrieren.

3. Wie beurteilen Methodisten den theologischen Inhalt der GER aus der Perspektive ihrer eigenen Tradition?

Das Wesentliche steht im schon erwähnten *Methodist Statement* des Weltrates Methodistischer Kirchen, der sich im Rezeptionsprozess befindet, allerdings in einer nicht allzu theologischen Sprache, wie das einem solchen Prozess angemessen ist.

Den Methodisten war dabei von vornherein klar, dass es nicht darum gehen konnte, private theologische Meinungen zu formulieren bzw. im Lichte der GER zu überprüfen, sondern dass es hier nur um anerkannte methodistische kirchliche Lehre gehen kann. Für ihre Gesprächspartner ist es bekanntlich nicht immer leicht einzusehen, dass auch Methodisten

---

13 G. Wainwright, Rechtfertigung: Lutherisch oder Katholisch? Überlegungen eines methodistischen Wechselwählers, in: KuD 45 (1999), 182–206.

14 Siehe die sehr skeptische Beurteilung von M. Weinrich, The Reception of the Joint Declaration by WARC Member Churches: Some Remarks, in: Unity in Faith (s. oben, Anm.12).

eine verbindliche Lehre haben. Das hängt zusammen mit der ganz anderen Weise, in der sie ihre „Lehre" präsentieren. Auf diese Problematik kann hier nicht näher eingegangen werden.[15] Die eigentliche Frage lautet aber für Methodisten wie folgt: Inwiefern ist die GER kompatibel mit ihren eigenen *„standards of doctrine"*, wie sie heute z. B. von der Generalkonferenz der *United Methodist Church* interpretiert und gebraucht werden? Umgekehrt lautet die Frage natürlich auch: Inwiefern können die ökumenischen Partner diese methodistische Lehre als kompatibel erklären mit dem, was sie selbst als Konsens formuliert haben?

Nach eingehender Prüfung der GER konnte die Kommission für ökumenische Angelegenheiten des Weltrates Methodistischer Kirchen in ihrem erwähnten *Statement* feststellen, dass das gemeinsame Verständnis der Rechtfertigung, wie es die GER in den §§ 15, 16 und 17 darstellt, eine mit methodistischer Lehre durchaus kompatible Sicht der Sache ist.

In Bezug auf § 18 der GER mit seinem Hinweis auf die kriteriologische Funktion der Rechtfertigungslehre schweigt das methodistische *Statement*. Offensichtlich begnügt man sich mit der Erwähnung einer „Mitte der Schrift" im vorausgehenden § 17. Methodisten verstehen bekanntlich diese Mitte als „leitende Perspektive" für die Auslegung der ganzen Schrift im Sinne dessen, was diesbezüglich aus Bischof Walter Klaibers Feder zu lesen ist.[16]

In den §§ 19–39 der GER werden bekanntlich die verbleibenden Unterschiede in der Sprache, der theologischen Ausgestaltung und der Akzentsetzung des Rechtfertigungsverständnisses beschrieben; sie werden aber auch als „tragbar" und „offen aufeinander hin" erklärt, so dass sie „den Konsens in den Grundwahrheiten ... nicht wieder aufheben". Die sieben Unterteilungen des Kapitels 4 der GER („Entfaltung des gemeinsamen Verständnisses der Rechtfertigung") nennen somit eine Anzahl von Themen, die es Methodisten relativ leicht machen, ihre eigene, spezifische Sicht deutlich werden zu lassen. Geoffrey Wainwright, der Vorsitzende der Kommission für ökumenische Angelegenheiten des Weltrates Methodistischer Kirchen und Co-Vorsitzender der Gemeinsamen Kommission für den Dialog zwischen diesem methodistischen Gremium und der Römisch-Katholischen Kirche, hat diesen methodologischen Weg bereits einmal beschritten. Deshalb orientieren sich auch die folgenden Ausführungen an

---

15 Zur Frage der offiziellen Lehre in der Evangelisch-methodistischen Kirche (United Methodist Church), siehe S. J. Jones, United Methodist Doctrine. The Extreme Center, Nashville 2002. Das Kapitel 6 des Buchs ist übrigens der Rechtfertigung gewidmet.

16 W. Klaiber, Gerecht vor Gott. Rechtfertigung in der Bibel und heute, Göttingen 2000, 181–189.

dem, worauf Wainwright in seinem damaligen Beitrag für „Kerygma und Dogma" bereits aufmerksam gemacht hat. Bei jedem der zwischen Lutheranern und Katholiken historisch strittigen Themen soll also an den eigenen evangelisch-methodistischen Ansatz erinnert und das spezifisch methodistische Anliegen deutlich gemacht werden:

– Dort, wo über das Unvermögen und die Sünde des Menschen angesichts der Rechtfertigung geschrieben wird (GER 4.1, §§ 19–21), operieren Methodisten gewöhnlich mit dem Hinweis auf die *gratia praeveniens*. Die Gefahr einer pelagianischen, ja selbst einer semipelagianischen Interpretation des *facere quod in se est* wird dabei insofern ausgeschlossen, als dass mit John Wesley das Heil so verstanden wird, dass es „vom ersten Dämmern der Gnade in der Seele bis zu ihrer Aufnahme in die Herrlichkeit Gottes Werk ist."[17] Die in jedem Menschen wirkende vorlaufende Gnade ist es, die es dem Menschen überhaupt erlaubt, sich auf Gottes Wirken einzulassen. Ein Nur-Empfangen-Können des Menschen bei der Rechtfertigung wird aber von Methodisten nie als *„mere passive"* begriffen.

– Zur Rechtfertigung als Sündenvergebung und Gerechtmachung (GER 4.2, §§ 22–24) lehren Methodisten wie Wesley in seiner Lehrpredigt „Der Herr unsere Gerechtigkeit"[18]: Gott pflanzt jedem die Gerechtigkeit Christi ein, die er ihm zugerechnet hat. Rechtfertigung „schließt in sich, was Gott durch seinen Sohn *für uns tut* (lutherisch gesprochen: *pro nobis – extra nos*); Heiligung, „was er durch seinen Geist in *uns wirkt* (also: *in nobis*)". Tür und Eingang zur Heiligung ist die Wiedergeburt.[19] In der Rechtfertigung findet eine relationale (beziehungshafte) Veränderung statt, während sich in Wiedergeburt und Heiligung eine reale (wesenhafte) Veränderung vollzieht.[20]

– Zu dem, was zur Rechtfertigung durch Glauben und aus Gnade gesagt wird (GER 4.3, §§ 25–27), erinnert die evangelisch-methodistische Tradition daran, dass sie in Wesleys Gnadenlehre eine adäquate Interpretation und Entfaltung des Grundsatzes paulinischer Soteriologie sieht.[21] Für Methodisten kann die Priorität des göttlichen Gnadenwirkens nicht bewirken, dass der Glaube möglichst wenig an menschlichem Ergehen und Handeln in sich schließt. Hinsichtlich des Verständnisses des Glaubens in Bezug auf den Taufakt ist der bleibende

---

17 J. Wesley, Sermons, Nr. 43 (The Scripture Way of Salvation).
18 J. Wesley, Sermons, Nr. 20 (The Lord Our Righteousness).
19 J. Wesley, Sermons, Nr. 45 (The New Birth).
20 J. Wesley, Sermons, Nr. 43 (The Scripture Way of Salvation).
21 Vgl. W. Klaiber, Aus Glauben, damit aus Gnaden. Der Grundsatz paulinischer Soteriologie und die Gnadenlehre John Wesleys, in: ZThK 88 (1991), 313–338.

Unterschied bereits im internationalen Gespräch mit den Lutheranern unterstrichen worden: „Während die Methodisten die Notwendigkeit des persönlichen Glaubens für das Empfangen des Heils betonen, betrachten die Lutheraner den Glauben als Vertrauen in Gottes Verheißung, die im Taufakt gegeben wird." (vgl. „Die Kirche: Gemeinschaft der Gnade", § 51). Die Methodisten übernehmen bis heute die auch bei Wesley vorhandene unaufgelöste Spannung zwischen der praktisch beibehaltenen Kindertaufe und der bewussten Betonung eines persönlich erlebten Glaubens, wobei eine theologische Zuordnung der beiden Elemente immer noch aussteht.

– Der Passus über das „Sündersein des Gerechtfertigten" (GER 4.4, §§ 28–30) veranlasst Methodisten ihre bleibende Mühe mit dem lutherischen *simul iustus et peccator* zur Sprache zu bringen. Das Problem liegt in ihrer Sicht der Dinge im „*totus-totus*", das sich nach methodistischer Meinung exegetisch mit dem paulinischen Verständnis nicht vereinbaren lässt. Wohl ist der Christ gerecht und versuchlich zugleich, und zwar solange er lebt. In diesem Zusammenhang können Methodisten auf Tendenzen zur Selbstkorrektur und Neuinterpretation ihrer traditionellen Lehre von der christlichen Vollkommenheit hinweisen.[22] Nicht zuletzt das aufmerksame Hören auf Luther hat sie kritisch gestimmt im Blick auf das (katholisch differenzierte!) Sündenverständnis, das sie lange in Wesleys Gefolge vertreten haben. Es war ja Wesleys Reduktion der „eigentlichen Sünde" auf die „willentliche", die es ihm erlaubte, das *„posse non peccare"* des Christen zu behaupten, was für die Aufrechterhaltung seiner Lehre von der christlichen Vollkommenheit notwendig war.

– Der Abschnitt Gesetz und Evangelium (GER 4.5, §§ 31–33) mit seiner Darstellung des Gesetzes sowohl als „Forderung und Anklage" als auch als „Richtschnur" für den Gerechtfertigten in seinem Handeln entspricht evangelisch-methodistischer Lehre, für die beides, Gesetz und Evangelium, Gottes Wort und Willen zum Ausdruck bringt. Wie in den Beratungen der Leuenberger Kirchengemeinschaft bei der Erarbeitung des Lehrtextes „Gesetz und Evangelium" zum Ausdruck gebracht wird, stehen Methodisten in dieser Frage den Reformierten näher als den Lutheranern. Die von Wesley übernommene „Predigtmethode", in der es eine unübersehbare „Mischung" (!) von Gesetz und Evangelium

---

22 Vgl. W. Klaiber / M. Marquardt, Gelebte Gnade, 302: „So wie sich eine Kurve ihrer Asymptote nähert, ohne sie im Endlichen zu erreichen, zugleich aber doch auf diesen Schnittpunkt im Unendlichen verweist, so kann der Topos der christlichen Vollkommenheit zur Richtungsangabe für ein Leben in der Gnade werden."

gibt, hat in der methodistischen Praxis nicht nur gute Früchte getragen.[23] Hier ist auch innermethodistisch Klärung nötig.
- Der Abschnitt über die Heilsgewissheit (GER 4.6, §§ 34–36), der einen sehr schönen Konsens feststellt, findet die volle Zustimmung der Methodisten, die sich allerdings gerne in der Ausgestaltung dieser Frage eine pneumatologische Dimension gewünscht hätten, die an dieser Stelle merkwürdiger Weise fehlt. Es gehört zum spezifischen Profil des Methodismus, auf die paulinische (Röm 8,15) Lehre vom direkten Zeugnis des Heiligen Geistes hinzuweisen. Wesleys geistliche Erfahrung des „pro me" (Aldergate-Erfahrung vom 24. Mai 1738) beim Hören der Worte Luthers im Vorwort zu seiner Übersetzung des Römerbriefes hat die methodistische Lehre und Spiritualität tief geprägt. Wesleys Nein zum calvinistischen Verständnis von Prädestination, das seine ständige Angst vor Antinomismus begleitete, gehört auch zu heutiger methodistischer Lehre, die somit Heilsgewissheit von Heilssicherheit wohl unterscheidet.
- Der letzte Abschnitt (GER 4.7, §§ 37–39), der den guten Werken des Gerechtfertigten gewidmet ist, formuliert das gemeinsame Bekenntnis der Signatarkirchen in einer Weise, die gut methodistisch klingen könnte, indem er die guten Werke bzw. die Werke der Liebe sowohl als Frucht der Rechtfertigung als auch als „Verpflichtung", die aus der Rechtfertigung folgt, benennt. Das gilt auch insbesondere von der späteren Erwähnung eines „Wachstums in der Gnade". In der für methodistische Verkündigung sehr wichtigen Wesley-Predigt 85 zu Phil 2,12–13 („Das Herausarbeiten unseres eigenen Heils") heißt es: „Gott wirkt in euch, deshalb könnt ihr wirken – sonst wäre es unmöglich … Gott wirkt in euch, deshalb müßt ihr wirken: ihr müßt ‚seine Mitarbeiter' sein (genau das sind die Worte des Apostels!); sonst wird er aufhören zu wirken." Besonders erfreulich für Methodisten ist auch, was im „Anhang" zur GER unter C zu lesen ist: Hier weisen die Lutheraner auf Stellen aus ihrem Bekenntnisgut, die von der Notwendigkeit von guten Werken wissen, will man im Heil bleiben, und die somit (unter Berufung auf Phil 2,12 f.!) eine Mitwirkung des Menschen mit Gott in der Sache der Heiligung voraussetzen. Was Wesley betrifft, ist die Frage, ob er eine doppelte Rechtfertigung gelehrt habe, unter seinen Interpreten umstritten. Die Werke hat er als eine „Voraussetzung" für das ewige

---

23 J. Wesleys Lehrpredigten zu diesem Thema sind: Sermon Nr. 34 (The Original, Nature, Property, and Use of the Laws); Sermons Nr. 35–36 (The Law Established through Faith); Wesleys praktischer Ratschlag für die Verkündigung befindet sich in seinem „Letter on Preaching Christ", in: Works of John Wesley, hg. v. Thomas Jackson, 11, 486–492, vor allem 486 f.

Heil betrachtet, und gleichzeitig erklärt, dieses könne sich der Mensch „nicht verdienen".[24] Er berief sich dabei gerne auf Augustins Wort *„Qui ergo fecit te sine te, non te iustificat sine te"*, ein Wort, das er (bewusst oder unbewusst?) in *„Qui fecit nos sine nobis, non salvabit nos sine nobis"* leicht modifiziert hat.

Zum Schluss sei festgehalten, dass auf methodistischer Seite der Eindruck weitgehend prädominiert, dass der zwischen Lutheranern und Katholiken erreichte Konsens in der Rechtfertigungs*lehre* ein durchaus befriedigender sei, den auch Methodisten durchaus mittragen könnten. Damit könnte/sollte der Weg zu einer gemeinsamen Ausrichtung der Rechtfertigungs*botschaft* an den Menschen von heute noch freier gemacht werden. Der eher pastoral orientierten evangelisch-methodistischen Theologie geht es letztendlich mehr um die praktisch ausgerichtete Rechtfertigungs*botschaft* als um die möglichst orthodox formulierte Rechtfertigungs*lehre*. Wie die übliche methodistische Terminologie es immer wieder verrät, liegt das methodistische praktisch-theologische Interesse mehr beim Heils*weg*, zu dem sie die Menschen führen und auf dem sie mit ihnen Gnade leben und erleben möchten, als bei einer möglichst exakt definierten Heils*lehre*.

---

24 Dazu J. Weißbach, Der neue Mensch im theologischen Denken John Wesleys, Stuttgart 1970, 210–213.

Günter Eßer

Alt-Katholische Theologie und Rechtfertigung

Versuch einer Ortsbestimmung

Vorbemerkung

Bei Durchsicht der von alt-katholischen Theologen in letzter Zeit veröffentlichten Literatur ist festzustellen, dass es bisher keine inhaltliche Auseinandersetzung mit der GER gegeben hat. Dies mag bedauerlich erscheinen, weist aber m.E. auf zwei für die ökumenischen Gespräche, an denen die Alt-Katholiken beteiligt sind, wichtige Faktoren hin: Zum einen gibt es einen Grundkonsens in der Frage der Rechtfertigung, wie dies z. B. im Text der „Vereinbarung über eine gegenseitige Einladung zur Teilnahme an der Feier der Eucharistie" zwischen der EKD und dem deutschen alt-katholischen Bistum deutlich zum Ausdruck kommt.[1] Zum anderen macht die fehlende Diskussion über die GER auch deutlich, dass sich die Vertreter der alt-katholischen Theologie (zur Zeit wenigstens) mit anderen, für ihr Selbstverständnis wichtigen ökumenischen Problemen beschäftigen, hauptsächlich mit Fragen der Ekklesiologie und des Amtes im ökumenischen Kontext. Dennoch wurde natürlich auch in der alt-katholischen Theologie die Frage der Rechtfertigung immer wieder behandelt.[2]

---

1 „Vereinbarung über eine gegenseitige Einladung zur Teilnahme an der Feier der Eucharistie" zwischen der EKD und dem Katholischen Bistum der Alt-Katholiken in Deutschland vom 29. März 1985. Ohne kontroverse Diskussionen wurde der für die Vereinbarung wichtige Punkt 3 angenommen: „Gemeinsam bekennen wir, wir werden von Gott als gerecht erachtet und gerecht gemacht allein aus Gnade durch den Glauben aufgrund des Heilswerkes unseres Herrn Jesus Christus und nicht aufgrund unserer eigenen Werke und Verdienste. Die Kirche ist daher die Gemeinschaft der gerechtfertigten Sünder, die durch den Heiligen Geist dazu befähigt werden, ein Leben des Dienstes für die Menschen und des Lobes Gottes, des Vaters, des Sohnes und des Heiligen Geistes zu führen." Text u. a. in: Kirche für Christen heute. Eine Information über die Alt-Katholische Kirche, hg. vom Arbeitskreis für Öffentlichkeitsarbeit im Katholischen Bistum der Alt-Katholiken in Deutschland, Berlin 1994, 203–205, hier: 203.

2 Zur Vorbereitung auf die Zweite Weltkonferenz für Glaube und Kirchenverfassung 1937 in Edinburgh verfasste der damalige alt-katholische Erzbischof von Utrecht, Andreas Rinkel, für den in Edinburgh zu diskutierenden Themenkreis I: „Die Gnade unseres Herrn Jesus Christus" eigene Thesen: Andreas Rinkel, Die

1. Zur alt-katholischen Lehre von Rechtfertigung und Erlösung

1.1 Der Versuch einer theologischen „Mittelposition"

Die Vertreter der alt-katholischen Theologie bemühen sich auch in der Frage der Rechtfertigungs- bzw. der Gnadenlehre um einen Ausgleich zwischen den Konfessionen. Pointiert einseitige Lehren werden abgelehnt, die Lösung in einer Mittelposition gesucht.

Es ist Christian Oeyen sicher zuzustimmen, wenn er als eine „Konstante alt-katholischer Versuche" bzgl. der Gnaden- und Rechtfertigungslehre feststellt, dass die Vertreter der alt-katholischen Theologie die Lehre der westlichen katholischen Theologie nicht verneinen, gleichzeitig aber offen sind für das Anliegen der Reformation.[3]

Deutlich wird dieser Versuch an den Beiträgen der achten Internationalen Alt-Katholischen Theologenkonferenz 1962 in Bonn, die die Fragen der Rechtfertigung behandelte.[4] Drei Hauptreferate standen im Zentrum der Konferenz. Kurt Stalder setzte sich mit der Lehre Martin Luthers auseinander,[5] Werner Küppers fasste die Aussagen des Konzils von Trient zusammen.[6] Küppers wirft hierbei wohl nicht zu Unrecht die Frage auf, inwieweit „die Anathematismen des Dekretes Tiefe und Gehalt der reformatorischen Rechtfertigungslehre tatsächlich treffen und in welchem Maße das Dekret in Schrift und Tradition vollgültige katholische Lehre" sei. Denn obwohl in Trient zu den mittelalterlichen Schultraditionen die augustinische, biblisch-patristisch orientierte Richtung hinzugekommen sei, habe das Konzil doch letztlich die von Luther aufgeworfene Frage nicht abschließend lösen können, was sich besonders in den für die alt-katholische Tradition wichtigen Auseinandersetzungen im Jansenismusstreit deutlich gezeigt habe.[7] Als dritter Referent erläuterte der Bischof von

---

    Gnade unseres Herrn Jesus Christus. Einige Sätze zum ersten Edinburgh-Thema, in: IKZ 27 (1937), 1–9. Ernst Gaugler, Der Römerbrief, Zürich 1945; Gaugler entwickelte dieses Thema weiter in seinem Beitrag: Die Heiligung im Zeugnis der Schrift, in: IKZ 37 (1947), 137–178. Rudolf Keussen, Die Willensfreiheit als religiöses und philosophisches Grundproblem, in: IKZ 21 (1931), 1–42, 65–91, 163–186; IKZ 22 (1932), 99–118, 193–225; IKZ 23 (1933), 30–51, 65–98.

3 Vgl. Christian Oeyen, Gnade und Rechtfertigung, Autorisiertes, aber nicht publiziertes Vorlesungsskript, Bonn 1997, 87.

4 Vgl. den Tagungsbericht von Werner Küppers in IKZ 52 (1962), 268–275.

5 Kurt Stalder, Rechtfertigung und Heiligung bei Luther, zusammenfassende Thesen a.a.O., 269–271; kommentiert auch von Christian Oeyen, a.a.O. 87f.

6 Werner Küppers, Rechtfertigung und Heiligung nach der Lehre des Konzils von Trient, a.a.O., 271–272.

7 Vgl. a.a.O., 272.

Deventer, Peter J. Jans, unter der Überschrift „Altkatholische Stellungnahme zu der Lehre von der Rechtfertigung und Heiligung" die alt-katholische Position.[8]

Bischof Jans betont, dass die Rechtfertigung einen forensischen Charakter habe, aber sicher nicht allein forensisch zu verstehen sei, sondern darüber hinaus auch tatsächlich eine Sündenvergebung bewirke. Gott tue wahrhaft, was er verspreche. Auch seien Rechtfertigung und Heiligung nicht voneinander zu trennen. „Gottes Gerechtsprechung ist zugleich Gerechtmachung," sagt er. Allerdings fügt er hinzu, dass die „Rechtfertigung prinzipiell momentan ist", „die Heiligung dagegen wie ein langandauernder Prozess" zu verstehen sei. Rechtfertigung ist für Bischof Jans eine Tat Gottes, in der aber auch der Mensch handle. Ein Aspekt, den altkatholische Theologen immer wieder aufgreifen. Dabei würden wir allerdings nicht allein von der Strafe der Sünde errettet, sondern von der Sünde selbst befreit. Gute Werke seien dabei die Konsequenz des Glaubens und hätten keinen Verdienstcharakter. Jans wörtlich: „Die Bibel reißt Gottes Handeln in der Rechtfertigung und des Menschen Handeln in der Heiligung nicht auseinander." Jede Verdienstlehre sei als unbiblisch zurückzuweisen. Schließlich – und dies ist wohl auch ein wichtiger Aspekt – solle man Rechtfertigung und Heiligung nicht nur individuell, sondern auch in ihrer ekklesiologischen Dimension betrachten. Auch dies ein für die altkatholische Position wichtiges Grundprinzip der Rechtfertigungslehre.

Wenn man die engagierte Diskussion dieser Theologenkonferenz zusammenfassen möchte, so wird auch hier deutlich, wie sehr sich die altkatholischen Theologen sowohl der katholischen Tradition als auch dem reformatorischen Anliegen verpflichtet fühlen.

So wurde grundsätzlich positiv vermerkt, dass sich das Konzil von Trient überhaupt der durch die Reformation aufgeworfenen Problematik gestellt habe. Aber es sei dem Anliegen Luthers, der in dieser ganzen kontroversen Diskussion eher „als Prophet denn als Dogmatiker" gesprochen habe, wie einer der Teilnehmer formulierte, nicht gerecht geworden. Auf den „übersteigerten Individualismus der Reformation" habe das Konzil ebenso „verengend" geantwortet. Es müsse jedoch auch festgehalten werden, dass das Tridentinum in der Frage der Rechtfertigungslehre etwas zu sagen versucht habe. Die Grundtendenz von Trient sei zu bejahen und festzuhalten, „nämlich das nachdrückliche Pochen auf die objektive Realität des Heilsvorgangs." Dabei seien „die Tat Gottes und die Tat des Menschen

---

8 Peter J. Jans, Altkatholische Stellungnahme zu der Lehre von Rechtfertigung und Heiligung, Thesen, zusammengefasst von Werner Küppers, a. a. O., 273–274.

zu unterscheiden, aber nicht zu scheiden." Letztlich breche hier das Problem von „Gnade und Freiheit" auf.[9]

1.2 Urs Küry: Die Verwirklichung des Heils

Der Schweizer Theologieprofessor und Bischof Urs Küry behandelt das Thema der Rechtfertigungslehre und Heiligung in seinem Standardwerk „Die Altkatholische Kirche. Ihre Geschichte, ihre Lehre, ihr Anliegen".[10] Unter der Überschrift „Die Heilsverwirklichung" versucht auch er bei kritischer Würdigung sowohl der reformatorischen Lehre von der Rechtfertigung als auch der Positionen des Konzils von Trient eine eigene alt-katholische Ortsbestimmung zu definieren. Dabei sind ihm zwei Vorbemerkungen wichtig: Grundlegend für Küry ist, dass Gott stets der am Menschen Handelnde ist. Zwar spricht er auch dem Menschen eine handelnde Rolle nicht ab, aber nicht in dem Sinne, dass das menschliche Handeln als zweites neben das göttliche träte, „sondern so, dass es als selbständig-kreatürliches Handeln voll ernst genommen wird". Küry spielt hier also auf die Freiheit des Menschen an, in die hinein Gott sein Geschöpf entlassen hat.

Zweitens möchte er aus der Sicht des alt-katholischen Theologen festhalten, dass die in der Theologiegeschichte kontrovers diskutierten Fragen um die Rechtfertigungslehre nicht dieselbe Bedeutung haben dürften wie die Dogmen der alten Kirche. Denn ein Bekenntnis im Sinne der Heiligen Schrift und der alten Kirche könne sich immer nur auf göttliche Personen und die von ihnen gewirkte Offenbarung beziehen, nicht aber auf den am Menschen sich vollziehenden Heilsvorgang. So komme denn auch alle den Bekenntnisschriften der „Teilkirchen", die sich hauptsächlich mit diesen Fragen der Heilsverwirklichung befassen,[11] nicht dieselbe Bedeutung und Allgemeinverbindlichkeit zu wie den dogmatischen Entscheidungen der alten Kirche. Sie seien deshalb freilich nicht unwichtig, betont er ausdrücklich. Im Gegenteil, „Sie sind ... sorgsam zu prüfen und daraufhin zu untersuchen, ob und wie weit sie in innerer Übereinstimmung stehen mit den Dogmen der alten Kirche. Wo diese Übereinstimmung fehlt, ist sie anzustreben."[12]

---

9 Vgl. a. a. O., 274–275.
10 Urs Küry, Die Altkatholische Kirche. Ihre Geschichte, ihre Lehre, ihr Anliegen, 2. Auflage, hg. und ergänzt von Christian Oeyen, Stuttgart 1968, 161–172.
11 Küry nennt hier besonders die entsprechenden Schriften der Reformatoren, die Beschlüsse des Konzils von Trient zu dieser Frage, sowie die sog. „39 Artikel" der Anglikanischen Kirchengemeinschaft.
12 Urs Küry, Die Altkatholische Kirche, a. a. O., 161f.

Urs Kürys theologische Position lässt sich in den folgenden fünf Punkten zusammenfassen:

1. Die Rechtfertigung ist ein einmaliger Akt, muss aber immer neu entgegengenommen werden. Im paulinisch-reformatorischen Sinn ist sie forensisch, zugleich aber auch Neuschöpfung, Gerechtmachung und neues Leben. Die Heiligung ist dagegen ein fortwährend geschehender Akt. Sie ist nicht das Werk eines Menschen, sondern ein Akt der „Indienstnahme des einmal Gerechtfertigten durch den Herrn und durch seinen Heiligen Geist." Wenn wir hier nach einer sakramentalen Entsprechung suchen, können wir – nach altkatholischer Auffassung – die Eucharistie nennen in ihrer Spannung von Gedächtnis des einmalig gewirkten Heilsgeschehens in Jesu Tod und Auferweckung und seiner im Tun der Kirche fortwährenden und heilswirkenden Gegenwärtigsetzung eben dieses Heilsereignisses. [13]

2. Die so genannten „guten Werke" begründen keinerlei Verdienst, aber sie sind auch nicht nur reine „Zeichen" der geschehenen Rechtfertigung, sondern sie sind vielmehr unmittelbare Auswirkungen der Heiligung selbst. Sie können nicht entscheiden über die „endgültige Beseligung", wie Küry formuliert, „wohl aber nach Gottes freiem und gerechten Willen deren Grad bestimmen." [14]

3. Durch die Rechtfertigung werde der „neue Mensch" geschaffen, sagt Küry. Es finde also eine Wiedergeburt, eine „Geburt von oben" statt, die den Menschen in seinem „Subjektsein" von Grund auf erneuere und verwandele.

Die Rechtfertigung sei aber nicht nur die Versetzung des alten Menschen in einen „Stand", also in den „Stand der Gnade", sondern radikale „Neuschöpfung des Menschen durch Gott". In diesem Schöpfungsakt Gottes finde allerdings kein Subjektwechsel statt, d. h. der „neue Mensch" trete nicht einfach an die Stelle des alten, sondern die Identität des Menschen bleibe gewahrt und zwar „gerade dadurch, dass Gott den Sünder so freispricht, dass er Sünder bleibt." Eben darum sei am reformatorischen „simul iustus, simul peccator" festzuhalten. Beizufügen sei nur, dass dieses „simul iustus, simul peccator" nicht ontologisch, sondern heilsgeschichtlich zu verstehen sei, und zwar so, „dass im Heilsvorgang der Gerechte, der neue Mensch das Übergewicht hat über den alten sündigen Menschen und diesen überwindet." Und Küry fügt hinzu: „Eben darin, dass durch das von aller Schuld freisprechende Urteil Gottes der neue Mensch geschaffen

---

13 Vgl. a. a. O., 165f.
14 Vgl. a. a. O., 166.

wird, eine Neuschöpfung am alten Menschen sich ereignet, ist die Gerechtsprechung zugleich als Gerechtmachung zu verstehen."[15]

4. Analoges gelte auch für die „Heiligung": Wie durch die Rechtfertigung der neue Mensch geschaffen werde, so werde diesem „durch die Heiligung, d. h. durch die ihm fortzu widerfahrende Indienstnahme durch den Herrn und den Heiligen Geist, die Gnadengaben und Kräfte geschenkt, die er nötig hat, um als dieser neue Mensch inmitten des alten Äons leben zu können." Dennoch bleibe der neue Mensch weiterhin ständig im Kampf mit dem alten, sündigen Menschen. In diesem Kampf, so Küry, „gibt es ein ständiges Überwinden und Versagen, Wachsen und Abnehmen, gibt es Gehorsam und Ungehorsam. Nie ist der Geheilte auch schon der Vollendete." Die Gerechtmachung bleibe also in der Heiligung „partiell". Auch in der Heiligung gelte darum das „simul iustus, simul peccator" weiter. Deshalb sei an der reformatorischen und auch von einzelnen Vätern von Trient ausgesprochenen Einsicht festzuhalten, dass auch der durch die göttliche Indienstnahme Geheiligte mit all seinen „Werken", die er allein im Kampf mit dem „alten Menschen" zu vollbringen vermag, letztendlich angewiesen bleibe „auf das gnädige, ihn von aller Schuld freisprechende Endgericht Gottes." Damit sei das, was der Gerechtfertigte und Geheiligte in diesem Erdenleben im Gehorsam gegen Gott getan habe und tue, nicht entwertet, vielmehr werde ihm in seinem Kampf „durch die Verheißung des gnädigen Endgerichtes die Gewissheit geschenkt, dass er in Jesus Christus, in welchem das Gericht schon vollzogen und uns die Gnade zugewendet ist, einen gnädigen Gott hat, zu dem er unmittelbar Zutritt hat als zu seinem himmlischen Vater, der sich jederzeit seiner Kinder erbarmt."[16]

5. Von dieser existentiellen Sicht her betrachtet, sind Rechtfertigung und Heiligung nach Urs Küry auch nicht bloß eine „Lehre", sondern „die Botschaft selbst, die jeder, der den Namen Christi trägt, in eigener, persönlicher Glaubensentscheidung entgegenzunehmen" habe. Dies dürfe freilich nicht als eine rein innerliche Erfahrung verstanden werden, die den Empfang der Sakramente überflüssig machen würde. Vielmehr werde der Gläubige durch diese Botschaft gerade an die Sakramente und damit letztlich an die Kirche selbst als an das erwählte Gottesvolk gewiesen, durch das Gott sein Werk der Rechtfertigung und Heiligung an der Welt vollziehe.

Dieser Ausblick auf die Kirche als auf das von Gott erwählte Volk und die zu errettende Welt könne auch von jener „individualistischen Verengung des Rechtfertigungsvorgangs, die für die Fragestellung des 16. Jahrhunderts charakteristisch" gewesen sei, befreien und uns, wie Küry meint,

---

15 Vgl. a. a. O., 166–167.
16 Vgl. a. a. O., 167.

der „Ur-Intention der paulinischen Botschaft" näher bringen. Denn dem Apostel sei es nicht primär um die Frage gegangen, wie der Einzelne gerettet werden und sein ewiges Heil erwerben könne, sondern um das viel größere Anliegen, „uns zu verkünden, wie Gott … ohne Vermittlung der Gesetzeswerke, rein aus Gnade durch den Versöhnungstod Christi, in aller Welt, unter Juden und Heiden, sein Volk … um sich sammelt, um das Kommen des Reiches anzubahnen." Der allmächtige Gott tue dies, so Küry, indem er aufgrund des Versöhnungstodes Christi uns Sünder, die wir alle sind, von jeglicher Schuld freispreche und uns „sich anheiligt", um sich an uns, an seiner Gemeinde zu verherrlichen und so sein Reich herbeizuführen. Um das Kommen dieses Reiches, um das Offenbarwerden der göttlichen Herrlichkeit und seiner Liebe an den Menschen gehe es letztlich auch in der Rechtfertigung und Heiligung.[17]

1.3 Christian Oeyen: Die „Vergöttlichung des Menschen"[18]

Nach Christian Oeyen gehe es bei der Rechtfertigungslehre letztlich um die „Vergöttlichung des Menschen", d. h. um die „Überwindung seiner kreatürlichen Begrenztheit". Diese „kreatürliche Begrenztheit" erfahre der Mensch in einer doppelten Weise: Einmal in seiner Kreatürlichkeit als solcher, d. h. der Mensch erfährt sich als ein von Gott geschaffenes Wesen und als solches endlich und begrenzt. Als endliche Kreatur aber könne er von sich aus nicht am Leben des unendlichen Gottes teilhaben. Gott müsse also die Initiative ergreifen, er müsse den Menschen zu dieser Gottesgemeinschaft einladen. Letztlich ist also eine solche Gottesgemeinschaft Wirkung und Geschenk der Gnade.

Die zweite Begrenzung, die Oeyen nennt, ist die Sünde. Die Sünde sei die „negative Seite der menschlichen Freiheit", die Gott mit der Erschaffung des Menschen einkalkuliert habe. Sie ist also Teil der Kreatürlichkeit.

Bei der Überwindung dieser beiden Begrenzungen habe Gott die Initiative, sagt Oeyen. „Der Sünder kann die Sünde aus eigenen Kräften nicht überwinden und das Geschöpf kann ganz und gar nicht aus dem Kreis des Geschöpflichen ausbrechen." Deshalb sei dieser „Primat Gottes" auch völlig eindeutig. Für uns Christen verwirkliche sich dieser „Primat" des göttlichen Heilshandelns im Erlösungswerk Christi: Jesus Christus, der gekommen sei, um den Willen des Vaters zu erfüllen, sei es auch, der die Men-

---

17 Vgl. a. a. O., 167–168.
18 Diese Zusammenfassung der Position Christian Oeyens ist seinem bereits in Anmerkung 3 erwähnten autorisierten, aber nicht publizierten Vorlesungsskript „Gnade und Rechtfertigung", Bonn 1997, 101–103, entnommen.

schen von eben dieser kreatürlichen Begrenztheit erlöse. Er tue es durch die Inkarnation: der Logos sei Mensch geworden, damit der Mensch „Gott wird", wie wir im Anschluss an die Kirchenväter sagen können, und er tue es durch „Kreuz und Auferstehung", indem er als der Gerechte stellvertretend für uns, die wir Sünder seien und die Strafe Gottes verdient hätten, das Leiden auf sich nehme. Dadurch geschehe Erlösung (und Rechtfertigung).

Für Christian Oeyen bedeutet dieses Heilswerk Jesu Christi „Erlösung der Menschheit", Erlösung des neuen Volkes Gottes. Die Betonung des Heils eines einzelnen Menschen erscheint ihm daher als eine engführende Reduzierung.[19] Er sagt: „Auch wenn Paulus ‚ich' sagt, meint er damit nicht einen Einzelmenschen, sondern einen Modellfall für die ganze Menschheit." Natürlich sei es legitim, sich über das Heil des einzelnen Menschen Gedanken zu machen, aber dies müsse stets im ekklesiologischen Kontext geschehen. Das Heilswerk Christi solle demnach dem Einzelnen „appliziert" werden, darauf komme es an.

Wenn es aber um die „Applikation des Heilswerkes Christi" gehe, dann gehe es auch um ein „synergetisches Werk"[20]: d. h. Gott bewirke als Schöpfer und Erlöser alles und der Mensch als Geschöpf und Erlöster wirke (durch sein Tun!) ebenfalls alles. So sei auch Gottes Primat im Glaubensakt nicht kreatürlich, sondern prinzipiell ontologisch zu verstehen.

Die spät-thomistische Lehre von der „praemotio physica", d. h. der Verwirklichung der Ratschlüsse Gottes in der Zeit durch unmittelbare Einwirkung auf die geschöpflichen Handlungen, wonach Gott, bevor der Mensch sich entscheide, eine geschaffene Wesenheit schaffe, die den Menschen zu diesen Entscheidungen bewege, sei nach Christian Oeyen ein Eingreifen Gottes in die Sphäre des Menschen. Dadurch gehe aber der Primat Gottes auf die Seite der Kreatur über. Worum es aber doch letztlich gehe, sei, eine „Durchdringung" des Menschlichen durch Gott – und zwar jeder auf seiner Ebene – zu ermöglichen.

Daher könne es in der Rechtfertigung und in der Gnadenlehre auch „keine zwei Momente" geben: „Rechtfertigung als das Werk Gottes allein und Heiligung als das Zusammenwirken" von Gott und Mensch, sondern „das Ganze sei ein Zusammenwirken von Gott und Mensch". Der Glaube, so Oeyen, sei also nicht allein Gottes Werk, sondern auch Werk des Menschen, d. h. „der durch die Gnade erlösten menschlichen Freiheit." Nur

---

19 Vgl. hierzu auch Urs Küry (1.2), Punkt 5.
20 Vgl. 1.4: Der Konsens in der Auffassung eines „synergetischen Werkes" bei der Heilsaneignung ist eines der wichtigsten Punkte in den Übereinstimmungen, die die orthodox/altkatholische Dialogkommission festgestellt hat.

dürften wir dies nicht im Sinne einer Zeitabfolge verstehen, so als ob der Mensch etwas tue, bevor die Gnade wirke. Sondern „im selben Augenblick, indem die Gnade uns die Fähigkeit gibt, wirkt auch die menschliche Freiheit". Rechtfertigung und Heiligung seien also nicht zwei Momente, sondern zwei Aspekte des Heilswirkens. D.h. sowohl in der Rechtfertigung als auch im Glaubensakt wirke ein Teil der menschlichen Freiheit.

Zusammenfassend sagt Oeyen: Wenn wir von Rechtfertigung sprechen, von der „Rettung des Einzelnen", geht es letztlich immer um Christi Werk. Weil sich Christus als Mensch bedingungslos dem Absoluten, d.h. Gott, ausgeliefert hat, darum ist Gott dem Sünder gegenüber gnädig. Er nimmt ihn auf im Glauben und heilt ihn wirklich von seinen Sünden. Er macht ihn in Jesus Christus seines göttlichen Lebens teilhaftig. Er legt dabei besonderen Wert auf die Mitwirkung der menschlichen Freiheit, betont aber gleichzeitig, dass natürlich auch die Freiheit des Menschen Gottes Geschöpf sei und von Christus erlöst wurde. Deshalb tue die Ausübung unserer Freiheit der Majestät Gottes keinen Abbruch, sondern das sei gerade das, was Gott will: Er nimmt den Menschen in seiner Gottebenbildlichkeit ernst.

1.4 Die orthodox/alt-katholischen Konsenstexte

Die 1983 von der gemischt alt-katholisch-orthodoxen Dialogkommission verabschiedeten Texte zur Soteriologie: IV/1 „Das Erlösungswerk Christi"[21] und IV/2 „Das Wirken des Heiligen Geistes in der Kirche und die Aneignung des Heils"[22] wollen nach Aussage der Kommission die Lehre der beiden Kirchen in dieser Frage wiedergeben. Kern des Textes IV/1 ist dabei der Verweis darauf, dass Christus die Rettung der Menschheit „durch seine Selbsterniedrigung und seinen vollkommenen Gehorsam vollbracht, den er während seines ganzen Lebens erwiesen hat, insbesondere durch sein Leiden und seinen Kreuzestod, durch die er das Menschengeschlecht von der Sünde befreite ..." Sein Tod war ein „Sühneopfer" für unsere Sünden und die Sünden der ganzen Welt (vgl. 1 Joh 2,2).[23]

Text IV/2 behandelt die Frage der Aneignung des durch Christus erwirkten Heils. Und hier werden zwei Aspekte besonders hervorgehoben: Zum einen wird der ekklesiologische Charakter der Heilsvermittlung herausgestellt: „Die Aneignung des Heils", so heißt es, „geschieht in der

---

21 Koinonia auf altkirchlicher Basis. Deutsche Gesamtausgabe der gemeinsamen Texte des orthodox/altkatholischen Dialogs 1975–1987 mit französischer und englischer Übersetzung, hg. von Urs von Arx, Beiheft zu IKZ 79 (1989), 3. Heft, 79ff.
22 Koinonia, a.a.O., 81ff.
23 Vgl. a.a.O., 80.

Kirche durch das Wirken des Heiligen Geistes." Dieser Heilige Geist aber, der für immer in der Kirche bleibe, sie erfülle, aufbaue, erneuere und heilige, mache sie so zu einer „Arche des Heils" für die Welt.[24] Die von einigen alt-katholischen Theologen des öfteren angemahnte Überwindung einer zu stark betonten Individualisierung des Rechtfertigungsgedankens[25] findet in diesem Verweis auf die Kirche als Heilsgemeinschaft ihren Ausdruck.

Der zweite Aspekt stellt das Zusammenwirken von Gott und Mensch bei der Aneignung des Heils heraus, wobei dieses Zusammenwirken nicht so zu verstehen sei, „als ob Gott nur einen Teil des Werkes vollbringen würde und der Mensch allein einen anderen," wie es im Text ausdrücklich heißt. Aber der Mensch wirke in dem Sinne mit, dass er „bewegt wird, um selbst zu handeln, und nicht, um nichts zu tun."[26] Da sich dieses Zusammenwirken von Gott und Mensch auf das ganze „neue Leben in Christus" beziehe, also auf das ganze Leben des durch Christus erlösten und so gerechtfertigten Menschen, könne man nicht sagen, „der Mensch verhalte sich in irgend einem Akt des Glaubens – und sei es auch der erste – rein passiv, und Gott allein wirke diesen Akt in ihm." Dementsprechend lehnen beide Kirchen auch jegliche Form von Prädestination ab.[27] Auch auf diesen Punkt des Mitwirkens nicht am Schaffen, wohl aber an der Aneignung des Heils haben ebenfalls alt-katholische Theologen hingewiesen.[28]

2. Alt-Katholische Theologie und die „Gemeinsame Erklärung"

Ich habe nicht die Kompetenz für *die* alt-katholische Theologie zu sprechen. Dennoch glaube ich, aufgrund des Überblicks alt-katholischer Positionen zur Rechtfertigungslehre im ersten Kapitel einen von den alt-katholischen Theologinnen und Theologen vertretbaren Konsens formulieren zu können:

1. Es gibt sicher keinen Widerspruch zu den Kapiteln 1 (Biblische Rechtfertigungsbotschaft) und 2 (Die Rechtfertigungslehre als ökumenisches Problem), wobei ich in der Frage des „ökumenischen Problems" auf die Versuche alt-katholischer Theologen hinweisen möchte, eine Mit-

---

24 Vgl. a. a. O., 81.
25 Vgl. 8. Internationale Alt-Katholische Theologenkonferenz 1962 in Bonn: Bischof Jans, s. oben (1.1); Urs Küry, Punkt 5, s. oben (1.2); Christian Oeyen, s. oben (1.3).
26 Vgl. a. a. O., 82f. Der Text verweist in diesem Zusammenhang auch auf Augustinus, Corrept. 2,4 PL 44,918: „Aguntur ut agant; non ut ipsi nihil agant."
27 Vgl. a. a. O., 83.
28 Vgl. 8. Internationale Alt-Katholische Bischofskonferenz 1962 in Bonn, Bischof Jans, s. oben (1.1); Urs Küry, s. oben (1.2); Christian Oeyen, s. oben (1.3).

telposition zwischen der reformatorischen Lehre und der katholischen Auffassung herauszuarbeiten, wie sie das Konzil von Trient versucht hat zu formulieren. Dementsprechend können sich die Vertreterinnen und Vertreter der alt-katholischen Theologie sicher auch ohne größere Einschränkungen dem von den evangelisch-lutherischen und römisch-katholischen Dialogpartnern in Kapitel 3 formulierten „gemeinsame(n) Verständnis der Rechfertigung" anschließen.

2. Was nun die „Entfaltung" dieses „gemeinsamen Verständnisses" angeht, dem mit Kapitel 4 der Hauptteil der GER gewidmet ist, scheint es von unserem Verständnis doch wichtig zu sein, auf einige Akzente hinzuweisen, die wir deutlicher setzen würden:

a) Der „synergetische Charakter" nicht der Heilsschaffung, wohl aber der Heilsvermittlung hätte nach unserer Auffassung deutlicher formuliert werden können, so wie dies im weiter oben angeführten orthodox/alt-katholischen Konsenstext geschehen ist. Der Text der GER (4.1) trifft hier nicht genügend unsere Position.

b) Mit der römisch-katholischen Theologie teilen wir den in GER 4.4 Nr. 30 geäußerten Gedanken der „Konkupiszenz", weil auch nach unserer Auffassung ohne dieses „personale Element", d. h. die freiwillige Willensentscheidung des Menschen eine konkrete Sünde, die er zu verantworten hat, nicht zustande kommt. Hier wäre eine klarere Differenzierung des Sündenbegriffs und des Umgangs mit der konkreten Sünde des Einzelnen in der Gemeinschaft der Glaubenden hilfreich.

c) Ein deutlich stärkeres Gewicht als die GER legt die alt-katholische Theologie auf den ekklesiologischen Charakter der Rechtfertigung. Dies schließt die Rechtfertigung des einzelnen Menschen nicht aus, bettet sie aber ein in die von Gott gestiftete Heilsgemeinschaft. Der im orthodox/alt-katholischen Konsenstext verwendete und weiter oben zitierte Ausdruck der Kirche als „Arche des Heils für die Welt" bringt das Gemeinte gut zum Ausdruck. Nach unserer Auffassung stiftet Gott in der Kirche als der von ihm gewollten Heilsgemeinschaft durch die Sakramente, besonders durch die Eucharistie, aber auch durch das Sakrament der Versöhnung aktuell und für die Menschen sinnenhaft erfahrbar „Realpräsenz" der durch das Heilsgeschehen in Jesus Christus geschehenen Rechtfertigung, die er im Glauben und in der Taufe grundlegend erfahren durfte.

Viorel Mehedinţu

Die orthodoxe Erlösungslehre

Ein orthodoxer Beitrag zur „Gemeinsamen Erklärung zur Rechtfertigungslehre"

Vorbemerkungen

Der jahrelang geführte Dialog zwischen der lutherischen und der römisch-katholischen Kirche, bei dem eine Übereinstimmung in der Frage der Rechtfertigungslehre gesucht wurde, und der einen vorläufigen Abschluss in der „Gemeinsamen Erklärung zur Rechtfertigungslehre" fand, bot einen willkommenen Anlass, auch über das orthodoxe Heilsverständnis nachzudenken.

Dem orthodoxen Geist ist es fremd, das, was Jesus Christus für die Rettung der Menschheit vollbracht hat, mittels einer Denkart und einer Terminologie, die dem Rechtsdenken entliehen sind, zu verstehen, als handle es sich zwischen Gott und den Menschen primär um die Klärung einer Rechtsfrage, eines Rechtsverhältnisses.

Bedenkt man die Vielzahl neutestamentlicher Aussagen, mittels derer das Heilsgeschehen in Christus und das Heilswirken des Heiligen Geistes bezeugt wird, so versteht man in der orthodoxen Theologie die Herausstellung der Rechtfertigung als Zentralbegriff des Heilsverständnisses in den westlichen Theologien als dessen Engführung, zumal auch Paulus selbst mehrere Begriffe verwendet, so dass die Rechtfertigung nicht einmal die Gesamtheit des paulinischen Verständnisses des Heils wiedergibt, geschweige denn die Gesamtheit der neutestamentlichen Aussagen, die in ihrer Fülle eine weit umfassendere Sicht von der Heilstat Jesu Christi als nur der Begriff der Rechtfertigung wiedergeben, die Paulus vor allem im Römer- und Galaterbrief zuerst gegen das Gerechtigkeitsverständnis der Pharisäer formuliert hat. Begriffe aus der Rechtfertigungslehre wie Zurechnung, Anrechnung, Gerechtmachung, Gerechterklärung, *iustitia aliena*, *meritum*, *satisfactio*, sind als juridische Sprache dem orthodoxen Geist fremd geblieben. Man ist der Überzeugung, dass diese Terminologie nicht die geeignetste ist, den tiefen und eigentlichen Sinn des Opfers Jesu am Kreuz adäquat auszudrücken.

Das beklagen nicht nur orthodoxe Theologen: „Die Rechtfertigungsterminologie wurde durch Melanchthon zu einer durch und durch juristischen Terminologie von Anklage und Freispruch in *foro Dei* gemacht"[1], sagt der evangelische Theologe Jürgen Moltmann. Der Gedanke der Gerechtigkeit ist hier vorherrschend und allen anderen Überlegungen über das Verständnis des Kreuzes übergeordnet. Am Kreuz herrschen das Gesetz und die Gerechtigkeit oder die Gerechtigkeit des Gesetzes. Die Liebe Gottes des Vaters zu den Menschen, der für sie seinen Sohn in die Welt gesandt hat und ihn den Tod am Kreuz ertragen ließ, und die Liebe des sich für die Menschen opfernden Jesus Christus tritt hinter den Gedanken der Gerechtigkeit zurück.

Allerdings darf wegen der orthodoxen Kritik an der nicht zu leugnenden juridischen Deutung des Opfers Christi in den westlichen Theologien nicht übersehen werden, dass in den Rechtfertigungslehren dieser Schwesterkirchen wichtige Aspekte des Glaubens formuliert wurden.

Der anselmische Gedanke von der Genugtuung findet sich auch in Luthers Rechtfertigungslehre. Der Reformator kommt jedoch zu der Einsicht, dass das Heilswerk Jesu Christi nur unzureichend mit dem Satisfaktionsgedanken erfasst werden kann: „So ist es doch zu schwach und zu wenig von der Gnade Christi geredt, und das Leiden Christi nicht gnug geehret, welchem man mus höher ehre geben, das er nicht allein fur die sünde gnug gethan, sondern uns auch erlöset von des Tods, Teuffels und der Hellen gewalt und ein ewig Reich der Gnaden und teglicher vergebung auch der ubrigen sunde …"[2] In seinem großen letzten Werk weist E. Schlink darauf hin, dass es unmöglich ist, von der Gerechtigkeit ohne zugleich von der Liebe Gottes zu sprechen. „Gottes Gerechtigkeit steht hier nicht im Gegensatz zu Gottes Liebe und Barmherzigkeit, vielmehr hat Paulus die Offenbarung der Gerechtigkeit Gottes als Offenbarung seiner Liebe und seines Erbarmens verkündigt".[3] Als ein wichtiger und ermutigender Schritt zum Verständnis des Heils kann die Sigtuna-Erklärung der Gemeinsamen Lutherisch-Orthodoxen Kommission betrachtet werden. Hier fehlen nicht nur die juridischen Begriffe, sondern im Vordergrund steht die Liebe Gottes als der alles tragende Grund der Rechtfertigung.[4]

---

1   J. Moltmann, Der Geist des Lebens, München 1991, 169.
2   WA 21,264,27–33. S. hierzu B. Lohse, Luthers Theologie in ihrer historischen Entwicklung und in ihrem systematischen Zusammenhang, Göttingen 1995, 243f.
3   Ökumenische Dogmatik. Grundzüge, Göttingen 1983, 248.
4   Th. Nikolaou, Der Orthodox-Lutherische Dialog. Geschichtlicher Überblick und gemeinsame Texte, in: Die Orthodoxe Kirche. Festschrift für A. Kallis, Frankfurt 1999, 271ff.

Im Folgenden werde ich versuchen, die orthodoxe Erlösungslehre in ihren wesentlichen Zusammenhängen darzustellen.

I. Die Liebe als Grund des orthodoxen Heilsverständnisses

Von den neutestamentlichen Begriffen ist die Erlösung der geläufigste in der orthodoxen Theologie. „In ihm haben wir die Erlösung durch sein Blut, die Vergebung der Sünden nach dem Reichtum seiner Gnade" (Eph 1,7). Der Ausgangspunkt bei der orthodoxen Betrachtung des Heils ist nicht die Gerechtigkeit Gottes, wie dies für die Rechtfertigungslehre gilt, sondern seine Liebe. „Also hat Gott die Welt geliebt, dass er seinen eingeborenen Sohn gab, auf dass alle, die an ihn glauben, nicht verloren werden, sondern das ewige Leben haben. Denn Gott hat seinen Sohn nicht gesandt in die Welt, dass er die Welt richte, sondern dass die Welt durch ihn selig werde" (Joh 3,16–17). Das Opfer Jesu am Kreuz ist der unüberbietbare Beweis der Liebe Gottes zu den Menschen. Auch für Paulus ist die Liebe Gottes der Grund des Leidens und des Todes Jesu für uns. „Gott aber beweist seine Liebe zu uns dadurch, dass Christus für uns gestorben ist, als wir noch Sünder waren" (Röm 5,8). Jesus trug das Kreuz nicht erst, um Gott für die Sünden der Menschen Genugtuung zu verschaffen, sondern um die Menschen um ihrer selbst willen auf Grund seiner erbarmenden Liebe von der Herrschaft der Sünde und des Todes zu befreien, um sie weiterhin durch seine begleitende Liebe im Heiligen Geist zu erneuern. Das Kreuz und die Liebe gehören untrennbar zusammen. „Niemand hat größere Liebe denn die, dass er sein Leben lässt für die Freunde" (Joh 15,13). In zahlreichen Gebeten der Liturgie wird Gott gerade wegen des Opfers Jesu am Kreuz als „gütiger und menschenliebender" genannt und seine „unaussprechliche und unermessliche Menschenliebe" gepriesen.

Aus diesem Ansatz bei der Liebe Gottes ergibt sich in der orthodoxen Theologie eine zur Rechtfertigungslehre unterschiedliche Betrachtung des Heils. Nicht die Gerechtigkeit, sondern die Liebe Gottes ist der Zentralbegriff des orthodoxen Heilsverständnisses. Die Liebe Gottes ist der alles tragende Grund der Erlösung, weil Gott selbst Liebe ist (1 Joh 4,8). Sie ist seine Existenzweise. Die innertrinitarischen Beziehungen sind von der Liebe getragen, wie auch ad extra seine heilsgeschichtlichen Handlungen.

Auch die orthodoxe Erlösungslehre steht unter dem Vorzeichen der Trinitätslehre, weil diese „das Fundament ist, auf dem die Orthodoxie steht und von dem aus sich Leben und Theologie der Kirche entwickelt haben".[5] Der Trinitätslehre kommt in der orthodoxen Theologie eine Schlüsselstel-

---

5 N. A. Nissiotis, Die Theologie der Ostkirche im ökumenischen Dialog. Kirche und Welt in orthodoxer Sicht, Stuttgart 1968, 19.

lung zu. Als „grundlegende Wirklichkeit, der das Leben der Kirche entspringt" und wegen der engen Bindung zwischen der Theologie und dem kirchlichen Leben, ist die Lehre von dem dreieinigen Gott „Anfang und Ende des theologischen Nachdenkens".[6]

Für die Theologie der Ostkirche offenbart sich auf Golgatha zuallererst die Liebe Gottes zu den gefallenen Menschen. Gott hört nicht auf gerecht zu sein. Jesus selbst nennt ihn: „Gerechter Vater ..." (Joh 17,25). Indem Jesus die Sünden der Menschheit auf sich nahm, ertrug er anstelle der Menschen die Folgen ihrer Sünde. Das Opfer Jesu ist der höchste Beweis seiner Liebe. Hier geht es um die Liebe des Vaters und des Sohnes für den gefallenen Menschen. Im Gottesdienst der Ostkirche wird die Liebe Gottes, die zugleich auch die des Heiligen Geistes ist, immer wieder gelobt. „Weil er aus der liebenden Gemeinschaft mit dem Vater und dem Heiligen Geist auf uns einwirkt, bringt er uns die Erlösung, in der die ganze Dreieinigkeit mit ihrer Liebe am Werk ist".[7] Die Liebe Gottes als Grund der Erlösung ist nicht nur ein theologischer Grundsatz, sondern auch und zuerst eine gottesdienstlich gelebte und gelobte Wirklichkeit, wie es in folgendem Text aus der Liturgie heißt: „denn ein erbarmender und menschenliebender Gott bist Du, und Dir senden wir Verherrlichung empor, dem Vater und dem Sohne und dem Heiligen Geiste ..."

Das Vertrauen in die Liebe Gottes verblendet aber nicht die Erkenntnis des Sünderseins vor dem gerechten Gott. Deswegen betet man um die Barmherzigkeit Gottes und dass er die Menschen nicht nach seiner Gerechtigkeit behandeln, sondern sich ihrer nach seiner Liebe erbarmen möge. Wie ein roter Faden durchzieht die Bitte „Kyrie eleison" den ganzen Ablauf der Liturgie, auch in Form eines inständigen Gebetes: „Stehe bei und errette, erbarme Dich und bewahre uns, o Gott, in Deiner Gnade". Hinter solchen Bitten steht das Wissen um die eigene Sündhaftigkeit und um die liebende Gerechtigkeit Gottes. „Gottes Gerechtigkeit und Barmherzigkeit können innerhalb der Beziehung Gottes zu uns nicht voneinander getrennt werden".[8]

Der Gedanke der Gerechtigkeit Gottes fehlt in der orthodoxen Soteriologie nicht. Für das Geschehen am Kreuz ist er nicht vorherrschend. Die Gerechtigkeit wird in der orthodoxen Theologie in enger Verbindung mit der Liebe Gottes gesehen. Die Rechtfertigung gilt nur als ein Aspekt des Heilswerkes. Am Kreuz Jesu offenbart sich vor allem die Liebe Gottes. Aus seiner Liebe zu den Menschen sendet der Vater den Sohn. Aus dieser

---

6 Ebd.
7 D. Staniloae, Orthodoxe Dogmatik Bd. 2, Zürich-Gütersloh 1990, 88.
8 A.a.O., Bd. 1, 226.

den trinitarischen Personen gemeinsamen Liebe zu den Menschen opfert sich Jesus Christus. „Darin ist erschienen die Liebe Gottes unter uns, dass Gott seinen eingeborenen Sohn gesandt hat in die Welt, dass wir durch ihn leben sollen" (1. Joh 4,9). Die Vorstellung, dass Gott seinen Sohn dahingibt, um seiner Gerechtigkeit Genugtuung zu verschaffen, ist dem orthodoxen Geist fremd, denn in diesem Fall hätte Gott selbst das Opfer am Kreuz zuerst nötig gehabt. „In the East, the cross is envisaged not so much as the punishment of the just one, which ‚satisfies' a trancedent Justice requiring a retribution for man's sins".[9] Jesus geht es nicht um die Wiederherstellung der gekränkten Ehre Gottes, sondern um die Wiederherstellung des Menschen und seiner Gemeinschaft mit Gott. Nicht zuerst die Gerechtigkeit, sondern die versöhnende Liebe Gottes offenbart sich beim Opfer am Kreuz, sonst würde die Versöhnung Gottes mit den Menschen nur Folge der ausgleichenden Leistung für die Sünde sein, die Jesus durch sein Opfer Gott dargebracht hat.

Das ist der Grund, warum die paulinische Rechtfertigungslehre keinen allzu großen Anklang bei den Vätern der alten Kirche fand, obwohl auch für sie die Frage nach dem Heil des Menschen genauso eminent wichtig war, wie für die Theologie der Rechtfertigungslehre. Der Gedanke der Gerechtigkeit Gottes war für sie auch wichtig, dennoch lässt sich aus den patristischen Kommentaren zu den Texten aus dem Römer- und Galaterbrief, die für die Rechtfertigungslehre von zentraler Bedeutung sind, nicht eine ganze Rechfertigungslehre konstruieren.[10] „Im Hinblick auf die Rechtfertigung verhält es sich allerdings anders: hier können wir in der Tat in der östlichen Theologie einen Trend beobachten, von dem die westliche Kirche abgewichen ist. Die östliche Tradition hat die paulinische Rede von der Rechtferigung nicht aufgenommen, sondern hat – seit Irenäus – die paulinischen Briefe im Licht der Passagen über den Geist interpretiert".[11] Der Blick richtete sich in der patristischen Theologie, wenn es um das Opfer Jesu ging, nicht so sehr auf dessen Bedeutung für Gott, sondern eher auf den Menschen, für den er sich kreuzigen ließ. In der theologischen Ausarbeitung und Formulierung dieser zentralen Frage ist man in der Ostkirche zu einer anderen Sicht des Heilsgeschehens in Christus gekommen, die sie unter der Berücksichtigung der Gesamtheit der biblischen Aussagen gewann und auch gemäß des trinitarischen Ansatzes, wonach die von der Liebe getragenen innertrinitarischen Beziehungen sich heilsökonomisch in

---

9   J. Meyendorff, Byzantine Theology. Historical Trends and Doctrinal Themes, New York 1974, 160.
10 Ebd.
11 D. Ritschl, Konzepte. Gesammelte Aufsätze, Bd. I: Patristische Studien, Bern u. a. 1976, 97f.

der Beziehung Gottes mit den Menschen widerspiegeln. Der Bezeichnung Philanthropos für Jesus Christus angesichts seines Heilswirkens begegnet man unzählige Male in den Schriften der griechischen Kirchenväter. In einem orthodoxen Gebet wird Jesus als „Arzt unserer Leiber und unserer Seelen" genannt. Seine Art der Behandlung ist die des Heilens. In diesem Sinne ist auch die Bezeichnung Jesu als Heiland zu verstehen. Den Tod und den Schmerz als Folge der Sünde versteht Nikolaos Kabasilas nicht als Strafe, sondern Gott will „vielmehr dem Kranken ein Heilmittel bieten".[12] Jesus ging es um die Gesundung des Menschen, nicht um die *satisfactio Dei*, sondern um die *sanatio hominis*. „Das ist kein juridischer, sondern ein therapeutischer Vorgang"[13]. Mit einem Arzt ($ἰατρός$) vergleicht Leontius von Byzanz Christus, der unsere Leiden auf sich genommen hat, um sie in sich zu heilen.[14] Maximus Confessor vergleicht die Wirkung des Kreuzesopfers mit einer ärztlichen Behandlung des Menschen.[15] Nicht als Strafe für unsere Sünden deutet er die Leiden Christi, sondern sie sind lebensspendend: $ζωοποιὰ\ παθήματα$.[16] Den Tod Jesu versteht Maximus als Gericht über die Sünde, die dadurch vernichtet wird. Außerdem führt das Opfer am Kreuz zu einer engen Beziehung zwischen Christus und den Gläubigen, wenn sie an der Kraft seines Opfers teilnehmen.[17]

Die Liebe Gottes als Grundsatz des orthodoxen Heilsverständnisses in Christus ist nicht nur ein theologischer Gedanke, sondern sie wird auch eine gottesdienstlich erlebte Wirklichkeit, wie z. B. in einer bis heute in allen Kirchen in der Osternacht gelesenen Katechese von Johannes Chrysostomos, die er in Anlehnung an das Gleichnis von den Arbeitern im Weinberg (Mt 20,1–6) formuliert hat. „Wer fromm ist und Gott liebt, genieße dieses schöne und leuchtende Fest ... Wer erst zur elften Stunde kam, fürchte sich nicht ob der Verspätung. Denn großmütig ist der Herr: Er nimmt den letzten auf wie den ersten; er erquickt den der elften Stunde wie den Arbeiter der ersten ..."[18]

---

12 Vom Leben in Christus, München 1958, 33.
13 A. Kallis, Brennender, nicht verbrennender Dornbusch. Reflexionen orthodoxer Theologie, Münster 1999, 293.
14 Ctr. Nest. et Euthych., PG 86,1324 B.
15 Opusc. theol. et pol., PG 91,2,237 AB.
16 Ep. 11, PG 91,2,456 C.
17 W. Völker, Maximus Confessor als Meister des geistlichen Lebens, Wiesbaden 1965, 82f.
18 Vgl. E. Benz, Geist und Leben der Ostkirche, 2. Aufl. München 1971, 47.

II. Die Gottebenbildlichkeit als Wesensbestimmung des Menschen

1. Auf einige Aspekte der orthodoxen Anthropologie sei hier kurz hingewiesen, weil sie in einem engen Zusammenhang mit der Erlösungslehre stehen. Die Anthropologie kann nur im Rahmen der Soteriologie bestimmt werden. In sich und aus sich kann das Wesen des Menschen nicht bestimmt werden, sondern nur ausgehend von dem trinitarischen Gott, der ihn nicht nur einfach geschaffen, sondern ihn nach seinem Bild gestaltet hat. Ebenso für sein Wesen entscheidend bestimmend ist, dass er durch Christus gerettet wurde und durch den Heiligen Geist eine neue Kreatur wird. Um den Menschen richtig zu verstehen, muss man ihn im Lichte der Trinitätslehre, der Christologie und der Pneumatologie sehen. Die Anthropologie hat trinitarische, christologische und pneumatologische Grundelemente.

Die Einzigartigkeit des Menschen, seine besondere, einmalige Stellung in der gesamten Schöpfung, die Welt der Engel eingeschlossen, geht aus dem Schöpfungsbericht (Gen 1,26–27 und 2,7) unmissverständlich hervor. Der Mensch ist eine einmalige Kreatur Gottes. Dass der Mensch von Gott nicht wie die gesamte Schöpfung durch sein Wort, sondern unmittelbar durch seine „Hände" geschaffen wurde, d. h. nach Irenäus „per Filium et Spiritum"[19] weist nicht nur auf seine besondere Stellung innerhalb der Schöpfung hin, sondern auch darauf, dass Gott eine persönliche Beziehung zu ihm gewollt hat, und zwar als Vater, Sohn und Heiliger Geist, denn es heißt: „Lasset uns Menschen machen, ein Bild das uns gleich ist" (Gen 1,26). Gott wollte mit dem Menschen eine personale Beziehung. Nur in dieser Beziehung wird dieser gerettet. So trägt der Mensch in sich das Bild des dreieinigen Gottes. Er ist zur Gemeinschaft und Liebe gegenüber Gott und den anderen Menschen als Grundrichtung seines Wesens bestimmt. Im Neuen Testament verkündigt Paulus den Athenern auf dem Areopag, dass zwischen Gott und dem Menschen eine gewisse Ähnlichkeit, eine gewisse Verwandtschaft besteht: „Wir sind seines Geschlechtes" (Apg 17,28).

Gregor von Nazianz versteht das Bild Gottes als einen „göttlichen Teil" im Menschen: ἔχω θείαν διὰ μοῖραν.[20] Gerade dieser Teil ermöglicht es dem Menschen, an Gott Anteil zu haben. Der Teil ermöglicht die Teilnahme, weil nach Gregor von Nyssa beide etwas Gemeinsames haben: ἔδει τι συγγενὲς ἐν τῇ φύσει πρὸς τὸ μετεχόμενον ἔχειν.[21] Der Begriff der Teilnahme ist überhaupt ein zentraler Begriff in der orthodoxen Theo-

---

19 Adv. Haeres. IV,4, PG 7,795 B; Vl. Lossky, Théologie Mystique de l'Église d'Orient, Paris 1944, 111; hier weitere Belege.
20 Poemata dogmatica VIII, PG 37, 452.
21 Orat.catech. V, PG 45, 21 D.

logie. Ohne Teilnahme ist die Erlösung nicht möglich. Eine Wesenseigenschaft des Menschen, die ihn als Bild Gottes auszeichnet, die ihn mit seinem Ebenbild verbindet, ist nach dem Patriarchen Calixt die Liebesfähigkeit des Menschen. Dadurch ist der Dialog der Liebe zwischen dem Schöpfer und seinem Geschöpf möglich. Auf die Liebe Gottes antwortet der Mensch mit seiner Liebe zu Gott: ὡς ἀγαπηθήσεται, καὶ ἀνταγαπήσει ὁ νοῦς τὸν θεόν.[22] Die Gemeinschaft beruht auf der Entsprechung, auf der Ähnlichkeit zwischen Gott und seinem Geschöpf: τὸ γάρ τοι ὅμοιον ὁμοίῳ ἐστὶν ὅμοιον.[23]

Bedenkt man, dass in der patristischen Theologie eine Vielzahl von Aussagen über den Menschen als Bild Gottes gemacht wurden, ohne dass dieses Bild auf einige oder auf bestimmte Eigenschaften beschränkt wurde,[24] so lässt sich daraus schließen, dass der ganze Mensch als unzertrennbare Einheit von Seele, Geist und Leib als Bild Gottes verstanden wurde, dass diese Bestandteile in ihrer Einheit und in ihren Eigenschaften das Bild Gottes im Menschen widerspiegeln und als eine Einheit an der Gemeinschaft mit Gott teilnehmen.[25] Der ganze Mensch partizipiert an seinem Urbild und nicht nur ein Teil von ihm, da er in seiner Ganzheit von Gott als nach seinem Bild geschaffen und bezeichnet wurde. Würde man dieses Bild in seine Bestandteile zerlegen, im Glauben, es so besser zu erfassen, so würde darunter die Einheit leiden, man liefe Gefahr es unvollständig in den Blick zu bekommen. Keines der Bestandteile repräsentiert nach Irenäus den ganzen Menschen und nur die innige Vereinigung von Seele, Geist und Leib macht den vollständigen Menschen aus.[26] Der Name Mensch bezieht sich nach Gregor Palamas nicht nur auf seine Seele oder nur auf seinen Leib, sondern auf beide, weil sie zusammen nach dem Bild Gottes geschaffen wurden.[27] Gott hat ihn nicht aus einem besseren und aus einem weniger guten Teil geschaffen. Für die ganze Schöpfung, den Menschen eingeschlossen, gilt die Feststellung: „Und Gott sah an alles, was er gemacht hatte, und siehe, es war sehr gut" (Gen 1,31). Absolut nichts war am Menschen fehlerhaft oder minderwertig. Die Sünde ist nicht das Erzeugnis seiner Natur, sie folgte nicht notgedrungen aus seinem Wesen. Sie gehört nicht zum Wesen des Menschen. Die Ursache des Sündenfalles

---

22 De vita contemplativa, PG 147, 860 AB.
23 Ebd.; D. Staniloae, a.a.O., Bd. 1, 356; Zur Frage nach dem Bild Gottes im Menschen siehe in diesem Band zahlreiche Belege aus den patristischen Schriften: 353ff.
24 Vl. Lossky, a.a.O., 111.
25 D. Staniloae, a.a.O., Bd 1, 374.
26 A.a.O., V,6,1.
27 Prosopopeae, PG 150, 1361 C.

liegt in der freien Entscheidung des Menschen. Dieser stand nicht unter dem Zwang zu sündigen, sondern er tat es aus der überlegten Entscheidung seines Willens. Der freie Wille gehörte zu seinem Wesen als Bild Gottes, und dass er die Kraft des freien Willens hatte, beweist, dass er sich innerlich ungezwungen gegen die Gemeinschaft mit Gott entschieden hat. Er hätte aber mit derselben Kraft seines Willens der Versuchung auch nicht nachgeben können. Hätte ihm der freie Wille gefehlt, so hätte er nicht das Bild Gottes sein können. Aus der Freiheit seines Willens hat Gott den Menschen wiederum als ein freies Wesen geschaffen. „Die Liebe Gottes ist so groß, dass er den Menschen nicht zwingen will".[28] Die Bestimmung des Menschen zur Vergöttlichung erfolgt nicht einfach aus der Kraft des Willens Gottes, sondern auch aus der freien Entscheidung des Menschen. Ohne ihn will Gott nichts tun. In der Möglichkeit der Ablehnung erweist sich die Freiheit des Menschen. Die Entscheidungsfreiheit ist eine unschätzbare göttliche Gabe, über die der Mensch in seiner Hinwendung zum Guten oder zum Bösen verfügen kann.

So notwendig der Versuch ist, das Wesen des Menschen zu erfassen, so sollte das im Bewusstsein geschehen, dass dieses nicht restlos in Begriffen erfasst werden kann, und dies umso weniger, als die Lehre vom Menschen von seinem göttlichen Ursprung ausgeht. Aus der Unergründbarkeit und der absoluten Transzendenz des Wesens Gottes folgert Gregor von Nyssa, dass auch die Erkennbarkeit des Menschen als Bild Gottes ihre Grenzen hat.[29] Wegen der „Fülle des göttlichen Geheimnisses, das in der menschlichen Existenz enthalten ist", kann auch das menschliche Wesen nicht vollständig ergründet werden.[30] So wie es eine negative Theologie gibt, so „muss es auch eine *negative Anthropologie* geben, die auf das Geheimnis des Menschen hinweist".[31]

Die Gottebenbildlichkeit ist die Grundlage des menschlichen Wesens, d.h. dass „die Ontologie des Menschseins nicht im Menschen selbst besteht".[32] So ist es nicht zufällig, dass in der griechischen Patristik anthropologische Aussagen im Zusammenhang mit den Aussagen über die Schöpfung und Erlösung in Christus gemacht werden. Nur in diesem Rahmen wird die Frage nach dem Menschen beantwortet. Zur Lehre vom Menschen gehört nicht nur, wie er erschaffen, sondern auch, wie er nach dem Sündenfall in Christus durch den Heiligen Geist eine neue Kreatur

---

28 D. Staniloae, a.a.O., Bd. 1, 414.
29 De hom. opif. 11, PG 44, 156 A.
30 N. A. Nissiotis, a.a.O., 43.
31 B. Vyscheslavzev, Das Ebenbild Gottes im Wesen des Menschen, in: Kirche, Staat und Mensch, Stuttgart 1937, 334.
32 A. Kallis, a.a.O., 258.

wird. Ein umfassenderes Verständnis vom Menschen ist nur möglich, wenn man den Ursprung und die Bestimmung bei seiner Schöpfung und die Erfüllung seiner Bestimmung in Christus durch den Heiligen Geist berücksichtigt. Die orthodoxe Anthropologie definiert den Menschen nicht nur durch das, was er nach dem Fall geworden ist, sondern auch durch das, wie er vor dem Sündenfall war und auch, wie er in Christus kraft des Heiligen Geistes werden wird, ja sogar die endzeitliche Vollendung gehört zu seiner Bestimmung.

Durch seine Gottebenbildlichkeit und durch seine Gottähnlichkeit wurde er befähigt nicht nur mit Gott zu kommunizieren, sondern sein Menschsein mit der Hilfe der Gnade Gottes bis zu seiner Vergöttlichung zu vervollkommnen. Die Gottebenbildlichkeit und Gottähnlichkeit verhalten sich zueinander wie die Gabe zur Aufgabe,[33] wie das Sein zum Werden.[34] Die Gottähnlichkeit bedeutet das Unterwegssein des Menschen zu seiner Vervollkommnung, zu seiner Vergöttlichung, die tugendhafte Lebensgestaltung im Zusammenwirken mit der göttlichen Gnade.[35] Die Gottähnlichkeit ist nicht das Endstadium der Vergöttlichung, sondern bedeutet den ganzen Weg der Entwicklung der Gottesebenbildlichkeit auf Grund der freien Entscheidung des Menschen mit Hilfe der göttlichen Gnade.[36] Dies geschieht nur in der Gemeinschaft des Menschen mit Gott und mit seinen Mitmenschen.[37] Nachdem Gott den Menschen geschaffen hat, hauchte er ihm aus sich den lebensschaffenden Geist ein, und so wurde er von seinem Schöpfer mit Eigenschaften ausgestattet wie keine andere Kreatur. Im Gebet des Trisagions während der Liturgie wird Gott dafür mit dankbaren und lobenden Worten gepriesen: „Du hast den Menschen nach deinem Bild und Gleichnis erschaffen und ihn mit all deiner Gnade geschmückt". Bezogen auf den Lebensgeist, den Gott dem Menschen einhauchte, bemerkt S. Bulgakov: „Er schöpfte seinen Geist aus den Tiefen seines göttlichen Wesens. Er erschuf ihn nicht, sondern nahm ihn aus Sich Selbst." Dieser Gedanke bedeutet, dass der Mensch nicht nur Geschöpf, nicht nur erschaffenes, sondern auch ein nichtkreatürliches, unerschaffenes Wesen ist. Aber auch angesichts dieser Gabe, mit der Gott „eine gewisse Identität" zwischen ihm und seinem Geschöpf schuf, sollte zugleich des

---

33 B. Vyscheslavzev, a. a. O., 311.
34 A. Kallis, a. a. O., 296.
35 D. Staniloae, a. a. O., Bd. 1, 359.
36 A. a. O., 361f.
37 Ebd.

„unendlichen Abgrundes" zwischen Gott und seinem Geschöpf gedacht werden.[38]

Die Gottebenbildlichkeit ist der bestimmende Bestandteil, der den Menschen als Mensch ausmacht und der nur von ihm ausgesagt werden kann. „Die Gottebenbildlichkeit ist das *ens realissimum* im Menschen, die unerschütterliche und unzerstörbare göttliche Grundlage seiner Existenz"[39]. Weil die imago Dei als das Werk Gottes im Menschen gilt, kann sie durch die Sünde nicht vernichtet werden, ohne dass der Mensch aufhört, Mensch zu sein. Letztendlich ist mit dem Bild Gottes die Person des Menschen gemeint, die „in sich die Natur umfasst".[40] Wäre der Mensch nicht das Bild Gottes, könnte er nicht Anteil an Gott haben. „‚Person' ist das Bild des Bildes Gottes im Menschen".[41] Gerade die Gottebenbildlichkeit macht den Menschen fähig, Anteil an seinem Urbild zu haben, auf das er angewiesen und von dem er abhängig ist. Sie befähigt ihn, in eine Ich-Du-Beziehung mit Gott zu treten. Diese Gottebenbildlichkeit der menschlichen Natur gehört auch zu der von der Sünde gezeichneten menschlichen Natur, die der Sohn Gottes angenommen hat, durch die er mit der ganzen von ihm geschaffenen Schöpfung in Verbindung steht.

2. Der Sündenfall hat verheerende Folgen für den Menschen, da er in bewusstem Gebrauch seines freien Willens aus der Gemeinschaft mit Gott als der Quelle seines Lebens ausgetreten ist. „Wie schwer musste die Verwundung sein, wenn nur die Kraft eines solchen Heilmittels die Wiederherstellung bewirken konnte!"[42] Mit dem Verlust der Gnade, die seine natürlichen Kräfte unterstützte, wurde auch die Entwicklung zu seiner Vervollkommnung bis zu seiner Vergöttlichung unterbrochen. Auch seine Beziehung zu den Mitmenschen und zur Schöpfung, in deren Mitte der Mensch von Gott gesetzt wurde, ist stark in Mitleidenschaft gezogen. Und nicht zuletzt spürt der Mensch in sich selbst die Folgen der Sünde, da das Bild Gottes in ihm, diese in der ganzen Schöpfung einmalige Ausstattung, wenn nicht gänzlich verloren, so doch verdunkelt und verzerrt wurde. Dass dieser Zustand des Menschen nicht eine spekulative Betrachtung oder

---

38 Die christliche Anthropologie, in: Kirche, Staat und Mensch, Genf 1937, 223; N. A. Nissiotis, a.a.O., 38: „Die *imago* ist das *esse* (das Sein) des Menschen ex esse Dei (aus dem Sein Gottes)".
39 S. Bulgakov, a.a.O., 223.
40 Vl. Lossky, a.a.O., 117.
41 N. A. Nissiotis, a.a.O., 47.
42 N. Kabasilas, a.a.O., 34f.

Erfindung ist, lässt sich bis heute nicht zuletzt in seiner Beziehung zur Schöpfung leicht feststellen.[43]

Der Mensch ist so tief gefallen, dass er sich allein nicht mehr aufrichten konnte, dass er für seine Rettung unfähig war, etwas zu tun. „Es gibt nichts Ontisches, nichts Substantielles im Menschen, was von der Sünde unberührt bleiben konnte".[44] Er ist zwar schwer gefallen, blieb aber dennoch Sohn Gottes, sein verlorener Sohn, der sich aus dem Hause seines Vaters freiwillig entfernt hat. Auf die Entfernung und Abwendung des Menschen von Gott antwortet Gott mit seinem Willen, den Menschen wieder aufzurichten, wie es in einem Gebet der orthodoxen Liturgie heißt: „Du hast uns aus dem Nichtsein ins Dasein geführt und uns, da wir gefallen waren, wieder aufgerichtet und lässest nicht nach, alles zu tun, uns in den Himmel emporzuführen und uns Dein künftiges Reich zu schenken. Für all das danken wir Dir und Deinem einziggeborenen Sohne und Deinem Heiligen Geist …" Durch seine Abwendung von Gott als dem Grundübel, als dem Wesen der Sünde, hat der Mensch „den Tod verdient" (Röm 6,23) und ist unter die Herrschaft der Sünde geraten (Röm 6,20). Gott hat ihn aber nicht aufgegeben. Paulus ist dessen gewiss, dass absolut nichts, auch der Tod nicht, imstande ist „uns von der Liebe Gottes zu scheiden, die uns umschließt in Jesus Christus, unserem Herrn" (Röm 8,39).

III. Die Grundlegung der Erlösung: Menschwerdung, Tod und Auferstehung

Auf diese Heilsereignisse wird hier deswegen kurz eingegangen, weil sie in ihrer Zusammengehörigkeit zum kennzeichnenden Verständnis der Erlösung in der ostkirchlichen Theologie gehören.

Um die Menschen von der Herrschaft der Sünde und des Todes zu befreien, ist der Sohn Gottes Mensch geworden: „denn er ist es, der sein Volk von seinen Sünden erretten wird" (Mt 1,21). Er gibt den Menschen Anteil an seinem Sieg über den Tod: „Gott aber sei Dank, der uns den Sieg verleiht durch unseren Herrn Jesus Christus" (1 Kor 15,57). Er hat uns mit Gott versöhnt: „Das alles ist aber das Werk Gottes, der uns mit sich durch Christus versöhnt hat" (2 Kor 5,18). Alle diese Taten befreien die Menschen nicht nur von etwas, sondern auch zu etwas, eröffnen ihnen neue Möglichkeiten, befähigen sie zur Erneuerung, zur Änderung des Lebenssinnes, zur fortschreitenden Ähnlichkeit mit Gott, zu einer wahren Menschwerdung, zur Vergöttlichung. „Denn wie in Adam alle sterben, so werden

---

43 Grigorios Larentzakis, Rechtfertigung aus der Sicht der orthodoxen Kirche, in: Ökumenisches Forum 23/24 (2000/2001), 269.
44 B. Vyscheslavzev, a. a. O., 300.

in Christus alle lebendig gemacht" (1 Kor 15,22). „Die *gesamte* Menschheit wurde nach der Versöhnungstat Christi eine andere. Sie ward in ihrer tiefsten Grundlage wiedergeboren".[45] Die Wiedergeburt „von oben", die Erneuerung, die Neuschöpfung, die Vergöttlichung stehen im Zentrum der ostkirchlichen Erlösung. Dieser Prozess wird mit der Menschwerdung eingeleitet.

1. Zum Heilswerk der Erlösung gehört auch die Menschwerdung. Das war der Glaube der alten ungeteilten Kirche, so wie dieser im Glaubensbekenntnis festgehalten wurde: „Der für uns Menschen und um unseres Heiles willen ... Fleisch angenommen hat ... der für uns gekreuzigt worden ist ... gelitten hat und begraben worden ist. Und auferstanden ist am dritten Tage ..." Menschwerdung, Kreuzigung und Auferstehung gehören untrennbar zusammen. Der Gekreuzigte und der Auferstandene ist der Mensch gewordene Sohn Gottes, der in seiner menschlicher Natur gelitten hat, gestorben und auferstanden ist. In seiner mit der göttlichen Natur vereinten und vergöttlichten menschlichen Natur hat er die Menschheit erlöst. Sein Opfer beginnt mit seiner Kenosis und gipfelt in seinem Tod am Kreuz. Sein irdisches Leben und seine Tätigkeit verbrachte er unter der Herrschaft der Sünde und des Todes. An der Wiederherstellung des verdunkelten und verzerrten Bildes Gottes im Menschen arbeitet Jesus während seines ganzen Lebens. Menschwerdung ist für Athanasius „nur eine Abkürzung für die vielen Kapitel dieser Jesusgeschichte: für seine Geburt und sein Leben, sein Heilen und Predigen, seine Siege über die Dämonen, sein Leiden und Sterben und sein Auferstehen".[46] Menschwerdung bedeutet für die orthodoxe Theologie nicht nur einen kurzen Lebensabschnitt ohne Heilsbedeutung oder nur eine Hinführung und Vorbereitung für seinen Tod und seine Auferstehung, sondern sie hat erlösenden Charakter. Zur Zeit des Heilswirkens Jesu gehört auch die Zeit vor seinem Tod und vor seiner Auferstehung. Die Vergebung der Sünden, seine heilende und heilbringende Liebe zu den Menschen, sein Ruf zur Umkehr, zu seiner Nachfolge, sein Erbarmen und vieles mehr, womit Jesus den Menschen begegnete, sprechen vom Beginn seiner Heilstaten schon vor seinem Tod und seiner Auferstehung, auch wenn diese als die Vollendung seines rettenden Wirkens gelten.

Ohne die besondere Bedeutung des Todes für die Erlösung aus den Augen zu verlieren, verbindet Maximus Confessor diese auch mit der

---

45 S. Bulgakov, a. a. O., 245.
46 D. Ritschl, a. a. O., 46.

Menschwerdung.⁴⁷ Nach ihm erlitt Jesus die Folgen der Sünde nicht erst am Kreuz, wenn auch in besonderer Weise, sondern die ganze Zeit seines Lebens. „Die paulinische Aussage, dass Christus zur Sünde gemacht wurde, bezieht Maximus nicht bloß auf das Kreuz, sondern auch auf die Menschwerdung".⁴⁸ Wenn in der altkirchlichen und später in der nachfolgenden ostkirchlichen Theologie die Bedeutung der Menschwerdung hervorgehoben wird, so bedeutet das keine Akzentverschiebung zuungunsten des Todes Jesu, sondern beide werden in einer einheitlichen Ganzheit gesehen. Der Grund dafür, warum der Menschwerdung eine erlösende Bedeutung beigemessen wird, ist so zu erklären, dass Jesus sich nicht erst spät gegen Ende seines irdischen Lebens um das Heil der Menschheit gekümmert hat, sondern schon vorher. Durch Wort und Tat hat Jesus während seines ganzen Lebens erlösend auf die Menschen gewirkt.

Seine menschliche Natur ist die der ganzen Menschheit, die in ihm vergöttlicht wurde und mit der er in der Einheit mit seiner göttlichen Natur „zur Rechten des Vaters sitzt". Mit der Annahme der menschlichen Natur leitete Jesus die Vergöttlichung des Menschen ein, nach den Worten von Athanasius dem Großen: „Er ist Mensch geworden, damit wir vergöttlicht werden".⁴⁹ Die Vergöttlichung der menschlichen Natur Jesu bedeutet aber keineswegs, dass dadurch die Natur aller Menschen vergöttlicht wird. Es findet keine Übertragung der Vergöttlichung von seiner Natur auf unsere statt. Auch Athanasius denkt nicht an eine solche automatische Übertragung nur auf Grund der gemeinsamen Natur.⁵⁰

2. Menschwerdung, Kreuzigung und Auferstehung bilden eine unzertrennliche Einheit. Das theologische Verständnis von der Zusammengehörigkeit von Menschwerdung, Kreuzigung und Auferstehung drückt sich auch im orthodoxen Gottesdienst aus. Das ist die Erklärung dafür, warum in der gottesdienstlichen Feier am Vorabend vor der Geburt Christi Hinweise auf Golgatha als Ziel der Menschwerdung⁵¹ gemacht werden und dann am Karfreitag, an dem das Leiden und der Tod Jesu im Zentrum der Feier stehen, wiederum Hinweise auf seine Auferstehung zu finden sind, während im Ostergottesdienst auch vom Leiden und vom Tod Jesu die Rede ist.

Zum Sieg des auferstandenen Christus über den Tod gehört zuerst sein eigener Tod. Beide werden bezeichnender Weise von der Ostkirche im

---

47 R. Schwager, Das Mysterium der übernatürlichen Natur-Lehre. Zur Erlösungslehre des Maximus Confessor, in: ZKTh 105 (1983), 44ff.
48 A. a. O., 47.
49 De incar. 54, PG 25, 192 B.
50 Vgl. D. Ritschl, a. a. O., 57.
51 J. Meyendorff, a. a. O., 162.

Osterhymnus gepriesen. „Christus ist auferstanden von den Toten und hat mit seinem Tod den Tod besiegt und denen, die in den Gräbern lagen, das Leben gebracht". Immer wieder wird dieses Osterlied voller Freude und Begeisterung gesungen, weil die Orthodoxe Kirche die Auferstehung als die Vollendung der Erlösung erlebt und sie auch so versteht. Das Opfer am Kreuz ist von der Auferstehung nicht zu trennen. Ihre Bedeutung steht im engen Zusammenhang mit der Auferstehung. Dasselbe gilt auch für die Menschwerdung. Erst im Lichte der Auferstehung wird ersichtlich, was der vorösterliche Jesus, nicht nur als Mensch, sondern auch zugleich als Sohn Gottes bewirkt hat. Das Licht seiner Auferstehung erschließt den Sinn seiner ganzen Tätigkeit. Sie ist die Vollendung und zugleich die höchste Bestätigung seines gesamten Heilswerkes. Es ist nicht zufällig, dass die Auferstehung von Anfang an gefeiert wurde.

Menschwerdung, Kreuzigung und Auferstehung dürfen nicht eigengewichtig voneinander getrennt werden. Die Grundlegung des Heils in Christus kommt nicht mit seinem Tod zum Abschluss, sondern vervollständigt sich in seiner Auferstehung. Jesus hat den Tod mit seinem Tod besiegt und die Menschheit von der Herrschaft der Sünde befreit, nur weil er auferstanden ist. Im orthodoxen Osterhymnus, wie auch im gesamten Ostergottesdienst werden beide in ihrer Zusammengehörigkeit als Quelle des Heils und des neuen Lebens besungen. Das steht im inneren Zusammenhang mit der theologischen Erkenntnis, dass Jesus nicht Objekt seiner Auferstehung, sondern in sich selbst auch als Gott die Kraft gehabt hat aus den Toten aufzustehen. Er wurde nicht nur vom Vater und vom Heiligen Geist auferweckt, sondern ist selbst Subjekt seiner Auferstehung, auch wenn die anderen trinitarischen Personen mitwirkende waren, wie sonst bei allen anderen Handlungen der Heilsgeschichte, in denen für einen bestimmten Abschnitt eine Person als die hauptsächlich wirkende gilt. Wenn Jesus Christus nicht aus eigener Kraft auferstanden ist, dann bedeutet das, dass es eine Zeit gegeben hat, als er als Sohn Gottes seine eigene menschliche Natur verlassen hat, dass diese während seines Todes nicht mehr enhypostasiert war und dass die Einheit seiner beiden Naturen während seines Todes aufgehört hat zu existieren. Die göttliche Hypostase hat nach Johannes Damaskenos den Leib und die Seele Jesu im Tod nicht verlassen.[52] Daraus ergibt sich für die orthodoxe Theologie, dass Jesus aus eigener Kraft auferstanden ist. Diese Möglichkeit und Kraft „war bereits durch die Vereinigung seiner Menschheit mit der Gottheit vorbereitet, also darin, dass seine göttliche Hypostase Trägerin der menschlichen Natur geworden

---

52 De fide orth. 3,27, PG 94, 1096f.

ist"⁵³. Wenn biblische Stellen von der Auferweckung Jesu durch den Vater sprechen, wobei auch die anderen, die von der Auferstehung Christi aus eigener Kraft zeugen, berücksichtigt werden müssen, so sind sie als Zeugnis von der gemeinsamen Wirkung der göttlichen Personen bei der Auferstehung Jesu zu verstehen⁵⁴. Nur durch die Untrennbarkeit der Gottheit von seiner Seele ist zu erklären, dass seine Seele in das Totenreich hinabstieg und diejenigen befreite, die auf sein Kommen warteten. Dass im Tod Jesu seine Gottheit von seiner Menschheit nicht getrennt wurde, dafür sprechen auch gottesdienstliche Texte, wie folgender aus der Liturgie: „Mit dem Leibe warst Du im Grabe, mit der Seele im Totenreich als Gott im Paradies mit dem Schächer, und auf dem Throne bist Du mit dem Vater und dem Geist, Christus, der Du alles erfüllst, den nichts begrenzt". Seine Gottheit hat seine Seele und seinen Leib nicht verlassen.

Die Auferstehung Jesu ist nicht unter der Bedeutung seines Todes einzuordnen und geringer zu schätzen. Welchen Stellenwert die Auferstehung in der orthodoxen Kirche im Vergleich zu den westlichen Kirchen hat, wurde von E. Schlink vortrefflich zusammengefasst: „Während die Auferstehung Jesu in den abendländischen Kirchen häufig einseitig als Tat Gottes an Jesus und als Enthüllung der Heilsbedeutung des Kreuzes verstanden wurde, hat die Ostkirche sie im allgemeinen stärker als Selbstoffenbarung der Herrlichkeit des Gottessohnes und als universale Erneuerung der Schöpfung gepriesen und ihr somit in höherem Maße ein Eigengewicht zuerkannt."⁵⁵ In eindrucksvoller Weise beschreibt E. Schlink wie die durch die Auferstehung beginnende Verwandlung und die endzeitliche Vollendung des Menschen, als noch nicht und schon jetzt geschehen im Gottesdienst erlebt werden und wie die Energien der Auferstehung zur Erneuerung nicht nur der Menschheit, sondern auch der gesamten Schöpfung führen. „In der Anbetung schwinden die zeitlichen Abstände, nicht nur zwischen dem Heute und der Geschichte Jesu, sondern auch zwischen dem Heute und seiner zukünftigen Parusie. In keiner Kirche wird die in Jesu Auferstehung angebrochene Verwandlung des Menschen so universal und triumphierend als schon geschehen bezeugt wie in der Ostkirche. Die ganze Menschheit, ja der ganze Kosmos ist schon erneuert. Christi Sieg ist endgültig und das All umfassend. In der Heiligen Liturgie werden die Gläubigen in diesen Sieg hinein genommen".⁵⁶ Es ist folgerichtig, dass, wenn das Hauptgewicht des Heilsverständnisses auf das Kreuzesopfer als

---

53 D. Staniloae, a.a.O., Bd.2, 132.
54 A.a.O., 131.
55 A.a.O., 382.
56 Die Bedeutung der orthodoxen Kirche für die ökumenische Bewegung, in: Theologie, Athen 1973, 5.

satisfaktorisches Werk gelegt wird, die Auferstehung nicht die Bedeutung wie im Urchristentum hat, sondern gegenüber dem Tod eine untergeordnete Bedeutung bekommt, wie dies in der Geschichte der westlichen Theologien der Fall war.[57]

IV. Schöpfung und Erlösung

In seinem ewigen Ratschluss hat Gott „ehe der Welt Grund gelegt wurde" und „nach dem Reichtum seiner Gnade" in Jesus Christus die Schöpfung und die Erlösung bestimmt (Eph 1,4 und 5). Jesus Christus steht in der Mitte der Schöpfung und der Erlösung. Beide gehören durch ihn zusammen. „Denn in ihm wurde alles erschaffen, im Himmel und auf Erden, das Sichtbare und das Unsichtbare" (Kol 1,16). Durch seine Menschheit steht er nicht nur mit den Menschen in Beziehung, sondern auch mit der Schöpfung.

Der Sündenfall hat Auswirkungen auf die ganze Schöpfung, wie sich die Erlösung auch auf diese auswirkt. Durch die Erneuerung des Menschen erfolgt auch die Erneuerung der Schöpfung, die Gott dem Menschen anvertraut hat. Aus seiner Stellung als „das ontologische Zentrum der Schöpfung"[58], mit der er durch seine Natur in unmittelbarer Verbindung steht, wirkt der erneuerte Mensch als Mittel der Wirkung Gottes auf die Schöpfung. Wenn durch das Wort Gottes die ganze Welt geschaffen wurde (Joh 1,3), und wenn infolge der Sünde „bis jetzt die ganze Schöpfung überall seufzt und mit Schmerzen einer Neugeburt harrt" (Röm 8, 22), dann hat die Erlösung in Christus eine Wirkung, die die gesamte Schöpfung erfasst. Auf ihn ist das „sehnsüchtige Verlangen der ganzen Schöpfung" (Röm 8,19) gerichtet. Durch Christus ist die gesamte Schöpfung versöhnt: „Denn Gott wollte mit seiner ganzen Fülle in ihm wohnen, um durch ihn alles zu versöhnen" (Kol 1,19).

Das Kreuz hat nach Maximus Confessor eine universale Wirkung. Für den ganzen Kosmos hat Jesus sein Blut vergossen: διὰ τὸ τίμιον αὐτοῦ αἷμα ὃ ὑπὲρ τῆς τοῦ κόσμου ζωῆς ἐξέχεεν.[59] Die Erlösung ist allumfassend, sie gilt dem ganzen Kosmos: παντὸς τοῦ κόσμου σωτηρίαν.[60] „Am Kreuz durch sein Blut" hat Christus in seiner Schöpfung „Friede gestiftet" (Kol 1,20). Die Schöpfung wird als Gabe Gottes an den Menschen verstan-

---

57 W. Pannenberg, Dogmatische Erwägungen zur Auferstehung Jesu, in: KuD 14 (1968), 105.
58 A.a.O., 228.
59 Lib. Asceticus, PG 91,1, 945 A.
60 Myst. 8, PG 91,2, 688 D.

den. Darauf antwortet dieser als „Liturg der Schöpfung"[61] während des Anamnesegebetes: „Das Deine von dem Deinigen bringen wir dir dar überall und für alles".

Für das patristische Denken gehören Schöpfung und Erlösung zusammen. Wie der ganze Kosmos unter der Sünde leidet, so erfreut er sich wegen der Auferstehung des Herrn, wie es in einem Osterlied heißt: „Himmel und Erde mögen sich freuen, die ganze Welt, die sichtbare und die unsichtbare, denn Christus ist auferstanden, ewige Freude". Die Auferstehung hat eine allumfassende, auf die gesamte Schöpfung ausgerichtete Wirkung.

Jesus Christus ist der Herr der Schöpfung und der Erlösung. Die orthodoxe Ikone des Pantokrators vereint unter der herrschenden, erhaltenden und segnenden Hand Christi die gesamte Schöpfung. So wie kein Mensch außerhalb der Gemeinschaft mit den anderen Menschen das Heil erlangen kann, ebenso wenig ist seine Erlösung außerhalb seiner Beziehung mit der Schöpfung möglich. Von Anfang an befindet sich der Mensch in einer doppelten Beziehung: zu Gott und zur Schöpfung, in deren Mitte er von Gott gesetzt wurde. Sein Leben ist eng verflochten mit allen Kreaturen. Es gilt die Zusammengehörigkeit und die Einheit von allem von Gott Geschaffenen. Als Vertreter und im Namen aller Kreaturen soll der Mensch den Schöpfer loben, „denn alles, was Gott geschaffen hat, ist gut, und nichts ist verwerflich, wenn es mit Dank genossen wird" (1 Tim 4,4).

Der Glaube an Gott den Vater „Schöpfer des Himmels und der Erde" schließt den Glauben an Jesus Christus ein, durch den Gott alles geschaffen hat. Ohne ihn „ist nichts gemacht, was gemacht ist" (Joh 1,3). Er ist nicht nur Anfang, sondern auch das Ziel der Schöpfung „Es ist alles durch ihn und zu ihm geschaffen" (Kol 1,16). Schöpfung, Erlösung und Neuschöpfung gehören zusammen und geschehen durch ihn. Es ist nicht nur alles durch ihn geschaffen, sondern noch mehr denn ohne ihn könnte gar nichts bestehen: „in ihm hat alles Bestand" (Kol 1,17). Am Ende steht die Verwandlung alles Geschaffenen: „Siehe, ich mache alles neu" (Apk 21,5). Schöpfung und Eschatologie sind eng mit der Christologie und der Pneumatologie verbunden.

In den Gebeten der orthodoxen Liturgie, in der es um das in Jesus Christus vollzogene Heil und um dessen Aneignung geht, werden Aussagen über den Schöpfer und über seine Schöpfung an zentralen Stellen gemacht. Die Vergegenwärtigung der ein für alle Mal vollbrachten Rettung in Christus erfolgt kraft des Heiligen Geistes im Horizont der Schöpfung und unter ihrer Einbeziehung. Aus dem Bewusstsein der Solidarität

---

61 A. Kallis, a.a.O., 268.

mit der ganzen Schöpfung und dass auch diese an der Rettung in Christus teilhat, nimmt die Kirche diese auf in ihrer Lobpreisung, wie bei der Feier der Geburt Christi: „Singt dem Herrn die ganze Erde …" und die „ganze Schöpfung lobe den Herrn".

V. Die Vergegenwärtigung und die Aneignung des Heils als Werk des Heiligen Geistes in der Kirche

1. Alles was in der Kirche im Zusammenhang mit dem Heilsgeschehen in Christus geschieht, ist das Werk des Hl. Geistes. Nichts ereignet sich ohne seine Wirkung. In der orthodoxen Kirche ist er allgegenwärtig. Von dem Privatgebet der Gläubigen, die den Tag beginnen und ihn mit einem an den Heiligen Geist gerichteten Gebet abschließen, bis zu allen Gottesdiensten wird die dritte Hypostase in Gebeten angerufen. In dieser Kirche wird ständig um das Kommen des Hl. Geistes gebetet. Neben der eucharistischen Epiklese gibt es eine allgemeine Epiklese, die im täglichen Gebet gesprochen wird: „Komm und nimm Wohnung in uns und erlöse Gütiger unsere Seelen". In allen Doxologien wird er zusammen mit dem Vater und dem Sohn gepriesen. Öfters wird er als „lebendigmachender Geist" genannt. Diese sehr bedeutende Bezeichnung, die eine Fülle seiner Wirkungen zusammenfasst, trägt dem Wirken des Heiligen Geistes im vollsten und umfassendsten Sinne Rechnung. Von der Schöpfung der Welt, als der Hl. Geist über dem Wasser schwebte, der „durch die Propheten gesprochen hat …" bis zur Menschwerdung, als der Sohn Gottes „Fleisch angenommen hat aus dem Heiligen Geist …", der während der Heilsgeschichte in Christus mitgewirkt hat und kraft dessen während des Epiklesegebetes Brot und Wein wahrer Leib und wahres Blut Christi werden, der in der ganzen Menschheits- und Heilsgeschichte bis zur Endzeit da war, so ist und wird der Hl. Geist am Werke sein. Untersucht man die Texte der Gottesdienste und der Gebete, die ihm gewidmet sind, so findet man hier eine differenzierte und tiefgehende Theologie des Heiligen Geistes, die aus der Erfahrung seiner Präsenz und Wirkung im Leben der Christen entstand, und in einer völligen Übereistimmung mit den biblischen Aussagen über die dritte Person der Trinität stehen. Allerdings werden dann, wenn von ihm die Rede ist, wie in den Gottesdiensten, in denen die dritte Person wie beim Pfingstfest gefeiert wird, auch die Präsenz und die Wirkung des Vaters und des Sohnes erwähnt.

An dem Heilswerk der Erlösung, das Jesus Christus mit seiner Auferstehung vollendet hat und das ein für alle Mal für die ganze Menschheit geschehen ist, würden die Menschen keinen Anteil haben, wenn sie daran nicht glauben würden und wenn der Heilige Geist ihnen die persönliche

Teilnahme nicht vermitteln würde. „Aber ich sage euch die Wahrheit: es ist gut für euch, dass ich weggehe. Denn wenn ich nicht weggehe, so wird der Beistand nicht zu euch kommen; wenn ich aber hingegangen bin, will ich ihn euch senden ... Wenn aber jener gekommen ist, der Geist der Wahrheit, der wird euch in die ganze Wahrheit einführen; denn er wird nicht von sich aus reden ... denn von meinem Eigentum wird er es nehmen und euch verkündigen" (Joh 16,7–8 u. 13–14). Hier kündigt Jesus das Kommen des Heiligen Geistes an und sein Wirken in der Kirche im Anschluss an seine irdische Tätigkeit. Der Heilige Geist bringt keine andere weiterführende über die durch Christus geoffenbarte Wahrheit, sondern sein Wirken besteht in der Vermittlung und Erfüllung des in Christus geschehenen Erlösungswerkes. Das „Eigentum" Christi ist das von ihm vollbrachte Erlösungswerk, das auf die Vermittlung durch den Heiligen Geist zielt, der die Heilstaten Christi während der ganzen Geschichte bis zu ihrem Ende als Gegenwartsgeschehen vermittelt. Die so genannte objektive Erlösung durch Christi Menschwerdung, Kreuzigung und Auferstehung wird durch die Vermittlung des Heiligen Geistes in der Kirche zur subjektiven Wirklichkeit des Heils, indem er den Gläubigen die Teilnahme an der Erlösung ermöglicht. So wie durch den Hl. Geist der Gottessohn Mensch geworden ist, so ist die Teilnahme an seinen Heilstaten ohne den Hl. Geist nicht möglich. In ihm und durch ihn haben wir Zugang zum Vater und zum Sohn (1Kor 12,3). Durch den Hl. Geist wird nicht nur die Heilsgeschichte in Christus: Menschwerdung, Kreuzigung und Auferstehung, sondern auch die „zweite, neue Ankunft in Herrlichkeit" vermittelt, wie es in einem Gebet der Liturgie vor der Umwandlung der eucharistischen Gaben heißt.

Die Kirche stützt sich gleichzeitig und gleichermaßen auf zwei Grundfesten: auf das Heilswerk Jesu Christi und auf dessen Übereignung durch den Heiligen Geist.[62] Seine Bedeutung für das Heil des Menschen ist in nichts geringer als die des Erlösers. Menschwerdung, Karfreitag und Ostern, aber auch Pfingsten gehören untrennbar zusammen, wie Jesus Christus und der Heilige Geist. Beide sind heilsnotwendig und keiner von den beiden hat jemals ohne den anderen gewirkt. Orthodoxe Soteriologie ist zugleich Christologie und Pneumatologie. Für die Erlangung des Heils und der Gemeinschaft mit Gott sind beide unentbehrlich.

So wie Jesus Christus und der Hl. Geist in ihrem hypostatischen Sein zusammengehören, so sind sie auch in ihrem heilsökonomischen Wirken miteinander verbunden, gemeinsam wirkend. Das Zusammenwirken der göttlichen Hypostasen bringt Basilius auf die kurze Formel: αἰτίαν τῶν

---

62 Vl. Lossky, a. a. O., 153.

γινομένων, τὸν Πατέρα, τὴν δημιουργικὴν, τὸν Υἱόν, τὴν τελειωτικὴν, τὸ Πνεῦμα.[63]

Wenn Jesus sagt „Ich bin bei euch alle Tage bis zum Ende der Welt" (Mt 28, 20), so ist er nicht ohne den Hl. Geist. Bis „zum Ende der Welt" wird er „von dem, was mein ist ... euch verkünden (Joh 16,15). Am Ende seiner irdischen sichtbaren Gestalt hat sich Jesus nicht „zur Rechten des Vaters" zurückgezogen und an seiner Stelle den Hl. Geist gesandt. Seine Sendung bedeutet nicht das Ende des Heilswirkens Christi, vielmehr geht es um eine andere Weise seiner Anwesenheit und Wirkung, die im Hl. Geist geschieht, aber Jesus selbst bringt das, was er vollbracht hat in Erfüllung. Weder ist der Hl. Geist an die Stelle Christi getreten, noch ist er modalistisch nun als Hl. Geist zu verstehen, sondern beide Personen sind ungetrennt voneinander, aber jede in ihrer personalen Identität und Wirkung zusammen handelnd. Sie sind weder austauschbar noch zu verwechseln.

Neben der Christologie wird der Pneumatologie eine gleichwertige Rolle in der orthodoxen Theologie eingeräumt. Sie spiegelt die Bedeutung des Hl. Geistes im Leben der Kirche wider. „Die Pneumatologie steht im Mittelpunkt der christlichen Theologie und hängt mit allen Aspekten des Glaubens an Christus zusammen"[64]. Die Erlösung ist in gleichen Maßen christologisch und pneumatologisch. Das kennzeichnet die altkirchliche Soteriologie. Was für Athanasius gilt, kann auch als allgemeine Lehre der Patristik gelten. Dieser „kennt nicht einen geist-losen Christus, d. h. einen Menschgewordenen, über den man ohne den Heiligen Geist sprechen und dem man ohne ihn anbetend nachfolgen könnte; und umgekehrt kennt er auch keinen Christ-losen Geist, den man ohne den *für die Menschen* Menschgewordenen empfangen könnte."[65]

Es gibt keine reine Christologie, die nur von Christus ohne den Hl. Geist spricht und auch keine Pneumatologie, die nur vom Hl. Geist handelt, ohne die Person und das Werk der Erlösung in Christus einzubeziehen. Die Verselbständigung einer von der anderen führt zu Fehlentwicklungen im Leben der Kirche und zu theologischen Einseitigkeiten,[66] wie sie aus der Geschichte der christlichen Kirchen bekannt sind. Die Christologie und die Pneumatologie stehen in solch einer gegenseitigen Beziehung wie Christus und der Hl. Geist. Das Heilswerk der Erlösung in Christus geschah nicht ohne Mitwirkung des Hl. Geistes, genauso wenig dessen Wirken ohne das von Jesus Christus. Ihr Nacheinander in der Heilsgeschichte ent-

---

63 Basilius, De Spir. Sancto 16, PG 32, 136 AB.
64 N. A. Nissiotis, a. a. O., 64.
65 D. Ritschl, a. a. O., 58.
66 N. A. Nissiotis, a. a. O., 64.

spricht dem besonderen eigenen Wirken in einem bestimmtem Abschnitt dieser Geschichte, in Wirklichkeit ist es aber ein Miteinander ohne zeitliche Abgrenzung oder Reihenfolge. Dort wo eine der göttlichen Hypostasen ist, dort ist nach Joh. Chrysostomos die ganze Trinität und infolge dessen, wo der Geist ist, ist auch Jesus präsent.[67] Deswegen kann es keine Christologie geben, die in sich die Pneumatologie nicht einschließt, wie auch keine Pneumatologie ohne Einbeziehung der Christologie. Die wahre Christologie ist pneumatologisch und die wahre Pneumatologie ist christologisch. Diese grundsätzliche Lehre teilt die orthodoxe mit der altkirchlichen Theologie.[68]

2. Das gnädige Werk Gottes erstreckt sich von der Schöpfung bis zur endzeitlichen Vollendung. Auch ein Akt der Gnade, der Liebe Gottes ist die Übereignung der Erlösung in Christus durch den Hl. Geist. Die Gnade ist unverdiente, geschenkte Gabe Gottes (gratia gratis data). Sie ist nicht etwas Geschaffenes, „etwas Gegenständiges, das von Gott losgelöst werden könnte".[69] Die Gnade ist Gott selbst, der in uns wirkt, die Art und Weise, wie er sich uns zuwendet, so dass „im Wirken der Gnade das göttliche Subjekt am Werke ist".[70] Wenn gesagt wird, dass die Gnade in uns wirkt, dann ist es Gott selbst, der dies tut. Zwischen ihm und uns gibt es nur eine Beziehung von Person zu Person oder sie wird durch die Sünde unterbrochen. In seiner Liebe zu den Menschen teilt sich Gott selbst mit. „Denn die Liebe Gottes ist ausgegossen in unseren Herzen durch den Heiligen Geist, der uns gegeben ist" (Röm 5,5).

Von der Gnade sprechen,[71] heißt in der orthodoxen Theologie von den trinitarischen Personen sprechen. Gnade empfangen, heißt den trinitarischen Gott empfangen, in seinen von seinem Wesen ausgehenden ungeschaffenen Energien, als Gottes Handlungen für uns und in uns. Die Untrennbarkeit der Gnade vom Wesen Gottes und die perichoretische Existenzweise der göttlichen Hypostasen ist der Grund dafür, dass die Präsenz der einen Person die der anderen einschließt. Die Gnade ist allen Personen gemeinsam auf Grund ihrer Gemeinsamkeit und Einheit. Vom Vater geht nicht mehr Gnade aus, vom Sohn weniger und vom Hl. Geist weniger als von beiden, denn es gibt nur eine Gnade, die des Vaters, des Sohnes und des Geistes: μίαν παρὰ πάντων καὶ τὴν χάριν δεχόμενος.[72] Jeder gilt

---

67 Epist. ad Rom. Hom. 13,8, PG 60,9,519.
68 J. Moltmann, a.a.O.
69 D. Staniloae, a.a.O., 232.
70 Ebd.
71 Vgl. V. Mehedințu, Art. Gnade, 2. Orthodoxe Gnadenlehre, EKL³ Bd. 2 (1989), 225–229.
72 De bapt., PG 46,585 D.

als ihre Quelle, als ihr Spender. „Gnade sei mit euch und Friede von Gott unserem Vater, und dem Herrn Jesus Christus" (Röm 5,5).

3. Das Werk des Hl. Geistes besteht darin, die Teilnahme an der von Christus vollbrachten Erlösung zu ermöglichen. An dem Sieg des gekreuzigten Jesus über den Tod und die Sünde, an der durch ihn erfolgten Versöhnung mit Gott und nicht zuletzt an dem Sieg der Auferstehung, die den Beginn einer neuen Schöpfung eingeleitet hat, an allen diesen Taten, und an den eschatologischen Ereignissen, gibt uns der Hl. Geist Anteil. Die Möglichkeit am Heil teilhaben zu können, ist der Hl. Geist selbst: „er ist es auch, der uns sein Siegel aufgedrückt hat und als erster Anteil (am verheißenen Heil) den Geist in unser Herz gegeben hat" (2 Kor 1,22). Im Hl. Geist erfolgt unsere Beziehung mit dem für uns menschgewordenen, gekreuzigten und auferstandenen Christus und die Übereignung seiner Taten zu unserem Heil. Diese werden eine lebendige Wirklichkeit für uns und in uns. Die Christusgeschichte wird zur Gegenwartsgeschichte. Das ist das große Werk, die große Gabe des Hl. Geistes, die ihn gleichbedeutend und gleich heilsnotwendig wie Jesus Christus erscheinen lässt. Er bringt zum Ziel im Leben der Menschen, erneuert, macht lebendig (Joh 6,63) und vollendet, was Christus vollbracht hat. Das ein für alle Mal wird zum Jedesmal in der Kirche durch das Wort des Evangeliums und durch die Feier der Sakramente. Der Hl. Geist gibt uns Anteil im Hier und Jetzt an den großen Taten der Liebe Gottes zur Errettung der Menschheit in Jesus Christus. Der Hl. Geist und Christus wirken nicht von außen auf den Menschen, sondern von seinem Inneren.

Der Hl. Geist kann und schafft aber noch mehr. Seine Gnadengaben gehen über die Aktualisierung der Heilsgeschichte hinaus, weil diese in sich die Grundlage weiterer Möglichkeiten für die Menschen bieten, weil die Kraft Gottes, die aus dieser Geschichte ausstrahlt, durch den Geist Gottes neue Horizonte, neue Lebenskräfte, tiefen Lebenssinn und Lebensziel eröffnet und den Menschen in seiner fortschreitenden Entwicklung seiner imago Dei bis zu seiner Vergöttlichung mit seiner Gnade unterstützend begleitet: „und werden so in sein eigenes Bild (des Herrn) verwandelt, von Herrlichkeit zu Herrlichkeit, durch den Geist des Herrn" (2 Kor 3,18).

Durch Christus im Hl. Geist findet nicht nur eine Wiederherstellung des Menschen statt, wie er sich vor dem Fall befand. Gott repariert ihn sozusagen nicht, sondern schafft ihn neu. Es findet eine ontologische Neuschöpfung des Menschen statt. „Wenn also jemand in Christus ist, dann ist er eine neue Schöpfung. Das Alte ist vergangen, Neues ist geworden. Aber das alles kommt von Gott, der uns durch Christus mit sich versöhnt ..." (2 Kor 5,17–18). Das ist das besondere an der Kraft und Wirkung des Hl. Geistes. Er schafft aus dem alten einen neuen Menschen, indem er ihn von seinem Inneren her erneuert. Bis in die Mitte seines Wesens dringt er in ihn ein: „weil ihr aber Söhne seid, sandte Gott den Geist seines Sohnes in unser Herz, den Geist, der ruft: Abba, Vater" (Gal 4,6). In uns als seiner Stätte wohnt er (1 Kor 3,16). Nicht nur der Geist, sondern auch Jesus und der Vater nehmen Wohnung im Menschen: „wir werden zu ihm kommen und bei ihm wohnen", sagt Jesus von dem der ihn liebt (Joh 14,23). Das Herz, das Innerste im Menschen ist der Ort, wo Christus in den Gläubigen wohnt: „Durch den Glauben wohnt Christus in unserem Herzen" (Eph 3,17). Die Einwohnung Gottes im Menschen vermittelt diesem durch seine Beziehung mit Christus von der göttlichen Kraft, die in ihm nicht unwirksam bleibt, sondern ihn zu wesenhafter Änderung seines Lebens bewegt und ihn stärkt, ein wahrer Mensch zu werden, „damit wir zum vollkommenen Menschen werden und Christus in seiner vollkommenen Gestalt darstellen" (Eph 4,13). Diese Wirkung der Gnade bewirkt „einen geistlichen Seinszustand" im Menschen, der ihn „verändert, wenn er mit der Gnade zusammenwirkt".[73] Durch die Wirkung des Geistes Gottes im Menschen, die ihn mit ihm und mit Christus vereint, wird der Mensch zum Christusträger, χριστοφορος, zum Geistträger, πνευματοφορος. Wie in einem Gewand wird der Getaufte, der „die Besiegelung der Gabe des Heiligen Geistes" bei der anschließenden Myronsalbung bekommt, mit Christus bekleidet. Er zieht Christus an: „Alle, die ihr in Christus getauft seid, habt Christus angezogen".

Der Grund für die bis ins Zentrum seines Seins führende Erneuerung, für die geistige Wiedergeburt des Menschen ist in der Taufe gelegt. Hier geschieht das Sterben des alten Menschen mit Christus und das Auferstehen mit ihm zu einem neuen Leben (Röm 6,4). Dafür wird der Täufling mit den Gaben des Hl. Geistes gestärkt. Für den Start in ein neues Leben steht ihm der Hl. Geist von Anfang an zur Seite. In einem Gebet des Taufgottesdienstes heißt es: „... würdige ihn (sie) dieser großen Gnade Deiner heiligen Taufe, entkleide ihn (sie) des alten Wesens und erneuere ihn (sie) zum ewigen Leben und erfülle ihn (sie) mit der Kraft Deines Heiligen Geistes zur Einigung mit Deinem Christus ...". Von der „Erneuerung der Seele und des Leibes ..." wird in einem anderen Gebet gesprochen. In den Vorbereitungsgebeten zum Abendmahl heißt es, dass Jesus Christus die Quelle des Lebens und der Unsterblichkeit ist und dass er durch sein Blut „unsere durch die Sünde verdorbene Natur erneuert hat". Es wird zugleich bekannt, dass durch den Empfang seines Leibes und seines Blutes er selbst in uns zusammen mit dem Vater und dem Hl. Geist Wohnung nimmt. Das Abendmahl ist die ständige Quelle der Erneuerung und der Vergöttlichung. Nur

---

73 D. Staniloae, a. a. O., 235.

Gott kann vergöttlichen. In den Gebeten des Buß- und Beichtsakramentes wird weiterhin davon gesprochen, dass Gott die Menschen „teilhaftig der Erlösung" mache, dass sie zu einem neuen Leben umgewandelt werden. Diese nur wenigen Beispiele sprechen davon, wie Erlösung durch Wort und Sakrament in der Tat geschieht. Die Menschen werden neugeschaffen, wiedergeboren, verwandelt, seinshaft verändert. Diese tatsächlichen Veränderungen im Leben der Gläubigen nicht anzunehmen, hieße an der Wirkungskraft der Gnade zu zweifeln.

4. Die geschichtliche Errettung des Menschen als ein Akt der großen Liebe Gottes in Jesus Christus wird dem Menschen nicht unmittelbar, ohne jegliche Vermittlung übereignet. Wie dies zu geschehen hat, ist im Glaubensbekenntnis festgelegt. Zuerst wird der Glaube an den Hl. Geist bekannt, es folgt die Kirche, die Taufe und die Vergebung der Sünden. In der Kirche als Leib Christi erfolgt die Teilnahme an der Gnade der Erlösung mittels des Wortes und des Sakramentes durch den Hl. Geist. Durch sie handelt Christus durch den Hl. Geist an den Menschen, die sie empfangen. Wenn der Strom der Gnade, nach den Worten von Gregor von Nyssa, überall fließt: της χάριτος ποταμός ρει πανταχού,[74] umso mehr fließt die Gnade durch die dafür eingesetzten Gnadenmittel. Wie „das wahre Leben durch den Tod des Heilsbringers auf uns übergeht", das geschieht nach N. Kabasilas mittels der Sakramente von Taufe, Myronsalbung und Abendmahl: „Wenn wir dies tun, kommt Christus zu uns, nimmt Wohnung in uns, verbindet sich und verwächst mit uns, erstickt in uns die Sünde, gibt uns sein eigenes Leben ein und seine Kraft, macht uns teilhaftig seines Sieges …"[75] Eine Verständigung über die Rechtfertigung bzw. die Erlösung sollte nicht ohne Einbeziehung der Kirche als Ort des Heilshandelns des Hl. Geistes im Zusammenwirken mit Jesus Christus erfolgen. Das ist für die orthodoxe Theologie von besonderer Bedeutung, da nach ihrem Verständnis Liturgie und Theologie zusammengehören. Hier findet die Vergegenwärtigung der Menschwerdung, der Kreuzigung, der Auferstehung, des Pfingstereignisses und im Voraus der zweiten Wiederkunft des Herrn als einheitliches Gnadenwerk Gottes in Jesus Christus durch den Hl. Geist statt. In der Kirche wirkt die Gnade der Sündenvergebung, der Kindschaft, der Erneuerung, der Wiedergeburt und der Vergöttlichung des Menschen als eine ständige geistliche Entwicklung, die in dieser Welt nicht zu ihrer Vollendung kommen wird. Dies sollte ständig geschehen: „Erneuert euren Geist und Sinn! Zieht den neuen Menschen an, der nach dem Bild Gottes geschaffen ist" (Eph 4,23–24).

---

74 De bapt., PG 46, 20 C.
75 A.a.O., 35.

In der orthodoxen Theologie und Spiritualität wird dem Leben in Christus durch den Hl. Geist eine große Bedeutung beigemessen, weil man hier nicht zuerst vom Menschen ausgeht, sondern sich der Blick auf die Kraft und Wirkung Gottes im Menschen richtet, der diesen zu einer von Grund auf erfolgten Änderung seines Lebens bewegen kann und weil in dieser Kirche der Auferstehungsglaube Hoffnung und Zuversicht zu dieser bis in den Kern des menschlichen Wesens greifenden Umwandlung vermittelt. Nicht zuletzt spielt die Liebe Gottes eine große Rolle, die bei ihrer Einwohnung im Herzen des Menschen ihn nicht zwingt, nicht überwältigt, sondern mit seiner Kraft zur Entwicklung seines Menschseins verhilft: „Der Herr aber ist der Geist, und wo der Geist des Herrn wirkt, da ist Freiheit" (2 Kor 3,17). Gott liebt die Menschen wie seine Kinder (1 Joh 3,3); der Hl. Geist macht aus ihnen Söhne Gottes: „Denn alle, die sich vom Geist Gottes leiten lassen, sind Söhne Gottes" (Röm 8,14) und so werden sie Brüder seines Sohnes. Das ist keine leere Bezeichnung, sondern die Folge der Wirkung des Hl. Geistes, der die Menschen der Gnade nach zu Söhnen Gottes gestalten kann. Sie heißen nicht nur so, sondern sind in der Tat Söhne Gottes. Auf Grund des Glaubens, in der Gemeinschaft mit Jesus Christus, unter der Wirkung des Hl. Geistes werden die Menschen verändert. Sie gelten nicht nur dem Wort nach vor Gott als seine Söhne, sondern er verändert sie wirklich. Er hat sie neu geschaffen, neu geboren. Sonst hätte ihre Gemeinschaft mit Christus, ihre Teilnahme an seiner Heilsgeschichte durch ihre Vergegenwärtigung und Übermittlung durch den Hl. Geist keine Spuren in ihrem Leben hinterlassen, wenn keine durchgreifende Änderung erfolgt wäre. Vor diesem Hintergrund ist die antinomische Formel *simul justus et peccator* für den orthodoxen Geist schwer verständlich. Bei der Erneuerung des Menschen, die eine personale Beziehung mit Christus voraussetzt und die sich unter seiner göttlichen Wirkung und der des Hl. Geistes ereignet, ist die Erneuerung doch nicht ein punktueller Akt, der eintritt und wieder verschwindet ohne Spuren zu hinterlassen, denn es handelt sich hier um eine Beziehung im Glauben, die im Menschen einen Zustand der Veränderung bewirkt. Aus orthodoxer Sicht scheint das *simul peccator* diese tatsächliche Veränderung im Menschen entweder nicht zu berücksichtigen, als würde der Heilige Geist keine durchgreifende Kraft zur Erneuerung des Menschen haben, oder diese als unwichtig zu übergehen. Das „Nachher" nach der Vergebung und der Erneuerung kraft des Heiligen Geistes ist nicht wie „Vorher" als hätte diese Wirkung nicht stattgefunden und der neue Mensch wäre im Grunde immer der alte geblieben, trotz so vieler neutestamentlicher Stellen, die von einer wesenhaften Veränderung im ganzen Menschen sprechen. Wie sollte die Einwohnung Gottes im Menschen verstanden werden, wenn Gott diesen nicht bis in den

Kern seines Wesens verändert? Ist die Tat Gottes im Menschen nicht unendlich mächtiger als die Sünde? Schafft Gott nicht im Menschen zusammen mit ihm etwas Neues? Bedeutet die Gnade nicht auch die Stärkung des Menschen gegenüber der Sünde? Für das orthodoxe Verständnis wird „simul" der Wirkung des Hl. Geistes im Menschen nicht gerecht. Es scheint, dass die theologische Trennung zwischen der forensischen und der effektiven Rechtfertigung auch eine Trennung zwischen *justus et peccator* zur Folge hatte, so dass aus einer Wirklichkeit zwei geworden sind, die sich scheinbar verselbständigt haben. *Simul* schafft nach orthodoxem Empfinden eine Trennung inmitten des menschlichen Wesens. Der Mensch kann nicht zugleich beides sein. Was theologisch möglich ist, weil es in Gedanken passiert, kann nicht immer in das Wesen des Menschen übertragen werde. Wer gerecht durch Gott gemacht wird, hört auf Grund der Tat Gottes an ihm auf, zugleich Sünder zu sein auf. Er kann aus diesem Zustand wieder fallen, aber nicht zur gleichen Zeit erhöht und gefallen sein. Selbstverständlich darf man die Sündhaftigkeit des Menschen nicht übersehen, aber der Blick auf diese darf die Allmacht der Gnade Gottes nicht aus den Augen verlieren, denn der Mensch befindet sich in den gnädigen Händen Gottes, die keine anderen sind als die von Jesus Christus und vom Hl. Geist, die ihn von Grund auf umgestalten können. Die Vergöttlichung des Menschen läuft nicht kontinuierlich nach oben. Er braucht den Ruf zur Umkehr, zur Buße, er braucht die Stärkung der Sakramente, vor allem des Abendmahles als die höchste und intensivste Gemeinschaft mit Christus, von der Kräfte ausgehen zu einer wirklichen Erneuerung des Lebens.

VI. Gnade, Glaube, Werke

1. Unter der Gnade wird in der patristischen wie auch in der orthodoxen Theologie die allmächtige, von menschlicher Seite durch nichts verdiente, freie und liebende Tat Gottes der Schöpfung der Welt und des Menschen, der Erlösung in Christus und ihre Zueignung in der Kirche durch die Gnadenmittel kraft des Hl. Geistes verstanden. Der Gnadenbegriff ist zugleich christologisch und pneumatologidch bestimmt. Die Aussagen über die Gnade sind zugleich auch Aussagen über den Menschen, der restlos auf sie angewiesen ist. Die Macht der Gnade übersteigt unendlich die der Sünde: „Wo aber die Sünde mächtig geworden ist, da ist die Gnade viel mächtiger geworden" (Röm 5,20).

Wie verhält sich das menschliche Tun, der menschliche Wille gegenüber der Gnadenwirkung? In der Theologie der Alten Kirche wurden sie nicht als Gegensatz empfunden. Die Gegenüberstellung von Gottes- und Menschenwerk ist nicht in der östlichen Kirche, sondern in der Auseinandersetzung zwischen Augustinus und Pelagius entstanden. Die Erlösung in Jesus ist das Werk Gottes; für dieses Geschenk der Gnade braucht der Mensch nichts zu leisten. Gott verlangt keine Verdienste seitens des Menschen. Er weiß, dass der Mensch diese auch nicht erbringen kann. Auf die Liebesgnade Gottes kann der Mensch nur mit Lobpreis Gottes, mit „Opfer des Lobes" wie es in der Liturgie heißt, mit Liebe zu seinem Retter antworten. In der Natur der Gnade liegt es, dass sie umsonst gegeben wird.

Der Hl. Geist wirkt in uns, aber nicht ohne uns. Die Freiheit gehört zur Wesensbestimmung des Menschen als Bild Gottes. Wenn Gott an Menschen handelt, hebt er dessen Freiheit nicht auf, sondern stärkt sie, befreit ihn von dem, was seine Freiheit einschränkt. Geist und Freiheit gehören zusammen (2 Kor 3,17). Der Mensch ist zur Freiheit berufen (Gal 5,13). Die Frage ist, ob der Mensch im Hinblick auf seine Erlösung als Mitarbeiter Gottes gilt? Es geht bei dieser Frage nicht um die Verteilung der göttlichen und der menschlichen Anteile bei der Erlangung des Heils. Gott schafft es allein, er braucht keinen coredemptor. Als Mitarbeiter Gottes ist der Mensch so zu verstehen, dass Gott ihn mitbeteiligt, dass er aktiv das Heil empfängt, dass er gerettet werden möchte, dass er an seinem Heil mitarbeitet, nicht aber in ursächlichem Sinn. Die Aneignung des Heils geschieht in der Gemeinschaft zwischen Gott und dem Menschen. Gott braucht dessen Zustimmung, er will, dass der Mensch seinerseits gerettet werden will. Gott unterstützt und stärkt seinen Willen. Auch wenn der Hl. Geist den menschlichen Willen durch seine Gnade vorbereitet und den Menschen zum Empfang der Heils bewegt, bedeutet das keinen Zwang. Der Wille bleibt dennoch frei, sich zu entscheiden, aktiv an der Aneignung des Heils zu wirken. „Müht euch mit Furcht und Zittern um euer Heil! Denn Gott ist es, der in euch das Wollen und das Vollbringen bewirkt" (Phil 2,13). In dieser Synergie ist das Verhältnis zwischen Gott und dem Menschen deutlich ausgedrückt. Bei dem orthodox-lutherischen Dialog (Sigtuna) sind beide Seiten zu einem Konsens über das Verhältnis zwischen der göttlichen Gnade und der Mitwirkung des Menschen (Synergie) gelangt als der personalen Beteiligung des Menschen bei der Aneignung des Heils.[76]

2. Das Verhältnis zwischen Gottes- und Menschenwerk stellt sich auch in Bezug auf die Verhältnisbestimmung zwischen dem Glauben und den Werken. Ohne den Glauben ist die heilswirksame Teilnahme an den Heilstaten in Jesus Christus nicht möglich. Die Erlösung wird uns gegenwärtig durch den vom Hl. Geist bewirkten Glauben, nicht als Wissen dessen, was für uns geschehen ist, sondern der Glaube, der uns mit dem dreieinigen

---

76 Th. Nikolaou, a.a.O., 273.

Gott verbindet. Die Gnade rettet, aber auf Grund des Glaubens (Eph 2,8). Glaube bedeutet nicht einfach eine kognitive Zustimmung zu Gottes Rettungswerk, sondern auf Gott zu vertrauen und das annehmen, was Jesus Christus für uns getan hat. Unsere Rettung geschieht wegen des Glaubens, aber nicht der Glaube erlöst uns, sondern der, an den wir glauben. Sola fide heißt eigentlich solus Christus. Er persönlich gibt uns Anteil an den aus seiner unendlichen Liebe vollbrachten Taten für uns. Im Glauben ist er in uns anwesend und heilswirkend. Der Glaube bedeutet Leben in Christus. Auch der Glaube entsteht unter der Wirkung der Gnade, nicht aber einer zwingenden Gnade, denn der Mensch kann auch nein sagen. Der Ruf des Evangeliums zum Glauben kann auch bewusst überhört werden, aber er kann auch zur Öffnung und zur Zustimmung des Menschen führen.

Der Glaube ist absolut notwendig für die Erlangung des Heils. Aber nur der Glaube erlöst, dem die guten Werken folgen. Glaube und Werke gehören zusammen. Sola fide, nusquam sola. Nicht auf Grund der Werke wird der Mensch erlöst, aber ohne sie auch nicht. Durch die Gnade sind wir gerettet, aber nicht ohne die guten Werke: χάριτι γὰρ σωζόμεθα, οὐκ ἄνευ μέντοι τῶν καλῶν ἔργων.[77] Der Gedanke von den guten Werken als Verdienst für das persönliche Heil, als ob der Mensch zu seiner Erlösung etwas beitragen könnte, die „Arithmetik der Verdienste"[78] ist dem orthodoxen Denken völlig fremd. Um was es in der orthodoxen Theologie geht, wenn man von den guten Werken redet, ist, dass der Mensch durch sie an seiner Erlösung teilnimmt, nicht sie mitbewirkend, „aber er vollzieht seinen Anteil durch seine persönliche Annahme des Heils, er wird persönlich gerettet und wirkt persönlich am Werk seiner Rettung im Laufe seines Lebens mit"[79]. „Daher, geliebte Brüder, seid standhaft und unerschütterlich, nehmt immer eifriger am Werk des Herrn teil und denkt daran, dass im Herrn eure Mühe nicht vergeblich ist" (1 Kor 15,58). In den Werken als notwendiger Folge des Glaubens verlängert sich die Wirkung des Hl. Geistes, der in unserem Glauben wirkt. Seine Wirkung hört nicht auf, wenn aus dem Glauben Werke folgen.

Anmerkungen zur „Gemeinsamen Erklärung zur Rechtfertigungslehre"

Zu den bisherigen Ausführungen über die Rechtfertigungslehre in I und V,4 möchte ich noch einige kurze Anmerkungen hinzufügen.

---

77 Clem Alex., Strom. V,1, PG 9,16.
78 S. Bulgakov, Die Orthodoxie. Die Lehre der orthodoxen Kirche, Trier 1996, 167.
79 A.a.O., 168.

Die Rechtfertigungslehre der GER ist keine andere als die bisher bekannte der jeweils römisch-katholischen und der lutherischen Kirche. Zwischen den beiden Kirchen wurde in Bezug auf diese Lehre ein Konsens, eine gewisse Übereinstimmung erreicht. Die Grundhaltung der orthodoxen Kirche und Theologie in ihrem Verständnis des Heils in Christus gegenüber der zugrunde gelegten Auffassung in der GER kann daher keine andere als die bisher bekannte sein. Was die orthodoxe Kirche gegenüber der GER empfindet, ist die große Freude, dass ihre Schwesterkirchen zu einer theologischen Übereinstimmung über diese Lehre gelangt sind, die allerdings nicht in der Anwendung, im Erleben dieser Übereinstimmung im Leben der beiden Kirchen mit ihren unterschiedlichen Strukturen als schon gelungen gilt. Denn eine Sache ist es, eine theologische Übereinstimmung zu erreichen, und wiederum eine andere Sache ist es, wenn sich eine solche Verständigung im Leben der beiden Kirchen als richtig erweisen sollte. Hier hat sich die Richtigkeit der GER noch zu bewähren. Gegenüber der orthodoxen Kirche bringt die GER keine zusätzliche Annäherung. Sie war auch nicht intendiert. Die GER enthält kein neues, über die bekannte Rechtfertigungslehre der beiden Kirchen hinausgehendes und ergänzendes Verständnis des Heils.

Der Gedanke der Gerechtigkeit Gottes ist der alles tragende Grund der GER. Es werden zwar mehrere neutestamentliche Ansätze zum Heilsverständnis angeführt, darunter auch Joh 3,16, aber der Begriff der Gerechtigkeit setzt sich absolut durch. Die Menschwerdung, der Tod und die Auferstehung sind um der Gerechtigkeit Gottes willen geschehen. Alle haben das Ziel diese zu erfüllen, sie „sind Grund und Voraussetzung der Rechtfertigung" (GER 15). Der primäre Sinn der ganzen Christusgeschichte besteht demnach in der satisfactio der Gerechtigkeit Gottes. Das „für uns und unser Heil" des Glaubensbekenntnisses erfolgt, nachdem alles in Christus sich zuerst „für die Gerechtigkeit Gottes" ereignete.

Die Rechtfertigung ist „die Mitte des neutestamentlichen Zeugnisses von Gottes Heilshandeln in Christus ..." (GER 17). Ist es wirklich so? Nichts Wichtiges oder wenigstens Gleichwertiges fände sich demnach in der neutestamentlichen Botschaft. Genauer wäre es zu sagen, dass die Rechtfertigung die Mitte der paulinischen Briefe darstellt, ohne dabei zu übersehen, dass auch Paulus von der Liebe Gottes im Zusammenhang mit dem Kreuz Jesu spricht: „Gott aber beweist seine Liebe zu uns dadurch, dass Christus für uns gestorben ist, als wir noch Sünder waren" (Röm 5,8). Von der Gnade und von der Liebe wird im Zusammenhang mit der Aneignung des Heils gesprochen. Die Reihenfolge scheint zu sein: Gerechtigkeit, Gnade und Liebe. Das Fehlen der Liebe Gottes zu den Menschen als expliziter Grund des Kreuzesopfers Jesu Christi ist aus orthodoxer Sicht schwer nachvollziehbar. Es ist erstaunlich, wie in einer so zentralen Frage nach dem Grund des Heilshandelns in Christus so unterschiedliche Antworten im westlichen und im östlichen Teil der Christenheit gegeben wurden. Inwieweit sie sich doch ergänzen, das wäre eine dringende Frage und Aufgabe.

Wolfgang A. Bienert

Rechtfertigung im Dialog der Evangelischen Kirche in Deutschland mit Orthodoxen Kirchen

1. Vorbemerkungen [1]

„Das Thema der ‚Rechtfertigung des Sünders aus Glauben (allein)' steht im Mittelpunkt des ökumenisch-theologischen Gesprächs, nachdem das wichtige Studiendokument *Lehrverurteilungen – kirchentrennend?* [2] erklärt hat: ‚Was das Verständnis der Rechtfertigung des Sünders angeht, so treffen die beiderseitigen hier erörterten Verwerfungsaussagen des 16. Jahrhunderts nicht mehr mit kirchentrennender Wirkung den Partner von heute.'" Dies schrieb vor wenigen Jahren der katholische Münsteraner Neutestamentler und zeitweilige Vorsitzende des Deutschen Ökumenischen Studienausschusses (DÖSTA) Karl Kertelge [3]. Und er fügte hinzu: „Inzwischen hat eine intensive Phase der ‚Rezeption' und des theologischen Gesprächs sowohl auf Theologen- als auch auf kirchenamtlicher Ebene stattgefunden, die, wenn nicht alles täuscht, in nächster Zeit die Verabschiedung einer ‚Gemeinsamen Erklärung zur Rechtfertigungslehre' seitens des Lutherischen Weltbundes und der Römisch-katholischen Kirche erwarten lässt".

Die Erwartungen Kertelges wurden nicht enttäuscht. Allerdings kam es im Vorfeld der Unterzeichnung der „Gemeinsamen Erklärung" [4] (am 31. Oktober 1999 in Augsburg) noch zu lebhaften Auseinandersetzungen

---

1 Vgl. auch meinen Beitrag zu diesem Thema, in: „Prüft alles, und das Gute behaltet!" Zum Wechselspiel von Kirchen, Religionen und säkularer Welt, FS Hans-Martin Barth zum 65. Geburtstag, hg. von Friederike Schönemann und Thorsten Maaßen, Frankfurt a. M. 2004, 162–176.
2 Hg. v. Karl Lehmann / Wolfhart Pannenberg (DiKi 4), Göttingen 1986, 74.
3 Rechtfertigung II. Neues Testament, in: TRE 28 (1997), 304.
4 Text: Gemeinsame Erklärung zur Rechtfertigungslehre 1997. Endgültiger Vorschlag, in: Bernd Jochen Hilberath / Wolfhart Pannenberg (Hrsg): Zur Zukunft der Ökumene. Die „Gemeinsame Erklärung zur Rechtfertigungslehre", Regensburg 1999, 164–184 (Anhang); Dokumente wachsender Übereinstimmung. Sämtliche Berichte und Konsenstexte interkonfessioneller Gespräche auf Weltebene, Band 3 1990–2001, hg. von H. Meyer / D. Papandreou / H. J. Urban / L. Vischer (= DwÜ 3), Paderborn / Frankfurt a. M. 2003, 419–437.

– vor allem innerhalb des protestantischen Lagers, die weitere Klärungen erforderlich machten und schließlich dazu führten, dass zusätzlich noch eine „Gemeinsame offizielle Feststellung" (GOF)[5] vereinbart wurde. Aber trotz all dieser Bemühungen wird mancher Beobachter auch heute noch fragen, ob durch die Diskussionen über das Rechtfertigungsthema tatsächlich ein „‚Grundkonsens' in den Fragen des Lehrgegenstandes" (Kertelge) erreicht wurde. Denn die in diesem Zusammenhang erfolgte Rückbesinnung auf die Auseinandersetzungen des 16. Jahrhunderts hatte nicht nur die zentrale Bedeutung der Rechtfertigungslehre für Luthers Theologie als „articulus stantis et cadentis ecclesiae"[6] neu ins theologische Bewusstsein gerückt. Es war darüber hinaus deutlich geworden, „daß durch die Rechtfertigungslehre … die gesamte theologische Anthropologie und das Kirchenverständnis betroffen sind"[7].

Der evangelische Theologe Ernst Wolf hatte bereits 1949[8] formuliert: „Die reformatorische Rechtfertigungslehre ist (nur) dann und insoweit *articulus stantis et cadentis ecclesiae,* so genanntes Materialprinzip der Reformation, wenn und soweit sie sich als Mitte und Grenze reformatorischer Theologie erweist, das heißt, wenn ihre *Funktion* gewahrt wird als formelhafte Mitte und sichernde Zusammenfassung der neuen Christuserkenntnis und Christusverkündigung, mit der die Reformation die Antwort gibt auf die Zentralfrage nach der wahren Kirche." Es hängt, so Ernst Wolf, „nach Luthers Überzeugung von der Beantwortung des ‚Artikels der Rechtfertigung' das Sein der Kirche ab, weil sich an ihr entscheidet, ob die Kirche das Evangelium habe oder nur dem Namen nach Kirche sei. Die

---

5 Text: DwÜ 3, 2003, 437–441.
6 Vgl. Theodor Mahlmann, in: ⁴RGG I (1998), 799f.
7 Gerhard Sauter, Rechtfertigung IV. Das 16. Jahrhundert, in: TRE 28 (1997), 324.
8 Ernst Wolf, Die Rechtfertigungslehre als Mitte und Grenze reformatorischer Theologie (1949/50), in: Ders., Peregrinatio II, München 1965, 11–21, Zitat: 11. Vgl. dazu vor allem auch die Arbeiten von Hans Joachim Iwand, Rechtfertigungslehre und Christusglaube (1930), (ND ThB 14) München 1961; ders., Glaubensgerechtigkeit nach Luthers Lehre, TEH 75 (1941) 6: ‚Tut man nämlich diesen Artikel von der Rechtfertigung aus der Mitte, dann werden wir sehr bald kaum noch wissen, warum wir evangelische Christen sind und bleiben müssen, dann worauf man die Einheit der Kirche erstreben und die Reinheit des Evangeliums hinopfern, dann wird man sich von Kirchenordnung und Kirchenregiment, von der Reform des geistlichen Amtes und der Kirchenzucht mehr versprechen, als diese leisten können, dann wird man die Frömmigkeit hofieren und die Leute ächten, dann wird man in Gefahr kommen, tolerant zu sein, wo man radikal sein müsste, und radikal, wo man tolerant sein darf, kurzum, die Maßstäbe werden sich verschieben, und damit auch das Notwendige und Richtige an all diesen Reformen, um die wir heute ringen, nicht mehr fassbar sein".

Rechtfertigungslehre ist ... kein selbstverständlicher und verfügbarer Besitz der evangelischen Kirche, sondern ihr stets neu zu gewinnender Grund. Sie ist kein theologiegeschichtlich zu registrierendes ‚Dogma', kein mehr oder minder intensiv zu gewiesener oder gelegener Zeit zu bearbeitendes Theologumenon, sondern sie meint die jeweils unaufgebbare Besinnung auf die Lebensmitte der Kirche in ihrer theologischen Selbstprüfung". Allerdings musste Ernst Wolf schon damals einräumen[9]: „Es ist üblich geworden, die Rechtfertigungslehre als ein Stück, wenn auch als das zentrale Stück der reformatorischen Botschaft anzusehen, sozusagen als das Wesentliche und Charakteristische reformatorischer Heilslehre." Unter Hinweis auf die Formulierung in Confessio Augustana IV, wo es heißt: *‚Item docent, quod homines ... gratis iustificentur propter Christum per fidem'* – stellte er fest: „Der Kampf um die Gültigkeit dieser Lehre, der Streit um Meinung und ‚Sinn' dieser Formel, insbesondere die durch sie herausgeforderte Gegenformulierung des Tridentinums, haben dazu geführt, diese isolierende Sicht auf die Rechtfertigungslehre zu kräftigen und die ‚reformatorische Rechtfertigungslehre' zu einem spezifischen ‚Glaubensartikel' der Evangelischen zu machen, *neben* anderen Glaubensartikeln"[10].

Trotz solcher Vorbehalte ist diese Auffassung in der abendländischen Theologie nach wie vor weit verbreitet und Ausgangspunkt zahlreicher theologischer Untersuchungen – oft (und durchaus berechtigt) in Verbindung mit der Frage nach der Wirkungsgeschichte von Augustins Gnadenlehre in Theologie und Kirche, die ihrerseits auf die Theologie des Paulus zurück verweist und deren Verständnis bis heute zahlreiche Fragen aufwirft[11]. In dieser Hinsicht ist die Rechtfertigungslehre jedoch nicht nur eine ständige Herausforderung für die Ökumene der Christenheit insgesamt, sondern – zumal vor dem Hintergrund der abendländischen Kirchenspaltung – vor allem eine Herausforderung an den Protestantismus selbst. Darauf weisen zahlreiche innerprotestantische Auseinandersetzungen hin, die z. T. bis in das Zeitalter der Reformation zurückreichen – etwa über die Frage nach dem Verhältnis von Rechtfertigung und Heiligung, über das juridische Verständnis der Rechtfertigung, um „forensische" und „effektive" Rechtfertigung, über die Lehre vom *tertius usus legis* und

---

9 A.a.O., 11.
10 A.a.O., 11f.
11 Vgl. z.B. Otto Hermann Pesch / Albrecht Peters, Einführung in die Lehre von Gnade und Rechtfertigung, Darmstadt 1981.

nicht zuletzt über das Zusammenwirken (Synergismus) von Gott und Mensch in der Vermittlung des in Christus geschenkten Heils [12].

Angesichts der ökumenischen Bedeutung der Rechtfertigungslehre, auf die der Neutestamentler Karl Kertelge gerade auch mit Hinweis auf die Lehren des Apostels Paulus und seiner Schule mit Recht hinweist, überrascht es, dass in seinem Artikel über die „Rechtfertigungslehre II. Neues Testament", zumal in dem Artikel eines engagierten Ökumenikers, die Frage nach der Bedeutung dieser Lehre für den ökumenischen Dialog mit den Orthodoxen Kirchen so gut wie keine Rolle spielt. Vielleicht hängt das jedoch mit jener eigentümlichen Einschätzung zusammen, die sich in der abendländischen Forschung in der Weise niedergeschlagen hat, dass z. B. der Münchener Theologe Werner Dettloff für seinen Artikel „Rechtfertigung in der Alten Kirche" in der Theologischen Realenzyklopädie nicht einmal eine Seite braucht, um dann in diesem Zusammenhang lediglich festzustellen, dass die „Gefährdungen des christlichen (!) Rechtfertigungsverständnisses" – und nur davon ist die Rede! – „im Wesentlichen aus dem Osten kamen" [13]. Es scheint so, als gäbe es innerhalb des ökumenischen Dialogs mit den Orthodoxen zum Thema Rechtfertigung keinen Gesprächsbedarf. Dem widerspricht allerdings, dass bereits im 16. Jahrhundert von reformatorischer Seite der Versuch gemacht wurde, mit dem Ökumenischen Patriarchen Jeremias II. über die Lehren der Confessio Augustana und dabei auch und nicht zuletzt über die Rechtfertigungslehre in einen Dialog einzutreten [14], der allerdings bald abgebrochen und erst im 20. Jahrhundert wieder neu begonnen wurde.

Vor diesem Hintergrund überrascht es dann allerdings nicht, dass diese Frage schon zu Beginn der theologischen Dialoge zwischen der EKD und Orthodoxen Kirchen eine zentrale Rolle spielte, und zwar nicht nur auf Seiten der EKD, sondern auch auf Seiten der orthodoxen Gesprächspartner. Überraschender erscheint es demgegenüber, dass dieses Thema im ökumenischen Dialog stets getrennt zwischen Rom und den Lutherischen

---

12 Vgl. Ernstpeter Maurer, Rechtfertigung (Bensheimer Hefte 87; Ökumenische Studienhefte 8), Göttingen 1998, 26–49.
13 Werner Dettloff, Rechtfertigung III. Alte Kirche und Mittelalter, in: TRE 28 (1997), 308. Für Dettloff ist das Rechtfertigungsproblem lediglich ein „Fragenkomplex innerhalb der Gnadenlehre" (ebd.).
14 Vgl. Dorothea Wendebourg, Reformation und Orthodoxie. Der ökumenische Briefwechsel zwischen der Leitung der Württembergischen Kirche und Patriarch Jeremias II. von Konstantinopel in den Jahren 1573–1581 (FKDG 37), Göttingen 1986. – Texte: Wort und Mysterium. Der Briefwechsel über Glauben und Kirche 1573–1581 zwischen den Tübinger Theologen und dem Patriarchen von Konstantinopel, Witten 1958.

Kirchen einerseits und zwischen dem Lutherischen Weltbund und Orthodoxen Kirchen andererseits behandelt wurde, was bis in die Formulierungen von K. Kertelge hinein spürbar geblieben ist. Dabei bestand das Interesse an einem theologischen Austausch über das Thema Rechtfertigung mit den Orthodoxen offensichtlich von Anfang an, und zwar nicht nur auf Seiten der Lutherischen Kirchen (wie zuerst im 16. Jahrhundert), sondern auch auf Seiten der Orthodoxen Kirche.

2. Die Anfänge (1948–1959) und der Beginn des Dialogs der EKD mit der Russischen Orthodoxen Kirche (1959)

Im Zentrum des ersten offiziellen Gesprächs [15] „zwischen Vertretern der Evangelischen Kirche Deutschlands und der Russischen Orthodoxen Kirche vom Oktober 1959" in Arnoldshain standen zwei Themen: „1. Das Problem der Tradition" und „2. Die Rechtfertigung aus Glauben" [16]. Über beide Themen war bereits „bei der ersten innerdeutschen Bestandsaufnahme, Heidelberg 1949", gesprochen worden [17]. Wichtiger aber als die damalige Zusammenstellung ökumenischer Themen für das geplante Gespräch mit den Orthodoxen Kirchen wurden jene Fragen, die Prof. L.N. Parijskij (Leningrad) in schriftlicher Form an Prof. H. J. Iwand (Bonn) im Jahre 1956 richtete unter der Überschrift: „Welche Grundunterschiede bestehen zwischen der Orthodoxie und dem Protestantismus?" [18]. Dieses Dokument hat die weiteren Dialoge der EKD mit Orthodoxen Kirchen nicht unwesentlich beeinflusst. – Parijskij nennt in diesem Zusammenhang, in dem immer wieder auf die Prägung der protestantischen Theologie durch ihre Auseinandersetzungen mit der Römisch-Katholischen Kirche hingewiesen wird, drei Komplexe:

a) die Frage nach den „Quellen der Offenbarung" – gemeint ist das Verhältnis von Schrift und Tradition,

b) „die Ablehnung der kirchlichen Hierarchie durch den Protestantismus", d.h. die Amtsfrage, und

---

15 Zur Vorgeschichte vgl. Dokumente der Orthodoxen Kirchen zur ökumenischen Frage, Heft 1: Die Moskauer Orthodoxe Konferenz vom Juli 1948, Witten-Ruhr 1949; – Orthodoxie und evangelisches Christentum (Studienheft 1), Witten-Ruhr 1949; – Kirche und Kosmos (Studienheft 2), Witten-Ruhr 1950.
16 Tradition und Glaubensgerechtigkeit (Arnoldshain 1959; Studienheft 3), Witten 1961, 9.
17 Dabei „traten folgende zwischenkirchliche Probleme ins Zentrum: Tradition (und Hl. Schrift); Rechtfertigung; Welt und Mensch; Mystik und Mysterien-Theologie (Sakramentenlehre); Kirche"; a.a.O., 5.
18 Abgedruckt a.a.O., 76–79.

c) „Die protestantische Lehre von den Bedingungen der Rechtfertigung des Menschen". Zum letzten Punkt führt Parijskij aus: „Die Orthodoxe Kirche glaubt, dass der Mensch gerechtfertigt wird durch den Glauben, der von der Liebe begleitet wird, d. h. durch Glauben und Werke. – Die Protestanten lehren die Rechtfertigung allein durch den Glauben"[19]. Parijskij führt die protestantische Lehre auf den „Gegensatz zum Lateinertum" zurück, „wo die Bedeutung der persönlichen Verdienste vor Gott allzusehr vergrößert worden war und wo die Frömmigkeit nicht selten zu bloß äußerlichen guten Werken führte, wo sogar ein Schatz überpflichtmäßiger Werke ausgedacht wurde".

„Im Kampf gegen diese Extreme", bemerkt Parijskij, „schrieb der Protestantismus die ganze Sache unserer Rettung ausschließlich der Göttlichen Gnade allein zu", wobei sie „ihre Lehre über die Rechtfertigung der Menschen allein durch den Glauben auf viele Stellen aus den Briefen des hl. Paulus über die Rettung der Menschen durch den Glauben" gründen (Röm 3,28; Eph 2,8 u. 9; Gal 2,16).

„In Wirklichkeit aber", so fährt Parijskij fort, „sehen wir in der Praxis der Protestanten keine Befolgung dieser Lehre (!). Die kolossale Hilfe, welche die Protestanten zum Unterhalt von Krankenhäusern, Wohltätigkeitsanstalten, Heimen leisten, verbieten uns ein formales Verständnis der Rettung ohne Beteiligung guter Werke". Diese Beobachtung, die durch den Besuch diakonischer Einrichtungen in Deutschland im Zusammenhang mit den Dialogbegegnungen immer wieder bekräftigt wurde, weist nicht nur hin auf ein anderes Verständnis der Rechtfertigung bei orthodoxen Christen, die den Zusammenhang von Glauben und Werken stärker als zusammengehörigen Ausdruck des Erlösungsgeschehens verstehen, sondern auch darauf, dass der Zusammenhang zwischen Glauben und Werken im Nachdenken über die reformatorische Rechtfertigungslehre nicht gänzlich aus dem Blick geraten sollte. Dass dabei gute Werke als Frucht der Rechtfertigung und nicht als ihre Bedingung gesehen werden, schließt ein solches Nachdenken nicht aus.

Interessant ist in diesem Zusammenhang, dass Parijskij davon überzeugt ist, dass „im Verständnis der Verehrung der Heiligen, der heiligen Reliquien, Ikonen und der Gebete für die Verstorbenen", d. h. im Bereich der Frömmigkeitspraxis, der Unterschied zwischen Orthodoxen und Protestanten „nicht so tief ist, wie es (auf den ersten Blick) scheinen mag".

Parijskij schließt mit der versöhnlichen und für den ökumenischen Dialog – auch heute noch – ermutigenden Bemerkung: „Am Schluss der Übersicht über die Unterschiede der orthodoxen Lehre von der protestantischen

---

19 A.a.O., 78.

vergessen wir nicht, dass der Protestantismus eine große christliche Gemeinschaft ist, die aus Millionen gläubiger Seelen besteht, welche Christus aufrichtig ergeben sind, die Heilige Bibel über die ganze Erde verbreiten, sich um die ausgedehnteste Wohltätigkeit bemühen und viele Länder mit einem Netz ihrer Wohltätigkeits- und Unterrichts-Anstalten überzogen haben.

Den orthodoxen Russen ist eine feindliche Stellung zu den Andersgläubigen fremd. Wir beten für die Vereinigung aller Gläubigen in Christus, für das Ende der Zwietracht unter ihnen und flehen in unseren heißen Gebeten um ein gemeinsames Wirken zur Bewahrung und Ausbreitung der christlichen Ideen im Leben der Menschen"[20].

Vor dem Hintergrund dieser Fragen von Prof. Parijskij an Hans Joachim Iwand[21], einen der frühesten und engagiertesten Verfechter des theologischen Dialogs mit der Orthodoxie, der leider bereits im Jahre 1960 verstarb, fand der erste offizielle Dialog zwischen der EKD und der Russischen Orthodoxen Kirche in Arnoldshain statt, an dem Iwand selbst noch beteiligt war und in dem er – zusammen mit Heinrich Vogel (Berlin: „Wann sind gute Werke gut?") – das Thema der Rechtfertigungslehre im Gegenüber zu Prof. Uspenskij (Leningrad) von orthodoxer Seite (Thema: „Die Rettung durch den Glauben") – das Thema „Rechtfertigungslehre; Glaube und Werke" entfaltete.

Dabei wurde von orthodoxer Seite mehrfach ausdrücklich und unter Hinweis auf das biblische Zeugnis und das Zeugnis der Kirchenväter betont, dass der Glaube an Jesus Christus die „unumgängliche Bedingung für die persönliche Rettung des Menschen" sei, die durch nichts ersetzt werden könne, „weder durch die Beachtung der Normen der allgemeinen menschlichen Ethik, noch durch die Tugend an sich"[22]. Allerdings müsse man – so Uspenskij – in der Frage der Rettung des Menschen durch den Glauben zwei Seiten unterscheiden: zum einen „das historische Faktum der Erlösung (des Loskaufs) des ganzen Menschengeschlechts durch unseren Herrn Jesus Christus am Kreuze" aufgrund der „grenzenlosen göttlichen Liebe zum Menschen", gewissermaßen die „objektive Seite des Rettungswerkes", und zum anderen die „subjektive Seite des Erlösungswerkes, d. h. „den persönlichen Anteil des Menschen an seiner Rettung. Konkret ist dieser Anteil beschlossen im festen Glauben des Menschen an

---

20 A.a.O., 79.
21 Vgl. Hans-Werner Surkau, Iwand, Hans Joachim (1899–1960), in: TRE 16 (1987), 427–432.
22 Tradition und Glaubensgerechtigkeit, 38.

Christus als an seinen Retter (Heiland) und in der tätigen Erfüllung seiner Gebote"[23].

Deutlicher als in dem Beitrag von Uspenskij zeigten sich die Vorbehalte gegenüber der protestantischen Rechtfertigungslehre in der Kritik von A. S. Chomjakow, mit der sich Iwand in seinem Beitrag auseinander setzte, nämlich mit dessen offensichtlich nicht unberechtigter Kritik am so genannten „toten Glauben", gemeint ist damit „das äußere, sogar den Teufeln zugängliche Wissen". „Man muß begreifen", so Chomjakow, „daß nicht der Glaube, nicht die Hoffnung und nicht die Liebe retten, sondern es rettet der Gegenstand des Glaubens"[24]. „Löst man den menschlichen Glauben von seinem Gegenstand, also von Jesus Christus, dem Sohn des lebendigen Gottes, so gleicht er einer Blume, die man aus dem Erdreich gerissen hat". An diesem Punkt muss Iwand Chomjakow Recht geben.

Vor diesem Hintergrund entwickelt Iwand sein Verständnis der Rechtfertigungslehre, wobei er gleich zu Beginn einräumen muss: Rechtfertigung, die Übersetzung des lateinischen iustificatio, „ist auch im Deutschen ein Wort, das außerhalb der Theologie kaum noch von jemandem verstanden wird"[25]. „Es handelt sich um den Akt, durch den Gott den Menschen gerecht macht", wobei im Hintergrund der griechische Begriff „Gerechtigkeit Gottes" steht. Letztlich ist die Rechtfertigungslehre für H. J. Iwand nichts anderes als „angewandte Christologie". Wir begegnen dieser Gerechtigkeit Gottes nämlich in Jesus Christus, in dem Gott seine Gerechtigkeit offenbart hat (Röm 3,21). Das bedeutet aber auch: „Diese Gerechtigkeit Gottes hängt nicht von dem ab, was wir tun, sondern allein von dem, was er in Jesus Christus getan hat". Dies und nichts anderes ist der Kern von Luthers reformatorischer Entdeckung. Daraus folgte für diesen einerseits, dass nur der Glaube rechtfertigt, der sich nicht auf Werke gründet – sonst wäre er kein Glaube. Andererseits aber wäre er kein Glaube, wenn er ohne Werke, d.h. ohne Früchte bliebe. Insofern gehören Glaube und Werke, Dogmatik und Ethik immer zusammen. Das Werk ist gewissermaßen der ‚Fleisch gewordene Glaube', die fides incarnata[26]. – Diesen Gedanken, d.h. den Zusammenhang von Glauben und Werken, hatte zuvor bereits Heinrich Vogel in seinem Beitrag entfaltet unter der Überschrift: „Wann sind gute Werke gut?"[27].

In der Aussprache über die Referate wurde u.a. deutlich, „daß die Orthodoxe Kirche des Ostens nicht die Auseinandersetzungen des Abend-

---

23 A.a.O., 41.
24 A.a.O., 42.
25 A.a.O., 46.
26 A.a.O., 49.
27 A.a.O., 50ff.

landes mitgemacht hat". Die Rechtfertigungslehre erscheint vorrangig als ein Problem der abendländischen Theologie, das in seinem Kern wesentlich mit zur Spaltung der Kirche des Abendlandes beigetragen hat. Das Interesse der Kirchen des Ostens richtete sich vor allem auf die Notwendigkeit der Werke bzw. auf den Zusammenhang der subjektiven und der objektiven Seite der Erlösung im Zusammenhang mit der Frage nach der Bedeutung von Askese und Mönchtum.

Im Rückblick auf den Briefwechsel zwischen den Tübinger Theologen Jacob Andreä, Lukas Osiander u. a. sowie dem Gräzisten Martin Crusius und Patriarch Jeremias II. von Konstantinopel im 16. Jahrhundert stellt Edmund Schlink, damals Vorsitzender des Deutschen Ökumenischen Studienausschusses, abschließend fest, dass dieser genau an den gleichen Punkten scheiterte, nämlich „am Verständnis der Tradition und der Gnade", dass man sich aber durch die unmittelbare Begegnung in Arnoldshain sehr viel näher gekommen sei als durch den Briefkontakt im 16. Jahrhundert. – Interessant ist Schlinks Bobachtung, dass in dem genannten Briefwechsel der Begriff „Rechtfertigung" durchgehend nur im Blick auf das Gericht nach den Werken verwendet wird. „Wo von der Gnadentat Gottes in Christo die Rede ist, dort spricht Jeremias II. von der ‚Heiligung', ‚Lebendigmachung', ‚Wiedergeburt' u. a.[28]. Diese Begrifflichkeit – so Schlink – entspricht dem Neuen Testament, das auch von einem Gericht nach den Werken spricht. Doch aus der Mannigfaltigkeit der neutestamentlichen Begrifflichkeit werden in der Rechtfertigungslehre von Orthodoxen und Evangelischen verschiedene Momente in unterschiedlicher Weise betont und hervorgehoben. Die Verschiedenheit ergibt sich also vorwiegend aus der Terminologie und der unterschiedlichen Struktur der dogmatischen Aussage"[29]. Insgesamt aber hat bereits das erste ausführliche Gespräch im Dialog zwischen orthodoxen und evangelischen Theologen über die Rechtfertigung aus Glauben aus der Sicht von Schlink bereits „eine tiefe Gemeinsamkeit hervortreten lassen, die vor allem in dem eindrucksvollen Hinweis auf die Anfechtung als lebendiges Erlebnis im Leben der Orthodoxen Kirche zum Ausdruck" gekommen sei.

3. Rechtfertigung in den weiteren Dialogen

Schaut man zurück auf die Anfänge der theologischen Dialoge der EKD mit Orthodoxen Kirchen, ist man erstaunt, wie rasch die zentralen theologischen Themen in den Blick kamen – Gemeinsamkeiten und Unter-

---

28 Der Begriff Theosis, Vergöttlichung, spielte in der Debatte offensichtlich noch keine Rolle! – Vgl. dazu unten S. 265ff.
29 Tradition und Glaubensgerechtigkeit, 73f.

schiede, wie diese Themen in aller Offenheit diskutiert wurden und wie schnell das Thema Rechtfertigung ins Gespräch kam und dabei bemerkenswert viele Gemeinsamkeiten zutage traten. Allerdings ist im Hinblick auf den Dialog mit der Russischen Orthodoxen Kirche zweierlei zu berücksichtigen:
a) Vor dem Beginn des Dialogs in Arnoldshain 1959 gab es bereits intensive Vorgespräche in den Jahren 1949–1951, die hinsichtlich des gegenseitigen Verständigungsprozesses in ihrer Bedeutung oft unterschätzt werden, und
b) zu beachten ist auch der mit der Gründung des Ökumenischen Rates der Kirchen 1948 in Amsterdam verbundene starke ökumenische Impuls, an dem allerdings die Römisch-Katholische Kirche nicht beteiligt war – ein Faktum, das auch noch für den Beginn des Dialogs im Jahre 1959 zu berücksichtigen ist – bis hin zu den Jahren des aggiornamento und den Entscheidungen des II. Vatikanischen Konzils 1962–1965.

Dennoch fällt auf, dass im weiteren Verlauf des Dialogs mit der Russischen Orthodoxen Kirche und auch der sich daran anschließenden Dialoge mit dem Ökumenischen Patriarchat von Konstantinopel (seit 1969) und mit der Rumänischen Orthodoxen Kirche (seit 1979) das Thema Rechtfertigung lange Zeit allenfalls indirekt zur Sprache kam – wohl auch deswegen, weil dieses Thema im Bewusstsein der meisten Teilnehmer ein spezifisch abendländisches Thema zu sein schien, das es vor allem mit Rom und vielleicht auch noch in der innerprotestantischen Ökumene zu erörtern gelte. Zwar wurde auch am Beginn des „Dialogs des Glaubens und der Liebe"[30], wie der Dialog der EKD mit dem Ökumenischen Patriarchat von Konstantinopel zunächst genannt wurde, an den Briefwechsel der Tübinger Theologen mit Jeremias II. erinnert, in dem das Thema Rechtfertigung eine nicht unwichtige Rolle gespielt hatte. Aber wichtiger für den nun beginnenden neuen Dialog erschien zunächst die Frage nach dem Verhältnis von

---

30 So der Titel des Dialogs der EKD mit dem Ökumenischen Patriarchat von Konstantinopel; vgl. den Berichtsband: Dialog des Glaubens und der Liebe. Konstantinopel, 16.–19.3.1969 (Beih. ÖR 11), Frankfurt a.M. 1970. – Ab 1972 hieß er auf Vorschlag des Patriarchen Dimitrios I. „Dialog der Liebe und der Einheit"; vgl. auch den Gemeinsamen Bericht in: Das Handeln der Kirche in Zeugnis und Dienst (a) Kirche und Dienst / b) Die Auslegung der Heiligen Schrift; gelebte Tradition und Verkündigung in der Kirche (Iserlohn 1994). – Der Kosmos als Schöpfung Gottes. Die Kirchen vor dem ökologischen Problem (Rhodos 1997) – Die Kirchen im zusammenwachsenden Europa / Evaluation: „Ein Dialog der Liebe und der Einheit" (Brandenburg 2001), Studienheft 27, hg. von Rolf Koppe, Hermannsburg 2003, 321–333.

Schrift und Tradition und hier vor allem die nach der Bedeutung der patristischen Tradition als gemeinsamer Glaubensgrundlage in beiden Kirchen. Als Leitthema dieses Dialogs schälte sich sehr bald die Pneumatologie, d. h. die Frage nach der Bedeutung des Hl. Geistes im Selbstverständnis und im (sakramentalen) Handeln der Kirche heraus. Geht man jedoch mit H. J. Iwand davon aus, dass nach evangelischem Verständnis Rechtfertigung nichts anderes ist als „angewandte Christologie", dann erkennt man vor allem in der zweiten Begegnung des Dialogs mit Konstantinopel das Thema Rechtfertigung wieder, nämlich in dem durch die damalige ökumenische Diskussion angeregten Leitthema: „Christus – das Heil der Welt" (Arnoldshain 1971)[31].

In der Aussprache über das Referat von Wilhelm Schneemelcher, „Christologie und Soteriologie nach der Lehre der Lutherischen Kirche"[32] taucht dann auch zwangsläufig die Frage nach der Rechtfertigungslehre auf, allerdings mit einer interessanten Zuspitzung auf den Zusammenhang von Rechtfertigung, Kirche und Theosis. Damaskinos Papandreou, der damalige griechisch-orthodoxe Metropolit der Schweiz bemerkte in der anschließenden Aussprache über das Referat[33]: „In der reformatorischen Theologie finde man praktisch nichts über die positiven Folgen der Inkarnation". Und er fragt: „Wie ist (eigentlich) das Verhältnis von Theosis und Rechtfertigung? Wo ist der Ort für die Ekklesiologie? Wo wird die Kirche als Ort der Versöhnung und Heilsaneignung beschrieben? Kann die persönliche Heilsaneignung auch ohne die Kirche geschehen?" – Von orthodoxer Seite wird zwar in dieser Diskussion der Zusammenhang zwischen der lutherischen Lehre von der Rechtfertigung und der orthodoxen Lehre von der Vergöttlichung zur Sprache gebracht, aber das Thema wurde im weiteren Verlauf des Dialogs nicht noch einmal aufgenommen. Stattdessen treten Fragen der Anthropologie und der Ekklesiologie in den Vordergrund. Eine genauere Beschäftigung mit der Frage nach dem Verhältnis von Rechtfertigung und Vergöttlichung schien vorerst nicht erforderlich zu sein – wohl auch deswegen, weil dieses Thema im Verhältnis zwischen orthodoxer und lutherischer Theologie angesichts des gemeinsamen Interesses an den patristischen Fundamenten kaum als Streitpunkt wahrgenommen wurde. Wichtiger für den Dialog erschienen Fragen nach dem

---

31 Vgl. den Berichtsband: Christus – das Heil der Welt. Zweites Theologisches Gespräch zwischen dem Patriarchat Konstantinopel und der EKD. Arnoldshain, 4.–8.10.1971 (Beih. ÖR 22), Frankfurt a. M. 1972.
32 A. a. O., 42–57; vgl. auch Wilhelm Schneemelcher, Reden und Aufsätze, Tübingen 1991, 1–15.
33 Christus – das Heil der Welt (s. Anm. 31), 120.

jeweiligen Verständnis des kirchlichen Amtes und der Sakramente und dem Wirken des Geistes im Handeln der Kirche.

Erst im Dialog der EKD mit der Rumänischen Orthodoxen Kirche (seit 1979) wurde die Frage nach Rechtfertigung und Theosis unter der Überschrift: „Rechtfertigung und Verherrlichung (Theosis) des Menschen durch Jesus Christus" ausdrücklich zum Thema erhoben – wenn auch erst in der fünften Begegnung[34]. Es fällt auf, dass in diesem Dialog vornehmlich Themen behandelt wurden, die das Verhältnis der abendländischen Theologie und Kirche in ihrer inneren Differenzierung zur Orthodoxen Theologie und Kirche betreffen. Das hängt mit der Sonderstellung Rumäniens und seiner Stellung zwischen Ost und West zusammen und hat bisweilen zu einer rascheren Verständigung zwischen beiden Kirchen geführt als in den anderen Dialogen.

In dem Bericht von Heinz Joachim Held über die Begegnung im Mai 1988, der dem Band vorangestellt ist, heißt es über die Wahl des Themas, „es hatte sich gradlinig aus den vorauslaufenden Dialogthemen ergeben"[35]. Die Stichwörter Rechtfertigung und Vergöttlichung waren zwar auch früher schon gelegentlich gefallen. Aber man vermutete dahinter nicht nur sprachliche Probleme, sondern „grundlegende Differenzen, ja Gegensätze in der Sache selbst"[36]. Insofern war man gespannt, ob es in dieser Frage zu einer Verständigung zwischen östlicher Orthodoxie und abendländischer Reformation kommen und wie diese Verständigung aussehen würde. Im abschließenden Kommuniqué hieß es dann: „Es ist der Glaube der heiligen Kirche, daß Gott durch Jesus Christus im Heiligen Geist uns Menschen das Heil schenkt. Dies Heilswerk wird in der Tradition der orthodoxen Kirche insbesondere als Vergöttlichung (*Theosis*, deutsch auch ‚Verherrlichung'; vgl. engl. *glorification*!) beschrieben, in evangelischer Theologie vor allem als Rechtfertigung (*justificatio*) oder Rechtfertigung und Heiligung (*sanctificatio*). Beide Aussagen blicken auf das eschatologische Ziel, in dem wahres Menschsein zur Erfüllung kommt. ... Beide Beschreibungen wurzeln in der Heiligen Schrift. Obgleich die Theologie der Rechtfertigung vor allem an die Sprache des heiligen Apostels Paulus anknüpft, während die Theologie der Vergöttlichung johanneische Aussagen auf-

---

[34] Vgl. den Berichtsband: Rechtfertigung und Verherrlichung (Theosis) des Menschen durch Jesus Christus (Kloster Kirchberg / Sulz a. Neckar 1988) und: Die Taufe als Aufnahme in den Neuen Bund und als Berufung zum geistlichen Kampf in der Nachfolge Jesu Christi (synergeia) (Curtea de Arges 1991), hg. von Klaus Schwarz (Studienheft 23), Hermannsburg 1995.

[35] A. a. O., 8. – Vgl. Heinz Joachim Held, 40 Jahre Begegnungen EKD – Orthodoxie. Wege und Wertungen, in: MdKI 46 (1995), Heft 3, 47–54.

[36] A. a. O., 8f.

greift (vgl. etwa 1 Joh 3,1f.) haben die Väter in beiden Traditionen doch jeweils das Ganze des christlichen Glaubens vom Heil Gottes für den Menschen im Blick gehabt"[37].

Die einzelnen Beiträge aus orthodoxer und evangelischer Perspektive behandelten das Thema nicht nur dogmatisch, sondern vor allem exegetisch und bibeltheologisch an Texten aus dem Alten und dem Neuen Testament. Der dogmen- und theologiegeschichtliche Beitrag von Georg Kretschmar[38] knüpft dabei zugleich an neuere Erkenntnisse der finnischen Lutherforschung aus der Schule um Tuomo Mannermaa an[39], in denen gezeigt wird, wie Luther selbst den Begriff Theosis (bzw. der *deificatio*) für das Heilshandeln des in Christus Mensch gewordenen Gottessohnes verwenden konnte.

Vor dem Hintergrund der neuen Einsichten über Luthers Verständnis von Rechtfertigung und Vergöttlichung bzw. Verherrlichung in Verbindung mit neuen biblisch-exegetischen Erkenntnissen zu dieser Frage, wäre es an der Zeit, die hier bisher selbständig geführte Debatte zwischen EKD und Orthodoxen Kirchen mit dem Prozess der Verständigung mit Rom über die gegenseitigen Verwerfungen aus dem Zeitalter der Reformation zu verbinden, um ein umfassenderes Verständnis von Rechtfertigung und möglicherweise weiterer theologischer Einsichten auf der Basis der biblischen und altkirchlichen Tradition in Verbindung mit den Orthodoxen Kirchen zu erreichen, die die Kirchen in der Ökumene einander näher bringen könnten.

4. Vorschlag eines „Trialogs"

Vor dem Hintergrund einer wachsenden Zahl von bilateralen Dialogen zwischen der EKD und Orthodoxen Kirchen einerseits und Begegnungen zwischen Vertretern der Römisch-Katholischen Kirche und der östlichen Patriarchate in den 70er Jahren des 20. Jahrhunderts andererseits verfasste Reinhard Frieling vom Konfessionskundlichen Institut in Bensheim eine „Zwischenbilanz der theologischen Gespräche der evangelischen und der

---

37 A. a. O., 30.
38 Rechtfertigung und Vergottung, A. a. O., 160–179.
39 Tuomo Mannermaa, Der im Glauben gegenwärtige Christus. Rechtfertigung und Vergottung. Zum ökumenischen Dialog (AGTL NF 8), Hannover 1989; Luther und Theosis, Vergöttlichung als Thema der abendländischen Theologie, hg. von Simo Peura und Antti Raunio (SLAG A 25 / VLAR 15), Helsinki/Erlangen 1990; Simo Peura, Mehr als ein Mensch? Die Vergöttlichung als Thema der Theologie Martin Luthers von 1513 bis 1519 (VIEG 152), Mainz 1994; Reinhard Flogaus, Theosis bei Palamas und Luther. Ein Beitrag zum ökumenischen Gespräch (FSÖTh 78), Göttingen 1997; Risto Saarinen, Theosis, in: TRE 33, 2002, 389–393.

katholischen Kirche in Deutschland mit den Ostkirchen" unter der Überschrift „Orthodox – Evangelisch – Katholisch"[40] und regte für den weiteren Weg der Ökumene einen „Trialog" an[41]. Obwohl man sich aufgrund der bisherigen Erfahrungen vorstellen könnte, dass ein offenes Gespräch zwischen Vertretern aller drei großen Konfessionen das gegenseitige Verständnis nicht nur bereichern und befruchten würde, sondern möglicherweise dazu beitragen könnte, theologische Missverständnisse und begriffliche Engführungen zu überwinden, wurde daraus nichts. Allerdings setzte ein solcher offener Dialog ein hohes Maß an gegenseitigem Vertrauen voraus, das sich in den bilateralen Gesprächen der EKD erst nach einer längeren Phase der Eingewöhnung erreichen ließ. Dass jedoch gerade bei dem theologisch und kirchlich so zentralen Thema wie der Rechtfertigung ein solcher „Trialog" hilfreich und weiterführend sein könnte, deutet Frieling am Ende seines Beitrags[42] an – mit den Worten: „Luthers Verständnis von Rechtfertigung, seine Theologie des Kreuzes und die damit zusammenhängende Dialektik von Gesetz und Evangelium ermöglichte einen unmittelbaren Weltbezug. Luther hatte sein Weltverständnis in Abgrenzung zum aristotelischen Naturbegriff, zur metaphysischen Ontologie und zum Naturrechtsdenken entwickelt. Es wäre nun reizvoll, sein Weltverständnis und das heutiger evangelischer Theologie einmal mit der orthodoxen Theologie zu konfrontieren. Vor allem liegt es nahe, die Theologie des Gesetzes ins Gespräch mit den Orthodoxen zu bringen. Über alle sprachlichen und kulturellen Hürden hinweg sind das römisch-katholische Naturrechtsdenken, das orthodoxe Verständnis der Theosis und die evangelische Rechtfertigungslehre auf ihre biblischen Grundlagen hin zu befragen".

Reinhard Frielings Anregungen sind bisher nicht weiter verfolgt worden. Vielmehr gingen in der Folgezeit die bilateralen Dialoge weiter[43], ohne dass jedoch von einer nennenswerten Rezeption ihrer Ergebnisse gesprochen werden kann. Immerhin ist die innerabendländische Diskussion um die Rechtfertigungslehre weitergeführt worden und mit der Unterzeichnung der Gemeinsamen Erklärung (GER) und der „Gemeinsamen

---

40 MdKI 32 (1981), Heft 5, 94–99; Heft 6, 105–108 (III Versöhnung und Rechtfertigung, 105–106); 33 (1982), Heft 2, 26–32.
41 MdKI 32 (1981), 99.
42 MdKI 33 (1982), Heft 2, 32.
43 Vgl. Risto Saarinen, Faith and Holiness. Lutheran-Orthodox Dialogue 1959–1994 (KiKonf 40), Göttingen 1997; Orthodoxie im Dialog. Bilaterale Dialoge der orthodoxen und der orientalisch-orthodoxen Kirchen 1945–1997. Eine Dokumentensammlung – in Verbindung mit Miguel María Garijo Guembe (†) hg. und bearb. v. Thomas Bremer, Johannes Oeldemann und Dagmar Stoltmann (Sophia 32), Trier 1999.

offiziellen Feststellung (GOF)" in Augsburg 1999 zu einem gewissen Abschluss gekommen.

Die Fragen nach dem Verhältnis von Rechtfertigung und Theosis sind demgegenüber bisher lediglich in bilateralen Gesprächen zwischen Theologen in Ost und West erörtert worden. Es scheint zwar, als habe man im Gespräch zwischen Vertretern der EKD und der Rumänischen Orthodoxen Kirche (1988) einen wichtigen Durchbruch erzielt, der, wie die finnische Lutherforschung gezeigt hat, auch zu einem vertieften Verständnis der Theologie Luthers beitragen konnte. Doch für eine weitergehende Rezeption der dabei erzielten Ergebnisse sind vorerst nicht nur weitere terminologische Fragen zu klären. Eine wichtige Voraussetzung für eine weitere Verständigung wäre eine vertiefte Besinnung auf die biblischen Grundlagen der Rechtfertigungslehre wie auch der Theosis in Verbindung mit der Frage nach dem Verhältnis der paulinischen (juridisch verstandenen; oder ist das eine abendländische Interpretation?) und der johanneischen (ontologisch zu verstehenden?) Lehre von der Erlösung zueinander. Eine Besinnung, die den Zusammenhang zwischen beiden Positionen verständlich machte, könnte möglicherweise aus den bisherigen Schwierigkeiten und Engführungen herausführen. Aber es stellte sich dabei zugleich die generelle Frage nach der Geltung des biblischen Kanons in der Kirche und die nach einer angemessenen Hermeneutik. Diese Frage würde dann allerdings auch – wenn auch in anderer Weise – generell für die Besinnung auf das patristische Erbe und seine Relevanz für die Lehre der Kirche gelten.

Wenn es für Luther, wie immer wieder betont wird, bei der Rechtfertigungslehre tatsächlich um den „articulus stantis et cadentis ecclesiae" ging, d.h. um einen Maßstab, der das Wesen der Kirche betrifft, dann lohnte es sich, die ekklesiologische Bedeutung dieses Artikels nicht nur in der weltweiten Ökumene, sondern zunächst vor allem in den protestantischen Kirchen selbst genauer zu bedenken. Das bedeutete aber auch, dass es durchaus sinnvoll sein kann, das Thema Rechtfertigung in Verbindung mit dem Erbe der Alten Kirche multilateral im Rahmen des DÖSTA weiter zu bedenken und nach Brücken gemeinsamen Verstehens dieses Artikels zu suchen.

Hoffnungsvoll klangen in diesem Zusammenhang die Worte des leider früh verstorbenen griechisch-orthodoxen Metropoliten Jakovos Tsanavaris[44] aus dem Jahre 1971: „In der Vergangenheit haben sich die Kirchen getrennt, weil sie versuchten, der Botschaft der Erlösung den Inhalt einer

---

44 Vgl. seinen Beitrag „Christus als Heiland der Welt nach dem Neuen Testament", in: Christus – das Heil der Welt (s. Anm. 31), 16–25; Zitat: 23; vgl. auch R. Frieling, in: MdKI 33 (1981), Heft 6, 105.

besonderen Theologie oder einer Form der Frömmigkeit zu geben. Heute jedoch ist uns allen klar, daß das geistliche Leben, die Heiligkeit und der Glaube, Gaben des Heiligen Geistes sind, die dem Glaubenden gratis, durch die Gnade des einen Erlösers geschenkt werden".

Der Metropolit erinnerte in diesem Zusammenhang zugleich und mit Recht an ein wichtiges gemeinsames Fundament des christlichen Glaubens aus der Alten Kirche, nämlich das Bekenntnis von Nizäa-Konstantinopel des Jahres 381 und schrieb dazu: „Im nizänokonstantinopolitanischen Symbol ist die patristische Christologie, die auf der Heiligen Schrift basiert, in Kurzform enthalten. Dieses Symbol fasst die Erlösung in Christus, wie sie in der Heiligen Schrift geoffenbart wird, d. h. als ewigen Plan der Liebe Gottes, in wenigen Artikeln zusammen. Der zentrale Punkt dieses Bekenntnisses sind Kreuz und Auferstehung Christi. Dieses Ereignis stellt auch die zentrale Botschaft des Neuen Testaments dar. Es ist der Grund der Existenz der Kirche als Volk Gottes"[45].

Zwar sind mit diesem Hinweis auf die notwendige Verbindung von patristischer Christologie und Ekklesiologie im Bekenntnis von Nizäa-Konstantinopel (381) die Probleme gegenseitiger Verständigung über die Rechtfertigungslehre keineswegs gelöst. Aber dieser Hinweis lädt dazu ein, im Kontext der biblischen Botschaft und der gemeinsamen altkirchlichen Glaubenstradition weiter nach der alle Christen verbindenden Wahrheit des Glaubens zu suchen, einer Wahrheit, die durch die Besinnung auf die gemeinsamen Wurzeln zugleich von den noch immer bestehenden gegenseitigen Vorurteilen und ungeprüften Missverständnissen zwischen den Kirchen in Ost und West befreien kann.

---

45 Metropolit Jakovos (s. Anm. 44), 23.

Johannes Oeldemann

Soteriologische Aspekte in den ökumenischen Dialogen der Orthodoxen Kirche

Beobachtungen aus römisch-katholischer Sicht

1. Vorbemerkungen

Wenn wir uns im Blick auf die zu erarbeitende Studie des DÖSTA mit dem Verständnis der Erlösung in der orthodoxen Theologie und Kirche befassen, können wir den westlichen Begriff der „*iustificatio*" nicht zum Maßstab für die „Orthodoxie der Orthodoxie", für die Rechtgläubigkeit der orthodoxen Lehre machen. Die gemeinte Sache wird in der östlichen Theologie mit anderen Begriffen zum Ausdruck gebracht, wobei der Begriff „*theosis*" eine herausragende Rolle spielt.[1] Das Thema meines Beitrags ist daher bewusst sehr allgemein formuliert. Denn wenn man die ökumenischen Dialoge der Orthodoxen Kirche einzig und allein auf die beiden Stichworte „Rechtfertigung" und „Theosis" durchsehen würde, hätte man sehr schnell eine relativ übersichtliche Anzahl von Belegstellen, die sich zu 90 % auf den orthodox-lutherischen Dialog konzentrieren. Dabei würden jedoch eine Reihe von interessanten Aussagen aus dem Blick geraten, die das Verhältnis von Gott und Mensch im Allgemeinen und die Heilserwartung bzw. Heilshoffnung des Menschen im Besonderen betreffen, in den Dokumenten jedoch unter anderer Begrifflichkeit und in anderen Kontexten behandelt werden. Aus diesem Grund ist in der Überschrift meines Vortrages nur vorsichtig von „soteriologischen Aspekten" in den ökumenischen Dialogen der Orthodoxen Kirche die Rede.

Die Kirchen der byzantinischen Orthodoxie waren in den vergangenen Jahrzehnten an einer Vielzahl bilateraler und multilateraler Dialoge beteiligt.[2] Angesichts der damit verbundenen Materialfülle beschränkt sich der folgende Beitrag auf die bilateralen Dialoge der Orthodoxen Kirche auf Weltebene. Die im Blick auf die Thematik der DÖSTA-Studie ebenfalls

---

[1] Vgl. A. Kallis, Art. Rechtfertigung II, theosis, orth. Sicht, in: Ökumene-Lexikon, Frankfurt a, M. 1983, 1005–1007.

[2] Vgl. J. Oeldemann, Orthodoxe Kirchen im ökumenischen Dialog. Positionen, Probleme, Perspektiven = Thema Ökumene, Bd. 3, Paderborn 2004.

wichtigen und ertragreichen Dokumente, die aus den Dialogen der Evangelischen Kirche in Deutschland (EKD) mit verschiedenen orthodoxen Patriarchaten hervorgegangen sind, werden in einem eigenen Beitrag analysiert.[3] Daher konzentriert sich die folgende Bestandsaufnahme auf die weltweiten Dialoge. Der abschließende dritte Teil versucht, einige Schlussfolgerungen aus der Analyse der bilateralen Dialogdokumente für das multilaterale Gespräch über das Verständnis von Rechtfertigung und Erlösung zu ziehen.

2. Soteriologische Aussagen in den bilateralen ökumenischen Dialogen der Orthodoxen Kirche – eine Bestandsaufnahme

2.1 Der orthodox/orientalisch-orthodoxe Dialog

Dieser Dialog hat sich bisher nicht mit Fragen der Soteriologie befasst. Im Mittelpunkt des Dialogs standen die Aufarbeitung der unterschiedlichen Akzentsetzungen in der Christologie und damit zusammenhängende Fragestellungen wie die Rezeption des vierten bis siebten Ökumenischen Konzils sowie der Umgang mit den von diesen Konzilen ausgesprochenen Lehrverurteilungen.

2.2 Der orthodox/römisch-katholische Dialog

Die internationale orthodox/römisch-katholische Dialogkommission hat seit ihrer Gründung 1980 insgesamt vier Dialogdokumente verabschiedet, die sich schwerpunktmäßig mit ekklesiologischen Fragestellungen befassen. Während die ersten drei Dokumente das gemeinsame Verständnis der Kirche, der Sakramente und des kirchlichen Amtes beschreiben, befasst sich das 1993 in Balamand verabschiedete vierte Dokument mit den durch das Wiederaufleben der unierten Ostkirchen entstandenen Problemen im Verhältnis zwischen orthodoxer und katholischer Kirche.

Einzelne Aspekte der Soteriologie werden im zweiten Dokument der orthodox-katholischen Dialogkommission angesprochen, das 1987 in Bari verabschiedet wurde und die Überschrift „Glaube, Sakramente und Einheit der Kirche" trägt. Dieses Dokument erläutert im ersten Teil, warum die Einheit im Glauben eine Voraussetzung für die Einheit in den Sakramenten ist und beschreibt im zweiten Teil das Verständnis der christlichen Initiationssakramente sowie ihre Beziehung zur Einheit der Kirche. Der erste Teil des Dokuments von Bari, der unter der Überschrift „Glaube und Gemeinschaft in den Sakramenten" steht, beginnt mit der Aussage: „Der

---

3 Vgl. den Beitrag von Wolfgang Bienert in diesem Band.

Glaube ist unauflösbar zugleich Gabe des sich offenbarenden Gottes und Antwort des Menschen, der diese Gabe annimmt. Dies ist das Zusammenwirken der Gnade Gottes und der menschlichen Freiheit."[4]

Das Zusammenwirken von Gott und Mensch – *synergeia* im Griechischen – ist somit der selbstverständliche Ausgangspunkt der gemeinsamen Reflexion von Orthodoxen und Katholiken über das Verständnis des Glaubens. „Der wahrhaftige Glaube ist göttliche Gabe und freie Antwort des Menschen", formuliert eine Zwischenüberschrift in diesem ersten Kapitel kurz und prägnant. Der Glaube ist also zunächst Gabe Gottes oder – mit den Worten des Dokuments – eine „Gabe des Heiligen Geistes". Es ist Gott, der durch den Glauben das Heil gewährt. Der Glaube umfasst jedoch nicht nur das Dogma, die kirchliche Lehre, sondern auch die Lebensweise und das liturgische Leben, die sich – so die Kommission – „zu einem einzigen Ganzen" verbinden.[5] Nicht ein Fiduzialglaube ist hier im Blick, sondern ein Glaube, der sich im Lebensvollzug der Glaubenden und im liturgischen Leben der Kirche konkretisiert.

Dies führt die Kommission zu der Frage nach dem Verhältnis von Glauben und Werken, das von ihr jedoch nicht ausführlich reflektiert, sondern nur mit einem Väterzitat beantwortet wird, das – so die Formulierung der Kommission – „auf beachtenswerte Weise den theoretischen und den praktischen Charakter des Glaubens" verbindet. Das Zitat ist dem Werk „De fide orthodoxa" des Johannes Damascenus entnommen und lautet: „Dieser (Glaube) wird vervollständigt durch alles, was Christus angeordnet hat, durch die Werke, die Ehrfurcht und die Beobachtung der Gebote Dessen, der uns erneuert hat."[6] Der Text hebt deutlich die Bedeutung der menschlichen Werke hervor, insofern sie den Glauben „vervollständigen" („teleioútai" im griech. Original), erinnert jedoch zugleich daran, dass all dies eine Gabe Gottes ist, denn er ist es letztlich, der den Menschen „erneuert" und damit befähigt zu guten Werken.

Dieser Gedanke wird am Ende des Kapitels noch einmal aufgegriffen, wenn es in Nr. 11 heißt: „Der Glaube schließt also eine bewusste und freie Antwort von Seiten des Menschen und einen ständigen Wandel des Herzens und des Geistes ein. Er ist eine innere Umwandlung und Umgestaltung; er bewirkt, dass man in der Gnade des Heiligen Geistes bleibt, der den Menschen erneuert."[7] Diese Erneuerung des Menschen geschieht in der Taufe, mit der „ein Werdegang (beginnt), der sich durch die ganze

---
4 Dokument von Bari, Nr. 5, in: DwÜ II, 543.
5 Dokument von Bari, Nr. 7, in: DwÜ II, 543.
6 Ebd.
7 Dokument von Bari, Nr. 11, in: DwÜ II, 544.

christliche Existenz fortsetzt".[8] Mit diesen Aussagen, die eine Reihe von Elementen der „klassischen" katholischen Gnadenlehre aufgreifen und sie als übereinstimmend mit der orthodoxen Auffassung charakterisieren, endet auch schon der kurze Exkurs der orthodox-katholischen Dialogkommission zu den mit dem Glaubensverständnis verbundenen Aspekten der Soteriologie.

Nur an einer Stelle des Dokuments wird noch einmal auf die soteriologische Bedeutung des Glaubens verwiesen, wenn es im Blick auf die Beurteilungsmaßstäbe zur Unterscheidung zwischen legitimen, d.h. vom Geist gewirkten Entwicklungen und anderen heißt: „Jeder Ausdruck des Glaubens muss auf die endgültige Bestimmung des Menschen als durch Gnade angenommenes Kind Gottes abzielen, die sich in seiner Vergöttlichung durch den Sieg über den Tod und in der Verklärung der Schöpfung verwirklicht."[9] Dieses Kriterium ist leider so allgemein formuliert, dass es – wie auch die beiden anderen erwähnten Kriterien – kaum zu einer wirklichen Unterscheidung zwischen legitimen und illegitimen Entwicklungen der Glaubenslehre dienen kann. Im Blick auf die Thematik unseres Studienprojekts ist interessant, dass hier zum ersten und einzigen Mal in den orthodox-katholischen Dialogdokumenten der Begriff „Vergöttlichung" (Theosis) fällt, um das Ziel des Erlösungsgeschehens zu beschreiben. Bemerkenswert ist in diesem Zusammenhang besonders, dass die Vergöttlichung des Menschen hier in enger Verbindung mit der Verklärung der Schöpfung gesehen wird. Dadurch wird einer rein anthropozentrischen Interpretation der Heilsgeschichte vorgebeugt.

Wenn man über den Rahmen der internationalen Dialogdokumente hinaus nach weiteren Bezugspunkten im orthodox-katholischen Dialog sucht, bei denen die Rechtfertigungslehre bzw. die Theosis des Menschen eine Rolle spielen, so lassen sich einige wenige weitere Ansatzpunkte entdecken. Bei den Regensburger Ökumenischen Symposien wurde im Rahmen des Symposions zum Thema „Buße und Beichte" das medizinale Verständnis des Bußsakraments in der Orthodoxen Kirche hervorgehoben. Reinhard Frieling konstatiert dazu in seiner 1981 publizierten „Zwischenbilanz" zu den theologischen Gesprächen der evangelischen und der katholischen Kirche in Deutschland mit den Ostkirchen: „Im Unterschied zur westlichen Satisfaktionstheologie ist die östliche Konzeption nicht so sehr auf die juridische Wiedergutmachung der Schuld gerichtet, die die Verge-

---

8 Dokument von Bari, Nr. 12, in: DwÜ II, 544.
9 Dokument von Bari, Nr. 31, in: DwÜ II, 548.

bung nach sich zieht, als vielmehr auf die Wiedergutmachung der Natur."[10] Damit ist ein wichtiger Unterschied zwischen der westlichen und der östlichen Konzeption benannt. Der Satisfaktionsgedanke spielt in der orthodoxen Theologie kaum eine Rolle, während er in der westlichen Theologie zu tief greifenden Konflikten geführt hat. Die orthodoxe Zugangsweise könnte hier einen Weg zur Explikation des christlichen Heilsverständnisses eröffnen, die den heute umstrittenen Satisfaktionsgedanken zwar nicht verdrängt, ihn aber zumindest durch den Gedanken der Heilung ergänzt und in einen weiteren Kontext stellt.

Die ökumenischen Symposien der Stiftung „Pro Oriente" in Wien, die dem theologischen Dialog zwischen Ost und West zum Teil entscheidende Impulse geben konnten, haben sich im Blick auf die byzantinische Orthodoxie vor allem mit Fragen der Ekklesiologie sowie im Blick auf die orientalisch-orthodoxen Kirchen schwerpunktmäßig mit Fragen der Christologie befasst. Soteriologische Aspekte wurden dabei kaum angesprochen. Bemerkenswert erscheint mir jedoch eine Aussage zu sein, die Paul Verghese, damals Leiter des Orthodoxen Seminars im indischen Kottayam und später Erzbischof seiner Kirche in Neu-Delhi, bei der ersten Wiener Altorientalen-Konsultation 1971 gemacht hat. In seinem Vortrag über „Die Bedeutung der Christologie heute" findet sich folgender Passus: „Wenn Christi menschliche Natur mit seiner göttlichen vereint war, dann kann unsere menschliche Natur auch mit Christi göttlich-menschlicher Natur vereint werden. Im Grunde genommen ist das die Essenz der Ein-Naturen-Christologie. Dass wir eine Theosis-Soteriologie einer bloßen Begegnungs- oder Ersatzsoteriologie vorziehen, bildet die Grundlage unserer Ein-Naturen-Christologie, welche den Unterschied zwischen dem Göttlichen und dem Menschlichen nicht leugnet, aber ihre Einheit stärker betont als ihre Verschiedenheit."[11] Bemerkenswert ist diese Aussage insofern, als der eigentlich in der byzantinischen Theologie beheimatete Theosis-Gedanke hier von einem orientalisch-orthodoxen Theologen aufgegriffen und zugleich als ein Beleg für die Mia-Physis-Christologie der orientalisch-orthodoxen Kirchen verwendet wird.

---

10 R. Frieling, Orthodox – Evangelisch – Katholisch. Eine Zwischenbilanz der theologischen Gespräche der evangelischen und der katholischen Kirche in Deutschland mit den Ostkirchen, in: Materialdienst des Konfessionskundlichen Instituts Bensheim 32 (1981) 94–99 u. 105–108, hier 106.

11 P. Verghese, Die Bedeutung der Christologie heute, in: R. Kirchschläger / A. Stirnemann (Hg.), Chalzedon und die Folgen. FS zum 60. Geburtstag von Bischof Mesrob K. Krikorian = Pro Oriente, Bd. 14, Innsbruck-Wien 1992, 256–270, hier 267.

Insgesamt bleibt festzuhalten, dass soteriologische Fragestellungen im orthodox-katholischen Dialog bisher nur am Rande behandelt wurden. Auf den Theosis-Gedanken wird an einigen wenigen Stellen Bezug genommen, ohne dass das damit verbundene soteriologische Konzept reflektiert wird. Die wenigen Aussagen zur Thematik, die das Dokument von Bari enthält, deuten an, dass es eine breite Basis gemeinsamer Glaubensüberzeugungen von Orthodoxen und Katholiken im Blick auf die Soteriologie gibt. In diesem Zusammenhang ist daran zu erinnern, dass der Theosis-Gedanke auch in den Dokumenten des Zweiten Vatikanischen Konzils auftaucht, nämlich am Beginn des ersten Kapitels der Dogmatischen Konstitution über die göttliche Offenbarung, die auf den im zweiten Petrusbrief enthaltenen Gedanken der Teilhabe an der göttlichen Natur Bezug nimmt (vgl. DV 2). Im Blick auf den multilateralen Dialog über das Verständnis der Rechtfertigungslehre scheint mir bemerkenswert, dass Orthodoxe und Katholiken im Dokument von Bari wie selbstverständlich vom Zusammenwirken von Gott und Mensch sowie von der Bedeutung der Werke des Menschen sprechen, ohne dass dabei auch nur am Rande der Verdienstgedanke auftaucht. Dies deutet darauf hin, dass die orthodoxe Synergeia-Konzeption es ermöglichen könnte, die personale Beteiligung des Menschen am Heilsgeschehen zu sichern, ohne in eine die alleinige Heilsmittlerschaft Jesu Christi gefährdende Vorstellung menschlicher „merita" zu verfallen.

2.3 Der orthodox-anglikanische Dialog

Die beiden bisher verabschiedeten Dialogdokumente der internationalen anglikanisch-orthodoxen Dialogkommission – die so genannte Moskau-Erklärung von 1976 und die Dublin-Erklärung von 1984 – streifen nur an wenigen Stellen Fragen der Soteriologie. Im Mittelpunkt der Aufmerksamkeit der Kommission standen die Trinitätslehre und die Ekklesiologie. Interessanterweise geht jedoch die Moskau-Erklärung gleich im ersten Kapitel kurz auf den patristischen Begriff der „theosis kata charin" (Vergöttlichung durch Gnade) ein, der von der Orthodoxen Kirche benutzt wird, „um die Fülle der menschlichen Heiligung und die Art und Weise, wie der Mensch am Leben Gottes Anteil hat, zu beschreiben".[12] Dass schon in den Prolegomena des Dialogs auf den Theosis-Gedanken Bezug genommen wird, hat offenbar damit zu tun, dass einige Anglikaner diese Ausdrucksweise „für irreführend und gefährlich halten", wie der folgende Satz festhält. Der ganze Textpassus ist von einer merkwürdigen Ambivalenz gekennzeichnet, denn am Ende lautet die Aussage: „Die Anglikaner

---

12 Moskau-Erklärung, Nr. 3, in: DwÜ I, 81.

lehnen die dieser Ausdrucksweise zugrunde liegende Lehre nicht ab; ja sie ist sogar in ihren eigenen Liturgien und Kirchenliedern zu finden."[13] Vermutlich wollten die anglikanischen Kommissionsmitglieder mit dieser Aussage Kritikern in den eigenen Reihen entgegentreten, die in der Theosis-Lehre eine grundsätzliche Infragestellung der göttlichen Transzendenz sehen.

Leider wird die Frage, was „die dieser Ausdrucksweise zugrunde liegende Lehre" ist, von der Kommission nicht weiter erörtert. Nur die Dublin-Erklärung von 1984 geht an einer Stelle noch einmal kurz darauf ein, wenn sie mit Bezug auf den zweiten Petrusbrief erklärt, dass „jeder Mensch die Möglichkeit (hat), der göttlichen Natur teilhaftig zu werden".[14] Auffällig ist, dass in diesem Zusammenhang von der Teilhabe an der „Gnade der Heiligen Trinität" die Rede ist, da wir herkömmlicherweise den Gnadenbegriff nur mit einer der göttlichen Personen verbinden, obwohl der trinitarische Kontext natürlich sachgemäß ist. Insgesamt bietet der anglikanisch-orthodoxe Dialog jedoch keine weiterführenden Impulse für das multilaterale Gespräch über das Verständnis von Rechtfertigung und Theosis.

2.4 Der orthodox-altkatholische Dialog

Der orthodox-altkatholische Dialog ist der bisher einzige bilaterale theologische Dialog, der vollständig abgeschlossen werden konnte und daher auch alle Themenbereiche der christlichen Glaubenslehre behandelt hat. Die Rezeption des 1987 abgeschlossenen Dialogs scheiterte dann vor allem an der Einführung der Frauenordination in einigen altkatholischen Kirchen. Der orthodox-altkatholische Dialog stellt neben dem orthodox-lutherischen Dialog die ergiebigste Fundgrube für Aussagen zur Soteriologie dar. Der Theosis-Gedanke taucht sowohl in der Erklärung über die Christologie als auch in der Erklärung über die Soteriologie auf. In der Gemeinsamen Erklärung zur Christologie ist von der „Vergottung (theosis) der menschlichen Natur Christi" die Rede, wobei zugleich auf deren Einzigartigkeit verwiesen wird.[15] Die 1983 verabschiedete Gemeinsame Erklärung zur Soteriologie geht in einem eigenen Abschnitt auf die Frage der Aneignung des Heils ein. Ohne einer Einordnung und Interpretation der entsprechenden Aussagen von altkatholischer Seite[16] vorzugreifen, möchte ich

---

13 Ebd.
14 Dublin-Erklärung, Nr. 37, in: DwÜ II, 110.
15 Gemeinsame Erklärung zur Christologie, Nr. 4, in: DwÜ I, 31.
16 Vgl. den Beitrag von Günter Eßer in diesem Band.

doch einige zentrale Passagen aus diesem Text zitieren, in denen wichtige Grundlinien deutlich werden und die schon für sich sprechen.

Die orthodox-altkatholische Dialogkommission formuliert: „Gott rettet den Menschen, ohne seinen freien Willen zu vergewaltigen. [...] Die Aneignung des Heils in Christus durch den Menschen geschieht durch das Zusammenwirken des Heiligen Geistes und des Menschen. Der Heilige Geist wirkt die Berufung, die Erleuchtung, die Umkehr, die Rechtfertigung, die Wiedergeburt in der Taufe und die Heiligung in der Kirche; der Mensch seinerseits nimmt die ihm dargebotene Gnade an und wirkt in Freiheit durch den Glauben und seine guten Werke mit, anders gesagt: durch ‚den in der Liebe wirksamen Glauben' (Gal 5,6). Dieses Zusammenwirken ist nicht so zu verstehen, als ob Gott nur einen Teil des Werkes vollbringen würde und der Mensch allein einen anderen; vielmehr wird alles von Gott vollbracht, ohne dessen Hilfe der Mensch für sein Heil nichts vermag. In allem wirkt aber auch der Mensch mit, der bewegt wird, um selber zu handeln, und nicht, um nichts zu tun."[17] Mit Letzterem greift der Text eine Formulierung des hl. Augustinus auf: „Aguntur ut agant, non ut ipsi nihil agant".

Auf eine ausführliche Interpretation dieser Aussagen, die auch den weiteren Kontext der Textstelle berücksichtigen müsste, will ich hier bewusst verzichten. Nur so viel sei festgehalten: Auch hier steht – wie im orthodox/römisch-katholischen Dokument von Bari 1987 – die Reflexion über die Art und Weise des Zusammenwirkens von Gott und Mensch im Mittelpunkt. Auch hier wird die Vorstellung der *„synergeia"* von Gott und Mensch hervorgehoben, ohne dass der Verdienstgedanke ins Spiel kommt.

2.5 Der orthodox-lutherische Dialog

Der internationale orthodox-lutherische Dialog, der 1981 begann und sich zunächst mit dem Verhältnis von Offenbarung, Schrift und Tradition befasste, hat sich in einer zweiten Dialogphase, die 1994 begann, dem Verständnis des Heils in der orthodoxen und der lutherischen Tradition zugewandt.[18] Erstmals wird die Soteriologie in dem im August 1995 bei der 8. Plenartagung der Internationalen orthodox-lutherischen Kommission in Limassol (Zypern) verabschiedeten Dokument über „Das Verständnis des Heils im Lichte der ökumenischen Konzile" thematisiert. Das Dokument von Limassol bekräftigt zunächst die Grundübereinstimmung zwischen

---

17 Gemeinsame Erklärung zur Soteriologie, Nr. 11, in: DwÜ II, 27.
18 Vgl. R. Saarinen, Der weltweite lutherisch-orthodoxe Dialog von 1994 bis 2002, in: ÖR 52 (2003), 213–229.

Orthodoxen und Lutheranern in den christologischen Lehraussagen der altkirchlichen Konzile, bevor es auf die unterschiedlichen Akzentsetzungen im Heilsverständnis eingeht. Die internationale Dialogkommission konstatiert, dass „das eine Geheimnis des Heils in unterschiedlichen, aber im Wesentlichen komplementären Begriffen" ausgedrückt wird.[19] Leider kommt der Text von Limassol kaum über eine vergleichende Darstellung der orthodoxen und der lutherischen Position hinaus. Dabei fällt auf, dass die Darstellung der orthodoxen Position von einer unverkennbaren Tendenz zur Abgrenzung gegenüber tatsächlichen oder auch nur vermeintlichen Lehraussagen der Reformation geprägt ist, während sich die Lutheraner offensichtlich um eine Annäherung an das orthodoxe Verständnis bemühen, wenn sie Rechtfertigung als Teilhabe an Christus charakterisieren und vom Mitwirken der Gläubigen im Prozess der Heiligung sprechen. Ein Vergleich mit den Ergebnissen der vorausgegangenen Dialoge zwischen Lutheranern und Orthodoxen auf regionaler Ebene[20] zeigt, dass die Erklärung von Limassol das darin bereits erreichte Reflexionsniveau noch nicht aufgegriffen hat.

Dieses Defizit des Limassol-Textes wird jedoch durch das nachfolgende Dokument zum Thema „Heil: Gnade, Rechtfertigung und Synergie", das von der internationalen orthodox-lutherischen Dialogkommission 1998 in Sigtuna verabschiedet wurde, vollends ausgeglichen. Das Dokument von Sigtuna[21] ist eine gelungene Quintessenz der vorangegangenen regionalen Dialoge zum Verständnis des Heils in orthodoxer und lutherischer Perspektive. Besonders bemerkenswert ist im Dokument von Sigtuna die trinitarische Grundlegung des Heilsverständnisses sowie die konsequente Einbeziehung der ekklesialen Dimension in die Beschreibung des Verhältnisses von Gott und Mensch: „Das Heil ist vollständig abhängig von der Gnade der Heiligen Dreieinigkeit, uns gegeben und erfahren durch Wort und Sakrament im Leben der Kirche. Die Gnade Gottes kommt zu den Menschen vom Vater, durch den Sohn, im Heiligen Geist. Der Vater erschafft, erlöst und verherrlicht uns durch den Sohn im Geist."[22] Dem trinitarischen Grundansatz entsprechend vermeidet das Dokument eine rein christologische Betrachtung des Heilsgeschehens und stellt in einem

---

19 Erklärung von Limassol, II. 7, in: DwÜ III, 101.
20 Vgl. hierzu J. Oeldemann, Rechtfertigung und Theosis im Kontext des ökumenischen Dialogs mit der Orthodoxie, in: Catholica 56 (2002), 173–192.
21 Deutsche Übersetzung in: DwÜ III, 103–106.
22 Erklärung von Sigtuna, Nr. 1, in: DwÜ III, 103. Die Einbettung des Heilsgeschehens in die Kirche wird auch in den Abschnitten 3 und 7 des Textes hervorgehoben.

eigenen Abschnitt das Wirken des Heiligen Geistes im Wechselspiel zwischen göttlicher Gnade und menschlichem Glauben heraus (Nr. 3).

Das wichtigste Ergebnis des Dokuments von Sigtuna ist jedoch, dass es hier erstmals gelingt, das reformatorische „sola gratia" und den orthodoxen Begriff der Synergie so miteinander in Beziehung zu setzen, dass sie nicht als einander ausschließende Gegensätze erscheinen. Beide Seiten betonen übereinstimmend die absolute Priorität der göttlichen Gnade: „Die Gnade ist ganz und gar Gottes Gabe", so dass Menschen „aus eigenem Vermögen weder göttliche Gnade erbitten noch erlangen" können.[23] Diese Grundaussage wird nun durch zwei wichtige Aspekte ergänzt, die den Weg für eine Annäherung zwischen der orthodoxen und der lutherischen Konzeption eröffnen. Das Dokument betont zum einen, dass Gottes Gnade „nicht aus Notwendigkeit oder auf unwiderstehliche Weise wirksam (ist), da die Menschen sie auch ablehnen können"[24], und zum anderen, dass der Heilige Geist „durch göttliche Gnade den menschlichen Geist erleuchtet und den menschlichen Willen, sich Gott zuzuwenden, stärkt"[25].

Auf dieser Grundlage können die Lutheraner am Verständnis der Rechtfertigung „aus Gnade allein durch den Glauben" (sola gratia, sola fide) festhalten und zugleich die Orthodoxen von „Synergie (Zusammenwirken) der göttlichen Gnade und des menschlichen Willens des Glaubenden bei der Aneignung des göttlichen Lebens in Christus" sprechen, insofern es Gottes Gnade ist, die „unseren menschlichen Willen dazu befähigt, sich dem göttlichen Willen zu fügen"[26]. Die Lutheraner erkennen ausdrücklich die „persönliche Verantwortung des Menschen bei der Annahme oder Ablehnung der göttlichen Gnade"[27] an, während die Orthodoxen ihrerseits die Priorität der göttlichen Gnade anerkennen. Auf dieser Basis können Lutheraner und Orthodoxe im Dokument von Sigtuna schließlich auch Übereinstimmung im Verhältnis zwischen Glauben und guten Werken sowie im Verständnis der Theosis als „Teilhabe der Glaubenden am göttlichen Leben, in dem sie durch die Gnade Gottes wachsen"[28], formulieren. Der orthodox-lutherische Dialog auf Weltebene hat somit zu dem Resultat geführt, dass die zentralen Anliegen der reformatorischen Rechtfertigungslehre – die absolute Priorität des göttlichen Heilshandelns – wie auch der orthodoxen Synergielehre – die volle personale

---

23 Erklärung von Sigtuna, Nr. 4, in: DwÜ III, 104.
24 Erklärung von Sigtuna, Nr. 5, in: DwÜ III, 104.
25 Erklärung von Sigtuna, Nr. 4, in: DwÜ III, 104.
26 Erklärung von Sigtuna, Nr. 5, in: DwÜ III, 104 f.
27 Erklärung von Sigtuna, Nr. 5, in: DwÜ III, 105.
28 Erklärung von Sigtuna, Nr. 6, in: DwÜ III, 105.

Beteiligung des Menschen am Heilsgeschehen – von beiden Seiten anerkannt werden können.

2.6 Der orthodox-reformierte Dialog

Der orthodox-reformierte Dialog hat sich bisher nicht mit der Soteriologie befasst, sondern ausschließlich Fragen der Trinitätslehre und der Christologie behandelt. Er muss daher an dieser Stelle nicht eigens analysiert werden.

3. Perspektiven für das ökumenische Gespräch über das Verständnis der Rechtfertigungslehre

Abschließend möchte ich in Form von drei Thesen versuchen, einige Schlussfolgerungen aus der Bestandsaufnahme soteriologischer Aussagen in den bilateralen Dialogdokumenten der Orthodoxen Kirche zu ziehen. Da sie als Diskussionsanstoß dienen sollen, sind sie bewusst zugespitzt formuliert, auch wenn dadurch der Eindruck unzulässiger Pauschalisierung entstehen könnte.

3.1 Die Rolle des Menschen im Heilsgeschehen: „synergeia" ohne „merita"

Die zentrale Frage im ökumenischen Gespräch über die Soteriologie ist das Verhältnis zwischen der Gnade Gottes und der Freiheit des Menschen oder, genauer gesagt, die Beziehung zwischen Gottes Initiative und der menschlichen Antwort darauf. Dies gilt nicht nur für das Gespräch zwischen Reformation und Orthodoxie, sondern auch für den Dialog innerhalb der westlichen Theologie. Die reformatorische Seite betont in diesem Spannungsfeld nachdrücklich die Priorität der göttlichen Initiative, während die orthodoxe und die katholische Tradition zusätzlich die Wichtigkeit der menschlichen Antwort auf das göttliche Heilsangebot betonen, um die personale Beteiligung des Menschen am Heilsgeschehen zu sichern. Die im internationalen orthodox-lutherischen Dialog erzielte Verständigung darüber, dass das reformatorische „sola fide" und die orthodoxe Auffassung der „synergeia" von Gott und Mensch einander nicht widersprechen müssen, sollte auch die innerwestliche Ökumene dazu ermutigen, die überkommenen Polarisierungen zu überwinden und die bestehenden Unterschiede im Sinne des in der Gemeinsamen Erklärung zur Rechtfertigungslehre formulierten differenzierten Konsenses als komplementäre Ansätze zu verstehen.

Ein Problem dürfte darin bestehen, dass der Begriff „synergeia" in den reformatorischen Kirchen durch den innerlutherischen Synergismus-Streit des 16. Jahrhunderts vorbelastet ist.[29] Daher ist es unerlässlich, sich zu vergegenwärtigen, worauf Karl Christian Felmy in seiner Einführung in die orthodoxe Theologie im Blick auf den „synergeia"-Begriff aufmerksam macht: „Für sein richtiges Verständnis ist wichtig, dass das östlich-orthodoxe theologische Denken insgesamt weniger an den Anfängen des Heilsweges, an der Bekehrung und an der Rechtfertigung des Sünders, als an der Vervollkommnung, Heiligung und Vergöttlichung des Menschen orientiert ist. ‚Synergeia' ist demnach nicht Mitwirkung an der Rechtfertigung speziell, sondern Mitwirkung an dem ganzen Prozess der Erlösung, der Rechtfertigung, Heiligung und Vergöttlichung umfasst und den – im Lobpreis zurückblickend – auch der orthodoxe Theologe allein auf Gottes Gnade zurückführt."[30] Felmys kurz gefasstes Fazit lautet: „Eigentliches Ziel der Aussagen über ‚Synergeia' ist nicht der Aufweis anteiliger menschlicher Leistungen am Erlösungswerk, sondern die Betonung der Freiheit."[31] Berücksichtigt man diese Verstehensvoraussetzungen, dann könnte die orthodoxe Synergeia-Konzeption es in der Tat ermöglichen, die personale Beteiligung des Menschen am Heilsgeschehen theologisch einzufangen, ohne die absolute Priorität der göttlichen Initiative in Frage zu stellen und sich dem Verdacht auszusetzen, menschlichen „merita" eine heilsbegründende Relevanz im Erlösungsgeschehen zuschreiben zu wollen.

3.2 Die ekklesiale Dimension der Rechtfertigung: „salvatio" in der „communio"

Ein zweiter Punkt, in dem die orthodoxe Soteriologie für die theologische Reflexion im Westen von Bedeutung ist, besteht m.E. darin, dass sie das tendenziell individualistische Heilsverständnis des Westens durch die communiale und damit auch die ekklesiale Dimension ergänzt. Soteriologische Konzeptionen westlicher Theologen haben in der Regel den einzelnen Menschen im Blick. Die zentrale Frage der westlichen Soteriologie lautet: Wie erlange *ich* das Heil? Ganz gleich ob die Antwort darauf lautet: allein durch Gnade im Glauben an die Erlösung in Jesus Christus oder durch gute Werke bzw. besser gesagt durch den „Glauben, der in der Liebe wirksam ist" (Gal 5,6) – im Zentrum steht der einzelne Mensch vor Gott.

---

29 Vgl. Th. Kaufmann, Art. Synergismus I: Reformationszeit und Orthodoxie, in: TRE 32 (2001), 508–518.
30 K. Chr. Felmy, Die orthodoxe Theologie der Gegenwart. Eine Einführung, Darmstadt 1990, 140.
31 Ebd.

Das orthodoxe Verständnis der Vergöttlichung des Menschen hebt dagegen die *communio* als Ziel des menschlichen Heilsstrebens hervor, die durch die Teilhabe an Christus geschenkte Gemeinschaft mit Gott, die selbstverständlich nicht ohne Auswirkungen auf die Gemeinschaft mit den Menschen bleibt. Der Gedanke der *communio* und der Teilhabe sind Aspekte, die in der westlichen Diskussion über die „salvatio homini" bisher zu wenig beachtet wurden.[32] Insofern damit auch die ekklesiale Dimension mit in den Blick kommt, kann dies dazu beitragen, das ökumenische Gespräch über die noch offenen Fragen im Verhältnis von Rechtfertigung und Kirche weiterzuführen. Die orthodoxe Konzeption der Theosis könnte in diesem Sinne zu einer echten Bereicherung des ökumenischen Dialogs über die Soteriologie werden.

3.3 Erlösung als Heilung gebrochenen Menschseins

In Verbindung mit der Erarbeitung der Gemeinsamen Erklärung zur Rechtfertigungslehre wurde immer wieder als Desiderat angemahnt, dass man versuchen müsse, die Bedeutung der Rechtfertigungsbotschaft für den heutigen Menschen zu verdeutlichen. Ein Grundproblem bei der Vermittlung besteht m. E. darin, dass die westliche Theologie über Jahrhunderte vor allem den forensischen Aspekt der Rechtfertigung betont hat. Rechtfertigung wurde und wird verstanden im Sinne von Gerechtsprechung des Sünders. Ein solches Verständnis der Rechtfertigung setzt jedoch ein Schuldbewusstsein beim Menschen voraus. Dieses Schuldbewusstsein fehlt heute weitgehend, und zwar nicht nur in der säkularisierten Gesellschaft, sondern auch in den Kirchen, wie die immer weiter zurückgehende Beichtpraxis zeigt.

Die orthodoxe Theosis-Lehre bietet dagegen einen Ansatzpunkt, der den Weg zu einer zeitgemäßen Verkündigung des Evangeliums eröffnen könnte. Die orthodoxe Soteriologie beschreibt Erlösung im Sinne von *Heilung gebrochenen Menschseins*. Der Gedanke der „sanatio" des immer wieder strauchelnden und scheiternden Menschen bietet die Möglichkeit, an den Erfahrungshorizont heutiger Menschen anzuknüpfen. Viele unserer Zeitgenossen haben ein waches Bewusstsein für die Unvollkommenheit menschlicher Bemühungen und die Vergänglichkeit weltlicher Heilsangebote. Die Botschaft, dass Christus in die Welt gekommen ist, um den gefallenen Menschen aufzurichten, kann den Menschen unserer Zeit eher einen Zugang zur christlichen Heilsbotschaft eröffnen als die von der anselmi-

---

32 So auch G. Greshake in der Neuauflage seines Standardwerks „Geschenkte Freiheit", Freiburg i. Br. ²1992, 132 ff.

anischen Satisfaktionstheorie geprägte Vorstellung vom stellvertretenden Sühneopfer Jesu Christi am Kreuz.

Der Gedanke der Vergöttlichung des Menschen und der Teilhabe an Christus kann als Ausrichtung des Menschen an einem unüberbietbaren Beispiel gelungenen Menschseins in die heutige Sprache übersetzt werden. Hier muss die Lehre von der Gottebenbildlichkeit des Menschen als das notwendige Korrelat zur Vergöttlichungslehre in Erinnerung gerufen werden. Die Vergöttlichung ist im Wesentlichen Verwirklichung der Gottebenbildlichkeit des Menschen. In diesem Sinne kann das patristische Axiom „Gott wurde Mensch, damit der Mensch göttlich werde" auch wie folgt übersetzt werden: „Gott wurde Mensch, damit der Mensch wahrhaft Mensch sein kann". Das ist die zentrale Botschaft des Evangeliums, dessen Verkündigung allen Kirchen aufgetragen ist. Die Theosis-Lehre der östlichen Kirchenväter und die darauf aufbauenden soteriologischen Aspekte in den bilateralen Dialogdokumenten der Orthodoxen Kirche vermögen daher nicht nur das weitere ökumenische Gespräch über das christliche Heilsverständnis zu bereichern, sondern auch der Diskussion über die zeitgemäße Verkündigung des Evangeliums neue Impulse zu geben.

Frank-Lothar Hossfeld

Alttestamentliche Bemerkungen zum Thema Rechtfertigung

1. Einleitung

Für den Alttestamentler geht es bei diesem Thema nicht um die Exegese bestimmter Bibelstellen, sondern um den Hinweis auf Verbindungslinien des Alten Testaments zum paulinischen Thema der Rechtfertigung. Der Alttestamentler nimmt in der neueren Paulusexegese dankbar zwei Verschiebungen der Perspektive bzw. Paradigmenwechsel wahr: Zuerst die Neubewertung der Tora des Gesetzes, im Kontext der Rechtfertigungslehre ohne Polemik gegen ein „werkgerechtes" Judentum; dann die Einbindung des Paulus in ein ausdifferenziertes Frühjudentum im Rahmen einer neuen Schrifthermeneutik, gezeichnet oder imprägniert vom jüdisch-christlichen Dialog (vgl. den Leitsatz Nr. 84 der päpstlichen Bibelkommission „Das jüdische Volk und seine hl. Schrift in der christlichen Bibel", 2001: „Ohne das Alte Testament wäre das Neue Testament ein Buch, das nicht entschlüsselt werden kann, wie eine Pflanze ohne Wurzeln, die zum Austrocknen verurteilt ist."[1])

2. Neuere Stellungnahmen zu Rechtfertigung und Gesetz

Aus dem Abschlussbericht von „Verbindliches Zeugnis III, Schriftverständnis und Schriftgebrauch" (Dialog der Kirchen, Bd. 10, hrsg. von Theodor Schneider/Wolfhart Pannenberg, Freiburg i. Br. 1998) – unter Nr. 55 auf S. 316 heißt es:

> „In einigen starken Strömungen lutherischer Theologie hat sich die Auffassung herausgebildet, das Verhältnis zwischen beiden Testamenten sei als das von *Gesetz und Evangelium* zu verstehen: Während das Wort Gottes durch die alttestamentlichen Schriften vor allem als richtendes

---

[1] Vgl. H. Frankemölle, „Wie geschrieben steht". Ist die paulinische Christologie schriftgemäß?, PUR 91, 2004, 43: „Übertragen auf das Verhältnis von AT und NT ist Pl m.M.n. eindeutig ein Vertreter der heute oft zitierten Prae-Position der heiligen Schriften Israels, und zwar nicht nur der zeitlichen, sondern auch der sachlichen Vorrangstellung der heiligen Schriften Israels als Verstehensschlüssel für das Christusgeschehen. Dies schließt eine nachfolgende, vertiefende christologische Leseweise, die bei Pl immer noch eine jüdische ist (!), keineswegs aus."

Gesetz zu hören sei, das dem Menschen die Größe seiner Sündenschuld vor Augen führe und auf die Unmöglichkeit einer Rettung aus eigener Kraft verweise, begegne es im Neuen Testament vor allem als sündenvergebendes Evangelium, das den Glaubenden allein aus Gnade rechtfertige. Gegenüber dieser Vorstellung ist freilich geltend zu machen, daß Martin Luther, der die rechte Unterscheidung von Gesetz und Evangelium das Herzstück der ganzen Theologie nennt (vgl. WA 7,502,34f.; 36,9,26–29; 40/I, 207,3ff.), zwar im Alten Testament das richtende Gesetz und im Neuen Testament das verheißungsvolle Evangelium überwiegen sieht, aber keineswegs das ‚Gesetz' mit dem Alten und das ‚Evangelium' mit dem Neuen Testament identifiziert, sondern ‚Gesetz' und ‚Evangelium' im Hinblick auf seine Wirkung beim Hörer dialektisch auf das Gotteswort der alt- und neutestamentlichen Schrift insgesamt bezieht (s. u. 7)."

Ferner heißt es in Nr. 95 auf S. 331:

„Das alttestamentliche Gesetz gilt bei Paulus als gutes, geistliches Gebot Gottes, dessen Erfüllung durch die Christen nötig und möglich ist (Röm 7,12; 13,8–10). Dies entspricht der Verkündigung Jesu nach den synoptischen Evangelien, wonach das Gesetz Ausdruck des bleibenden ‚Rechtswillens Gottes' (W. Pannenberg) ist (vgl. v.a. Mt 5,17–20). Dennoch ist das Leben des Christen nach Paulus ständig durch die Sünde gefährdet (1Kor 10,12). Insgesamt wird damit im Neuen Testament zugleich die Struktur des alttestamentlichen Zueinanders von Bund und Bundesgesetz aufgenommen, wenn auch inhaltlich wesentliche Bestimmungen des alttestamentlichen Gesetzes – wie z.B. die Opfergesetzgebung – durch das Christusgeschehen außer Kraft gesetzt worden sind."

Dazuzunehmen ist Nr. 97 auf S. 332:

„Das hermeneutische Kriterium von Gesetz und Evangelium wäre aber *mißverstanden*, wenn es nicht dazu anleitete, auch im Alten Testament den sachlichen Primat des ‚Evangeliums', der ständig neuen Zuwendung der Bundestreue und Barmherzigkeit Gottes, der Erweise von Güte und Rettungen Gottes, der Verheißungen und Weissagungen Gottes zu erkennen. Dem ist das Gesetz als heilsame Bundesordnung – zugleich allerdings immer auch als Gerichtsspruch über den menschlichen Ungehorsam – wesenhaft zugeordnet."

Der Abschlußbericht von „Gerecht und Sünder zugleich? Ökumenische Klärungen" (2001) führt die angegebene Linie fort, wie aus folgenden Zitaten ersichtlich: Auf S. 410:

„Die Rechtfertigung geschieht nach Paulus ‚nicht aus Werken des Gesetzes', weil das Gesetz von Gott nicht als Heilsweg gegeben, ja sogar von der Sünde missbraucht worden ist (Röm 5,20; 7,7–24) und erst ‚in

> Christus' kraft des Geistes ‚erfüllt' werden kann (Gal 5,13f.; Röm 13,8ff.)."

Und ein wenig weiter auf S. 413:

> „Die Freiheit vom Gesetz zeigt sich nicht darin, dass die Christen jetzt ‚Gesetzlose' wären (1 Kor 9,21) oder das Gesetz nicht mehr als Explikation des Willens Gottes ansehen könnten (Röm 7,7), sondern darin, dass es sie nicht mehr als Sünder zum Tode verurteilt (Gal 3,19–22; Röm 8,1ff.)."

Auf der gleichen Linie liegt die Darstellung des paulinischen Gesetzesverständnisses in der schon genannten Darstellung der päpstlichen Bibelkommission. Dazu dient die folgende Zitatencollage aus Nr. 44 zum Gesetz bei Matthäus, Paulus, in Hebräerbrief und Jakobusbrief.

> „Paulus macht sich deutlich bewusst, dass das Kommen des Christus (Messias) dazu zwingt, die Rolle des Gesetzes neu zu definieren. Denn Christus ist ‚das Ende des Gesetzes' (*Röm 10,4*), d. h. zugleich das Ziel, zu dem es hinführte, und das Ende, indem es zum Abschluss kommt, denn von nun an verleiht nicht mehr das Gesetz das Leben – es vermochte es ohnehin niemals (*Röm 7,10; Gal 3,21–22*) – sondern der Glaube an Christus, der rechtfertigt und leben lässt (*Röm 1,17; Gal 2,19–20*). Der von den Toten auferstandene Christus verleiht den Gläubigen sein neues Leben (*Röm 6,9–11*) und sichert ihnen das Heil (*Röm 10,9–10*)."

> „Welches wird in Zukunft die Aufgabe des Gesetzes sein? Auf diese Frage sucht Paulus eine Antwort. Er sieht die positive Bedeutung des Gesetzes: es ist ein Vorrecht Israels (*Röm 9,4*), ‚das Gesetz Gottes' (*Röm 7,22*); es lässt sich zusammenfassen im Gebot der Nächstenliebe (*Lev 19,18; Gal 5,14; Röm 13,8–10*); es ist ‚heilig' und ‚vom Geist bestimmt' (*Röm 7,12.14*). Nach *Phil 3,6* führt es zu einer bestimmten ‚Gerechtigkeit'. Auf der anderen Seite eröffnet das Gesetz zugleich die Möglichkeit einer gegenteiligen Entscheidung: ‚Jedoch habe ich die Sünde nur durch das Gesetz erkannt. Ich hätte ja von der Begierde nichts gewusst, wenn nicht das Gesetz gesagt hätte: Du sollst nicht begehren!' (*Röm 7,7*) Paulus erinnert häufiger an diese der Gabe des Gesetzes innewohnende Funktion, z. B. wenn er sagt, dass die konkrete menschliche Existenz (‚das Fleisch') oder ‚die Sünde' den Menschen hindern, dem Gesetz anzuhängen (*Röm 7,23–25*), oder dass der Buchstabe des Gesetzes ohne den Geist, der das Gesetz erfüllen lässt, schließlich zum Tode führt (*2 Kor 3,6–7*)."

> „45. Der Galaterbrief erklärt: ‚Alle aber, die nach dem Gesetz leben, stehen unter dem Fluch', denn das Gesetz verflucht ‚jeden, der sich nicht

an alles hält, was zu tun das Buch des Gesetzes vorschreibt' (*Gal 3,10* mit Zitat von *Dtn 27,26*). Das Gesetz wird hier dem Weg des Glaubens gegenübergestellt, der im Übrigen durch die Schrift vorgezeichnet ist (*Gal 3,11; Hab 2,4*); es weist den Weg der Werke, der uns unseren eigenen Kräften überlässt (*3,12*). Der Apostel ist nicht in jeder Hinsicht gegen jedes ‚Werk'. Er ist nur gegen die menschliche Anmaßung, sich selbst zu rechtfertigen dank der ‚Werke des Gesetzes'. So ist er nicht gegen die Werke des Glaubens – die im Übrigen oft mit den Werken des Gesetzes zusammenfallen –, also solchen, die aus der lebendigen Verbindung mit Christus ermöglicht werden. So erklärt er, dass ‚das, worauf es ankommt', der ‚Glaube' ist, ‚der in der Liebe wirksam ist' (*Gal 5,6; vgl. 5,13; 6,9–10*)."

3. Schwierigkeiten mit der gesamtbiblischen kriteriologischen Funktion der paulinischen Rechtfertigungslehre:

Der paulinischen Rechtfertigungslehre als gesamtbiblisches Kriterium der Lektüre stehen einige Schwierigkeiten entgegen:

1. Die bibeltheologischen Bemühungen um eine Mitte des AT haben den Charakter des AT als einer „pluriformen Textsammlung" (B. Janowski) unterstrichen und die Annäherung an eine „Sach- und Wirkmitte eines Geschehens" (Janowski) in der dem AT spezifischen Theozentrik „JHWH, der Gott Israels" erbracht. Inwieweit dieser theozentrischen Formel ein christozentrisches Pendant (Jesus Christus im unterschiedlichen Zeugnis der beiden Testamente) an die Seite gegeben werden kann, steht in Diskussion.

2. Die Schwierigkeit, ein normierendes, kanonisches Zentrum der zweigeteilten Schrift zu bestimmen, wird durch die Debatte um die Verhältnisbestimmung und deren Bewertung von Diachronie und Synchronie der Textinterpretation noch gesteigert. Hinzu kommt das Ringen um die Möglichkeit einer normativen Textinterpretation, wenn der hermeneutische Zirkel und die Rezeptionsorientierung der modernen Literaturwissenschaft berücksichtigt werden.

3. Wie sind torazentrierte Leseweise des Tenach und christliche Leseweise des AT angesichts paulinischer Rechtfertigungslehre in ein Verhältnis zu bringen? Chr. Levin hat das Problem ausführlich beschrieben:

> „Die Lehre von der Rechtfertigung des Gottlosen als Leseschlüssel ist allerdings für den Exegeten des Alten Testaments nicht nur eine Lösung, sondern schafft auch Probleme. Sie kann schon deshalb kein fragloses Kriterium sein, weil das Alte Testament keine genuin christliche Überlieferung ist. Es ist als die Heilige Schrift des Antiken Judentums ent-

standen. Damit folgt es von der Wurzel her anderen Vorgaben als der christlichen Theologie. Der Respekt vor der jüdischen Herkunft des Alten Testaments ist ein Erfordernis historischer Wahrhaftigkeit. Keine Exegetenkunst der Welt kann ändern, daß das Alte Testament seinem Wortsinn nach von Jesus Christus schweigt und damit auch von der Rechtfertigung durch den Glauben an Jesus Christus schweigt. Die Anwendung der reformatorischen Rechtfertigungslehre trägt ein Vorverständnis an das Alte Testament heran."

Und ein wenig weiter:

„Odo Marquard hat scherzhaft festgestellt: ‚Hermeneutik ist die Kunst, aus einem Text herauszukriegen, was nicht drinsteht: wozu – wenn man doch den Text hat – brauchte man sie sonst?' Tatsächlich ist das christliche Verständnis des Alten Testaments angewiesen auf eine solche Hermeneutik. Die reformatorische Rechtfertigungslehre ist sein hermeneutischer Schlüssel. Dabei sollte sich erweisen, daß das, ‚was nicht drinsteht', gleichwohl jenes, was drinsteht, nicht verfälscht, ihm auch nichts unterschiebt, sondern daß es einzig dazu dient, die längst vorhandene Wahrheit ans Licht zu bringen. Das Alte Testament ist wie ein Resonanzkörper, der, wenn man außerhalb seiner die richtige Saite anreißt, an sich selbst zu schwingen und zu klingen beginnt. Als solcher ist es für den christlichen Glauben unerlässlich. Nur durch die Resonanz des Alten Testaments erhält die Melodie des Evangeliums jenen Klang, der unsere Herzen und am Ende die ganze Welt zu erwecken vermag. Es ist diese Resonanz des Alten Testaments, die Paulus veranlaßt hat, das Evangelium von der Rechtfertigung aus dem Glauben an Jesus Christus unter ständigem Rückbezug auf das Alte Testament zu entfalten. Für ihn ist die δικαιοσυ/νη θεου=, wie er sie in der Begegnung mit dem auferstandenen Christus als die Wirklichkeit schlechthin bestimmend verstanden hat, offenbart ‚durch das Gesetz und die Propheten' (Röm 3,21). Das heißt: Sie ist für ihn identisch mit der überlieferten Botschaft des Alten Testaments."[2]

4. Alttestamentliche Suche nach Entsprechungen zur paulinischen Rechtfertigungslehre

Angesichts der oben genannten Schwierigkeiten hat es in jüngerer Zeit mehrere alttestamentliche Vorschläge zu alttestamentlichen Entsprechungen für die paulinische Rechtfertigungslehre gegeben.[3]

---

2 Ders., Altes Testament und Rechtfertigung, ZThK 96 (1999), 161–176, 162 und 163f.
3 Vgl. Chr. Levin (Anm. 2); F.-L. Hossfeld, Gedanken zum alttestamentlichen Vorfeld paulinischer Rechtfertigungslehre, in: Th. Söding (Hg.), Worum geht es in der

Drei Textbereiche werden dabei besonders herangezogen: Der Pentateuch mit Sintflut- und Abrahamsgeschichte nebst einschlägigen Aussagen des Buches Deuteronomium, dann das Jesajabuch, vor allem mit der Gestalt des Gottesknechts, heutzutage vornehmlich im Kontext des Jesajabuches behandelt, und schließlich die Psalmen mit ihren vielfältigen Aussagen zur Gerechtigkeit Gottes und zum wachsenden Sündenbewusstsein des atl. Frommen vor allem in den Bußpsalmen 51, 130 und 143. Die Betrachtung der Abrahamgeschichte und der Bußpsalmen legt sich vom paulinischen Schriftgebrauch im Rahmen seiner Rechtfertigungslehre nahe. Naturgemäß wird der Inhalt der „Gerechtigkeit Gottes" vor allem in den Spätschriften des AT, d. h. in frühjüdischer Literatur, stärker hervorgehoben. H. Spieckermann fasst seine Recherchen folgendermaßen zusammen:

> „Am Ausgang des Alten Testaments liegen alle Elemente für die Heilsvision des Neuen Testaments bereit: die Rettungsnot des Volkes Israel und der Völker, die Erkenntnis der Rettungsnotwendigkeit durch die göttliche Gerechtigkeit, das stellvertretende Leiden des Gottesknechtes für die Vielen, die Rechtfertigung (teils Gottes, teils der Vielen), der leidende Gottessohn bzw. die leidenden Gerechten, von Gott wie ein vollgültiges Opfer angenommen. Diesen Elementen fehlt eine verbindende Mitte. Greifbar nahe könnte es die Menschwerdung Gottes sein, wahrgenommen als rettende Rechtfertigung des Sünders. Doch dieser Schritt wird im Alten Testament nicht mehr vollzogen."[4]

Im Folgenden nehme ich die Spur der Wesensbeschreibung Gottes – ein roter Faden im Pentateuch – auf.[5] Ich halte mich an den Pentateuch als dem Anfang der Bibel und damit dem Anfang der Geschichte Gottes mit der Schöpfung und den Menschen und zugleich als dem normativen Prinzip der weitergehenden Erzählung von den Ereignissen zwischen Gott, Israel und den Völkern. Ich nehme die Spur von der Beschreibung des gött-

---

Rechtfertigungslehre? Das biblische Fundament der „Gemeinsamen Erklärung" von katholischer Kirche und lutherischem Weltbund, QD 180, 1999, 13–26; S. Kreuzer, Die Botschaft von der Rechtfertigung im AT, in: S. Kreuzer / J. von Lüpke (Hg.), VKHW 7, Neukirchen 2002, 120–144; H. Spieckermann, Der Retter ist nah. Heilsverheißung und Rechtfertigung nach dem AT, in: E. Härle / P. Neuner (Hg.), Im Licht der Gnade, Studien zur systematischen Theologie und Ethik 42, Münster 2004, 27–51; Ders., Schöpfung, Gerechtigkeit und Heil als Horizont alttestamentlicher Theologie, ZThK 100 (2003), 399–419.

4   Der Retter ist nah (Anm. 3), 50f.
5   Vgl. dazu F.-L. Hossfeld, Gedanken (Anm. 3); H. Spieckermann, Gottes Liebe zu Israel, Studien zur Theologie des AT, FAT 33, Tübingen 2001, 3–19. 20–33; R. Scoralick, Gottes Güte und Gottes Zorn, HBS 33, Freiburg 2002.

lichen Wesens durch Gott selbst im Verlauf der Erzählung auf. Sie ist von besonderer Dignität.

Ich verweise nur auf die Selbstvorstellung JHWHs in Ex 3,14, die ein Vorgriff auf die große Offenbarung Gottes am Sinai ist, dem Heimat- und Offenbarungsort JHWHs schlechthin. Ich verfolge diese Spur synchron ohne Erörterung der diffizilen, historisch-kritisch zu erhebenden Abhängigkeiten. Sie führt uns von *Ex 20* bis zu *Dtn 7*.

Israel kommt am Sinai an und erlebt die vorbereitete Theophanie JHWHs und auf dem Höhepunkt der Theophanie wird der Exodus-Dekalog verkündet, dessen Anfang in der Ich-Rede JHWHs in *Ex 20,2–6* ergeht. Nach dem Rekurs auf die von JHWH geschenkte Befreiung Israels aus Ägypten erfolgt die Verkündigung von Fremdgötter- und Bilderverbot, den beiden Hauptgeboten der JHWH-Verehrung. Der Exklusivanspruch des Eingottglaubens wird mit der Eifersucht Gottes begründet, die in zwei Haltungen Gottes ausgelegt wird. Voran geht seine strafende Gerechtigkeit, bei seinen Hassern/Gesetzesübertretern und zwar auf vier Generationen hin, solange eine Familie in Altisrael besteht. Bei den Gott Liebenden und Gesetzesgehorsamen reicht seine Gnade unermesslich weit in der Kette der Generationen. Gottes Gerechtigkeit und Liebe korrespondieren der Antwort der Menschen und legen seinen Eifer aus. Sowohl das Moment der Anforderung im göttlichen Eifer wie die Aufteilung auf zwei Verhaltensweisen unterstreichen die Eigenverantwortung des Menschen, die für Gottes Reaktion eine Rolle spielt. Auffällig ist gerade das Ungleichgewicht von begrenztem Richten zu überströmender Liebe. Das Problem der Schuldverhaftung der Generationen – ein exilisches Problem – wird nur angedeutet. Väterschuld und Eigenschuld paaren sich. Der Eifer Gottes antwortet auf die Selbstvorstellung mit Verweis auf die Vorgeschichte in der Einleitung des Dekaloges.

Nach dem Dekalog konkretisieren die Vorschriften des Bundesbuches *Ex 20–23* das Grundgesetz des Dekaloges. Mittendrin finden sich bemerkenswerte Vorschriften zum Schutz der Armen *Ex 20,22–26*, die mit der Erfahrung Israels zur Zeit der Unterdrückung begründet werden und dabei auch auf das Wesen JHWHs verweisen, „denn ich bin gnädig, d. h. habe Mitleid" (so die EÜ). Das Gnädig-sein ist Eigenschaft des Vaters und Königs. JHWH empfindet solidarisch mit seinem Volk, was er von Anfang seines Exodusprojektes, vgl. *Ex 3,7–9*, getan hat.

Nach dem Bundesschluss am Sinai fällt Israel sogleich von JHWH ab und vergeht sich im Verstoß gegen Fremdgötter- und Bilderverbot beim Tanz um das goldene Kalb. Durch die Fürbitte des Mose in *Ex 32–33* reagiert Gott mit Gnade und kündigt seine Gnade und sein Erbarmen in der

Selbstproklamation von *Ex 34,6f* an mit *Ex 33,19*. Diese Formulierung unterstreicht die göttliche Freiheit.

In der zweiten/dritten Audienz bei Gott oben auf dem Berge offenbart nun Gott sein Wesen in besonderer Ausführlichkeit in *Ex 34,6f*: Hier ist das Zentrum zu finden für eine in der weiteren Bibel einflussreiche Offenbarung des Inneren, des Wesens Gottes. Vom Kontext her schafft sie die Begründung für die folgende Vergebungsbitte des Mose, für den erneuten Bundesschluss auf der Basis von Gesetzen für das Gelobte Land, d. h. die Basis für die Fortführung des Exodus unter den gegebenen Umständen. Von vornherein dominieren Gnade, Barmherzigkeit, Huld und Treue, wobei der Gerichtszorn („langsam zum Zorn") relativiert wird. Durch die Beigabe der „Treue" wird deutlich, dass es nicht um flüchtige Emotionen geht, um vorübergehende Affekte, sondern um eine verlässliche Grundhaltung. Der zweite Teil der Wesensbeschreibung in V. 7 beschreibt noch einmal die bleibende Bereitschaft zur Sündenvergebung (mit der Kumulation von drei gewichtigen Sündenbegriffen). Zugleich macht er das Übergewicht der Gnade im Vergleich der Generationenkette deutlich, aber es bleibt auch die strafende Heimsuchung erhalten bis zur vierten Generation.

Wie ist diese ausführliche und zentrale Wesensbeschreibung zu verstehen? Liebe und Gerechtigkeit Gottes stehen in einem Spannungsverhältnis zueinander, das nicht in einem Entweder-oder aufzulösen ist. JHWH ist frei in seinem Verhalten und neigt zur Treue in der Gnade; zugleich haben menschliche Taten auch Konsequenzen für ihn. Prinzipiell ist er unabhängig, aber zugleich auch nicht unberührt von menschlichen Handlungen. Seine bedingungslose Zuwendung führt zum Strafaufschub mit Umkehrangebot.

In der zweiten großen Sündenfallgeschichte des Volkes während des Exodus, in *Num 13–14*, führt Mose in *Num 14,11–25* einen Dialog mit Gott um die Fortführung des Exodus. Nach seinem Argument gegen die göttliche Strafe mit Pest und Vertreibung (*Num 14,12*), nämlich, Rücksichtnahme auf Gottes Image bei den Völkern (*Num 14,13–16*), kommt es zu einem weiteren Argument: Gottes Kraft sollte sich in Verzeihung/Vergebung zeigen (*Num 14,17–19*). Zur Stützung dieses Arguments beruft sich Mose ausdrücklich auf *Ex 34,6f*. Dazu zitiert er die Gottesrede in kontextbedingter verkürzter Form. Beide Seiten des göttlichen Wirkens werden berücksichtigt, Langsamkeit zum Zorn, Reichtum an Huld und Wegnahme der Schuld auf der einen, Strafgerechtigkeit auf der anderen Seite. In der erzählten Situation von *Num 14* kann das bedeuten: Strafe für die an der Verleumdung Gottes beteiligte Exodusgeneration (*Num 14,20–23*) und Gnade gegenüber den Kindern/Nachkommen der Exodusgeneration, die das Gelobte Land erreichen werden. Hier wird die Spannung zwischen beiden Verhaltensweisen andeutend im zeitlichen Nacheinander aufgelöst: Zuerst die Strafe über die Verleumder des Landes, dann die Vergebung in Bezug auf das Volk für den sündlosen Rest (Kaleb und seine Nachkommen).

In der Mahnrede des Mose in *Dtn 4,23–31* wird das Bilderverbot als Maßstab der Geschichte Israels vorgestellt. Gehorsam dem Bilderverbot gegenüber oder Ungehorsam werden an Phasen der Geschichte demonstriert. Damit wird die Geschichte in zwei Phasen unterteilt, die mit den beiden Eigenschaften JHWHs aus der Wesensbeschreibung JHWHs verbunden werden. Zuerst die Phase der Unheilsgeschichte vom Leben im gelobten Land bis zum Exil, die durch den Ungehorsam Israels gezeichnet ist, vgl. *V. 4,25–28*. Sie steht „unter dem Stern" des strafend-eifernden JHWH, vgl. *V. 4,24* und *Ex 20,5f; 34,14; Dtn 5,9f*. Darauf folgt die Phase der Wende zum Heil, *V. 4,29–31*. Die Wende kommt zustande durch die Synergie zwischen den gottsuchenden Israeliten und den Worten des Mose, die Israel finden werden. Die Synergie bzw. das Zusammentreffen von Suchen und Finden bewirken Israels Umkehr. Dieser Vorgang steht unter dem Wirken des barmherzigen und treuen Gottes, der Israel nicht fallen lässt, *V. 4,31*. Wie in *Num 14* wird die Spannung zwischen beiden Verhaltensweisen Gottes auf ein zeitliches Nacheinander verteilt. Zuerst die Strafe als Folge des Ungehorsams Israels, dann die Umkehr als Zusammenwirken vom umkehrwilligen Israel und dem barmherzigen JHWH.

Im *Deuteronomiumsdekalog Dtn 5,9f* werden wie im Exodusdekalog Strafgerechtigkeit und Gnade Gottes entfaltet. Die leitenden Stichworte von *4,24.31* werden aufgegriffen und wie oben anlässlich von *Ex 20,2–6* ausgelegt.

Den Schluss der Betrachtungen zum Thema bildet *Dtn 7,7–11*, die letzte Stelle der Reihe und der klassische Ort für die Rede vom auserwählten Volk. Die Passage verarbeitet die Wesensbeschreibung von *Ex 34,6f* und interpretiert sie neu: Aus dem gnädigen und barmherzigen Gott wird der treue Bundesgott, dessen Gnade tausend Generationen, d.h. ewig dauert für diejenigen, die Gott im Gebotsgehorsam lieben. Gerechtigkeit zeigt sich hier als Vergeltung gegenüber dem Gotteshasser und Ungehorsamen; sie trifft den Sünder sofort; damit wird auf nachhaltige Heimsuchung über vier Generationen hinweg verzichtet.

Was fällt bei unserem Durchgang durch die einschlägigen Stellen in der Reihenfolge des Leseablaufs auf?
1. Gerechtigkeit und Liebe werden als polare Spannung im Wesen Gottes wahrgenommen.
2. Das Übergewicht der Gnade/Liebe wird durchgehalten.

3. Zugunsten des Nachdrucks auf der verpflichtenden Zuwendung Gottes bleibt die Gerechtigkeit nicht ausgespart. Gnade und Gerechtigkeit Gottes beziehen das menschliche Verhalten mit ein.
4. Die ungleichgewichtige Zuordnung von Gerechtigkeit und Liebe kann unterschiedlich konkretisiert werden:
   a) Entweder kann sie wie bei der Interpretation der Hauptstelle Ex 34,6f zum Strafaufschub mit Umkehrangebot, also zu einer Verhaltensform zusammengezogen werden.
   b) Oder Gnade und Gerechtigkeit werden auf zwei synchron lebende Gruppen verteilt, Gnade für die gegenüber Gott Loyalen/die Gottliebenden, Gerechtigkeit für die Gotteshasser und Ungehorsamen. Die Gnade wird überreichlich, die Strafgerechtigkeit wird begrenzt verteilt, sei es über vier Generationen, sei es über die Generation der Gesetzesübertreter, so in den Dekalogen und Dtn 7,9f.
5. An den verschiedenen Stellen schwingen immer die Fragen von Kollektiv- und Individualhaftung mit, je nachdem, ob auf das Verhalten des Einzelnen oder auf das Schicksal Israels oder bestimmter Gruppen in Israel geblickt wird.

Aus dem Psalter ist als Echo auf den Pentateuch unter dem Thema von Liebe und Gerechtigkeit Gottes noch auf Ps 103 einzugehen. Der Psalm ist berühmt als das „Hohelied der Gnade" und als Gebet mit Verwandtschaft zum „Vater unser". Er ist ein Danklied für Rettung/Heilung eines Kranken, der Sündenvergebung und Heilung erfahren hat (vgl. V. 3–5) und darüber nachdenkend Gottes Taten und Wesen beschreibt (V. 6–14): V. 6–7 erinnern an den Exodus als Weg des bedrängten Israel. V. 8 bietet das Zentrum des Grundpsalms V.1–14, der wohl den Pentateuch schon vor sich hat. Hier wird die Gnadenformel aus Ex 34,6 zitiert. Die erste Ausdeutung der Gnadenformel in V.9–10 unterstreicht in ihren Negationssätzen den Sieg der Vergebung über die Vergeltung und Bestrafung der Sünden Israels. Die Zeitangaben betonen das Prozessuale, die Gravitation auf Vergebung hin. Die zweite Ausdeutung in V. 11–13 beschreibt in drei Vergleichen die Gnade JHWHs: Die Macht der Gnade in vertikaler Ausrichtung, die weite horizontale Entfernung des Sünders von seiner Sünde, d. h. die Entlastung des Sünders von der Sünde und damit die faktische Aufhebung des Tun-Ergehen-Zusammenhangs, schließlich das Erbarmen des Vaters. Der Abschluss in *V.14* nennt den Grund der Begnadigung, die Vergänglichkeit des Menschen, und gibt damit die Verursachung faktisch an Gott zurück, vgl. *Ps 78,38f* und *89,47–49*.

Der Grundpsalm ist wahrlich ein „Hoheslied der Gnade/Liebe". Bedeutsam ist, dass die Interpretation des Grundpsalms im Anhang *V.15–18* eine Korrektur erfahren hat. Anknüpfend an das Faktum der Vergänglichkeit in

V.15f wird in *V.17b* die Wesensoffenbarung JHWHs aus *Ex 34,6f* erneut herangezogen: Im Gegensatz zum Menschen ist Gottes Gnade ewig und seine Gerechtigkeit gilt den Kindeskindern, d. h. den Enkeln in der Generationenfolge. Die Empfänger und Nutznießer sind diejenigen, die den Gesetzen des Sinaibundes gehorchen. Neben der Übermacht der Gnade im Grundpsalm kommt im Anhang die Gerechtigkeit stärker zum Zuge und mit ihr die Bedeutung des menschlichen Gehorsams. Gegenüber *Ex 34,7b* erscheint die Generationenfolge um eine Generation verkürzt bzw. „halbiert".

Die Sensibilität für die spezifische Spannung von Gerechtigkeit und Liebe hält sich also durch. Das „Vater unser" übernimmt die „paradoxe Einheit von zuvorkommender Gnade und vom Menschen geforderter Bedingung" (U. Luz, EKK I/1, ⁵2002, 453) in der dritten Bitte („dein Wille geschehe wie im Himmel, so auch auf Erden") und in der Vergebungsbitte („vergib uns unsere Schulden wie auch wir vergeben haben unsern Schuldnern"). Das Magnificat nimmt das Moment der zuvorkommenden Gnade auf und verbindet es mit dem Hinweis auf die Mitwirkung des Menschen in der Gruppe derer, die Gott fürchten (*Lk 1,50*).

In *Ps 112,4* findet sich die Gnadenformel in anthropologischer Spiegelung des Wesens Gottes; in *Ps 116,5; 145,7–10* werden Gerechtigkeit und Barmherzigkeit weitgehend aneinander angeglichen, sie werden synonym unter dem Einfluss der Gnadenformel.

Der Psalter ist nicht nur der Ort, wo die Polarität von göttlichem Erbarmen und göttlicher Gerechtigkeit ausgetragen wird, sondern auch der Literaturbereich, wo der fromme Beter sein Sündenbewusstsein im Angesicht des gerechten Gottes auslotet.

Als Beispiel führe ich den bekannten *Ps 19* an, weil er jüngst einer ausführlichen Analyse unterzogen wurde, die seinen anthropologischen Schlussteil *V. 12–15* mit der Rechtfertigungslehre in Verbindung bringt. Ich zitiere aus der einschlägigen Zusammenfassung:

> „Damit findet sich in 19,12–15 gewissermaßen eine Anthropologie in nuce. Ist Ps 19 aber aufgrund dieses Schlussabschnittes auch ein ‚Rechtfertigungstext'? Mathys hat diese Interpretation als überzeichnend kritisiert: ‚Meinhold kann aus Ps 19 deshalb einen Rechtfertigungstext machen, weil es den Aussagen von V.12–15 an Eindeutigkeit mangelt. Er holt aus ihnen heraus, was sie nur hergeben'. Gerade weil der Abschnitt V.12–15 jedoch eine sehr ausgesuchte und eindeutige Begrifflichkeit wählt, können diese Aussagen aber durchaus mit späteren anthropologischen und soteriologischen Konzepten verglichen werden. Tatsächlich würde das Profil der Sündentheologie von V.13 aber eher verundeutlicht, wenn man es an das Theologoumenon der ‚Erbsünde' zu nahe heran-

brächte. Ebenfalls setzt die Interpretation von V.14 als Bitte um ‚Heiligung' einen dem hebräischen Verständnis von tmm fremden Vorstellungsrahmen. Doch zumindest, was die Bitte um Nicht-Anrechnung der Sünden angeht, ist es aufgrund der Semantik von νθη sachlich nicht falsch, an ein Konzept von ‚imputativer Gerechtigkeit' zu denken: Die unabsichtlichen Vergehen sind vorhanden, sie werden aber eben nicht ‚zugerechnet'. Diese Einsicht ist auf gewisse Weise analog zu derjenigen, ‚*simul iustus et peccator*' zu sein. Zugleich kann das betende Ich die warnende Funktion der Tora (V.12a) gelten lassen, ohne die Bedeutung der Gebote auf diesen aufdeckenden Sinn zu reduzieren, und ohne deshalb von ihren Leben spendenden Qualitäten abzusehen. JHWHs Freispruch allein vermag das erhoffte, integre Leben zu schaffen, das von großer Sünde und ihren gefährlichen Folgen frei ist, so dass das betende Ich seine Psalmworte JHWH als ein Opfer zur wohlgefälligen Annahme bringen kann.. Doch blickt das betende Ich über JHWHs Vergebung und Bewahrung hinaus auf die unerschütterliche Beziehung zu JHWH selbst, seinem ‚Erlöser'." [6]

Ich verweise hier auf die Linie der in diesem Zusammenhang schon häufiger angeführten sog. Bußpsalmen *51, 130, 143*, die Paulus selbst zur Schriftbegründung seiner Rechtfertigungslehre aufgreift.[7] H. Spieckermann hat jüngst den Befund ausgeweitet und unter das Thema der „Streit um die Frage nach der Gerechtigkeit, der des Menschen und der Gottes" gestellt; dabei zog er die Linie aus von *Ps 7* über *Ps 51* bis zum Abschluss des zweiten Davidpsalters in *Ps 69–71*:

„Schaut man auf Ps 51 und 69–71 zurück, stehen theologische Denkansätze vor Augen, die in das Wesen Gottes als rettender Gerechtigkeit Einsicht zu gewinnen suchen. In Ps 51 gibt der Beter seine eigene Gerechtigkeit preis aus Einsicht in sein allein gegen Gott gerichtetes schuldbeladenes Handeln und zugleich zur Anerkenntnis der alleinigen Gerechtigkeit Gottes. Gott ist in seinem richtenden und rettenden Handeln gerechtfertigt, wie die Septuaginta zu sagen weiß, denn Gott allein die Gerechtigkeit zu überlassen, heißt, auf seine Neuschöpfung aus Güte und Erbarmen zu vertrauen und die Gerechtigkeit beim Menschen nur da zu suchen, wo er sie unter keinem Betracht als seine eigene beansprucht: im Gotteslob. In Ps 69 gewinnt der Gedanke des stellvertretenden Leidens des Beters bzw. der Beter im Sinne der Vorbildfunktion im Leiden Gestalt, in Ps 71 der Gedanke der Vorbildfunktion ‚für Viele' durch das Vertrauen auf Gottes rettende Gerechtigkeit. So sehr deutlich ist, daß die Vorbildfunktion in beiderlei Weise nur von denen wahrge-

---

6   A. Grund, „Die Himmel erzählen die Herrlichkeit Gottes". Ps 19 im Kontext der nachexilischen Toraweisheit, WMANT 103, Neukirchen 2004, 352f.
7   Vgl. F.-L. Hossfeld, Gedanken (Anm. 3), 16. 24ff.

nommen werden kann, die die Gerechtigkeit ganz als Gottes Sein und Sache gelten lassen, sowenig ist erkennbar, wieso gerade in Gottes *Gerechtigkeit* die Heilsgewissheit liegt. Es ist lediglich deutlich, daß eine große theologische Werbung dafür ergeht, die richtende Gerechtigkeit Gottes als seine rettende Gerechtigkeit zu verstehen und gerade darin die Rechtfertigung Gottes zu erkennen. Diese theologische Werbung kann man nur als Reaktion auf die Not(wendigkeit) begreifen, Gottes Gerechtigkeit in Zeiten schwindender Evidenz zu rechtfertigen. Denn Leidens- und Vertrauensvorbilder unter den Betern Israels sind ebenso eine Rechtfertigung Gottes wie die Deutung der Spannung seines richtenden und rettenden Handelns im Licht seiner prävalenten schöpferischen Vergebung (Ps 51)."[8]

Zum Schluss möchte ich noch auf die „kleine Universalgeschichte" der Psalmentrias *104–106* verweisen. Sie schließt das vierte Psalmenbuch ab. Sie erzählt in priesterlicher Theologie vom Schöpfungsanfang als *conservatio* und *prima creatio*, geht dann über zur Rettungsgeschichte der Väter und des Exodus und schließt mit einer Sündengeschichte von der Exodusgeneration Israels bis zum Exil. Unter dem Blickwinkel der Rechtfertigung ist sie mehrfach interessant: Sie erwähnt in für den Psalter singulärer Weise die Vätergeschichte. Sie konzentriert sich für die Väter- und Volksgeschichte auf den Abrahambund als unzerstörbares Verheißungswort der Landgabe, das über der Geschichte Israels steht (*Ps 105,8–11.42; 106,45f*) oder besser sie umfasst. Der Gesetzesgehorsam ist Maßstab der Volksgeschichte (*Ps 105,45*), und *Ps 106* konkretisiert das Versagen Israels im siebenfachen Zweitakt von Schuld Israels und JHWHs Bestrafung (*Ps 106,13–15.16–18.19–23.24–27.28–31.32–33.34–42*). Trotz der konstanten Verweigerung Israels reagiert Gott mit Befreiung, Mitleid und Gnade in Erinnerung an die Verheißung an Abraham (*Ps 106,43–46*). W. Zimmerli hat den Zusammenhang so beschrieben:

> „… dass im Lobpreis Gottes die beiden Aussagen zutiefst zusammengehören: Das Rühmen der unerschütterlichen Bundestreue Jahwes und das offene Bekenntnis der Sündigkeit der Geschichte des Gottesvolkes, in welcher sich auch dessen einzelnes Glied mitbefasst weiß. Diese Sündigkeit führt in eine Tiefe, über welche nur das Wunder der Treue Gottes gegenüber seinen Bundesversprechen Rettung schaffen kann. Das eine will nicht ohne das andere gehört sein."[9]

---

8   H. Spieckermann, Der Retter ist nah, 43f.
9   W. Zimmerli, Zwillingspsalmen, in: Ders., Studien zur altestamentlichen. Theologie und Prophetie, ThB 51, München 1974, 261–271, 270.

Paulus hat nach Ausweis von *Röm 1,23* und *1Kor 10,1.6.20* diese Geschichtspsalmen wahrgenommen. Auch aus diesem Grund neige ich dem Urteil von H. Frankemölle zu:

> „Die heiligen Schriften Israels konstituieren durch und durch das paulinische Evangelium oder genauer gesagt (da es eine Einheit in den heiligen Schriften Israels nicht gab): Die mit der Figur Abraham verknüpfte priesterschriftliche Theologie (mit ihrer These der Rechtfertigung durch Gott allein aufgrund des Glaubens) war seit der Offenbarung Gottes und Jesu Christi an Paulus die Basis-Perspektive, von der her Paulus alle von ihm rezipierten christologischen Traditionen interpretierte."[10]

---

10 H. Frankemölle (Anm. 1), 40.

Thomas Söding

Rettung durch Rechtfertigung

Die exegetische Diskussion der paulinischen Soteriologie
im Kontext der Ökumene

1. Aspekte ökumenischer Schrifthermeneutik

Die Bibel ist allen christlichen Konfessionen gemeinsam. Von Anfang an gibt es auch eine theologische Schriftauslegung. Welche Bedeutung jedoch die Schrift gegenüber der Tradition und die Exegese im Rahmen der ganzen Theologie hat, ist umstritten. Die lateinische Kirche sympathisiert zwar damit, den dogmatischen Schriftbeweis auf den Literalsinn zu stützen[1]; aber die Orthodoxie sieht bis heute den geistlichen Schriftsinn, den die Väter durch allegorische Auslegung gewonnen haben, als den verbindlichen an.[2] Die reformatorische Theologie fand nach dem Aufkommen der historisch-kritischen Exegese die Möglichkeit, das *sola scriptura* dadurch zu konkretisieren, dass gegen die (katholische wie protestantische) Dogmatik der geschichtliche Schriftsinn als der „ursprüngliche" eingeklagt werden könne; doch die „Krise des Schriftprinzips"[3], die durch die historische und philologische Differenzierungsarbeit der Exegese heraufbeschworen wurde, rief neu die Frage hervor, ob das, „was Christum treibet", ohne die *regula fidei* überhaupt zu erkennen sei; zudem ist der frühere Optimismus, durch reine Exegese zu objektiven Erkenntnissen zu gelangen[4], gründlich verflo-

---

[1] Vgl. Otto Hermann Pesch, Exegese des Alten Testaments bei Thomas, in: Deutsche Thomas-Ausgabe 13 (1977), 682–716.
[2] Vgl. Konstantin Nikolakopoulos, Die unbekannten Hymnen des Neuen Testaments. Die orthodoxe Hermeneutik und die historisch-kritische Methode (Veröffentlichungen des Instituts für Ökumenische Theologie 7), Aachen 2000.
[3] Vgl. Wolfhart Pannenberg, Die Krise des Schriftprinzips (1962), in: Ders., Grundfragen systematischer Theologie I, Göttingen ³1979, 11–21.
[4] In radikaler Konsequenz führte dies zu der Forderung, Exegese *nicht* als Theologie, *sondern* als Religionswissenschaft zu treiben; vgl. William Wrede, Über Aufgabe und Methode der so genannten Neutestamentlichen Theologie, Göttingen 1897; z. T. nachgedruckt in: Georg Strecker (Hg.), Das Problem der Theologie des Neuen Testaments (WdF 367), Darmstadt, 1975, 81–154.

gen.[5] Die katholische Kirche hat nach erfreulichen Anfängen zwar lange Zeit einen restriktiven Kurs gegenüber historischer Bibelkritik verfolgt, aber – spätestens – im Zweiten Vatikanum unter offenbarungstheologischem Vorzeichen die „Interpretation der Bibel in der Kirche"[6] mit der historischen und philologischen Arbeit der Bibelwissenschaft verknüpft, ohne dass doch letztlich die Frage schlüssig beantwortet würde, welches Verhältnis zwischen Exegese und Dogmatik herrscht[7] und welchen Stellenwert die wissenschaftliche für die lehramtliche Schriftauslegung hat[8].

Umgekehrt stellt sich die Exegese vielen zwar als die ökumenische Disziplin *par excellance* dar, und zwar nicht nur im evangelisch-katholischen Kontext[9], sondern auch im Blick auf die Orthodoxie.[10] Tatsächlich werden – jedenfalls prinzipiell – dieselben Methoden verwendet und die Ergebnisse der Analyse und Interpretation lassen sich in einem Koordina-

---

5 Die Entzauberung geschah auf dem zentralen Gebiet der Leben-Jesu-Forschung durch Albert Schweitzer, Geschichte der Leben-Jesu-Forschung (1906/1913), Nachdruck ed. Otto Merk (UTB 1302), Tübingen ⁹1984.

6 Vgl. Päpstliche Bibelkommission, Die Interpretation der Bibel in der Kirche (Verlautbarungen des Apostolischen Stuhles 115), Bonn 1993. Weiterführend: L'Interpretazione della Bibbia nella Chiesa. Atti del Simposio promosso dalla Congregazione per la Dottrina della Fede Roma, settembre 1999 (Atti e Documenti 11), Città del Vaticano 2001.

7 Das Problem habe ich anzuzeigen versucht in: Exegese und Theologie. Spannungen und Widersprüche, Kohärenzen und Konvergenzen aus katholischer Perspektive, in: Theologische Revue 99 (2003), 1–17.

8 Auf evangelisch-katholischem Terrain ist dieses Problem vom „Ökumenischen Arbeitskreis" umfassend untersucht und im Horizont einer Hermeneutik des differenzierten Konsenses dargestellt worden; vgl. Wolfhart Pannenberg / Theodor Schneider (Hg.), Verbindliches Zeugnis I–III (DiKi 7.9.10), Göttingen – Freiburg 1992–1998.

9 Einige Aspekte habe ich angesprochen in: Neutestamentliche Exegese und Ökumenische Theologie. Probleme, Projekte und Perspektiven, in: Konrad Raiser / Dorothea Sattler (Hg.), Ökumene vor neuen Zeiten. FS Theodor Schneider, Freiburg – Basel – Wien 2000, 99–131.

10 Die *Societas Novi Testamenti Studiorum* (SNTS), die internationale und interkonfessionelle Neutestamentlergesellschaft, organisiert seit einiger Zeit einen intensiven Ost-West-Dialog; vgl. Vasile Mihoc / James D.G. Dunn / Hans Klein / Ulrich Luz (Hg.), Auslegung der Bibel in orthodoxer und westlicher Perspektive. Akten des west-östlichen Neutestamentler/innen-Symposiums in Neamţ vom 4.–11. September 1998 (WUNT 130), Tübingen 2000, 169–205. Von großer Bedeutung ist auch das Colloquium Oecumenicum Paulinum, das seit Jahrzehnten von der Benediktiner-Abtei St. Paul vor den Mauern in Rom unter aktiver Beteiligung orthodoxer, katholischer und evangelischer Neutestamentler veranstaltet wird. Zahlreiche Forschungsbände dokumentieren die substanzielle Verständigungsarbeit dieses Kreises.

tensystem markieren, dessen Achsen nicht signifikant durch die Konfessionen definiert werden. Aber jeder genauere Blick mit ökumenisch geschulten Augen zeigt, dass sich die Exegese von konfessionellen Vorprägungen keineswegs freimachen kann und dass sie desto stärker wirken, je weniger man sich um sie zu kümmern behauptet. Ein nicht geringer Teil der Forschungskontroversen ist auf sie zurückzuführen. Sensibel ist nicht nur die Ekklesiologie, sondern auch die Auslegung der Rechtfertigungslehre; die Differenzen strahlen aber weit aus in die Verhältnisbestimmungen zwischen Christologie und Soteriologie, Altem und Neuem Testament, Gesetz und Evangelium.

Die Exegese ist also nicht die Disziplin, die der Ökumene einen Verständigungsraum vor allen dogmatischen Kontroversen aufschließen könnte. Sie ist vielmehr diejenige Art von Theologie, die von einem heutigen Standpunkt aus und mit heutigen Fragestellungen den geschichtlichen Schriftsinn eruiert und ins theologische Gespräch bringt. Dies gelingt nicht ohne die Entwicklung eines wirkungsgeschichtlichen Problembewusstseins, das sich besonders gut auszubilden vermag, wenn die unterschiedlichen Auslegungstraditionen kritisch verglichen werden, die sich in den Konfessionen ausgebildet haben. Es umschließt die Frage nach der Intention der Autoren wie dem Sinn der Texte und dem Verständnis der Adressaten. Der geschichtliche Schriftsinn zeigt sich in seinem inneren Reichtum, wenn die Vielzahl und Vielfalt der biblischen Texte, ihr „Sitz im Leben", ihre Traditions- und Rezeptionsgeschichte vor Augen treten, ohne dass eine Schrift, ein Motiv, eine Überlieferungsschicht, ein Traditionsstrang, ein Verwendungszusammenhang die anderen dominierte. Der geschichtliche Schriftsinn zeigt sich in seiner dynamischen Einheit, wenn im Zuge einer kanonischen Exegese die Texte in den Kontext der einen Heiligen Schrift beider Testamente eingebunden, auf die *viva vox evangelii* bezogen und letztlich vom Heilshandeln Gottes her verstanden werden, das sie bezeugen.[11]

2. Biblische Rekurse in der ökumenischen Rechtfertigungstheologie

Die Bibel und ihre rechte Auslegung stehen von Anfang an im Zentrum der abendländischen Kirchenspaltung und ihres theologischen Streits über die Rechtfertigungslehre. Deshalb müssen sie auch im Zentrum ökume-

---

11 Dass dies die hermeneutische Pointe einer schriftgemäßen Kanontheologie sein könnte, habe ich zur Diskussion gestellt in: Der Kanon des Alten und Neuen Testaments, in: Jean-Marie Auwers / Henk Jan de Jonge (ed.), The Biblical Canons (BEThL CLXXIII), Leuven 2003, LVII-LXXXVIII.

nischer Rechtfertigungstheologie stehen. So sehr aber die Kontroverse über die Rechtfertigung in der Kirche des Westens ausgebrochen ist, so wenig kann sie im katholisch-evangelischen Gespräch allein ausgetragen werden. Wenn ein Konsens nicht von vornherein auch auf die mögliche Zustimmung der Orthodoxie angelegt ist, könnte er seinen Dienst an der Einheit des Glaubens, der Taufe und der Kirche nicht so leisten, wie es notwendig wäre.

a) Die Bibel im Streit der Konfessionen über die Rechtfertigung

Für Luther war die Exegese von Röm 3 mit seinem Durchbruch zur reformatorischen Grunderkenntnis verbunden, einer der bewegendsten Wiederentdeckungen der Theologiegeschichte: dass die Gerechtigkeit Gottes nicht die sei, die er von uns fordere, um danach zu strafen oder zu belohnen, sondern die, die er selbst aufrichte, indem er den gläubigen Sünder mit seiner Gnade beschenke. Von Luther her ist die gesamte reformatorische Soteriologie gesättigt mit paulinischer Rechtfertigungstheologie.[12] Allerdings wird der Apostel nicht isoliert. Auch wenn Jakobus ein wenig ins Abseits geriet und Matthäus nur begrenzte Sympathien genoss, war man in reformatorischer Theologie doch sicher, aus dem Neuen Testament jedenfalls Johannes, Lukas und Petrus auf der eigenen Seite zu haben und aus dem Alten Testament nicht nur das Protevangelium Gen 2–3, sondern nicht zuletzt auch die Propheten, Jesaja an der Spitze, und den Psalter, den Bußpsalm 51 als Leittext. Calvin hat programmatisch weitere, besonders alttestamentliche Schrifttexte einbezogen, indem er den Horizont der biblischen Bundestheologie geöffnet und in ihm das Christusgeschehen mit der Erwählung des Gottesvolkes verbunden hat. In der Selbstwahrnehmung und -darstellung protestantischer Theologie ist die lutherische und reformierte Rechtfertigungslehre bis heute bibelnäher als die katholische.[13]

Deshalb mag es eine heilsame Irritation sein, wenn deutlich wird, dass umgekehrt das Konzil von Trient gleichfalls von der Schrift her und ebenso unter besonderem Bezug auf Paulus, besonders auf den Römerbrief, und auf Ps 51 seine Theologie der Ursünde (DH 1510–1516) und der Rechtfertigung (DH 1520–1583) entwickelt. Sie ist freilich weniger an der Grunderfahrung des rechtfertigenden Glaubens denn am Glaubensweg eines

---

12 Vgl. Volker Stolle, Luther und Paulus. Die exegetischen und hermeneutischen Grundlagen der lutherischen Rechtfertigungslehre im Paulinismus Luthers (ABG 10), Leipzig 2002.
13 Vgl. Gerhard Ebeling, Evangelische Evangelienauslegung. Eine Untersuchung zu Luthers Hermeneutik (1942), Tübingen ³1991.

Erwachsenen in die Kirche und in der Kirche orientiert. Zwar findet das Konzil von Trient bei seiner Festschreibung des Kanons noch nicht zu einer differenzierten Verhältnisbestimmung von Schrift und Tradition (DH 1501–1505), wie sie später das Zweite Vatikanische Konzil vornehmen wird; es ist auch nicht zu verkennen, dass in breiten Strömungen nachtridentinischer Theologie die kirchliche Tradition und die Kompetenz des Lehramtes das Wort der Schrift dominierten. Dennoch bleibt der in den Konzilstexten Trients festgeschriebene Anspruch, durch die katholische Soteriologie, die auf die rechte Buße, die Zugehörigkeit zur Kirche und den Empfang der Sakramente, auf die Mitwirkung des Menschen und seine Verantwortung zielt, der Lehre des Paulus zu entsprechen.

Beide lateinischen Traditionen müssen sich aber vergegenwärtigen, dass die orthodoxe Soteriologie im Spiegel der Väter besonders auf Johannes schaut und bei Paulus die sakramentale und mystische Christusgemeinschaft besonders genau vor Augen hat, wie sie zum Beispiel im Philipperbrief und im Epheserbrief Ausdruck findet [14]. Deshalb sieht sie die Rechtfertigungslehre des Paulus im Horizont seiner Soteriologie des *en Christo* und versteht die *Dikaiosyne* weniger konzentriert auf den Urteilsspruch des Richters am Jüngsten Tage denn auf die Macht des Königs, sein Reich zu vollenden und im Zuge dessen auf Erden die Kirche zu gründen. Zwar hätte die westliche Theologie immer die Frage, welches Gewicht die Überwindung der Sündenlast in dieser Soteriologie hat. Aber sie müsste nicht nur die Kohärenz orthodoxer Gnadentheologie, sondern auch den Schriftbezug und die tiefe Verwurzelung in der Väter-Theologie anerkennen und als kritische Anfrage an ihr eigenes Schriftverständnis und ihre eigene Soteriologie gelten lassen.

Dass Paulus so unterschiedlich rezipiert wird, bewahrt vor der Illusion, die konfessionellen Glaubenskontroversen könnten biblizistisch gelöst werden, sollten aber nicht so sehr als Beleg für die These genommen werden, dass man mit der Bibel irgendwie doch alles beweisen könne, sondern als Signal, durch eine hermeneutisch fundierte Exegese die Ökumene exegetisch zu fundieren.

---

14 Wie sich der Blick auf Paulus durch die Einbeziehung der verschiedenen Paulusrezeptionen weiten und vertiefen kann, zeigt Samuel Vollenweider, Art. Paulus: ⁴RGG 6 (2003), 1035–1065.

b) Die paulinische Rechtfertigungslehre im Spiegel der Konsensdokumente

In keinem ökumenischen Konsensdokument, das sich der Rechtfertigungsthematik direkt oder indirekt widmet[15], fehlt eine biblische Orientierung. Über deren tatsächlichen Status kann man streiten, auch in der „Gemeinsamen Erklärung". Denn unverkennbar steht bislang die Aufarbeitung der Glaubenskonflikte aus der Kirchengeschichte im Vordergrund. Ob aber dabei das Postulat ökumenischer Schrifthermeneutik, die kirchliche Lehre sei am Wort Gottes zu messen, wie es grundlegend in der Bibel bezeugt werde, erfüllt wird, ist kaum einmal Gegenstand eigener Reflexionen

---

15 Herausragend ist die „Gemeinsame Erklärung zur Rechtfertigungslehre", Frankfurt – Paderborn 1999, besorgt vom Adam-Möhler-Institut in Paderborn; dazu: Einig im Verständnis der Rechtfertigungsbotschaft? Erfahrungen und Lehren im Blick auf die gegenwärtige ökumenische Diskussion (Der Vorsitzende der Deutschen Bischofskonferenz 19), Bonn 1998; epd-Dokumentation 36 (1999); vgl. auch die Beiträge von Wolfhart Pannenberg, Eberhard Jüngel, Walter Kasper und Karl Lehmann, in: Stimmen der Zeit 127 (1999), 723–746. Wichtig sind aber auch eine Reihe weiterer Studien: Hugh G. Anderson u.a. (Hg.), Justification by Faith (Lutherans and Catholics in Dialogue 7), Minneapolis 1985 (dt.: Rechtfertigung im ökumenischen Dialog. Dokumente und Einführung, hg. v. Harding Meyer und Günther Gassmann [Ökumenische Perspektiven 12], Frankfurt/Main 1987, 107–200); Karl Lehmann / Wolfhart Pannenberg (Hg.), Lehrverurteilungen – kirchentrennend? Rechtfertigung, Sakramente und Amt im Zeitalter der Reformation und heute (DiKi 4), Freiburg – Göttingen 1986 [dazu Karl Lehmann (Hg.), Lehrverurteilungen – kirchentrennend? II Materialien zu den Lehrverurteilungen und zur Theologie der Rechtfertigung [DiKi 5], Freiburg – Göttingen 1989; Gutachten des Päpstlichen Rates zur Förderung der Einheit der Christen zur Studie „Lehrverurteilungen – kirchentrennend?" vom 15.12.1992; Lehrverurteilungen im Gespräch. Die ersten offiziellen Stellungnahmen aus den evangelischen Kirchen in Deutschland, Göttingen 1993; Stellungnahme der Deutschen Bischofskonferenz zur Studie „Lehrverurteilungen – kirchentrennend"? [21. Juni 1994] [Die deutschen Bischöfe 52], Bonn 1994); Gemeinsame Römisch-Katholische/Evangelisch-Lutherische Kommission, Kirche und Rechtfertigung. Das Verständnis der Kirche im Licht der Rechtfertigungslehre, Paderborn – Frankfurt/M. 1994; Bilaterale Arbeitsgruppe der Deutschen Bischofskonferenz und der Kirchenleitung der Vereinigten Evangelisch-Lutherischen Kirche Deutschlands, Communio Sanctorum. Die Kirche als Gemeinschaft der Heiligen, Paderborn – Frankfurt/Main 2000, 53–63 (dazu: Stellungnahme der Deutschen Bischofskonferenz zur Studie „Communio Sanctorum" 11. März 2003 [Die deutschen Bischöfe], Bonn 2003, 23ff). Eine substanzielle Weiterführung geschieht auf einem sensiblen Problemfeld bei Theodor Schneider / Gunther Wenz (Hg.), Gerecht und Sünder zugleich? Ökumenische Klärungen (Dialog der Kirchen 11), Freiburg – Göttingen 2001.

geworden.[16] Ebenso werden die hermeneutischen Grundsätze, nach denen zitiert und interpretiert wird, in der Regel nicht offengelegt. Gleichwohl haben die biblischen Kapitel ihren erheblichen Teil dazu beigetragen, in der Rechtfertigungslehre einen ökumenischen Konsens anzubahnen, der auf theologischer Substanz beruht. Die ungeklärten hermeneutischen Fragen haben allerdings auch der Kritik an der rechtfertigungstheologischen Konsensökumene Nahrung gegeben.

Bestimmte Rezeptionstendenzen lassen sich erkennen, die zur ökumenischen Konsensbildung beigetragen haben, aber z. T. auch neue Probleme aufwerfen.[17] Sie können hier freilich nicht in der gebotenen Differenzierung, sondern nur in gezielter Überspitzung dargestellt werden.

(1) Kontextualisierung

Eine erste Tendenz besteht in der Kontextualisierung der paulinischen Theologie. Während früher allzu oft die Forderung eines „Kanons im Kanon" die protestantische Hermeneutik beherrschte und *de facto* zu einem hermeneutischen Primat der Rechtfertigungslehre führte, der den anderen Theologien der Bibel nicht ohne weiteres gerecht zu werden scheint, haben mehrere Faktoren zu einer stärkeren Einordnung der Apostelbriefe in die gesamte Theologie der Bibel geführt: die innerprotestantische Kritik am „Kanon im Kanon"[18], das katholische Festhalten an der Ganzheit der Bibel[19], die exegetisch-ökumenische Kritik der Frühkatholi-

---

16 Freilich gilt dies ebenso für die (meisten) Kritiker der „Gemeinsamen Erklärung". Wilfried Härle und Eilert Herms tragen mit hohem Anspruch und starken Einsichten die These vor, die lutherisch verstandene Rechtfertigungslehre lege erst das christliche Verständnis der Wirklichkeit dar, wie es der Glaube erkenne: Rechtfertigung. Das Wirklichkeitsverständnis des christlichen Glaubens (UTB 1016), Göttingen 1980. Aber abgesehen von der Frage, wie neoprotestantisch ihrer beider Blick auf Luther in der Konzentration auf die persönliche Glaubensgewissheit ist, bleibt die Frage offen, wie Luther an Paulus und an der ganzen Schrift zu messen wäre.

17 Vgl. Volker Stolle, Ökumenische Perspektiven der Paulusrezeption Luthers, in: Markus Witte (Hg.), Der eine Gott und die Welt der Religionen, Würzburg 2003, 159–187.

18 Brillant vorgetragen von Peter Stuhlmacher, Biblische Theologie des Neuen Testaments II, Göttingen 1999, 304–321.

19 Dieses Festhalten – einschließlich der in die Vulgata aufgenommenen Septuaginta-Schriften – war freilich lange Zeit um den Preis erkauft, dass die Unübersichtlichkeit und Unklarheit der Schrift durch das Urteil des Lehramtes die nötige Klarheit gewinne.

zismus-Verdikte[20], zuletzt die jüdisch-christlichen Debatten über den „Eigenwert" des Alten Testaments und den hermeneutische Dialog mit dem Neuen Testament in der einen Bibel[21].

Dies berührt unmittelbar die im Umfeld der „Gemeinsamen Erklärung" hart geführte Debatte, ob die Rechtfertigungslehre *ein* oder *das* Kriterium aller kirchliche Praxis und Lehre sei.[22] Die Entscheidung der „Gemeinsamen Erklärung", von „einem", freilich unverzichtbaren Kriterium zu sprechen, erscheint aus exegetischer Sicht konsequent[23]: nicht nur wegen des schieren Faktums anderer Theologien als der paulinischen im Kanon, sondern vor allem auch deshalb, weil Paulus seinerseits gar nicht daran denkt, ein hermeneutisches Monopol zu beanspruchen, sondern im Gegenteil sowohl die Verkündigung anderer Apostel selbstverständlich anerkennt (1Kor 15,11) als auch seine eigene Theologie am Maßstab der „heiligen Schriften" (Röm 1,2) ausrichtet (1Kor 4,6) und vor allem entschieden dem Wort des Kyrios Jesus unterordnet (1Kor 7,8–16).[24] Das Memorandum der katholischen Kirche, nicht von einem, sondern von mehreren Kriterien

---

20 Ein besonders markantes Beispiel der „Abfall"-Theorie liefert Siegfried Schulz, Die Mitte der Schrift. Der Frühkatholizismus im Neuen Testament als Herausforderung an den Protestantismus, Stuttgart – Berlin 1976. Zur kritischen Diskussion aus katholisch-ökumenischer Sicht vgl. Karl Kertelge, „Frühkatholizismus" im Neuen Testament als Herausforderung für die Ökumene, in: Dieter-Alex Koch u. a. (Hg.), Jesu Rede von Gott und ihre Nachgeschichte im frühen Christentum. FS Willi Marxsen, Gütersloh 1989, 344–360. Aus evangelisch-ökumenischer Sicht vgl. jetzt Ferdinand Hahn, Theologie des Neuen Testaments, Tübingen 2003, I 386–394; II 799–806.

21 Ein Dokument der Neuorientierung ist der Artikel „Rechtfertigung" von Hermann Spieckermann (AT, incl. LXX) und Karl Kertelge (NT) in der TRE 28 (1997), 282–307.

22 Kritisch und fair aufgearbeitet von Dorothea Sattler, „Die gesamte Lehre und Praxis der Kirche unablässig auf Christus hin orientieren…". Zur neueren Diskussion um die kriteriologische Bedeutung der Rechtfertigungslehre, in: Catholica (D) 52 (1998), 95–114.

23 Vgl. Ulrich Wilckens, Die „Gemeinsame Erklärung zur Rechtfertigungslehre" (GE) und ihre biblische Grundlage, in: Thomas Söding (Hg.), Worum geht es in der Rechtfertigungslehre? Das biblische Fundament der „Gemeinsamen Erklärung" von katholischer Kirche und Lutherischem Weltbund (QD 180), Freiburg – Basel – Wien (1999) ²2001, 27–63. Er fragt, ob die lutherische Seite wirklich ausschließen wolle, „dass es neben und zugleich mit der paulinischen Rechtfertigungslehre im Neuen Testament und in der Lehre der Kirche nicht auch andere Lehrgestalten gebe und geben dürfe, die ebenso ‚unablässig auf Christus hin orientieren' wollen" (42).

24 Das habe ich näher darzustellen versucht in: Kriterium der Wahrheit? Zum theologischen Stellenwert der paulinischen Rechtfertigungslehre, a. a. O., 193–246.

beansprucht zu sein[25], macht nur Sinn, wenn es, wie nachträglich geklärt, auf das christologische Grundbekenntnis sich bezieht[26]. Sie zieht aber die Fragen sowohl nach der Einheit verschiedener Kriterien als auch nach der kriteriellen Bedeutung speziell der Rechtfertigungslehre nach sich.

Diese erheben sich freilich nicht nur innerhalb der katholischen, sondern innerhalb der gesamten ökumenischen Theologie, wenn sie – mit vollem Recht – die Rechtfertigungslehre des Apostels Paulus in den Kontext der ganzen Bibel einordnet. Das geschieht freilich in der „Gemeinsamen Erklärung", was das Alte Testament betrifft (GER 8), nur ansatzweise. „Communio Sanctorum" (94) ist wenig ausführlicher, „Kirche und Rechtfertigung" schweigt zu diesem Punkt, obwohl im Übrigen die Erwählung Israels als Basis der neutestamentlichen Ekklesiologie erfreulich klar herausgearbeitet wird (13–17). Eine stärkere Einbindung des Alten Testaments[27] und der Evangelien würde dem erzielten Ergebnis erheblich mehr Substanz geben und neue Möglichkeiten der Anknüpfung schaffen.[28] Es bliebe aber auch dann bei der Frage, inwiefern die Rechtfertigungslehre den Anspruch erheben könnte, unter einem wesentlichen Aspekt für das Ganze des Evangeliums zu stehen und welcher Aspekt dies wäre. Solange

---

25 So in der „Antwort der katholischen Kirche" vom 25.6.1998.

26 So der erläuternde Brief Kardinal Cassidys an Generalsekretär Noko vom 30.7.1998: „Während für Lutheraner diese Lehre eine ganz einzigartige Bedeutung erlangt hat, muss, was die katholische Kirche betrifft, gemäß der Schrift und seit den Zeiten der Väter die Botschaft von der Rechtfertigung organisch in das Grundkriterium der ‚regula fidei' einbezogen werden, nämlich das auf Christus als Mittelpunkt ausgerichtete und in der lebendigen Kirche und ihrem sakramentalen Leben verwurzelte Bekenntnis des dreieinigen Gottes". Dementsprechend heißt es im „Anhang" zur „Gemeinsamen Offiziellen Feststellung" (unter D 3): Die Rechtfertigungslehre „hat ihre Wahrheit und ihre einzigartige Bedeutung im Gesamtzusammenhang des grundlegenden trinitarischen Glaubensbekenntnisses der Kirche".

27 Wegweisend: Hermann Spieckermann, Der Retter ist nah. Heilsverheißung und Rechtfertigung nach dem Alten Testament, in: E. Härle / P. Neuner (Hg.), Im Licht der Gnade. Zur Gegenwartsbedeutung der Rechtfertigungsbotschaft. Gemeinsames Symposion des Evangelisch- und Katholisch-Theologischen Fakultätentages Lutherstadt Wittenberg Oktober 2002 (Studien zur systematischen Theologie und Ethik 42), Münster 2004, 27–51.

28 Einen Vorschlag aus dem Gebiet des Neuen Testaments habe ich auf dem Ökumenischen Kirchentag unterbreitet: Von Gott berührt. Orte der Rechtfertigung. Eine neutestamentliche Besinnung, in: T. Bolzenius u. a. (Hg.), Ökumenischer Kirchentag Berlin 2003. Dokumentation: Ihr sollt ein Segen sein, Gütersloh – Kevelaer 2004, 513–529.

dies ungeklärt bliebe, wäre der Kritik, dass die Kontextualisierung zu einer Relativierung der Rechtfertigungslehre führe[29], Tür und Tor geöffnet.

(2) Ausweitung

Eine zweite Tendenz besteht darin, das Feld der Leitmotive auszuweiten, auch beim Blick in die paulinischen Briefe. Dass der Apostel nicht nur von Rechtfertigung spricht, sondern auch von Befreiung, von Heiligung und Versöhnung, von Friedensstiftung und Gotteskindschaft, von Neuschöpfung und neuem Leben, wird in der „Gemeinsamen Erklärung" eigens erwähnt (GER 9). Diese Ausweitung des Motivfeldes ist textgemäß. Sie ist auch ökumenisch konstruktiv. Sie schafft nicht nur die Möglichkeit, Rezeptionstraditionen zu integrieren, die weniger von der Sprache der Rechtfertigung als z. B. der Heiligung und Versöhnung geprägt sind. Sie ist in der „Gemeinsamen Erklärung" – ebenso wie in „Justification by Faith", „Lehrverurteilungen – kirchentrennend?" und „Communio Sanctorum" – auch ein Mittel, die Rechtfertigungslehre entgegen manchen Tendenzen, sie auf einen Machtspruch des göttlichen Richters zu reduzieren, theologisch aufzufüllen: Der Rechtfertigungsglaube ist nicht nur Bekehrung, sondern auch Bewährung, nicht nur Vertrauen, sondern auch Bekenntnis, nicht nur Entscheidung des Einzelnen, sondern auch Einstimmung in den Chor der Gemeinde (GE 10). Die Rechtfertigung wird weder von der Ethik noch vom sakramentalen Leben der Kirche und von der umfassenden, alles verwandelnden Christusgemeinschaft isoliert, sondern in sie integriert (GER 11–12). Dies entspricht der paulinischen Rechtfertigungslehre selbst[30]; es entspricht auch der lutherischen Lehre, wenn sie in ihrer originären Fülle und nicht in antikatholischer Frontstellung präsentiert wird. Es schafft große Möglichkeiten, nicht nur die orthodoxe Theosis-Soteriologie und die katholische Sakramentenlehre, sondern auch die reformierte Bundestheologie oder die methodistische und die baptistische Theologie der Heiligung in die ökumenische Soteriologie zu integrieren und für die Paulusdeutung wie die Aktualisierung der Rechtfertigungsbotschaft fruchtbar zu machen. Dies geschieht in der „Gemeinsamen Erklärung", wenn die Rechtfertigung

---

29 So Thomas Kaufmann, Die „kriteriologische Funktion" der Rechtfertigungslehre in den lutherischen Bekenntnisschriften, in: ZThK Beiheft 10 (1998), 47–64: 53f.
30 Zum Versuch eines exegetischen Aufweises vgl. meinen Beitrag: Nicht aus Werken des Gesetzes, sondern aus Glauben. Zur exegetischen Deutung der paulinischen Rechtfertigungslehre, in: Siegfried Kreuzer / Johannes von Lüpke (Hg.), Gerechtigkeit glauben und erfahren. Beiträge zur Rechtfertigungslehre (Veröffentlichungen der Kirchlichen Hochschule Wuppertal 7), Neukirchen-Vluyn 2002, 145–178.

als Werk des dreieinen Gottes (GER 15) und als „Geschenk Gottes durch den Heiligen Geist" gelehrt wird, „der im Wort und in den Sakramenten in der Gemeinschaft der Gläubigen wirkt" (GER 16); es geschieht aber gleichfalls, wenn die Rechtfertigung nicht nur als Sündenvergebung, sondern auch als Gerechtmachung (GER 22–24) interpretiert und die guten Werke als Frucht des Geistes (Gal 5,22) mit der Rechtfertigung essenziell verbunden werden.

Allerdings wird damit noch nicht die Frage schlüssig beantwortet, was das Proprium der Rechtfertigungsthematik sei. Das müsste aber aus exegetischen und ökumenischen Gründen geschehen. Paulus stellt nicht ohne Grund seine gesamte Theologie im Römerbrief, seinem „Testament" *(Günter Bornkamm),* seiner „Summe" *(Eduard Lohse),* ins Zeichen einer Theologie der Gerechtigkeit Gottes und der Rechtfertigung des Menschen (1,16f; 3,21–31). Über die Rechtfertigungstheologie erschließt er nicht nur den Zusammenhang mit breiten Strömungen des Alten Testaments, zu deren Hauptthemen die Gerechtigkeit Gottes und des Menschen gehört, sondern auch mit bedeutenden Strömungen griechischer und römischer Philosophie, die weit über den Bereich der Ethik hinaus die Frage der Gerechtigkeit stellen. Die Kontroverstheologie ihrerseits bleibt insofern relevant, als sie den Streit über das rechte Verständnis irdischer und himmlischer Gerechtigkeit geführt hat und die heutige Ökumene vor die Aufgabe stellt, Stellung zu beziehen.

Die „Gemeinsame Erklärung" weitet den Horizont ökumenischer Soteriologie, indem sie die Rechtfertigung als Befreiung, Aufnahme in die Gottesgemeinschaft, Vereinigung mit Christus, Eingliederung in den Leib Christi erklärt (GER 11). Das entspricht dem gegenwärtigen Stand nicht nur ökumenischer, sondern auch exegetischer Hermeneutik. Aber notwenig ist auch die umgekehrte Explikation: inwieweit dies alles *Rechtfertigung* ist und was daraus, dass Paulus es als Verkündigung der Gerechtigkeit Gottes zur Sprache bringt, für heutiges Reden von Rettung und Rechtfertigung folgt. Erst wenn dies geklärt ist, wäre die Kritik[31] widerlegt, dass der ökumenische Konsens um den Preis eines Verlustes theologischer Qualität erkauft sei.

(3) Abstraktion

Eine dritte Tendenz ökumenischer Rechtfertigungslehre besteht in theologischer Abstraktion. Sie geschieht in doppelter Weise: durch die Abstrak-

---

31 So Reinhard Flogaus, Einig in der Rechtfertigungslehre? Historisch-kritische Exegese der ökumenischen Konsenserklärung, in: ThLZ 124 (1999), 1083–1106: 1093–1106.

tion von der geschichtlichen Situation und von der biblischen Sprache. Abstraktion ist um der theologischen Begriffsbildung und Argumentation wie um der hermeneutischen Vermittlung und Übersetzung willen notwendig. Aber wie sie in der ökumenischen Rechtfertigungstheologie geschieht, ist nicht unproblematisch.

Zum einen wird – häufig genug – der geschichtliche Kontext, in dem Paulus die Rechtfertigungslehre entwickelt hat, nicht hinreichend mit reflektiert. Bei Paulus hat die Rechtfertigungslehre einen klar erkennbaren „Sitz im Leben". Es geht um die Mission unter Israel und den Völkern, um die Bildung der einen Kirche Jesu Christi aus Juden und Heiden, Sklaven und Freien, Männern und Frauen (Gal 3,28; vgl. 1Kor 12,13), um die Koinonia der Apostel und der ganzen Kirche (Gal 2,1–10), um die Tischgemeinschaft von Juden- und Heidenchristen in der Ekklesia (Gal 2,11–14), um die Heilssuffizienz des Todes und der Auferweckung Jesu Christi (Gal 2,19ff), um die Abwehr der Forderung, Heidenchristen müssten sich beschneiden lassen (Gal 3,1–4), um die Stärkung des Glaubens an das Evangelium, um die Freiheit des Glaubens (Gal 5,13f) und um seine Energie in der Agape (Gal 5,6). In der „Gemeinsamen Erklärung" und in „Lehrverurteilungen – kirchentrennend?" ist von diesen geschichtlichen Zusammenhängen allerdings keine Rede. In „Communio Sanctorum" finden sich einige wenige wichtige Hinweise, die aber nicht als solche ausgewiesen sind (CS 95 [Jesus]. 102 [Paulinische Mission]). Auf diese Zusammenhänge programmatisch aufmerksam zu machen, ist nicht ohne hermeneutische Schwierigkeiten. Denn die Problemzonen, in denen die Rechtfertigungskontroversen seit der Reformation ausgetragen worden sind und die Rechtfertigungsökumene sich heute bewähren muss, sind nicht identisch mit der historischen Situation der Rechtfertigungslehre im Neuen Testament. Aber eine exegetisch-historische Situierung der Rechtfertigungslehre wäre doch ein enormer Gewinn an Lebensnähe, Konkretion und Transparenz. Die Übersetzungsversuche würden nicht konterkariert, sondern besser fundiert. Wenn Paulus es mit der Rechtfertigungslehre verstanden hat, in seiner geschichtlichen Situation den Christen und den Gemeinden das Evangelium Gottes zu verkünden, dann hat diese Lehre die Kraft, der Orientierung an der Wahrheit des Evangeliums (Gal 2,5.11.) zu dienen, in prinzipiell jeder anderen individuellen und kirchlichen Situation. Welche Kraft es ist, wird gerade dann deutlich, wenn ihr „Sitz im Leben" mit reflektiert wird.[32]

---

[32] Wie aussichtsreich dieser Versuch wäre, wird in ersten Umrissen erkennbar bei Walter Klaiber, Wahrheit oder Einheit? Zur ökumenischen Bedeutung der Rechtfertigungslehre, in: Wilfried Härle / Peter Neuner (Hg.), Im Licht der Gnade Got-

Zum anderen geschieht die Abstraktion auf der Ebene der Leitbegriffe. Die Konsensdokumente verwenden regelmäßig das paulinische Vokabular in der Beschreibung des biblischen und historischen Befundes. Die Kritik evangelischer Gegner läuft hier ins Leere. Die Probleme beginnen bei der Übersetzung, von der es in der „Gemeinsamen Offiziellen Feststellung" heißt, es sei notwendig, „die Rechtfertigungslehre in einer für den Menschen unserer Zeit relevanten Sprache auszulegen" (GOF 3; vgl. GER 43). Welche Sprache sollte dies sein? Nicht die der Bibel und der theologischen Tradition? Wenn die der Bibel und der theologischen Tradition – worin bestünde ihre Relevanz für unsere Zeit?

Da in der Literatur – zu Recht oder zu Unrecht – häufig geurteilt wird, Recht und Gerechtigkeit, Rechtfertigung und Begnadigung seien Begriffe, die entweder durch den normalen Sprachgebrauch in die Irre führten oder aber gar nicht mehr verständlich seien[33], werden neue Termini, neue Leitmotive, neue Hauptwörter vorgeschlagen: Von Sinnstiftung[34] und Angstfreiheit[35] ist dann die Rede, von bedingungsloser Anerkennung[36] und beantworteter Identitätsfrage[37]. Das ist ohne Zweifel ein wesentlicher Teil des notwendigen Übersetzungsversuches.[38] Die Behauptung, die Sache der Rechtfertigung könne nur in der Sprache der Rechtfertigung ausgedrückt werden oder falle mit ihr in eins, wäre kühn. Aber wenn – auch in exegetischen Kommentaren – regelmäßig (und nicht ohne ein gewisses

---

tes, 175–199. Die Überschrift könnte allerdings das Missverständnis eines Gegensatzes nahe legen. Das widerspricht aber dem Duktus des Aufsatzes. Vielmehr sieht der Autor, dass Wahrheit und Einheit zusammengehen; er plädiert allerdings für eine „Einheit, die auch Unterschiedliches und selbst Gegensätzliches zusammenführen kann" (S. 199). Über die damit gegebenen Möglichkeiten, Grenzen und Aussichten wäre weiter zu sprechen.

33 So z. B. Klaus-Peter Jörns, Die neuen Gesichter Gottes. Was die Menschen heute wirklich glauben, München ²1999 (¹1997), 9.

34 Vgl. Karl Rahner, Die Sinnfrage als Gottesfrage, in: Ders., Schriften zur Theologie XV, Einsiedeln – Zürich 1983, 195–205.

35 Vgl. Eugen Drewermann, Strukturen des Bösen. Die jahwistische Urgeschichte in exegetischer, psychoanalytischer und philosophischer Sicht I–III (1978), Sonderausgabe Paderborn 1988.

36 Vgl. Oswald Bayer, Aus Glauben leben. Über Rechtfertigung und Heiligung, Stuttgart 1984.

37 Vgl. Richard A. Norris, Understanding the Faith of the Church, San Francisco – New York – London 1979. Einiges weiter führt Michael Beintker, Rechtfertigung in der neuzeitlichen Lebenswelt. Theologische Erkundungen, Tübingen 1998.

38 In vollkommener Klarheit ob des hermeneutischen Risikos unternimmt ihn z. B. Otto Hermann Pesch, Rechtfertigung oder „Rechtfertigung". Zur Frage nach der Vermittlung der Rechtfertigungslehre – (nicht nur) aus katholischer Sicht, in: W. Härle / P. Neuner (Hg.), Im Licht der Gnade Gottes, 153–174.

Recht) zu lesen ist, Gottes Gerechtigkeit sei „eigentlich" seine Barmherzigkeit, seine Verheißungstreue, seine Liebe und Gnade, und die Rechtfertigung eigentlich Befreiung, Versöhnung, Begnadigung, dann fragt sich, warum Paulus, der doch all diese Begriffe beherrscht und prominent verwendet, an den entscheidenden Stellen des Römerbriefes eben doch von Gerechtigkeit und Rechtfertigung spricht.

Was wäre, wenn die Rechtfertigungslehre den argumentativen Aufweis antreten wollte, dass Gott, wenn er Sünden vergibt und den Glaubenden freispricht, nicht Gnade vor Recht ergehen lässt, sondern seine Liebe ins Recht setzt, weil die Erlösung die Schöpfung nicht vernichtet, sondern vollendet? Und dass ein Glaubender, wenn er sich gerechtfertigt weiß, nicht befürchten muss, im Grunde nur Objekt göttlichen Heilswillens zu sein, sondern hoffen darf, angesichts seiner Schuld und Schwäche, seiner Not und seines Elendes, seines Leidens und seines Todes, aber auch angesichts des Leidens und des Todes der anderen in seiner Existenz, in seinem Leben, als er selbst, unbedingt bejaht, in seinem Recht auf Leben, das allein Gott garantiert, von Gott unbedingt bestätigt zu sein? Dann könnte klar werden, wie viel gerade am Thema Gerechtigkeit und Rechtfertigung hängt. Vielleicht könnte man dann erst verstehen, dass Paulus sagt (Gal 2,19f):

> Ich lebe, aber nicht mehr: Ich;
> sondern: In mir lebt Christus,
> der mich geliebt und sich für mich dahingegen hat.

Und vielleicht hätte man dann auch einen neuen Zugang dazu, dass Paulus über Gottes Heil sagen kann (Röm 8,33ff):

> [33]Wer will gegen die Auserwählten klagen?
> Gott ist es, der gerecht macht.
> [34]Wer will verdammen?
> Christus, der gestorben und, mehr noch, auferstanden ist,
> er sitzt zur Rechten Gottes und tritt für uns ein.
> [35]Wer will uns scheiden von der Liebe Christi?

Die theologische Stärke der Rechtfertigungslehre besteht darin, dass sie zeigt, wie vollendetes Heil in einer Welt des Unheils entsteht, und zwar nicht mit den Rücken zu den Opfern der Geschichte, sondern auf dem Wege, dass ihnen wie den Tätern auf eine Weise Gerechtigkeit widerfährt, die alle menschlichen Möglichkeiten unendlich übersteigt. Deshalb gibt es Heil nur durch das Gericht, aber das Gericht dient der Vollendung des Heils. Wer in den notwendigen Übersetzungen vom Thema „Gerechtigkeit" und „Rechtfertigung" abstrahiert, müsste sich, wenn er von Sinnstiftung und Identitätsfindung redet, die Frage gefallen lassen, wie das Problem der Sünde einzuholen sei.[39] Wer Sünde auf Angst zurückführt, müsste von Kierkegaard her erst die existenzielle und kosmische Schuldverflochtenheit des in seinen Ängsten Gefangenen einholen, um der Realität zu entsprechen – und könnte dann erst die Befreiung als Rechtfertigung – nicht der Sünde, sondern – des Sünders verstehen.

Die Abstraktionen, zu denen die Systematische Theologie kommen muss, um neue Konkretionen zu ermöglichen, akzentuieren die Theologie der Gnade. Das weist ohne Frage auf ein Feld fundamentaler und essenzieller Gemeinsamkeiten zwischen den Konfessionen hin. Aber die durch die Reformation – und vorher durch Augustinus – aufgeworfene Frage lautet doch, worin Skopos und Status der (paulinischen) Auslegung der Gnadenlehre als Rechtfertigungslehre bestehen.[40]

Damit ist die Exegese neu gefordert, ihre Paulusdeutung zur Diskussion zu stellen und in die ökumenische Theologie einzubringen. Die Frage, wie die paulinische Theologie der Gerechtigkeit Gottes und der Rechtfertigung des Glaubenden in der Theologiegeschichte verstanden worden ist und ob sie heute noch als Rechtfertigungslehre verstanden werden kann, setzt eine kritische Orientierung darüber voraus, was nach exegetischem Paulusverständnis zur Debatte steht.

3. Spektren exegetischer Deutungen der Rechtfertigungslehre

Die Exegese hat sich in der Auslegung der paulinischen Rechtfertigungslehre besonders intensiv um eine Deutung bemüht, die nicht nur den Texten in ihrer historischen Situation gerecht werden, sondern auch ihre aktuelle Bedeutung erhellen sollte. Nachdem im 19. Jahrhundert die protestantische Exegese hart mit der Gefahr einer sublimen Ethisierung der Soteriologie zu kämpfen und die katholische Exegese einige Mühe hatte, sich nicht auf die Ekklesiologie zu fixieren, lässt sich im 20. Jahrhundert ein

---

[39] Einen weiterführenden Vorschlag macht Eberhard Jüngel, Das Evangelium von der Rechtfertigung der Gottlosen als Zentrum des christlichen Glaubens. Eine theologische Studie in ökumenischer Absicht, Tübingen 1998, 221–224: Rechtfertigung überwinde Sinnverlust, indem sie die Lebenslügen aufdecke und von ihr befreie. Michael Beintker zeigt, wie der „im Kern des Personseins anzutreffende Widerstand, das Empfangen-Sein des Menschen zu bejahen, rechtfertigungstheologisch aufgedeckt und verwunden wird" (Rechtfertigung 6ff).

[40] Das ist der richtige Kern der Anfrage von Wilfried Härle, Zur Gegenwartsbedeutung der „Rechtfertigungs"-Lehre. Eine Problemskizze, in: ZThK Beiheft 10 (1998), 101–139.

Paradigmenwechsel exegetischer Interpretationen unterscheiden: vom Leistungs- zum Partizipationsparadigma.[41]

a) Das Paradigma der Leistung

Um die Mitte des 20. Jahrhunderts reüssierte die existenziale Interpretation durch *Rudolf Bultmann*[42]*:* Die paulinische Gesetzeskritik ziele auf die urmenschliche Sünde, sich selbst vor Gott ins Recht zu setzen. Nicht nur an den Heiden, gerade an den Juden lasse sich in christologischer Perspektive das Unheil beobachten, das von Adam seinen Ausgang nehme; denn das Heiligste, das Gesetz, schaffe die größte Versuchung, religiöse Leistungen erbringen zu wollen und auf der Anerkennung durch Gott zu bestehen, also letztlich sich selbst Gott zu sein. Demgegenüber sei es der Glaube als das reine Vertrauen in Gott, das den Menschen vom Zwang zur Selbstrechtfertigung befreie und ihm durch die Unmittelbarkeit der Gnadenzuwendung eine neue Identität verleihe; sie erweise sich in einem neuen, allererst authentischen Selbstverständnis und zeitige dann Konsequenzen im Ethos wie in der Spiritualität. Die Anknüpfung an die Polemik Luthers gegen die „Werkerei" und an seine Entdeckung der rettenden, befreienden, identitätsstiftenden Kraft des Glaubens ist unverkennbar. Ihre Faszination bezog die existenziale Interpretation der Rechtfertigungslehre aber daraus, dass sie den faustischen Mythos des modernen Fortschrittsglaubens zu kritisieren und zugleich die Traumata der bürgerlichen Leistungsgesellschaft anzusprechen verstand; sie zeigte, wie die Theologie mit der Emanzipationsbewegung koalieren konnte, die auf die Subjektwerdung der Menschen setzt[43]; nach der Katastrophe der beiden Weltkriege und der

---

41 Nach Thomas S. Kuhn (Die Struktur wissenschaftlicher Revolutionen, Frankfurt/Main 1967 u.ö.) zeigt sich „Fortschritt" in den Geistes- und Kulturwissenschaften in einem neuen Arrangement bekannten Wissens unter dem Eindruck neuer Fragestellungen. Wenn von einem Paradigmenwechsel der Paulusexegese zu sprechen ist, dann nicht, um eine Ablösung einer Interpretationsrichtung durch eine neue zu insinuieren, sondern um eine Veränderung des Skopos anzuzeigen, in dem das, was früher herrschende Forschungsmeinung war, durch Kritik ihrer Voraussetzungen, die Gewinnung eines hermeneutischen Rahmens und die Einbeziehung neuer Quellen (in diesem Fall aus Qumran) in einem neuen Kontext neue Bedeutung gewinnt.
42 Theologie des Neuen Testaments (1958), hg. v. O. Merk, Tübingen ^{9}1984, 264f. 303–306.
43 Von daher erklärt sich der Brückenschlag zur politischen Theologie bei Dorothee Sölle, Politische Theologie (1971). Erweiterte Neuauflage, Stuttgart 1982. Zu ihr kritisch: Hans Hübner, Politische Theologie und existenziale Interpretation. Zur Auseinandersetzung Dorothee Sölles mit Rudolf Bultmann, Witten 1973.

Judenvernichtung konnte sie Resonanz finden, weil sie besagte, dass allein von Gott, aus dem Jenseits der menschlichen Unheils- und Schuldgeschichte, die Verheißung radikaler Vergebung kommen könne. Die existenziale Interpretation hat erhebliche Konsequenzen. Das Juridische wird (als mythologisch) relativiert; von Stellvertretung, Opfer und Sühne ist nur mehr uneigentlich die Rede; die Gerechtigkeit Gottes ist seine reine Gnadengabe.

Während die Orthodoxie sich wenig ansprechen ließ, stieß diese Interpretation in der katholischen Kirche auf große Resonanz. Einen starken Impuls gaben die Bultmann-Schüler *Heinrich Schlier* und *Ernst Käsemann*. Den ersten führte die Entdeckung, dass die existenziale Interpretation seines Lehrers nicht nur erhebliche ekklesiale Lücken, sondern auch große ekklesiale Potenziale habe, zur Akzentuierung der Tauf- und Eucharistietheologie (und zur Konversion).[44] Den zweiten führte die Entdeckung des apokalyptischen Hintergrundes neutestamentlicher Theologie zur These, die Gerechtigkeit Gottes sei von Paulus weniger als Geschenk, denn als Macht Gottes zu verstehen; ihr eigne verwandelnde, neuschöpferische Kraft, weshalb die forensische und die effektive Dimension der Rechtfertigung zusammenfielen.[45] Auf dieser Basis entsteht seit den 60er Jahren eine tief greifende ökumenische Verständigung. Sie betont den biblisch-theologischen Gesamthorizont der Rechtfertigungslehre, ihre Rückbindung an die theozentrische Christologie, die Zusammengehörigkeit von forensischer und effektiver Rechtfertigung, die personale und ekklesiale Dimension des Glaubens, die untrennbare Zusammengehörigkeit von Rechtfertigung und Heiligung, Glaube, Hoffnung und Liebe. Die ungefähr gleichzeitig erschienenen Qualifikationsarbeiten von *Peter Stuhlmacher*[46] und *Karl Kertelge*[47] dokumentieren auf exegetischem Feld ein Maß an lutherisch-katholischer Gemeinsamkeit, wie es vorher lange Zeit kaum möglich schien.

---

44 Zusammengefasst in: Grundzüge einer paulinischen Theologie, Freiburg – Basel – Wien 1978. Wichtige Etappen markieren die Kommentierungen des Galaterbriefes ([KEK 8], Göttingen 1949), des Epheserbriefes (Düsseldorf 1957) und des Römerbriefes (Freiburg – Basel – Wien 1977 [HThK 5]).

45 Grundlegend: Gottesgerechtigkeit bei Paulus (1961), in: Ders., Exegetische Versuche und Besinnungen II, Göttingen 1964, 181–193. Ausgeführt im Kommentar: An die Römer (HNT 8a), Tübingen 1973. Den Hintergrund öffnen: Paulinische Perspektiven, Tübingen ²1972.

46 Gerechtigkeit Gottes bei Paulus (FRLANT 87), Göttingen 1965.

47 „Rechtfertigung" bei Paulus. Studien zur Struktur und zum Bedeutungsgehalt des paulinischen Rechtfertigungsbegriffs (NTA 3), Münster 1967.

Bei aller Kritik an Bultmann bleibt aber dessen Leitidee, die sich auf Luther zurückführt, bestehen: die „Werke des Gesetzes" seien religiöse Leistungen, die der Fromme erbringe, um sich selbst vor Gott ins Recht zu setzen. Genau diese Pointe aber wird von der heutigen Exegese stark bezweifelt. Ein wesentlicher Grund ist die neue Sicht des Judentums, wie sie seit den Qumranfunden unumgänglich geworden ist. Die Judaistik zeigt im Verein mit der Exegese, dass es eine – christliche – Projektion ist, das Judentum des Zweiten Tempels als eine einheitliche Größe zu verstehen, die durch Gesetzlichkeit und religiöses Leistungsdenken geprägt sei.[48] Eine neuerliche Pauluslektüre im Lichte seines jüdischen Kontextes zeigt, dass der Apostel kein Äquivalent für das Leitwort „Leistung" hat, sondern eine positive Theologie des Gesetzes vertritt und zwar an entscheidenden Stellen von den unüberschreitbaren Grenzen menschlichen Handelns spricht, aber nicht nur unter dem Aspekt, dass ein Jude vor Gott nicht auf Anerkennung pochen *darf,* weil er ihn sonst zum Handelspartner machte, sondern weit mehr noch unter dem Aspekt, dass er sein Heil nicht selbst schaffen *kann,* weil er noch im Moment intensivsten Gesetzeseifers Sünder ist; dies erweise sich durch seine Übertretungen (Röm 2,17–29), in denen sich die Verflechtung in Adams Schuld zeige (Röm 5,12–21; 7,7–25).[49] Hermeneutisch könnte das Leistungsparadigma, obgleich es gegen

---

48 Wichtig sind die Studien von Jacob Neusner; vgl. nur seine auf Deutsch erschienene Monographie: Das pharisäische und talmudische Judentum. Neue Wege zu seinem Verständnis, Tübingen 1984.

49 Röm 4,16 („Deshalb gilt: ‚aus Glauben', damit auch gilt: ‚aus Gnade'") wird zwar häufig als Beleg angeführt, aber die Pointe liegt auf der Gültigkeit der Verheißung, die nach Gen 15,6 im Glauben angenommen wird; so auch Eduard Lohse, Der Brief an die Römer [KEK 4], Göttingen 2003, 155. Der (an sich mehrdeutige) Gegensatz zwischen der „eigenen Gerechtigkeit" und der Gerechtigkeit Gottes in Röm 10,3 und Phil 3,9, der gleichfalls als Beleg für die Verdienstlichkeitsthematik gilt, hat, wie aus dem Kontext ersichtlich, seine Pointe nicht darin, dass die eigenen Kräfte des Juden, das Gesetz zu tun, gegen Gottes Gnade gestellt werden, sondern dass dem „Eifer für Gott" die Erkenntnis des Christusglaubens fehlt (Röm 10,2) und dem „tadellosen" Leben nach dem Gesetz die Offenbarung Jesu Christi (Phil 3,6–9); vgl. auch Peter Stuhlmacher, Der Brief an die Römer (NTD 6), Göttingen 1989, 140; Nikolaus Walter, Der Brief an die Philipper (NTD 8/2), Göttingen 1998, 78f. Freilich herrscht die Sünde über das Gesetz auch dadurch, dass es zum „Selbst-Ruhm" verführt (Röm 2,17–24); das interpretiert tiefdringend im Sinne der existenzialen Frage, ob Identität durch Leistung zu begründen sei, Hans Hübner, Das Gesetz bei Paulus. Ein Beitrag zum Werden der paulinischen Theologie (FRLANT 119), Göttingen ²1982 [¹1977]. Doch geht es – im Unterschied zu 1Kor 1,31 (Jer 9,22f), wo aber das Gesetz keine Rolle spielt – in Röm 2 nicht um das stolze Vorzeigen eigener Gebotserfüllungen, deren Anerkennung vor Gott eingeklagt würde, sondern um den Verweis auf die Erwählung Israels vor den Völ-

eine Moralisierung des Evangeliums gerichtet ist, selbst einem sublimen Moralismus Vorschub leisten, wenn es den Eindruck erweckte, es ginge im Rechtfertigungsglauben zentral um die Lösung des Problems, dass ein Mensch sich gerade in seiner Religiosität und mit Hilfe des Gesetzes auf die selbe Stufe wie Gott erheben wolle. Das Drama der Heiden, die Gott erkennen, aber die Götzen verehren (Röm 1,19ff), das Drama der Juden, die „Eifer für Gott" (Röm 10,2), aber nicht den Glauben an Jesus Christus haben, und das Drama der Christen, die angesichts der Erwählungsgeschichte Israels zweifeln, ob allein der Glaube selig mache (Gal 3,1–4), wird erst dann sichtbar, wenn sich klärt, dass die Grundfrage des Evangeliums lautet, ob Gott durch Jesus Christus, den auferweckten Gekreuzigten, mit seiner Liebe im Recht ist.

b) Das Paradigma der Partizipation

Seit den 70ern hat sich, besonders in Amerika und England, ein neues Paradigma der Paulusdeutung entwickelt, das nicht die Frage der religiösen Leistung, sondern der Partizipation an der Gnade, am Heil, an der Kirche, letztlich am Reich Gottes als entscheidend ansieht. [50]

(1) Kritik der Anthropozentrik

Ein wesentlicher Anstoß kommt aus dem jüdisch-christlichen Dialog. Man verdächtigt – worüber sich streiten lässt – die traditionelle Ausgestaltung der Rechtfertigungsexegese als – mindestens latent – antijüdisch, weil sie das Judentum als Religion der Werkgerechtigkeit deute. [51] Man sucht stär-

---

kern, der durch eigene Taten nicht gedeckt, vielmehr durch Gebotsübertretungen konterkariert wird; so auch Eduard Lohse, Röm, 109–122.
50 Kritisch aufgearbeitet von Karl-Wilhelm Niebuhr, Die paulinische Rechtfertigungslehre in der gegenwärtigen exegetischen Diskussion, in: Th. Söding (Hg.), Rechtfertigungslehre, 106–130; konstruktiv weitergeführt von Martin Karrer, Rechtfertigung bei Paulus. Eine Reflexion angesichts der aktuellen Diskussion, in: Kerygma und Dogma 46 (2000), 126–155; Michael Theobald, Der Römerbrief (EdF 294), Darmstadt 2000. Reserviert bleibt – weil er einen Mangel an anthropologischer Reflexion kritisiert – Eduard Lohse, Theologie der Rechtfertigung im kritischen Disput – zu einigen neuen Perspektiven in der Theologie des Apostels Paulus, in: Göttingische Gelehrte Anzeigen 249 (1997), 66–81. Eine umsichtige Kritik formuliert Peter Stuhlmacher, Revisiting Paul's Doctrine of Justification, Downers Grove 2001.
51 Diese Kritik wird maßlos überzogen von Rosemary Radford Ruether, Nächstenliebe und Brudermord. Die theologischen Wurzeln des Antisemitismus (engl: Faith and fraticide. The theological Roots of Anti-semitism [1975]). Mit einem Vorwort von G. Baum und einem Nachwort von Peter von der Osten-Sacken

ker als bislang nach substanziellen alttestamentlich-neutestamentlichen und jüdisch-christlichen Gemeinsamkeiten im Verständnis der Rechtfertigung.[52] Man betont die Gnade Gottes in der alttestamentlichen und der jüdischen Soteriologie[53] und die Bedeutung des Gesetzes im Neuen Testament, auch bei Paulus.[54]

Ein zweiter Anstoß kommt aus dem Bestreben, die religionssoziologische Dimension der Rechtfertigungslehre zu würdigen, ihren „Sitz im Leben" in der paulinischen Missionstheologie zu erkennen und auf diese Weise die ekklesialen Dimensionen des Rechtfertigungsgeschehens plausibel zu machen. *Krister Stendahl,* lutherischer Bischof, interpretiert die „Gesetzesfreiheit" als Voraussetzung der Völkermission und Konsequenz der Glaubenseinsicht, auch die Heiden hätten ihren Platz im eschatologischen Gottesvolk[55]. In dieser Linie thematisiert *James D.F. Dunn* die „Werke des Gesetzes" als *identity markers,* die wesentlich der Unterscheidung zwischen Juden und Völkern dienten, in dieser Funktion aber durch Jesus Christus außer Kraft gesetzt worden seien.[56]

Ein dritter Anstoß kommt daher, dass in der englischsprachigen Welt andere reformatorische Traditionen als die lutherische sich verstärkt zu Wort melden. Einen wesentlichen Einfluss übt die reformierte Bundestheologie aus. Sie hatte immer den Zusammenhang zwischen den beiden Testa-

---

(Abhandlungen zum christlich-jüdischen Dialog 7), München 1978. Kritisch: Erich Gräßer, Der Alte Bund im Neuen. Exegetische Studien zur Israelfrage im Neuen Testament (WUNT 35), Tübingen 1985, 201–212.

52 Einen Durchbruch erzielte Ulrich Wilckens, Der Brief an die Römer I–III (EKK VI/1–3), Neukirchen-Vluyn 1979–1982. Auf katholischer Seite unterstützt diese Richtung u. a. Helmut Merklein, Paulus und die Sünde (1996), in: Ders., Studien zu Jesus und Paulus II (WUNT 105), Tübingen 1998, 316–356.

53 Vgl. Frank-Lothar Hossfeld, Gedanken zum alttestamentlichen Vorfeld der paulinischen Rechtfertigungslehre, in: Th. Söding (Hg.), Rechtfertigungslehre, 13–26.

54 Sehr weit geht darin Meinrad Limbeck, Das Gesetz im Alten und Neuen Testament, Darmstadt 1997, 115–128.

55 Paul among Jews and Gentiles, Philadelphia 1978. Das kann man schon deshalb nicht von der Hand weisen, weil Paulus im Ersten Thessalonicherbrief – ohne explizite Rechtfertigungstheologie – eine Theologie der Berufung auch der Völker ins Reich Gottes (1Thess 2,12) schreibt. Nur ist es so, dass die Paulusgegner in Galatien, die von den dortigen Heidenchristen die Beschneidung verlangen, gleichfalls Völkermission betreiben.

56 The New Perspective on Paul, in: BJRL 65 (1983), 95–122; ders., The Theology of Paul the Apostle, Edinburgh 1998, 334–389. Dafür spricht, dass die Beschneidung und die Speisevorschriften unzweifelhaft die Funktion dieser Unterscheidung erlangt haben. Nur fragt sich, ob die „Werke" *deswegen* ausgeschlossen werden. Das scheint eher die Perspektive des Epheserbriefes als der paulinischen Homolegoumena zu sein.

menten programmatischer und unter stärkerer Gewichtung der Hebräischen Bibel hervorgehoben als die lutherische Dialektik von Gesetz und Evangelium, auch wenn diese keineswegs das Verhältnis der beiden Testamente abbildet. *Ed P. Sanders* sieht im „Bundesnomismus"[57] eine Judentum und Christentum gemeinsame Grundkategorie, die nur verschieden ausgestaltet sei: Dort gelange man durch die Beschneidung, hier durch Glaube und Taufe in den Bund; dort entspreche man dem Bundesverhältnis durch den Gesetzesgehorsam, hier durch den Glauben, der in der Liebe wirksam ist (Gal 5,6) und in der Liebe das Gesetz erfüllt (Gal 5,13f; Röm 13,8ff). Die Unterscheidung und Verbindung zwischen *getting in* und *staying in* erinnert an *John Wesley* und seine Theologie der Heiligung.[58]

(2) Kritik der Kritik

Die Vorstöße haben den Vorteil, einen latenten Individualismus der westlichen Rechtfertigungslehre zu transzendieren und unter geschichtlicher Rücksicht den Zusammenhang von Kirche und Rechtfertigung aufzuweisen. Sie öffnen neue Zugänge zur Verbindung beider Testamente, zum Verhältnis Kirche – Israel, zur Sakramentalität der Taufe, zur heiligenden Kraft der Gnade und zur Verbindung von Soteriologie und Ethik. Dennoch werfen sie Fragen auf.[59] Sie hängen damit zusammen, dass die Bedeutung der Sündenthematik und der Christusbeziehung nicht unterschätzt werden darf.

Zum einen hat die Rechtfertigungslehre zwar eine ekklesiale Dimension, fokussiert aber die Soteriologie. Sie hat die Kraft, eine gültige Antwort auf Adams Frage zu liefern (Röm 7,24):

---

57 Paul and Palestinian Judaism. A Comparision of Patterns of Religion, London 1977 (dtsch. 1985); Paul, the Law and the Jewish People, Philadelphia 1983, 17–64; Paul, Oxford 1991 (dtsch. 1995). Der „Bundesnomismus" ist aber samt der Differenzierung von Initiation und Partizipation eine christliche Konstruktion; vgl. Hans-Martin Rieger, Eine Religion der Gnade. Zur „Bundesnomismus"-Theorie von E.P. Sanders, in: Friedrich Avemarie / Hermann Lichtenberger (Hg.), Bund und Tora. Zur Begriffsgeschichte in alttestamentlicher, frühjüdischer und urchristlicher Tradition (WUNT 92), Tübingen 1996, 129–161. Überdies ist der rechtfertigende Glaube keineswegs nur Bekehrung, sondern auch die Energie der Agape (Gal 5,6).

58 Vgl. Thomas Rigl, Die Gnade wirken lassen. Methodistische Soteriologie im ökumenischen Dialog (Konfessionskundliche und kontroverstheologische Studien 73), Paderborn 2001.

59 Ausführlicher habe ich sie diskutiert in: Der Skopos der paulinischen Rechtfertigungslehre. Exegetische Interpretationen in ökumenischer Absicht: ZThK 97 (2000), 404–433.

Ich elender Mensch,
wer wird mich aus diesem Leib des Todes retten?

Diese Frage bricht in ihrer ganzen Dramatik auf, wenn gesehen wird, dass nicht nur die Unausweichlichkeit des Todes, sondern das Faktum der Sünde alle Aussicht auf Heil verstellt. Ohne individuelle Vergebung und ohne die Ausschaltung der universalen Unheilsmacht der Sünde kann es keine Hoffnung auf Rettung geben. Die Antwort gibt Gott nicht schon durch das Gesetz, sondern in Christus (Röm 5,1–5). Dass ein einzelner Mensch nie nur für sich allein gerettet werden könnte (Röm 14,7ff) und dass zu seiner Begnadigung die Teilhabe am Glaubensleben der Kirche gehört (Gal 3), kann die anthropologische Dimension der Rechtfertigung nicht irritieren, wohl aber interpretieren. Diese Anthropologie steht in einem wesentlichen Verhältnis mit der Christologie und Theologie. Paulus treibt Rechtfertigungstheologie aus Liebe zu Christus und zur größeren Ehre Gottes (Gal 2,16–21; Röm 8,31–39). Ohne dies gäbe es kein Heil für die Menschen. Nur so kann erklärt werden, dass der *Glaube* das „Ich" (Gal 2,19f) und das „Wir" (Gal 2,15f) der Christen prägt.[60]

Zum anderen reflektiert Paulus in der Rechtfertigungslehre auch die bedrückende Einsicht, dass selbst das Gesetz keine Schutzmauer gegen die Sünde aufbauen kann (Gal 3; Röm 3,1–20; 5,1–21) und dass, mehr noch, die Sünde sich sogar durch Gesetzesgehorsam in Szene zu setzen vermag. Das war im Leistungsparadigma richtig erkannt, aber problematisch auf die angebliche Leistungsmentalität der jüdischen Frommen bezogen worden. Paulus sagt das aber nicht. Seine Pointe: Wer „Werke des Gesetzes" tut, weil er dem Gesetz Heilseffizienz zutraut, setzt auf sein Tun (Röm 4) und damit auf das, was er mit Gottes Hilfe vollbringen kann; er verkennt dabei aber sowohl seine Verstrickung in die Unheilsmacht der Sünde (Röm 7) als auch die Überfülle der Gnade, die ihm gerade durch das zuteil wird, was Jesus Christus – mehr als genug – für ihn getan hat (Röm 8). Indem sie gerade dies in betrügerischer Absicht verschleiert, macht sich die Sünde, wie Paulus es sieht, den Gesetzeseifer Israels zunutze: Er führt dazu, den Gekreuzigten nicht als den messianischen Gottessohn zu erkennen (1Kor 1,21ff) und die Heidenmission zu behindern (1Thess 2,12ff). Wenn hingegen Christen meinen, nur durch die Beschneidung zum Gottesvolk gehören und nur durch Gesetzesgehorsam zum ewigen Leben zu gelangen (Gal 3,1–5), verkennen sie, was die Taufe bedeutet und dass der Glaube nicht die Heilsbedeutung des Gesetzes etabliert, sondern das Gesetz gerade deshalb erfüllt, weil er *Jesus Christus* als den Heiland

---

60 Vgl. Udo Schnelle, Paulus. Leben und Denken, Berlin 2003, 565–627, bes. 598–606: „Der Glaube als Neuqualifikation des Ich".

erkennt und somit zu der Liebe findet, die in Teilhabe an der Liebe Jesu Christi das Gesetz erfüllt.[61]

(3) Hermeneutische Integration

Hält man daran fest, dass die paulinische Gesetzeskritik zur Erfüllung des Gesetzes führen soll (Gal 5,13f; Röm 3,31; 13,8ff) und dass die bundestheologischen Zusammenhänge zwischen der Treue Gottes und der Untreue des Volkes wie einzelner Menschen durch Christus „ein für allemal" (Röm 6,10) heilschaffend neu definiert werden (Röm 9–11), ergeben sich neue Verstehensmöglichkeiten der Rechtfertigungslehre. In theozentrischer und christologischer Hinsicht werden die ekklesialen und sakramentalen Bezüge der Rechtfertigung, ihre Schriftbasis und ihre bundestheologische Einbindung deutlich. Es gewinnt auch der Partizipationsgedanke an Format.[62] Seine biblische Entsprechung ist dort zu suchen, wo von *Koinonia* die Rede ist. Bei Paulus hat sie eine implizit trinitarische Struktur (2Kor 13,13), in der Christologie, Soteriologie und Ekklesiologie aufeinander bezogen werden. 1Kor 10,16f weist auch die eucharistische Basis hin: Es ist die Teilgabe der Glaubenden an Leib und Blut Jesu Christi, die zur wechselseitigen Anteilnahme in der Kirche führt (1Kor 12,12–27). Es ist der „treue Gott", der alle Christen „zur Gemeinschaft mit seinem Sohn Jesus Christus berufen hat" (1Kor 1,9). Es ist die „Gemeinschaft mit seinem Leiden", die der rechtfertigende Glaube als Mitte des ganzen Lebens sucht (Phil 3,10).

Entscheidend ist der Heilige Geist.[63] Er ist es, der nicht nur zum Hören des Evangeliums und zum Glauben führt; er löst aus dem Schuldzusammenhang heraus, der seit Adam auf der Welt lastet, und gliedert in die Kirche ein (1Kor 12); er überwindet die Trennungen zwischen Jude und

---

61 So wird der gut alttestamentliche (Lev 18,5; vgl. Gal 3,12) und jüdische (vgl. 4Esr 7,35; syrBar 48.38ff) Satz Röm 2,13 rechfertigungstheologisch eingeholt: „Nicht die sind vor Gott gerecht, die das Gesetz hören, sondern er wird die für gerecht erklären, die das Gesetz tun." Hier ergeben sich – für manchen unerwartete – Parallelen zu Mt 7,21 und 25,31–46 sowie zu Jak 1,22.25, aber auch zum Täufer (Mt 3,9f par.).
62 Gute Beobachtungen sammelt die Leidener Dissertation von Daniel Glenn Powers, Salvation through Participation. An Examination of the Notion of the Believers' Corporate Unity with Christ in Early Christian Soteriology (CBET 29), Leuven 2001.
63 Einige Beobachtungen dazu habe ich angestellt in: Das Wehen des Geistes. Aspekte neutestamentlicher Pneumatologie, in: Bernhard Nitsche (Hg.), Atem des sprechenden Gottes. Einführung in die Lehre vom Heiligen Geist, Regensburg 2003, 21–71.

Grieche, Sklave und Freier, Mann und Frau (Gal 3,28); er schafft die Koinonia der Christen durch die Anteilgabe am Leib und Blut Christi (1Kor 10,16f), er verbindet die Glaubenden mit Christus und durch ihn mit Gott, dem Vater (Röm 6,1–23; 8,1–11); er gibt Anteil an der Gnade, an den Charismen und am Dienst der Kirche; er ist die schöpferische Kraft, die schon hier und jetzt (Gal 6,16; 2Kor 5,20) den Vorgeschmack der Vollendung spüren lässt, die Kraft der Auferstehung von den Toten (Röm 4,17). Dass der Gerechtfertigte nach wie vor sich als schwacher Mensch und als Sünder bekennen muss, der beten muss, nicht in Versuchung geführt zu werden, und auf Gottes schöpferische Gnade nicht nur angewiesen *war*, sondern *bleibt*, unterstreicht die Notwendigkeit der *sanctificatio continua* durch den Geist, die im „Ein für allemal" des Heilstodes wie der Auferstehung Jesu, deshalb in der *per definitionem* einmaligen Taufe angelegt ist. Gleichzeitig wird durch die Erinnerung daran, dass die Unheilsmacht der Sünde erst durch die allgemeine Auferstehung der Toten endgültig besiegt sein wird (1Kor 15,20–28) und, solange die Zeit währt, auch die Glaubenden ihrem Sog sich aus eigener Kraft nicht entziehen können, deutlich, dass diejenige Partizipation, auf die hin die Rechtfertigung geschieht, gerade die Weise radikaler Angewiesenheit auf Gott ist, die in der gläubigen Hingabe an Gott kraft des Geistes „mit" Jesus Christus gelebt wird.

(4) Das Recht der Liebe

In dieser Perspektive wird auch deutlich, in welchem Sinn Paulus Heil als Rechtfertigung versteht und Gnade als Erweis der Gerechtigkeit. Vorausgesetzt ist zweierlei: Es gibt keine Vollendung ohne Gericht, weshalb Gottes Offenbarung der Gerechtigkeit die Offenbarung seines Zornes umschließt (Röm 1,16f.18ff)[64], und es gibt kein Gericht ohne Lohn (1Kor 3,8; 2Kor 5,10), den Gott rein nach Gnade zumisst (Röm 4,4), weshalb „wir, jetzt durch sein Blut gerecht gemacht, durch ihn erst recht vor dem Gericht Gottes gerettet werden" (Röm 5,9). Dass Gott *den Glaubenden* gerechtspricht und *den Gottlosen* (Röm 4,17; vgl. 5,6–11) auf seinen (von ihm selbst erschaffenen) Glauben hin, verleiht der Rechtfertigung die Dimension der Neuschöpfung (Gal 6,15; 2Kor 5,17) und hebt sie doch von jeder Willkür ab, da die Gottlosigkeit Gottes Gnade keine Grenze setzt

---

64 Präzise: Helmut Merklein, Gericht und Heil. Zur heilsamen Funktion des Gerichts bei Johannes dem Täufer, Jesus und Paulus (1990), in: Ders., Studien zu Jesus und Paulus II (WUNT 105), Tübingen 1998, 60–81. Weitere Hinweise gibt Matthias Konradt, Gericht und Gemeinde. Eine Studie zur Bedeutung und Funktion von Gerichtsaussagen im Rahmen der paulinischen Ekklesiologie und Ethik im 1Thess und 1Kor (BZNW 117), Berlin 2003.

und im Glauben der vom Geist erfüllte Mensch dem Gottsein Gottes entspricht.[65] Dass Gott „seine Gnade nicht reut" (Röm 11,29) und er seiner Verheißung treu bleibt (1Kor 1,9), zeigt, aus welchem Grund Gott sich selbst als gerecht erweist, wenn er den Glaubenden rechtfertigt (Röm 3,25f)[66]. Gottes Gerechtigkeit versteht Paulus nicht nur als Unparteilichkeit (Röm 2,1; vgl. Eph 6,9), als Übereinstimmung von Reden und Tun, als Verlässlichkeit und Klarheit seines Heilswillens; vor allem ist sie die Verwirklichung des Gottseins Gottes und die Gestaltung des Verhältnisses zu seiner Schöpfung und seinen Geschöpfen gemäß der seinem Wesen entsprechenden Schöpfungs- und Erlösungsordnung (Röm 3,5; 9,14). In der Rechtfertigung des Glaubenden entspricht Gott seinem Wesen, das reine Liebe ist (Röm 8,31–39).[67] Seine Gerechtigkeit gleicht nicht nur aus, sie ist schöpferisch. Sie setzt Recht und transzendiert es zur Gnade, unendlich weit über menschliche Möglichkeiten hinaus. Irdische Gerechtigkeit ist wegen der menschlichen Schuld und Schwäche immer ein Zwangsinstrument[68], himmlische hingegen aufgrund der Schöpferkraft und des Erlösungswillens Gottes ein Vorgang radikaler Befreiung vom Unrecht, nämlich seiner Überwindung und Aufhebung durch das Gute. Die *iustitia distributiva* ist nicht außer Kraft gesetzt; aber sie wird überführt in die *iustitia creata*. Gott gibt Jedem das Seine und Jeder das Ihre *(suum cuique)*, indem er sie als die bejaht, die sie als sein Ebenbild (Gen 1,26f) sind: als diejenigen, die er ins Leben gerufen hat, damit sie glauben, hoffen und lieben – und durch Jesus Christus gerettet werden. Den Opfern verhilft er – jenseits der Rache – zu ihrem Recht, indem er ihr Leid in Freude, ihren Tod ins Leben verwandelt. Die Täter, d.h. die Sünder, rettet er nicht dadurch, dass er ihre Untaten einfach hingehen lässt, sondern verurteilt, aber die tödlichen Folgen ihrer Schuld auf sich nimmt, indem Jesus, sein Sohn, sie stellvertretend sühnt (Röm 3,21–31). Die Glaubenden sind die, die auf diese frohe Botschaft ihr ganzes Leben gründen und deshalb wissen, dass Gott sie nicht verurteilt, sondern rettet (Röm 8,1ff).

---

[65] Betont von Wolfhart Pannenberg, Hintergründe des Streits um die Rechtfertigungslehre in der evangelischen Theologie: SBAW. Phil-hist. Klasse 2000/3.
[66] Eduard Lohse (Röm, 136) erklärt, dass Vers 26 nicht konsekutiv, sondern final zu verstehen ist.
[67] Das ist der – aus dem Zusammenhang von Röm 3 und Röm 8 herauszulesende – Grundgedanke des Thomas von Aquin (S.th. I 21,3f).
[68] Gezeigt von Immanuel Kant: Metaphysik der Sitten, Rechtslehre B 37.

4. Konsequenzen für die Ökumene

Die „Gemeinsame Erklärung" ist ein Konsens-Dokument des *lutherisch-katholischen* Dialoges. Sie kann durch eine multilaterale Perspektive nur an Substanz gewinnen, sowohl was die verbindenden Gemeinsamkeiten und die Bewertung der verbliebenen Unterschiede, als auch was ihre Aktualisierung betrifft. Eine Schlüsselstellung gewinnt die Bestimmung der Relation zwischen dem Zeugnis der Schrift und den Auslegungen, die für die Konfessionen prägende Kraft erhalten haben.

a) Kritische Rekonstruktion und Aktualisierung ökumenischer Konsensbildung

Die Rechtfertigungslehren Martin Luthers und des Trienter Konzils sind von der Rechtfertigungslehre des Apostels Paulus nicht zu trennen, aber zu unterscheiden. Luther greift eine legitime Interpretationsmöglichkeit auf und spitzt sie aus Gründen ihrer Aktualisierung zu; Trient schöpft nicht die schriftgemäße Rechtfertigungstheologie aus, sondern konzentriert sich auf die pastoralen Fragen, die seinerzeit vordringlich waren, und auf die sakramentalen wie ekklesialen Aspekte. An den Differenzen zwischen Paulus einerseits, Luther und Trient andererseits zeigt sich die entscheidende theologische Herausforderung für die Ökumene und ihr Schriftverständnis. In den Bahnen westlicher Hermeneutik gesprochen: Wenn prinzipiell richtig ist, dass Lehre *secundum scripturas* zu entwickeln ist, bleibt aus Respekt vor der theologischen Ausdruckskraft von Konzilien und Theologen die Aufgabe einer Rekonstruktion und Reinterpretation ihrer Aussagen im Lichte des Evangeliums, wie es grundlegend in der Bibel bezeugt ist. Eine Aktualisierung kann nicht nur bei den je spezifischen konfessionellen Besonderheiten ansetzen, sondern muss auf das gemeinsame Grundverständnis der Heiligen Schrift zurückgehen – nicht um die Auslegungstraditionen zu relativieren, sondern um sie als Interpretationen verstehen zu können.

Bei Luther dominiert die individuelle Heilsfrage, so auch in Trient. Die Kirche ist in Trient der rettende Ort und die Mittlerin der Gnade, bei Luther die Gemeinschaft derer, die Gottes Vergebungswort hören und bezeugen. Paulus hingegen stellt die Frage nach der Rettung derer, die Gottes Herrlichkeit ermangeln (Röm 3,23), in den Kontext der Verwirklichung des universalen Abrahamssegens (Gen 12; Gal 3; Röm 4) und der Rettung ganz Israels (Röm 11,26), letztlich der Aufrichtung der Herrschaft Gottes (Röm 14,17). Er verbindet im Zeichen der Rechtfertigung Schöpfung und Erlösung (Röm 8). Er setzt theozentrisch und christologisch an; er zeigt, wie Gott seinen ursprünglichen, mit der Schöpfung angelegten Heilsplan vollendet und wie Jesus Christus die Liebe Gottes durch seinen Tod und seine Auferweckung gerade so verwirklicht, dass die Glaubenden durch ihre Rechtfertigung gerettet werden. Die paulinische Rechtfertigungslehre zielt weder – wie die lutherische – auf religiöses Anspruchsdenken noch – wie die tridentinische – auf religiöse Laxheit, sondern auf die Überzeugung, ohne Beschneidung nicht gerettet werden zu können und durch die „Werke des Gesetzes" dem Heilswillen Gottes so vollkommen entsprechen zu können, wie dies menschenmöglich ist. Diese Kritik dient freilich dem Trost: Wem gesagt wird, dass Jesus Christus alle Glaubenden rettet, wird von der tiefer sitzenden Angst befreit, Gott könne den sündigen Menschen, Juden wie Heiden, mit Jesus nicht *alles* gegeben haben und schenken werden (Röm 8,32). Hier wird der Ansatzpunkt für das lutherische, aber auch das tridentinische Verständnis sichtbar, das im einen wie im anderen Fall durch Augustinus vorgeprägt ist.

Das Gespräch mit der Orthodoxie wird den Weg über die Einordnung des Paulus und seiner Rechtfertigungslehre in das Gesamt der Schrift zu gehen haben, wie dies auch im katholisch-lutherischen Dialog begonnen worden ist, und die patristischen Zeugnisse stärker einbeziehen müssen, als dies in der westlichen Ökumene bislang geschehen ist. Freilich wird es auch darauf ankommen, zu hören, wie die orthodoxe Theologie die Soteriologie der Gerechtigkeit Gottes und der Rechtfertigung versteht.

b) Die Kritik religiöser Verdienste

Das Leistungsparadigma ist im Moment seines ökumenischen Triumphes exegetisch in die Krise geraten. Deshalb ist es nicht schon überholt. Die Kritik religiösen Verdienstlichkeitsdenkens und leeren Ritualismus ist ein großes Thema bereits der alttestamentlichen Prophetie. Wie Jesus im Gleichnis vom Pharisäer und Zöllner, der „gerechtfertigt" nach Hause geht, gesagt hat (Lk 18,9–14), ist es die Versuchung der Frommen, sich mit ihrer Religiosität vor Gott in Szene zu setzen – auf Kosten der Sünder. So ist die Sünde, die religiöse Praxis dem *do ut des* zu unterwerfen, durchaus im Blickfeld paulinischer Gesetzeskritik, wenngleich nicht als deren genuiner Skopos. Mehr noch: In der katholischen Exegese und Ökumene hat die Neuinterpretation Luthers durch die existenziale Theologie eine erhebliche Rolle bei der notwendigen Kritik ritualistischer Kirchlichkeit und ethisierender Soteriologie gespielt. Daraus dürfte sich zum nicht geringsten Teil die Attraktivität der Deutung Bultmanns in der katholischen Exegese zur Zeit des Zweiten Vatikanums erklären [69]

Die Konsensdokumente zur Rechtfertigungstheologie verfolgen prinzipiell eine ähnliche Richtung. Die Rechtfertigungslehre richtet sich, als kritisches Prinzip verstanden, gegen jede noch so sublime Form von Selbsterlösung und Verdienstdenken. So heißt es in GER 17:

> Gemeinsam sind wir der Überzeugung, dass die Botschaft von der Rechtfertigung uns in besonderer Weise auf die Mitte des neutestamentlichen Zeugnisses von Gottes Heilshandeln in Jesus Christus verweist: Sie sagt uns, dass wir Sünder unser neues Leben allein der vergebenden und neuschaffenden Barmherzigkeit Gottes verdanken, die wir uns nur schenken lassen und im Glauben empfangen, aber nie – in welcher Form auch immer – verdienen können.

In „Lehrverurteilungen – kirchentrennend?" dominiert die Leistungsthematik noch stärker. Dies erklärt sich aus dem Umstand, dass dort die Kontroversen des 16. Jahrhunderts im Vordergrund stehen, aber auch aus der Tatsache, dass die rezipierte – wenig betonte – Exegese gleichfalls das Leistungsthema als entscheidend ansah [70]. Die Konsensdokumente klammern meist die Frage aus, inwieweit die Kritik des Verdienstlichkeitsdenkens auch Kirchen- und Amtskritik umschließt. Sie zielen auf die urmenschliche Versuchung, die Sünde Adams zu wiederholen, gerade auf dem Feld des Religiösen (GER 19. 25. 28. 31. 34. 37). Sie zielen zugleich auf die (vermuteten) Missverständnisse der eigenen Position beim anderen, die man aufklären will: dass Leistungskritik nicht die Ethik relativiere (GER 39) und Ethik nicht den Glauben (GER 38), dass die Betonung der *gratia aliena* nicht die Freiheit, die Mühe und Arbeit des Glaubenden marginalisiere (GER 26) und die Betonung der „*cooperatio*" nicht die Gnade Gottes (GER 20).

Die ökumenische Fruchtbarkeit des Leistungsparadigmas kann nicht bezweifelt werden. Vielleicht ist keine Religion so sehr der Versuchung ausgesetzt ist, die Soteriologie zu moralisieren, wie das (lateinische) Christentum; die Theologiegeschichte der abendländischen Kirche hält viele Belege für die These bereit. In der Reformation wurde jene Gefährdung aufgedeckt. Dass bis heute die meisten – guten – Predigten über die Recht-

---

69 Paradigmatisch: Josef Blank, Warum sagt Paulus: „Aus Werken des Gesetzes wird niemand gerecht"? (1969), in: Ders., Paulus. Von Jesus zum Urchristentum, München 1982, 42–68.
70 Signifikant ist die Studie von Karl Kertelge, Rechtfertigung aus Glauben und Gericht nach den Werken bei Paulus, in: Karl Lehmann (Hg.), Lehrverurteilungen – kirchentrennend?, II 173–190.

fertigung und die meisten – weiterführenden – Aktualisierungen bei der Leistungsthematik ansetzen, spricht für die hermeneutische Ausdruckskraft dieses Paradigmas. Dass die ökumenischen Texte (wie die meisten Systematiken) den exegetischen Konsens der 60er und 70er Jahre aufnehmen, ist nicht zu leugnen. Dennoch müssen Schlussfolgerungen aus dem exegetischen Paradigmenwechsel gezogen werden, so wenig die Ökumene vom jeweiligen Forschungsstand der Bibelwissenschaft abhängig zu machen wäre.

c) *Hoffnung auf Gerechtigkeit*

Nimmt man ernst, dass Paulus jedenfalls im Römerbrief seine Rechtfertigungslehre als Theologie der Gerechtigkeit entfaltet und dass mithin in der Deutung das Partizipationsparadigma Berücksichtigung finden müsste, würde der in der „Gemeinsamen Erklärung" erzielte Konsens nicht destruiert, sondern auf ein breiteres Fundament gestellt und für neue Dimensionen geöffnet.

(1) Die Rechtfertigungslehre würde neu als Auslegung des Evangeliums Jesu sichtbar. Die Gleichnisse vom verlorenen Sohn und von den Arbeitern im Weinberg, die Beispielerzählungen vom Pharisäer und Zöllner und vom barmherzigen Samariter, die Tempelaktion und die Gastmähler Jesu mit Sündern würden als Vorgaben deutlich, die durch die Rechtfertigungslehre präzise gedeutet würden. Ohne dass die Unterschiede zu Matthäus geleugnet werden könnten, erwiese sich als engste Parallele die Seligpreisung (5,6) [71]:

> Selig, die hungern und dürsten nach der Gerechtigkeit;
> sie werden satt werden.

(2) Die Rechtfertigungstheologie würde programmatisch – und zwar aus Gründen patrozentrischer Christologie – gesamt-biblisch entfaltet. [72] Sie steht im großen Kontext von Schöpfung und Erlösung (vgl. Röm 8). Im Alten Testament ist die Gerechtigkeit Gottes nicht nur ein großes Thema der Theologie. *Hermann Spieckermann* halt vielmehr kürzlich gezeigt, dass sich die Gerechtigkeit im Laufe der Theologiegeschichte Israels wandelt „von einer Wesenheit in der Gottesnähe zum Wesen von Gott selbst",

---

71 Allerdings setzt dies voraus, dass *dikaiosyne,* anders als Ulrich Luz (Das Evangelium nach Matthäus I [EKK I/1], Neukirchen-Vluyn ⁵2002, 283f) und Hubert Frankemölle (Matthäuskommentar 1, Düsseldorf 1994, 211) auslegen, *nicht* zuerst die (ethische) Gerechtigkeit der Menschen, sondern Gottes meint.

72 Dabei sind die Hinweise aufzunehmen von Christoph Levin, Altes Testament und Rechtfertigung, in: ZThK 96 (1999), 161–176.

weshalb die Gerechtigkeit als „Heil in Gestalt der Rettung" erscheint und Gott „der ist, der seine rettende Gerechtigkeit als Heil wirklich und wahr macht".[73] Die entscheidende Frage, *wie* dies in radikaler Anteilnahme an der Not der Menschen und in unbedingter Liebe Gottes auch zu seinen Feinden, den Sündern, geschehen kann, führt zum heimliche Anknüpfungspunkt der paulinischen Rechtfertigungslehre (Röm 4,24; 5,15.19; vgl. Phil 2,7), der den äußersten Gipfelpunkt der Soteriologie in der *Biblia Hebraica* bildet (Jes 53,11):

> Mein Knecht, der gerechte, macht die vielen gerecht;
> er lädt ihre Schuld auf sich.[74]

(3) Die Rechtfertigungslehre würde programmatisch – und zwar gleichfalls aus Gründen patrozentrischer Christologie – immer zugleich als Theologie der Rettung ganz Israels entfaltet[75], wie Paulus dies Röm 9–11 in der Vision des Retters vom Zion gipfeln lässt (11,26; vgl. Jes 59,20f^{LXX}; Jer 31,31–34; Jes 27,9^{LXX}). Es wäre deutlich, dass die Rechtfertigungslehre einschließlich der Gesetzeskritik nicht antijüdisch, sondern projüdisch gemeint ist – und zwar im selben Maße, wie das *pro nobis* Jesu Christi im Horizont der Leidens- und Verheißungsgeschichte gedacht wird.[76] Gerade die Theologie der Gerechtigkeit Gottes ist es, die Paulus den Kardinalsatz christlicher Israeltheologie formulieren lässt (Röm 11,18):

> Nicht du trägst die Wurzel, die Wurzel trägt dich.

(4) Die Rechtfertigungslehre würde zentral – und zwar wegen der Feindesliebe Gottes in Jesus Christus – die Rettung der Glaubenden, deren „Ich" in der Teilhabe an der Liebe Jesu Christi besteht (Gal 2,19), mit der Konstituierung der Ekklesia verbinden, wo die Teilhabe am Leib Christi, durch Taufe und Eucharistie sakramental verwirklicht, das „Wir" derer konstituiert, die in Christus „Ich" sagen können. Die Rechtfertigungslehre,

---

73 Schöpfung, Gerechtigkeit und Heil als Horizont alttestamentlicher Theologie, in: ZThK 100 (2003), 399–419: 408.
74 Die LXX formuliert theozentrisch. Zu den Differenzen und ihren Einflüssen auf die paulinische Rezeption vgl. Florian Wilk, Die Bedeutung des Jesajabuches für Paulus (FRLANT 179), Göttingen 1998.
75 Dazu jetzt aus katholischer Sicht, aber mit hoher ökumenischer Integrationskraft, Päpstliche Bibelkommission, Das jüdische Volk und seine Heilige Schrift in der christlichen Bibel, 24. Mai 2001 (Verlautbarungen des Apostolischen Stuhles 152), Bonn 2002.
76 Angesprochen wird dieses Thema in: Hans Martin Dober / Dagmar Mensink (Hg.), Die Lehre von der Rechtfertigung des Gottlosen im kulturellen Kontext der Gegenwart. Beiträge im Horizont des jüdisch-christlichen Gesprächs, Stuttgart-Hohenheim 2002.

anthropologisch und deshalb auch ekklesial, ekklesial und deshalb auch anthropologisch verstanden, leuchtet in die Tiefe von Röm 5,5:

> Die Liebe Gottes ist ausgegossen in unsere Herzen durch den Heiligen Geist, der uns gegeben ist.

(5) Die Rechtfertigungslehre würde programmatisch – und zwar wegen derselben Feindesliebe Gottes in Jesus Christus – das Heil vom „Tun" des Menschen ebenso deutlich unterscheiden wie auf seine Freiheit und Verantwortung hinordnen.[77] Die Ethik konditioniert nicht die Rechtfertigung, sondern zieht ihre Konsequenz. Denn es gilt Röm 6,18:

> Ihr wurdet aus der Macht der Sünde befreit
> und seid zu Sklaven der Gerechtigkeit geworden

(6) Die Rechtfertigungslehre würde – aufgrund ihrer Verankerung in der Verkündigung Jesu und der Biblischen Theologie – neue Möglichkeiten der Applikation eröffnen. Es bliebe die Thematisierung des fatalen Leistungsdrucks in allen Fragen des Lebenssinns, des Lebensglücks, des Lebensrechts. Es bliebe die Kritik religiöser Selbstrechtfertigung, wann immer das Gesetz, die Kirche oder das eigene Ich an die Stelle Gottes träten.[78] Es bliebe auch der Trost des Glaubens, durch Christus jenseits aller Schuld gerettet zu sein. Aber es käme die Möglichkeit hinzu, die eigene Hoffnung unter das Zeichen vollendeter Gerechtigkeit und deshalb in den Horizont auch der Rettung ganz Israels zu stellen. Es würde die Verbindung zwischen der empfangenen Gnade und dem Einsatz für Gerechtigkeit klarer. Es ließe sich herausstellen, dass die Rechtfertigungslehre nicht nur zwischen Glaube und Aberglaube, sondern auch zwischen Glaube und Glaube unterscheidet, aber diese Unterscheidung ins Zeichen der Versöhnung durch Gottes Gnade stellt. Vor allem würde das Juridische, das der Verheißungstreue Gottes entspricht, für das Mystische geöffnet, das seine Liebe in Jesus Christus erkennt (Phil 3,10):

> Christus will ich erkennen und die Macht seiner Auferstehung und die Gemeinschaft mit seinen Leiden; sein Tod soll mich prägen.

---

[77] Näheres in: Die Freiheit des Glaubens. Konkretionen der Soteriologie nach dem Galaterbrief, in: Wolfgang Kraus / Karl-Wilhelm Niebuhr (Hg.), Frühjudentum und Neues Testament im Horizont Biblischer Theologie (WUBNT 192), Tübingen 2003, 113–134.

[78] Einige Beobachtungen dazu finden sich in: Der Retter ist da. Heilsverheißung und Rechtfertigung nach dem Neuen Testament, in: Wilfried Härle / Peter Neuner (Hg.), Im Licht der Gnade Gottes, 53–75.

(7) Die Rechtfertigungslehre würde neue Möglichkeiten der Teilhabe am Gespräch der Gegenwart eröffnen. Rechtfertigung ist ein Thema, das außerhalb der Theologie in den Debatten über Globalisierung und Individualität[79], über die vorpolitischen Voraussetzungen des Gemeinwesens und die vorethischen Voraussetzungen der Moral[80], über die Tribunalisierung der öffentlichen Kommunikation und den heimlichen Unschuldswahn der Gesellschaft[81] eine große Rolle spielt oder doch spielen sollte. Die Theologie bringt das Wissen vom Schöpfer und Erlöser ein, sodass sie christologisch Liebe als Gerechtigkeit und Gerechtigkeit als Liebe auslegen kann, die Sozialethik nicht gegen die Heilsverkündigung ausspielt und die christliche Israeltheologie nicht gegen die christliche Ökumene. Gleichzeitig verweigert sie sich der Theodizeefrage nicht, die Paulus unter dem zentralen Aspekt gestellt hat, wie Gott Sünde und Unheil hat zulassen (Röm 3,5) und Israel in der großen Mehrheit hat verstocken können (Röm 9,14). Die Antwort wird nicht an Gott zurückgegeben (Röm 9,20), sondern unter das Vorzeichen seines unergründlichen Geheimnisses (Röm 11,33–36) gestellt und auf den Glauben Abrahams zurückgeführt, weil seine „Hoffnung wider alle Hoffnung" (Röm 4,18) die Kraft gibt, im Vertrauen auf den totenerweckenden Gott Leiden und Tod zu bestehen (Röm 4,17):

> Er hat dem Gott geglaubt,
> der die Toten lebendig macht und das, was nicht ist, ins Sein ruft.

---

79 Eine Brücke zur Rechtfertigungslehre schlagen viele Beiträge in: Wolfgang Greive (Hg.), Rechtfertigung in den Kontexten der Welt (Dokumente 45 – Mai 2000), Stuttgart 2000; Karen L. Bloomquist / Wolfgang Greive (Hg.), The Doctrine of Justification. Its Reception and Meaning Today (The Lutheran World Federation Studies – June 2003), Genf 2003.
80 Vgl. Jürgen Habermas, Wahrheit und Rechtfertigung. Philosophische Aufsätze, Frankfurt/Main 1999.
81 Odo Marquard, Exkulpationsarrangements. Bemerkungen im Anschluss an René Girards soziologische Theorien des Sündenbocks, in: Willi Oelmüller (Hg.), Worüber man nicht schweigen kann. Neue Diskussionen zur Theodizeefrage, München 1992, 24–29.

Dorothea Sattler [1]

Ist ein Mensch trotz seines Lebens in Sünde gerecht(fertigt)?

Schwierigkeiten und Möglichkeiten der Verkündigung der Rechtfertigungsbotschaft heute

I. Hinführende Überlegungen

In einem Band, in dem jüdische Erzähltraditionen gesammelt sind, findet sich folgende Parabel:

> „Es hatte ein König viele Weingläser, und er sprach zu sich selber: Wenn ich Heißes in die Gläser gieße, zersplittern sie, und Scherben werden daraus, gieße ich aber Kaltes hinein, so bekommen sie Risse und Sprünge. Was tat der König? Er vermengte Kaltes mit Heißem und gab es in die Gläser, und sie blieben ganz. So auch der Herr. Er sprach: Baue ich die Welt allein auf Barmherzigkeit auf, die Sünde nimmt überhand; lasse ich aber die Härte des Gesetzes allein walten, wie wird da die Welt bestehen? Ich will sie nun auf Milde und Strenge zugleich begründen, und ach, dass sie dann bestehe." [2]

Nach meiner Wahrnehmung entspricht es dem religiösen Empfinden vieler Menschen heute, einen Ausgleich zwischen der Verkündigung des abgründig grundlosen Erbarmens Gottes mit den Sünder/inne/n und der bleibenden Gültigkeit seiner Forderung, seinen Weisungen zu folgen, zu suchen. Ein Schuldiger darf demnach nicht grundlos freigesprochen werden. Wird dieses Grundempfinden bei der Verkündigung der Botschaft von der Rechtfertigung der Sünder/inne/n in genügender Weise berück-

---

1 Die hier in einem Aufsatz zusammengefassten Überlegungen gehen auf zwei Redebeiträge bei Sitzungen des DÖSTA zurück und spiegeln das von Beginn der Beratungen an wahrnehmbare Bemühen, eine gemeinsame Sichtweise der Schwierigkeiten und der Möglichkeiten einer Verbindung zwischen der Rechtfertigungsbotschaft und der gegenwärtigen Verkündigungssituation zu erarbeiten. Ein Literaturbericht sowie der begrenzte Blick auf eine möglichst erfahrungsnahe Rede vom Menschen als „simul iustus et peccator" sollten diesem Anliegen dienen.
2 Emanuel bin Gorion (Hg.), Die Sagen der Juden, Frankfurt 1962, 36f (Leichter zugänglich in: Gertrude und Thomas Sartory, Weisung in Freude. Aus der jüdischen Überlieferung, Freiburg – Basel – Wien 1978, 95).

sichtigt? Erschwert nicht die Rede von einer vorbehaltlosen Bereitschaft Gottes, auch Sünder/innen als Gerechte anzunehmen, die Wirkkraft des Evangeliums? Welche Überzeugungskraft könnte eine Lehrgestalt haben, die scheinbar nicht mehr zwischen Tätern und Opfern von Gewalttaten unterscheidet? Ist dies gemeint bei der Rede von der Rechtfertigung des getauften Menschen aus Gnade allein, ohne Verdienst, allein aufgrund des Glaubens? Die Rechtfertigungsbotschaft ist in heutiger Zeit diesen Fragen ausgesetzt.

Wichtig wäre es dabei aus meiner Sicht, Folgendes zu beachten: Gottes Weisung, sündelos – ohne Formen des Gemeinschaftsbruchs – zu leben, und Gottes Evangelium, sich den Sünder/inne/n gegenüber barmherzig zu erweisen, Gesetz und Evangelium haben eine unvertretbare, bleibende Bedeutung. Die Schöpfungsordnung will das Dasein von allem Lebendigen erhalten und ihm Wohlergehen sichern. Gottes Weisung dient dieser Zielsetzung. Die Erlösungsordnung verheißt den an der Erfüllung des Gesetzes Scheiternden Gottes Gnade. Das Evangelium ermutigt dazu, Gottes Weisung nach besten Kräften zu folgen, denn das Erfahrbarwerden der Grenzen des Liebenkönnens muss nicht ängstigen.

Ich möchte im Fortgang eine Übersicht über einzelne Versuche geben, die Rechtfertigungsbotschaft in ein fruchtbares Gespräch mit Anliegen in der heutigen Verkündigungssituation weltweit zu bringen (Abschnitt II.). Sodann werde ich am Beispiel der Rede vom Menschen als „simul iustus et peccator" („zugleich gerecht und sündig") aufzeigen, dass es bereits in früherer Zeit und auch gegenwärtig Bemühungen gibt, diese Lehraussage erfahrungsnah und lebensbezogen zu deuten (Abschnitt III).

II. Einblicke in die Forschungslage

1. Grundlegende Überlegungen

Die Notwendigkeit einer Rücksichtnahme auf das Gerechtigkeitsempfinden vieler Gläubigen bei der Verkündigung der Rechtfertigungsbotschaft findet seit geraumer Zeit in entsprechenden Veröffentlichungen Beachtung:

> „Die Fragen, wie sich das Evangelium der Rechtfertigung der Sünder allein aus Glauben auf dem Hintergrund stark gewandelter und umgeformter Verstehensbedingungen verkündigen lässt, und wie es den Menschen erreicht, dem das Geschenk der Rechtfertigung gilt, gehören seit

langer Zeit zu den elementaren Herausforderungen an die evangelische Theologie."[3]

Ähnlich lautende Sachaussagen sind im Umfeld der Erarbeitung und der Rezeption der „Gemeinsamen Erklärung zur Rechtfertigungslehre (GER)"[4] mehrfach getroffen worden. Sie können sich auch auf den Wortlaut der römisch-katholischen Antwort auf die GER berufen, in der es im letzten Abschnitt heißt:

> „Schließlich sollen sich Lutheraner und Katholiken gemeinsam darum bemühen, eine Sprache zu finden, die imstande ist, die Rechtfertigungslehre auch den Menschen unserer Zeit verständlicher zu machen."[5]

Es liegen inzwischen einige Veröffentlichungen vor, in denen die Versuche von Menschen weltweit, das Geschehen der Rechtfertigung in eine neue Sprache zu fassen, dokumentiert sind. In zwei Sammelbänden hat der Lutherische Weltbund die Ergebnisse entsprechender Bemühungen der Öffentlichkeit zugänglich gemacht.[6] In ihnen wird deutlich, wie stark das Verständnis der Rechtfertigungsbotschaft von den jeweiligen sozial-politischen Rahmenbedingungen abhängig erscheint, in denen christgläubige Menschen leben. Die Gottesfrage und ethische Themen nehmen einen vorrangigen Raum in den Gesprächen auch über die Rechtfertigungsbotschaft ein.

Insbesondere in deutschsprachigen Veröffentlichungen zur Rechtfertigungslehre wird vielfach betont, es könne niemals zu einer Vermittlung zwischen dem Lebenszeitempfinden der Menschen und der biblischen Rechtfertigungsbotschaft kommen. Die empfundene Schwierigkeit, einen Erfahrungsbezug für die Verkündigungssituation anzubieten, wird dabei als grundsätzlich unüberwindbar erachtet und entsprechende Bemühungen als im Ansatz verfehlt zurückgewiesen:

---

[3] Michael Beintker, Rechtfertigung in der neuzeitlichen Lebenswelt, Tübingen 1998, Vorwort, o. S.

[4] Vgl. Gemeinsame Erklärung zur Rechtfertigungslehre des Lutherischen Weltbundes und der Katholischen Kirche, in: Harding Meyer u. a. (Hg.), Dokumente wachsender Übereinstimmung. Sämtliche Berichte und Konsenstexte interkonfessioneller Gespräche auf Weltebene, Bd. 3: 1990–2001, Frankfurt – Paderborn 2003, 419–441.

[5] Antwort der Katholischen Kirche auf die Gemeinsame Erklärung vom 25.6.1998, Nr. 8, in: Texte aus der VELKD Nr. 87 (1999), 29.

[6] Vgl. Wolfgang Greive (Hg.), Rechtfertigung in den Kontexten der Welt, Stuttgart 2000; Karen L. Bloomquist / Wolfgang Greive (Hg.), The Doctrine of Justification. Its Reception and Meaning Today, Genf 2003.

> „Solche Versuche, die Rechtfertigungslehre ‚ins Leben zu übertragen', weisen erneut auf die beiden neuralgischen Punkte hin, die die Rechtfertigungslehre und ihre Rezeption von Anfang an mit sich führen: Wie lässt sich die Unanschaulichkeit der Rechtfertigung erfassen, und was folgt aus ihr?"[7]

Diese von Gerhard Sauter gestellte Frage setzt bereits voraus, was er sodann argumentativ zu erweisen sucht: Die Unanschaulichkeit der Rechtfertigungsbotschaft ist demnach ein unaufhebbares Kennzeichen derselben. Von daher gehen jegliche Versuche grundlegend in die Irre, die nach einer Übersetzung der Botschaft in den Erfahrungsraum der Menschen suchen:

> „Diese Unanschaulichkeit bedeutet aber nichts anderes, als dass ‚ich' ‚mir' entzogen werde, indem Gott mich in die Wahrnehmung seines Handelns in Christus versetzt. Darum gehören die Rechtfertigung des Gottlosen und Glaubensgerechtigkeit dialektisch zusammen. Eines kann ohne das andere nicht gesagt werden; dies ist die Quintessenz der Rechtfertigungslehre, und so bleibt sie ein produktiver Unruhestifter innerhalb der Theologie."[8]

Demnach zeichnet es die Rechtfertigungslehre gerade aus, nicht den Maßstäben menschlichen Verstehens unterworfen zu sein, vielmehr im Letzten jeglicher geschöpflicher Einsicht entzogen zu bleiben:

> „Die Rechtfertigungslehre dient dazu, Gottes Wirklichkeitsurteil, das immer wieder von neuem ergeht, Raum zu lassen und diesen Raum auch nicht dadurch zu verstellen, dass sie einen Anspruch auf das erhebt, was wir für ‚wirklich' halten und als ‚konkret' bezeichnen."[9]

Einzelne Entwürfe, die ein notwendiges Scheitern einer Aktualisierung der Rechtfertigungsbotschaft im neuzeitlichen Lebensempfinden favorisieren, nehmen nicht selten auf die Vorgänge in Helsinki 1963 bezug.[10] Im zeitlichen Umfeld dieser Vollversammlung des Lutherischen Weltbunds sind zahlreiche Veröffentlichungen zur Thematik erschienen.[11] In Hel-

---

7 Gerhard Sauter, Art. Rechtfertigung. VII. Dogmatisch, in: TRE 28 (1997), 362.
8 Ebd.
9 Ebd.
10 Vgl. Erwin Wilkens (Hg.), Helsinki 1963. Beiträge zum theologischen Gespräch des Lutherischen Weltbundes, Berlin – Hamburg 1964.
11 Vgl. Peter Brunner, „Rechtfertigung" heute. Versuch einer dogmatischen Paraklese, in: Lutherische Monatshefte 1 (1962), 106–116; Martin J. Heinecken, Unsere geistige Lage und die Verkündigung von der Rechtfertigung, in: Lutherische Rundschau 12 (1962), 251–260; Krister Stendahl, Rechtfertigung und Endgericht, in: Lutherische Rundschau 11 (1961), 3–10.

sinki 1963 kam es aus meiner Sicht auch bereits zu hilfreichen Anregungen zum Themenfeld „Rechtfertigungsbotschaft heute", in denen eine Konzentrierung auf das Gesamt des Christusgeschehens versucht wurde.[12] Gleichwohl gelang keine einmütige Neuformulierung der Rechtfertigungsbotschaft in Helsinki 1963. Hanns Lilje, der damalige Landesbischof von Hannover, schreibt in einer „Perspektivischen Überschau" über Helsinki 1963, über die „Notwendigkeit" einer „Aktualisierung der Botschaft [...] sollte es keinen Zweifel geben."[13] Dann fügt er hinzu:

> „Leider ist nicht zu leugnen, dass in Helsinki eine Tendenz erkennbar wurde, diese Orientierung [im Hinblick auf den modernen Menschen] von vornherein mit Argwohn zu betrachten und geradezu als den Versuch einer falschen Akkomodation zu verstehen. Denn es liegt am Tage, dass unsere Generation nach einer Antwort wie der der lutherischen Rechtfertigungslehre geradezu schreit."[14]

Als Nachweis dieser These führt er sodann sympathischerweise zunächst die Dichter an.

2. Differenzierende Sichtweisen

Mich erstaunt, wie nachhaltig in der Literatur die Frage gestellt wird, ob ein Bemühen um die Vermittlung der Rechtfertigungsbotschaft in die Lebenswirklichkeit der Menschen heute erforderlich sei. Wie anders ließe sich deren theologische Begründung bezeugen? Ist es nicht Gott selbst, dem an einer Kunde über sein Wesen gelegen ist?

Die bei einem solchen Bemühen anstehenden Herausforderungen sind groß: Es gilt, zeitgeschichtliche, kulturelle und geschlechterspezifische Gräben zu überbrücken. Hinter vielen Einzelfragen scheint nach meiner Wahrnehmung eine Thematik durch, die bisher im ökumenischen Gespräch noch nicht einvernehmlich zu besprechen ist, nämlich ob es denn überhaupt eine für Menschen erwartbare, suchbare, in ihrer Bedeutung erkennbare Antwort auf ihre Lebensnöte vor Gott geben kann – oder ist Gott immer in einer Weise unzugänglich und je neu überraschend zu denken, so dass eine solche Bezugnahme zwischen Botschaft und Leben in dauer-

---

12 Vgl. Wolfgang Trillhaas, Rechtfertigungslehre unter neuen Voraussetzungen?, in: Wilkens (Hg.), Helsinki 1963 (siehe Anm. 10), 91–116; Albrecht Peters, Zur Predigt der Rechtfertigung in einer sich wandelnden Welt, a. a. O., 147–178; Martin Lippold, Lutherische Rechtfertigungslehre in der gegenwärtigen theologischen Diskussion, a. a. O., 179–199; Wolfgang Metzger, Die Rechtfertigungslehre als Christusbekenntnis, a. a. O., 200–218.
13 A. a. O., 14.
14 Ebd.

hafter Gestalt nicht möglich ist – zumindest nicht über den Augenblick einer existentiellen Erkenntnis der Wahrheit im Hören auf Gottes Wort hinaus?

In jüngerer Zeit ist diese Grundfrage mehrfach aufgegriffen worden.[15] Im Blick auf die Frage der Vermittlung der Rechtfertigungsbotschaft hat Otto Hermann Pesch[16] jüngst erneut thematisiert, was er in ähnlicher Weise auch an anderen Orten[17] eindrücklich zu sagen wusste. Sein Anliegen ist es, die Thematik der Rechtfertigung an die Gottesfrage zurückzubinden. Die Absurdität eines Lebens, das nicht im Glauben an den einen barmherzigen und lebenschaffenden Gott Halt und Trost findet, tritt vor Augen. Intensive Bemühungen um eine Aktualisierung der Rechtfertigungsbotschaft geschehen seit längerer Zeit auch im Freundes- und Schülerkreis von Gerhard Sauter.[18] Unter den Beiträgen in einem möglicherweise bisher zu wenig beachteten Band, der Gerhard Sauter zu seinem 60. Geburtstag gewidmet ist, finden sich mehrere zum Themenkomplex Rechtfertigung und Ethik. Hilfreich erscheinen mir auch die von Michael Beintker[19] angestellten Reflexionen auf die Schulderfahrung heute und die Rede von der Selbstvergessenheit als Dimension der Rechtfertigungsbotschaft von Ernstpeter Maurer[20].

Den Versuch einer Zusammenschau mancher der bis dahin vorliegenden Bemühungen um eine Aktualisierung der Rechtfertigungsbotschaft hat Peter Schwanz[21] unternommen. Der Autor dieser in einem langen Ent-

---

15 Vgl. etwa Wilfried Härle / Peter Neuner (Hg.), Im Licht der Gnade Gottes. Zur Gegenwartsbedeutung der Rechtfertigungsbotschaft, Münster 2004. Wenn ich es recht sehe, gehen jedoch nur wenige Beiträge sehr gezielt auf die hier interessierende Frage ein, die im Untertitel angekündigt wird.
16 Vgl. Otto Hermann Pesch, Rechtfertigung ohne „Rechtfertigung". Zur Frage der Vermittlung der Rechtfertigungslehre – (nicht nur) aus katholischer Sicht, a.a.O., 153–174. Das Anliegen eines Gesprächs zwischen Rechtfertigungsbotschaft und Herausforderungen der Gegenwart wird auch im zweiten Teil des Beitrags von Peter Steinacker in demselben Sammelband, der Referate auf einer Tagung des evangelischen und des römisch-katholischen Fakultätentags dokumentiert, aufgenommen: vgl. Peter Steinacker, Rechtfertigung und Ethik, a.a.O., 227–245.
17 Vgl. ders., Justification and the Question of God, in: Bloomquist / Greive (Hg.), The Doctrine (siehe Anm. 6), 107–116.
18 Vgl. Michael Beintker / Ernstpeter Maurer / Hinrich Stoevesandt / Hans G. Ulrich (Hg.), Rechtfertigung und Erfahrung. Gerhard Sauter zum 60. Geburtstag, Gütersloh 1995.
19 Vgl. Michael Beintker, Neuzeitliche Schuldwahrnehmung im Horizont der Rechtfertigungsbotschaft, a.a.O., 137–152.
20 Vgl. Ernstpeter Maurer, Selbstvergessenheit, a.a.O., 168–184.
21 Vgl. Peter Schwanz, Der neue Mensch. Eine Neuinterpretation der Rechtfertigungslehre, Münster 1998.

stehungsprozess erarbeiteten Studie, deren Ausgangspunkt die Vorbereitung eines Seminars mit Studierenden war, gesteht vorweg ein: „Es wurde mit Vorliebe Literatur herangezogen, an der sich die Ungereimtheiten, denen die Lehre von der Rechtfertigung zu erliegen droht, besonders deutlich demonstrieren lassen."[22] Gleichmut und Selbstvergessenheit erscheinen Schwanz als vorrangig verbleibende Möglichkeiten zu einer Vermittlung der Rechtfertigungsbotschaft mit dem Lebensempfinden heute.

II. Mögliche Konkretionen
1. Im europäischen Raum

Aus meiner Sicht sind einzelne Beiträge von Michael Beintker[23] recht hilfreich bei dem Bemühen, Übersicht über die Problemaspekte zu gewinnen. Beintker erkennt folgende Bewährungsfelder der Rechtfertigungsbotschaft in der heutigen Lebenswelt[24]: die Frage nach dem Sinn des Lebens, das Konzept der Selbstverwirklichung des einzelnen Menschen, die Vergötzung des Jungen und Starken, das Bedürfnis nach Liebe und Geborgenheit, die Schuldfrage, die Suche nach Schritten zur Aussöhnung, die Frage nach der freiheitlichen Gestaltung des Lebens, die Frage nach gerechten Strukturen im menschlichen Zusammenleben und die Ideologie der Machbarkeit. Zu einzelnen dieser Herausforderungen legt Beintker „erste Probebohrungen"[25] vor – insbesondere zu den Themenfeldern Freiheit und Rechtfertigung, Schuldverstrickung und Rechtfertigung sowie Sinnfrage und Rechtfertigung. Als mögliche Umschreibungen für das Rechtfertigungsgeschehen greift er die Redeweisen Freispruch, Zuspruch, Entlastung, vorbehaltlose Annahme, Vergebung auf. Zugleich möchte er nicht auf den Begriff „Rechtfertigung" verzichten.

Ein häufiger Bezugspunkt in der wissenschaftlichen Prüfung der Möglichkeit einer gegenwartsnahen Vermittlung der Rechtfertigungsbotschaft sind die Gedanken von Paul Tillich[26], die zumeist in folgender Weise zusammengefasst werden: Der Glaube an die Rechtfertigung des Sünders und der Sünderin bedeutet, anzunehmen, von Gott angenommen zu sein, auch wenn Menschen sich als unannehmbar erfahren. Ich war erstaunt zu

---

22 A.a.O., Vorwort, VIII.
23 Vgl. Michael Beintker, Rechtfertigung in der neuzeitlichen Lebenswelt, Tübingen 1998; Ders. u.a, Geschenktes Leben. Rechtfertigungsbotschaft in Predigten, Leipzig 2002.
24 Vgl. Beintker, Rechtfertigung (siehe Anm. 23), 6f.
25 A.a.O., 7.
26 Vgl. Paul Tillich, Der Mut zum Sein (1952), in: Ders., Gesammelte Werke, Bd. 11, Stuttgart 1969, 11–139.

lesen, wie sehr kritisch Gerhard Sauter das Bemühen von Tillich als „kein Ruhmesblatt, nicht bloß für die Rezeption der Rechtfertigungslehre, sondern auch für die theologische Urteilsbildung überhaupt"[27] bezeichnet, dies ausführt und am Ende schreibt: „Die Rechtfertigungslehre wendet sich gegen jeden Rückschluss von menschlichen Befindlichkeiten auf die Wirklichkeit Gottes."[28] Aus meiner Sicht ist offen, ob Sauter mit dieser Gegenrede die Grundanliegen von Tillich angemessen aufgenommen hat.

In jüngerer Zeit sind einzelne Sammelbände[29] erschienen, in denen einzelne Kontexte der Verkündigung der Rechtfertigungsbotschaft näherhin untersucht werden. Zu diesen gehört der jüdisch-christliche Dialog sowie Fragen der Frauenforschung, des schulischen Religionsunterrichts oder sozialwissenschaftliche Forschungen zur Erlebnisgesellschaft.

2. Im weltweiten Raum

Im außereuropäischen Raum hat sich insbesondere der Lutherische Weltbund in Form von literarisch dokumentierten Symposien an der Suche nach einer lebensnahen Verkündigung der Rechtfertigungsbotschaft beteiligt.[30] Die Tagungen 1998 in der Lutherstadt Wittenberg und 2002 in Wartburg (Iowa, USA) zielten ein Gespräch von Theologinnen und Theologen mit einer Herkunft aus unterschiedlichen Kultur- und Sprachregionen an. Bei der ersten Tagung war die interreligiöse Dimension der Fragestellung ausdrücklich im Blick. Ungewohnte Themenstellungen, wie etwa die nach der Vereinbarung der globalisierten Wirtschaftssysteme mit Grundanliegen der Rechtfertigungsbotschaft kamen in den Blick. Auch kommunikationswissenschaftliche und journalistische Aspekte fanden Beachtung.

Die zweite Tagung erbrachte Ergebnisse in fünf Themengebieten: im Blick auf hermeneutische Fragen (Was meint die Rede von „Rechtfertigung"), theo-logische Anliegen (Lassen wir Gott Gott sein?), anthropologische Erkenntnisse (Was ist das kennzeichnend Menschliche?), ethische Herausforderungen (Widerspricht die Rechtfertigungsbotschaft der Suche nach Gerechtigkeit?) sowie ekklesiologischen Implikationen der Rechtfer-

---

27 Sauter, Art. Rechtfertigung (siehe Anm. 7), 343.
28 A.a.O., 344.
29 Hans Martin Dober / Dagmar Mensink (Hg.), Die Lehre von der Rechtfertigung des Gottlosen im kulturellen Kontext der Gegenwart. Beiträge im Horizont des christlich-jüdischen Gesprächs, Stuttgart-Hohenheim 2002; Siegfried Kreuzer / Johannes von Lüpke (Hg.), Gerechtigkeit glauben und erfahren. Beiträge zur Rechtfertigungslehre, Wuppertal – Neukirchen-Vluyn 2002.
30 Vgl. Greive (Hg.), Rechtfertigung (siehe Anm. 6); Bloomquist / Greive (Hg.), The Doctrine (siehe Anm. 6).

tigungsbotschaft (Welche Folgen haben ökumenische Konvergenzen hinsichtlich der amtlichen Gestalt der Kirchen?). Karen L. Bloomquist richtete am Ende einen deutlichen Appell an alle christlichen Konfessionen, die Anstrengungen zu vergrößern, die Kontextualität der Rechtfertigungsbotschaft in der Gegenwart wahrzunehmen sowie deren Verbundenheit mit ethischen Themen weltweit zu beachten. Sie schreibt:

> "Historical research on doctrinal understandings is insufficient apart from in-depth consideration of embodied traditions and practices in particular social and historical settings today." [31]

Am Beispiel der Rechtfertigungslehre lässt sich demnach eindrücklich herausarbeiten, wie sehr erforderlich eine Erneuerung der Hermeneutik ökumenischer Forschung und Lehre erscheint. Ohne erkennbare Einsicht in die Lebensrelevanz von Forschungserträgen auch bei historischen Studien zur Rechtfertigungslehre wird es kaum gelingen, das Interesse der Adressat/inn/en der christlichen Botschaft an dieser Thematik wachzuhalten. Konfessionelle Differenzen scheinen aus Sicht mehrerer Autor/inn/en der genannten Sammelbände heute den existentiellen und ethischen Herausforderungen unterzuordnen zu sein. Dieser Grundsicht möchte ich vorbehaltlos zustimmen und selbst auch weiterhin nach Wegen einer erfahrungsnahen Verkündigung der Rechtfertigungsbotschaft im Rahmen umfassender soteriologischer Überlegungen Ausschau halten. [32]

III. Ein Beispiel: Erfahrungsnahe Rede vom Menschen als „simul iustus et peccator" [33]

1. Einleitende Überlegungen

In einem der wenigen Beiträge von römisch-katholischen Autoren zum Thema „simul iustus et peccator" aus den 60er Jahren heißt es einleitend:

> „In der Kirche: ja sogar innerhalb der Christenheit muss jeder von jedem lernen; jeder gibt Zeugnis von der Gnadengabe, die ihm zuteil wurde, von der christlichen Erfahrung, die er macht, damit des anderen Geist und Herz weiter werde, um dann den Reichtum der Gnade tiefer und weiter zu erfahren. Es gibt daher nicht nur ein ökumenisches Gespräch

---

31 Karen L. Bloomquist, Some Implications for Future Ecumenical Theological Work, in: Dies. / Wolfgang Greive (Hg.), The Doctrine (siehe Anm. 6), 237.
32 Vgl. Dorothea Sattler, Beziehungsdenken in der Erlösungslehre. Bedeutung und Grenzen, Freiburg – Basel – Wien 1997.
33 Vgl. zu diesem Themenbereich grundlegend die Studie des Ökumenischen Arbeitskreises katholischer und evangelischer Theologen: Theodor Schneider / Gunther Wenz (Hg.), Gerecht und Sünder zugleich?, Freiburg – Göttingen 2001.

auf dem Gebiet der Dogmatik, des Verfassungslebens und des praktischen Handelns, sondern auch auf dem Gebiet des geistlichen Lebens. Ja, da vor allem."[34]

Karl Rahner weist in seinen Ausführungen die Frage nach einem rechten Verständnis des „simul iustus et peccator" dem Bereich des „Vollzug[s] des christlichen Daseins"[35] zu, den „religiösen Erfahrungen"[36].

Es gibt, nach Rahner, daher nicht nur ein ökumenisches Gespräch auf dem Gebiet der Dogmatik, des Verfassungslebens und des praktischen Handelns, sondern auch auf dem Gebiet des geistlichen Lebens. Darüber scheint es eine konfessionenübergreifende Einmütigkeit zu geben in den wissenschaftlich motivierten Beiträgen, die zur Frage des „simul iustus et peccator" vor allem in der ersten Hälfte des 20. Jahrhunderts erschienen sind. Auch der Lutherforscher und Stiftsrepetent in Tübingen, der früh verstorbene Wilhelm Link, warnt zu Beginn seiner 1940 posthum erschienenen Erläuterungen zum Verständnis des „simul iustus et peccator" bei Martin Luther vor einer Missachtung der ursprünglichen Situierung dieser Worte im Gebetsleben der Christen. Link sagt:

> „Der Satz, dass der Mensch gerecht und Sünder zugleich sei, ist als Bekenntnis zu verstehen, d.h. in ihm spricht der Glaubende aus, wie er die Situation zwischen Gott und Mensch versteht, wenn er betend vor Gottes Angesicht tritt. Er ist eine Selbstaussage des Betenden, und was er ausspricht, ist keine objektive und allgemeine Deskription dessen, was der Mensch ist, ist keine Wahrheit, die für jeden Menschen an jedem Ort und in jeder Situation einsichtig und nachsprechbar ist. [...] Alle Fehlinterpretationen entstehen daraus, dass diese Wahrheit [aus] der Begegnung zwischen Gott und Mensch hinausgenommen wird in die Allgemeinheit einer Gassen- und Philosophenwahrheit."[37]

Konfessionelle Einmütigkeit gibt es bei der Behandlung des „simul iustus et peccator" von der Mitte des 20. Jahrhunderts an bis in die Diskussion der Gegenwart hinein auch in der Einschätzung der Notwendigkeit, die Botschaft von der Rechtfertigung des Sünders den Menschen in einer

---

34 Karl Rahner, Gerecht und Sünder zugleich, in: Ders., Schriften zur Theologie 6 (^{2}1968) 262–276, hier 262 (Erstveröffentlichung in: Geist und Leben 36 [1963], 434–443).
35 Ebd.
36 Ebd.
37 Wilhelm Link, Das Ringen Luthers um die Freiheit der Theologie von der Philosophie. Hg. v. Ernst Wolf und Manfred Mezger, München ^{1}1940, bes. 77–165, hier 77f.

sie erreichenden, sie verwandelnden Sprache zu verkünden. Karl Rahner formulierte dieses Anliegen so:

> „Alle Christen haben zu bekennen, dass der Mensch ein Sünder ist und von Gottes Gnade allein gerechtfertigt wird. [...] Die alte innerchristliche Kontroverse um das Wesen der Rechtfertigung und des Gerechtseins vor Gott bekommt daher zwar ein neues Vorzeichen, eben das der rechten Weise der Verkündigung in der heutigen Zeit (die nicht mehr die der Reformation und der Gegenreformation ist), ist dadurch aber nicht veraltet und belanglos geworden."[38]

2. Der heutige Kontext

a. Skepsis gegenüber Schuldzuweisungen

Die mit der Rede vom Menschen als „gerecht und Sünder zugleich" zum Ausdruck gebrachte geistliche Erfahrung stößt in der heutigen Lebenswelt vielerorts auf große Skepsis. Viele Menschen wehren sich gegen die im kirchlichen Raum (nach ihren Erfahrungen) erlebte Infragestellung der Suche nach Lebensglück. Grundlegende Beschuldigungen und allgemeine Kennzeichnungen der menschlichen Lebensgestalt als „sündig" werden insbesondere dann zurückgewiesen, wenn sie sich auf Geschehnisse beziehen, in denen Menschen tiefe Lebensfreude empfinden. Menschen von heute vertrauen auf ihr unmittelbares Empfinden und sind oft wenig offen für erfahrungsferne Urteile. Nicht wenige Menschen klagen öffentlich über die belastenden Auswirkungen einer strengen christlichen Erziehung, durch die vor allem das Sündenbewusstsein gefördert werden sollte, und bekennen ihr Unverständnis angesichts des überlieferten Glaubens, durch das Leiden und den Tod Jesu Christi erlöst worden zu sein.

Es ist eine offene Frage, ob in der geschilderten Abwehr von Schuldzuweisungen eine Verweigerung besserer Einsicht begegnet. Menschen neigen gegenwärtig dazu, den Verhältnissen, den Lebensbedingungen, den Veranlagungen, den erlebten Sozialräumen und der Erziehung anzulasten, was an Unheil geschieht, und zugleich sich selbst von persönlicher Schuld freizusprechen. In diesem Handeln spiegelt sich oft eine tiefe Ratlosigkeit gegenüber den gewordenen Lebensgestalten, bei deren Deutung die altvertrauten Muster der Schuldzuweisung nicht mehr zu passen scheinen. Die Sensibilität für die nicht selbst verantworteten Einflüsse auf das eigene Handeln ist gewachsen. Einzelne Motive zum menschlichen Handeln werden in der weit verbreiteten psychotherapeutischen Praxis unterschiedlicher Schulrichtungen erörtert. Der Mensch erscheint als ein Wesen, das

---

38 Rahner, Gerecht (siehe Anm. 34), 262f.

nur bedingt als frei in seiner Entscheidung beschrieben werden kann. Was aber bedeutet dann die Rede von der Gottlosigkeit des Sünders und der Sünderin? Auffällig ist zudem, dass manche Menschen das Gute, das geschieht, viel eher auf die eigene freie Entscheidung zurückführen als das Böse. Entschuldigungsstrategien scheinen wirksam zu werden, die nur schwer zu durchbrechen sind.

b. Wachsame Wahrnehmung geschöpflicher Leidensgestalten

In jüngerer Zeit ist das vielfältige Leiden der Geschöpfe wieder verstärkt Anlass, nach dem Dasein Gottes zu fragen. Vor allem junge Menschen suchen nach einem einsichtigen Grund für das Elend, das Menschen zu ertragen haben. Die Ohnmacht, allen Geschöpfen Leben, Nahrung, Freiheit, Arbeit und Lebenssinn zu bereiten, ist deutlich spürbar. Undurchschaubar und ängstigend wirken manche Formen der Gewalt. Vergeltungsmechanismen greifen um sich und bewirken Bestürzung. Die Wege zur dauerhaften Versöhnung erscheinen verschlossen. Fast täglich erreichen uns neue Nachrichten über Katastrophen, die durch Naturgewalten oder durch Fehler der Technik ausgelöst wurden. Menschen erfahren sich als ratlos angesichts des stets drohenden Unheils. Eine Form des Leidens, das nicht wenige Menschen gegenwärtig erfahren, ist der Zweifel an der Sinnhaftigkeit des Lebens überhaupt. Was bedeutet in diesem Zusammenhang die Rede davon, der Mensch sei „gerecht" vor Gott? Angesichts der bitteren Erfahrung von Unheil und Unrecht in allen Bereichen des menschlichen Lebens trifft das Evangelium von der lebenschaffenden und alle Not wendenden Liebe Gottes nicht selten auf Misstrauen und Skepsis. Zusammen mit dem großen Argwohn, die überkommene und erlernte Botschaft vom „lieben Gott" stehe in einem offenkundigen Widerspruch zur rauhen Wirklichkeit des Daseinskampfes, regt sich in unterschiedlichsten Formen die Sehnsucht nach Gerechtigkeit und Frieden zwischen allen Menschen sowie zwischen Menschen, Tieren und Pflanzen.

c. Der Mensch als „simul fidelis et infidelis"

Das Bemühen um den Erhalt der Lebensgrundlagen für alle Geschöpfe und selbst die Hoffnung auf ein Weiterleben an der Grenze des Todes sind auch gegenwärtig Ziele des menschlichen Handelns und Gehalte des menschlichen Strebens. In allem Glaubenszweifel wird die Suche nach einer religiösen Gründung des Lebens vielfach nicht aufgegeben. Die Frage nach dem Dasein Gottes stellt sich auf neue Weise. Die hoffnungsvolle Erwartung von Lebensdauer, von Wiederkehr und von Neubeginn lässt die östliche religiöse Weisheit für nicht wenige Menschen als anziehend erscheinen, ohne dass dabei die auch leidvoll belastenden Seiten einer möglichen Wiedergeburt und eines ewigen Kreislaufs des Lebens im Blick wären.

Die Rede vom Menschen als „simul iustus et peccator" wird in aller Regel in ökumenischen Dokumenten aus einer theologischen Perspektive heraus behandelt, die um die Kontroversen des 16. Jahrhunderts weiß. Angezielt ist weitgehend eine rückwärtsgewandte Aufarbeitung des konfessionellen Streites. Die darin wirksame Wahrnehmung der menschlichen Lebensexistenz ist der gegenwärtigen Zeit zwar keineswegs fremd geworden, sie äußert sich aber, so scheint uns, in wesentlich grundlegender Weise als eine Gestalt der Gottessuche, bei der der sündige Stachel des Misstrauens zugleich spürbar ist. Glaube und Unglaube liegen im Streit miteinander. In heutiger Zeit ringen Menschen um Beständigkeit im Vertrauen auf Gott; Menschen erleben sich oft als zerrissen zwischen Selbstbehauptungswillen und sozialer Verantwortung, Rücksichtslosigkeit und Hilfsbereitschaft, Hoffnungslosigkeit und Erwartung, Kirchenferne und religiöser Suche. Viele Menschen leben „simul fidelis et infidelis": in der Tiefe ihres Wesens von Gott angerührt, zum Glauben an ihn gekommen und doch bleibend skeptisch und ohne tiefe Bindung. Sie erfahren sich mit den Gütern des Lebens beschenkt und sind doch undankbar. Sie verlangen danach, angenommen und bejaht zu werden, und verneinen zugleich die elementaren Lebenswünsche der Mitlebenden. Anzunehmen, von Gott angenommen zu sein, obwohl es vielfältigen Grund gibt, sich unannehmbar zu empfinden, fällt auch heute nicht leicht.

3. Bezüge zwischen den Gegenwartserfahrungen und der biblisch-theologischen Tradition

a. Der Mensch als Sünder und die Konkupiszenz

Die biblisch-theologische Tradition hält Erkenntnisse bereit, die auch dabei helfen, die Lebenserfahrungen der Menschen heute zu deuten. Das Wesen und die Wirkweise der „Konkupiszenz" zu beschreiben, liegt heute gerade angesichts der skizzierten Ambivalenz zwischen Entschuldigungsstrategien auf der einen Seite und aufrichtigem Mitleiden mit den Opfern auf der anderen Seite nahe.

Nach dem biblischen Zeugnis zählen zu den Voraussetzungen für ein gelingendes menschliches Dasein vor allem der Erhalt des Lebens durch den Schutz vor Tod, Hunger, Krankheit, Meineid und Missachtung, sowie die Möglichkeit der Gestaltung des eigenen Lebens durch die Freiheit in der Wahl des Lebensortes, der Lebensgemeinschaft und der Tätigkeit. Das Zehngebot schärft aufgrund der erfahrenen Befreiung aus der Versklavung als von Gott unbedingt geforderte Lebensregel ein, die Daseinsrechte der Mitgeschöpfe zu schützen: niemandem das Leben zu nehmen durch treuloses Verhalten, durch absichtliches Töten, durch den Bruch der ehelichen Gemeinschaft, durch eine Falschaussage vor Gericht oder den Raub des für die Mitmenschen lebensnotwendigen Eigentums. Vor allem in den alttestamentlichen Schriften kommt die Überzeugung zum Ausdruck, es sei Gottes Wille, dass seine Geschöpfe in Sicherheit wohnen können, reiche Nachkommenschaft haben und auf ein erfülltes, langes Leben zurückblicken können.

Die biblisch orientierte theologische Tradition stellt einen Zusammenhang her zwischen den zu beklagenden Formen der Gewalt, des infolge erlittenen Unheils und der menschlichen Gestaltung des Lebens in Gemeinschaft mit Gott und untereinander. Mit der begrifflichen Unterscheidung zwischen der personalen Tatsünde, der Ursünde und der Erbsünde bietet sie eine Hilfe dazu, die vielgestaltigen Formen des von Menschen als unversöhnt erfahrenen Daseins zu unterscheiden und zu deuten.

Als personale, frei begangene, im geschöpflichen Beziehungsgefüge wirksame „Sünde" lässt sich auf der Basis der biblischen Überlieferung ein von Menschen begangener Bruch der Gemeinschaft mit Gott, durch den auch die Daseinsmöglichkeiten anderer Menschen beeinträchtigt werden, bezeichnen. Dabei war in den älteren biblischen Schriften zunächst ohne Bedeutung, ob eine Tat willentlich oder unabsichtlich geschah, entscheidend war die eintretende leidvolle Folge. Mit ihrer Rede von der Ursünde (*peccatum originale originans*) geht die theologische Tradition der Frage nach, was Menschen dazu motiviert, erstmals überhaupt zu sündigen. Was ist der Grund (*principium*) der Sünde? Warum sündigen Menschen? Die Frage nach dem Grund der Sünde erfährt in der Erzählung vom ersten Sündenfall (Gen 2,4b–3) eine zweifache Antwort: Menschen leben in der Misstrauen bewirkenden Angst, Gott werde seine Lebensverheißung nicht erfüllen. Menschen wollen sich zudem nicht mit den geschöpflichen Grenzen ihrer Erkenntnis zufriedengeben, sie möchten vielmehr so sein wie Gott und selbst entscheiden können, was das Gute und was das Böse ist. Die Angst, die Lebenswünsche erfüllten sich nicht, und der Stolz, für sich selbst sorgen zu wollen, motivieren zu einem allein auf das eigene Wohl bedachten Dasein. Der Schutz des Lebens der Mitmenschen ist dann keine Grenze mehr, die unbedingt geachtet werden müsste.

Von der Gestalt der personalen Sünde und der Frage nach ihrem Grund lässt sich die Frage nach dem vorpersonalen Bösen unterscheiden, das Menschen vorgängig zu ihrer eigenen Entscheidung prägt, beeinflusst und in den Entfaltungsmöglichkeiten beschränkt. Die Rede von der Erbsünde (*peccatum originale originatum*) bezeichnet Formen des Bösen, die einmal durch personale Sündentaten verursacht wurden, die dann aber weiterwirkten und strukturelle Beeinträchtigungen erzeugten. Die biblische Urgeschichte (Gen 2–11) stellt einen Zusammenhang zwischen dem ersten Sündenfall und den weiteren Sündenfällen der Schöpfung her und bedient sich dabei (auf der Erzählebene) der Vorstellung einer genealogischen Folge im Geschlechterzusammenhang. Kain tötet seinen Bruder Abel, weil er angesichts der größeren Anerkennung, die dessen Opfer bei Gott findet, neidisch ist. Die in uns vorfindbare Neigung, beim Erleben des Glücks der Anderen an das eigene Unglück zu denken (statt sich mitzufreuen), kann als eine (biblische) Konkretion der Erbsünde gelten.

Die gegenwärtige Theologie beachtet bei der näheren Bestimmung des vorpersonalen Bösen die Kontexte, in denen Menschen solches erfahren: Die lateinamerikanische und afrikanische Befreiungstheologie spricht von der strukturgewordenen Sünde, die Armut, Hunger und Unfreiheit hinterlässt; die westeuropäische und nordamerikanische Theologie bedenkt Gestalten des Unheils in Beziehungen, durch die Menschen Selbstabwertung, Lethargie und Einsamkeit erleiden. In der psychotherapeutischen Theorie und Praxis wird dem Phänomen der Daseinsangst, in die hinein Menschen sich als freiheitliche Wesen gestellt sehen, Beachtung geschenkt: Sowohl (zu enge) Bindung als auch (ständige) Beliebigkeit ängstigen. In ihrer Angst erfahren sich Menschen in ihrem Beziehungsleben als zur Selbstverkrümmung, zur Symbiose (Abhängigkeit unter Preisgabe der personalen Eigenständigkeit), zur Untreue und zum Besitzanspruch vielfach versucht. Diese Zugänge zum Verständnis der Erbsünde machen auf Phänomene des Bösen aufmerksam, die durch die Umkehr einzelner Menschen allein nicht verändert werden können, die aber das Lebensempfinden von Geburt an mitbestimmen und sich in den freiheitlich-personalen Taten der einzelnen Menschen auswirken. Eine begriffliche Unterscheidung zwischen den personal zu verantwortenden Folgen des eigenen Handelns und dem Erleiden der situativen Voraussetzungen zur menschlichen Tat nimmt die Erfahrungen der Menschen in ihrem sozialen Lebensgefüge ernst.

Die theologische Aussage, auch als getaufte Menschen in vielfacher Weise unter der Macht der Sünde zu leiden, somit immer auch „peccator" zu sein, erscheint im Blick auf die Lebenswirklichkeit unstrittig. Die Unterscheidung zwischen der eigenen, freiheitlichen Tat der Sünde und dem Mitleiden unter fremdverursachten Unheilszusammenhängen ist dabei wertvoll. Die in der theologischen Tradition vorgenommenen Differenzierungen des Begriffs der Sünde können helfen, die vielgestaltigen Formen des von Menschen als unversöhnt erfahrenen Daseins zu unterscheiden und zu deuten, das Verantwortungsbewusstsein zu stärken und Wachsamkeit zu wecken.

b. Der Mensch als „gerecht" vor Gott

Die Mitte des christlichen Glaubens ist das auf Gottes Verheißung antwortende Bekenntnis zum Sieg des Lebens über den Tod und zur Wahrheit der Versöhnung trotz des erfahrenen Unheils. Gott lebt und gibt Leben. Er zeigt am Schicksal Jesu, dass der Tod nicht Untergang ist, sondern Erhöhung und Verwandlung. Alle Menschen können aus dem Käfig des Todes frei kommen. Christen glauben, dass den Menschen vor dem Antlitz Gottes einmal die Augen aufgehen werden über die eigene Lebensexistenz und über die Zusammenhänge der mitgestalteten Weltgeschichte. Gottes gegenwärtig bereits wirksames Gericht, das gegen alle Formen des Bösen Protest erhebt, wird einmal endgültig alles Verrückte zurechtrücken, alles Erdrückte beleben, alles Verbogene gerade richten und allen Leidenden Gerechtigkeit widerfahren lassen.

In aller Sünde und trotz aller Sünde ist der Mensch vor Gott und von Gott „gerecht" gesprochen und insofern „iustus". Dieses christliche Bekenntnis lässt sich gegenwärtig vor allem unter Bezugnahme auf die Erfahrung unverbrüchlicher Gemeinschaftstreue verkündigen. Gott hat in Christus Jesus offenbar sein lassen, dass die Erlösung vom Bösen möglich ist und von den Geschöpfen als Gabe Gottes empfangen werden kann. Das Christus-Ereignis ist der letzte (verlässliche, eindeutige) Erkenntnisort, an dem Menschen gewiss werden können, von Gott aus den Fängen des Bösen erfahrbar befreit worden zu sein und an der Frucht dieses Geschehens teilhaben zu können. Die Weise des Lebens und die Weise des Sterbens Jesu sind tief miteinander verwandt. In Jesu Weise zu leben und zu sterben hat Gott uns eine vorbildliche Vorstellung von der Weise geschenkt, wie er selbst ist: gemeinschaftstreu und bundeswillig trotz aller Anfeindung. In geschichtlich erfahrbarer Menschengestalt begegnet Gott selbst. In Jesu Weise, in Verbundenheit zu bleiben auch mit denen, die ihn auslöschen wollen, nimmt Gottes Ja der Liebe zu denen, die das Nein der Feindschaft leben, leibhaftige Gestalt an. Gott sagt zu, dass die Geschöpfe bestehen dürfen, auch wenn sie ihm zu widerstehen trachten. Gott ist das Ja zu allem Lebendigen, und Christus Jesus hat dieses Ja bis hinein in den eigenen Tod gelebt.

Gott hat sein schöpferisches Werk begonnen in der Gewissheit, es auch vollenden zu können. Nur so erscheint es gerechtfertigt, dass Gott überhaupt etwas ins Dasein setzt. Stärker als Sünde und Tod ist die Liebe und das Leben. Darum weiß Gott von allem Anfang an. In dieser Gewissheit lässt er die Schöpfung an seinem Leben teilhaben. Er lässt die Geschöpfe nicht im Ungewissen darüber, ob sie angesichts der Übermacht der Sünde, angesichts des zerstörerischen Gemeinschaftsbruchs, angesichts der vielfältigen Infragestellung der Daseinsmöglichkeiten der Anderen, vor ihm bestehen bleiben. Auf vielen Wegen versucht Gott zu erreichen, dass Israel und die Völker ihn als Barmherzigen erkennen – zuletzt untrüglich in Jesus, in seinem menschgewordenen Wort, das ein Wort der Bejahung bleibt noch in der Erfahrung der qualvollen Verneinung seiner Existenz im Erleiden des Getötetwerdens.

Bei dem gegenwärtig vorherrschenden Bemühen, das Geschehen der Erlösung vom Bösen erlebnisnah zu besprechen, wird dem Verhältnis zwischen der menschlichen Individualität und der mitmenschlichen Sozialität hohe Aufmerksamkeit geschenkt. Erlösend wirkt die Erfahrung, als ein Ich mit den lebensgeschichtlich gewordenen, unverwechselbaren Eigenarten von einem Du gutgeheißen zu sein und ein Wir leben zu können, in dem Selbstand und Gemeinschaft sich wechselweise stärken. Anfanghaft können Menschen einander erleben lassen, unbedingt erwünscht, ersehnt, bejaht, gewollt zu sein. Gott will das Dasein der Geschöpfe. Er genügt zwar sich selbst, doch hat er sich entschieden, das Andere teilhaben zu lassen an seinem Leben. Menschen vollziehen in ihrem liebenden Dasein die Bewegung Gottes mit, das heile Dasein des Anderen zu ersehen. Im Mitvollzug der Offenheit Gottes für die Schöpfung können die Geschöpfe zur Gewissheit finden, dass jener Gott, der der Schöpfung ihr Dasein ermöglicht, diese Schöpfung auch vollendet. Jede Tat der Liebe ist eine offenbare Antizipation des Reiches Gottes, in dessen vollendeter Gestalt niemandem mehr sein Daseinsrecht bestritten werden wird. Die verlässliche Zusage lebendiger Gemeinschaft auch angesichts von Feindschaft, Niedertracht und Gewalt ist Gottes letztes Wort, das in Jesus Christus Menschengestalt angenommen hat. Wer dem traut, wird erlöst leben – frei von aller Angst vor der eigenen Verlorenheit und frei für ein versöhntes Miteinander.

c. Erleben des „simul iustus et peccator" in Gebet und Gottesdienst

Die Erfahrung, auch als Glieder der christlichen Gemeinde von der Sünde nicht frei zu sein, hat in den Feiergestalten der Kirche vielfältige Aufnahme gefunden: Im Rhythmus der Tagesliturgie und im Kreis der Feier des Kirchenjahres begegnen ausgesonderte Zeiten, in denen die Gemeinden innewerden können, dass beständige Mühe um eine Hinkehr des Lebens zur Maßgabe des Evangeliums erforderlich ist. Aus der in jüngerer Zeit verstärkt geübten Praxis des liturgischen Taufgedächtnisses sind die

Elemente des Schuldbekenntnisses, des Versprechens der Lebenserneuerung und der Bekundung der trostreichen Zuversicht angesichts der unverbrüchlichen Gemeinschaftstreue Gottes vertraut. In sehr persönlichen gottesdienstlichen Feiern beklagen Christen in einer Versammlung öffentlich voreinander ihre Sünden und suchen nach Wegen der Versöhnung. Die Überzeugung, auch als Getaufte und Erwählte der Umkehr und Erneuerung immerzu bedürftig zu sein, ist in der liturgischen Praxis der christlichen Kirchen fest verwurzelt. Der Ruf zu beständiger Umkehr der Getauften beim lebendigen Gedächtnis der Lebensgestalt Jesu gehört von den ersten Zeiten der christlichen Gemeindebildung an zum Inhalt des Wortes Gottes und der Feier der Eucharistie. Im vertrauensvollen Ruf nach Gottes Erbarmen wird der Betende mit der gläubigen Gewissheit der Treue Gottes beschenkt. Das Leben ist ein tagtägliches Ringen um die Liebe, die Menschen einander immer auch schuldig bleiben. Wo immer das Gute geschieht, ist Gottes Geist wirksam.

Menschen sind in der Zeit ihres Lebens mit Vorübungen für die letzte Übung befasst: im Angesicht des Todes der geliebten Menschen und im Zugehen auf den eigenen Tod das Vertrauen nicht zu verlieren, es neu zu erringen und hoffnungsvoll zu sterben. Dies ist die letzte und entscheidende Tat im Leben der sterblichen Menschen. Ernste Fragen sind verbunden mit der Feier der Liturgie. Die gottesdienstlichen Feiern sind eine Vorübung des Glaubens im Angesicht des Todes, der im Leben bereits vertraut wird. Angesichts der Zerbrechlichkeit der zeitlichen Güter und in der Gefährdung der menschlichen Bindungen üben wir gläubiges Vertrauen in feiernder Gemeinschaft ein. In der Feier der Liturgie bekennt sich die gläubige Gemeinschaft zum Grund ihrer Hoffnung, dass der Tod nicht über das Leben siegt, dass der Stillstand der Zeit nicht das letzte Erleben ist, dass die Liebe bleibt und die Suche nach Geborgenheit sich erfüllt. Die gläubige Gemeinschaft bekennt sich zu Gott, der das Leben stiftet, versöhnt und bewahrt. Menschen üben miteinander eine Antwort auf jene Frage ein, die über jedem zeitlichen Dasein steht: Geschieht trotz der Unversöhntheit der Geschöpfe und der Vergänglichkeit des Daseins die Erfüllung der Hoffnung? Die Antwort auf diese Frage ist nach der gemeinsamen christlichen Glaubensüberzeugung die lebendige Gestalt Gottes, der in Christus Jesus sein wahres Angesicht zeigt. Christus Jesus, das „Ebenbild des unsichtbaren Gottes" (Kol 1,15), erweist in seinem Leben und in seinem Sterben Gott als unverbrüchlich versöhnungsbereit und unbeirrbar gemeinschaftstreu. Nicht durch Werke, durch gute Taten und durch Wohlverhalten müssten wir uns noch erst verdienen, Gottes Bundestreue zu erfahren. Nein, das Entscheidende ist schon getan. Gott ist unverbrüchlich gemeinschaftstreu auch denen gegenüber noch, die ihn zutiefst verletzen, da sie seinen Sohn, seinen Gesandten, töten. Das Leben kann im Letzten wieder gut werden. Wir müssten Gott nur trauen und zum Glauben kommen an ihn. Dann können wir gehen und selbst werden wie er: personale Zeichen der unverbrüchlichen Bundeswilligkeit Gottes allen Geschöpfen gegenüber.

Die Erfahrung des Daseins zum Tode verbindet die Menschen; sie bleibt auch hinter den Fassaden des vergänglichen Glücks bestehen. Viele Menschen erleben heute vor allem die Brüchigkeit ihrer Existenz in Gemeinschaft. In diese Situation hinein spricht Gott das Wort des Evangeliums, das dazu befähigt, zu leiden und doch fröhlich zu sein, gezüchtigt zu werden und doch nicht getötet, zu sterben und doch zu leben, erbärmlich zu sein und doch andere bereichern zu können. Der Mensch erlebt sich als „peccator" und ist doch vor Gott „iustus", vielfach dem Ruf zur Liebe widersagend, das Böse ergreifend, und doch von Gott beschenkt mit der Verheißung der Teilhabe an seinem ewigen Leben.

Anhang

Gemeinsame Erklärung zur Rechtfertigungslehre

des Lutherischen Weltbundes und der Katholischen Kirche

Präambel

(1) Die Lehre von der Rechtfertigung hatte für die lutherische Reformation des 16. Jahrhunderts zentrale Bedeutung. Sie galt ihr als der „erste und Hauptartikel",[1] der zugleich „Lenker und Richter über alle Stücke christlichen Lehre"[2] sei. Ganz besonders wurde die Rechtfertigungslehre in der reformatorischen Ausprägung und ihrem besonderen Stellenwert gegenüber der römisch-katholischen Theologie und Kirche der damaligen Zeit vertreten und verteidigt, die ihrerseits eine anders geprägte Rechtfertigungslehre vertraten und verteidigten. Hier lag aus reformatorischer Sicht der Kernpunkt aller Auseinandersetzungen. Es kam in den lutherischen Bekenntnisschriften[3] und auf dem Trienter Konzil der römisch-katholischen Kirche zu Lehrverurteilungen, die bis heute gültig sind und kirchentrennende Wirkung haben.

(2) Die Rechtfertigungslehre hat für die lutherische Tradition jenen besonderen Stellenwert bewahrt. Deshalb nahm sie auch im offiziellen lutherisch-katholischen Dialog von Anfang an einen wichtigen Platz ein.

---

1 Schmalkaldische Artikel II,1 (Die Bekenntnisschriften der evangelisch-lutherischen Kirche, 3. Aufl. [Göttingen 1956] 415).
2 „Rector et iudex super omnia genera doctrinarum" (Weimarer Ausgabe von Luthers Werken, 39,I,205).
3 Es sei darauf hingewiesen, daß eine Reihe von lutherischen Kirchen nur die Confessio Augustana und Luthers Kleinen Katechismus zu ihren verbindlichen Lehrgrundlagen rechnen. Diese Bekenntnisschriften enthalten keine die Rechtfertigungslehre betreffenden Lehrverurteilungen gegenüber der römisch-katholischen Kirche.

(3) In besonderer Weise sei verwiesen auf die Berichte „Evangelium und Kirche" (1972)[4] und „Kirche und Rechtfertigung" (1994)[5] der internationalen Gemeinsamen Römisch-katholischen/Evangelisch-lutherischen Kommission, auf den Bericht „Rechtfertigung durch den Glauben" (1983)[6] des katholisch-lutherischen Dialogs in den USA und die Studie „Lehrverurteilungen – kirchentrennend?" (1986)[7] des Ökumenischen Arbeitskreises evangelischer und katholischer Theologen in Deutschland. Einige von diesen Dialogberichten haben eine offizielle Rezeption erfahren. Ein wichtiges Beispiel ist die verbindliche Stellungnahme, die die Vereinigte Evangelisch-Lutherische Kirche Deutschlands zusammen mit den anderen Kirchen in der Evangelischen Kirche in Deutschland mit dem höchstmöglichen Grad kirchlicher Anerkennung zu der Studie über die Lehrverurteilungen verabschiedet hat (1994).[8]

(4) All die genannten Dialogberichte und auch die Stellungnahmen dazu zeigen in ihrer Erörterung der Rechtfertigungslehre untereinander ein hohes Maß an gemeinsamer Ausrichtung und gemeinsamem Urteil. Es ist darum an der Zeit, Bilanz zu ziehen und die Ergebnisse der Dialoge über die Rechtfertigung in einer Weise zusammenzufassen, die unsere Kirchen in der gebotenen Präzision und Kürze über den Gesamtertrag dieses Dialogs informiert und es ihnen zugleich ermöglicht, sich verbindlich dazu zu äußern.

---

4 Bericht der Evangelisch-lutherisch/Römisch-katholischen Studienkommission „Das Evangelium und die Kirche", 1972 („Malta-Bericht"): Dokumente wachsender Übereinstimmung [= DwÜ]. Sämtliche Berichte und Konsenstexte interkonfessioneller Gespräche auf Weltebene. Bd. I. 1931–1982, hg. v. H. Meyer u. a. (Paderborn-Frankfurt ²1991) 248–271.

5 Gemeinsame Römisch-katholische/Evangelisch-lutherische Kommission (Hg.), Kirche und Rechtfertigung. Das Verständnis der Kirche im Licht der Rechtfertigungslehre (Paderborn-Frankfurt 1994).

6 Lutherisch/Römisch-Katholischer Dialog in den USA: Rechtfertigung durch den Glauben (1983): Rechtfertigung im ökumenischen Dialog. Dokumente und Einführung, hg. v. H. Meyer u. G. Gaßmann = ÖkPer 12 (Frankfurt 1987) 107–200.

7 Lehrverurteilungen – kirchentrennend? I. Rechtfertigung, Sakramente und Amt im Zeitalter der Reformation und heute = DiKi 4, hg. v. K. Lehmann u. W. Pannenberg (Freiburg-Göttingen ³1988).

8 Gemeinsame Stellungnahme der Arnoldshainer Konferenz, der Vereinigten Evangelischen-Lutherischen Kirche Deutschlands und des Deutschen Nationalkomitees des Lutherischen Weltbundes zum Dokument ‚Lehrverurteilungen – kirchentrennend?': ÖR 44 (1995) 99–102; einschließlich der diesem Beschluß zugrundeliegenden Stellungnahmen, vgl. Lehrverurteilungen im Gespräch. Die ersten offiziellen Stellungnahmen aus der evangelischen Kirche in Deutschland (Göttingen 1993).

(5) Das will diese Gemeinsame Erklärung tun. Sie will zeigen, daß aufgrund des Dialogs die unterzeichnenden lutherischen Kirchen und die römisch-katholische Kirche[9] nunmehr imstande sind, ein gemeinsames Verständnis unserer Rechtfertigung durch Gottes Gnade im Glauben an Christus zu vertreten. Sie enthält nicht alles, was in jeder der Kirchen über Rechtfertigung gelehrt wird; sie umfaßt aber einen Konsens in Grundwahrheiten der Rechtfertigungslehre und zeigt, daß die weiterhin unterschiedlichen Entfaltungen nicht länger Anlaß für Lehrverurteilungen sind.

(6) Unsere Erklärung ist keine neue und selbständige Darstellung neben den bisherigen Dialogberichten und Dokumenten, erst recht will sie diese nicht ersetzen. Sie bezieht sich vielmehr – wie der Anhang über die Quellen zeigt – auf die genannten Texte und deren Argumentation.

(7) Wie die Dialoge selbst so ist auch diese Gemeinsame Erklärung von der Überzeugung getragen, daß eine Überwindung bisheriger Kontroversfragen und Lehrverurteilungen weder die Trennungen und Verurteilungen leicht nimmt, noch die eigene kirchliche Vergangenheit desavouiert. Sie ist jedoch von der Überzeugung bestimmt, daß unseren Kirchen in der Geschichte neue Einsichten zuwachsen und daß sich Entwicklungen vollziehen, die es ihnen nicht nur erlauben, sondern von ihnen zugleich fordern, die trennenden Fragen und Verurteilungen zu überprüfen und in einem neuen Licht zu sehen.

1. Biblische Rechtfertigungsbotschaft

(8) Zu diesen neuen Einsichten hat unsere gemeinsame Art und Weise geführt, auf das Wort Gottes in der Heiligen Schrift zu hören. Gemeinsam hören wir das Evangelium, daß „Gott die Welt so sehr geliebt hat, daß er seinen einzigen Sohn hingab, damit jeder, der an ihn glaubt, nicht zugrunde geht, sondern das ewige Leben hat" (Joh 3,16). Diese frohe Botschaft wird in der Heiligen Schrift in verschiedener Weise dargestellt. Im Alten Testament hören wir das Wort Gottes von der menschlichen Sündhaftigkeit (Ps 51,1–5; Dan 9,5f.; Koh 8,9f.; Esra 9,6f.) und vom menschlichen Ungehorsam (Gen 3,1–19; Neh 9,16f.26) sowie von der Gerechtigkeit (Jes 46,13; 51,5–8; 56,1; [vgl. 53,11]; Jer 9,24) und vom Gericht Gottes (Koh 12,14; Ps 9,5f.; 76,7–9).

(9) Im Neuen Testament werden bei Matthäus (5,10; 6,33; 21,32), Johannes (16,8–11), im Hebräerbrief (5,13; 10,37f.) und im Jakobusbrief (2,14–

---

9 In dieser Erklärung gibt das Wort „Kirche" das jeweilige Selbstverständnis der beteiligten Kirchen wieder, ohne alle damit verbundenen ekklesiologischen Fragen entscheiden zu wollen.

26) die Themen „Gerechtigkeit" und „Rechtfertigung" unterschiedlich behandelt". [10]Auch in den paulinischen Briefen wird die Gabe des Heils auf verschiedene Weise beschrieben, unter anderem: als „Befreiung zur Freiheit" (Gal 5,1–13; vgl. Röm 6,7), als „Versöhnung mit Gott" (2 Kor 5,18–21; vgl. Röm 5,11), als „Frieden mit Gott" (Röm 5,1), als „neue Schöpfung" (2 Kor 5,17), als „Leben für Gott in Christus Jesus" (Röm 6,11.23), oder als „Heiligung in Christus Jesus" (vgl. 1 Kor 1,2; 1,30, 2 Kor 1,1). Herausragend unter diesen Bezeichnungen ist die Beschreibung als „Rechtfertigung" des Sünders durch Gottes Gnade im Glauben (Röm 3,23–25), die in der Reformationszeit besonders hervorgehoben wurde.

(10) Paulus beschreibt das Evangelium als Kraft Gottes zur Rettung des unter die Macht der Sünde gefallenen Menschen: als Botschaft, die die „Gerechtigkeit Gottes aus Glauben zum Glauben" (Röm 1,16f.) verkündet und die „Rechtfertigung" (Röm 3,21–31) schenkt. Er verkündet Christus als „unsere Gerechtigkeit" (1 Kor 1,30), indem er auf den auferstandenen Herrn anwendet, was Jeremias über Gott selbst verkündet hat (Jer 23,6). In Christi Tod und Auferstehung sind alle Dimensionen seines Erlösungswerkes verwurzelt, denn er ist „unser Herr, der wegen unserer Verfehlungen hingegeben, wegen unserer Gerechtigkeit auferweckt wurde" (Röm 4,25). Alle Menschen bedürfen der Gerechtigkeit Gottes, denn „alle haben gesündigt und die Herrlichkeit Gottes verloren" (Röm 3,23; vgl. Röm 1,18–3,20; 11,32; Gal 3,22). Im Galaterbrief (3,6) und im Römerbrief (4,3–9) versteht Paulus den Glauben Abrahams (Gen 15,6) als Glauben an den Gott, der den Sünder rechtfertigt (Röm 4,5) und beruft sich auf das Zeugnis des Alten Testaments, um sein Evangelium zu unterstreichen, daß jene Gerechtigkeit allen angerechnet wird, die wie Abraham auf Gottes Versprechen vertrauen. „Der aus Glauben Gerechte wird leben" (Hab 2,4; vgl. Gal 3,11; Röm 1,17). In den paulinischen Briefen ist Gottes Gerechtigkeit zugleich Gottes Kraft für jeden Glaubenden (Röm 1,16f.). In Christus läßt er sie unsere Gerechtigkeit sein (2 Kor 5,21). Die Rechtfertigung wird uns zuteil durch Christus Jesus, „den Gott dazu bestimmt hat, Sühne zu leisten mit seinem Blut, Sühne, wirksam durch Glauben" (Röm 3,25; vgl. 3,21–28). „Denn aus Gnade seid ihr durch den Glauben gerettet, nicht aus eigener Kraft – Gott hat es geschenkt –, nicht aufgrund eurer Werke" (Eph 2,8f.).

---

10 Vgl. Malta-Bericht Nr. 26–30; Rechtfertigung durch den Glauben Nr. 122–147. Die nichtpaulinischen neutestamentlichen Zeugnisse wurden im Auftrag des US-Dialogs „Rechtfertigung durch den Glauben" untersucht von J. Reumann: Righteousness in the New Testament, mit Antworten von J. Fitzmeyer und J.D. Quinn (Philadelphia, New York 1982) 124–180. Die Ergebnisse dieser Studie wurden im Dialogbericht „Rechtfertigung durch den Glauben" in den Nr. 139–142 zusammengefaßt.

(11) Rechtfertigung ist Sündenvergebung (Röm 3,23–25; Apg 13,39; Lk 18,14), Befreiung von der herrschenden Macht der Sünde und des Todes (Röm 5,12–21) und vom Fluch des Gesetzes (Gal 3,10–14). Sie ist Aufnahme in die Gemeinschaft mit Gott, schon jetzt, vollkommen aber in Gottes künftigem Reich (Röm 5,1f.). Sie vereinigt mit Christus und seinem Tod und seiner Auferstehung (Röm 6,5). Sie geschieht im Empfangen des Heiligen Geistes in der Taufe als Eingliederung in den einen Leib (Röm 8,1 f.9f.; 1 Kor 12,12f.). All das kommt allein von Gott um Christi willen aus Gnade durch den Glauben an das „Evangelium vom Sohn Gottes" (Röm 1,1–3).

(12) Die Gerechtfertigten leben aus dem Glauben, der aus dem Wort Christi kommt (Röm 10, 17) und der in der Liebe wirkt (Gal 5,6), die Frucht des Geistes ist (Gal 5,22f.). Aber da Mächte und Begierden die Gläubigen äußerlich und innerlich anfechten (Röm 8,35–39, Gal 5,16–21) und diese in Sünde fallen (1 Joh 1,8.10), müssen sie die Verheißungen Gottes immer wieder hören, ihre Sünden bekennen (1 Joh 1,9), an Christi Leib und Blut teilhaben und ermahnt werden, in Übereinstimmung mit dem Willen Gottes gerecht zu leben. Darum sagt der Apostel den Gerechtfertigten: „Müht euch mit Furcht und Zittern um euer Heil! Denn Gott ist es, der in euch das Wollen und das Vollbringen bewirkt, noch über euren guten Willen hinaus" (Phil 2,12f.). Die frohe Botschaft aber bleibt: „Jetzt gibt es keine Verurteilung mehr für die, welche in Christus Jesus sind" (Röm 8,1) und in denen Christus lebt (Gal 2,20). Durch die gerechte Tat Christi wird es „für alle Menschen zur Gerechtsprechung kommen, die Leben gibt" (Röm 5,18).

2. Die Rechtfertigungslehre als ökumenisches Problem

(13) Die gegensätzliche Auslegung und Anwendung der biblischen Botschaft von der Rechtfertigung waren im 16. Jahrhundert ein Hauptgrund für die Spaltung der abendländischen Kirche, was sich auch in Lehrverurteilungen niedergeschlagen hat. Für die Überwindung der Kirchentrennung ist darum ein gemeinsames Verständnis der Rechtfertigung grundlegend und unverzichtbar. In Aufnahme von bibelwissenschaftlichen, Theologie- und dogmengeschichtlichen Erkenntnissen hat sich im ökumenischen Dialog seit dem Zweiten Vatikanischen Konzil eine deutliche Annäherung hinsichtlich der Rechtfertigungslehre herausgebildet, so daß in dieser gemeinsamen Erklärung ein Konsens in Grundwahrheiten der Rechtfertigungslehre formuliert werden kann, in dessen Licht die entsprechenden Lehrverurteilungen des 16. Jahrhunderts heute den Partner nicht treffen.

3. Das gemeinsame Verständnis der Rechtfertigung

(14) Das gemeinsame Hören auf die in der Heiligen Schrift verkündigte frohe Botschaft und nicht zuletzt die theologischen Gespräche der letzten Jahre zwischen den lutherischen Kirchen und der römisch-katholischen Kirche haben zu einer Gemeinsamkeit im Verständnis von der Rechtfertigung geführt. Es umfaßt einen Konsens in den Grundwahrheiten; die unterschiedlichen Entfaltungen in den Einzelaussagen sind damit vereinbar.

(15) Es ist unser gemeinsamer Glaube, daß die Rechtfertigung das Werk des dreieinigen Gottes ist. Der Vater hat seinen Sohn zum Heil der Sünder in die Welt gesandt. Die Menschwerdung, der Tod und die Auferstehung Christi sind Grund und Voraussetzung der Rechtfertigung. Daher bedeutet Rechtfertigung, daß Christus selbst unsere Gerechtigkeit ist, derer wir nach dem Willen des Vaters durch den Heiligen Geist teilhaftig werden. Gemeinsam bekennen wir: Allein aus Gnade im Glauben an die Heilstat Christi, nicht auf Grund unseres Verdienstes, werden wir von Gott angenommen und empfangen den Heiligen Geist, der unsere Herzen erneuert und uns befähigt und aufruft zu guten Werken.[11]

(16) Alle Menschen sind von Gott zum Heil in Christus berufen. Allein durch Christus werden wir gerechtfertigt, indem wir im Glauben dieses Heil empfangen. Der Glaube selbst ist wiederum Geschenk Gottes durch den Heiligen Geist, der im Wort und in den Sakramenten in der Gemeinschaft der Gläubigen wirkt und zugleich die Gläubigen zu jener Erneuerung ihres Lebens führt, die Gott im ewigen Leben vollendet.

(17) Gemeinsam sind wir der Überzeugung, daß die Botschaft von der Rechtfertigung uns in besonderer Weise auf die Mitte des neutestamentlichen Zeugnisses von Gottes Heilshandeln in Christus verweist: Sie sagt uns, daß wir Sünder unser neues Leben allein der vergebenden und neuschaffenden Barmherzigkeit Gottes verdanken, die wir uns nur schenken lassen und im Glauben empfangen, aber nie – in welcher Form auch immer verdienen können.

(18) Darum ist die Lehre von der Rechtfertigung, die diese Botschaft aufnimmt und entfaltet, nicht nur ein Teilstück der christlichen Glaubenslehre. Sie steht in einem wesenhaften Bezug zu allen Glaubenswahrheiten, die miteinander in einem inneren Zusammenhang zu sehen sind. Sie ist ein unverzichtbares Kriterium, das die gesamte Lehre und Praxis der Kirche unablässig auf Christus hin orientieren will. Wenn Lutheraner die einzigartige Bedeutung dieses Kriteriums betonen, verneinen sie nicht den Zusammenhang und die Bedeutung aller Glaubenswahrheiten. Wenn

---
11 Vgl. Alle unter einem Christus, Nr. 14: DwÜ I, 323–328.

Katholiken sich von mehreren Kriterien in Pflicht genommen sehen, verneinen sie nicht die besondere Funktion der Rechtfertigungsbotschaft. Lutheraner und Katholiken haben gemeinsam das Ziel, in allem Christus zu bekennen, dem allein über alles zu vertrauen ist als dem einen Mittler (1 Tim 2.5f.), durch den Gott im Heiligen Geist sich selbst gibt und seine erneuernden Gaben schenkt [vgl. Quellen zu Kap. 3.].

4. Die Entfaltung des gemeinsamen Verständnisses der Rechtfertigung

4.1 Unvermögen und Sünde des Menschen angesichts der Rechtfertigung

(19) Wir bekennen gemeinsam, daß der Mensch im Blick auf sein Heil völlig auf die rettende Gnade Gottes angewiesen ist. Die Freiheit, die er gegenüber den Menschen und den Dingen der Welt besitzt, ist keine Freiheit auf sein Heil hin. Das heißt, als Sünder steht er unter dem Gericht Gottes und ist unfähig, sich von sich aus Gott um Rettung zuzuwenden oder seine Rechtfertigung vor Gott zu verdienen oder mit eigener Kraft sein Heil zu erreichen. Rechtfertigung geschieht allein aus Gnade. Weil Katholiken und Lutheraner das gemeinsam bekennen, darum gilt:

(20) Wenn Katholiken sagen, daß der Mensch bei der Vorbereitung auf die Rechtfertigung und deren Annahme durch seine Zustimmung zu Gottes rechtfertigendem Handeln „mitwirke", so sehen sie in solch personaler Zustimmung selbst eine Wirkung der Gnade und kein Tun des Menschen aus eigenen Kräften.

(21) Nach lutherischer Auffassung ist der Mensch unfähig, bei seiner Errettung mitzuwirken, weil er sich als Sünder aktiv Gott und seinem rettenden Handeln widersetzt. Lutheraner verneinen nicht, daß der Mensch das Wirken der Gnade ablehnen kann. Wenn sie betonen, daß der Mensch die Rechtfertigung nur empfangen kann *(mere passive)*, so verneinen sie damit jede Möglichkeit eines eigenen Beitrags des Menschen zu seiner Rechtfertigung, nicht aber sein volles personales Beteiligtsein im Glauben, das vom Wort Gottes selbst gewirkt wird [vgl. Quellen zu Kap. 4.1.].

4.2 Rechtfertigung als Sündenvergebung und Gerechtmachung

(22) Wir bekennen gemeinsam, daß Gott aus Gnade dem Menschen die Sünde vergibt und ihn zugleich in seinem Leben von der knechtenden Macht der Sünde befreit und ihm das neue Leben in Christus schenkt. Wenn der Mensch an Christus im Glauben teilhat, rechnet ihm Gott seine

Sünde nicht an und wirkt in ihm tätige Liebe durch den Heiligen Geist. Beide Aspekte des Gnadenhandelns Gottes dürfen nicht voneinander getrennt werden. Sie gehören in der Weise zusammen, daß der Mensch im Glauben mit Christus vereinigt wird, der in seiner Person unsere Gerechtigkeit ist (1 Kor 1,30): sowohl die Vergebung der Sünden, als auch die heiligende Gegenwart Gottes. Weil Katholiken und Lutheraner das gemeinsam bekennen, darum gilt:

(23) Wenn Lutheraner betonen, daß Christi Gerechtigkeit unsere Gerechtigkeit ist, wollen sie vor allem festhalten, daß dem Sünder durch den Zuspruch der Vergebung die Gerechtigkeit vor Gott in Christus geschenkt wird und sein Leben nur in Verbindung mit Christus erneuert wird. Wenn sie, sagen, daß Gottes Gnade vergebende Liebe („Gunst Gottes"[12]) ist, verneinen sie damit nicht die Erneuerung des Lebens des Christen, sondern wollen zum Ausdruck bringen, daß die Rechtfertigung frei bleibt von menschlicher Mitwirkung und auch nicht von der lebenserneuernden Wirkung der Gnade im Menschen abhängt.

(24) Wenn die Katholiken betonen, daß dem Gläubigen die Erneuerung des inneren Menschen durch den Empfang der Gnade geschenkt wird,[13] dann wollen sie festhalten, daß die vergebende Gnade Gottes, immer mit dem Geschenk, eines neuen Lebens verbunden ist, das sich im Heiligen Geist in tätiger Liebe auswirkt; sie verneinen damit aber nicht, daß Gottes Gnadengabe in der Rechtfertigung unabhängig bleibt von menschlicher Mitwirkung [vgl. Quellen zu Kap. 4.2.].

4.3 Rechtfertigung durch Glauben und aus Gnade

(25) Wir bekennen gemeinsam, daß der Sünder durch den Glauben an das Heilshandeln Gottes in Christus gerechtfertigt wird; dieses Heil wird ihm vom Heiligen Geist in der Taufe als Fundament seines ganzen christlichen Lebens geschenkt. Der Mensch vertraut im rechtfertigenden Glauben auf Gottes gnädige Verheißung, in dem die Hoffnung auf Gott und die Liebe zu ihm eingeschlossen sind. Dieser Glaube ist in der Liebe tätig; darum kann und darf der Christ nicht ohne Werke bleiben. Aber alles, was im Menschen dem freien Geschenk des Glaubens vorausgeht und nachfolgt, ist nicht Grund der Rechtfertigung und verdient sie nicht.

(26) Nach lutherischem Verständnis rechtfertigt Gott den Sünder allein im Glauben *(sola fide)*. Im Glauben vertraut der Mensch ganz auf seinen Schöpfer und Erlöser und ist so in Gemeinschaft mit ihm. Gott selber bewirkt den Glauben, indem er durch sein schöpferisches Wort solches

---

12 Vgl. WA 8, 106.
13 Vgl. DS 1528.

Vertrauen hervorbringt. Weil diese Tat Gottes eine neue Schöpfung ist, betrifft sie alle Dimensionen der Person und führt zu einem Leben in Hoffnung und Liebe. So wird in der Lehre von der „Rechtfertigung allein durch den Glauben" die Erneuerung der Lebensführung, die aus der Rechtfertigung notwendig folgt und ohne die kein Glaube sein kann, zwar von der Rechtfertigung unterschieden, aber nicht getrennt. Vielmehr wird damit der Grund angegeben, aus dem solche Erneuerung hervorgeht. Aus der Liebe Gottes, die dem Menschen in der Rechtfertigung geschenkt wird, erwächst die Erneuerung des Lebens. Rechtfertigung und Erneuerung sind durch den im Glauben gegenwärtigen Christus verbunden.

(27) Auch nach katholischem Verständnis ist der Glaube für die Rechtfertigung fundamental; denn ohne ihn kann es keine Rechtfertigung geben. Der Mensch wird als Hörer des Wortes und Glaubender durch die Taufe gerechtfertigt. Die Rechtfertigung des Sünders ist Sündenvergebung und Gerechtmachung durch die Rechtfertigungsgnade, die uns zu Kindern Gottes macht. In der Rechtfertigung empfangen die Gerechtfertigten von Christus Glaube, Hoffnung und Liebe und werden so in die Gemeinschaft mit ihm aufgenommen.[14] Dieses neue personale Verhältnis zu Gott gründet ganz und gar in der Gnädigkeit Gottes und bleibt stets vom heilsschöpferischen Wirken des gnädigen Gottes abhängig, der sich selbst treu bleibt und auf den der Mensch sich darum verlassen kann. Deshalb wird die Rechtfertigungsgnade nie Besitz des Menschen, auf den er sich Gott gegenüber berufen könnte. Wenn nach katholischem Verständnis die Erneuerung des Lebens durch die Rechtfertigungsgnade betont wird, so ist diese Erneuerung in Glaube, Hoffnung und Liebe immer auf die grundlose Gnade Gottes angewiesen und leistet keinen Beitrag zur Rechtfertigung, dessen wir uns vor Gott rühmen könnten (Röm 3,27) [vgl. Quellen zu Kap. 4.3.].

4.4 Das Sündersein des Gerechtfertigten

(28) Wir bekennen gemeinsam, daß der Heilige Geist in der Taufe den Menschen mit Christus vereint, rechtfertigt und ihn wirklich erneuert. Und doch bleibt der Gerechtfertigte zeitlebens und unablässig auf die bedingungslos rechtfertigende Gnade Gottes angewiesen. Auch er ist der immer noch andrängenden Macht und dem Zugriff der Sünde nicht entzogen (vgl. Röm 6,12–14) und des lebenslangen Kampfes gegen die Gottwidrigkeit des selbstsüchtigen Begehrens des alten Menschen nicht enthoben (vgl. Gal 5,16; Röm 7,7.10). Auch der Gerechtfertigte muß wie im Vaterunser täglich Gott um Vergebung bitten (Mt 6,12; 1 Joh 1,9), er ist immer wieder zu

---

14 Vgl. DS 1530.

Umkehr und Buße gerufen, und ihm wird immer wieder die Vergebung gewährt.

(29) Das verstehen Lutheraner in dem Sinne, daß der Christ „zugleich Gerechter und Sünder" ist: Er ist ganz gerecht, weil Gott ihm durch Wort und Sakrament seine Sünde vergibt und die Gerechtigkeit Christi zuspricht, die ihm im Glauben zu eigen wird und ihn in Christus vor Gott zum Gerechten macht. Im Blick- auf sich selbst aber erkennt er durch das Gesetz, daß er zugleich ganz Sünder bleibt, daß die Sünde noch in ihm wohnt (1 Joh 1,8; Röm 7,17.20); denn er vertraut immer wieder auf falsche Götter und liebt Gott nicht mit jener ungeteilten Liebe, die Gott als sein Schöpfer von ihm fordert (Dtn 6,5; Mt 22,36–40 parr.). Diese Gottwidrigkeit ist als solche wahrhaft Sünde. Doch die knechtende Macht der Sünde ist aufgrund von Christi Verdienst gebrochen: Sie ist keine den Christen „beherrschende" Sünde mehr, weil sie durch Christus „beherrscht" ist, mit dem der Gerechtfertigte im Glauben verbunden ist; so kann der Christ, solange er auf Erden lebt, jedenfalls stückweise ein Leben in Gerechtigkeit führen. Und trotz der Sünde ist der Christ nicht mehr von Gott getrennt, weil ihm, der durch die Taufe und den Heiligen Geist neugeboren ist, in täglicher Rückkehr zur Taufe die Sünde vergeben wird, so daß seine Sünde ihn nicht mehr verdammt und ihm nicht mehr den ewigen Tod bringt.[15] Wenn also die Lutheraner sagen, daß der Gerechtfertigte auch Sünder und seine Gottwidrigkeit wahrhaft Sünde ist, verneinen sie nicht, daß er trotz der Sünde in Christus von Gott ungetrennt und seine Sünde beherrschte Sünde ist. Im letzteren sind sie mit der römisch-katholischen Seite trotz der Unterschiede im Verständnis der Sünde des Gerechtfertigten einig.

(30) Die Katholiken sind der Auffassung, daß die Gnade Jesu Christi, die in der Taufe verliehen wird, alles was „wirklich" Sünde, was „verdammenswürdig" ist, tilgt (Röm 8,1 [16]), daß jedoch eine aus der Sünde kommende und zur Sünde drängende Neigung (Konkupiszenz) im Menschen verbleibt. Insofern nach katholischer Überzeugung zum Zustandekommen menschlicher Sünden ein personales Element gehört, sehen sie bei dessen Fehlen die gottwidrige Neigung nicht als Sünde im eigentlichen Sinne an. Damit wollen sie nicht leugnen, daß diese Neigung nicht dem ursprünglichen Plan Gottes vom Menschen entspricht, noch, daß sie objektiv Gottwidrigkeit und Gegenstand lebenslangen Kampfes ist; in Dankbarkeit für die Erlösung durch Christus wollen sie herausstellen, daß die gottwidrige Neigung nicht die Strafe des ewigen Todes verdient[17] und den Gerechtfer-

---

15 Vgl. Apol. II, 38–45.
16 Vgl. DS 1515.
17 Vgl. DS 1515.

tigten nicht von Gott trennt. Wenn der Gerechtfertigte sich aber willentlich von Gott trennt, genügt nicht eine erneute Beobachtung der Gebote, sondern er muß im Sakrament der Versöhnung Verzeihung und Frieden empfangen durch das Wort der Vergebung, das ihm Kraft des Versöhnungswerkes Gottes in Christus gewährt wird [vgl. Quellen zu Kap. 4.4.].

4.5 Gesetz und Evangelium

(31) Wir bekennen gemeinsam, daß der Mensch im Glauben an das Evangelium „unabhängig von Werken des Gesetzes" (Röm 3,28) gerechtfertigt wird. Christus hat das Gesetz erfüllt und es durch seinen Tod und seine Auferstehung als Weg zum Heil überwunden. Wir bekennen zugleich, daß die Gebote Gottes für den Gerechtfertigten in Geltung bleiben und daß Christus in seinem Wort und Leben den Willen Gottes, der auch für den Gerechtfertigten Richtschnur seines Handelns ist, zum Ausdruck bringt.

(32) Die Lutheraner verweisen darauf, daß die Unterscheidung und richtige Zuordnung von Gesetz und Evangelium wesentlich ist für das Verständnis der Rechtfertigung. Das Gesetz in seinem theologischen Gebrauch ist Forderung und Anklage, unter der jeder Mensch, auch der Christ, insofern er Sünder ist, zeitlebens steht und das seine Sünde aufdeckt, damit er sich im Glauben an das Evangelium ganz der Barmherzigkeit Gottes in Christus zuwendet, die allein ihn rechtfertigt.

(33) Weil das Gesetz als Heilsweg durch das Evangelium erfüllt und überwunden ist, können Katholiken sagen, daß Christus nicht ein Gesetzgeber im Sinne von Mose ist. Wenn Katholiken betonen, daß der Gerechtfertigte zur Beobachtung der Gebote Gottes gehalten ist, so verneinen sie damit nicht, daß die Gnade des ewigen Lebens den Kindern Gottes durch Jesus Christus erbarmungsvoll Verheißen ist[18] [vgl. Quellen zu Kap. 4.5.].

4.6 Heilsgewißheit

(34) Wir bekennen gemeinsam, daß die Gläubigen sich auf die Barmherzigkeit und die Verheißungen Gottes verlassen können. Auch angesichts ihrer eigenen Schwachheit und mannigfacher Bedrohung ihres Glaubens können sie kraft des Todes und der Auferstehung Christi auf die wirksame Zusage der Gnade Gottes in Wort und Sakrament bauen und so dieser Gnade gewiß sein.

(35) Dies ist in besonderer Weise von den Reformatoren betont worden: In der Anfechtung soll der Gläubige nicht auf sich, sondern ganz auf Chri-

---

18 Vgl. DS 1545.

stus blicken und ihm allein vertrauen. So ist er im Vertrauen auf Gottes Zusage seines Heils gewiß, wenngleich auf sich schauend niemals sicher.

(36) Katholiken können das Anliegen der Reformatoren teilen, den Glauben auf die objektive Wirklichkeit der Verheißung Christi zu gründen, von der eigenen Erfahrung abzusehen, und allein auf Christi Verheißungswort zu vertrauen (vgl. Mt 16,19; 18,18). Mit dem Zweiten Vatikanischen Konzil sagen Katholiken: Glauben heißt, sich selbst ganz Gott anvertrauen,[19] der uns aus der Finsternis der Sünde und des Todes befreit und zum ewigen Leben erweckt.[20] Man kann nicht in diesem Sinn an Gott glauben und zugleich dessen Verheißungswort für nicht verläßlich halten. Keiner darf an Gottes Barmherzigkeit und an Christi Verdienst zweifeln. Aber jeder kann in Sorge um sein Heil sein, wenn er auf seine eigenen Schwächen und Mängel schaut. In allem Wissen um sein eigenes Versagen darf der Glaubende dessen gewiß sein, daß Gott sein Heil will [vgl. Quellen zu Kap. 4.6.].

4.7 Die guten Werke des Gerechtfertigten

(37) Wir bekennen gemeinsam, daß gute Werke – ein christliches Leben in Glaube, Hoffnung und Liebe – der Rechtfertigung folgen und Früchte der Rechtfertigung sind. Wenn der Gerechtfertigte in Christus lebt und in der empfangenen Gnade wirkt, bringt er, biblisch gesprochen, gute Frucht. Diese Folge der Rechtfertigung ist für den Christen, insofern er zeitlebens gegen die Sünde kämpft, zugleich eine Verpflichtung, die er zu erfüllen hat; deshalb ermahnen Jesus und die apostolischen Schriften den Christen, Werke der Liebe zu vollbringen.

(38) Nach katholischer Auffassung tragen die guten Werke, die von der Gnade und dem Wirken des Heiligen Geistes erfüllt sind, so zu einem Wachstum in der Gnade bei, daß die von Gott empfangene Gerechtigkeit bewahrt und die Gemeinschaft mit Christus vertieft werden. Wenn Katholiken an der „Verdienstlichkeit" der guten Werke festhalten, so wollen sie sagen, daß diesen Werken nach dem biblischen Zeugnis ein Lohn im Himmel verheißen ist. Sie wollen die Verantwortung des Menschen für sein Handeln herausstellen, damit aber nicht den Geschenkcharakter der guten Werke bestreiten, geschweige denn verneinen, daß die Rechtfertigung selbst stets unverdientes Gnadengeschenk bleibt.

(39) Auch bei den Lutheranern gibt es den Gedanken eines Bewahrens der Gnade und eines Wachstums in Gnade und Glauben. Sie betonen allerdings, daß die Gerechtigkeit als Annahme durch Gott und als Teilhabe an

---

19 Vgl. DV 5.
20 Vgl. DV 4.

der Gerechtigkeit Christi immer vollkommen ist, sagen aber zugleich, daß ihre Auswirkung im christlichen Leben wachsen kann. Wenn sie die guten Werke des Christen als „Früchte" und „Zeichen" der Rechtfertigung, nicht als eigene „Verdienste" betrachten, so verstehen sie gleichwohl das ewige Leben gemäß dem Neuen Testament als unverdienten „Lohn" im Sinn der Erfüllung von Gottes Zusage an die Glaubenden. [vgl. Quellen zu Kap. 4.7.].

5. Die Bedeutung und Tragweite des erreichten Konsenses

(40) Das in dieser Erklärung dargelegte Verständnis der Rechtfertigungslehre zeigt, daß zwischen Lutheranern und Katholiken ein Konsens in Grundwahrheiten der Rechtfertigungslehre besteht, in dessen Licht die in Nr. 18 bis 39 beschriebenen, verbleibenden Unterschiede in der Sprache, der theologischen Ausgestaltung und der Akzentsetzung des Rechtfertigungsverständnisses tragbar sind. Deshalb sind die lutherische und die römisch-katholische Entfaltung des Rechtfertigungsglaubens in ihrer Verschiedenheit offen aufeinander hin und heben den Konsens in den Grundwahrheiten nicht wieder auf.

(41) Damit erscheinen auch die Lehrverurteilungen des 16. Jahrhunderts, soweit sie sich auf die Lehre von der Rechtfertigung beziehen, in einem neuen Licht: Die in dieser Erklärung vorgelegte Lehre der lutherischen Kirchen wird nicht von den Verurteilungen des Trienter Konzils getroffen. Die Verwerfungen der lutherischen Bekenntnisschriften treffen nicht die in dieser Erklärung vorgelegte Lehre der römisch-katholischen Kirche.

(42) Dadurch wird den auf die Rechtfertigungslehre bezogenen Lehrverurteilungen nichts von ihrem Ernst genommen. Etliche waren nicht einfach gegenstandslos; sie behalten für uns „die Bedeutung von heilsamen Warnungen", die wir in Lehre und Praxis zu beachten haben.[21]

(43) Unser Konsens in Grundwahrheiten der Rechtfertigungslehre muß sich im Leben und in der Lehre der Kirchen auswirken und bewähren. Im Blick darauf gibt es noch Fragen von unterschiedlichem Gewicht, die weiterer Klärung bedürfen: sie betreffen unter anderem das Verhältnis von Wort Gottes und kirchlicher Lehre sowie die Lehre von der Kirche, von der Autorität in ihr, von ihrer Einheit, vom Amt und von den Sakramenten, schließlich von der Beziehung zwischen Rechtfertigung und Sozialethik. Wir sind der Überzeugung, daß das erreichte gemeinsame Verständnis eine tragfähige Grundlage für eine solche Klärung bietet. Die lutherischen Kirchen und die römisch-katholische Kirche werden sich weiterhin bemü-

---

21 Lehrverurteilungen – kirchentrennend?, 32.

hen, das gemeinsame Verständnis zu vertiefen und es in der kirchlichen Lehre und im kirchlichen Leben fruchtbar werden zu lassen.

(44) Wir sagen dem Herrn Dank für diesen entscheidenden Schritt zur Überwindung der Kirchenspaltung. Wir bitten den Heiligen Geist, uns zu jener sichtbaren Einheit weiterzuführen, die der Wille Christi ist.

(Es folgt hier ein *Anhang* mit der Überschrift „Quellen zur Gemeinsamen Erklärung zur Rechtfertigungslehre" zu finden in: Der Vorsitzende der Deutschen Bischofskonferenz, Einig im Verständnis der Rechtfertigungsbotschaft? Erfahrungen und Lehren im Blick auf die gegenwärtige ökumenische Situation, 21. September 1998 = VDBK 19, hg. v. Sekretariat der Deutschen Bischofskonferenz [Bonn 1998] 50–58.)

Quellen zur
Gemeinsamen Erklärung zur Rechtfertigungslehre

In den Teilen 3 und 4 der „Gemeinsamen Erklärung" wird auf Formulierungen aus verschiedenen lutherisch/katholischen Dialogen zurückgegriffen. Im einzelnen handelt es sich um folgende Dokumente:

Alle unter einem Christus, Stellungnahme der Gemeinsamen Römisch-katholischen/Evangelisch-lutherischen Kommission zum Augsburgischen Bekenntnis, 1980: Dokumente wachsender Übereinstimmung. Sämtliche Berichte und Konsenstexte interkonfessioneller Gespräche auf Weltebene. Bd. I. 1931–1982, hg. v. H. Meyer u. a. (Paderborn-Frankfurt ²1991) 323–328.

Denzinger-Schönmetzer, Enchiridion symbolorum ... 32. bis 36. Auflage [zit.: DS].

Denzinger-Hünermann, Enchiridion symbolorum ... seit der 37. Auflage, zweisprachig [zit.: DH].

Gutachten des Päpstlichen Rates zur Förderung der Einheit der Christen zur Studie Lehrverurteilungen – kirchentrennend? (Vatikan 1992), unveröffentlicht [zit.: Gutachten].

Justification by Faith. Lutherans and Catholics in Dialogue VII (Minneapolis 1985). Deutsch: Lutherisch/Römisch-katholischer Dialog in den USA. Rechtfertigung durch den Glauben: Rechtfertigung im ökumenischen Dialog. Dokumente und Einführung, hg. v. H. Meyer u. G. Gaßmann = ÖkPer 12 (Frankfurt 1987) 107–200 [zit.: USA].

Lehrverurteilungen – kirchentrennend? I. Rechtfertigung, Sakramente und Amt im Zeitalter der Reformation und heute = DiKi 4, hg. v. K. Lehmann u. W. Pannenberg (Freiburg ³1988) [zit.: LV].

Stellungnahme des Gemeinsamen Ausschusses der Vereinigten Evangelisch-Lutherischen Kirche Deutschlands und des Deutschen Nationalkomitees des Lutherischen Weltbundes zum Dokument „Lehrverurteilungen – kirchentrennend?" (13. September 1991): Lehrverurteilungen im Gespräch. Die ersten offiziellen Stellungnahmen aus den evangelischen Kirchen in Deutschland, hg. v. der Geschäftsstelle der Arnoldshainer Konferenz (AKf), dem Kirchenamt der Evangelischen Kirche in Deutschland (EKD) und dem Lutherischen Kirchenamt der Vereinigten Evangelisch-Lutherischen Kirche Deutschlands (VELKD) (Göttingen 1993) 57–160 [zit.: VELKD].

zu 3: Das gemeinsame Verständnis der Rechtfertigung, Abschnitte 17 und 18: vgl. insbesondere LV 75; VELKD 95.

– „… ein auf den Glauben zentriertes und forensisch verstandenes Bild von der Rechtfertigung ist für Paulus, und in gewissem Sinne für die Bibel insgesamt, von entscheidender Bedeutung, wenn dies auch keinesfalls die einzige biblische oder paulinische Weise ist, das Heilswerk Gottes darzustellen" (USA Nr. 146).

– „Katholiken wie Lutheraner können die Notwendigkeit anerkennen, die Praxis, die Strukturen und die Theologien der Kirche daran zu messen, inwieweit sie ‚die Verkündigung der freien und gnädigen Verheißungen Gottes in Christus Jesus, die allein durch den Glauben recht empfangen werden können' (Nr. 28), fördern oder hindern" (USA Nr. 153).

Von der „grundlegenden Affirmation" (USA Nr. 157; vgl. Nr. 4) heißt es:

– „Diese Affirmation dient wie die reformatorische Lehre von der Rechtfertigung allein durch den Glauben als Kriterium, an dem alle kirchlichen Bräuche, Strukturen und Traditionen gemessen werden, gerade weil die Entsprechung dazu das ‚solus Christus', allein Christus, ist. Ihm allein ist letztlich zu vertrauen als dem einen Mittler, durch den Gott im Heiligen Geist seine rettenden Gaben ausgießt. Alle an diesem Dialog Beteiligten bekräftigen, daß alle christliche Lehre und Praxis und alle christlichen Ämter in einer Weise wirksam sein sollten, daß sie ‚den Gehorsam des Glaubens' (Röm 1,5) an Gottes Heilshandeln in Christus Jesus allein, durch den Heiligen Geist, für das Heil der Gläubigen und zu Lob und Ehre des himmlischen Vaters fördern" (USA Nr. 160).

– „Darum behält die Rechtfertigungslehre und vor allem ihr biblischer Grund in der Kirche für immer eine spezifische Funktion: im Bewußtsein der Christen zu halten, daß wir Sünder allein aus der vergebenden Liebe Gottes leben, die wir uns nur schenken lassen, aber auf keine Weise, wie abgeschwächt auch immer, ‚verdienen' oder an von uns zu erbringende Vor- oder Nachbedingungen binden können. Die ‚Rechtfertigungslehre' wird damit zum kritischen Maßstab, an dem sich jederzeit überprüfen lassen muß, ob eine konkrete Interpretation unseres Gottesverhältnisses den

Namen ‚christlich' beanspruchen kann. Sie wird zugleich zum kritischen Maßstab für die Kirche, an dem sich jederzeit überprüfen lassen muß, ob ihre Verkündigung und ihre Praxis dem, was ihr von ihrem Herrn vorgegeben ist, entspricht" (LV 75,21–31).

– „Eine Einigung darin, daß die Rechtfertigungslehre ihre Bedeutung nicht nur als besondere Teillehre im Ganzen der Glaubenslehre unserer Kirchen hat, sondern daß ihr darüber hinaus eine Bedeutung als kritischer Maßstab für Lehre und Praxis unserer Kirchen insgesamt zukommt, ist aus lutherischer Sicht ein fundamentaler Fortschritt im ökumenischen Dialog zwischen unseren Kirchen, der nicht genug zu begrüßen ist" (VELKD 95,20–26; vgl. 157).

– „Zwar hat die Rechtfertigungslehre bei Lutheranern und Katholiken einen unterschiedlichen Stellenwert innerhalb der ‚hierarchia veritatum'; doch stimmen beide Seiten darin überein, daß die Rechtfertigungslehre ihre spezifische Funktion darin hat, ein kritischer Maßstab zu sein, ‚an dem sich jederzeit überprüfen lassen muß, ob eine konkrete Interpretation unseres Gottesverhältnisses den Namen ‚christlich' beanspruchen kann. Sie wird zugleich zum kritischen Maßstab für die Kirche, an dem sich jederzeit überprüfen lassen muß, ob ihre Verkündigung und ihre Praxis dem, was ihr von ihrem Herrn vorgegeben ist, entspricht.' Die kriteriologische Bedeutung der Rechtfertigungslehre für die Sakramentenlehre, die Ekklesiologie sowie für den ethischen Bereich bedarf allerdings noch vertiefter Studien" (Gutachten 106f.).

zu 4.1: Unvermögen und Sünde des Menschen angesichts der Rechtfertigung, Abschnitte 19–21: vgl. insbesondere LV 48ff.; 53; VELKD 77–81; 83f.

– „Diejenigen, in denen die Sünde herrscht, können nichts tun, um die Rechtfertigung zu verdienen, die ein freies Geschenk der Gnade Gottes ist. Selbst die Anfänge der Rechtfertigung, z. B. Reue, das Gebet um Gnade und das Verlangen nach Vergebung, müssen Gottes Werk in uns sein" (USA Nr. 156,3).

– „*Beiden* geht es ... nicht ... darum, ein wahrhaftes Beteiligtsein des Menschen zu leugnen! ... eine Antwort ist kein ‚Werk'. Die Antwort des Glaubens ist selbst erwirkt durch das unerzwingbare und von außen auf den Menschen zukommende Wort der Verheißung. ‚*Mit*wirkung' kann es nur in *dem* Sinne geben, daß das Herz beim Glauben dabei ist, wenn das Wort es trifft und den Glauben schafft" (LV 53,12–22).

– „Nur wenn die lutherische Lehre die Beziehung Gottes zu seinem Geschöpf bei der Rechtfertigung jedoch mit solcher Betonung auf den göttlichen Monergismus oder die Alleinwirksamkeit Christi konstruiert, daß die freiwillige Annahme von Gottes Gnade, die selbst ein Geschenk

Gottes ist, keine wesentliche Rolle bei der Rechtfertigung spielt, dann kennzeichnen die Trienter Canones 4, 5, 6 und 9 noch einen beachtlichen Lehrunterschied bezüglich Rechtfertigung" (Gutachten 25).

– „... das strikte Betonen der Passivität des Menschen bei seiner Rechtfertigung hatte auf lutherischer Seite niemals den Sinn, etwa das volle personale Beteiligtsein des Menschen im Glauben zu bestreiten, sondern sollte lediglich jede Mitwirkung beim Geschehen der Rechtfertigung selbst ausschließen. Diese ist allein das Werk Christi, allein das Werk der Gnade" (VELKD 84,3–8).

zu 4.2: Rechtfertigung als Sündenvergebung und Gerechtmachung, Abschnitte 22–24: vgl. insbesondere USA Nr. 98–101; LV 53ff.; VELKD 84ff.; vgl. auch die Zitate zu 4.3.

– „Durch die Rechtfertigung werden wir zugleich gerecht erklärt und gerecht gemacht. Rechtfertigung ist darum keine rechtliche Fiktion. Indem er rechtfertigt, bewirkt Gott, was er verheißt; er vergibt Sünden und macht uns wahrhaft gerecht" (USA Nr. 156,5).

– „... daß die reformatorische Theologie nicht übersieht, was die katholische Lehre hervorhebt: den schöpferischen und erneuernden Charakter der Liebe Gottes; und nicht behauptet ...: die Ohnmacht Gottes gegenüber einer Sünde, die bei der Rechtfertigung ‚nur' vergeben, nicht aber in ihrer von Gott trennenden Macht wahrhaft aufgehoben werde" (LV 55,25–29).

– „... diese [= die lutherische Lehre] hat nie die ‚Anrechnung der Gerechtigkeit Christi' als wirkungslos im Leben des Glaubenden verstanden, weil Christi Wort wirkt, was es sagt. Entsprechend versteht sie die Gnade als Gottes Gunst, aber diese durchaus als wirksame Kraft ... denn ‚wo Vergebung der Sünden ist, da ist auch Leben und Seligkeit'" (VELKD 86,15–23).

– ... daß die katholische Lehre nicht übersieht, was die evangelische Theologie hervorhebt: den personalen und worthaften Charakter der Gnade; und nicht behauptet ...: die Gnade als dinghaften, verfügbaren ‚Besitz' des Menschen, und wäre er auch geschenkter Besitz" (LV 55,21–24).

zu 4.3: Rechtfertigung durch Glauben und aus Gnade, Abschnitte 25–27: vgl. insbesondere USA Nr. 105ff.; LV 56–59; VELKD 87–90.

– „Übersetzt man von einer Sprache in die andere, dann entspricht einerseits die reformatorische Rede von der Rechtfertigung durch den Glauben der katholischen Rede von der Rechtfertigung durch die Gnade, und dann begreift anderseits die reformatorische Lehre unter dem einen Wort ‚Glaube' der Sache nach, was die katholische Lehre im Anschluß an 1 Kor 13,13 in der Dreiheit von ‚Glaube, Hoffnung und Liebe' zusammenfaßt" (LV 59,4–10).

– „Zugleich betonen wir, daß der Glaube im Sinne des ersten Gebotes immer auch Liebe zu Gott und Hoffnung auf ihn ist und sich in der Liebe zum Nächsten auswirkt" (VELKD 89,8–11).

– „Katholiken ... – wie die Lutheraner – lehren, daß nichts, was dem freien Geschenk des Glaubens vorausgeht, die Rechtfertigung verdient und daß alle heilbringenden Gaben Gottes durch Christus allein geschenkt werden" (USA Nr. 105).

– „Die Reformatoren ... verstehen ... den Glauben als die durch das Verheißungswort selbst ... gewirkte Vergebung und Gemeinschaft mit Christus. Das ist der Grund für das neue Sein, durch das das Fleisch der Sünde tot ist und der neue Mensch in Christus (,sola fide per Christum') sein Leben hat. Aber auch wenn ein solcher Glaube den Menschen notwendig neu macht, so baut der Christ seine Zuversicht nicht auf sein neues Leben, sondern allein auf die Gnadenzusage Gottes. Ihre Annahme im Glauben reicht aus, wenn ,Glaube' als ,Vertrauen auf die Verheißung' (fides promissionis) verstanden wird" (LV 56,18–26).

– Vgl. Tridentinum sess. 6 cap. 7: „... Daher erhält der Mensch in der Rechtfertigung selbst zusammen mit der Vergebung der Sünden durch Jesus Christus, dem er eingegliedert wird, zugleich alles dies eingegossen: Glaube, Hoffnung und Liebe" (DH 1530).

– „Nach evangelischem Verständnis reicht der Glaube, der sich an Gottes Verheißung in Wort und Sakrament bedingungslos festklammert, zur Gerechtigkeit vor Gott aus, so daß die Erneuerung der Menschen, ohne die kein Glaube sein kann, nicht ihrerseits zur Rechtfertigung einen Beitrag leistet" (LV 59,19–23).

– „Als Lutheraner halten wir fest an der Unterscheidung von Rechtfertigung und Heiligung, von Glaube und Werken, die jedoch keine Scheidung bedeutet" (VELKD 89,6–8).

– „Die katholische Lehre weiß sich mit dem reformatorischen Anliegen einig, daß die Erneuerung des Menschen keinen ,Beitrag' zur Rechtfertigung leistet, schon gar nicht einen, auf den er sich vor Gott berufen könnte ... Dennoch sieht sie sich genötigt, die Erneuerung des Menschen durch die Rechtfertigungsgnade um des Bekenntnisses zur neuschaffenden Macht Gottes willen zu betonen, freilich so, daß diese Erneuerung in Glaube, Hoffnung und Liebe nichts als Antwort auf die grundlose Gnade Gottes ist" (LV 59,23–30).

– „Sofern die katholische Lehre betont, daß die Gnade personal und worthaft zu verstehen ist ... daß die Erneuerung nichts als – von Gottes Wort selbst erwirkte ... – Antwort ... ist und daß die Erneuerung des Menschen keinen Beitrag zur Rechtfertigung leistet, schon gar nicht einen, auf den wir uns vor Gott berufen könnten ... wird sie von unserem Widerspruch ... nicht mehr getroffen (VELKD 89,12–21).

zu 4.4: Das Sündersein des Gerechtfertigten, Abschnitte 28–30: vgl. insbesondere USA Nr. 102ff.; LV 50–53; VELKD 81ff.

– „... wie gerecht und heilig sie [= die Gerechtfertigten] auch immer sein mögen, sie verfallen von Zeit zu Zeit in die Sünden des täglichen Daseins. Noch mehr, das Wirken des Heiligen Geistes enthebt die Gläubigen nicht des lebenslangen Kampfes gegen sündhafte Neigungen. Die Begierde und andere Auswirkungen der Erbsünde und der persönlichen Sünde bleiben nach katholischer Lehre im Gerechtfertigten, der darum täglich zu Gott um Vergebung beten muß" (USA Nr. 102).

– „Die Trienter und die reformatorische Lehre stimmen darin überein, daß die Erbsünde und auch noch die verbliebene Konkupiszenz Gottwidrigkeit sind ... Gegenstand des lebenslangen Kampfes gegen die Sünde ... daß beim Gerechtfertigten, nach der Taufe, die Konkupiszenz den Menschen nicht mehr von Gott trennt, also, tridentinisch gesprochen: nicht mehr ,im eigentlichen Sinne Sünde' ist, lutherisch gesprochen: ,peccatum regnatum' (beherrschte Sünde)" (LV 52,14–24).

– „... geht es ... um die Frage, in welcher Weise beim Gerechtfertigten von Sünde gesprochen werden kann, ohne die Wirklichkeit des Heils einzuschränken. Während die lutherische Seite diese Spannung mit der Wendung ,beherrschte Sünde' (peccatum regnatum) zum Ausdruck bringt, die die Lehre vom Christen als ,Gerechtem und Sünder zugleich' (simul iustus et peccator) voraussetzt, meinte die römische Seite die Wirklichkeit des Heils nur so festhalten zu können, daß sie den Sündencharakter der Konkupiszenz bestritt. Im Blick auf diese Sachfrage bedeutet es eine erhebliche Annäherung, wenn LV die im Gerechtfertigten verbliebene Konkupiszenz als ,Gottwidrigkeit' bezeichnet und sie damit als Sünde qualifiziert" (VELKD 82,28–39).

zu 4.5: Gesetz und Evangelium, Abschnitte 31–33:

– Nach der paulinischen Lehre handelt es sich hier um den Weg des jüdischen Gesetzes als Heilsweg. Dieser ist in Christus erfüllt und überwunden. Insofern ist diese Aussage und die Konsequenz daraus zu verstehen.

– In bezug auf die Canones 19f. des Tridentinum äußert sich die VELKD (89,28–37): „Die Zehn Gebote gelten selbstverständlich für den Christen, wie an vielen Stellen der Bekenntnisschriften ausgeführt ist ... Wenn in *Canon 20* betont wird, daß der Mensch zum Halten der Gebote Gottes verpflichtet ist, werden wir nicht getroffen; wenn Canon 20 aber behauptet, daß der Glaube nur unter der Bedingung des Haltens der Gebote selig machende Kraft hat, werden wir getroffen. Was die Rede des Canons von den Geboten der Kirche betrifft, so liegt hier kein Gegensatz, wenn diese Gebote nur die Gebote Gottes zur Geltung bringen; im andern Fall würden wir getroffen."

zu 4.6: Heilsgewißheit, Abschnitte 34–36: vgl. insbesondere LV 59–63; VELKD 90ff.

– „Die Frage ist, wie der Mensch trotz und mit seiner Schwachheit vor Gott leben kann und darf" (LV 60,5f.).

– „... Grundlage und Ausgangspunkt [der Reformatoren] ... sind: die Verläßlichkeit und Allgenügsamkeit der Verheißung Gottes und der Kraft des Todes und der Auferstehung Christi, die menschliche Schwachheit und die damit gegebene Bedrohung des Glaubens und des Heils" (LV 62,16–20).

– Auch Trient betont, es sei notwendig zu glauben, „daß Sünden nur umsonst [= d. h. ohne eigenes Verdienst], allein durch die göttliche Barmherzigkeit um Christi willen vergeben werden und immer vergeben wurden" (DH 1533) und daß man nicht zweifeln darf „an der Barmherzigkeit Gottes, am Verdienst Christi und an der Kraft und Wirksamkeit der Sakramente" (DH 1534); Zweifel und Unsicherheit seien nur im Blick auf sich selbst angebracht.

– „Luther und seine Anhänger gehen *einen* Schritt weiter. Sie halten dazu an, die Unsicherheit nicht nur zu ertragen, sondern von ihr wegzusehen und die objektive Geltung der ‚von außen' kommenden Lossprechung im Bußsakrament konkret und persönlich ernst zu nehmen ... Da Jesus gesagt hat: ‚Was du auf Erden lösen wirst, das wird auch im Himmel gelöst sein' (Mt 16,19), würde der Glaubende ... Christus zum Lügner erklären ... wenn er sich nicht felsenfest auf die in der Lossprechung zugesprochene Vergebung Gottes verließe ... Daß dieses Sich-Verlassen noch einmal subjektiv ungewiß sein kann, daß also Vergebungsgewißheit nicht Vergebungssicherheit (securitas) ist, weiß Luther ebenso wie seine Gegner – aber es darf sozusagen nicht noch einmal zum Problem gemacht werden: der Glaubende soll den Blick davon ab- und nur dem Vergebungswort Christi zuwenden" (LV 60,18–33).

– „Heute können Katholiken das Bemühen der Reformatoren anerkennen, den Glauben auf die objektive Wirklichkeit von Christi Verheißung zu gründen: ‚Was du auf Erden lösen wirst ...' ... und die Gläubigen auf ein ausdrückliches Wort der Sündenvergebung auszurichten ... Luthers ursprüngliches Anliegen [ist nicht zu verurteilen], von der persönlichen Erfahrung abzusehen und allein auf Christus und sein Vergebungswort zu vertrauen" (Gutachten 27).

– Eine gegenseitige Verurteilung bezüglich des Verständnisses von Heilsgewißheit ist „zumal dann nicht [zu begründen], wenn man vom

Boden eines biblisch erneuerten Glaubensbegriffs aus denkt ... Denn es kann zwar geschehen, daß ein Mensch den Glauben, die Selbstüberantwortung an Gott und sein Verheißungswort verliert oder aufgibt. Aber er kann nicht in diesem Sinne glauben und *zugleich* Gott in seinem Verheißungswort für unverläßlich halten. In *diesem* Sinne gilt mit den Worten Luthers auch heute: Glaube *ist* Heilsgewißheit" (LV 62,23–29).

– Zum Glaubensbegriff des Zweiten Vatikanischen Konzils vgl. DV 5: „Dem offenbarenden Gott ist der ‚Gehorsam des Glaubens' ... zu leisten. Darin überantwortet sich der Mensch Gott als ganzer in Freiheit, in dem er sich ‚dem offenbarenden Gott mit Verstand und Willen voll unterwirft' und seiner Offenbarung willig zustimmt."

– „Die lutherische Unterscheidung zwischen der Gewißheit (certitudo) des Glaubens, der allein auf Christus blickt, und der irdischen Sicherheit (securitas), die sich auf den Menschen stützt, ist in LV nicht deutlich genug aufgenommen worden. Die Frage, ob ein Christ ‚voll und ganz geglaubt hat' (LV 60,17) stellt sich für das lutherische Verständnis nicht, da der Glaube nie auf sich selbst reflektiert, sondern ganz und gar an Gott hängt, dessen Gnade ihm durch Wort und Sakrament, also von außen (extra nos) zugeeignet wird" (VELKD 92,2–9).

zu 4.7: Die guten Werke des Gerechtfertigten, Abschnitte 37–39: vgl. insbesondere LV 72ff.; VELKD 92ff.

– „... schließt das Konzil jedes Verdienst der *Gnade* – also der *Rechtfertigung* – aus (can. 2: DS 1552) und begründet das Verdienst des *ewigen Lebens* im Geschenk der Gnade selbst durch Christusgliedschaft (can. 32: DS 1582): Als *Geschenk* sind die guten Werke ‚Verdienste'. Wo die Reformatoren ein ‚gottloses Vertrauen' auf die eigenen Werke anprangern, schließt das Konzil ausdrücklich jeden Gedanken an Anspruch und falsche Sicherheit aus (cap. 16: DS 1548f.). Erkennbar ... will das Konzil an Augustinus anknüpfen, der den Verdienstbegriff einführt, um trotz des Geschenkcharakters der guten Werke die Verantwortlichkeit des Menschen auszusagen" (LV 73,9–18).

– Wenn man die Sprache der ‚Ursächlichkeit' in Canon 24 personaler faßt, wie es im Kapitel 16 des Rechtfertigungsdekretes getan wird, wo der Gedanke der Gemeinschaft mit Christus tragend ist, dann wird man die katholische Verdienstlehre so umschreiben können, wie es im ersten Satz des zweiten Absatzes von 4.7 geschieht: Beitrag zum Wachstum der Gnade, der Bewahrung der von Gott empfangenen Gerechtigkeit und der Vertiefung der Christusgemeinschaft.

– „Viele Gegensätze könnten einfach dadurch überwunden werden, daß der mißverständliche Ausdruck ‚Verdienst' im Zusammenhang mit dem wahren Sinn des biblischen Begriffs ‚Lohn' gesehen und bedacht wird" (LV 74,7–9).

– „Die lutherischen Bekenntnisschriften betonen, daß der Gerechtfertigte dafür verantwortlich ist, die empfangene Gnade nicht zu verspielen, sondern in ihr zu leben ... So können die Bekenntnisschriften durchaus von einem Bewahren der Gnade und einem Wachstum in ihr sprechen ... Wird *Canon 24* in diesem Sinne von der Gerechtigkeit, insofern sie sich in und am Menschen auswirkt, verstanden, dann werden wir nicht getroffen. Wird die ‚Gerechtigkeit' in Canon 24 dagegen auf das Angenommensein des Christen vor Gott bezogen, werden wir getroffen; denn diese Gerechtigkeit ist immer vollkommen, ihr gegenüber sind die Werke des Christen nur ‚Früchte' und ‚Zeichen' " (VELKD 94,2–14).

– „Was *Canon 26* betrifft, so verweisen wir auf die Apologie, wo das ewige Leben als Lohn bezeichnet wird: ‚... Wir bekennen, daß das ewige Leben ein Lohn ist, weil es etwas Geschuldetes ist um der Verheißung willen, nicht um unserer Verdienste willen' " (VELKD 94,20–27).

Gemeinsame offizielle Feststellung

des Lutherischen Weltbundes und
der Katholischen Kirche

1. Auf der Grundlage der in der *Gemeinsamen Erklärung zur Rechtfertigungslehre* (GE) erreichten Übereinstimmungen erklären der Lutherische Weltbund und die Katholische Kirche gemeinsam: „Das in dieser Erklärung dargelegte Verständnis der Rechtfertigungslehre zeigt, daß zwischen Lutheranern und Katholiken ein Konsens in Grundwahrheiten der Rechtfertigungslehre besteht" (GE 40). Auf der Grundlage dieses Konsenses erklären der Lutherische Weltbund und die Katholische Kirche gemeinsam: „Die in dieser Erklärung vorgelegte Lehre der lutherischen Kirchen wird nicht von den Verurteilungen des Trienter Konzils getroffen. Die Verwerfungen der lutherischen Bekenntnisschriften treffen nicht die in dieser Erklärung vorgelegte Lehre der römisch-katholischen Kirche" (GE 41).

2. Im Blick auf den Beschluß des Rates des Lutherischen Weltbundes über die Gemeinsame Erklärung vom 16. Juni 1998 und die Antwort der Katholischen Kirche auf die Gemeinsame Erklärung vom 25. Juni 1998 sowie die von beiden Seiten vorgebrachten Anfragen wird in der (als „Anhang" bezeichneten) beigefügten Feststellung der in der Gemeinsamen Erklärung erreichte Konsens weiter erläutert; so wird klargestellt, daß die früheren gegenseitigen Lehrverurteilungen die Lehre der Dialogpartner, wie sie in der Gemeinsamen Erklärung dargelegt wird, nicht treffen.

3. Die beiden Dialogpartner verpflichten sich, das Studium der biblischen Grundlagen der Lehre von der Rechtfertigung fortzuführen und zu vertiefen. Sie werden sich außerdem auch über das hinaus, was in der Gemeinsamen Erklärung und in dem beigefügten erläuternden Anhang behandelt ist, um ein weiterreichendes gemeinsames Verständnis der Rechtfertigungslehre bemühen. Auf der Basis des erreichten Konsenses ist insbesondere zu denjenigen Fragen ein weiterer Dialog erforderlich, die in der Gemeinsamen Erklärung selbst (GE 43) besonders als einer weiteren Klärung bedürftig benannt werden, um zu voller Kirchengemeinschaft, zu einer Einheit in Verschiedenheit zu gelangen, in der verbleibende Unterschiede miteinander „versöhnt" würden und keine trennende Kraft mehr hätten. Lutheraner und Katholiken werden ihre Bemühungen ökumenisch fortsetzen, um in ihrem gemeinsamen Zeugnis die Rechtfertigungslehre in einer für den Menschen unserer Zeit relevanten Sprache auszulegen, unter

Berücksichtigung der individuellen und der sozialen Anliegen unserer Zeit.

Durch diesen Akt der Unterzeichnung bestätigen die Katholische Kirche und der Lutherische Weltbund die Gemeinsame Erklärung zur Rechtfertigungslehre in ihrer Gesamtheit

ANHANG (ANNEX)

1. Die folgenden Erläuterungen unterstreichen die in der *Gemeinsamen Erklärung zur Rechtfertigungslehre* (GE) erreichte Übereinstimmung in Grundwahrheiten der Rechtfertigungslehre; so wird klargestellt, daß die früheren wechselseitigen Verurteilungen die katholische und die lutherische Rechtfertigungslehre, wie sie in der Gemeinsamen Erklärung dargestellt sind, nicht treffen.

2. „Gemeinsam bekennen wir: Allein aus Gnade im Glauben an die Heilstat Christi, nicht aufgrund unseres Verdienstes, werden wir von Gott angenommen und empfangen den Heiligen Geist, der unsere Herzen erneuert und uns befähigt und aufruft zu guten Werken" (GE 15).

A) „Wir bekennen gemeinsam, daß Gott aus Gnade dem Menschen die Sünde vergibt und ihn zugleich in seinem Leben von der knechtenden Macht der Sünde befreit ..." (GE 22). Rechtfertigung ist Sündenvergebung und Gerechtmachung, in der Gott „das neue Leben in Christus schenkt" (GE 22). „Gerechtfertigt aus Glauben, haben wir Frieden mit Gott" (Röm 5,1). „Wir heißen Kinder Gottes, und wir sind es" (1 Joh 3,1). Wir sind wahrhaft und innerlich erneuert durch das Wirken des Heiligen Geistes und bleiben immer von seinem Wirken in uns abhängig. „Wenn jemand in Christus ist, dann ist er eine neue Schöpfung, das Alte ist vergangen, Neues ist geworden" (2 Kor 5,17). Die Gerechtfertigten bleiben in diesem Sinne nicht Sünder.

Doch wir würden irren, wenn wir sagten, daß wir ohne Sünde sind (1 Joh 1,8–10; vgl. GE 28). Wir „verfehlen uns in vielen Dingen" (Jak 3,2). „Wer bemerkt seine eigenen Fehler? Verzeihe mir meine verborgenen Sünden!" (Ps 19,13). Und wenn wir beten, können wir nur wie der Zöllner sagen: „Gott, sei mir Sünder gnädig!" (Lk 18,13). Unsere Liturgien geben dem vielfachen Ausdruck. Gemeinsam hören wir die Mahnung: „Daher soll die Sünde euren sterblichen Leib nicht mehr beherrschen, und seinen Begierden sollt ihr nicht gehorchen" (Röm 6,12). Dies erinnert uns an die beständige Gefährdung, die von der Macht der Sünde und ihrer Wirksamkeit im Christen ausgeht. Insoweit können Lutheraner und Katholiken gemeinsam den Christen als *simul iustus et peccator* verstehen, unbeschadet ihrer unterschiedlichen Zugänge zu diesem Themenbereich, wie dies in GE 29–30 entfaltet wurde.

B) Der Begriff „Konkupiszenz" wird auf katholischer und auf lutherischer Seite in unterschiedlicher Bedeutung gebraucht. In den lutherischen Bekenntnisschriften wird Konkupiszenz verstanden als Begehren des Menschen, durch das der Mensch sich selbst sucht und das im Lichte des geistlich verstandenen Gesetzes als Sünde angesehen wird. Nach katholischem Verständnis ist Konkupiszenz eine auch nach der Taufe im Menschen verbleibende, aus der Sünde kommende und zur Sünde drängende Neigung. Unbeschadet der hier eingeschlossenen Unterschiede kann aus lutherischer Sicht anerkannt werden, daß die Begierde zum Einfallstor der Sünde werden kann. Wegen der Macht der Sünde trägt der ganze Mensch die Neigung in sich, sich gegen Gott zu stellen. Diese Neigung entspricht nach lutherischem und katholischem Verständnis nicht „dem ursprünglichen Plan Gottes vom Menschen" (GE 30). Die Sünde hat personalen Charakter und führt als solche zur Trennung von Gott. Sie ist das selbstsüchtige Begehren des alten Menschen und mangelndes Vertrauen und mangelnde Liebe zu Gott.

Die Wirklichkeit des in der Taufe geschenkten Heils und die Gefährdung durch die Macht der Sünde können so zur Sprache kommen, daß einerseits die Vergebung der Sünden und die Erneuerung des Menschen in Christus durch die Taufe betont und andererseits gesehen wird, daß auch der Gerechtfertigte „der immer noch andrängenden Macht und dem Zugriff der Sünde nicht entzogen (vgl. Röm 6,12–14) und des lebenslangen Kampfes gegen die Gottwidrigkeit ... nicht enthoben" ist (GE 28).

C) Rechtfertigung geschieht „allein aus Gnade" (GE 15 und 16), allein durch Glauben, der Mensch wird „unabhängig von Werken" gerechtfertigt (Röm 3,28; vgl. GE 25). „Die Gnade ist es, die den Glauben schafft, nicht nur, wenn der Glaube neu im Menschen anfängt, sondern solange der Glaube währt" (Thomas von Aquin, S.Th. II/II 4,4 ad 3). Gottes Gnadenwirken schließt das Handeln des Menschen nicht aus: Gott wirkt alles, das Wollen und Vollbringen, daher sind wir aufgerufen, uns zu mühen (vgl. Phil 2,12f.). „... alsbald der Heilige Geist, wie gesagt, durchs Wort und heilige Sakrament solch sein Werk der Wiedergeburt und Erneuerung in uns angefangen hat, so ist es gewiß, daß wir durch die Kraft des Heiligen Geists mitwirken können und sollen ..." (FC SD II,64f.; BSLK 897,37ff.).

D) Gnade als Gemeinschaft des Gerechtfertigten mit Gott in Glaube, Hoffnung und Liebe wird stets vom heilsschöpferischen Wirken Gottes empfangen (vgl. GE 27). Doch der Gerechtfertigte ist dafür verantwortlich, die Gnade nicht zu verspielen, sondern in ihr zu leben. Die Aufforderung, gute Werke zu tun, ist die Aufforderung, den Glauben zu üben (vgl. BSLK

197,45f.). Die guten Werke des Gerechtfertigten soll man tun, „nämlich daß wir unsern Beruf fest machen, das ist, daß wir nicht wiederum vom Evangelio fallen, wenn wir wiederum sundigeten" (Apol XX,13; BSLK 316,15–18; unter Bezugnahme auf 2 Petr 1,10. Vgl. auch FC SD IV,33; BSLK 948,9–23). In diesem Sinn können Lutheraner und Katholiken gemeinsam verstehen, was über das „Bewahren der Gnade" in GE 38 und 39 gesagt ist. Freilich, „alles, was im Menschen dem freien Geschenk des Glaubens vorausgeht und nachfolgt, ist nicht Grund der Rechtfertigung und verdient sie nicht" (GE 25).

E) Durch die Rechtfertigung werden wir bedingungslos in die Gemeinschaft mit Gott aufgenommen. Das schließt die Zusage des ewigen Lebens ein: „Wenn wir nämlich ihm gleich geworden sind in seinem Tod, dann werden wir mit ihm auch in seiner Auferstehung vereinigt sein" (Röm 6,5; vgl. Joh 3,36; Röm 8,17). Im Endgericht werden die Gerechtfertigten auch nach ihren Werken gerichtet (vgl. Mt 16,27; 25,31–46; Röm 2,16; 14,12; 1 Kor 3,8; 2 Kor 5,10 etc.). Wir gehen einem Gericht entgegen, in dem Gott in seinem gnädigen Urteil alles annehmen wird, was in unserem Leben und Tun seinem Willen entspricht. Aber alles, was unrecht in unserem Leben ist, wird aufgedeckt und nicht in das ewige Leben eingehen. Die Konkordienformel stellt ebenfalls fest: „Wie dann Gottes Wille und ausdrücklicher Befelch ist, daß die Gläubigen gute Werk tuen sollen, welche der heilige Geist wirket in den Gläubigen, die ihme auch Gott umb Christi willen gefallen läßt, ihnen herrliche Belohnung in diesem und künftigen Leben verheißet" (FC SD IV,38; BSLK 950,18–24). Aller Lohn aber ist Gnadenlohn, auf den wir keinen Anspruch haben.

3. Die Rechtfertigungslehre ist Maßstab oder Prüfstein des christlichen Glaubens. Keine Lehre darf diesem Kriterium widersprechen. In diesem Sinne ist die Rechtfertigungslehre ein „unverzichtbares Kriterium, das die gesamte Lehre und Praxis der Kirche unablässig auf Christus hin orientieren will" (GE 18). Als solche hat sie ihre Wahrheit und ihre einzigartige Bedeutung im Gesamtzusammenhang des grundlegenden trinitarischen Glaubensbekenntnisses der Kirche. Gemeinsam haben wir „das Ziel, in allem Christus zu bekennen, dem allein über alles zu vertrauen ist als dem einen Mittler (1 Tim 2,5f.), durch den Gott im Heiligen Geist sich selbst gibt und seine erneuernden Gaben schenkt" (GE 18).

4. In der Antwortnote der Katholischen Kirche soll weder die Autorität lutherischer Synoden noch diejenige des Lutherischen Weltbundes in Frage gestellt werden. Die Katholische Kirche und der Lutherische Weltbund haben den Dialog als gleichberechtigte Partner („par cum pari") begonnen und geführt. Unbeschadet unterschiedlicher Auffassungen von der Autori-

tät in der Kirche respektiert jeder Partner die geordneten Verfahren für das Zustandekommen von Lehrentscheidungen des anderen Partners.

DÖSTA-Mitglieder
in der Arbeitsperiode 2001 bis 2005

Dr. Athanasios Basdekis (griech.-orth.)
Ökumenische Centrale, Frankfurt am Main

Dr. Marianus Bieber, OSB (röm.-kath.)
Abt der Benediktinerabtei Niederaltaich

Prof. Dr. Wolfgang Bienert (evang. – EKD)
Universität Marburg

Dr. Beatus Brenner (evang. – EKD)
Konfessionskundliches Institut des Evangelischen Bundes, Bensheim

Dr. Fernando Enns (mennonitisch – AMG)
Ökumenisches Institut der Universität Heidelberg

Prof. Dr. Günter Eßer (alt-kath.)
Alt-Katholisches Seminar der Universität Bonn

Prof. Dr. Erich Geldbach (baptistisch – BEFG)
Universität Bochum

OKR'in Dr. Dagmar Heller (evang. – EKD)
Referentin im Kirchenamt der EKD, Hannover

Prof. Dr. Frank-Lothar Hossfeld (röm.-kath.)
Universität Bonn

OKR'in Dr. Christina Kayales (evang. – EKD)
Referentin im Lutherischen Kirchenamt der VELKD, Hannover

Dr. Irmgard Kindt-Siegwalt (evang. – EKD)
Straßburg

Prof. Dr. Werner Klän (evang.-luth. – SELK)
Lutherische Theologische Hochschule, Oberursel

Prof. Dr. Ulrike Link-Wieczorek (evang. – EKD)
Universität Oldenburg

Dr. Viorel Mehedinţu (rumänisch-orth.)
Erzpriester, Neckargemünd

Prof. Dr. Peter Neuner (röm.-kath.)
Universität München

Dr. Johannes Oeldemann (röm.-kath.)
Direktor am Johann-Adam-Möhler-Institut für Ökumenik, Paderborn

Prof. Dr. Heinrich J. F. Reinhardt (röm.-kath.)
Universität Bochum

Prof. Dr. Dorothea Sattler (röm.-kath.)
Universität Münster

Dr. Matthias Sens (evang. – EKD)
Propst von Magdeburg-Halberstadt

Prof. Dr. Thomas Söding (röm.-kath.)
Universität Wuppertal

Dr. Uwe Swarat (baptistisch – BEFG)
Professor am Theologischen Seminar Elstal (Fachhochschule) bei Berlin

Prof. Dr. Gunda Schneider (evang. – EKD)
Universität Leipzig

Prof. Dr. Harald Wagner (röm.-kath.)
Universität Münster

Dr. Michel Weyer (evang.-methodistisch)
Dozent am Theologischen Seminar Reutlingen

Geschäftsführung:
Pfarrerin Barbara Rudolph
Ökumenische Centrale, Frankfurt am Main

Die Autorinnen und Autoren

Bienert, Wolfgang, Jg. 1939, Dr. theol., emeritierter Professor für Kirchengeschichte (Patristik) an der Philipps-Universität Marburg, DÖSTA-Vorsitzender von 1992-1999.

Enns, Fernando, Jg. 1964, Pfarrer Dr. theol., Inhaber der Stiftungsdozentur und Leiter der Arbeitsstelle „Theologie der Friedenskirchen" im Fachbereich Evangelische Theologie an der Universität Hamburg.

Eßer, Günter, Jg.1949, Prof. Dr. theol., Direktor des Altkatholischen Seminars der Universität Bonn.

Heller, Dagmar, Jg. 1959, Pfarrerin der Ev. Landeskirche in Baden, Dr. theol., Referentin für Ökumene und für Beziehungen zu den Orthodoxen Kirchen im Kirchenamt der EKD, Hannover.

Hossfeld, Frank-Lothar, Jg. 1942, Dr. theol., Professor für Alttestamentliche Wissenschaft, Rheinische Friedrich-Wilhelms-Universität Bonn.

Klän, Werner, Jg. 1952, Dr. theol., Professor für Systematische Theologie an der Lutherischen Theologischen Hochschule Oberursel.

Link-Wieczorek, Ulrike, Jg. 1955, Dr. theol., Professorin für Systematische Theologie am Institut für Evangelische Theologie und Religionspädagogik der Carl von Ossietzky-Universität Oldenburg.

Mehedinţu, Viorel, Jg. 1938, Erzpriester Dr. theol., Pfarrer für rumänisch-orthodoxe Gemeinden in Deutschland unter der Jurisdiktion der griechisch-orthodoxen Metropolie von Deutschland, wohnhaft in Neckargemünd.

Oeldemann, Johannes, Jg. 1964, Dr. theol., Direktor am Johann-Adam-Möhler-Institut für Ökumenik, Paderborn.

Sattler, Dorothea, Jg. 1961, Dr. theol., Professorin für Ökumenische Theologie und Dogmatik sowie Direktorin des Ökumenischen Instituts der Katholisch-Theologischen Fakultät der Westfälischen Wilhelms-Universität Münster.

Söding, Thomas, Jg. 1956, Dr. theol., Professor für Biblische Theologie am Katholisch-Theologischen Seminar der Bergischen Universität Wuppertal.

Swarat, Uwe, Jg. 1955, Dr. theol., Professor für Systematische Theologie am Theologischen Seminar Elstal bei Berlin (staatlich anerkannte Fachhochschule des Bundes Evangelisch-Freikirchlicher Gemeinden).

Wagner, Harald, Jg. 1944, Dr. theol., Professor für Dogmatik und Dogmengeschichte an der Katholisch-theologischen Fakultät der Westfälischen Wilhelms-Universität Münster.

Weinrich, Michael, Jg. 1950, Dr. theol. Dr. theol. h.c., Professor für Systematische Theologie (Ökumenik und Dogmatik) an der Evangelisch-Theologischen Fakultät der Ruhr Universität Bochum.

Weyer, Michel, Jg. 1937, Dr. theol., M.A., emeritierter Dozent für Kirchengeschichte am Theologischen Seminar Reutlingen der Evangelisch-methodistischen Kirche.